文明
密碼III

作者：吳 寧

加拿大國際出版社

书名：文明密码III

作者/责任编辑/版面设计：吴宁

出版：加拿大国际出版社 www.intlpressca.com

Email: service@intlpressca.com

印刷版 ISBN: 978-1-990872-70-9

电子书 ISBN: 978-1-990872-71-6

版权所有@2024 翻印必究

开本：244mm x 170mm 字数：345 千字

Book Title: The Secret Code of Civilization III

Author/Editor in charge/Layout design: Ning Wu

Published by: Canadian International Press www.intlpressca.com

Email: service@intlpressca.com

Print ISBN: 978-1-990872-70-9

E-book ISBN: 978-1-990872-71-6

Copyright@2024. Any illegal reproduction will not be permitted.

Print Format: 244mm x 170mm Word count: 345 thousand words

作者简介

  作者曾出版过两本政治经济学和中国近代历史方面的专著，后来到美国马塞诸塞州立大学波士顿分校做访问学者，对人文、历史等进行较为深入的研究，还亲自跑到世界许多历史古迹进行调研，在学术界有许多独到的见解。作者还首創用唯心主義的理論和方法來研究歷史，先假定歷史事件發生的地點和過程，然後再進一步進行虛擬的演繹和推演，最終達到使古人留下的歷史碎片連貫起來的目的。

  2018 年作者曾出版了《文明密碼Ⅰ》（原名；文明密碼），以現代人類社會起源為主線，介紹現代人類這一支在非洲的起源、走出非洲走向世界，並如何在世界範圍內形成如此複雜和豐富多彩的人類種群。後來又如何開創最初的人類文明——"農耕文明"，及帶動整個人類社會發展、進步，並最終如何形成今天的現代人類社會文明。

  2021 年作者又出版了《文明密碼Ⅱ》，透過《文明密碼Ⅱ》作者試圖解開中国古籍《山海經》和早期兩河流域文明及"中國"先秦歷史的神秘面紗。作者從昆侖山開始一步步追尋古人走過的路，史前巨石文明、夏娃等神話傳說、中国远古帝王等一一涉獵到。為後人解密《山海經》努力寻找一把合適的鑰匙，並通過這本書一窺和透視中國真實的遠古歷史；為看上去是一筆糊塗賬的中國先秦歷史的研究探索出一個新的方向來。

前　言

　　实际上，"历史"从来就是任人打扮的小姑娘，不光中国的历史如此，世界历史也是如此。世界历史首先是西方人开始编写的，这当然要符合他们的世界观、存在感和自豪感，也包括他们对自己祖先的敬仰和崇拜。于是这个由许许多多不同人种编写和探索的历史，加进了许多牵强的修饰和有意无意的曲解，整体上像一个庞大的、可以各取所需的辉宏史诗，但实际上它就是一个"密码本"。在这个辉宏史诗中充当各种角色的不同人种，要想知道自己祖先的真实历史，都必须亲自去挖掘，绝不能靠别人代劳。别人让你的祖先扮演的角色，可能只是个跑龙套的角色，但他也有可能是一个拯救世界的英雄——发掘历史的真实，是不同人种的后代不可推卸的共同责任。

　　由于本人曾做过产品设计和科研开发人员，所以本人写作和思维的特征，是把各种"证据"罗列在一起，然后得出一个结论，这更像是在写 "科技论文"而非写一本传统的历史书。尽管我已经用很通俗的方式进行描述，但可能阅读的门槛还是有点儿高，那些平时不太关心历史的人读起来会觉得有些凌乱和晦涩，所以请读者原谅。为了得出结论，又没有足够的篇幅进行详细的解释，而且我的各种条件也不支持我做较为繁琐和滴水不漏的"打磨"，只能做抛砖引玉式的探索，在这里仅请大家谅解和包含了。

作者于 2023 年 10 月

目 录

第一章
原始《圣经》是一本历史书

1.1、圣经创世纪的前序内容
明显源自中国的山海经

　　原始《圣经》应该是一本最早的人类"历史书"，是从新石器晚期一直写到公元前后的人类文明初创时期的历史。

　　我上一本书曾介绍的中国第一本专门写"中东地区"地理情况的奇书《山海经》是比《圣经》成书年代"明显要早"的作品。也许都是犹太人所撰写的，因为犹太人很可能是发源于安多利亚高原南侧的，与原始赫梯人相关的人群，即中国人所说的"周后稷"。只是《山海经》后来在中东地区失传了罢了。

　　《山海经》居然是精确的描写"中东地区"山川河流、动植物等地理位置和自然环境及不同人种的分布的书，这在没有卫星地图的三、四千年前，是一件难以想象的难度极高的事。而早期《圣经》主要是《创世纪》的前序内容，包括亚当和夏娃的故事，特别是地理方面的内容，明显是源自中国的《山海经》。只不过《创世纪》的前序内容，把山海经中的许多内容，加以提炼"简化和要领化"，使其更适合现代人的叙述方式而已。

　　原始《圣经》最初应该重点是写人类起源和各人种起源、各族裔起源，以及他们的传承关系的书。同样，要想追踪远古人类及不同人种的起源，这可并非易事，这是离不开扎实的地理知识的，恰巧更早成书的《山海经》，能够精确提供这方面的资料，包括许多不同人种的长相、他们的生存方式、他们族群的图腾和祭祀方式、甚至他们生存的精确地理位置。很可能原始《圣经》就是早期《山海经》当中的一部分内容，而这部分内容与某一个时期，中国的统治者观念不符，因此被丢弃了。而这一部分内容，被留在两河流域地区，坚韧的犹太人完整的保留了下来。

　　而《圣经》当中占大多数的，有关信仰和宗教等道德宣教方面的内容，明显是后人（主要是历代祭司们）一点一点的加进去的，由于后来加进的内容太多，改变了原书的性质，使圣经，最终变成了一本以宗教信仰为主的书籍。

　　应该说，无论原始《创世纪》还是《山海经》的核心内容，最初都可能是写在成千上万块泥板上的，用同一种非常原始和简单并且难以理解的图画文字，书写的地方政府的存档文件。后来有些能够接触到这些文件的，闲来无事的祭司阶层，就把许多类似族群的家谱、历史和族群迁徙过程的记录，大量的收集起来，再加上他们讲道的需要，把这些资料编辑成册，就形成原始《圣经》的雏形。

　　由于早期人类思维非常单纯，所以它最初应该是非常写实的"记载性"泥版文书。这给后来不同人种翻译和理解时，出现曲解和添油加醋留出了空间，后期加入了大量不同人种的不同的思维方式所形成的自己的观点和内容。之后，可能再经过多种文字的互相翻译和抄写，最终就分别变成我们今天见到的，用成熟的现代文字书写的"信仰书《圣经》"和"地理书《山海经》"。

　　我坚信《圣经》最早的版本，应该就是用类似甲骨文的图画文字辑写的，它和流传到中国的《山海经》至少是"同源的"。如果你看过中国的古籍《史记》开篇的《五帝本纪》和夏、殷、周的本纪，它们的叙述方式和对远古帝王"族谱"的书写方式，与《圣经》的书写方式及从亚当到诺亚再到亚伯拉罕、大卫等圣经人物的族谱给出方式完全相同，而且都提到能决定一切的"全能上帝"，这绝不可能是巧合。

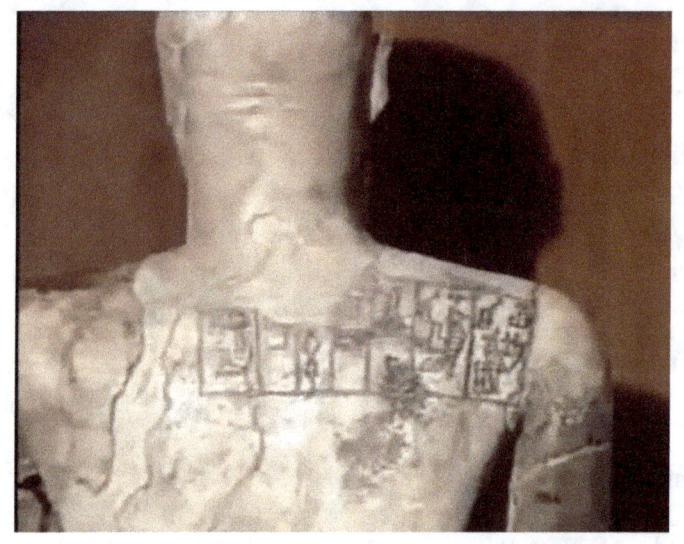

　　马里（今天的叙利亚地区）国王雕像背上的字，表明他是国王。这就是《原始圣经》产生和酝酿时期，特别是《圣经》产生的地中海东岸地区的"文字状态"。亚伯兰离开乌尔后，首先就曾到过这里，如果他当时已经开始记录自己所在族裔的迁徙过程，积累圣经的素材，那么他使用的文字就可能跟上面的文字类似。

我们能够见到的圣经，一看就知道是用现代文字书写的，与原始《圣经》一定存在巨大差别。很明显，早期的原始《创世纪》是由许多不同人种，所遗留下来的"古代传说"与记载，抄写和集合而成的从书。最典型的例子就是大洪水的故事，明显是一种民间传说，没有任何实打实的证据能够证明，它只是源自更早的苏美尔人对远古传说的一个记载。但《创世纪》中许多内容明显是不同人种和族群对自己族裔的迁徙、发展、传承和扩张历史的真实记录。

比如，圣经中存在大量的人名和其家谱，这些"人名"大多后来指的是族群，而非单个的人。这些东西是很难被编出来的，他应该抄录自某些族裔扩张和发展传承的真实记录。

在远古，不论是游猎的民族，还是游牧的民族的族群，本质上就是一个完全实行内部通婚和混居的、十分封闭的"大家族"，与野生的狮群和狼群非常相似。族群内部所有女子都可以与组长，或是族群内部地位较高的成员进行同居。在古代，由于女人的社会地位非常低，族群内部的女子，甚至包括组长的亲生女儿和她的姐妹，要不想让自己一生默默无闻，都想方设法，能够替族长生一个能够被族长认可的孩子，这样在族群内部就会有较高的地位，甚至可能成为组长的继承者。而且祇有在族群内部有较高地位的女子（通常是族长的众多的女儿之一），才有可能在族长希望与附近的其他的族群搞好关系时，被嫁到其他组群，祇有这样，她才可能有一个"风光"的婚礼和较高的社会地位。大多数女子只能一生默默无闻的混居在族群内部。

由于我上一本书，曾重点解析了《山海经》的一些内容，所以在这本书里，我也会尝试重点解析一下"原始"《圣经》字里行间想叙述的内容，到底是什么？同时，我也会大量引用《圣经》的内容来说明和还原当时的历史。

也因为当时人类的科学知识还非常贫乏和懵懂，人们还无法理解，地球和大自然是如何被创造出来的。但书写早期《圣经》、特别是核心内容《创世纪》的人（可能是犹太人）是那种善于追根问底的人种，所以他们希望能够跟大自然对话，来初步的理解和解释大自然为什么创造人类，于是他们也用"神"这个词来代表大自然，这样当时人类的"精英"们，就可以与大自然对话，告诉普通人，他们所理解的这个世界。

早期人群的聚集刚刚形成"社会"，人类社会为防止过度竞争和互相伤害，急需须建立一系列的道德标准，来约束人们的行为。为了使这种约束力有人"忌惮"，只能大声宣布，你违背了要遭"天谴"、做坏事就一定会受到自然和老天的惩罚，所以我们今天见到的《圣经》后来就变成了一本人和上帝对话的道德书。当时"神"这个词的"潜含义"应该是：我们必须服从神奇的、看不见的造物主，包括大自然所创造的一切自然规律，而且人与人相处还必须符合一定的道德规范，如果人类道德败坏，就会导致互相残杀和族群的毁灭。

　　因为最初的《圣经》是用一种类似中国甲骨文的古老象形文字书写的，因此，现代人必须经过翻译后才能够理解它的真正含义，就好像中国人解读老子的道德经一样（老子道德经上所讲的"天道"，本质上就是自然之道，就是上帝之道）。因为人类很晚才有印刷术，古老的圣经，曾经过许多代人成百上千次的不断抄写，并且由最初不成熟的简单文字，后来改为较成熟的文字。而且每次抄写都加入了抄写者（古代的文人主要是祭司们）自己的想法以及按他们的思维方式进行的改动，最后就变成了一种崇拜和信仰式的文字形式。到了基督教诞生前后时期，有人干脆利用这部书，把它改写成为宗教书籍，圣经后面大多数的章节都是这样逐步扩充，变成一种能够在严肃的仪式上朗诵的有故事情节，有系统道德标准的，今天《圣经》的模样。

　　因为《圣经》当中的"神说这个、神说那个"这些几乎在每一段经文都出现的前缀和"定冠词"，在原始《圣经》中，应该是不存在的；当《圣经》在很晚的公元元年前后，转变为"信仰书籍"以后，历代祭司们为了"宣讲"方便而逐步加进去的，而且那时的文字已相当成熟了。这就像中国"文革"期间，人们每一句话前面都要加"毛主席教导我们说："，或者是"根据最高指示："等等"时代的"特有习惯。因为我将原始《圣经》作为历史书来解读的，所以我在下面的模拟翻译中，暂时把这些"前缀和定冠词"去掉，这样应该更贴近原始《圣经》的叙述方式。

　　我在上一本书中，曾经把《山海经》的一部分内容按照我个人的理解，翻译成现代人比较好理解的文字。为了能够让大家理解，约三千多年前没有任何科技知识、尚处于愚昧时期的人类，用当时还远不成熟的文字所撰写的原始《圣经》大概的原貌，下面我尝试把《圣经创世纪》当中的一小段文字翻译成中文的古文。由于我完全不懂甲骨文，只能把它翻译成相对比较成熟的文字。（下面蓝色的字是原文的内容，棕色的字是我尝试翻译的内容。）

　　原文：

创 1:1　起初上帝创造天地。

创 1:2　地是空虚混沌。渊面黑暗。上帝的灵运行在水面上。

创 1:3　上帝说,要有光,就有了光。

创 1:4　上帝看光是好的,就把光暗分开了。

创 1:5　上帝称光为昼,称暗为夜。有晚上,有早晨,这是头一日。

创 1:6　上帝说,诸水之间要有空气,将水分为上下。

创 1:7　上帝就造出空气,将空气以下的水,空气以上的水分开了。事就这样成了。

创 1:8　上帝称空气为天。有晚上,有早晨,是第二日。

创 1:9　上帝说,天下的水要聚在一处,使旱地露出来。事就这样成了。

创 1:10　上帝称旱地为地,称水的聚处为海。上帝看是好的。

创 1:11 上帝说,地要发生青草,和结种子的菜蔬,并结果子的树木,各从其类,果子都包着核。事就这样成了。

创 1:12 于是地发生了青草,和结种子的菜蔬,各从其类,并结果子的树木, 各从其类,果子都包着核。上帝看着是好的。

创 1:13 有晚上,有早晨,是第三日。

创 1:14 上帝说,天上要有光体,可以分昼夜,作记号,定节令,日子,年岁。

创 1:15 并要发光在天空,普照在地上。事就这样成了。

创 1:16 于是上帝造了两个大光,大的管昼,小的管夜。又(造)众星。

创 1:17 就把这些光摆列在天空,普照在地上。

创 1:18 管理昼夜,分别明暗。上帝看着是好的。

创 1:19 有晚上,有早晨,是第四日。

创 1:20 上帝说,水要多多滋生有生命的物,要有雀鸟飞在地面以上,天空之中。

创 1:21 上帝就造出大鱼和水中所滋生各样有生命的动物,各从其类。又造出各样飞鸟,各从其类。上帝看着是好的。

创 1:22 上帝就赐福给这一切,说,滋生繁多,充满海中的水。雀鸟也要多生在地上。

创 1:23 有晚上,有早晨,是第五日。

创 1:24 上帝说,地要生出活物来,各从其类。牲畜,昆虫,野兽,各从其类。事就这样成了。

创 1:25 于是上帝造出野兽,各从其类。牲畜,各从其类。地上一切昆虫,各从其类。上帝看着是好的。照自己之像造人 。

创 1:26 上帝说,我们要照着我们的形像,按着我们的样式造人,使他们管理海里的鱼,空中的鸟,地上的牲畜,和全地,并地上所爬的一切昆虫。

创 1:27 上帝就照着自己的形像造人,乃是照着他的形像造男造女。

创 1:28 上帝就赐福给他们,又对他们说,要生养众多,遍满地面,治理这地。也要管理海里的鱼,空中的鸟,和地上各样行动的活物。

创 1:29 上帝说,看哪,我将遍地上一切结种子的菜蔬和一切树上所结有核的果子,全赐给你们作食物。

创 1:30 至于地上的走兽和空中的飞鸟,并各样爬在地上有生命的物,我将青草赐给它们作食物。事就这样成了。

创 1:31 上帝看着一切所造的都甚好。有晚上,有早晨,是第六日。

创 2:1 天地万物都造齐了。

创 2:2 到第七日,上帝造物的工已经完毕,就在第七日歇了他一切的工, 安息了。

创 2:3 上帝赐福给第七日,定为圣日,因为在这日上帝歇了他一切创造的工,就安息了。

由于我找不到合适的，中国的"创世之神"，在这里借用较晚出现，并且广为人知的"盘古"以达其意。

译文：

{1}盘古开天地，用七日。

{2}虚暗，天地之始。水，万物之宗。

{3}初之明，继之夜昼。为第一日。

{4}水分上下，间之以气为天。为第二日。

{5}积土为地，积水为海。因土而生草木，均结其果以为嗣。为第三日。

{6}光分强弱，以司昼日夜星，并记日月年。为第四日。

{7}因水而鱼，因天而生百鸟。为第五日。

{8}因地而生百虫百兽。司鱼虫鸟兽乃需人。仍仿盘古型为男女众生，万物食之以类而繁衍生息。为第六日。

{9}盘古开天辟地已庆，息，称圣日。为第七日。

以上应该就是，我希望能够还原出来的，比《山海经》略晚的原始《圣经创世纪》的前序部分，如果能用中文书写的话，应该就是这个样貌的。

根据《山海经》海外南经第六有：

地之所载，六合之间，四海之内，照之以日月，经之以星辰，纪之以四时，要之以太岁，神灵所生，其物异形，或夭或寿，唯圣人能通其道。

海外北经第八

海外自东北陬至西北陬者。

无[启/月]之国在长股东，为人无[启/月]。

锺山之神名曰烛阴。视为昼，瞑为夜，吹为冬，呼为夏。不饮，不食，不息，息为风，身长千里。在无[启/月]之东。其为物，人面蛇身，赤色，居锺山下。

以上文字是不是与我还原出来的《圣经》内容极为相似？

古代因为文字系统极不完善，书写和记录方式又十分麻烦，于是人们只能"惜字如金"，无论是苏美人的图画文字，还是埃及人的圣书体文字，或者是较为成熟的阿卡得人的楔形文字，甚至包括中国人的甲骨文。《原始圣经》最多几千字而已，恐怕已经需要"几个房间"来存放这些泥板了。绝不可能像今天的《圣经》那样，洋洋洒洒几十万言，更不可能有成千上万次的复杂的"与神对话"。

那些与神对话的本质，其实是两件事：一是，在当时不掌握任何科技知识的人类所无法解释的事，都推给神，说是神的作为；二是不断的宣誓和强调，统治者的"统治合法性"的一种洗脑和宣传，即：我说的话属于"君权神受"的范围，如果你不听的话，必遭惩罚和报应。特别是中世纪教会主导和统治欧洲的时期。

因为欧洲是强势人种出没的地方，在那里"集权统治"是一定会受到挑战的，一定会造成长期、大范围的社会动荡不安和混乱，屠城和杀人如麻更是屡见不鲜。这些人种虽然强势，但头脑简单和直率，如果用信仰及洗脑的方式，反而更容易达成较长时间和平稳定的治理环境，是较低成本和代价的治理方式。这就是中世纪"教会"长期占主导地位的基本原理。本质上是强调一种"非暴力的治理方式"，应该属于这一时期人类文明和进步的重要组成部分和不可逾越的人类文明发展阶段。

今天，现代科学高速发展、神学逐步边缘化，"神"在今天具有更多的象征性。唯一的法宝就换成采用"分权"和"轮流执政"等"权利共享"的所谓"民主政治"的非暴力权力更迭方式，才能化解强势人种，主要是"白人"之间的两败俱伤和"同归于尽"的局面发生。由于议会有最终审批权，还能防止"大独裁者"随意发动战争，给人类造成灾难性的后果。这是西方社会能够主导今天世界的不可动摇的"金科玉律"。也许还是，今天人类防止自我毁灭的唯一途径。

总的来说，《创世纪》想要描述的是人类早期，从在野外以采集和狩猎为生的"蒙昧"状态，逐步的进步（包括科技和生存方式）的过程和历史。这是人类自我意识的形成和觉醒的过程！这在三、四千年前，人类的文字和表达方式还非常原始、非常不完善的时期，原始《圣经》的这种尝试是非常的"难能可贵"的。

虽然，当时人类所掌握的科技知识几乎为零，人们天天所能见到的自然现象大多无法解释，只能解释为"是上帝的意念所产生的"。但，对这些现象表示奇怪，提出问题！已经是人类意识的觉醒了！例如：全世界除了人类以外的所有动物，都不会奇怪"白天和黑夜"的存在！《创世纪》提出的许多问题，差不多是在原始《圣经》诞生两、三千年以后的近代，才逐步的开始找到答案！

与其说《圣经》是一本能够回答人类一切问题的圣书，不如说原始《圣经》是人类早期开始觉醒时，对于这个世界和人类自身的存在，开始思索和提出疑问；特别是对人类不同人种和族群的发展和扩张的历史，试图进行追溯和追踪的尝试的"提出问题的书"。因为按人类当时粗浅的知识积累是无法解答这些问题的。更重要的是，《圣经》是人类自我意识出现后，特别是人类聚集成为"社会的人"后，需要建立人与人之间相处的道德标准，来约束人类自身行为，防止人类族群之间和族群内部互相残杀、自我毁灭，从而能够不断进步和完善的伟大过程的尝试和过程记录。

实际上直到今天，许多自然界存在的问题，甚至包括早期人类所创造的许多"杰作"，今天的科学家们还无法解答。如果还像《圣经》那样说是上帝的"杰作"，又显得有点落伍和不够时髦，于是年轻人们又创造出"外星人"。一切今天的科学家仍然无法解释的现象，甚至是古人在科技非常原始落后的条件下，所建立的一些构筑物（如金字塔）。都可以理解为是"外星人创造的"。按照《圣经》标准的家谱关系：上帝生自然界万物和人类，人类生科学家，科学家生外星人，外星人生"人世间万物"。

《创世纪》基本上可以理解为，开始有自我意识的普通民众，询问坐在高高的庙宇之上的，看上去上知天文、下知地理的，高贵的"祭司们"（当时的祭司们，已经能够熟练的通过观察天空中星星的相对位移来 "记年"和计算庄稼的播种和成熟时期。）的一个对话的过程。如果祭司们能够回答的，就给以初步的和有哲理性的解释，如果他回答不了，他就推给上帝，说是上帝决定的。下面我就模拟一下这个对话过程，用红色来标识圣经原文，用兰色来描述模拟的对话过程，用棕色来描述解析内容。

创世纪：

创 1:1 起初上帝创造天地。

创 1:2 地是空虚混沌。渊面黑暗。上帝的灵运行在水面上。

问：我们生活的自然界最初是什么样子？解释：世界最早是空虚和黑暗的，当时世界上祇有水，水是万物之母。问：这一切是怎么产生的？答：是上帝用了七天时间创造的，上帝创造世界的灵感就漂在当时的水面上。

直到今天具有现代科学的现代人，才勉强能够推论出"世界是宇宙大爆炸产生的"，靠万有引力定律，使爆炸产生的宇宙尘埃，逐步聚集成无数的星系，我们居住的太阳系就是其中之一。而我们生存的地球上，很可能是由于亿万年不断的遭到彗星的撞击，彗星带来大量的冰和水，形成了海洋，由于海洋的出现和水分的蒸发，使地球的表面变凉，才初步具备了产生生物的条件。一开始是由水中的无机物通过亿万年的演化，以及阳光、雷电等能量刺激，逐步产生了简单的有机物，再由有机物演化成微生物，再由微生物演化成动植物等等。这个《圣经》在几千年前提出的问题，就是问"现代人"，大多数人也很难答得上来。所以当时祭司，或者说是《圣经》的回答是十分机智和符合当时人类的知识储备与客观条件的。

创 1:3 上帝说,要有光,就有了光。

创 1:4 上帝看光是好的,就把光暗分开了。

创 1:5 上帝称光为昼,称暗为夜。有晚上,有早晨,这是头一日。

创 1:14 上帝说,天上要有光体,可以分昼夜,作记号,定节令,日子,年岁。

创 1:15 并要发光在天空,普照在地上。事就这样成了。

创 1:16 于是上帝造了两个大光,大的管昼,小的管夜。又(造)众星。

创 1:17 就把这些光摆列在天空,普照在地上。

创 1:18 管理昼夜,分别明暗。上帝看着是好的。

创 1:19 有晚上,有早晨,是第四日。

问:我们生活的世界为什么有白天和黑夜?为什么有年月日?答:上帝说,要有光,就有了光。上帝看光是好的,就把光暗分开了。上帝称光为昼,称暗为夜。有晚上,有早晨。上帝造了两个大光,大的管昼,小的管夜。又(造)众星。上帝说,天上要有光体,可以分昼夜,作记号,定节令,日子,年岁。

今天我们人人都知道,我们地球上所能见到的最大的光,是太阳通过核聚变燃烧自己所放出的能量,地球在围绕太阳公转的同时,还有自转,由于地球的自转,背对着太阳的那一面就形成了黑夜,这种日与夜的轮回就成为"一天",而地球绕太阳公转一周就成为一年。人类当时是不可能回答这些问题的,直到最近几百年确立的"日心说",才初步解答这个问题。

通常认为完整的日心说宇宙模型,是由波兰天文学家哥白尼在 1543 年发表的《天体运行论》中才真正提出的。事实上,直到 1609 年伽利略听闻且自己制作了天文望远镜,并以此发现了一些可以支持日心说的新的天文现象后,日心说才开始引起人们关注。

在当时,被普遍接受的天文体系是托勒密体系。其基本思想是地球处于宇宙的中心,其他所有天体沿圆形轨道绕地球运转。为了使理论符合观测数据,托勒密认为天体在一个称为"本轮"的小圆形轨道上匀速转动,而本轮的中心在称为"均轮"的大圆轨道上绕地球匀速转动,地球不是在均轮圆心。此理论可以和当时的天文观测数据基本吻合,而且为教会所欢迎,因为这不仅体现了地球和人类的重要性,而且"天球"之外给天堂和地狱留下了空间。但是随着观测技术的进步,需要很多个本轮均轮甚至小本轮才能解释实验现象。这使得坚持简洁的哥白尼对托勒密的系统产生了怀疑。为了简化理论,更好的符合实际观测的结果。哥白尼将不动点从地球移动到了太阳上,提倡日心说。他指出地球不是宇宙的中心,而是同五大行星一样围绕太阳这个不变的中心运行的普通行星,其自身又以地轴为中心自转。

很明显,根据哥白尼的学说,白天和黑夜的出现是因为地球自传而形成的,而一年 365 天的周期轮回,是因为地球围绕着太阳公转所形成的。

哥白尼的学说改变了那个时代人类对宇宙的认识,而且动摇了欧洲中世纪宗教神学的理论基础。由于时代的局限,哥白尼只是把宇宙的中心从地球移到了太阳,并没有放弃宇宙中心论和宇宙有限论。虽然哥白尼的观点并不完全正确,但是他的理论的提出给人类的宇宙观带来了巨大的变革。哥白尼之书在其死后引起了很大的争议。最耸人听闻的事件莫过于是意大利人布鲁诺之死。他是道明会的教士。但极富反叛精神,是一个"狂热份子"。他从哥白尼的系统向外推展,否定了"天球"之说。他出版了"无限宇宙论""Dell infinito Universo e Mondi"明白地主张:太阳是众多的恒星之一,地球亦是行星之一。更主张人类在宇宙中也不是唯一的。这种主张与当时教会对《圣经》的解读起了严重冲突。他在 1600 年被判火刑，在罗马被当众烧死。

如果你像动物一样，靠本能来生活，你是意识不到自己的降生和死亡的，但如果你像人一样有自我意识，你一定会意识到自己会有死亡的那一天，全世界所有动物只有人类，能够明确意识到死亡的存在。

比如过着"安适"的生活，有人按时送饭；拉完的屎定时有人来清圈的"猪"，如果能够意识到，自己长肥了以后会被宰杀，端到人类的餐桌上，牠一定会冲出猪圈，自己去找食吃，哪怕是饥一顿饱一顿，也在所不惜。这就是最基本的"有自我意识"。所以在原始《圣经》产生的那个远古的时代，人类能够像《创世纪》里那样提出问题，已经是人类自我意识的觉醒，和人类社会的"巨大进步"了。

《圣经》中提到的所有的"家谱"，应该都是原始的族群的产生、分裂和扩张。其实《圣经》自己也不否认这些，《圣经》当中的许多人名，后来都成为了地名，代表住在那一地区当时的人种和族群。

很明显，在《创世纪》中，大洪水之前的内容和大洪水之后的一段内容，原来是分别记录在"两本不同的书"上的内容。由于大洪水之后毁灭了人类，只留下挪亚一家八口人，于是就无法解释，大洪水之前亚当家谱中除了诺亚以外，出现的一大群人的去处？而且他们还是后来人类的很多祖先，如：雅八就是住帐棚，牧养牲畜之人的祖师。犹八. 他是一切弹琴吹箫之人的祖师。 土八该隐， 他是打造各样铜铁利器的(或作是铜匠铁匠的祖师)。这些人肯定在大洪水中没有被淹死、一定还在，不然这个世界上就不存在牧羊人、乐师和标志人类文明的金属冶炼工匠们了。

根据《圣经》：

创 4:16　于是该隐离开耶和华的面, 去住在伊甸东边挪得之地.

创 4:17　该隐与妻子同房, 他妻子就怀孕, 生了以诺. 该隐建造了一座城, 就按着他儿子的名, 将那城叫作以诺.

创 4:18　以诺生以拿. 以拿生米户雅利. 米户雅利生玛土撒利. 玛土撒利生拉麦.

创 4:19　拉麦娶了两个妻, 一个名叫亚大, 一个名叫洗拉.

创 4:20　亚大生雅八. 雅八就是住帐棚, 牧养牲畜之人的祖师.

创 4:21　雅八的兄弟名叫犹八. 他是一切弹琴吹箫之人的祖师.

创 4:22　洗拉又生了土八该隐. 他是打造各样铜铁利器的（或是铜铁匠的）祖师. 土八该隐的妹子是拿玛.

上面那一段《圣经》的内容，从内容到形式，明显是照抄《山海经》的。

根据《山海经》海内经第十八有：

黄帝生骆明，骆明生白马，白马是为鲧。帝俊生禺号，禺号生淫梁，淫梁生番禺，是始为舟。番禺生奚仲，奚仲生吉光，吉光是始以木为车，少暤生般，般是始为弓矢。帝俊赐羿彤弓素[矢曾]，以扶下国，羿是始去恤下地之百艰。帝俊生晏龙，晏龙是为琴瑟。帝俊有子八人，是始为歌舞。帝俊生三身，三身生义均，义均是始为朽[亻垂]，是始作下民百朽。后稷是播百谷。稷之孙曰叔均，是始作牛耕。大比赤阴是始为国。禹、鲧是始布土，均定九州。炎帝之妻，赤水之子听[讠天]生炎居。炎居生节并，节并生戏器，戏器生祝融，祝融降处于江水，生共工。共工生术器，术器首方颠，是复土壤，以处江水。共工生后土，后土生噎鸣，噎鸣生岁十有二。洪水滔天，鲧窃帝息壤以堙洪水，不待帝命。帝令祝融杀鲧于羽郊。鲧复生禹，帝乃命禹卒布土，以定九州。

应该说《创世纪》中，大洪水之前和大洪水之后的内容，最初应该是两本由不同人种集写的平行的书。一本说的是，受洪水影响较小的安纳托尼亚高原上的事（应该就是《山海经》所描述的地区），是那里的族裔传承的历史，而且这本书所记录的民间传说更早一些，所以被放在了《圣经》的前端；另一本应该出自两河流域中下游，是对苏美尔人的传说和迁徙的历史记录。

而先苏美尔人（欧贝德人）最初就是生活在类似"大洪水时代"的大沼泽中的。当人类不同人种开始融合、创造最初的文明时，从山上森林中走出来的游猎族群和从草原来的游牧族群，看到生活在两河流域下游大沼泽中的苏美尔人时，感觉他们就是生活在"大洪水"中的人群。这种恐怖的记忆，使他们有一种要建造"诺亚方舟"的冲动，以防止自己也陷入洪水之中。后来由于掌握农耕技术的苏美尔人不断壮大，开始挖掘水藻、疏通河道、排干千年沼泽、形成万顷良田，这时生活在高地上的人们，就有了"洪水时代已经结束"，可以出"方舟"的感觉，他们感觉自己就是那个幸存的"诺亚一家人"。

《创世纪》只是简单而生硬的把两本书抄在一起，并没有解释，也无法解释，他们（亚当和诺亚两个系列的家谱）后代之间的关系。

在这里我必须引用我在几年前所写的第一本书的一些内容：

在早期安纳托利亚高原上，或巴基斯坦俾路支省半山区地带属于相对比较干旱的地区某地，春天经常发生山火或草地大火，在某一个母系氏族部落里，当大火过后，牛羊都被烧死了，没有东西吃的时候，为了保命只能找到什么，吃什么。母系氏族成员们在采集的过程中惊奇地发现有些被大火烧过的某一种"草仔"吃起来很香，可以用来充饥。于是这些先民们就到处收集这些草用来充饥，久而久之这就形成了一种习惯，在采集那些很容易找到的大的"块根类"食物的同时，顺便收集这些小的草仔以备不时之需。

由于保管不善，一些草仔被雨淋湿后开始发芽，不能再吃了，于是就被倒掉，没有人再去理它。而被倒掉的那些草仔被风吹散以后，又长成一大片茁壮成长的植物，到秋天的时候长出了新的更多的可以吃的草仔，于是人们就开始节省食用这些草籽，当春天到来，在自己相对定居的住处附近有意识地播撒更多的草籽，果然秋天又获得更多的收获，这种循环重复几次之后，一种全新的人类生存技能，种植技术，在不知不觉中就诞生了。这就是最早期旱作农业的开始和粮食的形成，这是一个决定的时刻，"现代人类文明就是从这一刻开始诞生了"。

农业是要求定居的，人们必须盖起房子，守在自己种植的农田附近，相对定居、使生活变得更为安全。可能经过几百年的发展过程，这一母系氏族种植技术开始接近于成熟，而且男性也逐步加入到粮食的生产过程，选育的粮食越来越优良，使这一母系氏族社会的食物当中，粮食的比例越来越大。粮食多了、吃得饱了，必定会促进人类的繁殖和生育，人口多了，反而给农业生产带来更大的压力。

但好景不常，随着他们的生活水平的快速提高，周边人口比较稀疏的游猎棕种人族群，很快就学到了他们的旱作农业加畜牧业的生存方式，因为他们是强势人种，所以这些族群的快速发展，很快就威胁到这些弱势的黄种人的生存安全，于是他们不得不从雨量充沛的山侧地带，向大河的冲积平原、三角洲等更加荒芜的沼泽地和低矮丛林地带迁移。

由于这些大片的沼泽地和低矮丛林完全不适合游牧民族生存，美索不达米亚雨水越往南越少，气候越来越热，最高温度记录为58.8℃，被称为世界"热极"，但在这些穷乡僻壤也不会有人来打扰他们，这些泽国荒野便成了他们的天堂。艰苦的生活和灾难创造了人类，经过一段漫长的岁月，他们逐步适应了大河下游沼泽和水网地带的艰苦生活。

当时的农业单位产量非常之低，再加上这些新区域适合旱作农业的土地十分稀少，他们不得不向原来认为无法种植的季节性沼泽要土地和水。人们发现，某些亲水的作物，在每年洪水泛滥之前的大片河滩上也可以进行种植，而且产量更高，只要能够在下次河水泛滥之前收割作物就可以。

白人血统占主流的强势人种，占领了两河流域的周边雨量充沛、风景秀丽的山侧地区，过着以狩猎为主的悠闲生活；从非洲迁徙而来的棕种人血统占主流的以游牧生活方式为主的强势人种，在有草地的平原和丘陵地带放牧。而以黄种人血统为主的弱势族群，只能被挤到更荒凉的地方去谋生，看上去像这一地区的二等公民，他们被困在大河下游的烂河滩地区或一望无际的荒凉沼泽。但大家在短时间内形成了和平相处各自独立发展的局面。原来在山地和丛林中从事跟树木相关的采集如苹果、干果和蘑菇类食物等为主的悠闲的生活方式，在这里的淤积平原和烂河滩上无法维持，生活水平大幅度降低，向以挖掘块根类食物或耕种粮食为主的类似于草食动物的生活方式转变。

以两河流域中游的萨迈拉文化为参照点，在它的北面两河的水道切入叶岩，河道稳定；在它的南面则是大面积的淤积平原，河床经常改道，而且大量上游带下来的淤积泥沙往往使河道高于地面。

这样就使强势人种和弱势人种分别生活在天堂和地狱之中。占领山侧地带的强势族群，仍然以肉和奶为主食，冬天以动物毛皮和毛制品保暖（主要是羊皮和羊毛手工编织物），风景秀丽，地广人稀，过着天堂一样的人类偷吃圣果之前伊甸园式的悠闲生活。被赶到两河流域中下游的弱势族群，面对河水经常改道的大片淤积平原和烂河滩，主食更依赖营养价值更低的植物性食物，而且靠农耕获取食物几乎要比原来采集付出十倍以上的辛苦。这里放牧牛羊都变得十分困难，只能偶尔圈养提供较低级肉食的"猪"作为补充，猪皮不如牛皮和羊皮有用，吃猪肉也会比牛羊肉更容易感染上寄生虫病，冬天保暖也只能用植物性编织物（主要是亚麻制品）取代羊的皮毛勉强御寒，夏天更是蚊子丛生，生活像地狱一样煎熬。

应该说，只有灾难才能创造人类。因为弱势人群的主要问题是男人弱势，而男人弱势的主要原因是因为他们是母系氏族，即母系原始公社制。由于母系原始公社内部实行公有制，大家共同劳动，共享劳动成果，所以集体的力量非常强大。于是美索不达米亚的先民开始在两河流域一望无际的河滩和水网地带上，进行大规模的围垦，砍掉到处丛生的低矮灌木，把到处泛滥的水源，通过修筑水渠和灌溉系统加以利用，训练以前蓄养准备宰杀的牛代替人来耕作。由于这些地方畜牧业很难维持，这恰巧歪打正着地开启了人类完全的定居生活方式和两河流域早期的"城居革命"，利用植物纤维代替羊毛御寒这恰恰为后来开创了棉花的种植和纺织业的兴起，创造了条件。

与留在非洲温暖舒适的环境下进化的黑人相似，留在生活舒适的山侧地带以棕种人血统为主的强势族群，没有任何改变生活的动力，长时间维持原始的生活状态，相对于进入两河流域荒凉的沼泽地带被迫开创农耕文明的黄种人，他们逐渐成为两河流域周边原始落后的蛮族。

两河流域农业规模大了，许多辅助的行业不得不应运而生，专门烧制陶器的泥匠，专门制造农具的木匠，专门盖房子的泥匠等。当时，人类还没有完全开化、大多数人还相当笨拙，在一个还没有文字来记录和传播复杂技巧的时代，需要长时间摸索和高难度的技巧才能够完成的各种工作，都必须有专门的人才来完成，并依赖子承父业的家族形式传承。公社内部养育后代是公社成员的共同责任，当然会出现集中管理幼儿的现象，这样就逐渐出现了早期对下一代进行训练和教育的"早期学校"雏形，为后来文字的出现打下了良好的基础。而养活这些专业人员，只会给母系氏族公社的农业生产带来越来越大的压力，进一步促进农业生产的快速发展。一个极为复杂、比较正规的农业社会，在这种消费和生产互相施压的状态下，在人类的"母系氏族公社"中慢慢地孕育成熟起来。

有了农耕社会，食物开始有了剩余，剩余的粮食和人类培养的许多其他作物，包括可以替代羊毛纺出线来的棉花等，均可以用来交换其他生活必须的手工产品，从而养活了包括专业手工业者在内的其他行业人群。随后，类似国家职能的治理雏形就应运而生：主管人们意识形态的神庙、专门用来交换的市场、专业性和技艺极高的职业手工业者、专职的军人等。这种由母系氏族公社组成的早期定居点，已经发展成早期城市国家的雏形。他们的统治中心就是每个定居点或者城市中心的女神庙，这与中国几千年的封建宗法社会中每个村子的治理中心就是这个村子的祖庙或祖宗祠堂完全一样。

于是，农耕文明在公元前六至五千年左右在尼罗河流域和两河流域开始出现 ，经过漫长的一点一滴的积累和进化，在西元前四千年左右初步开始成熟。

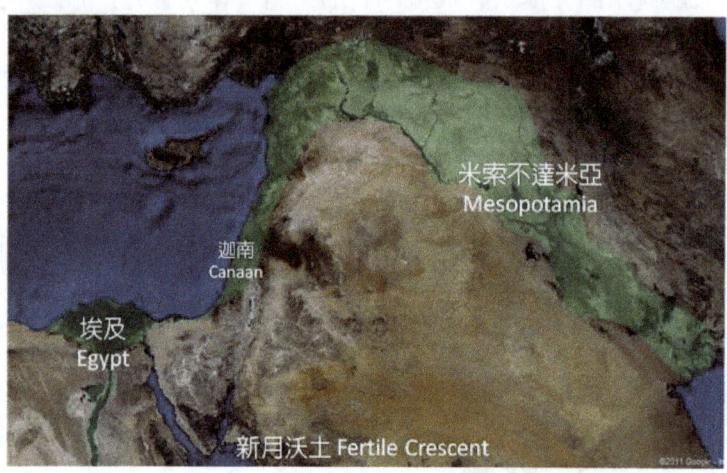

由于她们与周边其他人种保持着和平的商业往来，所以已经有周边的强势人种学到她们的先进技能使自己迅速发展壮大。这些周边强势民族的骚扰使不能打仗的母系氏族首领十分尴尬，为了改进母系氏族社会的弱势地位，允许外族强势男子以外婚的形式"嫁"入到母系氏族当中，甚至成为母系氏族首领的

配偶。这些原来处在父系多妻制的强势男性的加入，加速了母系公社制社会的解体，向父权制和私有制社会转变。

　　当然，在这个过程中，由于黄种人爆发式的增长，能耕种的土地也会变得越来越紧张，早在 7500 年前，就有大批美索不达米亚新月形土地上的"中东农民"到周边地区四处寻找可开发的土地，最远可跑到欧洲，包括地中海中的克里特岛去开荒。

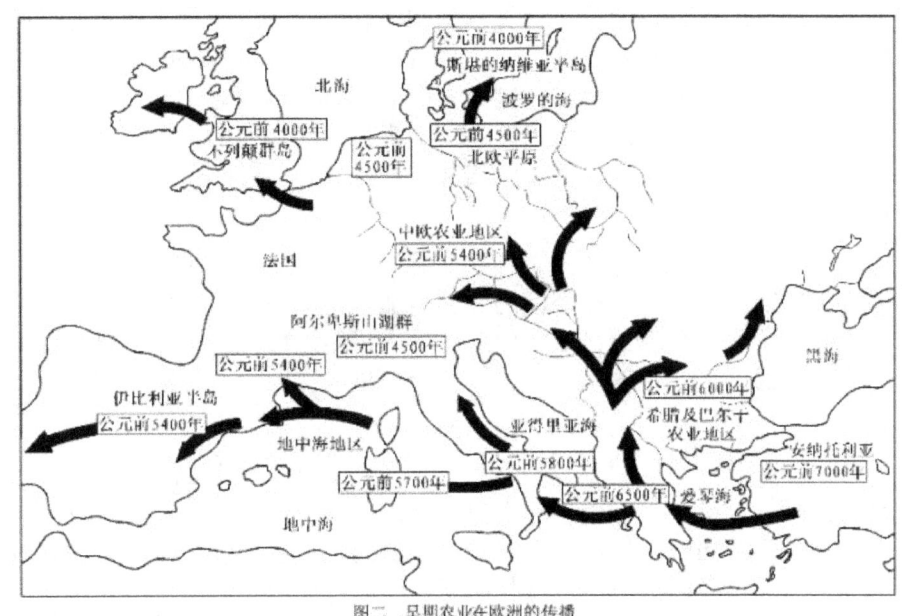

图二　早期农业在欧洲的传播

来源: Peter Bogucki. The spread of early farming in Europe. American Scientist. 84 242– 253.

　　农耕文明的产生，不能把它看成仅仅是对一两种植物的驯化和种植技术的发明。她是一个极为复杂、庞大的社会体系的诞生；她是人真正开始脱离动物或说脱离动物的生存方式的一个转折点；她是人类从一种较高级的动物种群、真正进入"人类社会"、由量到质的转变，是人类发展史上的一次"突变"；她是对人类身体和头脑几十万年进化累计起来的成果的全面开发和运用。

　　首先，无论动物还是猿类，传统的采集和狩猎活动基本上是一种动物的本能，所得到的食物都是"即时"的，可以立刻解决动物本身的饥饿问题。而"种植的食物"不可能有"即时"的收获，需要长时间观察和等待，是需要动物在饥饿，甚至是不饥饿的时候就预先要做的看起来十分奇怪的"劳动"。而"收获"，是很久以后的事，这需要远远超越动物界的"空间想象力"。另外，种粮食需要精准的历法，要长期观察夜空中星星的运行轨迹，即所谓"天象"才可能积累这方面的常识。

其次，采集的食物无论是鲜果还是干果，一般不需要做太多的处理就可以直接食用，而狩猎得来的肉类，只要有一个打制或磨制的石刀，就可以割下来直接食用，只是不太容易消化罢了，而几十万年前就学会使用火的人类族群，也可以把食物直接放在火上烤熟了再吃，这样就更好消化了。而收割及存放必须熟食的粮食也包括把它弄熟的过程——都需要有复杂的工具和方式才能够完成，如粮食的去皮要比在树上采集的干、鲜果类去皮复杂得多。麦子，如果你一粒一粒的去剥皮儿，那几乎是不可想象的工作量。这些都需要众多专门的人才、由专门的工匠将动物的毛皮、天然的葫芦和椰壳等动植物壳体抛开、晾干，用作收集和搬运粮食的容器，还需要有专门的工匠将特殊的泥土捏制成陶坯，再烧制成陶罐作为搬运水和煮制粮食的锅。这些过程对于处在新石器末期的人类来说，是难以想象的复杂和繁琐，这需要一个庞大的群体。按当时来说，需要许多个聚居点，并具有不同的文化，互相之间要有交流，能互相促进，以及几十代人的探索和努力。

农业的发展大大提高了人类的生产效率，使人口和人口密度急剧增加，而恰恰是人类的高度聚集，人口密度的最初增加，使人类可以聚集成为"社会"，一些属于"社会"的"上层建筑"才有可能被慢慢的搭建起来，使人类在真正意义上成为"社会的人"。人类社会最早的文明——"农耕文明"，就从此诞生了。

而农耕文明诞生的关键，是人口密度必须达到一个"起始值"，这应该是一个硬性的指标。没有一定规模的人口聚集，没有一个偏好聚集的人种，在任何资讯无法隔代传递的时代，农耕文明是不可能有可持续性和传承性的，就像在欧洲长期进化的游猎家族，永远只能生存在随时被灭绝的边缘上，绝对不可能成为一种"社会文明"传世。在欧洲长期繁衍，头脑容量超过现代人的克罗马农人的灭绝就说明了这个基本的法则。

而在欧亚大陆长期存在的通常由强势人种从事的"游猎"后来变成"游牧"生产方式，由于与狮子的生存方式一样，对森林和草原的面积有较高的要求，并很容易导致荒漠化，反而切断自己进一步发展的途径。这样就永远无法达到，进入农耕文明需要达到的人口密度起点。而且游牧文明的技术过于简单，无法形成复杂的社会体系，甚至在当时来说都无法做到"定居"，因此只能说是更高级一点的动物生存方式罢了。就像会使用石头在肚子上砸碎贝类食物、用自己锋利的牙齿刻倒树木，形成半封闭的围堰，围堵鱼类便于捕鱼的河狸。他们只是会"使用工具的动物"，永远不可能进入某一文明的起点。

早期农耕文明的发源地，必须满足一些"必要条件"才能够产生。首先，那个地区在当时来说是非常闭塞、非常荒凉、人迹罕至的地区，至少是不适合游猎民族出没的地区。因为农耕文明的产生至少需要千年以上的"伊甸园式"的相对和平的酝酿和发展期，在这期间不能有强悍的游猎、甚至后来的游牧民族光顾。其次，产生农耕文化的种族是被晚于他们的纯游猎、游牧种族在圈地过程中淘汰的弱势人种族群，他们无法从事悠闲的游牧生存方式，他们才可能甘愿从事更辛苦、工作更复杂、收获更少、食物营养更低的农耕劳动，更加使自己"草食动物化"。第三，他们必须是一个勤劳而智商相对较高的民族。

我们强调早期农耕文明是大河文明，不是说大河是"必要条件"，而是强调"荒凉到无人问津"是必要条件，到处是沼泽和灌木的大河流域是符合这一条件的，而有些荒凉的、别人很难到达的岛屿，例如早期的克里特岛上和中美洲的半山区、中国西部的大山里，也是符合这种条件的地方。

人类当中的弱势人种，刻意到达这些不适合人类生存的荒蛮地方去过艰苦的生活，就是为了躲避战乱和种族屠杀等灾难，但老天是有眼的，恰恰是灾难才能够成就人类。那些强势种族不可能出现快速进化，就像几千年后，仍然盘踞在非洲中部以狩猎为主的黑人一样，优越和舒适的生活环境，很难使他们进一步进化。上帝为"丛林"时代，竞争相对弱势的人类族群另外开了一扇窗子，他们可以脱离世界上所有动物的发展和进化路径，另辟蹊径，成为宇宙当中的"另类"。人类弱势的族群的生存技能，在艰苦的环境下有了大幅度提高，现代人类社会和文明开始萌芽。

人类早期的所有文明，哪怕是非常微小的进步，都要经过漫长的进化过程，进化的时间单位都是若干万年，但人类早期的农耕文明，应该是一个例外，它在短短的几千年之内就创建了一个如此复杂的文明体系，并取得了辉煌的成绩，完全可以被称为人类发展历史上一个罕见的旷世"突变"。 但这个"突变"，必定融入了早期黄种人，可能是几十代人的艰辛努力。可以说，没有黄种人和与早期黄种人相伴而生的母系社会，就没有农耕文明和今天的人类社会。

根据《世界史的故事》作者：苏珊·怀斯·鲍尔描述：

两河流域是已知世界最早进入文明社会的地区，它的历史比埃及还要悠久，成就也毫不逊色。它拥有人类最古老的文字、城市和文明，对周边的埃兰、腓尼基、迦南、犹太、赫提以及地中海边的希腊均产生深刻的影响，从而对世界历史发展作出不可估量的贡献。法国学者让·波特罗不无钦佩的指出："西方文明直接发源于基督教，而后者处于两大文明的江流上，即圣经与希腊化。我们文化的所有方面都是两河文明形成的。"

然而肥沃的土地，尤其是南方的巴比伦尼亚吸引了无数入侵者，主要是游牧民族，他们一次又一次成为这片土地的主人。这是一个漫长的名单：阿摩利人、亚述人、迦勒底人、埃兰人、米底人、波斯人、马其顿人、帕提亚人、萨珊人、阿拉伯人……金戈铁马、狼烟四起，在这片多事的土地上，诸多民族此消彼长地上演着兴衰起落。但令人惊奇的是，在征服之后，征服者却最终为两河文明同化——虽然也不可避免地留下他族文化的印记，使得两河古文明历经浩劫，却仍被传承下来。

1.2、伊甸园到底在哪里？

根据《圣经》：

创 2:7　　耶和华上帝用地上的尘土造人，将生气吹在他鼻孔里,他就成了有灵的活人, (.名叫亚当.).

立伊甸园

创 2:8　　耶和华上帝在东方的伊甸立了一个园子, 把所造的人安置在那里.

创 2:9　　耶和华上帝使各样的树从地里长出来, 可以悦人的眼目，　(.其上的果子.)好作食物. 园子当中又有生命树和分别善恶的树.

创 2:10　　有河从伊甸流出来，滋润那园子，从那里分为四道。A river watering the garden flowed from Eden; from there it was separated into four headwaters.

创 2:11　　第一道名叫比逊, 就是环绕哈腓拉全地的。在那里有金子, The name of the first is the Pishon; it winds through the entire land of Havilah, where there is gold.

创 2:12　　并且那地的金子是好的。在那里又有珍珠和红玛瑙。(The gold of that land is good; aromatic resin and onyx are also there.)

创 2:13　　第二道河名叫基训，就是环绕古实全地的。The name of the second river is the Gihon; it winds through the entire land of Cush.

创 2:14　　第三道河名叫希底结, 流在亚述的东边。第四道河就是伯拉河。The name of the third river is the Tigris; it runs along the east side of Asshur. And the fourth river is the Euphrates.

在这里，第一条河 Pishon 就是 Kızılırmak 哈里斯河（红河）；环绕"哈腓拉"全地，就是被哈里斯河环绕的"古代"哈图沙"地区"。

在这里，第二条河 Gihon 就是 Ceyhan 和 Seyhan 水系；环绕"古实"全地，就是 Ceyhan 和 Seyhan 水系上游发源地东北的"库萨尔"地区。

第三条河就是底格里斯河，第四条河就是幼发拉底河。

伊甸园 Eden 就具体地名来说，就是 Ereğli Ovası 地区。

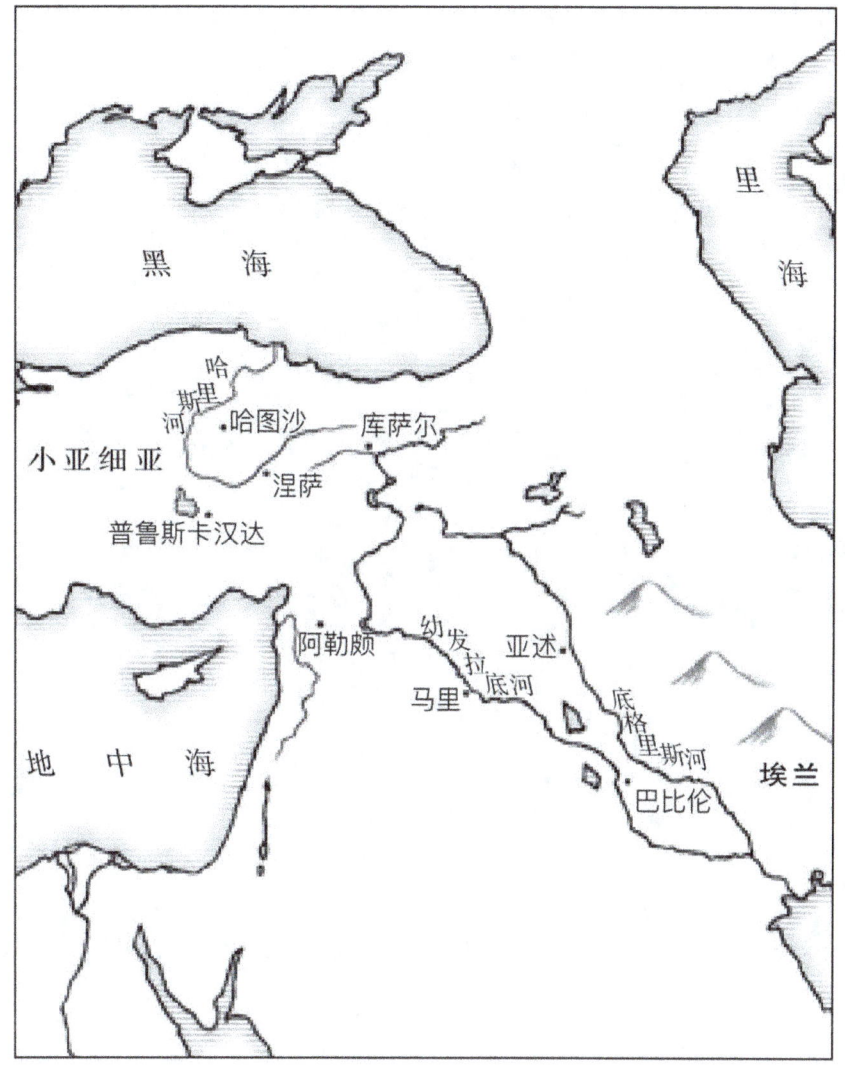

　　Kızılırmak 河是一条发源于锡瓦斯伊姆兰勒区 Kızıldağ 边缘的河流，在萨姆松 Bafra 区注入黑海。它全长 1,355 公里（841 英里），是土耳其最长的河流，发源于土耳其境内并在境内注入大海。Kızılırmak 穿过 Sivas、Kayseri、Nevşehir、Kırşehir、Kırıkkale、Ankara、Çankırı、Çorum、Sinop 和 Samsun 等省份。通过汇集 Delice River、Devrez 和 Gökırmak 等众多溪流和溪流的水 ，从 Bafra Cape 划出一个大弧线到达黑海。

　　Kızılırmak 是土耳其最重要的湿地之一，拥有 56,000 公顷的三角洲，包括流入黑海的区域。这条河上建有 12 座水坝和水力发电厂，在该国能源生产中占有重要地位，这条河用于其流经省份农田的灌溉活动。

四条大河源头西侧的较平坦地区，即伊甸园（≈今天的安纳托利亚地区）

我上一本书在介绍《山海经》时，曾经提到：《山海经》是由不同人种或族裔辑写而成的，甚至《山经》都是由不同人种或族裔写成的不同山系，所以当不同系列的《山经》互相有交叉或交集时，会出现同一座山，在不同的《山经》里叫不同的山名的情况。其实与《山海经》同时代的《圣经》也是这种情况，不同人种对同一地方的叫法，也不尽相同。

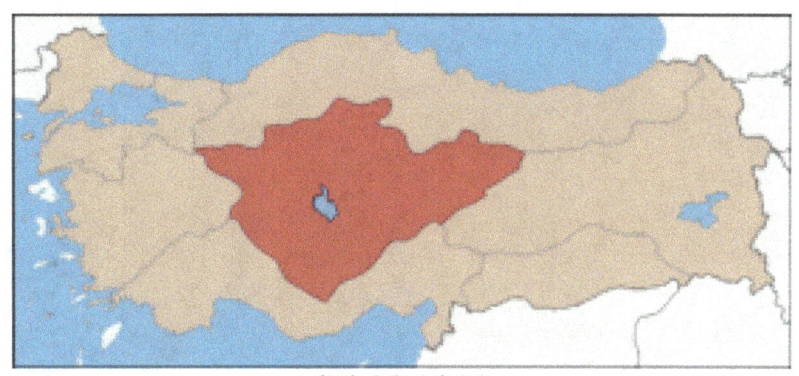

伊甸园示意图

应该说，《圣经》当中的亚当和夏娃，明显源自中国人的始祖皇帝和女娲，本质上"夏娃 Eve"就是中国古籍中记载的"西王母"甚至，"女娲"说快了发音几乎完全一样。实际上，亚当和黄帝的发音在古代也完全一样，Adam＝黄帝（黄帝在中国古汉语或广东话发音"昂带"即 Adam）。伊甸园中的"伊甸"，就是中国古书《山海经》中记述的"玉山"，"伊甸"也是"玉山"的音译，即：安纳托利亚高原上的 Erĝli 地区。很明显，《圣经创世纪》当中，对伊甸园的地理位置的描述，是来源于比《圣经》更早成书的《山海经》的。实际上，人类文字所记载的最初的文明，明显是单一起源，或者叫做"共同起源"的。

显然，"伊甸园"就是土耳其的安纳托利亚地区（核心地区是加泰土丘），被逐出伊甸园的夏娃就是传说中的"西王母" 或"亚马逊女战士"，也包括他们周边山区的父系制白人游猎族群（亚当），他们也跟随这个母系氏族走出伊甸园。那里早期应该是一片大沼泽，到处都有蛇出没，所以他们很容易"被蛇所误导"。这大约是 7000 年前的事，与《圣经》记述的亚当与夏娃的出现时间完全相符。

圣经所叙述时代的夏娃的标准像　　　　　　真实的夏娃们大概是这个样子的

所谓"夏娃"，就是生活在安纳托利亚地区的古老的母系氏族"亚马逊人"，西方人传说中的"亚马逊女战士"。"夏娃"只是"亚马逊、西王母"不同口音的人的读法。

上帝把亚当和夏娃逐出伊甸园后，便在园子的东边安设"基路呐"传说中"带翅膀的动物"和四面转动发火焰的剑，来把守通往生命之树的道路。从此，上帝失落了人；人类也失落了上帝。

在园子的东边安设基路呐和四面转动发火焰的剑，来把守通往生命之树的道路。这就是我上一本书中提到的，中国人的《山海经》所描写的所谓"炎火之山" 就是安纳托利亚地区东边的火山"哈桑山"，海拔高度 3,253 米，该火山宽 4 至 5 公里的火山破口在公元前 7500 年形成，最近一次火山喷发在公元前 6200 年左右发生，也许就是《圣经》中所描写的亚当和夏娃被驱逐的时代。

也许这件事应该反过来说，在园子的东边安设的基路呐，就是安纳托利亚地区东边的"哈桑山"它在公元前 6200 年左右喷发，火山灰覆盖周边的大片地区，包括可能已经存在的农田，严重破坏了"伊甸园"的生存环境，那里生存的早期人类不得不四处迁移。即：《圣经》中所描述的"被上帝（上天）赶出伊甸园"，由于当时火山还在活动期，经常还有残留物喷发出来，他们也就很难再回去了。即"上帝安设基路呐和四面转动发火焰的剑，来把守通往生命之树的道路。"。

我上一本书曾经详细介绍过这部分内容：

　　世界文化遗产——加泰土丘的新石器时代遗址，位于安纳托利亚高原南部科尼亚平原上，距离双峰火山哈桑山仅 140 千米（87 英里）。由两座土丘所组成，用夯土建造的，这些土壤可能对此处的早期农业有益。东部遗址高 20 米（66 英尺），西部遗址略小，一条流经恰尔尚巴的河穿过两座土丘中间。占地 34 英亩。2012 年，作为文化遗产列入《世界遗产名录》。

　　加泰土丘东边较高的遗址，展示了公元前 7400 年至公元前 6200 年之间新石器时代居住地的 18 个发展级别，包括壁画、浮雕、雕塑和其他具有象征性、艺术性的特质。它们一起见证了人类为了调整自身适应定居生活而在社会组织和文化实践方面的演变。西边山丘则展示了公元前 6200 年至公元前 5200 年铜石并用期间的文化习俗的演变。加泰土丘遗址反映了在近两千年的时间范围内，同一位置的定居村落如何向城市聚居地转变的过程。定居点的一项独特是这里没有街道，房屋与房屋背靠背连成一个集群，房子的入口与早期人类居住的地下洞穴相似，设在屋顶。

　　加泰土丘是由民居组成的，没有一座明显的公共建筑。明显是每个个体或者"家庭"自己寻找空间而不断加建的，仅仅挤在一起的生活空间。一些大型绘有壁画的房间的作用至今仍不明确。据估计东部土丘的人口曾达到一万，但不同历史时期有所变化。平均人口大约处于五千到八千之间，其房屋由胶土粘合而成，建筑之间没有修筑街道，因此整个建筑群就像是一个蜂窝状迷宫。其建筑的门开在顶部，需要梯子协助才能进入屋内，同时这也是其唯一的通风口。屋子内部由石灰涂抹，通常在南墙建有炉灶，主屋有高于地面的平台，可能会用作家庭活动（这应该是黄种人睡觉用的地方，直到三、四十年前，90%以上的中国农村家庭还都是一家人一起睡在这种"土炕"上，看来这种传统也许已经有七、八千年之久了。）。

　　居民死后就葬在聚落内，在灶台和地板下有发现人类遗骨。埋葬前遗体会被放入篮子或卷在草席中，因此骸骨多呈扭曲状。根据一些遗骨脱节的情况显示，这些尸体在下葬前曾暴露于空气中相当长一段时间，一些个别案例中遗骨的头部没有找到，可能被用在了祭祀仪式中。一些涂了灰泥并上了色的头骨显示出了其主人生前的样貌（生前用白色灰泥和红土涂抹身体做纹身）。

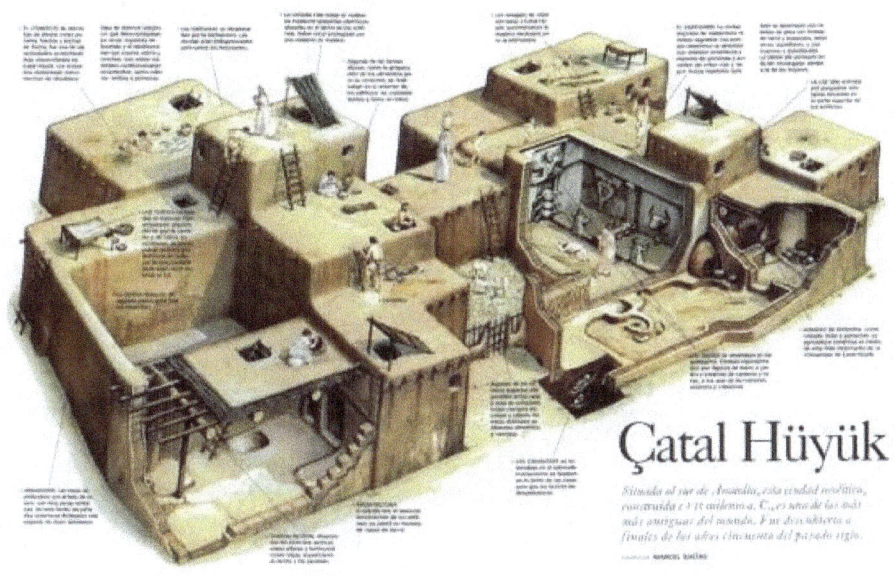

Çatal Hüyük

Situada al sur de Anatolia, esta ciudad neolítica, construida i 14 milenia a.C., es una de las más más antiguas del mundo. Fue descubierta a finales de los años cincuenta del pasado siglo.

在遗址内还发现了生动的壁画和人偶，其中最著名的是加泰土丘女性坐像（Seated Woman of Çatalhöyük）。虽然并没能在此地发现有神庙的遗迹，但是加泰土丘居民被认为确实有宗教信仰。其壁画包括狮子、已灭绝的欧洲野牛、牡鹿、秃鹰以及男性阳物和居民狩猎场景。在建筑内部的墙壁上发现有动物头部装饰，野牛尤其常见。一幅描绘着哈桑山双峰的绘画（基路呐和四面转动发火焰的剑）被当作是世界上最古老的地图及最早的风景画。然而也有反对的声音称这幅画与其说是地图，不如说是几何图形。

加泰土丘的居民中没有常见的社会阶层，因为这里没有专门为统治者或祭司修建的屋子。在这里男女性可能是平等的，类似于一些旧石器时代文化。在遗址上层，可以明确看出加泰土丘居民已发展出了农业技术，并懂得驯养牛羊。在一些贮存小麦和大麦的箱子中发现了女性雕塑。其他食物包括豌豆、杏仁和阿月浑子。在遗址中还发现了陶器、黑曜石工具（处新石器时期）、地中海的动物外骨胳（龟壳）以及来自叙利亚的燧石。

早期发掘中发现了用许多包括大理石、方解石、雪花石膏和粘土等各种材料刻成的女性雕塑，这些雕塑曾被认为代表着一个女性神祇。其中最著名的"加泰土丘女性坐像"发现于一个粮食容器中，描绘了一位坐在狮子扶手椅上的女性形象，被认为是象征丰收和保护食物的神。但是从那个雕像坐着的姿态来看，即便她不是神，她一定也是一个氏族的女首领，而不会是一个氏族公社的普通女成员，在我看来，她就是中国古人梦中的"西王母"的坐像。

但在一篇登在《土耳其每日新闻》上的文章中，霍德否认加泰土丘是母系氏族，并说："在观察他们的饮食习惯和社会地位时，我们可以看到男女地位是平等的，这是一种力量的平等。另一个例子是颅骨，如果一个人在加泰土丘文明中身份重要，他的头与身躯在死后会被分开，而现发现的男女颅骨数是相等的"。

应该说有一点是可以肯定的，当地以"家庭"为单位的原始父系狩猎族群，不可能有这么大规模的群聚生活，而且狩猎族群不可能住在平原上，而是在山上分散安家。住在平原上又有一定规模的聚集，一定是农耕民族，因为游牧民族也必须分散居住，而且需要的地理空间更加广阔。

因为他们以谷物为主的饮食，令当地人易出现蛀牙这种"农耕文明疾病"，有考古团队研究显示有大约 10-13% 被发现的加泰土丘居民的骸骨有蛀牙。团队检验了 93 个头颅，逾四份之一即 25 个有愈合的骨裂，其中 12 个更有超过一个伤口，最多一个更曾有 5 个伤口。这些骨裂相信由圆硬物造成，而团队在当地也发现不少泥球，大小与骨裂伤口吻合。遭受袭击的超过一半为妇女，受伤位置均为头顶与后脑，显示施袭者是从后方攻击；而这些伤口均出现于中后期的人口之中，这加深了这里居住的是弱势人群的印象。

更令人意外的发现是，大部份人都会在屋内挖坑埋葬尸体，但从主要由基因控制的牙冠形态却发现，这些曾居于同一屋檐下的人大部份都无亲属关系"这应该也是母系氏族走婚的特征"。另外他们的居住方式是半地下式的，从房顶进出，实际上就相当于穴居，在他们西北面的一些与他们同时期的族群，甚至还大规模的穴居到深层的地下，这说明他们是很弱势的族群。而身材高大男权主导的强势狩猎部落，也不可能住到半地下去，高大的白人男子也不太可能从早到晚靠单根木棍形成的简易梯子钻进钻出，这样迟早会被重重的摔伤。

山海经《大荒西经》中亦有对西王母的记载："西海之南，流沙之滨，赤水之后，黑水之前，有大山，名曰昆仑之丘。有神，人面虎身，有文有尾，皆白，处之。其下有弱水之渊环之，其外有炎火之山，投物辄然。有人戴胜，虎齿，有豹尾，穴处，名曰西王母。此山万物尽有。"

《大荒西经》对西王母的描述，和西次三经中对西王母的描述相同，而增加了西王母的生活习性，穴居，所住之处物产丰富，这些都与上述的加泰土丘居民和 "伊甸园的地理位置" 完全相似。

根据《山海经》中的诸如穴居、有水鸟、有瑶池、有红河（**哈里斯河**）和黑水等一些细节的描述， "西王母即夏娃" 所居住的地区，明显就是相当于今天土耳其 "中安纳托利亚大区" 中包括格雷梅和卡帕多西亚地区在内的整个科尼亚平原，西部甚至还可以包括部分山区的纵深地带 "有瑶池" （棉花堡Pamukkale）。例如，安纳托利亚南部的卡拉因（KARAIN）洞穴中发现的石器和骨制用具表明，西元前 8000－7000 年，这一带就有原始部落生存。这一部落所处的历史发展阶段属于穴居社会与新石器时代之间的早期农业社会。这也是迄今为止土境内发现的最早的人类遗迹。

更重要的是，这一地区还包括了两个大湖，即 "贝伊谢西尔湖" 和 "图兹湖"，大部分可用于农耕的相对平坦的地区都在两湖之间及偏南的盆地里，我们索性把这个 "早期农耕区域" 称为 "两湖盆地区域" 或干脆称为 "安纳托利亚高原上的两湖地区"。

卡帕多奇亚，早在七千至一万年前，当时就有人兴建大型的地下城镇，估计可能居住了约二万人，规模之大实在令人惊叹！

　　这些母系氏族的主要蛋白质来源，来自她们北面"大泽"（Tuz Gölü）和早年两湖盆地中众多的沼泽地和盐泽。一些长腿的大型候鸟由于体型较大，不太怕人，近距离很容易被捕获，被这些母系氏族作为重要的食物来源，另外还有一种以鸟类和鸟蛋为食的，旱地里爬行的红蛇，也可以作为他们在非大型候鸟季节的食物补充。慢慢的由于过于依赖这些候鸟和蛇，有些氏族干脆用这些候鸟和蛇的形象做图腾。

　　图兹湖 Tuz Gölü，土耳其天然盐湖。位于干旱的中央高原洼地。海拔 925公尺（3,035 呎）。一年大部分时间湖面面积约 1,500 平方公里，夏季枯水期间，露出大片盐滩，可供采盐。

图兹湖枯水季遍地是盐的壮观景象　　　　　　作者在湖边的烈日下

火烈鸟在图兹湖栖息。图片来源：Icphoto

　　中国人远古的创世始祖伏羲，很可能也是亚当的原型，《山海经》曾明确指出，**伏羲也在弗里吉亚地区，即也是出生在伊甸园里。**两者的分歧在于，远古的白人是以游猎为主的"男权氏族"，所以西方人的历史是："上帝就用那人（亚当）身上所取的肋骨，造成一个女人。"；而黄种人的远古是以农耕为主的"女权"的母系社会，所以根据中国人的历史：

　　三皇时期有一个地方叫华胥国，华胥国是半人半神的国度，非常神秘，那里有一个大泽叫雷泽（图兹湖）。一天有一个巨人的足迹出现在雷泽中，有一个女子称华胥氏的，出于好奇，以脚踩在巨人的足迹上，从而有感而孕，生下了伏羲氏。中国人的 5000 年文明应该就是从这个时期开始的。

1.3、神与人的起源和大洪水时代

　　撒迦利亚·西琴（Zecharia Sitchin）是一位在国际上备受尊敬的作家和研究者，他是现今仅有的少数能真正读懂苏美尔楔形文字的学者之一。从 1976 年起，他陆续出版了一部在全球范围内影起巨大反响的系列作品《地球编年史》。这套多达 7 册的开创性的大书迄今为止已被译为 20 几种语言出版，印刷近 2000 万册。

　　在书中，作者结合考古学、古文字学、东方学与《圣经》学的最新科学发现，重新编织并复述了整个人类的历史——尤其是史前地球史和人类史。他提供的证据表明，上古神话并不仅仅是传说或幻觉，而是被我们日渐遗忘的遥远的史实。而这些神圣的知识所包含的内容，正是我们是谁，我们从哪儿来，甚至，我们往何处去。

　　例如他在书中提到：你是否思考过，为什么我们这个种族是地球上唯一的高智能物种？你是否想过，为什么从古代的哲人到现代的科学家，都无法完全回答我们从哪儿来？或者你是否知道，为什么希腊词汇 anthropos（人类）的意思是"总是仰望的生物"？甚至连 earth（大地，地球）一词都是源于古代苏美尔的 e.ri.du，而这个词的本意竟是"遥远的家"？

　　由于本书篇幅的原因，下面只能对西琴先生的书中第一至第五章的一些内容进行节选，来粗略的说明他的观点。

　　西琴先生在他的"前言"中说：

　　《旧约》（Old Testament）伴随着我的童年。大约五十年前，当它的种子植入我的心灵时，我完全不知道它与进化论之间的激烈争论。但是，当一个年轻的学生学习一门叫"起源出现在古希伯来"
（Genesis in Its Original Hebrew）的课程时，我心中出现了一次和自己展开的
冲突。

当时，我们阅读到第六章，上帝打算发动大洪水消灭人类。在那个人类面
临灭顶之灾的关键时刻之前，所谓"众神之子"，也就是那些娶人类的女儿为
妻的生物，还居住在地球上。

在希伯来的古文中，他们被叫做"Nefillm"，老师解释说，纳菲力姆就是
"巨人"的意思。但我反对说："难道它不是应该直接被解释为'被放下的
人'（Those Who Were Cast Down)吗？他们是不是曾经真的到访过地球？"
因为 nfl 这个动词是"降落"、"堕落"、"掉下"、"放下"的意思，nfil 是
nfl 派生出来的动名词，意思是"从上往下降的人"，而 nflm 则是它的复数形
式。所以，他们不该被意译为巨人——哪怕也许他们可能真的是巨人，但"巨
人"二字却未能指明他们最重要的身份属性：从上（意为"天"）往下（意为
"地"）降的人。可见，Nefillm 的准确翻译应该是"从天而降的人们"。

那么，现在是不是到时候该来接受这些如此相似的远古文明带给我们的信
息，并相信所谓的"巨人/纳菲力姆"其实就是从天堂到地球来的访客？

《旧约》中不断重复说着："耶和华的王座在天堂"、"在天堂里主注视
着凡间"云云；而《新约》（New Testament）中也反复说："我们在天上的
父"。

但《圣经》的可信度因进化论的出现而有所动摇，后者在世界范围内得到
了广泛认同。如果人是进化来的，那么很明显，他们不可能一次性就被某个神
创造出来，并有预谋地建议："让我们把亚当（Adam）造成如同我们自己的形
象或式样。"

那么看看另一个例子，苏美尔文明，在 6000 年前它们没有任何预兆地突然
消失了。由于这些作家们通常无法清楚地表述这一事件发生的时间与过程，最
重要的是，没有查明那些古代的太空人是从哪里来的，因此，他们留下了令人
好奇的问题，却没有答案——有的是对这些没有答案的问题的进一步思索。

西琴先生在他的"书中内容"中说：

近一个多世纪以来，苏美尔、亚述(Assyrian)、巴比伦以及赫梯(Hittite)的文
化，吸引了一大批学者。但对其语言和文字的解读，最早是靠抄写与音译，最
后才是真正的翻译。

西琴先生在他的书中" 第一章 无尽的开端"中说：

难道生命是从宇宙中其他地方来到地球的吗？

人类在进化链中所处的位置也是一个困惑。这里，找到了一个破掉的颅骨，那里，找到一个颚骨……起初，学者们还以为人类是在 50 万年前起源于亚洲。但当更加古老的化石发现之后，人们不得不承认，如果进化就像一个运作中的磨坊，那它的磨盘转动得可比想象中慢多了。猿（Ape），人类的祖先，现已发现出现于令人难以置信的 2500 万年之前。在东非的考察发现，他们在最早大约 1400 万年前就开始向类人猿（Hominids）转变。从那时起大约 1100 万年之后，第一个有资格被称作人的类人猿才真正出现。

被承认为最早的类人猿，"高级南方古猿"（Advanced Australopithecus），在 200 万年前就已经存在于东非相同的地方。之后又花了近百万年的时间才进化为直立人(Homo Erectus)。最后，在另一个 90 万年后，第一批原始人类(Primitive Man)出现了，他们被称为尼安德特人（Homo neanderthalensis）。他们得名于被最早被发现的德国尼安德特河谷（Neanderthal）。

虽然在尼安德特人和南方古猿之间有着超过 200 万年的时间，但他们所使用的工具——锋利的锐石——是非常相似的；并且，从外貌上看，他们也几乎没有什么差别。

接着，无从解释的事突然发生了：在并不遥远的 3.5 万年前，人类的另一族群——智人 (有思想的人)——出现了，就像他们本来就在那儿一样；随之而来的是尼安德特人从地球表面的突然消失。这些近代人——克罗马农人（Cro-Magnon man，发现于法国西南部一个同名石窟中）——看上去和我们长得如此相似，如果穿上现代人的服饰，那么他们将遁形于任何一个欧洲或者美国城市的人流中。

因为他们创造的那些宏伟的洞穴壁画，他们起初被叫做穴居人（Cavemen）。事实上，他们能在地球上自由自在地游移，因为他们知道怎样在他们所到之处，用石头或兽皮修建棚屋。

百万年来，人类的工具都是形状简单且便于使用的石头，然而克罗马农人却使用木头和兽骨制造出特殊的工具和武器。他们不再是所谓的"裸猿"（Naked Ape），因为他们将兽皮穿在了身上。

他们有自己的社会组织，住在由族长带领的属于自己的氏族中。他们的壁画证明了他们对艺术已经有了较为深刻的感受。有些壁画和雕刻带着明显的宗教色彩，表达了对某位母亲女神(Mother Goddess)的崇拜——在某些时候，她是用新月符号来表示的。他们知道埋葬死者，而且必须这么做。显然，他们已经有了哲学方面的思考，比如生命，死亡，甚至可能还包括了来世。

一位很有权威的专家正在研究这一课题，他是狄奥多西·杜布赞斯基教授（Theodosius Dobzhansky）。他的著作《进化中的人类》

（Mankind Evolving）对这个进化期出现在地球进入冰河时代之际感到极为困惑，因为对进化进程来说，这是最为不利的时期。

他指出：智人完全缺乏此前的物种身上我们已知的一些特征，但又额外拥有一些以前完全没有出现过的新特征。他得出这样的结论："现代人有许多近亲和支系，但没有先祖。智人的起源因此成了一个难题。"

人类花了 200 万年的时间，才在使用石头的时候发现，可以通过打磨而让它们变得更为合适和顺手，并由此开始了"工具行业"（tool industries）。那么，何不又再花上 200 万年去学习如何应用其他材料，然后再用 100 万年去掌握数学、工程学和天文学？

总结了很多著名专家在这一课题上的研究成果，罗伯特·J·布雷德伍德（Robert J.Braidwood）和 B·豪（B. Howe，史前史科学家）指出，遗传学可以证明，农业毫无疑问地开始于智人带着他们的原始文明出现的地方：近东。现在不用任何怀疑，农业就是从近东的山脉和高地这个弧形中传遍世界的。

与《圣经》同时代的人们当然知道伊甸园的大概地址。它"在东方"——在以色列的东方。四条主河流过的陆地，其中两条是底格里斯河（Tigris）与幼发拉底河（Euphrates）。

毫无疑问，《创世纪》（The Book of Genesis）将这个世界第一个果园设立在了这些河流发源的、美索不达米亚平原的东北高地上。《圣经》和科学达成了完全的共识。

事实上，如果我们将《创世纪》中关于希伯来起源的文字当作科学文献而不是神学文献来研读的话，我们会发现，它同样精确地描述了植物驯化的过程。科学告诉我们，这个过程是由野草变为野生谷类再到可耕种谷类，接着是结果的灌木和树。这个过程完全就如《创世纪》第一章所讲到的那样：

> 接着天父说：
> "地要发生青草和结种子的菜蔬，
> 并结果子的树木，
> 各从其类，
> 果子都包着核。"
> 事就这样成了：
> 于是地发生了青草和结种子的菜蔬，各从其类；
> 并结果子的树木，各从其类；
> 果子都包着核。

《创世纪》接下去向我们讲述到，人类从伊甸园中被赶了出来，必须长时间辛苦地耕种他们的食物。"用你额头上的汗水来换取面包，"上帝是这么对亚当说的。在此之后，"亚伯蓄养牲畜，该隐则在泥地里耕种"。人类——《圣经》告诉我们——在成为农民之后，很快就成为了牧羊人。

第二章 突如其来的文明

很长一段时间以来，西方人认为他们的文明来自希腊和罗马。但是希腊哲学家自己却时常说他们扎根在一个更加古老的源头。后来，回到欧洲的旅行家们报告了埃及的存在，以及那些宏伟庄严的金字塔（Pyramid），和有一半都被埋进沙里的神庙——它们被一个名叫斯芬克斯（Sphinx，狮身人面像）的巨石怪物守护着。当拿破仑（Napoleon）于 1799 年到达埃及的时候，他带领他的学者们研究并试图解释这些古代奇迹。他的一位官员发现，在靠近罗塞塔（Rosetta）的地方有一块石板，是公元前 196 年刻立的，上面用古埃及象形文字雕刻了一个宣言。

对古代埃及文字和语言的解读，以及考古学的成就表明，早在希腊文明之前，埃及文明就有了很高的成就。资料记录，在大约公元前 3100 年，古代埃及人就有了皇室和王朝，比古希腊文明早了整整两千年。在公元前五世纪到四世纪的时候，它进入了黄金时期。古希腊在它的面前与其说是起源者，不如说是后来者。

那么我们文明的起源是在埃及吗？

这貌似是一个较为合乎逻辑的结论，但事实却不是这样。古希腊的学者们的确描述过他们对埃及的拜访，但他们的知识来源却在另一个地方被找到。爱琴海（Aegean Sea）的前希腊文明——克里特岛（Crete Island）上的迈诺安（The Minoan）文化和迈锡尼（Mycenaean）文化——证明其集成的是近东文化，而不是埃及文化。叙利亚和安纳托利亚（Anatolia）是一个早期文明通向真正希腊文明的主要通道，而非埃及。

值得注意的是，多里安人（Dorian）入侵希腊和以色列人逃离埃及后入侵迦南（Canaan），几乎是在同一时间发生的（大约是公元前 13 世纪），学者们对不断增长的闪族（Semitic）文化和古希腊文化的相同点而着迷。居鲁士·H·戈登（Cyrus.H.Gordon）在《被遗忘的文字》（Forgotten Scripts）和《迈诺安语言的证据》（Evidence for the Minoan Language）等书中，通过使用一个早期的克里特文字，称之为 A 线（A Linear），代表了一种闪族的语言，从而开创了一个新的研究领域。他的结论是："希伯来文明和克里特文明的模式充满不同寻常的相似。"他指出，很多岛屿名字，如克里特，在克里特语中是 Ke-re-et，意为"筑有城墙的城市"；在希伯来文中，其意思同样如此，而且也有和闪族神话中克里特之王（King of Kereet）相对应的神话。

古代波斯文明的根基可以追溯到更早的巴比伦和亚述帝国。在那些古代奇迹里出现的文字形符号，在一开始只被认为是装饰用的设计图案。英伯格·凯普费尔（Engelbert Kampfer），于 1686 年造访了古波斯帝国都城之一的波斯波利斯（Persepolis），他描述这些图案时称其为楔形（Cuneates），从此，这些图案就被称作楔形文字。

当人们努力地破译这些古代文字的时候，越来越清楚地发现，这些文字跟两河流域之间的美索不达米亚平原及高地上出土的人造物品与碑刻上的文字，属于同一种文字。出于对这些琐碎发现的兴趣，保罗·艾米利·博塔（Paul Emile Botta）在 1843 年进行了第一次有目的性的挖掘行动。他在美索不达米亚北部选择了一个地点，靠近现在的摩苏尔（Mosul），今天叫做豪尔萨巴德（Jorsabad（在中国古籍中叫朝歌））。很快博塔就根据楔形文字命名该地方为杜莎鲁金（Dur Sharru Kin）。这是闪族文字，是希伯来文的近亲语言，意思是"正直国王的筑有城墙的城市"。我们的教材和文件上称这个国王是萨尔贡二世（king Sargon II）。

这位亚述国王的都城中心是一座宏伟的皇家宫殿，宫殿墙上刻满了精美的浮雕。如果将它们首尾相连，长度超过了一英里。对于整个城市甚至是宏伟的皇家庭院而言，被称为西古纳特（Ziggurat）的金字形神塔更是显得居高临下，它呈阶梯形，顶部有神殿，是修来供神灵使用的通往天国的阶梯。

城市的布局以及那些浮雕描绘着一种宏伟的生活规模。宫殿，神庙，房屋，马厩，仓库，高墙，城门，圆柱，饰物，雕塑，艺术品，高塔，防御墙，露台，花园——所有这一切都在短短的五年之内竣工。乔治·康特纳（Georges Contenau）在《巴比伦和亚述的日常生活》（La Vie Quotidienne Babylone et en Assyrie）中说："一个充满想象力和潜力的帝国可以在一段很短的时间内做到如此之多。"是的，哪怕是在 3000 年前。

英国人奥斯丁·亨利·莱亚德爵士（Sir Austen Henry Layard），将他的位置选在了相对豪尔莎巴德来说更远的地方，位于底格里斯河下方 10 英里左右。当地人叫那里为库云吉克（Kuyunjik），那里，曾经是亚述的首都尼尼微（Nineveh）。

《圣经》中的名字和事件开始进入现实了。尼尼微是亚述帝国最后三个伟大帝王的皇家都城：西拿基利（Sennacherib）、伊撒哈顿（Esarhaddon）、亚述巴尼波（Ashurbanipal）。在《旧约》里，《列王纪》（Kings）是这么讲的："现在，在希西家王的第十四年，亚述王西拿基利上来攻击犹太的一切坚固城，将城攻取"。当上帝的天使惩击他的军队时，"西拿基利就拔营回去，住在尼尼微（在中国古籍中叫殷）。"

世界上许多博物馆都收集了一些出土于亚述和巴比伦的贵重古董，像是礼仪用的大门，带翅膀的公牛，精细制作的浅浮雕，以及战车、工具、器皿、珠宝、雕像，和其他一些用任何你能想象到的材料制作出来的东西。但是真正的宝藏其实是这些王国的文字记录：用楔形文字书写的成千上万的铭文，其中包括了有关宇宙的神话，史诗，国王庙记录，商业合同，婚姻和离婚记录，天文表，星座占卜，数学公式，地理表单，语法和词汇教科书，以及对他们来说较为重要的神的名字，氏族，称号，事迹，能力和职责。

联系亚述与巴比伦文化、历史和宗教的共同语言是阿卡德语（Akkadian），这是第一个被得知的闪族语系，与希伯来语、亚拉姆语（aramaic）、腓尼基语、迦南语相似，但又出现得更早。但是，亚述人和巴比伦人并没有创造这种语言或是字体；的确，很多出土的碑刻上都有注明，他们是从另一个更古老的源头那里学到这门语言的。

那么，是谁发明了楔形文字这门语法周密、词汇丰富的语言的？那个更早的源头是什么？而且，为什么亚述人和巴比伦人都称其为阿卡德语？

让我们再一次注意《创世纪》的内容："他国的起头是巴别，以力，亚甲……"这里，亚甲，阿卡（Accad，Akkad）——难道在巴比伦和尼尼微之前真有这样一个都城吗？

在美索不达米亚的挖掘工作为此提供了强有力的证据，曾经，确实有一个名叫亚甲的王国，由一个更早的统治者建立，并自称是舍鲁金（Sharrukin）。他在他的写作中声称，在恩利尔神（Enlil）的荣光下，他的帝国疆域从下海（波斯湾）一直延展到上海（被认为是地中海），他自夸在亚甲的码头上停满了从各个遥远地区驶来的船只。

学者们对此充满敬畏：他们遇见了一个在公元前3000多年就建立起的美索不达米亚帝国！从亚述萨尔贡王到亚甲的萨尔贡王之间有一个2000多年的跨度。从挖掘出来的文物来看，涉及到文学、艺术、科学、政治、商业和通讯等各个领域。不得不承认，这是一个成熟的帝国，而且早在巴比伦和亚述之前。此外，它显然还是后来的美索不达米亚文明的教授和源头，巴比伦和亚述仅仅是亚甲文明这个树干上的枝条而已。

如此，一个古代美索不达米亚文明之谜被进一步加深了。幸而，记载着亚甲萨尔贡王功绩和族谱的文献被及时发现了。当中所陈述的内容提到了他的称号："亚甲之王，基什之王"（King of Akkad，King of Kish）。其中解释说他在继任亚甲的王座之前，是基什统治者们的顾问。就是这个地方，学者们开始了自问：会不会还有一个甚至更早的文明，在亚甲之前，被称为基什？

再一次，《圣经》经文获得了重大意义。

库什（Kush）生宁录，为世上英雄之首……

他国的起头是巴别，以力，亚甲。

许多学者都猜测亚甲的萨尔贡王是圣经中所说的宁录。如果将"基什"读成《圣经》中的"库什"，那似乎宁录之前的确是基什。学者们于是开始照字面逐字逐句地解读文献："他击败了乌鲁克（Uruk），并击毁了它的墙……他是与乌尔人（Ur）之战的胜利者……他击败了整个像海一样大的拉格什（Lagash）。"

《圣经》中的以力是不是正是萨尔贡笔下的乌鲁克呢？随着现在被叫作瓦尔卡（Warka）的遗址的出土，我们知道的确如此。而且萨尔贡所提到的乌尔指的不是别的，正好是《圣经》里所说的乌尔，美索不达米亚平原上亚伯拉罕（Abraham）的出生地。

考古发现不仅印证了《圣经》上的记载，还可以肯定，甚至在公元前3000年之前的美索不达米亚平原上仍然有着王国、城市和文明。唯一的问题是：要找到第一个文明国度需要回溯多远？

解开这个难题的是另一种语言。

学者们很快承认，不仅仅是希伯来语中的名字具有含义，《圣经》中也是一样。这贯穿于整个古代近东。亚甲、巴比伦、亚述的所有人名地名都具有一定的含义。但是在亚甲的萨尔贡王之前的国王名字可没有这样的属性。

亨利·罗林森爵士（Sir Henry Rawlinson）指出，很多名字既不属于闪族语系又不属于印欧语系；的确，"它们似乎属于某种未知的语言或人种。"但如果名字真有内在的意思，那么，那种能够解释这种意思的语言又是什么呢？

学者们重新审视了阿卡德文字。基本上，阿卡德楔形文字是由音节构成的：每个标志都代表着一个完整的音节。但是那些文字却又大量地应用了很多不表音节却直接表达意思的词汇，比如"神"、"城市"、"国家"或者"生命"、"高兴"。对这种奇特现象的唯一可能的解释是，这些符号是一个更早期的象形文字的写作方法的遗留物。那么，在阿卡德语之前，肯定有另外一个类似于埃及圣书体（Hieroglyphs）的书写方法。

很快，有一种显然是更早的语言，而且不仅仅是书写方式，被牵涉了进来。学者们发现，很多阿卡德文献和记录中都使用了大量的外来词——从另一门语言借用的词汇（这种方式就像是一个现代的法国人也要从英文中借取"周末"［weekend］一词）。这在科学和技术术语中表现得尤为突出，还有，在与神及天堂打交道的事情里显得同样醒目。

在阿卡德文献中最伟大的发现之一，是一座由亚述巴尼波修建于尼尼微的图书馆的废墟，莱亚德和他的同事在那里运出了25000多条碑刻，其中许多都是由当时的文士所写，作为"古昔测试"（OLDEN TEST）的副本。一组二十三个的碑刻在结尾处有这样的标注："第二十三支碑刻：苏美（Shumer）的语言没有改变。"另一个碑刻上有亚述巴尼波本人写下的让人费解的标注：

"文士之神授予了我他的艺术和知识作为礼物。
我被传授了写作的秘密。

我甚至能够读懂来自苏美尔的碑刻；

我明白石头里的神秘文字，它们雕刻于大洪水之前。"

亚述巴尼波自称能读懂苏美尔文，还说能看懂大洪水之前记录下来的文字，但这一事实只会增加这个谜团。在 1869 年 1 月，朱尔斯·奥波特（Jules Oppert）向法国货币学及考古学界提出，他已经认识到有一个前阿卡德（pre-Akkadian）语言和人类的存在。他指出，美索不达米亚的早期统治者通过使用"苏美尔及亚甲的王（King of Sumer and Akkad）"来宣告自己的正统性，他建议将那些人叫做"苏美尔人"（Sumerians），并将他们的土地叫做"苏美尔"（Sumer）。

除了读名字时发错了音——它应该是苏美（Shumer），而不是苏美尔（Sumer）——奥波特都是对的。苏美尔不是一个神秘的、遥远的土地，而是早期的美索不达米亚南部的名字，就像《创世纪》中所清楚地标注的一样：巴比伦、亚甲、以力的皇城"都在示拿地"。而示拿地是《圣经》里对苏美尔（苏美）的称呼。

如果没有这些很久之前的字典，那我们离阅读苏美尔文将还差得很远。在它们的帮助下，一个庞大的文学和文化宝藏向我们敞开大门。还有一点也变得清楚了，就是苏美尔文中那些早期象形文字，从在石头上竖排刻写变成了横着书写。后来，在软泥做成的碑刻上用楔形风格的文字写作，逐渐被阿卡德人、亚述人、巴比伦人和其他一些古代近东国家的人们接受。

对苏美尔语言和文字的解读，使人们认识到了苏美尔人和他们的文化是阿卡德-巴比伦-亚述成就的源头，这促使学者们对美索不达米亚南部展开考古搜查。现在，所有的证据都表明，这里就是这一切的开端。

第一个主要的针对苏美尔人的挖掘任务开始于 1877 年，由法国考古学家组织；从这个单一地点中发掘出的文物之多，以至于其他人在这里继续挖掘到 1933 年都没有完成。

当地人称这个地方为泰洛赫（Telloh），这里被证明是一个早期的苏美尔城市，并且是一个皇家城市，也就是亚甲的萨尔贡所自吹自擂的拉格什。其统治者使用了和萨尔贡相同的称号。唯一不同的是，他们使用的是苏美尔语言：EN.SI（意为"正直的统治者"）。他们的王朝始于大约公元前 2900 年，并且持续了接近 650 年。在这段时间里，四十三个"正直的统治者"当政，他们的名字，族谱，以及执政的年份都被整齐地记录在案。

这些文献向我们透露了许多信息。他们向神的祈求语，如"让稻谷发芽生长带来丰收……让浇过水的植物长出粮食"，是农业和灌溉的很好证据。一个刻字的杯子这样来表示女神的荣耀："谷仓的守护人"，这无疑是在暗示我们，他们的粮食是测算过并贮存起来的，也可能用于贸易。一个名叫安纳吐姆（Eanatum）的"正直的统治者"，在一块泥砖上留下了一段话，很清楚地表明这些统治者只要获得了诸神的批准，就可以继任王座。他同样也记录了对其他城市的征服，这暗示我们在公元前 3000 年开始的时候，苏美尔就已经有了很多城市。

安纳吐姆的继承人恩铁美那（Entemene）写道，曾修建过一座神庙并饰之以黄金。那里不仅建了花园，还修了一些很大的砖口井。他还自豪地描述，他们筑造了一个带有瞭望塔和各种设施的要塞，专门用于看管入坞的船只。

古蒂亚（Gudea）是拉格什相对出名的统治者之一。他拥有大量由他自己制作的小塑像，全都用来表示他在诸神面前的祈祷和奉献。这可不是装出来的：古蒂亚确实是把自己奉献给了对宁吉尔苏（Ningirsu）的敬仰，那是他们最重要的神，并且建造和重建了许多神庙。

他的许多文献都表明，为了寻找精美的建筑材料，他从非洲及阿纳托利亚（Anatolia，小亚细亚旧称）获得了黄金，从托罗斯山脉获得了白银与铜，从黎巴嫩获得了杉木，从亚拉腊山获得了其他木料，从埃及获得了闪长岩，从埃塞俄比亚获得了玛瑙，还有从其他一些学者们尚未考证过的地方获得的其他材料。

此外，写作的发明和发展，是不能没有一个高度的文明作为支撑的。苏美尔人也应该是发明过印刷术的，比约翰·古藤堡（Johann Gutenberg）发明活字印刷术早了上千年的时间。苏美尔的文士们运用已经做成各种不同象形符号的模子，就像我们用印章一样在湿土上印下文字。

他们还发明了先进的旋转式印刷机——圆柱印章法（the cylinder seal）。他们使用了极为坚硬的石头，在一个小型圆柱体背面雕刻好信息或者图画，然后当印章上裹满湿土的时候，会在泥上印出一个明显的印记。这样还可以保证文档的真实性：一个新的文档能够马上就被印刷出来与之进行比较。

许多苏美尔和美索不达米亚平原的文字记录，并不仅仅与神及宗教有着必然联系，而是同时与诸如记录作物、测量田地和计算价格等日常工作相关。确实，没有一个高度发达的文明，能在缺少一个先进的数学系统的情况下存在。

在苏美尔体系中，它被称为六十进制（sexagesimal），结合了所谓的世俗的 10 以及"天上的" 6，从而获得基数 60。这个系统在某些方面还要优于我们现在的系统；无论怎么说，它都要优于后来的希腊和罗马数学系统。它让苏美尔人能够在数百万的数目中进行除法和乘法，这大为提高了他们计算数字的能力。这不仅仅是我们所知道的第一个数学系统，还给了我们一个"空间（SPACE）"概念：比如，在十进制系统中，2 可能变成 2 或者 20 或者 200，这取决于它的数位；在苏美尔人六十进制系统中，2 则可能变成 2 或者 120（2×60）。其它以此类推。

360 度的圆圈，1 英尺和 12 英寸，以及将"十"作为一个单位，仅仅是残留的苏美尔数学体系在我们现在的日常生活中的几个例子。同时他们在天文学上的成就，以及日历的创作，就像他们的数学一样，都将在未来得到更为密切的研究。

苏美尔人的另一个突出成就是他们的农业。在一个只有季节性雨水的土地上，河水被引流至一个庞大的灌溉系统中，并全年向庄稼供水。

公元前 2600 年的苏美尔，一定发生了许多的事情，以至于乌鲁卡基纳（Urukagina）认为有必要进行一次改革。一个由他写下的长篇文段，被学者们认为是关于人类第一个基于自由、平等、正义的社会改革的宝贵记录。这是一次由一个早于 1789 年 7 月 14 日 4400 年的国王发动的"法国大革命"。

乌鲁卡基纳的改革法令列出了在他执政时期所发生的罪恶，然后进行重组。那些罪行主要是掌权者用权力为自己服务，滥发地方官位，以及垄断集团的高价勒索行为。

所有这些不公正的现象，以及其他的罪行，都被新的改革法典所禁止。官员再也不能为自己确定一个专门价格去购买"不错的毛驴或房屋"，一个"大人物"再也不能欺压与他同等的公民，盲人、穷人、寡妇、孤儿的权力建立了，离婚妇女也获得了法律的保护。

在格拉什的发掘之后，考古学家们开始挖掘尼佩尔（Nipper），它是过去亚甲和苏美尔的宗教中心。从那里发掘出来的 30000 套文献看来，其中包含了很多今天尚未涉足的东西。在舒鲁帕克（Shuruppak），发现了公元前 3000 年的学校遗址。在乌尔，学者们发现了精致的花瓶，珠宝，武器，战车，镀金头盔，各种金属挂牌，一个纺织厂和法院的记录，以及一座高耸的金字塔神庙废墟，它仍然是那里主要的景观。在爱什南那（Eshnunna）和阿达布（Adab），考古学家们发现了前萨尔贡时代的寺庙和雕像。在乌玛出土的文献，记录了早期帝国们的历史。在基什出土了公元前 3000 年的纪念碑和金字塔神庙。

在更远的南方，科学家们发现了埃利都（Eridu）——古代文献中所说的第一座苏美尔城市。随着挖掘的日益加深，最后发现了一座为苏美尔的知识之神恩基（Enki）修建的神庙，该庙被重建和翻新了很多次。发掘中遇到的土层很清晰地将学者们带回了苏美尔文明的开端：公元前 2500 年，公元前 2800 年，公元前 3000 年，公元前 3500 年。

于是铲子最后敲在了恩基的头上，也是第一座神庙上，在此之前就再没有什么建筑物了。那时大约是公元前 3800 年，也就是文明的开端。这不仅是一个真正意义上的文明，还是一个影响最广泛的文明，它包罗万象，在很多方面比其他追寻它的古代文明更为先进。它无疑也是我们文明的基础。

在 200 万多年前，我们最初的祖先开始使用石头作为工具，而在大约公元前 3800 年，人类建立了一个史无前例的文明——苏美尔文明。只是直到今天都让学者感到困惑的是，没有任何暗示告诉我们，苏美尔人到底是谁？他们来自哪里？以及他们的文明又是为何及怎样建立的。

因为它的出现太过突然，毫无预兆，毫无原因。

第三章 天地众神

在几千个世纪甚至上百万年的人类漫长痛苦的发展之后，是什么突然将一切都变得如此清晰明朗，而且是通过刚好一个三部曲——大约公元前 11000，公元前 7400 和公元前 3800 年——将大批曾经的猎人和食物采集员变成了农民和陶器工人，接着又变成了城市建造者，工程师，数学家，天文学家，冶金师，商人，音乐家，法官，医生，作家，图书管理员，和神职人员？还有个更加深刻和基础的问题，是由罗伯特·J·布雷德伍德教授在《史前人类》（Prehistoric Men)中提出的："这究竟是因为什么而发生？为什么所有的人类不是仍然像北欧中石器时期文化的马格尔莫斯人（Maglemosian）那样生活？"

苏美尔人，这个突如其来的文明之中的人们从何而来，有了一个答案。这是从出土的一万多个古美索不达米亚文献中的一个里面总结出来的："看上去是多么美丽，我们是由诸神的荣光所创。"

但是，苏美尔人的诸神又是谁？是不是就像是希腊的诸神，被描述为坐在一个法庭里，在天堂里的宙斯（Zeus）神殿里，在人间的奥林匹斯山（Mount Olympus）上大吃大喝？

希腊人将他们的神祇赋予人性，就像是人间的男人和女人：他们会高兴，生气，也会有嫉妒之情；他们会相爱，会吵架，会打斗；他们的生育也和人类一样，是通过性交——与神或是与人——带来后代。

现在人们普遍认为，是克里特岛奠定了引人注目的希腊文明的基础。在那里，克里特文明从大约公元前 2700 年一直到公元前 1400 年都兴旺发达。在克里特的神话和传说中，弥诺陶洛斯（Minotaur）的神话是很突出的。这个半人半牛是帕西法尔（Pasiphae）的后代，她是迈诺斯王和一头牛的妻子。考古学的发现已经证明了克里特岛人要供奉公牛，一些圆柱碑刻将公牛描述为神圣的事物，身边围绕着一圈符号，代表着一些尚未鉴别的行星或天体。因此，可以推断克里特岛人的公牛崇拜不是源于地球生物，而是天上的公牛——金牛座——以纪念当春分时太阳出现在这个星座时所发生的某些事件，大约是在公元前 4000 年。

第四章 苏美尔：神的领地

毫无疑问，构成了这几千年来高度发达的学识和宗教的"古老的语言"就是苏美尔语。同样毫无疑问的是，所谓"老神"，也是苏美尔的神；但是，比这些苏美尔神还要古老的神，却还没有找到。

当这些神在最初的苏美尔版本或是后来的阿卡德、巴比伦或亚述版本中，被命名和记录时，我们发现，在这份名单里，他们一共有好几百个。但一旦他们被分类了，就可以很明显地看出，他们并不是一个众神大杂烩。他们被一组主神统治，被一群次神环绕，互相都有关系。一旦众多的侄女、外甥、孙子……被排除在外，一个小得多却又更加连贯的神祇团体出现了——每一个都扮演着一个角色，每一个都有一种独特的力量和属性。

苏美尔人相信，诸神来自"天国"。有文献提到，"在万物创造之前"的时候，有很多天国之神，例如阿普苏(Apsu)、泰麦特(Tiamat)、安莎(ANSHAR)、凯莎（Kishar）等。他们没有发表过任何声明表示这一批神到过地球。当我们进一步察看这些存在于地球之前的"神"的时候，我们发现，他们竟是组成我们这个星系的天体；而且，苏美尔神话相当关心这些天神，实际上，用较为科学合理的话来讲，是很关心我们这个星系的创立。

也有一些次神是"地球上"的，但他们被膜拜的中心主要是一些偏远的小地方；他们最多不过就是某地的神。在最好的情况下，他们也只是有限地管理一些事物——举个例子，女神宁卡西（Nin.Kashi）只监管饮料制作。在他们之中，没有产生英雄级的神话。

在赫梯的雅兹勒卡亚（Yazilikaya）发现的石头上，他们是走在队伍最后面的一些年轻的神。

在上述两者之间的，是天上和地上的神，被称作"远古之神"。他们是史诗中的"老神"，苏美尔人相信，他们是从天上来到地球的。

领导这个天上和地上的神族家庭的是 AN（或者是巴比伦和亚述中的阿努）。他是众神之父，众神之王。他的领土是整个天国，他的标志是一颗星星。在苏美尔的象形符号里，星星符号同样也代表着 AN，或者"天国"，或者"天神"，或者"神"。这个四重含义的符号在岁月的流逝中保存了下来，它作为一种文字，从苏美尔（象形文字）传到了阿卡德（楔形文字），再传到了巴比伦和亚述手里。

阿努的住所以及他的王座，是在天上的。那里就是其他天地众神在请愿或是朝拜时所要去的地方，当然也是他们需要解决自己纠纷或者制定决策之时该去的地方。很多文献都形容，在阿努的宫殿（由真实之树和生命之树两位神把守着入口）和他的王座面前，其他的神是如何走近他，并在他面前坐下。

苏美尔文献同样提到过，不仅仅是其他的神，甚至包括一些被选定的凡人也能走进他的住处，大多数都是为了躲避死亡。有一个神话是关于"模范人类"亚达帕（Adapa）的，传说他相当完美，且对创造他的神，阿努的小儿子艾（EA）十分忠诚。艾把他推荐给阿努。接着艾就向亚达帕描绘了即将发生的事：

> 亚达帕
> 你走在国王阿努之前
> 你将踏上天国之路
> 在天堂面前你上升了
> 你跨过了阿努之门
> "生命的信使"和"真实的耕种者"
> 会站在阿努的门前

在他的创造者的指引下，亚达帕"去到天国……上升到天国并穿过阿努之门"。但当他接到这个能摆脱凡尘的机会时，却拒绝食用生命面包（Bread of Life），并认为生气的阿努会给他带有毒的食物。他由此回到地球，成了一名神职人员，不过仍是一个凡人。

苏美尔人声称，不仅是神，甚至是被选定的凡人也能上升到天堂并进入神的居所，这与《旧约》中通过伊诺克（Enoch）和先知以利亚（Elijah）上升天国相互对应。

虽说阿努住在神的地界，苏美尔文献中也记录了他下临地球的例子——发生某种大的危机之时，或者是礼仪上的往来之需（由他的妻子安图陪伴着），或者（至少一次），来找他在地球上的曾孙女印·安娜（IN.ANNA）

自从他不再定居地球，似乎就没有什么必要继续在城市或祭祀中心里独享尊崇了；一处为他而建的纪念性住所，所谓的"高房子"，是修在乌鲁克（也就是《圣经》中的以力）的，这里也是女神伊南娜的领地。乌鲁克的废墟包括了一个巨大的人造山，在那里，考古学家们找到了此处曾经修建并重修过一个大型神庙的证据——共有不少于十八个楼层的阿努神庙。

阿努神庙的名字称作 E.ANNA，意思是"安的房子"。但对于这个庞大的建筑而言，这个简单的名字显得相当微不足道。苏美尔文献誉之为"真正的圣地。"连大神们自己"都为之感到奇特"："它的檐口就像铜"，"高耸的墙壁触到了云朵——居高凌下的居所"，"这是一个让人不能拒绝的充满魅力的建筑"。当然，文献中提到了修筑神庙的目的，是"为了神从天上降落而建的房子"。

一个属于乌鲁克官方档案的碑刻启发了我们去想象，当阿努和他妻子来这里进行"国事访问"时的壮观场面。因为这个碑刻已经损坏，我们只能从中间部分看到这场庆典，那时，阿努和安图在神庙的庭院中间坐定。他们周围，

"听众同一个命令"，众神手举权杖，形成了一个首尾相顾的游行队伍。一场外交典礼开始了：

> 他们下降到了神圣的庭院
> 并转身面向神阿努
> 纯净的牧师向权杖敬酒
> 权杖传递手进来并坐下
> 神帕苏卡尔（Papsukal）、努斯库（Nusku）和沙拉（Shala）
> 随后坐在了神阿努的庭院

同时，女神们，"阿努神圣的后代，乌鲁克（Uruk）的神圣的女儿们"（她们的名字不是很清楚），承担着第二个任务，前往 E.NIR，也就是"女神安图的金床之屋"。随后，她们组成了一个队列回来，到了安图坐着的地方。虽然晚餐按照严格的仪式准备着，一个特别的神职人员还是把由"好油"和葡萄酒制成的混合物，涂抹在了阿努和安图准备用来过夜的屋子的大门插槽上——这是一个很有想法的动作，看上去是为了避免在阿努和安图睡觉时大门吱吱作响。

当"晚餐"——各种饮品及开胃食品——端上来时，一个研究天文的神职人员走到了"主殿高塔的最上层"以观察星象。于是，他背诵了"献给带来光明、天国之星的主阿努"和"创造者的形象提高了"这两段辞章。

阿努和安图用从一个金盆中流出来的水洗了手，于是，宴会的第一部分开始了。接着，七个大神也用从一个大金盆里流出来的水洗了手，宴会的第二部分也就开始了。接着上演了"洗嘴典礼（rite of washing of the mouth）"；神职人员朗诵了赞美诗"阿努之星是天国的英雄"。火炬被点燃了，各位神祇，歌手，神职人员，以及传菜员都把自己编入了一个队列之中，陪伴着两位访客去他们夜晚的圣地。

四个主要的神被指派留在院子里当看守，直到天亮。其他的神则被安置在了其他的大门。与此同时，整个国家都燃起火炬来庆祝这两名神圣访客的到来。在一个主殿的图像讯息中，整个乌鲁克所有神殿中的神职人员都"用火炬燃起了篝火"；其他城市里的神职人员看见乌鲁克的篝火，也同样地燃起了篝火。接着：

> 整个陆地的人们在家里点起了火光
> 向所有的神祇奉上盛宴
> 城里的守卫们点燃了篝火
> 在街上，也在广场里
> 两位大神的离开也计划好了
> 不是按天来算，而是按分钟

在第十七天
日出后的第四十分钟
大门在神阿努和安图面前打开
为他们的旅行画上句号

这个碑刻的结尾被损坏了，但在其他文献中也有对他们离开的描述：早餐，符咒，神之间的握手。在亚述文献描述的一个神的队伍中（虽然是在很久以后），也许可以向我们提供一些有关阿努和安图在乌鲁克访问时当地的风俗习惯。一些特殊的咒文在队伍走过"满街的神"的时候被朗诵着；其他诗篇和圣歌被唱了起来，当队列走到了"神圣码头"上"备好的阿努的船"，他们在那里说了再见。"挥手告别"的时候，更多的圣歌被吟诵起来。

接着所有的神职人员在最高等的神父的带领下，进行了一场"临行前的祈祷"："伟大的阿努，愿天国和大地保佑你！"他们吟诵了七遍，祈祷并恳求七位天神和其他天地众神的保佑。在最后，他们向阿努和安图告了别：

愿深远之神
以及有着神圣居所的神
保佑你们！
愿他们保佑你们的
每一年的每一月的每一天

在出土的无数个关于古代神祇的描述中，好像没有一个直接关于阿努的，尽管他从每一个雕塑和每一个国王像中凝视着我们，从远古到现在。在苏美尔文明中，权力由阿努而来；而且，"王权"的另一种说法是阿努图（Anutu，阿努的权力）。阿努的印章是三重冠（神圣的头饰）、权杖（权力的象征）和牧人的手杖（以表现"善牧者"给予迷失者的引导）。

从今天来看，牧人的手杖更多地出现在主教的手里，而不是国王。但是皇冠和权杖仍然是国王的代表。

在相当多的时候，伊南娜被描绘成一个裸体的女神，炫耀着自己的美丽；在某些时候她甚至被描绘成一个撩起裙边、露出下体的形象。

吉尔伽美什是公元前 2900 年时乌鲁克的统治者。这个半神（由人类父亲和女神所生）讲述过伊南娜是怎样诱惑他的——甚至是在她已经拥有正式伴侣之后。在一次战斗之后，伊南娜给他洗了澡，并为他披上"一件饰边的斗篷，用饰带扎上"。愉快的伊南娜将目光转移到了他的健美上：

"来吧，吉尔伽美什，做我的情人！
来吧，给我你的果实。
你将成为我的男伴，
我将是你的女人。"

但是吉尔伽美什知道这一招。"你的哪个爱人是你一直都爱着的？"他问："你的哪一个情人一直都能取悦你？"在历数了一大段她的爱情琐事之后，他拒绝了。

随着时间的推移——当她在众神中占有更高的地位，随之而来的则是承担处理国家事务的责任——伊南娜/伊师塔开始进行更多的军事活动，并时常被描述为战争女神，武装到了牙齿。

亚述国王们留下来的文献讲述了他们是如何为了她并且在她的指挥下投身战场，她是如何直接提出何时等待何时进攻，在某些时候，她又是如何挺进在军队之前，还有，至少有一次，她是如何在整个队伍的面前突然显现的。为了回报他们的忠心，她承诺给予亚述王长寿和成功。"我将在一个天上的金色房间里看着你们"，她向他们保证。

但马杜克的崛起使她遭遇到了一个艰难时期，并变成一个痛苦的战士。在马杜克的一个文献里，拿波尼度说："乌鲁克的伊南娜，住在金色内殿的高贵公主，骑在由七头雄狮牵着的战车上——乌鲁克的居民在欧巴-马杜克（Erba-Marduk）的统治时期改变了对她的崇拜，移除了她的内殿，并放弃了对她的信仰"，拿波尼度"离开了忿怒的伊南娜，从此呆在一个看不见的地方"（没有说该地的名字）。

可能是因为将爱与权力联系在了一起，伊南娜选择恩基的小儿子杜姆兹（DU.MU.ZI）作为自己的丈夫。许多古代文献都在讲述这两个神之间的爱与恨。一些是描述形象美丽的做爱场面的情歌，其他的一些则讲述伊南娜是如何发现杜姆兹在庆祝她的离开。于是她安排了他的被捕和下落冥界——一个由她的姐妹厄里斯奇格（E.RESH.KI.GAL）及其丈夫奈格尔（NER.GAL）统治的区域。在一些苏美尔和阿卡德文献中，讲到了伊南娜后来为了寻找她的被驱逐的爱人的冥界之旅。

在恩基的六个已知的儿子里面，有三个在苏美尔神话中拥有具体描写：长子马杜克，最终篡夺了王座；奈格尔，成为了冥界的统治者；杜姆兹，娶了伊南娜/伊师塔。

阿努的儿子们，恩利尔和恩基，以及他们的后代在王室血统中的地位，用的是一种独特的苏美尔方式来表达的：用数字分类。对这个体系的发现，同时还让我们知道了当苏美尔文明出现时，天上与地上的主神圈里的成员构成。我们可以发现，这个主神圈是由十二个神祇构成的。

对这个密码数字系统确实存在的暗示，第一次出现在关于辛、沙马氏和伊师塔这几个神名的一些文献中，它们偶尔会分别用 30、20、15 这几个数字来代替。在苏美尔的数学体系中，最大的单数——60——代表阿努；恩利尔"是"50，恩基 40，阿达德 10。数字 10 和它的 6 倍数由此代表着男性神祇，由 5 结尾的数字则可以认为是代表女性神祇。如下表：

男性		女性	
60——阿努		55——安图	
50——恩利尔		45——宁利尔	
40——恩基/艾		35——宁基（Ninki）	
30——兰纳/辛		25——宁加尔	
20——乌图/沙马氏		15——伊南娜/伊师塔	
10——伊希库尔/阿达德		5——宁呼尔萨格	
这是 6 位男性神祇		这是 6 位女性神祇	

尼努尔塔——我们不必惊讶——他也是用 50 来表示的，就像他父亲一样。在其他一些文献中，他在王室中的地位是用一段密码信息传达的：如果恩利尔走了，你，尼努尔塔，穿上他的鞋；但是直到那时，你都不是十二神之一，因为 "50" 这个位置已经被占了。

同样我们不必为另一件事感到惊讶：当马杜克篡夺了恩利尔王权，他坚持宣称诸神将 "五十个名字" 赠给了他， "50" 这个位置也成了他的。

苏美尔还有很多其他的神——众大神的孩子、孙子、侄女和侄儿；同样还有几百个拥有名字和固定地位的神祇，称作阿努纳奇（Anunnaki），被指派担任 "普通职务"。但是主神圈，只有十二个。

在早期，人类的生活和生产中，最早的需求就是计算数字的需求，因而数字的产生应该早于文字的产生，而且每个人在生活中都会用到。及便后来产生了文字，也是在极少数有权势的祭司阶层中流行，因而在公元前的两三千年里，不识字的普通民众用较大的数字来代表较有权势的人就不足为奇了，于是就有了上面的状况。

今天的人类会非常奇怪，60 进制，包括 12 进制，比起十进制的计算方法要复杂的多，古人为什么使用 60 进制，包括 12 进制？

苏美尔人 60 进制的产生，主要是适应人类刚刚脱离动物的生活方式，进行简单的农耕生产，人们需要计数的物品越来越多，手指和脚趾都加起来也不够用了。当时没有几进制的概念，实际上计数是不进位的，只要需要，就一直数下去，但因为每个数都需要有标记和名称，当数到二、三十时，已经变得很复杂了。30 以后的数字由于不经常用到，他们的名称就很容易被忘记，60 已经是当时人类能够记住的数字的极限了。后来人们发明了十进制，数字名称就减少到十个，只要重复排列和计算它们就可以了，但规则和概念就变得相当复杂，这超出了古人类思维所具备的能力。今天人们用到 60 进位时，实际上是只用了十进制的十个数来表达的，这远比古人有 60 个完全不同发音的数字名称，真正的 60 进制简单多了。

　　当时人们需要计数的物品很少超过 60 这个数。当时主要是为了计算人的年龄，因为当时活的最长寿的人已经可以达到 60 岁了，所以 60 就是当时人类日常所能够用到的最大的数字。超过 60 的数由于极少用到，后来就用两个 60 或者三个 60 来计算，实际上已经衍生出加法和 60 进位了。

　　因为 1 万年前人的脑容量和今人的脑容量并没有本质区别，生物的进化速度没有那么快，古人的记忆力实际上并不比今人差，甚至比今人更好，因为当时人一生的所有经历和事物都是死记硬背的，没有"日记本"和"履历档案"可以翻看。只是因为当时的人类没有任何科学知识，他们的分析和判断事物的能力就非常差。今天我们应该"感谢"那个长达几万年的，没有记事本的时代、人的"一生的"一切经历和能力只能靠大脑"死记硬背"，从而才能够培养和进化出今天人类如此"巨大的"脑容量。

　　古代没有统一的"公历"，更不会有人每年印刷挂历，让你来计算日期和年龄。虽然统治者登基后都要每年颁布自己的年号，百姓也可以通过这些"年号"来判断自己的年龄。底层百姓成年以后，应该是在泥板或者牛骨上，甚至是在自己住宅附近的树干上，每年刻划痕迹来累计自己的年龄。但这些东西，包括统治者的年号在战乱和迁徙过程中很容易丢失。所以大多数人，中年以后的年岁就是一个大概的数字。除非你是寺庙当中能够看懂星际移动的祭司阶层（普通有刻画泥板能力的祭司也只能通过观察月亮的圆缺来计算日期，所以 12（每年的月园数）进位才成为人类，特别是农耕族裔最早的计算单位。）。

　　许多比较年长的老人，为了表现自己"见多识广"，总是多少夸大自己的年龄，久而久之，他们自己也搞不清自己的"真实年龄"到底有多大了？好在当时的人们并不知道人类的寿命应该有多大。所以，你在古人集写的书籍和《圣经》里，经常可以见到那些德高望重，儿孙满堂的老人，特别是族长等族群领袖人物的年龄，经常是一百多岁、甚至几百岁就不足为怪了。

　　其实 earth（大地，地球）当时实际含义是，以农耕为主的苏美人自己生存的家园，并没有整个地球的意思，当时苏美尔人的观念应该是天圆地方，而且当时苏美尔人生活的大沼泽是平的，earth 应该有平坦之地的含义。而最早到达苏美尔人地区的"外来人"，是北面和东面山上的山民，典型的印欧血统的狩猎民族，身材高大的白人（如巨人/纳菲力姆，其实希腊神话中所描写的神仙们，也是生活在山顶上完全是近亲结婚的的山民，奥林匹斯山。）。因为他们生活在两河流域周边的山侧地带，海拔经常在两三千米高度，他们看待两河流域，特别是两河流域下游的沼泽地带，视角是俯视的。在他们看来，他们在天上，而生活在大沼泽中的矮小人种，他们生活在地上的"遥远的家"里。

　　而最早的"神"其实也不是今天的含义，没有任何超自然的成分在里面，它只是从北方高原地区来的，身材高大的白种人族群的名称，与今天的白人一词几乎相当，即：神族＝身材高大、皮糙肉厚、金发碧眼、浑身是毛、相对比较暴力和原始的人种。因为当时的白人是以家庭为单位的狩猎族群，规模都非常小，又生活在地广人稀的大山里和原始森林中，长期近亲结婚，导致其白化病等遗传疾病非常普遍和严重。久而久之，整个族群当中皮肤中的色素就逐步失去了，而且还严重影响整体上的智商。直到今天，在美国的中西部比较偏远和封闭的地区，典型的白人叫"红脖子"，他们大多是今天较有钱和有资源的农民，但在他们当中很大比例的人，脸上都多少带有些许"唐氏综合症"的特征。

　　有人用这张照片来形容，当他们见到天上飘来的气球时的反应。

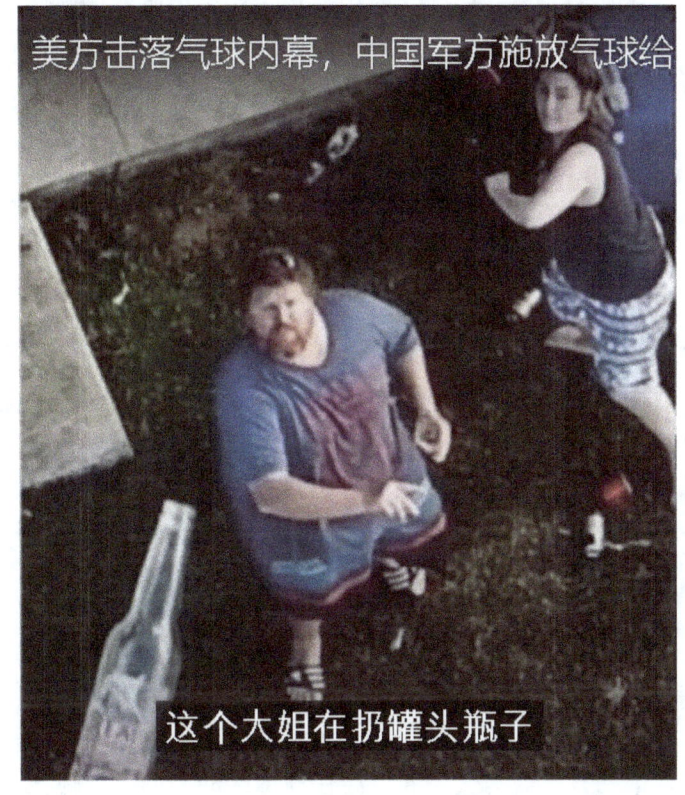

美方击落气球内幕，中国军方施放气球给

这个大姐在扔罐头瓶子

　　今天高智商的白人，是古人类开始出现大规模混居以后才出现的，特别是黄白混血。主要是白人父系基因和黄种人母系基因相结合，即：《圣经》所强调的"亚当与夏娃的结合"，他们身上集中了白人和黄种人两种人群的优点。应该说，白人与黄种人有着非常近的亲缘关系。

　　实际上，人类社会由血缘关系继承权利和王位，也是从苏美尔时期开始的。无论是苏美尔人泥板所歌颂的吉尔伽美什，还是中国古籍所记载的大禹，甚至包括埃及古王国时期的法老，都是在这一时期开始把自己的王位和权力传给和自己有血缘关系的亲属。

　　人类最初开启这种由血缘形成的继承关系，是因为一个占少数的人种，要统治一个占大多数的"不同人种"所必须的，这本质上是一个种族统治和殖民统治的内核。这也在人类历史上开启了，任何人只要靠武力夺取了某一区域内的统治权，他的后代只要依赖他的血统，即便智商偏低、甚至是弱智，也有统治比他智商高的普通百姓的合法性。这实际上形成了，两种以上人种和族群聚集的王国内，占少数的某一血统的人种，一旦获得统治地位，这种可以统治占绝大多数其他人种的权利，只在他们这一血统中传递，是"神圣不可侵犯"的。

例如在两河流域下游纯农耕族裔地区，人数占极少数的所谓游牧部落的"牧羊人"，要统治人口聚集和繁衍迅速的农耕部落，在法理上是行不通的。首先游牧部落由于居住分散，文化必然落后、原始和略显野蛮，再加上由于近亲结婚和进化上的原因，智商也略微偏低。由他们来统治智商比他们高，而且文化比他们先进、已经发展出城市文明，但唯一的缺陷是身材矮小的农耕民族，实际上是不具备执政的合法性的。虽然他们可以靠武力夺取一个时期的统治权，但如果靠和平的、宗法的竞争，用推选方式推出下一届领导人，这一族裔就会立刻失去统治权，就像现在在"南非"发生的现状一样。

唯一的办法就是不厌其烦的、不断宣誓和宣传，中国话叫"洗脑"，这些落后的人统治更先进的族裔，是因为这是上天的旨意，他们是"神族"，他们有天生的统治权。建立一种制度，权力只能在这一少数人种族裔内部有血缘关系的亲属内移交。这就能够保证这一人种虽然在人数上占少数、文化又落后，但仍然可以长久的统治另一个人数占绝大多数的不同人种。即便是后来这些弱势族群，本族人短时间内"自己统治自己"了，也必须"君权神授"。

由于古人对极为简单的一些自然现象都无法解释，所以他们只能创造出"神"来解释一切。由于现代人对大多数自然现象都有了比较科学的解释，所以"神"话破灭了，宗教也显得有点生硬了。但是，现代科学它只是一个发展过程，总会遇到和发现新的问题，所以它也无法对所有的自然现象都能给出答案。于是现在的年轻人，又创造出新的"神"来试图解释一切，这就是"外星人"。

"人"字和"神"字，最初都没有今天的普遍含义，最早都是单纯的指，特定的两个完全不同的人群，非常类似于今天"黄种人"和"白人"的含义。

与中国北方人长期统治南方人一样，在两河流域"神"和"人"这两个字，最初只单纯的代表北方居住在山区的和南方居住在平原和沼泽中的两种人群，即：生活在两河上游北方山区身材高大的游猎族群和生活在两河流域南方下游沼泽地带身材矮小的农耕族群。古代的"erth 地球"实际上也仅仅是指两河下游广阔的平原和沼泽地区。生活在那里的母系社会族群，被明确指为"人"族、或者"人类"，当然，北方山上的族群就是"神类"。

典型的吃粮食的"人族"

典型的吃肉的"神族"

从上面的两图的对比我们不难看出："人类"和"神类"最大的区别是"人"是吃粮食的族群，而"神"是吃肉的族群。

后来住在山上的"神族"发现，住在地面上勤劳的"人族"的生活状态混的比他们更好，他们仗着狩猎族裔自己身材高大、强壮（在苏美尔人看来就是巨人族），就下山来"摘桃子"。这样就发生了两个族群的混居，两个族群之间的地位也发生了变化，白人游猎族群人数较少，成为了殖民者和统治者。

早期由于是少数人统治多数人，必须编出一个理由来证明其统治的合法性。他们当然不能说自己是从北方"云雾缭绕"的高海拔的山区，山上下来的孤陋寡闻、过着原始狩猎生活的的山民，而是指着北方远处白云之上隐约可见的青色山峰说，我们神族是从北边"天上"下来的（"Nefillm"，意思是"从上往下降的人"）。由于最初生活在一起的两个族群，后来他们之间的地位出现了明显的区别，这样"人族"（anthropos（人类）的意思是"总是仰望的生物"）和"神族"（"Nefillm"，意思是"从上往下降的人"）也慢慢出现高低之分，白人游猎族群开始逐渐被"神"化，高高在上成了"天神"。世代封闭、孤陋寡闻、生活在不见阳光的原始森林中，又比较迷信的原始"神族"就逐步引申出今天"神"的含义，也就是说"神"开始具有了某种权威性。

他们所崇拜的自己的祖宗，一定是诞生在山上的帝王，所以就叫上帝，上帝一定生活在"天"上。同样继承西亚文化的希腊诸神，也都是生活在奥林匹亚山上"近亲结婚"的"家族性神仙"，即山神。从现在判断，上帝的诞生地就是他们所崇拜的远古遗迹，山上的"哥贝克力巨石阵"。

根据《圣经：》

创 6:1　　当人在世上多起来, 又生女儿的时候,
创 6:2　　上帝的儿子们看见人的女子美貌, 就随意挑选, 娶来为妻.

创 6:3　耶和华说, 人既属乎血气,我的灵就不永远住在他里面.然而他的日子还可到一百二十年.

创 6:4　那时候有伟人在地上,后来上帝的儿子们和人的女子们交合生子,那就是上古英武有名的人.

耶和华后悔造人于地

创 6:5　耶和华见人在地上罪恶很大, 终日所思想的尽都是恶.

创 6:6　耶和华就后悔造人在地上, 心中忧伤.

创 6:7　耶和华说, 我要将所造的人和走兽, 并昆虫, 以及空中的飞鸟,都从地上除灭, 因为我造他们后悔了.

从上面这些《圣经》经文我们不难想象, 如果"上帝的儿子们", 这些"神族", 可以和"人的女子们"随意"交合生子"; 也就是说, 在他们的生理结构上和"人族"并无本质区别, 只是分属不同人种和族群罢了, 而且那时统治者和被统治者之间的关系还相对比较和谐, 处得相对融洽。因为他们本身是具有统治地位的、被"神"化了的殖民者、而且与他们交合的"人的女子们"还属于较高智商的人群, 他们的子女"同时具有两个人种的优点, 属于强强结合。"也当然都继续执政, 或"一人得道, 鸡犬升天", 起码能够"赢在起跑线上", 他们的子女多数成为"那就是上古英武有名的人"也就不足为怪了。

如果"人族"的地位继续下降, 变成了为了"侍奉神"而生的"贱民"时, 就进入到类似于印度"种姓制度"的, 典型的具有种族歧视的社会了。

我们知道, 早期苏美尔人的城邦, 几乎都有自己的神, 这些神基本上都是早期城邦的执政者, 他们执政期间把自己塑造成神, 主要是为了增加其执政的合法性。成功的执政者, 当他死后由于城中百姓的感恩, 也会自动演化成神。城邦的继任者, 或者是他的后人, 要想获得执政的合法性, 也必须假借他的前任, 也就是神的名义来执政。在那个远古的年代, "神"与"人"的真正区别在于, 如果他所代表的族群执政的话, 他具有俗称的"正当性和合法性", 这实际上就是一种与血缘甚至与人种相关的法权。

其实"神"字, 在中文里一直是毁誉参半的一个字。当一个人做事不按常理出牌, 行为难以预测时, 中国百姓的俗话叫做"神经(病)"或者说这个人"神神叨叨"; 平时做事张扬、爱显摆的人, 俗称"大神"; 当一个人有些骄傲自满或自大时, 人们会说这个人"神气活现"的, 不知自己老几?

实际上, 最早的"神族"和"人族"的混血, 就是《圣经创世纪》中记载的亚当和夏娃在伊甸园中相遇并结合。且早期"人族"由于与刚刚兴起的"农耕文明"相关, 所以在技术和人口上还站有明显的优势, 当时的"神族"还仅仅是"牧羊的亚伯"之类的族群, 据《圣经》记载:当两种文明发生冲突时, 种地的该隐, 还曾经打死过"牧羊的亚伯", 这很可能是发生过的真实事件。

　　虽然这些"神族"后来变成了职业殖民者，但他们有时也需要返乡探亲，他们告假时会说："我是回到天上去聚会去"。一开始的神族，一定是少数人下山，当发现他们在身材矮小、皮肤颜色较深的人群当中很容易被崇拜、社会地位会很高时，他们回乡探亲，就会说服自己的亲朋好友，或带来更多的老乡"神族"人，一起下山来"打工"，从事这种"经理级"的高尚职业，体验做"人上人"的滋味。由于这些长途"出外打工"的人，多数是男人，"上帝的儿子们（神族）看见人的女子美貌,就随意挑选,娶来为妻."的现象也就越来越普遍，甚至许多人都是妻妾成群。这就形成了"人神混血族群"。有少数"神族人"回家乡时，把自己的"混血子女"带回到山区"天上去"，这些人后来也就成了"神"了。

　　后来人神混血族群不断扩大，族群间出现矛盾后，就出现"人、神大战"，甚至还有少数有"种族歧视观念"的"神族"人，看不起"人族"，反对与"人"的女子通婚。

　　正如史诗《吉尔加美什》所隐约透露的那样，早期的神族利用自己住在两河上游，地势高的优势，在干旱的年景筑坝蓄水，来保证上游的草原不受干旱影响，而不管下游的农耕民族的死活。再后来，由于上、下游族群的矛盾激化，住在两河流域上游山区的"神族"觉得住在下游的人族"变坏了"，他们就利用自己住在上游地势高的优势，掘开堤坝，利用洪水打击和消灭下游的"人族"部落。

　　这里又出现另一个小故事：由于"神族"在下游地区有自己的混血亲属，他们就把"要制造洪水"的消息偷偷传递给了这些"亲人"，于是"人族"当中就有一部分人逃脱了洪水的灾难。

　　关于耶和华发洪水毁灭人类，这种说法多少有点儿"种族歧视"。因为他发洪水不是要毁灭"整个人类"，只是或者说只能毁灭生活在"平原上和沼泽中的"身材矮小，相貌丑陋、有"劣根性"的"人族"；而保留或者说根本影响不到高贵的、生活在山上的"神"的一族。苏美尔人记载的，两河流域上、下游发生"水权之争"，上游（神族）把堰塞湖掘开，导致下游，洪水泛滥，也许这才是导致"大洪水"的更现实的人为原因；只是后来洪水的规模被夸大了而已。那时的"人"与"神"，明显的都还只是人类内部的不同群罢了。

　　关于大洪水，中国人是有明确记载的，在我的上一本书中曾介绍过。包括中国的《山海经》在内的许多比《圣经》还古老的中国古籍都提到：距今4000多年前，进行的"昔者共工与颛顼相争为帝"的战争。或根据《史记·补三皇本纪》记载，水神共工造反，与火神祝融交战。共工被祝融打败了，气得用头去撞世界的支柱周山，将周山撞了一个缺口，变成了"不周山"，并导致天塌陷，天河之水注入人间；给后世留下"天倾西北"，"地不满东南"，这种天塌地陷的记忆。这很可能是一次，被神话了的真事。

根据我上一本书给出的《山海经》山图，"不周山"就处在渤发拉底河上游发源地，在它北面有渤发拉底河经过时所形成的大型高山湖泊；南面也有巨大的高原湖泊。

很明显，如果在中国人看来，这应该是一次在战争期间发生的，造成了严重后果的"水攻"战役。其实在我看来，这更可能是一次在族群战争期间发生

的"自然灾害"。我们大家都知道，两河流域西侧及小亚细亚半岛，都处在欧、亚、非三大陆交接的断裂带上，非洲大峡谷一直延伸到这里。这一地区地震和火山频发，是历史上地质灾害的重灾区。而"不周山"恰恰处在这个断裂带上。下面是出现重大伤亡和房倒屋塌的 2023 年土耳其大地震时"那一地区"地质板块位移的新闻报导。

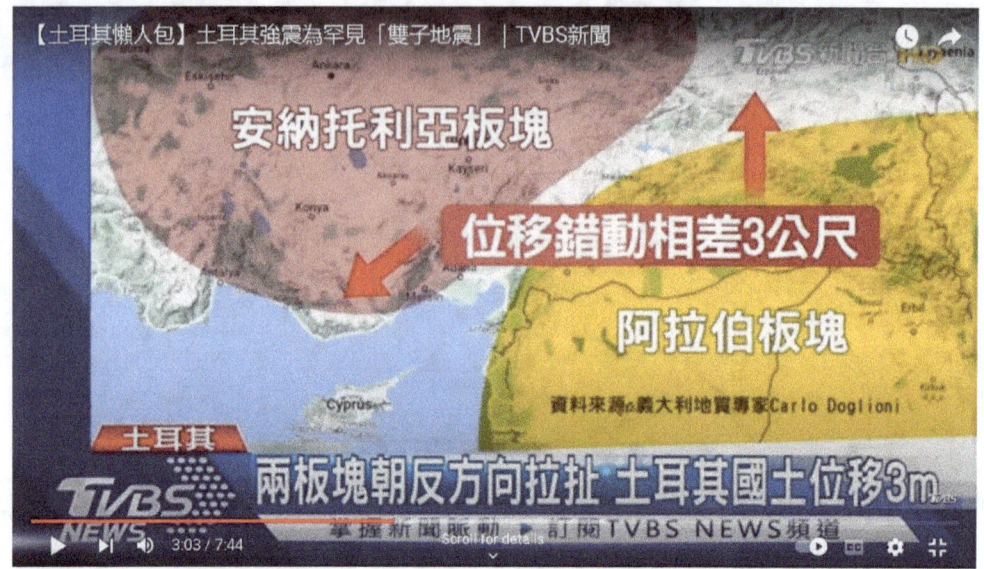

　　不管是民间传说的大洪水、《圣经》记载的大洪水，还是中国古籍记载的类似事件，发生时间都差不多，就是在 4000 多年前的两河流域，甚至可以精确定位到是阿卡德人统治两河流域期间。应该说，那是"一次地震"导致在渤发拉底河源头附近引发了山体滑坡（似乎还造成了一个带缺口的山"不周山"），形成堰塞湖，当积累的水位高到堰塞湖承受的极限时，碎石垮塌，大水冲垮堰塞坝、一泻千里形成人们记忆中的"大洪水时代"。

大洪水前的王表

统治者	中文名/来历	统治年限	时代	备注
"王权从天而降，王权在埃利都；在埃利都，阿卢利姆成为国王。"				
Alulim	阿卢利姆	8 sars （28,800 年）	大洪水前	阿卢利姆，传说中的埃利都国王。国王在位的时间以"sar"为单位，一个"sar"是 3600 年。下一个单位是"ner"是 600 年。
Alalgar	阿拉尔加	10 sars （36,000 年）		阿拉尔加，埃利都的第二位国王。

　　因为苏美尔王表是"王"即殖民者，白人自己写的，所以王表中有真实计年的时代，就是他们做殖民者的年代。而他们为了夸大和吹嘘自己历史悠久，也写在王表上的"sar"为单位，一个"sar"是 3600 年，下一个单位是"ner"是 600

年计年。恰恰说明他们自己在做殖民者之前是完全不知道什么是一年、不会计年的"封闭山民"。在森林中，狩猎类似野人的生活，在计年方面处于荒蛮时代。他们以前是住在森林深处的山洞里，根本就不需要计年，甚至不需要知道，一年有四季。他们只知道冷、热是周期循环的（一年），至于多长时间，循环一次也许都搞不清。

但在两河流域下游，从事农耕的苏美尔人，就必须有精确的农时计算和计年。当然，还必须有精准的四季，不然就不会有最佳的收获。等苏美尔王表也有精确的计年时，说明两种文明已经开始充分的融合。即，不需要计年的白人"神族"开始殖民苏美尔人的时期，而没有精确计年的早期王表，只是白人对自己原始生存时期的一种追溯和夸大，也说明他们早期生活在混沌状态。

苏美尔人离开两河流域之后，由于"神族"把自己拔的太高，下不来了。所以在没有苏美尔人"人族"之后，他们自己（原来的神族）就只能成为"人"或加入"人类"成为一员了，不然就"没人了"。而把"神"当做他们自己的崇拜对象。由于"普通神族"变成了人，于是"真神"就只能"天上"才有了。但这时的"神"不能还像原来一样，乌泱乌泱的一大帮，搞不清楚"哪路神仙是干什么的？"，按照中国人的说法这叫做"人多了不干活、神多了不管事"，于是"一神论"开始大行其道。不管你是吃饭睡觉的家庭琐事，还是族群之间的战争，甚至是天上打雷下雨和闹灾荒，我这一个"神"全管了，叫做"万能的上帝"。原来哪些分管打雷、下雨、刮风、打仗等的"小神"们，就只能全都"失业了"沦为古代的传说。

前面提到的"本地神""恩基（Enki）"，其实就是中国人崇拜的伏羲的音译！中国藏族人的藏獒，应该也是小亚细亚半岛"加泰土丘"居民的"獒犬"。因为他们也是适应高原游牧生活的民族，很有可能就是从小亚细亚的安纳托利亚高原迁徙而来的。

著名史诗《埃努玛埃立什》（又称《咏世界创造》）主要汇集了苏美尔民族的创世思想，着重歌颂主神马尔杜克的事迹。这首诗约一千行，成书于约公元前十五、十四纪世，后经学者从七块泥板中考据整理出来，故又称"七块创世泥板"，它是历史上最早关于创世神话的题材之一。

相传太古之初，世界一片混沌，没有天，没有地，只有汪洋一片海。海中有一股咸水，叫提亚玛特，还有一股甜水，叫阿普苏，它们分别代表阴阳两性，在汪洋中不断交汇，生出几个神祇，到安沙尔和基沙尔时，他们又生出天神安努和地神埃阿，于是宇宙出现了最初的几代神灵。

随着神灵逐渐增多，众神发生争端，提亚玛特和阿普苏日益感到自己的势力在缩小，于是他们决定惩治众神。可是阿普苏并不满意提亚玛特的计划，决心将众神赶尽杀绝。

当众神得知这一秘密消息，便在埃阿神带领下，杀了阿普苏，埃阿神因此成了众神之首。

不久，埃阿神喜得贵子马尔杜克，他生来便与众不同，浓眉大眼，身强力壮，埃阿神又赋予他一切智慧和力量。

后来阿普苏的儿子为报父仇，开始向天地神挑战，提亚玛特也前去助阵。天神与之交锋初战告负，决定让马尔杜克一展威风。马尔杜克欣然应允，做了众神的统领，他不负众望，英勇作战，一举歼灭来犯者，并亲手切断提亚玛特的腰身，用她的上身筑成苍穹，用她的下半身造出大地。而后他又杀死了提亚玛特的一个辅助神，用他的血造出了人类，并规定人的天职便是侍奉众神。这样马尔杜克终于建立起巴比伦王国，他则成为天国之主，众神之王。

这个神话故事是巴比伦文学中较有代表性的作品，它不仅表现了巴比伦人对创世、人类起源问题的关心，对自然的崇拜，也反映了两河流域国家政治的统一，宗教由多神教向一神教的转变，还表明巴比伦社会从母权制向父权制的过渡，原始社会向奴隶制转变的历史进程。在诗中，提亚玛特代表了阴性世界，她不满众神的强大，欲惩治诸神，代表阳性世界的埃阿神不畏先辈的威力，先斩后奏，夺取王位。埃阿之子马尔杜克继承父业，成为阳性世界的首领，他勇猛顽强，不屈不挠，经过殊死搏斗，终于战胜神母提亚玛特，体现了阳性的刚强和伟大。

上面这些巴比伦"史诗"内容，实际上已经把巴比伦时期"神"的起源说的很清楚，下面我进行一下简单的翻译：所谓咸水神提亚玛特，应该是先苏美尔的歐貝德人公元前 4000～前 3000 年，开始在波斯湾附近（咸水）建立港口埃利都、乌爾等城市定居时，是那个母系氏族时候的苏美尔神；所谓甜水神阿普苏，是后来拉戈什、乌鲁克（沼泽水网地带）崛起后，向父权制过度的苏美尔神（大禹治水）；所谓天神安努是再后来苏美尔人被北方山区的山民殖民时的神（包括阿卡德人和库提人）；地神埃阿就是神化的"埃兰人"。其实这些神都是被改了名字的，早期的苏美尔人的神（如天神安變成安努，水神改名埃阿）。

"随着神灵逐渐增多，众神发生争端，提亚玛特和阿普苏日益感到自己的势力在缩小，于是他们决定惩治众神。可是阿普苏并不满意提亚玛特的计划，决心将众神赶尽杀绝。" 即，苏美尔人不满这些外来殖民者的统治，他们建立了苏美尔人自己的"烏爾第三王朝"即苏美尔人复兴时期；"当众神得知这一秘密消息，便在埃阿神带领下，杀了阿普苏，埃阿神因此成了众神之首。"即，埃兰人灭了烏爾第三王朝，阿摩利人趁机与埃兰人共同统治整个两河下游地区。

"不久，埃阿神喜得贵子马尔杜克，他生来便与众不同，浓眉大眼，身强力壮，埃阿神又赋予他一切智慧和力量。"这里说的是，继埃兰人之后崛起的是阿摩利人，浓眉大眼，身强力壮（强壮的早期阿拉伯人），阿摩利人早期的邦国有南方的拉爾薩、底格裏斯河中游的埃什努那等，都紧挨着埃兰地区，并接受當地人的文化熏陶，他們與其它獨立王國如馬裏、亞述等爲爭奪霸權而展開長期戰爭。

"后来阿普苏的儿子为报父仇，开始向天地神挑战，提亚玛特也前去助阵。天神与之交锋初战告负，决定让马尔杜克一展威风。马尔杜克欣然应允，做了众神的统领，他不负众望，英勇作战，一举歼灭来犯者，并亲手切断提亚玛特的腰身，用她的上身筑成苍穹，用她的下半身造出大地。而后他又杀死了提亚玛特的一个辅助神，用他的血造出了人类，并规定人的天职便是侍奉众神。这样马尔杜克终于建立起巴比伦王国，他则成为天国之主，众神之王。"这里说的是，苏美尔亡国之后，伊辛曾试图恢复苏美尔人的霸权。在群雄逐鹿两河流域之时，巴比倫王國悄然崛起。這座城市位於幼發拉底河中游，地扼貿易要衝，早在烏爾第三王朝時期已成爲重要城市。約公元前1894年，阿摩利人蘇穆阿布姆在此建國，即古巴比倫王國。漢穆拉比（公元前1792～1750年）繼位初期時，巴比倫仍依附於亞述和拉爾薩（苏美尔王朝的后代），直到前1763年才开始向外擴張。漢穆拉比采取各個擊破的戰略，先後滅亡伊辛、烏魯克、拉爾薩、馬裏諸國，直至前1758年完成對，除北方的亞述和埃什那努外的整個两河流域的統一（把原苏美尔帝国拦腰斩断，与北方分离"亲手切断提亚玛特的腰身，用她的上身筑成苍穹，用她的下半身造出大地。"，抢劫当地妇女与苏美尔人强行混血，来洗白他们这些有非洲血统的人的肤色，形成后来浅肤色的阿拉伯人。"用他的血造出了人类"）。

1.4、重点写神的经书

《以诺书》也是古老的宗教书籍，主要是聊"神"的事儿，内容记载了在大洪水之前以诺与上帝同行三百年，所见的异象。以诺书分成以诺一书、以诺二书和以诺三书三本。成书时间方面，学者认为此书的成书时间较长，大约由公元前三世纪到一世纪。

《以诺一书》最完整的抄本是用埃塞俄比亚文写成的。此书亦有亚兰文和拉丁文的抄本残卷，在死海古卷中亦见有其残卷，所以有学者认为其原文可能是以亚兰文或希伯来文写成的。在基督教神学上，《以诺一书》是十分重要的著作，因为它帮助读者了解，旧约和新约《圣经》之间的犹太教思想，圣经中也曾提到"亚当的七世孙子以诺的预言"。

《以诺书》里提到的"神"和"人"，基本上就是天上(山上)和地上族群的关系。应该说，苏美尔人的神是北方亚美尼亚高原上的"山神"；希腊神话中的神，基本上都是奥林匹亚山上的山神；而这本书所描写的地中海东岸的神，则明显是当地黑蒙山（中国人的岐山）上的山神。"他们迷恋上人类的女儿"这本质上还是在大山之间以狩猎为主的父权制族裔与平原上以农耕为主的母系族群之间的联姻。写《以诺书》的人，有明显的"种族歧视"倾向，他是反对"神族"与"人族"通婚的，认为那是"天使的堕落"，他的"潜台词"是，更强调白人的纯洁性。**殊不知，如果没有当初"天使的普遍堕落"，就不会有，今天主导整个世界的"高智商的现代白人"。**

不过，这部经也在一定程度上揭示了现代人类"战争和互相残杀的灾难（甚至把人类当时无法解释的许多自然灾害也归列其中）"不断的原因：即，这种"神"与人类的女儿的混血，是强势人种通过暴力方式才实现的（包括，许多小的游猎部落，联合起来去殖民，即："众神们"。），而这些混血子女和混血人种则"更具暴力倾向"。这其实是一种在早期丛林生态下的"优胜劣汰"，只有更具暴力倾向的人种和族群才可能有更多后代、才能被"优选"下来，并得到扩张。这就是几千年后，今天的中东地区和地中海沿岸国家，外形凶猛的大胡子人种高频的主要原因。

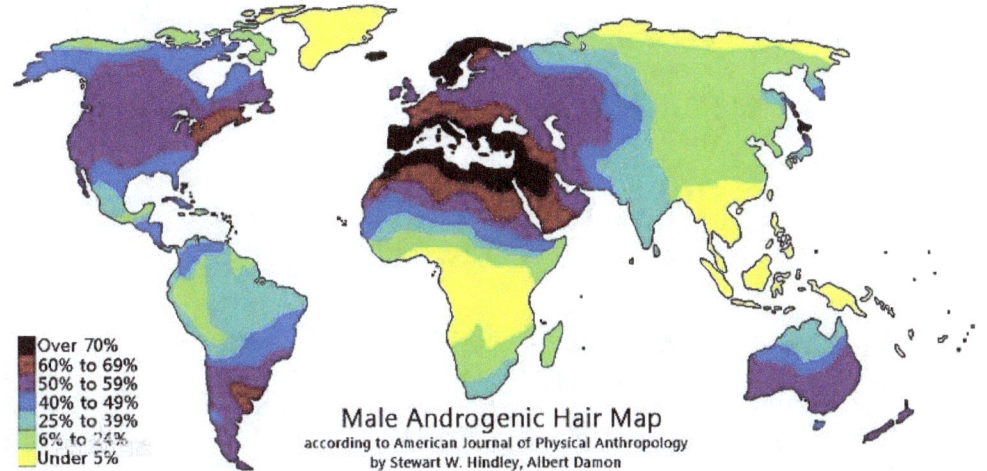

世界男性体毛分布图（其中颜色越深，男性大络腮胡须的人占总人口的比例越高）

　　下面把与本书内容相关的《以诺一书》的前16章放在下面，供大家参考。不过在这里提醒一下读者：以诺书中经常提到"地球"，应该是后人在不同文字之间互相翻译时，翻译失误造成的。因为，公元前的人类还不知道"地球是圆的"，那个时候中东地区就是"全世界"，他们甚至根本不知道有"东亚"、"欧洲"，更别提美洲大陆、澳洲大陆和南极洲了。实际上，严格的全球意义上的世界观念，直到15世纪哥伦布、达·伽马和麦哲伦进行远航探险、大航海时代的到来时才开始建立。原来，人们只要沿着一个大方向跨越或绕过所有大陆持续航行，最终是可以回到原地的。人类才开始从物理上意识到，"地球"可能是圆的。如果在这里把《以诺书》中的"地球"翻译成"大地"也许更为贴切，当时他们知道的所有地理范围，就是中东和北非地区，仅此而已。

《以诺书》前16章：

　　第1章：1至9节全文，第1至第5章反映义人和恶人的未来（以诺的比喻）

　　1.给以诺的祝福，乃是因为他有福当选义人，将居住在苦难中的所有恶人，及不认同神的人都必将除去。

　　2.拿起他的比喻说，以诺是正直的人，他目睹了神，给予以诺看到天使的视觉，他听到了一切，并从天使那里明白到所看到的不是为了这一代，而是为了未来。

　　3.关于选中我，并接着拿起我关于他们的寓言：唯一伟大的神，会是从其原来的地方出来。

4.永恒的上帝将踩在地上，就在西奈山上，从他原来的地方出现，以他从天上的力量出现。

5.所有人都会恐惧这些突然的侵袭和地震，巨大的恐惧及颤抖会抓住他们，直至地球的末日。

6.高山动摇，高山会塌下，并如同火焰般熔化。

7.地球会分开两半（大地裂成两半），地球上的一切会毁灭，并将出现审判。

8.但是，他将给予义人平安。被选中的人会被保护和怜悯。他们属于上帝，他们会繁荣下去，他们有福了！光明会照耀他们，令他们得享和平。

9.看哪 ！他会与数以万计的天使一起降临，审判一切及销毁所有恶人，所有对神不敬的肉体都被判有罪，所有恶人犯下的罪都会被清算。

第2章：1至3节全文，第1至第5章反映义人和恶人的未来（以诺的比喻）

1.观察从天堂里发生的一切，反映他们不会改变他们的行事方式，是天堂的杰出人物来到，诉说每个季节是如何到来及终结，而每个都根据其被委任的命令工作。

2.看你们哪地球！而你们将留意到的事，是地球的事物如何坚定地依序发生及改变，上帝的所有工作都会显示给你们看到。

3.看哪！夏天和冬天，整个地球装满水，云层、露水和雨水躺在地球上。

第3章：1节全文，第1至第5章反映义人和恶人的未来（以诺的比喻）

1.观察冬季所有的树和叶子如何枯萎，除了那认定的十四棵树，它们不会失去他们的叶子，会保留老叶子两至三年的时间，直到新时代的来临。

第4章：1节全文，第1至第5章反映义人和恶人的未来（以诺的比喻）

1.并再次，观察你们在夏季，从地面面对太阳的日子。你因为太阳的热力而要寻找阴凉处或遮挡物，它令地球灼热，它灼热得令你们不能踩在地上或石头上。

第5章：1至9节全文，第1至第5章反映义人和恶人的未来（以诺的比喻）

1.看树木是如何用绿色的树叶盖住自己与开花结果： 它们听取了所有神的指示，并认识到如何永远地持续做下去。

2.神的工作会持续下去，一年复一年，他们完成所有神给予的任务，他们的任务不会改变，完全依据神的命令那么做。

3. 和看那海和河流如何根据神的旨意去完成他们的任务。

4. 但你们的意志一直都不坚定，也不去做的主的诚命。你们离神而去，说出骄傲和难受的说话。你们对神的伟大出言不逊。噢，你们要小心了，你们很快就会发现世界上没有和平。

5. 因此要诅咒你们的日子，你们生活的年代必将灭亡，末日的咀咒正在不断加强，你们并会发现末日是毫不留情。

6. 在那些日子里，你们在正义面前将受到永恒的咀咒。神将给予你们应得的诅咒，所有罪人及不认同神的人也得到各自的诅咒。所有罪人将不会得到救赎。

7. 所有的义人都将喜乐，因为他们得到神的赦免，每个义人都得到怜悯、和平与宽容；他们将会被神圣的光照耀而得救。

8. 然后他们会被赋予选择的智慧，他们会重生，并且永远不会再次犯罪，再次通过邪恶或骄傲考验的时候；他们将变得明智及谦卑。

9. 他们不会再次违背神，或许他们的生命中经常犯错，或许他们须死于神的愤怒，但他们会完成他们生命中的使命。他们会活得和平、活得快乐，他们的生命里会在永恒的喜悦与和平之中。

第 6 章：1 至 8 节全文，第 6 至第 11 章记载天使的降临与人类的堕落；天使与人类的调解；上帝发布大天使的工作；王国的救世主（罗亚的记忆）

1. 人类的孩子在这段时间不断地繁殖，人类的女儿变得美丽悦目。

2. 天堂的天使看到了，并迷恋上她们，然后跟其他的天使说：来！我们在人类的女儿中选择我们的妻子，为我们生儿育女！

3. 众天使的领袖西姆扎斯对他们说：我怕你们不会同意做这种事，而令我独自去承受这罪恶的代价。

4. 众天使向西姆扎斯说：就让我们一起立誓及互相咀咒，确定我们不会放弃这一个计划，一起去做这种事。

5. 然后他们约束众天使一起立誓及相互咀咒。

6. 他们合共两百位天使 ；在赫蒙山（黑门山/中国人叫岐山）的顶峰被杰瑞德召唤到来，他们叫它赫蒙山，因为他们在这里相互约束去立誓及咀咒。

7. 以下这些都是他们的领导人名字： 领袖萨姆拉斯，阿拉卡巴，劳美尔，高加巴尔，泰美尔，拿美尔，丹尼奥，以斯加，巴拉基祖，阿萨素，阿玛罗斯，巴泰路，安尼奥，萨基奴，辛沙比奥，沙泰奴，多奴，祖玛扎尔及萨尼尔。

8.这些都是天使们的领袖。

第7章：1至6节全文，第6至第11章记载天使的降临与人类的堕落；天使与人类的调解；上帝发布大天使的工作；王国的救世主（罗亚的记忆）

1.所有立誓的天使连同他们的领袖在人类的世界纳了妻子，每个天使都为自己选择了一个，他们开始到人类的世界里，玷污了自己与人类的女儿，和教他们使用魅力、附魔、切割及植物的智识。

2.他们的妻子怀孕，并替天使生下了巨人，其高度是三千尺。

3.巨人消耗了所有食物资源，而人类再也不能供给他们足够的食物。

4.巨人背叛了人类并开始吃掉人类。

5.巨人也开始得罪鸟类、野兽、爬行动物和鱼类，吞吃各种的肉和喝他们的血。

6.然后世界开始指控巨人的无法无天。

第8章：1至2节全文，第6至第11章记载天使的降临与人类的堕落；天使与人类的调解；上帝发布大天使的工作；王国的救世主（罗亚的记忆）

1.天使阿萨素教男人做剑、刀、盾牌和胸甲，并教他们利用地球的金属去做工艺、手镯、饰品、锑金属的使用、眼皮涂彩、各种各样的贵重石矿和所有染色剂。

2.这些技术产生了很多的不敬神和淫乱的后果，他们被堕落天使引入歧途，并导致人类的腐败。西姆扎斯教授人类附魔和植物接枝之术，阿玛罗斯教人类懂得魅力，巴拉基祖传授人类占星术　，高加巴尔教人类学习星座知识，以斯加教人类云的知识，阿拉基尔教人类地球的预示，森素尔教人类太阳的知识，萨尼尔教人类月亮的知识。当人类死亡的时候，他们的灵魂哭泣着回到天堂。

第9章：1至11节全文，第6至第11章记载天使的降临与人类的堕落；天使与人类的调解；上帝发布大天使的工作；王国的救世主（罗亚的记忆）

1.大天使米迦勒，乌列，拉斐尔和加伯列从天堂往下看，看到很多血洒在地上，地球的所有事物变得目无法纪。

2.他们彼此说：地上的居民的哭声已经哭到天堂的门前了。

3.人类的灵魂向大天使们控诉：请带给我们之前最好的一切。

4.他们与那年代之神说：主之主、　神之神及王之王，你们的年代和你的名字、神圣、　光荣、　祝福你们所有时代的所有位置，在荣耀的宝座上的上帝！

5. 你叫所有的事情，和能力上的所有东西得活水： 和所有的东西都坦白和开放在你的眼前蒙恩，和你所有的事情，没有什么事情可以隐瞒你。

6. 你看阿萨素做了些什么，又教地球上一切不公义的人透露了天堂的秘密，所有地上的人都在努力学习天堂的秘密。

7. 西姆扎斯，你赐予了他们及他们的同伙拥有地上的权力。

8. 他们也去了人类的女儿那里，和他们的女儿睡觉，又玷污了自己，和向他们展示了所有的罪恶。

9. 人类的女儿生下了巨人，令到整个地球充满血和不公义。

10. 现在，看哪，那些死了的人的灵魂在向天堂哭泣和控诉，他们的哀歌已经奏起：这些不法的事，已经不能被终止。

11. 在你们决定这么做之前，你们已经知道这所有的东西会令人受苦，而你们依然去做，这为了什么？

第 10 章：1 至 21 节全文，第 6 至第 11 章记载天使的降临与人类的堕落；天使与人类的调解；上帝发布大天使的工作；王国的救世主（罗亚的记忆）

1. 至高无上、最神圣及最伟大的神派遣拉莫斯的儿子大天使乌列并对他说：

2. 以神之名告诉罗亚，叫他隐藏自己吧！向他透露即将到来的结束： 整个地球将被毁灭，和大洪水降临到整个地球并会销毁世界上的一切。

3. 现在去指示他，他和他的子孙可以逃过毁灭，并会保留下来。

4. 主对大天使拉斐尔说：绑定阿萨素的手和脚，将他赶进黑暗；把丹诺扔进沙漠之深处。

5. 把粗糙和锯齿状的岩石，放在他的身上，掩盖他，让他永远在黑暗之中住着，包括掩盖他的脸，令他不能看到光线。

6. 在大审判的日子里，他将丢进火里。我会治愈地球被堕落天使损坏的地方，及称颂复原的地球，并治愈瘟疫。

7. 堕落天使们已通过天堂的秘密，去透露和教导给人类的孩子知道，意图令他们逃避灭亡。

8. 整个地球的腐败是由阿萨素指导的，所有的罪都归咎于他。

9. 大天使加伯列对主说：继续反对那些混蛋和可弃绝的人，和与天使通奸的孩子：发送指示令他们在战斗中相互摧毁：他们日子不多了。

10. 那些堕落天使想得到永恒生命的要求不被准许，他们每一个只可以活五百年。

11. 神对大天使米迦勒说：去，绑定西姆扎斯和参与玷污人类女儿的同伙。

12. 让他们看到他们心爱的儿子互相残杀，马上绑定它们在地球的幽谷七十个年代，直到审判来临和完成。

13. 在审判日子里，他们须被丢进火之深渊；并折磨和监禁在其中，直到永远。

14. 他们须被加以谴责和摧毁，将从今绑定他们，直到所有时代的终结。

15. 所有被遗弃的灵魂都将被销毁，因为他们冤枉了人类的本质。销毁地球上的所有错误，并让每个邪恶的事情终结：

16. 让公义真理出现：证明这个祝福是真理、喜悦和公义的。

17. 然后使所有正直的人逃生，并须活下去，直到他们带来成千上万的儿童，和以后他们的日子、青春和晚年须在和平中完成。

18. 　然后整个地球会在公义中重生，地上都会种满树木，充满着神的祝福。

19. 所有令人满意的树都须种植它，他们得种植葡萄树：　和他们的葡萄酒须产量丰富，播下的葡萄树种子会有一千倍的产量，及橄榄会生产十倍的橄榄油。

20. 我会清洗你们的世界，所有的压迫、一切的不义、所有的罪、一切的不虔和在地上的所有污秽都会从地上消失。

21. 人类的所有孩子，都将成为义人，所有国家都须崇拜和称赞我，所有人都必须崇拜我。地球须清洗一切的污秽、所有的罪、所有的惩罚、所有痛苦和折磨，而我将永远不再把这些发送给你们。

第 11 章：1 至 2 节全文，第 6 至第 11 章记载天使的降临与人类的堕落；天使与人类的调解；上帝发布大天使的工作；王国的救世主（罗亚的记忆）

1. 在那些日子里我会打开天堂祝福的会场，以便祝福人类的孩子在地上的辛劳工作。

2. 人类以后的年代及日子将会被真理与和平结合起来。

第 12 章：1 至 6 节全文，第 12 至第 16 章记载以诺的梦境：　他代阿萨素和堕落天使求情；　和他宣布关于堕落天使最后的末日。

1. 之前以诺所隐藏着的东西和人类的孩子，没有人知道以诺将他们放在什么地方，没有人知道他们的情况。

2.以诺是与天堂看守者一起行动的，以诺的日子是神圣的。

3.我，以诺祝福权威的主和神的时代！天堂看守者称呼我为以诺抄写员

4.以诺，以你的公义，向天堂看守者宣布谁已离开永恒的天堂，玷污了自己与妇女，和在地上生了孩子，并纳了他们自己的妻子：你们在地球造成了极大破坏。

5.他们没有和平，也不会得到宽恕：你们十分钟爱你们的孩子，你们要亲眼目睹你们的孩子被杀。

6.你们会因此而哀恸，及渴望得到神的饶恕。但是慈悲与和平却不会到达你们那里。

第13章：1至10节全文，第12至第16章记载以诺的梦境：　他代阿萨素和堕落天使求情；　和他宣布关于堕落天使最后的末日。

1.以诺说：阿萨素，你没有和平：把你束缚的空间就在严正的言词之中。

2.对你的宽容，也不会发给你，你教导给人类及对他们展示的，充斥着不义、不虔和罪恶。

3.然后我去聚集他们来说话，他们全部都害怕、恐惧和战兢。

4.他们央求我为他们写请愿书，他们祈求宽恕，要我在神面前说出他们的祈求。

5.因为他们的离经叛道，他们不可以与神说话，也因为他们的罪，他们羞愧得不能提起他们的眼睛。

6.然后我写了请愿信，为他们向神祈祷，说出他们要求宽恕的请求。

7.我走了，在先知丹尼尔的土地及水域坐了下来：　我读了他们的祈求，直到睡着了。

8.看哪，我的梦境到来，我看到了惩罚，他们跪着。我跟堕落天使说话，并谴责他们。

9.在我醒了的时候，我去找他们，他们都聚集一起坐着，满脸泪痕，他们在阿比萨扎，就是黎巴嫩与辛尼沙之间。

10.我在睡觉中，　看到的所有观点，我在他们面前详述了和我开始发表公义的词，并谴责这些堕落天使。

第14章：1至25节全文，第12至第16章记载以诺的梦境：　他代阿萨素和堕落天使求情；　和他宣布关于堕落天使最后的末日。

1. 书写公义，和按照伟大神圣的视野中所发出的命令，我对那些堕落天使们作出谴责。

2. 我在睡梦中看到我并非用咀与舌头说话：神用心的给我制定与天使的交谈事宜和赋予我理解的能力。

3. 如他已创建并给予人类了解这个语言的智慧力量，所以叫他创建我还给予我去责骂天堂那些堕落天使的力量。

4. 我写出你们的请愿书，我看见它有出现，你们的呈请书永远都不获批准，神的判决最终都会降临你们身上： 是的，神不会批准你们。

5. 从今以后你们不被允许进入永恒的天堂，和神下达的法令，要你们在世上的日子永远的被绑定。

6. 以前你们见到你们心爱的儿子，你们还不满足，他们在地上的所作所为，现在他们要承受后果，他们须倒在你们面前，被刀剑杀死。

7. 我不批准你代表他们写的请愿书，即使你哭泣、 祈祷和发言，包括要我念在你为我所写下的说话，我也不会批准。

8. 我看见云邀请我，雾也在召唤我，众星的路线及电光的速度在催促我，风引领我飞行及上升，及支撑我直到天堂。

9. 我被吸引去接近一个被火舌包围的水晶墙并进入了它，他开始令我感到恐怖。

10. 我进入了火舌并被吸引进一间水晶大厅内，大厅内的墙壁及地板都是用水晶铺成的。

11. 天花像是通往众星及雷电的通道。而掌管智慧像火一般的二品天使就在其中，他们的天堂像水一般的透澈。

12. 烈火包围了水晶墙，而入口也充满了火。

13. 当进入它的时候很热，进去后又像冰一样冷，内里没有生命的欣喜，令我感到害怕。

14. 整个身体在发抖，这时候我打了我的脸数下。

15. 我看到了，看！有第二个大厅，比之前那个更大的！整个由火焰做成的大门在我面前开启着。

16. 进去后，我敬畏着它的堂皇及光辉，这是我不能够形容的华丽。

17. 地板充满火，在这上面像是通往众星及雷电的通道，天花也是火焰。

18. 我看到内里有一个崇高的宝座像水晶一般的出现，他的轮子像太阳一般明亮，在那里也看到二品天使。

19.宝座下面释放出火焰及蒸气，令我不能看清楚它。

20.至高无上的荣耀就坐在上面，他的衣裳比太阳还明亮，比雪还要白。

21.因为他的华贵与荣耀，所以没有一个天使或肉体能看到他的脸。

22.他身躯包围着火，在他前面是更大的火焰，他显然不须要帮忙。

23.只有一个最神圣的圣灵能接近他并且不离开他。

24.直至我拜倒在他的面前发抖，主人便跟我说：到我这里来，以诺，记下我的说话！

25.那个圣灵便走近来并弄醒我，引领我上升并到达他面前，而我是低着头的。

第15章：1至11节全文，第12至第16章记载以诺的梦境：　他代阿萨素和堕落天使求情；　和他宣布关于堕落天使最后的末日。

1.我听到他的声音：别畏惧，以诺，你是正直与公义的抄写员，过来听我说话。

2.你替我转告那些堕落天使：他们身为天使，应该是帮人类求情，而不是要人类去帮他们求情。

3.为什么你们要离开至高无上、　圣洁和永恒的天堂？去和妇女睡觉，玷污人类的女子和纳为你们的妻子，和在地球上做你们喜欢的东西，为什么要人类的女儿为你们生下巨人去作为你们的儿子？

4.通过你们的神圣，崇高和永恒的生命，你们被妇女的鲜血所玷污，和为人类生下了有血有肉的孩子，你们也贪恋你们地上的孩子，担心他们死掉和灭亡。

5.因此我给予他们的妻子可以被他们渗入，并带来了巨人，因为当巨人出生后，堕落天使在地上已没有什么想要的东西了。

6.但你是崇高的及拥有永恒的生命，会在世界所有时代流芳百世。

7.并因此我不指定妻子给你；身为天堂的灵体之一，最终你会住在天上。

8.而现在，那些被堕落天使生下的血肉巨人，他们为世界带来了邪恶，所以是活在地上，到不了天堂。

9.邪恶的精神是从巨人的身体发出　；因为他们是从人类肉体出来，堕落使者是他们的思想来源；所以他们成为了地上邪恶的灵魂，应被称呼为邪灵。

10.天堂的灵魂，天堂是他们的住处，但对于出生在地上的灵魂，须住在地上。

11. 巨人的灵魂选择折磨、欺压、毁灭、销毁、攻击和与各种地上生物战斗，他们导致麻烦：他们不过只是缺少食物和口渴，就导致这些极大罪行。这些在地上被欺压的各种生命须站起来反抗巨人和堕落天使的妻子们，因为巨人是他们的妻子生出来的。

第 16 章：1 至 4 节全文，第 12 至第 16 章记载以诺的梦境： 他代阿萨素和堕落天使求情； 和他宣布关于堕落天使最后的末日。

1. 从巨人被屠宰、销毁和死亡的那天，他们的灵魂从肉体里出来了，他们无须遭受审判就要被销毁，须在伟大的审判前摧毁他们，至于堕落天使和不认同我的，就留在大审判那天一起处理。

2. 现在堕落天使要派你出面为他们求情，是谁本来一直都在天上？

3. 去跟他们说：须然你们曾经在天堂，但你们尚未了解所有天堂的奥秘，你们只是知道没有价值的东西，这些在你们心中的，你们已转告了地上的妇女，知道了这些未解之谜的地上男女，将会在地球上一知半解，及邪恶地运用这些知识。

4. 因此对他们说：你们没有和平！

上面《以诺书》所提到的"神仙族裔"，无非就是站极少数的人类统治者族裔（利益集团），他们思考的主要问题就是，"如何娶人类的女人和如何治理人类"，我的上一本书曾讨论过这个问题，在这本书的前面也曾提到：

人类最初开启这种由血缘形成的继承关系，是因为一个占极少数的人种，要统治一个占绝大多数的「不同人种」所必须的，这本质上是一个种族统治和殖民统治的内核。这也在人类历史上开启了，任何人只要靠武力夺取了政权，他的后代只要依赖他的血统，即便智商偏低、甚至是弱智，也有统治比他智商高的普通百姓的合法性。这实际上形成了，两种以上人种族聚集的国家内，占少数的某一血统的人种一旦获得统治地位，这种可以统治占绝大多数人种的权利，只在他们这一血统中传递，是「神圣不可侵犯」的。

这其中也应该包括，近几个世纪流行的"二代现象"，欧洲的"商二代"和皇室、亚洲国家流行的"官二代"（典型的是日本、菲律宾和新加坡）、北韩和早期东欧国家流行的"革命二代"等。

1.5、关于人种起源的探讨

我们知道《圣经》所提到的许多早期的人名，本质上都是早期不同人种和族裔的名称。《创世纪》中所提到的早期人类，当时的混血还没有今天那么严重，各族群都分别带有非洲黑人、欧洲白人和亚洲黄种人的特征。他们只是在欧、亚、非交界处的地中海东岸和美索不达米亚地区相遇而已。《圣经》明确描述了，这些人群在这个地方相遇、分别扩张和后来开始慢慢混血的过程。

中国人所说的"老天爷"和西方人所说的"上帝"，实际上在字面上的含义是完全相同的。大洪水过后，人类的祖先就是"挪亚"，当时的人类还比较单纯，混血比较少，应当说，诺亚的三个儿子就是，"雅弗"即白人后代，"含"是黑人后代，"闪"黄种人后代。按照后来周人符合圣经的传承顺序（主要是统治者），就应该是：尧即挪亚（属雅弗）→舜即闪→禹即亚兰。

但今天的中东和西亚地区，由于几千年的战争和人种的不断迁徙，已经难见到，人类文明初创时期比较单纯的人种了，大家几乎都是混血人群了。

根据《圣经》：

生该隐亚伯

创 4:1 有一日, 那人和他妻子夏娃同房. 夏娃就怀孕, 生了该隐 (就是得的意思), 便说, 耶和华使我得了一个男子.

创 4:2 又生了该隐的兄弟亚伯. 亚伯是牧羊的, 该隐是种地的.

创 4:3 有一日, 该隐拿地里的出产为供物献给耶和华.

创 4:4 亚伯也将他羊群中头生的和羊的脂油献上. 耶和华看中了亚伯和他的供物,

创 4:5 只是看不中该隐和他的供物. 该隐就大大地发怒, 变了脸色.

创 4:6 耶和华对该隐说, 你为甚么发怒呢, 你为甚么变了脸色呢.

创 4:7 你若行得好, 岂不蒙悦纳, 你若行得不好, 罪就伏在门前. 它必恋慕你, 你却要制伏它.

该隐杀其弟

创 4:8 该隐与他兄弟亚伯说话, 二人正在田间. 该隐起来打他兄弟亚伯, 把他杀了.

创 4:9 耶和华对该隐说, 你兄弟亚伯在那里. 他说, 我不知道, 我岂是看守我兄弟的么.

创 4:10 耶和华说, 你作了甚么事呢, 你兄弟的血, 有声音从地里哀告.

创 4:11 地开了口, 从你手里接受你兄弟的血. 现在你必从这地受咒诅.

创 4:12 你种地, 地不再给你效力. 你必流离飘荡在地上.

创 4:13 该隐对耶和华说, 我的刑罚太重, 过于我所能当的.

创 4:14 你如今赶逐我离开这地, 以致不见你面. 我必流离飘荡在地上, 凡遇见我的必杀我.

创 4:15 耶和华对他说, 凡杀该隐的, 必遭报七倍. 耶和华就给该隐立一个记号, 免得人遇见他就杀他.

创 4:16 于是该隐离开耶和华的面, 去住在伊甸东边挪得之地.

创 4:17 该隐与妻子同房,他妻子就怀孕,生了以诺.该隐建造了一座城,就按着他儿子的名,将那城叫作以诺.

在这里《圣经》想说的是:"上帝"应该是古老的冰河时代遗留在欧洲的"狩猎"族裔的白人出身,是以"肉食"为主要食物的。所以"耶和华看中了亚伯和他的供物",说明上帝是"喜欢吃肉的"。

最初人类的农耕文明族群,与游牧民族族群互不往来,似"兄弟"相处。后来由于人口激增,双方开始争抢草原和土地,两种族群之间发生冲突,由于农耕文明具有明显的先进性和人口发展迅速,在新石器时代末期(还没有铜制兵器),最初当两种生存方式发生冲突时,适合大规模群居的农耕文明族裔明显战胜了,在地广人稀的地方游猎和游牧的族裔!即,"该隐与他兄弟亚伯说话,二人正在田间.该隐起来打他兄弟亚伯,把他杀了."

但很明显,"种地的该隐"是弱势人群,只要他们走单了,似乎谁想杀他都可以杀得了他,他几乎完全保护不了自己。所以他们必须求助耶和华的保护,于是"耶和华对他说,凡杀该隐的,必遭报七倍.耶和华就给该隐立一个记号,免得人遇见他就杀他."

另外,土地如果连续耕种,就会失去肥力,当时又没有"化肥"可用,于是只能采用休耕方式,土地种一年荒两年,进行轮作,中国人叫"井田"制。这就是受诅咒的:"你种地,地不再给你效力.你必流离飘荡在地上."

这里面有一句关键的话:"于是该隐离开耶和华的面,去住在伊甸东边挪得之地."。我们都知道,所谓"挪得之地",就是两河流域中、下游,原苏美尔人居住的早期农耕地区。而在这些地区的"西面"是大片的阿拉伯沙漠。那么"处在西面的"伊甸园,就只可能是两河上游的山区附近,即处在小亚细亚半岛上的"四条河流发原地区"附近,那么唯一的选择就是,在这个大山区的西面的"安纳托利亚平原"了。

创 7:13 正当那日,挪亚和他三个儿子闪,含,雅弗,并挪亚的妻子和三个儿妇,都进入方舟。也就是说:诺亚夫妻和他的三个儿子加上他们的妻子,共八口人进入了方舟。很明显,所谓"挪亚方舟"就是中国人所说的"船",船字拆开就是"八口舟"即,诺亚方舟=船,也就是说,"船"一定出自早期《圣经》故事,不然就无法解释"船"字的构造和来源,而且这个世界上一定不会有这么巧合的事情。这也进一步说明,世界文明应该是单一或共同起源。在汉语里,"舟"与"船"基本上是同义词,没有必要再创造一个"八口舟"这样"特定人数"的水上工具的常用字,显得有点儿画蛇添足,所以"船"字一定有其特定的已经失传的"典故"。

理论上,船应该是比舟大的水上载具(当然,欧洲人或者说早期游牧民族,每个人所占有的生存空间比亚洲人要大得多,每个人最少两、三个房间,"八口舟"应该是非常大的船。),也就是像"诺亚方舟"那样的大船。这就是为什么我怀疑，圣经最初的版本和许多内容，可能出自类似中国甲骨文的"图画文字"所撰写的古代文献资料的原因。

　　另外在这里顺便提一下，中国汉字的偏旁组合结构，明显与埃及圣书体文字的组合结构相似，而且也与苏美尔文字的单音节文字相似（例如"八口舟"的船字，就是一个压缩成方块字的圣书体文字。），应该说中国的古汉字，应该是诞生在两河流域苏美尔文化和埃及文化的交界处，地中海东岸、迦南和西奈半岛一线地区，甚至是尼罗河下游的喜克索斯人居住地区。

根据《圣经》：

创 9:20　挪亚作起农夫来，栽了一个葡萄园.

创 9:21　他喝了园中的酒便醉了，在帐棚里赤着身子.

创 9:22　迦南的父亲含，看见他父亲赤身，就到外边告诉他两个弟兄.

创 9:23　于是闪和雅弗，拿件衣服搭在肩上，倒退着进去，给他父亲盖上. 他们背着脸就看不见父亲的赤身.

迦南受咒诅

创 9:24　挪亚醒了酒，知道小儿子向他所作的事，

创 9:25　就说，迦南当受咒诅，必给他弟兄作奴仆的奴仆.

创 9:26　又说，耶和华闪的上帝，是应当称颂的，愿迦南作闪的奴仆.

创 9:27　愿上帝使雅弗扩张，使他住在闪的帐棚里，又愿迦南作他的奴仆.

　　即：由于地球人口的迅速增加，"骄傲和不可疑视的白人，也不得不过起了半农耕、半放牧的清苦生活，开始训化野生葡萄，并且发明了酿酒术。"按照中国人对老祖宗的崇拜方式，就可以形容为"挪亚尝百草而发明了葡萄和橄榄种植，创造酿酒术，以造福人类"。

　　在这里强调一下：原始《圣经》的原文，应该是类似苏美尔人古图画文字，或者是埃及人的圣书体的很初级的文字，最初并没有严格的语法结构，只进行单字的简单排列所形成的记事文字，只能意会，但不能叙述，如："挪亚为农，养葡萄以酿酒，酒可醉人。"。后人把它翻译成《圣经》的时候，为了便于叙述，只能用"故事"或者加入故事情节，把它串联起来。于是就有了："挪亚作起农夫来、栽了一个葡萄园。他喝了园中的酒便醉了. 在帐棚 里赤着身子。"

　　在这里需要解释一下，古时白人实行一夫多妻制，妻子的地位十分低下，尽量不被提及，"男人赤身裸体"相当于男人正在过性生活或者是在与女人睡觉。而《圣经》强烈暗示：　"含"（非洲族裔）进到父亲的帐篷里，似乎做了同样的事。这就相当于中国人，管女人出轨与别人私通叫"红杏出墙"一样。这就是为什么"含"犯的错，受咒诅的却是他未出生的儿子，因为有这样一个父亲，其子很有可能也是一个混血的"杂种"。

　　通过上面这段描述，我们不难想象和推论："挪亚"应该是指这个世界最早出现的"统治者"，他们的殖民对象主要是早期苏美尔人的某些母系部落。而"挪亚"的妻子显然是指，这些母系部落。而这种最早的殖民，是当时的强势人种对弱势人种进行的，是冰期遗留在两河流域北部山区中的白人，他们近水楼台先得月的与苏美尔人联姻。

　　而"挪亚"在近东地区的势力范围包括：早期白人居住的小亚细亚半岛及其以西地区（雅弗）；黄种人居住的两河流域下游地区（闪）；黑人居住的北非地区（含）。但没有想到的是，最晚走出非洲的黑人，也在迦南附近与黄种人的母系氏族混血，生出了"迦南（人）"，即，黄、黑混血的"阿拉伯人"。这些人外形凶猛、身材高大、有夸张的大胡子，在丛林时代，是完全有能力与白人竞争的，所以受到了当时的白人统治者"挪亚"的诅咒。

　　这明显损害了白人殖民者的利益，抢了他们的风头，也使他们的发展和扩张受到了影响。所以，"挪亚醒了酒、知道小儿子（最晚走出非洲的人群）向他所作的事、就说 、迦南当受咒诅、必给他弟兄作奴仆的奴仆。又说、耶和华闪的神、是应当称颂的、愿迦南作闪的奴仆。愿神使雅弗扩张、使他住在闪的帐棚里。又愿迦南作他的奴仆 。"。而"迦南地"，最初就是刚刚走出非洲的，北非黑人（古阿拉伯人）的领地。"迦南当受咒诅、必给他弟兄作奴仆的奴仆。"也就是相当于说：让黑人给当时白人的奴仆黄种人作 "奴仆的奴仆"。《圣经》在这里所表达的是一种"公开的暗喻"。

这些所谓的"诅咒"本质上是，作为纯白种人的"挪亚"的，一个内心独白，或者说是一个祈祷词。他心里明白，这一次闪、含混血所造成的"阿拉伯人"，是身体强壮、性情爆烈的大胡子人种，虽然他们智商偏低，但也不大可能给，虽然看起来聪明、文雅、有建设性又十分能干，但身材相对矮小的黄种人做仆人。所以他只能说"希望"或者说：**"愿，迦南作闪的奴仆"。以及"耶和华闪的上帝，是应当称颂的。"** 即：耶和华是庇护黄种人的，所以不要轻易欺负黄种人。而**"愿上帝使雅弗扩张，使他住在闪的帐棚里，"**这就是后来白人在整个世界到处扩张，到处都出现了白人的殖民地，类似雅利安人殖民印度和西班牙人殖民美洲那样，跑到人家"闪"（黄种人）的帐篷里。

其实在埃及发生的事就是如此，早期埃及的上层，明显的是黄种人，而早期埃及的底层民众，也明显的是以混过血的黑人为主，这实际上就是"迦南作闪的奴仆"。而这种现象在两河流域是倒过来的，相对弱势的苏美尔人，被包括阿拉伯人（其中就有阿摩利人）在内的北非和阿拉伯半岛来的殖民者，奴役、屠杀、蹂躏和驱赶，最终在美索不达米亚地区消失得无影无踪。而导致这一切发生的，是有明显 "棕种人"特征的阿摩利人和亚述人，他们早期都是来自阿拉伯半岛上"含"的族裔。

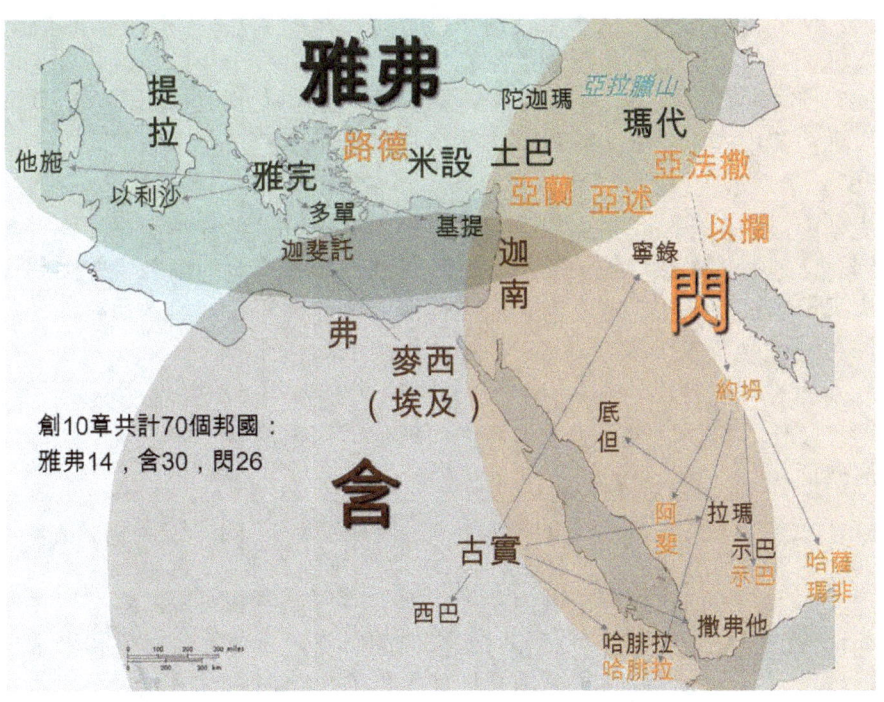

　　"愿神使雅弗扩张、使他住在闪的帐棚里。又愿迦南作他的奴仆 。"也就是说：上帝愿意让白人"雅弗"更加快速的扩张，他可以进入黄种人的领地（住在闪的帐棚里），在那里进行殖民活动，而黑人也可以进入那里，直接给他们做共同的奴仆。

　　而这种"神"对白人的愿望"愿神使雅弗扩张"，直到近代都一直存在，一步一步的被慢慢实现。例如近代欧洲人对非洲的殖民（对"含"的殖民），大量和长期的贩卖黑奴，以及欧洲人对美洲的殖民统治（进入"闪"的帐篷和领地），都是雅弗在扩张、都是典型的"含"和"闪"给"雅弗"做奴仆。看来《圣经》还是一本极为"有远见的预言书"。

　　在圣经民数记13:29 中，亚摩利人（Amorites）不是亚玛力人（Amalekites），亚摩利人是指在一个高原地区的人，他们居住在迦南地。根据创世记10:16，他们是迦南的后代，迦南是含的儿子。他们被形容为一群力量强大的人，具有庞大的身躯"好像雪松那么高"，占据着约旦河东西的土地。"亚摩利人"和"迦南人"这两个词语似乎可以互换使用，"迦南"更一般化，而"亚摩利"用来描述那些居住在上述土地上的迦南人。

　　看来白人对黄种人是有感情的，这甚至可以追溯到人类文明之初，这有点儿聪明人之间，能够互相理解、沟通和互相钦佩的感觉。而大规模屠杀和奴役黄种人的，一直就是"最晚走出非洲的"智商较低、迷信鬼神的野蛮族群，除了暴力，他们自己甚至无法作出任何正常决定，只能依靠 "巫师"和"占卜"来"随机"决定，他们手中掌握的生杀大权。这就是几千年以来，黄种人的悲惨命运的根源所在。黄种人的特征是，只要有暴力和专制就会屈服，只要屈服了就可以苟活，无论是疯子还是傻子统治自己，都无所谓。

　　看来"愿迦南作闪的奴仆"只是白人"挪亚"的一厢情愿。其实，在真实的历史当中，闪反而一直是迦南的奴仆，由中东地区长途迁徙而来，一直盘踞在中国北方的游牧民族，他们就是中国"汉族人"几千年的噩梦，中国超过一半的历史是由他们来统治的。而含后来却成为雅弗的奴仆（白人在非洲和美洲奴役黑人），似乎在相当长的一个历史阶段上"闪"才是"奴仆的奴仆"。

　　因为早期人类还没有建立起 "种姓制度"的概念，也没有类似的词汇，只能用"奴仆的奴仆"来粗略的形容，用现代词语来形容，就是"第三等级"的底层族群。

　　由于近代历史上"雅佛"的崛起和文明的进步，"闪"凭借自己的聪明才智和天生吃苦耐劳的本质，开始在他们的 "逃难地东亚" 占角。但"闪"似乎有点儿忘本，不但在世界范围内与"雅弗"进行竞争和对抗，甚至还在非洲和中东地区扶植"含"，这有点儿"玩火"的感觉，有可能给世界和平带来灾难性的后果。如果让"愚昧"统治我们这个世界，聪明人就祇有死路一条。这看上去似乎是"好了疮疤忘了疼"。也就是说，绝对不能让先进技术和毁灭人类的高科技手段，甚至包括大笔的金钱和财富，掌握到相对愚昧的人和国家的手里，绝对不能让他们强壮起来（让他们人口扩张，挤占正常人种在已经十分拥挤的地球上的生存空间。）和长出肌肉来，不然就只能眼睁睁的看着这个世界越来越乱，走向毁灭。

应该说在这个世界不同地区进化的不同人种，有明显的不同特性和差异。虽然"种族主义"已经被这个世界所唾弃，但绝不能让有暴力倾向和基因的族群（甚至包括外形凶猛的人类族群），统治我们这个世界，并得到快速发展和扩张，那样我们这个世界只能会更混乱；必须让有建设性、平均智商较高的族群来占领，包括管理这个世界，让他们得到充分的扩张；必须让善于创造和发现的族群来领导我们这个世界，从而使这个世界得到更快的进步，人类文明得到发扬和光大。即，这个世界上"肉食动物"的数量应该大大少于草食动物的数量，这个世界发展才有可持续性。

据说在今天的中国广州市，已经有身材强壮的其他肤色的人种做"城管"了，这几乎走回了几千年前当初苏美尔人在两河流域时期的老路。100—200年后，统治整个中国的就可能是这些人了，那时的"中国人"就只能逃难到"火星上"去了。

早期苏美尔人城镇文明刚刚兴起的时候，就接纳了少量来自北非和阿拉伯半岛的少数"含裔"（阿摩利人）人群定居，给苏美的人看园子或者给有钱人做"打手"之类的工作。但几百年之后，他们以少胜多，反而成了统治者，最后苏美人不得不落荒而逃。逃到东亚的中国人，还保留在两河时的习惯，大户人家或者官府、庙宇，虽然没有外表凶悍人种做保镖了，只能树立两个张牙舞爪的"门神"，实际上就是两个怒目圆睁呲牙咧嘴的黑人形象，或者树立两个东亚土著人从来没有见过的，早期非洲和阿拉伯沙漠才有的石狮子来吓唬人。今天在美国一些华人社区的许多超市，也还是用身材高大的黑人做保安来吓唬自己人，而且似乎你和这些"保安"之间是根本无法交流的。这与几千年前的弱势人种的苏美尔人的做法毫无变化，可见苏美尔人的悲剧完全是自己造成的。中国人有句俗话叫做，人往高处走水往低处流。

在这里必须重新回顾下，我第一本书中的一些内容：

应该说，在分子人类学研究领域中，不论从父系的 Y-DNA 追踪，还是母系的 mtDNA 追踪，世界上所有分子人类学研究专家都一致承认，现代人类起源于南部非洲的布须曼人等弱势族群，我们从世界人种起源父系 Y-DNA 的遗传树示意图上，也能清楚的看到这一点:在非洲内部，现代人类父系的起源主干顺序是: 从 A=M91（东非、南非基因）→M168。

很明显能够成功存活下来的现代人这一支，从基因上讲，不论父系还是母系，都起源于"非洲黄种人"较弱势的人类族群，这一点从人类区别于野生动物进化路径的基本原理上讲，是现代人类能够成为世界上最成功的生物的关键因素所在。因为再早的脑容量接近、甚至超过现代人类，但身体粗壮、靠没有退化的野生动物的蛮力生存的强势人种，例如尼安德特人和克罗马农人都灭绝了。说明他们的进化路径后来回归野生动物的进化路径，进入人类进化路径的"死胡同"。

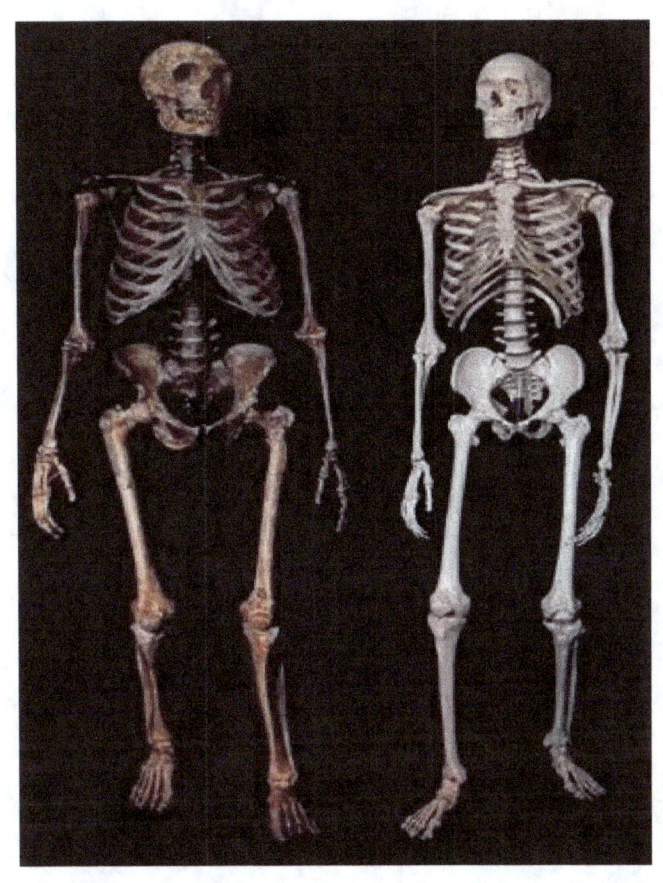

上图：左为尼安德特人骨架，右为现代人骨架。（图片来源:美国自然历史博物馆）。很明显，古欧洲智人的骨架，比现代人强壮的多。

虽然现代人类起源于非洲南部的弱势人种，从而彻底改变了人类的命运，但这一人种从他一开始诞生就遭遇了"丛林法则"、和人类内部原始野性的挑战。从基因上看，"现代人"这一支的父系基因在离开非洲走向世界的过程中，多次遭到强势人种的覆盖和替换，而更多的要依靠顽强的母系基因来坚持他们的"非野生动物"的进化路径。**所谓"非野生动物"的进化路径就是：不是让人体变强壮来适应残酷的大自然，而是让身体素质全面退化，来促进大脑的发育，改造自然、让自然世界来符合人类的生存需要。**

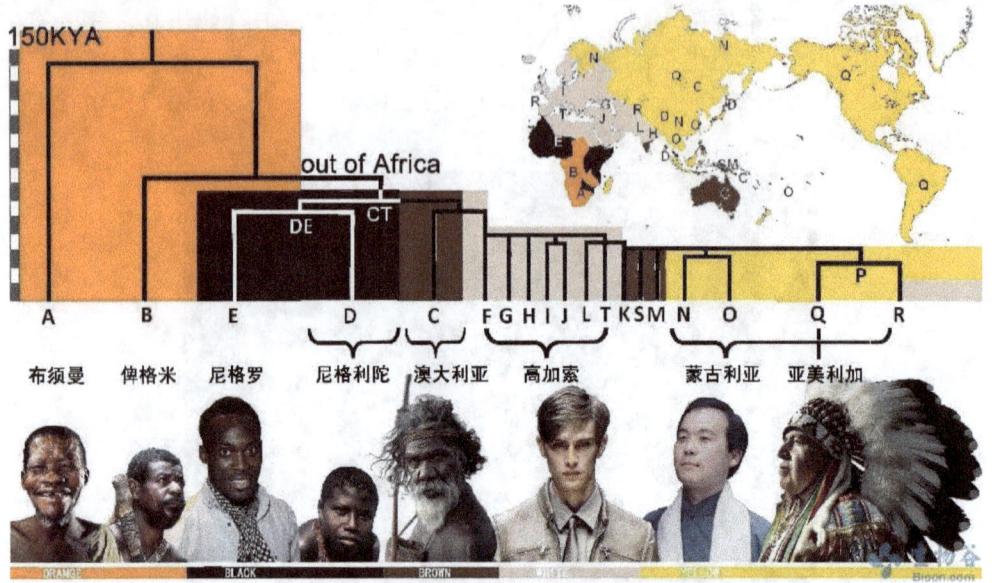

父系 Y-DNA 的遗传树对应人种示意

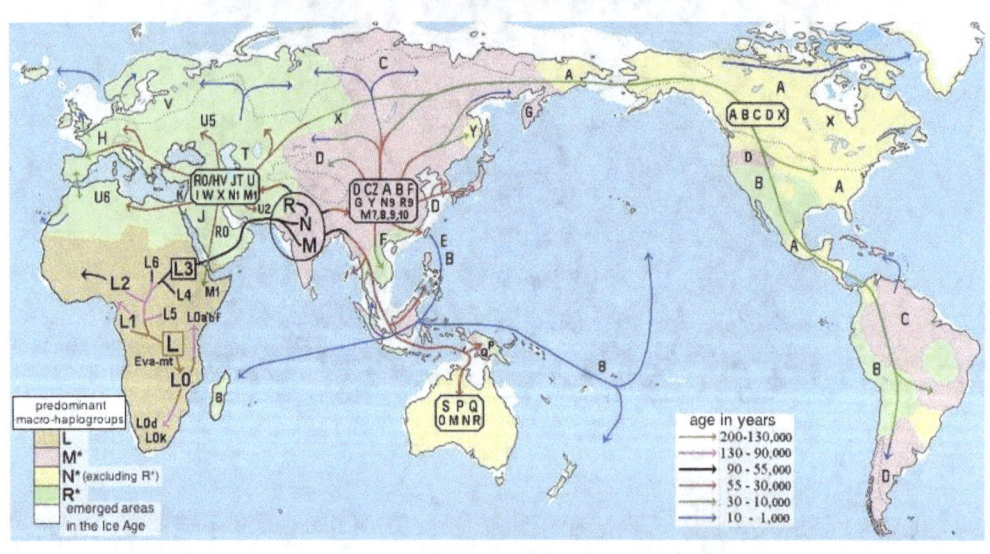

世界母系线粒体 mtDNA 迁徙图

　　下面谈谈父系的 Y-DNA M168。现在也可以有足够的证据证明 Y-DNA M168 是典型的棕种人。他们很可能就是非洲的晚期智人尼安德特人尚存的一支后代，由于他们与欧洲的尼安德特人在不同的地理位置和自然环境上独立发展和进化至少十几万年甚至更长，虽然可能他们的父系基因已经与欧洲的尼安德特人完全不同，但他们却有着相似的共同特点，就是身体粗壮，身上保留着较浓重的体毛，特别是下巴上还保留着像黑猩猩一样的大的连鬓胡须。

Y 染色体上的 M168 是目前发现的一个很古老的突变位点，由于这一人种比较强势，所以走出非洲的大部分人类都被他们打上了自己的标记，这也是人类在要离开非洲时产生的突变，大约发生在 7 万至 10 万年之前。那些棕种人、黄种人就是带着这个古老的突变开始向世界扩散；即便有少量黄种人男性没有携带这个突变，但他们在离开非洲后的一段时间内，陆陆续续被杀光了。所以今天除了非洲以外，现代人都具有这个位点的突变。

实际上，父系 Y-DNA，CF 集团，就是第二次走出非洲的凶猛的棕种人集团。向南的就是 C（M130），我们一直将他们称为棕种人。向北的就是 F=M89 后来他成放射形扩散到大部分欧亚大陆，人们通常称它为"欧亚部落"，认为他们是"没分离的黄白人种"。其实他们本质上就是"北线的棕种人"。他们的身体特点，更接近于早期的尼安德特人，是与南线的 C（M130），先后走出非洲的同一类人。他们都是 Y-DNA M168 的后代，仅经过一次突变，不可能有太大的差别，他们两者的后代之中，后来保持了原始特性的典型种族就是，北线的地中海、阿拉伯人种和南线的巴布亚新矶内亚、澳洲土著，他们的共同特点是身体粗壮、体毛丰富、有较深的眼窝和大鼻子，头上都是浓密的卷发，最大特点是都有像狮子一样较浓重的络腮胡须，看上去都是强悍的战斗民族。

早年被白人像猴子一样抓来的澳洲土著（典型的棕种人与白人的对比）

棕种人的后代，新畿内亚和新赫里多尼亚土著早期还带有吃人的习惯，很多岛上都有食人族出没，据英国《每日邮报》报导，19 世纪 30 年代，英国传教士约翰·威廉斯牧师和同事詹姆斯·哈里斯来到太平洋新赫布里底群岛的埃若曼高岛上传教时，竟被当地食人部落当成入侵者杀掉，他们的尸体也被当地人烹食后吃进肚里。埃若曼高岛现在已是太平洋岛国瓦努阿图的一部分，后来，威廉斯牧师的 18 名后裔受邀专程来到埃若曼高岛，接受了当地人的道歉。

The people of Erromango held a reconciliation ceremony in honour of the Reverend John Williams

　　这让我们不得不产生某些联想，为什么以黄种人为主的现代人这一支走出非洲？当初黄种人走出非洲之前，可能就是受到棕种人的不断袭击，不胜其扰，所以才不得不走出非洲，不然的话很有可能更多黄种人男性就成为棕种人的"盘中餐"了。今天棕种人脸部凶猛的形象，穿鼻而过的牙齿的装饰，头上夸张的头饰，浑身画满怪异的条纹，很明显，他们在远古是以狩猎为生的战斗民族，很难排除他们的祖先是食人一族。

在整个欧洲、近东和西亚地区，越是与黄种人混血次数较多的原始人种，无论其肤色和发色是深是浅，他们身上原始人类的象征"体毛"就退得越干净；头发越直，就越是有建设性的民族。典型的就是 K=M9=K* 几个子类型，他们似乎是唯一能够被追踪到的有明显现代黄种人特征的基因（参考下图）。而且，我们还可以从世界父系 Y-DNA 迁徙图看到，黄种人基因"M9→M45"，在 P=M45 的基础上，又产生了 Q 和 R 两个子类，其中 R 分为 R1a=M17 和 R1b=M173 两个子类。Q=P36 包括美洲土著印第安人。M9 的后代是两个典型的现代白种人基因，说明部分有建设性的白人确实是黄种人的子代，是从棕种人被黄种人改造成的白人。详细原理结合看下图所示：

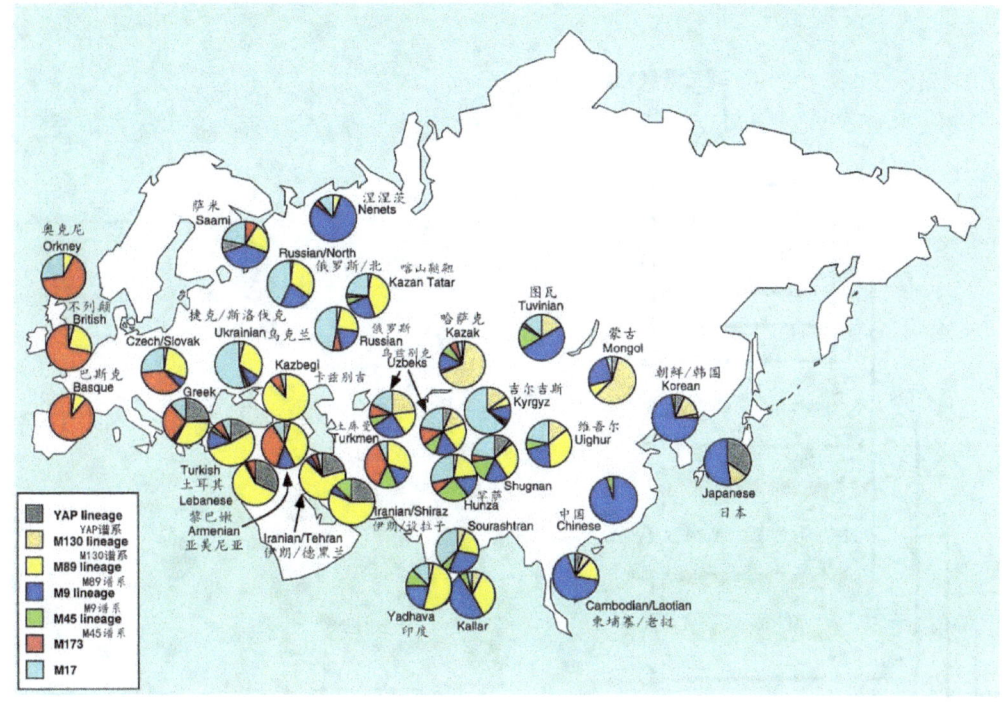

图中的 Y-DNA 单倍群说明：**单倍群 K=M9，（典型的黄种人基因）澳洲、亚洲，M9 突变发生于约西元前 4 万年。**

·单倍群 F（M89）：（北线棕种人基因）大洋洲、欧洲、亚洲、美洲，M89 突变发生于约西元前 4 万 5 千年。

·单倍群 C（M130）：（南线棕种人基因）（澳洲阿波里吉尼斯土著基因）大洋洲、北/中/东亚、北美洲，仅略微存在于南美洲、南亚、西亚及欧洲。

·DE=YAP：又被称为小黑矮人（Pigmy Negroid）基因，其中 D：（尼格利陀矮黑人基因）

·单倍群 P（M45）：中亚，M45 发生于约西元前 3 万 5 千年。

·单倍群 R1b（M173）：（典型的与欧洲晚期智人有少量混血的人群）中亚、欧洲，第一批大规模定居欧洲的群体的后裔，约 3.5 万年前，M173 的后裔抵达欧洲，当时尼安德特人处于衰亡时期。这些更聪明的 M173 的后裔获得了更多的资源，可能加速了尼安德特人的灭绝并可能与他们有少量的混血。在冰河期巅峰时期，M173 的后裔退到了南部的避难地：西班牙—意大利—巴尔干。冰河期结束后，他们再次北上，现在欧洲的 M173 的频率非常高。

·单倍群 R1a（M17）：中亚、南亚、中欧、北欧、东欧，包括西亚的伊朗、南亚的印度。

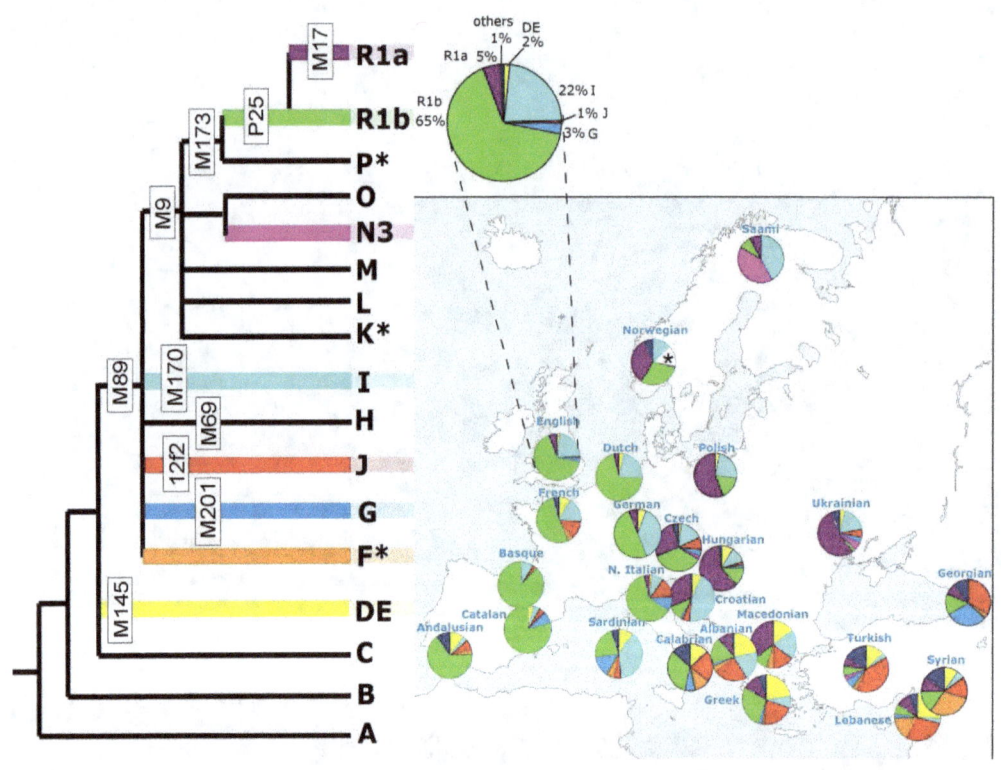

有黄种人基因特征的 M9 的后代分支中多半都是典型的白人基因

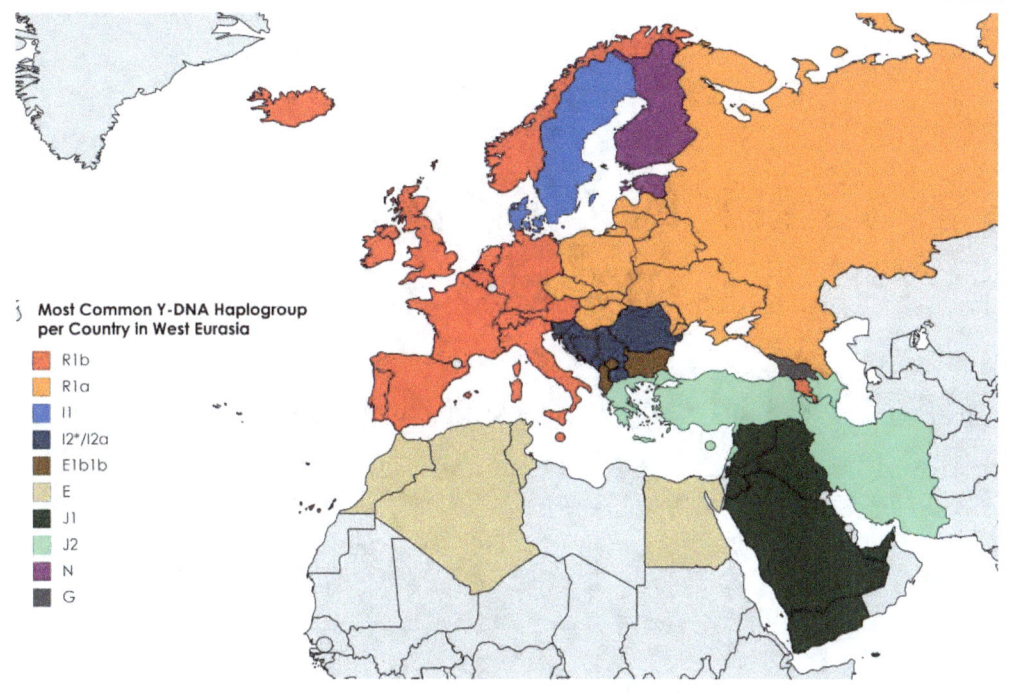

Y-DNA 欧洲主要单倍群

　　从上图我们不难看出：最晚走出非洲，今天守在非洲大门口并统治阿拉伯半岛的 J1 基因，明显是从紧挨着它的非洲基因 E（含的子孙）过度而来的，本质上就是走出非洲以后的 E，是与 E 一样古老的基因。而他的后代 J2，已经统治和占领了整个小亚细亚半岛和两河流域的世界古代文明发祥地，这就是典型的"劣币驱逐良币"。所以今天的中东地区，如果没有发现石油、没有外来势力干涉的话，一定是与非洲一样，战乱不断的贫穷地区。

另注，当今流行的世界人种基因图谱中的主要人种父系基因：

　　白种人基因:F（印度—斯里兰卡基因）、G（巴尔干—高加索基因）、H（印度—斯里兰卡 H 基因）、I（北欧—斯堪地那维亚半岛基因）、J（阿拉伯—犹太基因）、K（新畿内亚 K 基因）、L（印度—斯里兰卡 L 基因）、M（新畿内亚 M 基因）、R1a（印欧东支基因）、R1b（西欧／印欧西支基因）。

黄种人基因:N（极北基因）、O（东亚基因）、印第安基因:Q（美洲基因）。非洲和黑种人基因:A（东非—南非基因）、RxR1（中非 R 基因）、B（中非 B 基因）、ExE3b（非洲基因）、科普特—柏柏尔基因:E3b（东非—北非基因）。

第二章
《圣经》的文化内核诞生在埃及
2.1、喜克索斯人入侵埃及

根据《世界史的故事》作者：苏珊·怀斯·鲍尔描述：

　　在努比亚，为王室掌管南部的地方统治者开始割据自立。这里曾经遭受第十二王朝辛努塞尔特三世的残暴践踏，现在开始脱离王权的控制。北部地区也是麻烦不断。废墟显示，位于三角洲和"亚细亚人的土地"之间的东部边界上的要塞在这一时期都岌岌可危。边境地区曾经得到很好的保护，所以法老的侍臣辛努亥在逃出埃及时没有遇到什么麻烦。现在，那些"亚细亚人"，即到处流浪的西闪米特游牧民开始大批进入三角洲地区。有些人定居下来，与埃及人比邻而居，其他人则难以适应安定的生活。公元前 1720 年左右，也就是第十三王朝开始其薄弱统治的六十年后，一支特别好战的游牧部落侵入埃及，并烧毁了埃及旧都孟斐斯的部分区域。他们的优势是战马和二轮战车，这消解了埃及士兵在数量上的优势。

　　尽管遭遇如此屈辱，第十三王朝还是暂时控制了国家的局势。但是，他们对埃及的统治摇摇欲坠。历史学家普遍认为，第十三王朝的建立标志着中王国的结束和第二中间期的开始。第十三王朝末期，法老的王权急剧萎缩，以致另一支王室登上了历史舞台。这个"第十四王朝"曾与第十三王朝并存了几十年，除此之外，我们对其几乎一无所知。第十三王朝偏安于中王国的都城伊悌托威，是一个碌碌无为的朝代；此时，这个所谓的第十四王朝自称拥有对尼罗河三角洲东部地带的控制权。

　　三四十年后，埃及又出现了另一个王朝，它与衰败的第十三王朝和第十四王朝并存。第十五王朝的政治中心是位于三角洲东部沙漠地带的阿瓦里斯（Avaris）。第十五王朝的第一位国王叫舍西（Sheshi），他将自己的追随者编入军队，开始通过武力将自己的统治扩展到西部和南部。大约 20 年后，即公元前 1663 年，第十五王朝成功推翻了第十三王朝和第十四王朝，取得了最高统治权。

　　据曼涅托记载，舍西是外来者，他和他的追随者都属于被称为"沙漠王子"或"赫卡哈斯威"["Hikau-khoswet"，即"希克索斯"（Hyksos）的古埃及语写法］的种族。曼涅托把希克索斯人对埃及的征服描写为大规模的武装暴力入侵。

我不知道原因，但众神对我们非常愤怒，结果出身卑微的人们从东方而来，大胆地侵入我们的国家。他们用大军轻而易举地击败了我们的领袖，野蛮地焚烧了我们的城市，夷平了神庙，非常残忍地处置当地人，杀死一些人，还把一些人的妻儿掳去充当奴隶。最后指定了他们众人中的一人做了国王。

曼涅托是埃及人，所以我们可以理解他认为只有通过猛烈突袭的方式才能打败伟大的祖先。但这些第十五王朝统治者留下的痕迹表明，大部分的希克索斯人实际上已经在埃及生活了相当长的时间。早在公元前 1663 年占领埃及之前，闪米特人的名字便开始出现在中王国的铭文和王表中（类似约瑟的人有权后，把自己的亲人也接到埃及。）。许多西闪米特人在阿瓦里斯（意思是"沙漠城堡"）定居，随着时间的推移，这个城市几乎完全被闪米特化。第十三王朝和第十四王朝的割据分立进一步瓦解了埃及摇摇欲坠的王权，那些定居在阿瓦里斯的人想趁机从中分一杯羹。埃及的确遭遇了外敌入侵，但最主要的困扰是内乱。

抛开曼涅托夸张的描述，希克索斯人——很有可能已在埃及生活了至少一代人甚至两代人的时间——并没有破坏很多的城市。他们仍然使用闪米特名字，但已接受了埃及的服饰和习俗。埃及文仍是撰写铭文和记录的官方语言，希克索斯人任命埃及人为行政人员和祭司。

尽管推翻了第十三王朝和第十四王朝，但希克索斯人从未完全控制埃及。一些封臣统治着西北部，或许他们已经得到了希克索斯人的许可；这些人的名字几乎没有留存下来，但曼涅托称其为第十六王朝。更严重的是，南部底比斯的埃及统治者宣称，他们不承认希克索斯人的统治，并宣称底比斯才是埃及真正的政治中心。这就是曼涅托所称的"第十七王朝"：第十五王朝、第十六王朝和第十七王朝同时并存。

希克索斯国王由于意识到自己的局限性，没有继续向南推进。底比斯的埃及统治者控制着埃及南部远至阿拜多斯的领土，在这个南方王国中，中王国的传统得到传承，没有受到外来影响。但南北两地没有实现真正的和平。曼涅托写道："底比斯的国王和埃及其他地区的统治者都反对外来君主的统治，双方进行了可怕的长期战争。"

两个王朝间的宿怨终于在第五位希克索斯国王阿波庇一世（Apepi I）统治时爆发。他于公元前 1630 年开始统治，主动挑起了与底比斯国王的战争。一张保存在大英博物馆的莎草纸上面保留了阿波庇一世写给底比斯第十七王朝统治者塞肯内拉（Sequenere）的信件片段。他在信中蛮横地要求："把底比斯的河马都杀掉。不论昼夜，它们的叫声响彻阿瓦里斯，让我难以安眠。"

　　位于 800 千米之外的塞肯内拉把这当作战争的宣言。他的尸体现藏于开罗博物馆。他集结了军队开往北方，他在希克索斯边境遇到守军，便率军与之开战。在战斗中，塞肯内拉跌倒，通过尸体可以看出，他的头骨被钉头锤击碎。尽管他已倒地，但是又遭到了匕首刺、长矛扎和斧头砍。他的尸体被匆忙处理，当时肯定早已腐烂了大半；显然，这位底比斯法老的尸身在战场上躺了几天，南部士兵只能等到希克索斯人退兵后再去收尸。

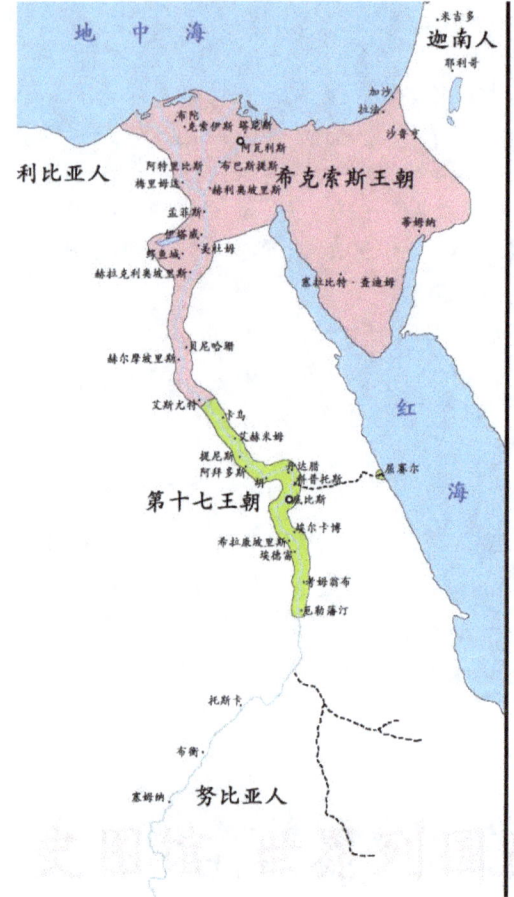

公元前1555年

希克索斯（第十五）王朝

阿波庇一世

古埃及第十七王朝

塞格嫩拉·泰奥

第十七王朝的泰奥法老无法忍受希克索斯王阿波庇的挑衅，于是出兵进攻希克索斯人。泰奥本人在一次战斗中被杀。

　　这场小规模的战斗没有升级为战争。希克索斯和底比斯的军队都退回到自己的土地。塞肯内拉的长子卡莫斯（Kahmose）登上了底比斯王位，并开始筹划为父报仇。

那一时期的埃及法老王表

第二中间期（前 1668- 前 1560)

从公元前 1790 年到公元前 1600 年左右，中王国遭到了外族喜克索斯人的入侵。喜克索斯人征服了大半个埃及，最后定都阿瓦利斯，建立了第十五王朝和第十六王朝。

第 14 王朝、第 15 王朝、第 16 王朝（前 1720- 前 1565)约有 40 位法老，其中有几位名叫塞贝霍特普。一些法老同时在埃及的北部、中部和南部统治。从公元前 1730 年开始，这些国王不过是喜克索法老的封臣。威格夫（Wegaf)；安特夫四世；郝；叟伯克侯特普二世；汗杰；叟伯克侯特普三世；耐夫侯特普一世；叟伯克侯特普四世艾；耐夫侯特普二世；塞斯；亚库赫；基安；阿波比一世；阿波比二世；艾纳斯；亚考班。

第 17 王朝（前 1668- 前 1570)： 14 位法老统治底比斯及其周围地区。他们是喜克索的封臣。最后 3 位法老塔阿一世、二世和卡莫西斯；安特夫七世；塔阿一世；塔阿二世；卡莫西斯。

新王国时代

阿赫摩斯一世 的率领下，又在底比斯建立了第十七王朝，并在公元前 1580 年左右攻占了阿瓦利斯城，把喜克索斯人赶出了埃及，开创了古埃及新王国时代第 18 王朝（ 前 1570- 前 1293）；阿赫摩斯一世（1539－1514）；阿蒙霍特普一世（1514－1493）；图特摩斯一世（1493－1481）；图特摩斯二世（ 1481－1479）；海特西朴苏特（ 1473－1458）；图特摩斯三世（1479－1425）；阿蒙霍特普二世（1427－1392）；图特摩斯四世（1392－1382）；阿蒙霍特普三世（1382－1344）；埃赫那吞（1352－1336）；斯门卡尔上（ 1337 -1336）； 图坦卡蒙 （ 1336－1327）；阿伊（1325－1321）；荷伦希布（ 1323－1295）。

实际上还有一个原因，很容易被历史学家们忽视：中王朝晚期，努比亚人开始占领埃及南部，并向北部大规模迁徙。努比亚人把埃及的社会风气和正常生活搞乱，导致社会动荡，在那里安居乐业几百年从事农耕的喜克索斯人或者说以色列人离开埃及的原因，在一定程度上也是因为努比亚人的北迁，恶化了那里的生存环境，再加上埃及政府的清剿，所以才被迫离开埃及的，而且埃及也从此衰败，再也无法恢复往日的辉煌。

其实，上面介绍的许多核心历史过程及内容，甚至细节都与《出埃及记》非常雷同和类似，所以我们不难理解《圣经》是一本，记录历史细节的历史书。因为那个时代信息相当闭塞，很少有人有能力从比较宏观的视角，观察和记录一个地区的历史进程和所有战争的因果关系。

20 世纪 40 年代，研究人员在开罗东北约 120 公里尼罗河三角洲的一处遗址中发现了古代希克索斯首都阿瓦利斯。在这项新研究中，英国伯恩茅斯大学考古学家 Chris Stantis 和同事分析了这里出土的人类遗骸的牙齿，以便更清楚地了解希克索斯人的身世。

这项研究利用广阔的墓地，对古埃及进行了迄今为止最大规模的同位素研究，首次利用考古化学直接探讨神秘的喜克索斯王朝的起源，这是埃及第一次由喜克索斯王朝统治。外国血统。尽管由于统治者的名字、建筑和物质文化，这些统治者的黎凡特起源是不成问题的，但这些结果挑战了喜克索斯人作为入侵力量的经典叙述。相反，这项研究支持这样一种理论，即喜克索斯统治者并非来自统一的起源地，而是西亚人，他们的祖先在中王国时期移居埃及，在那里生活了几个世纪，然后崛起并统治埃及北部。

应该说生活在尼罗河下游荒凉的三角洲地区的"喜克索斯人"，是一个社会群体，他们的上层统治者是典型的早期从事游牧活动的大胡子人种，而他的底层民众应该是身材矮小并从事艰苦农耕的逃难苏美尔人，就像阿卡德人在两河下游地区统治苏美尔人时期的人种结构。也许就像《圣经》所忠实记录的那样：是阿卡德人在两河流域失败后，带着他们的奴隶，沿泐发拉底河逆流而上，绕道亚兰地区（绕过阿拉伯沙漠）曾企图定居迦南地区，但在那里没有呆住，只好整体搬迁到更荒凉的尼罗河三角洲地区。而喜克索斯人后来的崛起，很大程度取决于他们先进的"农耕文明"所带来的强大的经济实力。

2.2、《圣经》所记载的相似历史

根据犹太人的传统记载，亚伯拉罕是拿鹤的孙子、他拉的儿子，拿鹤居住在迦勒底的乌尔旁（乌尔第三王朝）。据《创世记》记载，他拉有三个儿子，圣经记载依序为亚伯兰、拿鹤（与祖父同名）、哈兰（Haran）。哈兰死在吾珥，留下一个儿子罗得（Lot），他拉带着全家打算搬到南方的迦南（Canaan），途经哈兰便决定留下。最后死在哈兰。

之后亚伯兰又和他的妻子撒拉、罗得（亚伯兰末弟哈兰之子）和跟随他的众人往迦南地去。上帝要亚伯兰前往"我（上帝）所要指示你的地去"并承诺"必赐福给你（亚伯兰），叫你的名为大"，使亚伯兰"成为大国"。亚伯兰便到迦南的示剑，并在摩利橡树的地方受到神的启发。耶和华对亚伯兰说："我要把这地赐给你的后裔"。亚伯兰便在那里为神建了一座坛。从那里又迁到伯特利的东边的山，支搭帐棚；西边是伯特利，东边是艾。又在那里建坛奉献给耶和华，求告耶和华的名。自此之后便渐渐迁往南地（死海西南的尼革地）去。

亚伯兰由于饥荒到埃及避难：希伯来人的男性族长（如亚伯拉罕，他的儿子以撒，和以撒的儿子雅各）以及在公元前 18 世纪生活在迦南的圣经母系族长（如撒拉，利百加，利亚和拉结）。法老邀请雅各和他的家人移民到埃及与其儿子、担任大内总管（圣经多译为宰相）的约瑟同住，于是他们迁往埃及，居住在尼罗河三角洲。

至今为止发现的证明以色列存在的年代最古的证据，是公元前 1200 年左右的古埃及麦伦普塔赫石碑。当时在迦南地区生存的犹太人是最先奉行一神教的民族。雅各生有 12 个儿子，第十一个儿子约瑟（阿拉伯语发音为尤素福，亦译成约瑟夫）被他的亲哥哥们卖给以实马利人带到埃及后，转卖给法老的内臣护卫长波提乏，后来得到法老的重用，成为埃及的宰相，在七个荒年的第二年，雅各举家迁移到埃及籴粮，约瑟善待全家人，雅各全家受到当时统治埃及的喜克索斯人的优待，居住在尼罗河下游歌珊地，转变为农业民族。后来由于过度扩张、以色列人的地位急剧下降，沦为埃及人的奴隶 400 年，他们在摩西（阿拉伯发音为穆萨）的带领下向法老提出离开埃及，法老王承受不了神降下十灾的攻击，同意摩西带领所有以色列人离开埃及，回到巴勒斯坦定居，雅各的 12 个儿子的后代形成十二支族，以色列人当时过着自治的生活，如果有在生活中与人有冲突或纠纷时，有士师可以帮助他们调解。士师既负有宗教和仪式方面的职能，也担任法官的角色。原来以色列民在巴勒斯坦分居，后来以色列人跟上帝求一个王来治理他们，结果先是由便雅悯支族中的扫罗作王四十年，统一成一个国家。因此以色列人有了第一位国王：扫罗王。之后犹大支派的大卫王击败了周边亚兰、腓力士的骚扰，定都耶路撒冷，建立了在新月地区西部称霸的以色列王国。

精神分析学派的创始人、奥利地心理学家弗洛伊德根据摩西的名字与埃及许多法老名字中"摩斯"音节相近这一点，得出了非常惊人的结论：摩西是埃及人，而且与阿蒙霍特普四世存在某种关系。实际上，"摩斯"在古埃及语里有"儿子"之意，往往跟在某位神灵的名字后面构成人名（如图特摩斯）。弗洛伊德推断，保存在旧约中的摩西的名字是不完整的，其原始形式很可能是"阿顿摩斯"。因为摩西是严格的一神教犹太教的创始人，而他在埃及唯一可能接触到的一神教就是阿蒙霍特普四世推行的阿顿信仰。弗洛伊德继续推测，摩西可能是忠于阿蒙霍特普四世的新宗教的官员，甚至可能是法老的儿子！无论如何，后来在阿玛尔纳所出土的铭文当中的《阿顿颂词》，发现一段颂扬唯一真神"阿顿"的内容与描述方式，与流传至今的圣经诗篇一些章节十分相近。"阿顿"创造一切的角色与后来一神教"上帝"的角色几乎完全一样。这引起许多学者将阿蒙霍特普四世的宗教与早期犹太教的联系，作出许多可能的假设。

犹太教和犹太文化的标志是大卫之星，又称六芒星、犹太星等。现代以色列建国后将大卫星放在以色列国旗上，因此大卫星也成为了现代以色列的象征。至今没有任何考古发掘发现在古代犹太人居住的地方有大卫星的记录。但在埃及古王国时期的牛头调色板和在第十八王朝时期图特摩斯三世（槐）的一个石碑上，都有类似的六芒星图案，也被称为"炼金术阵"图案。六芒星图案或与早期苏美尔-古埃及的六瓣玫瑰花即"帝"字原型也演变存在关系。

其实在历史上，可能根本就不存在以色列人下埃及的事情，当时以色列这个民族根本就不存在，（他还没有被创造出来，），以色列这个词和犹太人这个概念，是摩西带领喜克索斯人离开埃及时才被创造出来。

其实，历史上只有喜克索斯人移居埃及北部荒凉的尼罗河三角洲地区，后来由于过度扩张，再加上那一地区经济发展了和人口暴增，埃及人开始感到了威胁，逐步恢复对于那一地区的控制权。喜克索斯人也由于长期农耕所导致的土地荒漠化，已经养不活过度扩张的人口，才不得不离开埃及这个事实。实际上，埃及人历史上发生过的，只有这一件事实。应该说在这件事上是，埃及人记录的历史和以色列人记录的历史，是"各说各话"而已：埃及人记录的历史就是"喜克索斯人入侵埃及和被赶出埃及"；而希伯来人记录的历史就是"以色列人下埃及和摩西带领以色列人出埃及"这件事，其实是"一码事"，只不过《圣经》记载的内容有许多细节和故事情节，明显是出自祭司阶层的手笔。

摩西不但把埃及人创造出来的"一神论"发扬光大，还创造了以色列这个民族的概念。其实，原始的以色列人本质上就是亚兰人，而喜克索斯人应该还包括一部分被同化的尼罗河下游的古埃及人土著，和少量曾经统治两河流域的阿卡德人。"西泊来人"这个词以前就有，他们本质上就是逃离两河流域的苏美尔人。亚兰人早期应该是母系社会转变而来的，还有很强的母系社会宗法传统，他们与苏美尔人是有很强的亲缘关系的。

《圣经》之前，没人提到过以色列和以色列人（犹太人），以色列人是《圣经》作者虚构出来的一个"文化上的民族"现象，它实际上是一个讲共同语言（喜克索斯语）的，多种族族群。犹太人和犹太教，本质上都是建立在这个共同语言上的一种介于埃及文化和西闪米特文化之间的一种混和文化现象。真正的以色列人应该是，在所罗门死后，南北支派分裂，北方所建立的以色列国的国民，和此后与此相关的人群，包括与古代亚兰人相关的人群，才是真正的以色列人。而犹太人的文化核心是起源于尼罗河下游的埃及文化，是濒临没落的苏美尔文化和同样濒临没落的古埃及文化"强强结合"的结果。实际上，尼罗河下游地区是包括后来的欧洲文明在内的、世界现代文明（世界现代宗教文明）的发祥地，也许叫"苏美尔人的第二次崛起"更加确切。

但今天大多数人认为实际上并没有一次性的喜克索斯人武装入侵，更有可能的是多个西亚部落（主要是闪族人）在中王朝末期的数十年中和平渗入东埃及。随着时间的变迁，在埃及东部的亚洲部落越来越多，他们渐渐地加强了他们对当地埃及城市和地区的控制。与过去的观点不同的是，今天一般认为在亚洲大陆上没有存在过一个喜克索斯帝国。一些在巴勒斯坦、克里特岛、巴格达和甚至在苏丹被发掘的喜克索斯遗物今天可以被完美地用当时的贸易途径来解释，它们无须被解释为一个喜克索斯帝国的产品。

喜克索斯王国的中心在尼罗河三角洲的东部和中埃及，它的范围是很有限的。南部的上埃及始终牢固地掌握在底比斯王朝的手中。喜克索斯王国与南部的关系主要是一个贸易关系，不过好像底比斯的王子们有一段时间承认喜克索斯人的统治并且向他们纳贡。第十五王朝的首都是孟斐斯，他们的夏宫在阿瓦利斯。

底比斯的统治者后来似乎有一段时间的确与喜克索斯统治者达成了一定的协议。底比斯的埃及人可以通行中埃及和下埃及，而且可以在尼罗河三角洲畜牧。在一篇从当时留下来的文章中有关于底比斯法老的顾问对向喜克索斯人宣战的不满的记录。当底比斯的国王宣布喜克索斯人是在埃及这块神圣土地上的污暇的时候，他的顾问明显地不希望打破当时的和平相处的局势："我们在我们（这部分）的埃及很悠闲。艾勒芬汀是一个坚固的堡垒，中（埃及）离我们相当遥远。他们最好的良田在为我们耕种，我们的牛在三角洲上饲草。他们给我们送猪。我们的牛没有被他们抢走……他占据着亚洲人的土地，我们占据着埃及……"

复国战争是底比斯的第十七王朝的末期开始的。后来新王朝时代的文献称塞克南雷·陶二世。塞克南雷·陶二世外交上对喜克索斯人非常强硬。他似乎还对喜克索斯人进行小规模的袭击。他的木乃伊今天保存在开罗博物馆，他头上的伤可能就是在一次这样的袭击中造成的。他的儿子卡莫斯是第十七王朝的最后一位国王，他也是底比斯人对喜克索斯人开战的人。

喜克索斯人的第十五王朝的最后一位国王的统治时间相当短。他在卡莫斯的继承人和第十八王朝的建立者雅赫摩斯一世的前半个统治期间下台。雅赫摩斯登基（统治时间前1558年至前1533年）后没有立即恢复对北方的战争。对他的最早记录是第22年。大多学者认为他一共统治了25年。

我们今天所知道的关于他的战争的细节来自一个与他同名的士兵的墓。这个墓位于上埃及南部的艾尔·卡比。士兵雅赫摩斯的父亲在塞克南雷·陶二世的军队里就已经服役过了。他的家族很长时间是艾尔·卡比地区的总督。按这个记录阿瓦利斯是在多次战役后才被攻克的。这是什么时候发生的还不很清楚。有的学者认为这是在雅赫摩斯四年发生的，也有人认为这是雅赫摩斯十五年的事。士兵阿赫摩斯特别提到他徒步跟着国王亚赫摩斯的战车走向战场，这是在埃及历史上第一次提到马和战车。在多次战斗中士兵雅赫摩斯俘虏敌兵，他的事迹多次被报告给国王，他因此三次被授予"勇敢金"。阿瓦利斯的失陷只被短短的提到："当阿瓦利斯被攻克后，我从那里带走了战利品：一个男人和三个女人，一共四个俘虏。陛下将他们送给我做奴隶。"

阿瓦利斯失陷后，埃及军队追赶逃亡的喜克索斯人，越过西奈半岛，一直到巴勒斯坦南部。根据士兵雅赫摩斯的报道南地的一个堡垒城市沙鲁亨在被包围三年后才被攻克。从阿瓦利斯被攻克到沙鲁亨被攻克一共用了多少时间并不十分清楚。埃及人可能在阿瓦利斯失陷后很快就开始追击了。

根据《世界史的故事》作者：苏珊·怀斯·鲍尔描述：

28 篡权与复仇

在埃及，公元前1546年至公元前1446年，图特摩斯三世的王位被姑姑哈特舍普苏特篡夺，后来他重夺王位并征服了西闪米特人的土地。

阿赫摩斯死后，他的儿子阿蒙霍特普一世（Amenhotep I）继承了王位，他远征努比亚，将努比亚人赶到了埃及的丘陵地带，巩固了父亲的胜利。但王室血脉在他这里终结了。阿蒙霍特普一世没有子嗣，他的第一位妻子（也是他的同胞姐妹）早逝，此后阿蒙霍特普一世没有再娶。

当时的法老一般都拥有多名妻子和几十个姬妾，这表明阿蒙霍特普一世可能根本不喜欢女人。即便如此，他没有再娶也非常奇怪。古代统治者即便是同性恋也会为了王朝的稳定而留下王室血脉。阿蒙霍特普一世孤独终老，并指定他信任的将军图特摩斯（Tuthmosis）为下一位国王。

这位将军图特摩斯还娶了他的姐妹。从理论上讲，他也是王室成员。尽管如此，他的加冕打破了父位子承的王位世袭制度。阿赫摩斯一世、图特摩斯一

世、图特摩斯一世的两位子孙——他的儿子图特摩斯二世和曾孙图特摩斯四世——的木乃伊都得以完好地保存，面部特征清晰可见。图特摩斯家族的人长得极为相似，而阿赫摩斯一世的相貌和他们的差别很大。

   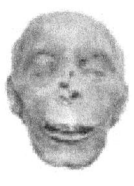

图 28-1　埃及法老阿赫摩斯一世（左一）和图特摩斯一世、图特摩斯二世和图特摩斯三世相貌差别很大。图片来源：G. 埃利奥特·史密斯，埃及国家博物馆一般目录（Catalogue Général des Antiquités Egyptiennes du Musée du Caire），开罗

图特摩斯一世即位时已经年迈，在位仅仅 6 年。即位后不久，他便开始筹划兴建陵墓。原本让人敬畏的金字塔在普通埃及人心目中已经不那么神圣了。盗墓贼几乎闯入了埃及所有的金字塔。它们毕竟是巨大的财富的象征，其下面的墓室里堆满了黄金。为了避免失去自己的陪葬品，图特摩斯一世设计了一处秘密的墓地。这个岩洞墓穴的墙壁饰有壁画，内部装饰亦如金字塔内部那般华丽，但是入口隐秘。他的岩洞墓穴所在的山谷后来成为著名的"帝王谷"。

不像上一位国王，图特摩斯一世至少结过两次婚。他最尊贵的妻子是阿蒙霍特普一世的姊妹、伟大的阿赫摩斯的女儿，她为他生了两个儿子和两个女儿。他还娶了一个侧室，她为他生了一个儿子。

成为法老后，图特摩斯一世先后指定其长子和次子为王位继承人。但两个儿子都先他去世。他无意将王位传给亲信，而唯一的男性继承人是他庶出的儿子。为了巩固这个儿子在王朝中的地位，图特摩斯一世不仅指定他为继承人，还让他娶了自己和正妻的女儿哈特舍普苏特（Hatshepsut）。图特摩斯一世统治六年后便去世了，其子成为图特摩斯二世，哈特舍普苏特成为王后。

图特摩斯二世体弱多病，而他的妻子则时刻准备篡权。从图特摩斯二世登基开始，哈特舍普苏特便以"共治者"的身份伴其左右。显然，这对他们的婚姻毫无益处；哈特舍普苏特和她同父异母的兄弟只生了一个女儿。图特摩斯二世对哈特舍普苏特的野心冷眼旁观，为了埃及的稳定，他没再和她生育子嗣。他更喜欢一个名叫伊西丝的女子，虽然一直没有迎娶她。伊西丝为图特摩斯二世生了一个儿子，他随即宣布这个私生子为王位继承人，这无疑成为他妻子的奇耻大辱。

图特摩斯二世不到 35 岁便去世了，他唯一的儿子即位成为图特摩斯三世，那时他还是个孩子。哈特舍普苏特则以姑母和母后的身份行使摄政权。

在摄政之初的三四年间，她在浮雕中以辅佐者和支持者的姿态站在年幼的图特摩斯三世身后。公元前 1500 年左右，哈特舍普苏特开始兴建一座规模庞大的寺庙：葬祭庙。葬祭庙原本都是以道路与金字塔连通的祭祀场所，而现在用于举行重要的丧葬仪式。这座寺庙理论上是献给太阳神阿蒙的。在东部，尼罗河对岸的卡纳克还矗立着另一座更大的阿蒙神庙与之隔河相望。哈特舍普苏特下令在整面墙壁上刻上浮雕：太阳神阿蒙来到哈特舍普苏特母亲的寝室，之后王后受孕。浮雕就是为了传达一个信息：哈特舍普苏特是"太阳神之女"。

为了宣称自己是父亲钦定的王位继承人，她还下令雕刻了另一幅浮雕：图特摩斯一世去世之前授予她王位，让她成为埃及的统治者。在全体朝臣的见证下，加冕典礼在新年举行，由此哈特舍普苏特有权获封荷鲁斯头衔，成为上下埃及之王。

这个故事纯属虚构，朝中官员应有人提出异议。但是没有任何抗议被记录下来。这表明哈特舍普苏特已经成功说服朝中重臣，与很快就到亲政年龄的图特摩斯三世相比，她会成为更优秀的统治者。她定是得到了埃及最有权势的阿蒙神大祭司塞内穆特（Senenmut）的鼎力支持。几年间，她授予他一系列令人眼花缭乱的头衔。他成为首席建筑师、王家船舶总管、阿蒙谷仓总管、阿蒙领地的监督者、阿蒙奶牛的监督者、阿蒙花园的监督者、阿蒙织布工的监督者。

这些头衔让他手握重权，但不得人心。有人私下议论，塞内穆特不仅仅是哈特舍普苏特的谋臣。在哈特舍普苏特葬祭庙附近山洞的岩壁上有一幅潦草的壁画，画的内容是身材矮小的塞内穆特勃起了，谨慎地站在高大威猛的哈特舍普苏特身后。这可是对强大的女法老和雄心勃勃的大管家颇为粗鄙的评论。

实际上，哈特舍普苏特从未废黜年轻的图特摩斯三世。她仅仅是把自己描绘为共治者中的强者。在多座她的塑像中她都戴着王室头饰和只有加冕法老才能佩戴的方形胡须。葬祭庙中的浮雕也有她庆祝赫卜-塞德节的场景，这个庆典主要是为了庆祝权力的更迭。图特摩斯三世也出现在这些浮雕中，站在女王身旁一起庆祝。但只有哈特舍普苏特在主持塞德节中王权更迭的仪式，这种仪式肯定了法老具备让尼罗河水泛滥的能力。

图特摩斯三世的铭文告诉我们，在哈特舍普苏特执政的大部分时间里他都远离孟斐斯。姑母派他不断征战，战场主要在埃及北部的新省份，因为那里臣服的西闪米特人总是威胁要起兵反叛。

她大概希望他战死沙场。但他既没死于伤痛，也没有死于暗杀，这既在很大程度上说明他十分谨慎小心，也暗示军队对于哈特舍普苏特并没有塞内穆特和其他留在埃及的那些人那么认可。当然，哈特舍普苏特几乎把所有的精力都投入国内建设，尤其是建筑方面。在古代，国王新建建筑的数量被直接用来衡量国王的成功，哈特舍普苏特可不希望有人质疑她的伟大。与此同时，在将近 20 年的时间里，军队没取得任何伟大的胜利。

哈特舍普苏特在丈夫去世 21 年后也去世了。与她共治的继子现在也 20 多岁了，在外不断参与战斗让他变得坚强勇敢。她去世后不久，她的大总管塞内穆特也去世了。

没有直接的证据表明图特摩斯三世与这两人的死有关。但就在他们死后不久，图特摩斯三世从前线返回，开始粗暴地抹除他的继母留下的痕迹。他凿掉了自己能够找到的她留在每个纪念碑上的名衔，展示她君权神授的浮雕也被砸坏。她的雕像被扔进附近的一个采石场。哈特舍普苏特曾下令建造指向太阳的方尖碑，以此向阿蒙神致敬。或许是担心神的愤怒，图特摩斯三世并没有毁掉它们，但是他建起了能够遮挡它们的围墙。他还下令捣毁塞内穆特的陵墓。他为了重获王权已经等待了太久。

严格来讲，从图特摩斯三世登上王位算起，他总共统治埃及 22 年。这些年的忍气吞声更加激起了他的雄心壮志，在接下来的几年里，他频繁发动对外战争，几乎可以和拿破仑相媲美。他采取与哈特舍普苏特相反的政策，全力以赴地进行她并无建树的对外征服活动。

图特摩斯三世让一名书吏与军队随行，以便记录他的军事活动。这些记录早已不复存在，但其他文献中转述的部分记录了法老的早期行动。在哈特舍普苏特去世的同年，图特摩斯三世进入迦南。卡迭石（Kadesh）国王组织了一支盟军在沿海半路拦截入侵者。图特摩斯三世与他们在米吉多遭遇。米吉多城坐落在一座高地上，控制着埃及和美索不达米亚之间的往来交通。

在这场战斗中，埃及人大败敌军。战斗开始后不久，卡迭石国王组织的联军便迅速撤回城中，逃兵们拉扯着彼此的衣服，争相爬上城墙。埃及人停止攻击，开始抢掠野外的帐篷，米吉多的守兵趁机关闭了城门。

埃及人不具备亚述人攻打城池的经验，他们既没有攻城塔也没有梯子，只能采取围城战术。度过凄苦的 7 个月后，卡迭石国王和他的盟友最终投降。埃及军队带着珍宝、盔甲、战车、牲畜、俘虏和粮食大胜而归，这是哈特舍普苏特统治结束后军队首次缴获战利品。现在，那些曾经拒绝暗杀图特摩斯三世的人终于得到了回报。

这场战役似乎已经在周边地区引起恐慌。附近城邦的闪米特人的军事首领开始向图特摩斯三世纳贡，竭力和这位愤怒的南方年轻人实现和平共处。在接下来的几年里，埃及不断发动战争，那些负隅顽抗的城邦遭到攻击并被摧毁。海边的雅法城（Joppa）不愿无条件臣服，并试图与埃及签订协议。根据后来的传说，雅法国王同意拜访埃及统帅，商讨和平条约，国王在宴会上被砸晕，并被关进了后面的房间。埃及统帅出来告诉国王的车夫，埃及人已决定向雅法人投降，车夫应该速返雅法告诉王后，她的丈夫正在押解囚犯的归途中。一群埃及囚犯很快出现在地平线上，带着成筐从埃及阵营抢掠的战利品。其实，每个筐里都隐藏着一名全副武装的战士。当雅法王后打开城门时，战士们突然从筐子中跳出，迫使雅法投降。

阿尔达塔城（Ardata）被以一种更传统的方式征服和掠夺。埃及军队强行冲破城墙并摧毁了城门，他们惊喜地发现地窖中储存了大量的葡萄酒。士兵们天天喝得大醉，图特摩斯三世充分享受胜利的喜悦。之后，他命令士兵烧毁庄稼和果树，并强制下令军队离开这里前往下一个目标。

图特摩斯三世花了近 20 年的时间通过征战杀入北部地区。他竭力进入卡迭石，并迫使其投降。他宣称拥有对阿勒颇的主权，他甚至攻占了迦基米施（Carchemish），来到了小亚细亚的边缘地带。到他统治的最后几年，图特摩斯三世已成功弥补了早年流亡时的损失。在他统治下，埃及的北部边界几乎延伸到幼发拉底河流域，这一成就之后的国王无人能及。

时间线 28	
小亚细亚 / 美索不达米亚	埃及
阿尼塔（约前 1790）	第二中间期（前 1782—前 1570）
	第十三王朝（前 1782—前 1640）
萨姆苏伊路那去世（前 1712）	
	第十四王朝（前 1700—前 1640）
哈图西里一世（前 1650—前 1620）	希克索斯人占领埃及（前 1663）
	第十五、十六、十七王朝
穆尔西里一世（前 1620—前 1590）	
	卡莫斯
赫梯攻下巴比伦（前 1595）	
汉提里（前 1590—前 1560）	
	新王国（前 1570—前 1070）
	第十八王朝（前 1570—前 1293）
	阿赫摩斯一世（约前 1570—前 1546）
	哈特舍普苏特 / 图特摩斯三世（约前 1504—前 1483）
	图特摩斯三世（独治）（约前 1483—前 1450）

我们不难想象，女法老哈特舍普苏特应该就是"垂帘听政"的"埃及的慈禧太后"。但其实，哈特舍普苏特是比较正统的皇室血脉，图特摩斯三世反而看上去不太正统，因为是非婚生子女。哈特舍普苏特行使摄政权也是正常行为。其实，图特摩斯三世是没有理由进行报复的，他应该感谢哈特舍普苏特没有杀他，甚至都没有把他关进冷宫，而让他按时正常接班。这反映出哈特舍普

苏特是守规矩和讲信用的女人，这一点与心狠手辣的"慈禧太后"是完全不同的。但哈特舍普苏特的"心慈手软"，反而给自己带来了灾难性后果。

既然图特摩斯三世本身都是私生子，那么通过正式仪式，加冕过的女皇哈特舍普苏特，就更没有理由让自己"断后"了。很有可能"摩西"就是，哈特舍普苏特和她的大总管塞内穆特的孩子。"摩西"名字的来源，和图特摩斯家族的名称似乎是有关联的。所以他在宫廷中受过良好的教育，是中国人眼里典型的"官二代"。可能在当时来说是会讲一些"外语"的精英阶层；有着国家首脑才具备的广阔的知识范围和以"上帝的视角"来看待国家和民族的开阔眼界。摩西倚仗"母后"和塞内穆特家族的势力应该也成为了"大祭司"，他似乎还是皇室的总管，尽管只能假借"在河边捡来的养子"的身份和名义。其实摩西是有可能成为埃及法老的继承人的，只要哈特舍普苏特高兴，她就可以"做掉"那个法理上有疑问的私生子"图特摩斯三世"而立自己的亲生儿子做下一任法老。实际上，摩西的名字就隐藏着玄机。

很有可能摩西成年后，在这方面做过尝试和努力，由于事情败露牵连到他的父母，而导致其父母在短时间内先后死亡。其实，这一件事最遗憾的应该是埃及人，因为凭借摩西的才华，如果他能成为埃及的法老，埃及一定会出现一个伟大的时代，也许会取代以后的希腊文明都说不定。

应该是在公元前 1458 年哈特舍普苏特去世前后，摩西已经在图特摩斯三世的追查下，提前逃到了人才汇聚的稀克索斯人聚集区，并利用这些所谓的"希伯来人"作掩护来洗白自己的身份，利用他在埃及高层的社会关系，聚集属于他自己的力量。

摩西被迫逃亡后，他在米甸地定居下来，娶了游牧民族祭司叶忒罗的女儿西坡拉为妻，育有两子。在接着的 40 年里，他靠放牧叶忒罗的羊群度日，过着简朴的生活。

但图特摩斯三世很可能在哈特舍普苏特死后开始下大力追查摩西的下落，同时开始大规模驱逐稀克索斯人。

也许是在公元前 1460 年左右，摩西遭到稀克索斯人的怪罪，要他回法老宫廷去自首。摩西谎称法老不接受他的自首，于是劝说稀克索斯人与他一起向东边的蛮荒之地逃亡。而在军队中长期得到锻炼的图特摩斯三世并没有轻易放过他，而且一直追杀他，甚至先于他到达到迦南地区，并在那里不断的扩大他的战果。这也使摩西一直到死都不敢进入迦南地。使得跟随摩西的大批稀克索斯人怨声载道、居无定所、到处躲避和流浪、以帐篷为生，长达 40 年之久。好在摩西是祭司出身，他有充分的时间可以在西奈山上，开办"祭司学习班"讲道，"与上帝立约"来平息民怨，并强行颁布"十诫"来约束信众的行为等等。在信众民怨实在压不住，不得不进入迦南的时候，摩西甚至不敢与"以色列人"一起度过约旦河进入迦南，最后死在逃难过程中的摩押地的山谷中。

这也许是真正的犹太人亚伯拉罕，带着他的家族逃离吾尔→亚兰→迦南→埃及，随后被埃及逐出的"又一次犹太人被驱逐"了，这也预示着以色列人，以后还要"多次被迫害和驱逐"的悲壮命运。最后一次就是我们大家都知道的，二战期间，德国人迫害和驱逐犹太人的历史。这也反复说明，以色列人在很长时间内都是典型的体力上的"弱势族群"。虽然上帝最后把"应许之地"还给了以色列人，但是他们已经等待的太久太久了！而且在以色列人的历史上的大部分时间里，都在世界各地到处流浪，寄人篱下。

2.3、《出埃及记》的圣经故事

根据《圣经》用普通叙述方式所编译的故事：

背景

圣经是研究摩西生平的唯一资料来源，考古学证实与摩西有关之事件的可信性，但却从未提供任何证据证明他的存在或他的工作。摩西的故事始于雅各，他因迦南地有饥荒，便带着众子及其家人一起来到埃及。这家族在约瑟的邀请和法老的欢迎下，在埃及东北面一个名歌珊的地方住了下来，他们在那里住了430年（出十二40）。在这段期间，他们的人数迅速增长，遍满歌珊地（出一7）。后来埃及有不认识约瑟的新王兴起，圣经并没有说明这法老的名字，学者对于这法老是谁也没有一致的看法。最常见的意见认为这法老要不是图特摩斯三世（主前1490-36），就是薛提一世（主前1309-1290）法老恐怕他们的人数继续增长下去，会成为国家的威胁，于是便设法压抑他们的增长。法老派他们建造两座积货城——比东和兰塞，但这些苦工却没有令他们的人数减少。下一步，他要求收生婆合作，把生出来的希伯来男婴杀了，但收生婆并没有听从这命令。其后，法老便命令希伯来人自己把男婴淹死在尼罗河。就是在这第一次迫害犹太人的背景中，婴孩摩西出生了。

第一个40年——在埃及

出生和早期生活

一个名暗兰的利未人娶了他父亲的妹妹约基别为妻（出六20；参出二1）。他们第一个儿子亚伦，比摩西年长三岁，生于要淹死希伯来婴孩的命令之前，因为圣经没有指出他的生命曾遭任何危险。然而，摩西出生时，这可怕的命令已实施了。摩西的母亲把他藏了3个月，直到不能再藏，便取了一个蒲草箱，抹上石漆和石油，把孩子放在箱里。她把箱子搁在河边的芦荻中，摩西的姊姊米利暗远远站着，看看会发生甚么事。不久，法老的女儿（约瑟夫认为她是帖模提斯，其他人则认为她是赫斯苏特，但其确实的身分仍未能肯定）如常带着宫女来到河边沐浴。她发现了婴孩，认出他是希伯来人的孩子，并决定收养他，如同自己的孩子。米利暗从藏匿的地方走出来，主动提出为婴孩找一个希伯来妇人作奶妈，公主也同意她的安排。米利暗便把婴孩带回家，摩西留在母亲身边约有 2、3 年（参撒上一 19-24）。圣经没有记载摩西的成长时期，究竟他母亲有没有在他童年的后期和青少年阶段继续去看望他？有没有把他真正的身分告诉他？有没有把希伯来人的信仰教导他？这一切都只可以凭想象去推测。摩西像皇室中其他成员一样，学了埃及人一切的学问，并且"说话行事都有才能"（徒七 22）。

跟本族人认同

摩西何时知道自己是希伯来人，而不是埃及人，我们不得而知，但明显他在 40 岁时已知道这事。一日他往看自己的族人，并观察他们受奴役的情况，因为法老在摩西出生时所施行恶待希伯来人的法令仍未收回。摩西看见一个埃及人欺负一个希伯来人，怒从心生，便杀了埃及人，把他埋葬了。他以为没有人知道这事，但翌日，当他尝试调解两个希伯来人之间的纠纷时，才知道事情已败露。那两个希伯来人皆与他敌对，指他是杀人凶手，说："谁立你作我们的首领和审判官呢？难道你要杀我，像杀那埃及人吗？"（出二 14）使徒行传七章 25 节又加上："他以为弟兄必明白神是藉他的手搭救他们。"摩西知道事实已经败露，自己虽是皇室中人，但仍不能免却杀人应有的惩罚，于是逃亡至米甸地。

第二个 40 年——在米甸

和叶忒罗家结亲

摩西来到米甸后不久，坐在井旁歇息的时候，看见米甸祭司的 7 个女儿出来打水饮羊；其他牧羊人走过来，欲赶走她们。摩西路见不平，便插手干预，并帮助祭司的女儿饮羊。叶忒罗（出三 1；又名"流珥"，出二 18；或"何巴"，民十 29）知道这事，便请摩西与他们同住，并把西坡拉（名意是"小鸟"）给他作妻子。摩西在米甸时，与西坡拉生了革舜（出二 22）和以利以谢（出十八 4）。40 年过去了，摩西大概已淡忘了早年在埃及的生活。他意想不到，在已届 80 之年，神不久还要催促他返回埃及宫中，面对他曾逃避的法老的儿子，要求他释放以色列人，脱离他已忍受多年的奴役。神并没有忘记祂的子民，现在便准备要拯救他们。

在烧着的荆棘中和神相遇

一日，当摩西牧养他岳丈的羊群至何烈山（又名"西乃山"）。神从荆棘里的火焰中向摩西显现；荆棘虽被火燃烧，却没有被烧毁，摩西移步看个究竟，便听见神从荆棘中呼唤他，说："摩西，摩西！"摩西回答说："我在这里"。摩西欲再走近，神却说："不要近前来。把你脚上的鞋脱下来，因为你所站之地是圣地。"（三5）神又进一步说明祂是亚伯拉罕的神，以撒的神，雅各的神；神向摩西保证，祂已看见了祂百姓所受的苦，听见了他们所发的哀声。然后祂告诉摩西，祂已计划差遣摩西往埃及，把以色列人从奴隶的辖制中拯救出来（三10）。

面对这个似乎是他能力范围以外的挑战，年老的摩西用了许多借口来推却这任务。摩西说："我是甚么人，竟能去见法老，将以色列人从埃及领出来呢？"神却保证祂必与摩西同在（三11、12）。摩西找来另一个借口说，若以色列人问他打发他来的神叫甚么名字时，他并不能回答；神就以含有隐意的句子启示祂的名字，祂说："'我是自有永有的'……你要对以色列人这样说：'那自有永有的打发我到你们这里来'。"（三13、14）对于这名字，有许多不同的解释，在各种分歧的解释之中，不容置疑的是，这名字暗示了神的自存和自足。摩西跟着反驳说，他若告诉以色列人是神差遣他把他们从埃及拯救出来，他们必不相信。神给他3个神迹作为回应：他把牧杖丢在地上，牧杖立即变作蛇；他把手放在怀里，手就长了大痲疯；神又告诉他，他把尼罗河的水倒在地上，水必变作血（四1-9）。

即使有了这些有力的证据，证明神与他同在，摩西仍不愿接受这重任，他说："主啊，我素日不是能言的人……我本是拙口笨舌的"（四10），神告诉摩西祂必会指示他当说的话。但不管神如何保证，摩西仍求神差遣其他人，神一方面向他发怒，另一方面又心生怜悯，于是命摩西的哥哥亚伦作他的代言人，不过，神说祂的指示仍会直接传达给摩西。

其后，摩西返回叶忒罗那里，但没有告诉叶忒罗有关与神相遇和受神差遣的事。

返回埃及

摩西带着妻子和两个儿子返回埃及，但只是告诉岳丈他回埃及的目的是探望族人（四18）。圣经记载说，摩西叫妻子和两个儿子骑在同一匹驴子上（四20），3人同坐一匹驴子显示两个孩子仍然年幼，并不是摩西结婚初期所生的。在路上一个住宿的地方，一件奇怪的事发生了；耶和华遇见摩西，想要杀他（四24），这明显因为摩西在离开米甸之前，仍未替孩子行割礼。西坡拉知道摩西的生命有危险，便亲自执行这仪式，并对丈夫说："你真是我的血郎了。"（四25）姑勿论这次与神不寻常的相遇含有些甚么其他意义，这遭遇确实是一个严肃的提醒，提醒那作约民领袖的人，自己先不可忽略约中任何一部分（创十七10-14）。

神命亚伦（他仍在埃及）上山，到祂在荆棘火焰中向摩西显现的那山上去，在那里与他的弟弟相见。摩西把所发生的一切事情告诉了亚伦，并一起返回埃及，聚集了众长老，告诉他们一切。摩西和亚伦在众民面前施行神迹时，他们就相信这两位领袖是奉神差遣来拯救他们脱离困苦的（出四 30、31）。

第三个 40 年——由埃及至迦南

和法老会战

摩西返回埃及不久，在亚伦的陪同下，来到法老那里重复耶和华的要求："容我的百姓去，在旷野向我守节。"（出五 1）法老拒绝这要求，声言他从未听闻摩西的神。当时的埃及王看他们自己是神，所以我们可以想象法老认为这是何等的侮辱。他不单拒绝摩西的要求，而且还加重希伯来人的重担。这事以前，希伯来人做砖所用的草是由埃及人供应的，现在他们要自己去捡草，但做砖的数目不可减少。希伯来人痛苦和愤怒地转向摩西说："你们使我们在法老和他臣仆面前有了臭名。"（五 21）即使摩西也不明所以，遂向神抱怨说："你为甚么苦待这百姓呢？"（五 22）拯救希伯来人脱离困轭，并且会带领他们进入祂应许给亚伯拉罕、以撒和雅各之地（六 8）。神吩咐摩西再次来到法老面前，重复那释放希伯来人的要求，并声明法老若不答允，必遭惩戒。

摩西再次进入法老的宫中，重申释放以色列人的要求。摩西把杖变作蛇，欲以此吓倒法老，可是，埃及的术士用邪术也能行这神迹，因此法老心里刚硬，不肯听从摩西。随着摩西在埃及地一件接一件的施行九灾，显出神的全能，使法老屈服。这九灾包括将尼罗河的水变作血（七 20-24）、蛙灾（八 1-15）、虱灾（八 16-19）、蝇灾（八 20-32）、畜疫之灾（九 1-7）、疮灾（九 8-12）、雹灾（九 13-25）、蝗灾（十 12-20），以及黑暗之灾（十 21-29）。摩西施行蛙灾、蝇灾、雹灾、蝗灾和黑暗之灾时，法老感到狼狈，曾暂时温和下来，答应摩西的要求，但天灾过后，他的心又再刚硬，收回他的承诺。头 9 灾严重地破坏了埃及地，但以色列人仍未得释放，不过，还有一灾为埃及人预备，这也是最可怕的一个灾害。

第一个逾越节神告诉摩西，还有一灾要临到埃及人："凡在埃及地，从坐宝座的法老直到磨子后的婢女所有的长子，以及一切头生的牲畜，都必死。"（十一 5）此外，祂向摩西保证，这灾不会伤及希伯来人任何一家，"好叫你们知道耶和华是将埃及人和以色列人分别出来。"（十一 7）

神透过摩西和亚伦，指导以色列人准备尽快离开埃及。他们要向埃及人要金器和银器（十一 2、3），埃及人也许因为惧怕希伯来人，都答应了这要求，以为送出了礼物，埃及地的灾祸便会止息。神又吩咐希伯来人每户预备一只羊羔，若人少，可与邻舍共取一只。这是为埃及地最后一顿晚餐所预备的（后来成了以色列人历代以来为逾越节的定例）。羊羔的血要涂在门框和门楣上，以色列人要在屋里吃逾越节的晚餐。神应许希伯来人，凡是门上涂了血的，伤害必不会临到那一家。此外，又吩咐他们预备无酵饼。到了半夜，耶和华那死亡的使者起来击杀埃及地所有头生的，由法老的长子直至被囚在监里的都不能幸免，埃及人中，没有一家人可以逃过这灾难。法老看见了所发生的事，便命令摩西和以色列人立即离开埃及地（十二 31、32）。圣经说离开埃及的男丁约有 60 万人。连妇女和孩童在内，总人数可能超过 200 万，这对埃及的经济来说，是一个十分严重的打击。

出埃及出埃及的事件被称为旧约的焦点；诚然这是旧约的中心事件，也是以色列进展成一个民族的时刻。犹太人今日仍回顾这事件，看为神在历史中拯救以色列人的伟大救赎行动，正如基督徒以信心看十字架为伟大的救赎行动一样。

现今我们不能准确地肯定希伯来人出埃及的路线，不过，学者们却提供了许多不同的意见。以色列人没有采取最短、最直接的路线（那是沿着地中海的海岸，约需 10 日的路程），却向着西乃山进发。摩西早年曾在那里的荆棘火焰中遇见神，神指示摩西带领以色列人返回相同的地点，作为神差遣他拯救其子民的标记，以色列人并要在那里敬拜神（出三 12）。希伯来人没有忘记约瑟曾要求他们返回故乡时，把他的骸骨也一起带回去（创五十 25；出十三 19）。

在路上，日间有云柱在以色列人前面，夜间也有火柱。云柱代表神与他们同在，并且引领他们踏上前路。

在埃及那边，法老又反悔让希伯来人离开埃及，于是差遣军队追上去，要把他们带回来。希伯来人看见一片愈来愈接近的尘土，知道埃及的军队正追赶上来，感到十分惊惶。他们面对着汪洋大海，前无去路，后有追兵，不知如何是好。于是以色列人转向摩西，埋怨他好把他们领出埃及。神再次向他们保证，叫他们不用害怕，也不需作任何防卫，神应许要为他们打这场仗，并且要把胜利赐给他们（出十四 14）。

耶和华用强烈的东风把芦苇海（传统误作红海）的水分开，让以色列人从干地走过去，到海的彼岸。

埃及人从后赶上，跟着以色列人走在干涸的海床上，但在他们还未到达彼岸之时，海水已复合了，埃及兵马都被淹毙在大海之中，以色列人则平安到达彼岸。以色列人用诗歌庆祝神的拯救（出十五），然后继续他们的旅程。其后的叙述描写以色列人在沙漠中挣扎求存——缺粮和缺水、内部不和、埋怨摩西、与敌人争战等等问题。在这些经历中，摩西成为他们团结起来的力量和伟大的属灵领袖。

虽然以色列人不久以前才看见神拯救的大能，但他们的信心并不坚强。3 日后，他们来到一个地方，水不能饮用，他们便开始向摩西发怨言。耶和华指示摩西洁净水泉，众民的需要遂得着满足（十五 22-25）。他们到达汛的旷野时，又再发怨言，这次是由于食物的短缺，神供应吗哪以满足他们的需要；吗哪是一种像饼的东西，可作他们的食物，直至进入了迦南（十六 1-21）。后来，众民在利非订安营之后，又再次发怨言，这次是由于缺乏食水，神再一次满足他们的需要，叫水从何烈的盘石流出来（十七 1-7）。当他们仍在利非订安营时，亚玛力人来攻击他们，但神赐给以色列人一次大胜利（十七 8-13）。

摩西和以色列人到了西乃，在那里安营。叶忒罗来探望摩西，把摩西的妻子和儿子也一同带来，显然西坡拉先前是决定了与孩子返回父家，没有跟摩西一起往埃及去。这是一个快乐的重聚，叶忒罗向神献上燔祭和平安祭（这行动使一些解经家认为叶忒罗是一个真心敬拜神的人，甚至好像摩西一样；然而，他如何与希伯来信仰扯上关系却不得而知）。叶忒罗看见摩西要亲自解决众民所有的纠纷和困难，而没有人协助时，便建议摩西在民中选出一些有能之士，让他们分担一些较轻的责任，摩西接受了这建议。不久，叶忒罗便返回自己的家乡，没有留在西乃，参与以色列人与神的立约（十八 13-27）。

神在西乃颁赐律法神信守向摩西的承诺，祂把希伯来人从埃及为奴之地领出来，并带领他们到达祂差遣摩西作众民领袖的地方。神现在已准备好与以色列人进入约的关系。在闪电、雷轰、密云、火焰、浓烟和地震这惊人、壮观，好比火山爆发的情景之下，神降临在西乃山上，吩咐摩西上山。摩西在山上逗留了 40 昼夜，接受了律法，这律法将要成为盟约之基础。

在西乃山上，神启示自己是一位要求人在生活各方面对祂完全忠心与专一的神，同时祂定意与子民建立个别相交的关系。

以色列民的悖逆摩西停留在西乃山上的时候，山下的众民开始显得不耐烦，并且怀疑摩西会否回来，于是便来到亚伦面前，要求他为他们铸造偶像，作敬拜之用。众民献出身上的耳环，亚伦便将之铸成牛犊的形状。他把金牛犊交给众民时说："以色列啊，这是领你出埃及地的神。"（三十二 4）翌日，他们齐集敬拜这偶像，献过祭，就吃喝喧闹。神把山下正在发生的事情告诉摩西，并愤怒地宣告祂要毁灭这民，要从摩西和他的后裔另立一个大国，摩西立即为百姓求情，神的震怒才稍歇。摩西带着两块写上律法的石版下山，但当他看见以色列民所作的事，便不能抑制怒气，他把法版摔碎在地上，然后把金牛犊捣碎成为粉末，用水混和，命以色列民喝。摩西愤怒地转向亚伦，要求他为所犯的大罪加以解释。亚伦推卸责任说："我把金环扔在火中，这牛犊便出来了。"（三十二 24）因为众民所犯的大罪，摩西征求民众自动出来执行神在他们身上的审判，利未支派的人作出了回应，那天被杀的百姓约有 3,000 人，自愿的利未人后来得到摩西的赞赏和嘉许（申三十三 9、10）。摩西又再为众民代求，表明神若不饶恕他们，他宁愿与他们一同灭亡。神就动了怜悯之心，应许摩西说，耶和华的使者仍会与他们同行（出三十二 34）。摩西作了一个特别的要求，求神让他看见祂的荣光。神指示摩西凿出两块石版，像他摔碎的一样，然后翌日返回山上。耶和华在那里，在摩西面前经过，并宣告祂的名，说："耶和华，耶和华，是有怜悯有恩典的神，不轻易发怒，并有丰盛的慈爱和诚实。"（出三十四 6）摩西再停留在山上 40 昼夜，重新再领受禁拜偶像的警告，并从耶和华得着进一步的指示，接受另外两块写上十诫的法版。摩西从山上下来的时候，并不知道自己因曾与神交谈，所以脸上发光。众民起初不敢走近他，但他呼召他们，聚集在他面前，并重述耶和华在山上向他说的话。其后，他用帕子蒙在脸上，只是来到耶和华面前才把帕子除下来。保罗说这帕子的目的，是避免众民看见摩西脸上的光渐渐褪去（林后三 13）。

会幕和祭司制度之设立摩西第一次上山接受律法时，神指示他收集一些用以建造会幕或帐幕的材料，就是金、银、铜，蓝色、紫色、朱红色线、细麻、山羊毛、染红的公羊皮、海狗皮、皂荚木、点灯的油、做膏油和香的香料、红玛瑙和其他宝石（出二十五 3-7）。同时，神也给了他建筑的蓝图，以及祭司分别为圣的礼仪。一个名比撒列的人全权负责会幕的建造，并由亚何利亚伯协助（三十一 1-6）。会幕像一般帐棚一样，是方便携带的，这样，希伯来人在前往迦南的路上可随时把会幕拆下来，在另一站再搭建。

除了会幕方面的指示外，神也将一些应献的祭指示摩西，包括：燔祭、素祭、平安祭、赎罪祭和赎愆祭（利一至七）。摩西也负责膏立亚伦和他儿子为祭司，并建立敬拜制度的仪式（利八至九）。

这严肃的宗教礼仪建立了一段时间之后，亚伦其中两个儿子，拿答和亚比户，把不合规格的凡火献在耶和华面前。结果有火从耶和华那里出来，把他们消灭了。摩西禁止亚伦和其余两个儿子以利亚撒及以他玛举哀，因为拿答和亚比户是犯了罪被惩罚（利十 1-7）。他们所犯之罪的性质究竟是甚么，很难下定论，但肯定是与干犯神的圣洁有关。所以，利未记余下的部分均强调一些条例，说明神期望袖的子民过圣洁的生活。这些条例可用一句话概括言之："你们要圣洁，因为我耶和华——你们的神是圣洁的。"（利十九 2）

众民仍在西乃的旷野安营时，神吩咐摩西数点他们的人数："所有的男丁……从二十岁以外，能出去打仗的。"（民一 2、3）人口普查完毕后，得出的结果是，男丁数目有 603,550 人。利未人是分别数算的，共有 22,000 人。

由西乃至加低斯以色利人从离开埃及至核点民数时已有一年的时间（民九 1）。

神提醒众民要守逾越节。他们守了节，1 个月后，便离开西乃，来到巴兰的旷野。一路上，他们埋怨说只有吗哪一种食物太单调，渴望可以吃到鱼、黄瓜、西瓜、韭菜、葱、蒜，像在埃及时一样（民十一 4-6）。神十分愤怒，便给他们大量的鹌鹑，但当肉仍在他们牙齿之间，神便用最重的灾殃击杀他们。米利暗和亚伦也像众民一样，存着抱怨的态度，他们批评摩西娶古实女子为妻（民十二 1、2）。我们不能确定这古实女子是埃提阿伯人，还是指西坡拉的另一种说法。若摩西确实再婚，旧约中却没有任何地方提及这段婚事。摩西对兄姊的指控没有作出任何答辩，因为他不需要答辩，神已干预这事，亲自为袖的仆人辩护。由于米利暗出言毁谤摩西，所以神责打她，使她长大淋疯。当亚伦看见米利暗的情况,就承认跟米利暗一样犯了罪(民十二 10-12),在摩西切切代求之下,米利暗的大淋疯始得痊愈。

众民在巴兰旷野的加低斯(又称"加低斯巴尼亚",民三十二 8 等)安营时,摩西派十二探子往迦南。每支派要打发 1 个人,窥探那地的情况,好准备以色列人进入。40 日后,探子回来了。

虽然他们均回报那地是肥沃美好的,但其中 10 人却惧怕迦南人,不主张进入迦南地,只有约书亚和迦勒愿意前往占领那地。全会众都附和不愿进入迦南,并决意选出一位新领袖,带领他们返回埃及,免得死在迦南人的刀下。他们势将用石头打死摩西和亚伦。在那一刻,神亲自干预这事。若不是摩西求情,神便已把全会众都消灭了(民十三 1 至十四 19)。摩西指出神若不带领众民进入迦南,周围的列邦必认为以色列人的神没有能力带领他们进入应许之地,神再一次勉强答允摩西的要求,饶恕了以色列人,但补充说,众民中 20 岁以外,曾埋怨神的,不得进入应许之地,他们要在旷野飘流 40 年,直至那一代的人全部死去,他们的儿女才可进入迦南(民十四 29-33)。众民听见神的宣判,便想马上进入迦南地,使这刑罚无效。

但由于神没有与他们同在,所以他们惨败于亚玛力人和迦南人手下。

在旷野的四十年在旷野飘流的 40 年间所发生的事件,可知的并不多。纵然神已严严地审判众民,但他们的态度仍然不变。一个名可拉的人带领另一次叛变,向摩西和亚伦的权威挑战;摩西和亚伦为这些悖逆者恳求神,神却不听(民十六 22-24),但神吩咐全会众远离可拉及其同党的帐棚。众民正观看的时候,地就裂开了,把叛党连同他们的家眷、财物,全吞下去;虽然以色列人亲眼看见背叛者的结局,仍转向摩西和亚伦,指控他们杀害自己的族人。这时,神吩咐摩西离开满口怨言的群众,好让神亲自报复。虽然摩西赶紧为众民赎罪,但在刑罚停止之前,已有 14,700 人死于瘟疫。耶和华为了向以色列人证明摩西是祂拣选的领袖,便吩咐摩西从每支派取一根杖,放在会幕中。神要使祂所拣选之人的杖发芽,以止息众民的怨言。亚伦的杖果然发芽、生了花苞,并且开花。可是,群民只是更加埋怨,同声怨道:"我们死喇!我们灭亡喇!都灭亡喇!"(民十七 12)

到了旷野飘流的末期,米利暗在加低斯死了,并且葬在那里(二十 1)。众民再一次为缺乏食水而发怨言,神命摩西吩咐盘石出水,以满足众民的需要。摩西没有吩咐盘石,却用他的杖敲打了两下;盘石流出水来,神却责备摩西和亚伦:"因为你们不信我,不在以色列人眼前尊我为圣,所以你们必不得领这会众进我所赐给他们的地去"(二十 12)。这罪的性质虽不清楚,但摩西和亚伦明显是取了那只属于神的荣誉。由于犯了罪,他们带领以色列人进入应许地的权利给褫夺了,那罪的刑罚似乎太重,却显出摩西和亚伦作领袖的权利,是带着不寻常的责任的。

众民从加低斯前行至位于以东边境的何珥山，亚伦死在那里。

摩西取了亚伦的祭司袍，交给他儿子以利亚撒，这样就把大祭司的职任移交了（二十28）。

以色列民接近目的地时，迦南本土的人便开始加强抵御。以色列人在何珥玛与亚拉得王发生了一场小战斗。终于获胜（二十一1-3）。百姓绕过以东地的时候，一些人又向神和摩西发怨言，因为没有粮，没有水，他们又厌恶吗哪；这次耶和华使毒蛇进入百姓中间，许多人因被蛇咬而死，那些未被蛇咬的来到摩西面前，承认他们的罪，并请摩西求神叫那蛇离开。神指示摩西造一条铜蛇，悬在杆上，那被蛇咬的人仰望这铜蛇，便得存活（二十一8、9）。

以色列人来到亚摩利王西宏的境界时，派遣使者求王容许他们和平地走过。西宏不单不答应，而且还派军队来攻击以色列人。在战争中，西宏被杀，希伯来人便取了他的土地和城邑（二十一21-25）。

到达约但河以色列人战胜了西宏之后，又再出发，来到摩押平原安营。他们已到达约但河的东岸，面对耶利哥，看见了应许地的全境。摩押人惧怕以色列人，因为他们听闻以色列人与亚摩利人争战的事。摩押王巴勒聘请了术士巴兰来，咒诅以色列人；巴兰曾3度要咒诅以色列人，但每一次神都把咒诅的话变成祝福的话（民二十二至二十四）。虽然巴兰不能咒诅以色列人，却给他们带来更大的灾难，他叫摩押女子引诱以色列人给她们的神献祭，和跪拜她们的神（民二十五1-3，三十一16；彼后二15；启二14）。百姓正在敬拜摩押的神巴力毗珥的时候，神的怒气就发作了；祂用瘟疫杀了24,000人（民二十五9）。这是以色列人第一次受到淫荡的拜偶像宗教所迷惑，而这更预示了他们进入迦南后会出现的境况，他们不断地受偶像崇拜的诱惑，最终导致灭亡。

瘟疫结束后，神命摩西和以利亚撒作另一次核点民数，像40年前那次一样。上一个世代的以色列人都在旷野死去了，但新一代的人数几乎跟上一代一样；20岁以上，能出去打仗的人共有601,730人之多（民二十六51）。这数目除了迦勒和约书亚之外，没有一个是第一次核点民数剩下的人（二十六64、65）。

西罗非哈的几个女儿把继承产业的问题带到摩西面前，请他代为决定（二十七1-11）。摩西把案件呈到耶和华面前，耶和华的答复是：一个人若没有儿子，死后产业就归女儿所有，若无儿无女，便归兄弟所有（二十七8、9）。

摩西作以色列人领袖的日子快要结束了，耶和华吩咐他在大祭司以利亚撒和全会众面前，按手在约书亚身上，差遣他作新的领袖（二十七12-23）。此外，耶和华又指示摩西有关节期和献祭，以及许愿的条例（二十八至三十章）。

前面章节我们介绍过《圣经创世纪》中，凡是把自己不能解释的自然现象都推给神，说是"上帝创造的"。其实《圣经》还把各种无法解释的"灾难"也都推给"神"，说是神对人类的"惩罚"。在上面这段故事中，我们就能够发现，几乎所有造成大规模"信众"死亡的事，都是"神耶和华"造成的，有的是祂直接杀的，只要"信众"遇到困难，对"神耶和华"的信仰稍有怀疑，"耶和华"就会让他们大批死亡，这看上去很残酷，对"耶和华"是不公平的！

我相信"耶和华"是"仁慈和宽容的神"，不管你信不信祂，祂都会"施善"给这个世界。就像世界上所有教会和教堂对待穷人那样，提供免费的食物给穷人，而"并不会过问他们的信仰"，更何况那些因为信仰耶和华，历尽千辛万苦，跟着祂"出埃及"，在遇到巨大的灾难时，稍微有所"动摇"的民众，"神耶和华"是绝不会忍心杀死这些曾经忠实信仰过祂的人的。那么我们能不能说，是因为"摩西无能"，才导致跟着他的大批信众死亡，然后他把责任推给"神"呢？应该也不能这么说，我相信摩西也是尽了他的最大努力了。很明显，这些人是死于自然灾害和早期人类的过渡发展所造成的人口超过生活资源的承载力、人类内部的残酷竞争，所造成的战争、动乱和各种大逃亡的迁徙过程中的。

2.4、《出埃及记》圣经故事的还原和它所记录的真实历史

前面我们曾经反复强调：原始《圣经》最初是一本真实记录历史的《历史书》，下面我们如前面我们曾经做过的那样，尝试把这些历史故事中所有的"人与神的对话"都暂时去除，来还原真实的历史。我们就会发现，原始《神经》是"世界上最早的"，忠实记录那一时代历史，甚至包括许多历史细节的，难能可贵和无可取代的"历史巨著"。

首先谈，出埃及的原因：摩西的故事始于雅各因迦南地有饥荒，便带着以色列民民众来到埃及开荒种田。当时受到埃及民众和法老的欢迎，在埃及东北面一个名叫歌珊的地方住了下来，他们在那里住了 430 年。而在这几百年当中，只要是农耕的人口，肯定会几倍、几十倍的增长。相反，因为当时没有"化肥"，土地也会越种越贫瘠、会逐渐的沙漠化。后来造成埃及明显的粮食紧张和饥荒。"他们的人数迅速增长，遍满歌珊地"法老恐怕他们的人数继续

增长下去，会威胁整个国家的安定，于是便设法压抑他们的增长。法老的办法是，实行人类最早的"计划生育"，类似中国曾经实行过的"独生子女政策"。当然了，埃及当时的政策应该比独生子女要宽松一些。因为当时的科技，无法像现代人这样免费"发放避孕套"和避孕药物，更不可能通过超声波检查发现妊娠而通过流产终止妊娠，那个时代唯一的办法是你生下来以后"事后处理"、超生了，以后进行"溺婴"。即"法老便命令希伯来人自己把男婴淹死在尼罗河中"。

而且由于人口暴增，土地资源变的稀缺，许多失去土地的喜克索斯人，只能进城去"打工"甚至是做苦役和奴工。"法老派他们建造两座积货城——比东和兰塞"

下面进行部分故事的解析：

在这里首先强调一下：下面出现许多"希伯来人"的用词，我觉得这应该是古代翻译的问题。因为在古代"希伯来人"和"喜克索斯人"这两个词几乎是同义词，发音也有些类似。喜克索斯人（**Hyksos**），意为"外来者"；而"希伯来人"意为"渡河而来的人"都是"外来的人"的意思。因为在早期的埃及地区，是没有"以色列人"这个名词的，这个词到公元前十二世纪中才开始出现，对于他们来说，只有居住在他们土地上的外来人。所以我在下边，原文用希伯来人或以色列人，我就不做改变，如果我来叙述何评论，就用"喜克索斯人"，这样比较符合当时在埃及的称呼。

法老的女儿带着自己的"私生子"，到河边的草丛中，与已经联系好的"养母"接头。"米利暗从藏匿的地方走出来，主动提出为婴孩找一个希伯来妇人作奶妈，公主也同意她的安排。米利暗便把婴孩带回家，摩西留在那里约有2、3年。"当摩西作为"捡来的孩子"，回到母亲身边时，他的身份已经转变，成"希伯来人"了。

作为四处招摇的"官二代"，摩西的身份在埃及宫廷内部本身就有很多谣传，再加上他的贵族身份，很容易使他有些玩世不恭，到处惹祸，招人恨，导致身份被"曝光"，为了保命，只能潜逃。

摩西来到米甸后不久，坐在井旁歇息的时候，看见米甸祭司的7个女儿出来打水饮羊；其他牧羊人走过来，欲赶走她们。摩西路见不平，便插手干预，并帮助祭司的女儿饮羊。叶忒罗（出三1；又名"流珥"，出二18；或"何巴"，民十29）知道这事，便请摩西与他们同住，并把西坡拉（名意是"小鸟"）给他作妻子。

接下来埃及可能还发生了"大饥荒"，喜克索斯人由于人口暴增和土地荒漠化及被驱赶的压力，也准备撤离，"法老不准他们离开"完全是他们编出来的，"被人轰走离开"的一个好听的借口："被驱赶"变成了"被追赶"虽然只是一字之差，但这反应出"著名大祭司"的口才，被轰走变成了被挽留；最后变成了令人哭笑不得的"希望他们回去，才派军队追杀他们。"这种奇怪的故事。应该说，埃及人对喜克索斯人占领埃及北方大片领土几百年恨的牙根长，没有可能晚留他们，只希望早一分钟把他们赶走。

实际上可能是喜克索斯人，知道摩西有埃及皇家背景，希望他回到已经改朝换代的皇室，去"威胁"法老，"让他们留下来"。摩西推辞不过，就只能应允，但摩西哪里敢强硬，所以他只能去乞求法老，法老的态度可想而知，甚至可能下了"最后通牒"。

摩西仍不愿接受这重任，他说："主啊，我素日不是能言的人……我本是拙口笨舌的"（四 10），神告诉摩西祂必会指示他当说的话。但不管神如何保证，摩西仍求神差遣其他人，神一方面向他发怒，另一方面又心生怜悯，于是命摩西的哥哥亚伦作他的代言人，不过，神说祂的指示仍会直接传达给摩西。

这里似乎在暗示，摩西是典型的"埃及人"，他的希伯来语似乎不太好，直接与与色列信众沟通是有问题的，只能找他养母的儿子来替他做"同声传译"。

法老当然希望他们尽快离开，特别是后来饥荒越来越严重，发展到"九灾""这九灾包括将尼罗河的水变作血（七 20-24）、蛙灾（八 1-15）、虱灾（八 16-19）、蝇灾（八 20-32）、畜疫之灾（九 1-7）、疮灾（九 8-12）、雹灾（九 13-25）、蝗灾（十 12-20），以及黑暗之灾（十 21-29）。"法老为了解决国内的粮食问题，最后可能下了最后通牒要他们尽快离开。更重要的是，埃及可能还发生了传染病的疫情，就像"COVID-19"，当然，这还不包括法老家族内部本身就一直存在的"麻风病"，这是许多历史书都提到过的。

这里有"把尼罗河的水倒在地上，水必变作血"，这里实际上在暗示：由于干旱过于严重，当时尼罗河的水"已经变臭了"。

"神透过摩西和亚伦，指导以色列人准备尽快离开埃及。他们要向埃及人要金器和银器（十一 2、3），埃及人也许因为惧怕希伯来人，都答应了这要求，以为送出了礼物，埃及地的灾祸便会止息。"这暗示着，喜克索斯人在离开埃及时，进行了"大抢劫"，不然普通的埃及人怎么会把自己的金银财宝送给喜克索斯人？特别是在那个灾难频发的年代。

圣经说离开埃及的男丁约有 60 万人。连妇女和孩童在内，总人数可能超过 200 万，这对埃及的经济来说，是一个十分严重的打击。

至于"以色列人没有采取最短、最直接的路线（那是沿着地中海的海岸，约需 10 日的路程），却向着西乃山进发。"这很可能还是由于摩西或许是埃及人的原因，不然摩西一直到死都不敢进入迦南就无法解释。另外，他对去北方生活并不感兴趣，他可能担心自己不适应北方的气候，而"西奈"他在那里住过很长时间，他非常熟悉。美国现代有一些宗教，也是把大量的信众带到人迹罕至的荒凉偏僻的地方（如著名的"人民圣殿教"），这样便于对教徒的思想控制和管理。

在埃及那边，法老又反悔让希伯来人离开埃及，于是差遣军队追上去，要把他们带回来。希伯来人看见一片愈来愈接近的尘土，知道埃及的军队正追赶上来，感到十分惊惶。他们面对着汪洋大海，前无去路，后有追兵，不知如何是好。于是以色列人转向摩西，埋怨他好把他们领出埃及。

很明显，喜克索斯人逃离是被埃及军队驱赶的，而且他们在逃离埃及时还进行了大规模的抢劫，把所有能带走的牛羊和财产都带走了，结果驱赶就变成了真正的追杀，一直到迦南地区都不罢手。

耶和华用强烈的东风把芦苇海（传统误作红海）的水分开，让以色列人从干地走过去，到海的彼岸。埃及人从后赶上，跟着以色列人走在干涸的海床上，但在他们还未到达彼岸之时，海水已复合了，埃及兵马都被淹毙在大海之中，以色列人则平安到达彼岸。

这里说的是稀克索斯人走这条路，是早有计划的，必须事先联系好"向导"有人带领才不会迷路。而埃及追兵莽撞的进入"芦苇荡"，后果一定是灾难性的，如果在里面迷了路，恐怕几天都走不出来，更恐怖的是"芦苇荡"中有许多地方都是深不可测的沼泽，一旦闯入就会深陷泥潭。

以色列人用诗歌庆祝神的拯救（出十五），然后继续他们的旅程。其后的叙述描写以色列人在沙漠中挣扎求存——缺粮和缺水、内部不和、埋怨摩西、与敌人争战等等问题。在这些经历中，摩西成为他们团结起来的力量和伟大的属灵领袖。

到达西乃山这个封闭的地方后，摩西开始正式"开讲他的一神论"，由于喜克索斯人原来的居民宗教背景十分复杂，这就造成了巨大的混乱，这就是：

以色列民的悖逆摩西停留在西乃山上的时候，山下的众民开始显得不耐烦，并且怀疑摩西会否回来，于是便来到亚伦面前，要求他为他们铸造偶像，作敬拜之用。众民献出身上的耳环，亚伦便将之铸成牛犊的形状。他把金牛犊交给众民时说："以色列啊，这是领你出埃及地的神。"（三十二4）翌日，他们齐集敬拜这偶像，献过祭，就吃喝喧闹。神把山下正在发生的事情告诉摩西，并愤怒地宣告祂要毁灭这民，要从摩西和他的后裔另立一个大国，摩西立即为百姓求情，神的震怒才稍歇。摩西带着两块写上律法的石版下山，但当他看见以色列民所作的事，便不能抑制怒气，他把法版摔碎在地上，然后把金牛犊捣碎成为粉末，用水混和，命以色列民喝。摩西愤怒地转向亚伦，要求他为所犯的大罪加以解释。亚伦推卸责任说："我把金环扔在火中，这牛犊便出来了。"（三十二24）因为众民所犯的大罪，摩西征求民众自动出来执行神在他们身上的审判，利未支派的人作出了回应，那天被杀的百姓约有 3,000 人，自愿的利未人后来得到摩西的赞赏和嘉许（申三十三 9、10）。

很明显，这是一次由于大规模的喝酒闹事和聚会，再加上各个支派宗教信仰产生严重的分歧所引发的大规模的群众斗殴，利未支派大开杀戒，导致 3000 人的死亡，而非"神"要他们杀人。

这部分内容实际上是记载在《摩西五书》的"民数记"里：

说上帝应许给他们迦南之地。他们的首要任务就是攻占迦南，因此须点算人数。但摩西上西奈山四十日，超出民众预期的日子，因此民众认为摩西不能回来，发生要求摩西之兄造金牛犊以代替耶和华。到摩西下山见此而忿怒非常，屠杀三千民众。到达迦南前，沿途死了一万五千人。在迦南边地，探子前往查探，由于害怕而不愿攻打，他们的领袖处死怕死者。

应该说"出埃及"的喜克索斯人，是一群逃难的民众，它不是一个正轨的军队，正规的军队怕死是可以处死的，但普通民众怕死是很正常的事儿，应该可以让他们选择退出，而不是无情的杀戮这些无辜的百姓。

这严肃的宗教礼仪建立了一段时间之后，亚伦其中两个儿子，拿答和亚比户，把不合规格的凡火献在耶和华面前。结果有火从耶和华那里出来，把他们消灭了。摩西禁止亚伦和其余两个儿子以利亚撒及以他玛举哀，因为拿答和亚比户是犯了罪被惩罪（利十 1-7）。他们所犯之罪的性质究竟是甚么，很难下定论，但肯定是与干犯神的圣洁有关。

这应该是一次意外事故。我们都知道，迦南地区是人类早期著名的葡萄酒产地，在那附近的百姓家中，都窖藏大量的葡萄酒，逃难队伍沿途烧杀抢掠，其中也包括人家的葡萄酒。拿答和亚比户，喝得醉醺醺的，还都拿着犹太人祭祀用的带两个耳朵的吊碗，里面装满了烈酒做燃料，并且已经点燃，晃来晃去、口中念念有词，一不小心晃翻了，烈酒撒在他们两个人的身上，引发全身，包括头发眉毛大火。很明显，按当时的条件是无法扑救的，导致两人被活活烧死。即便当时没有烧死，如果导致全身百分之七、八十的烫伤，因为当时没有氧舱和抗菌素防止大面积感染和败血症，一两天之后也必死无疑。

众民仍在西乃的旷野安营时，神吩咐摩西数点他们的人数："所有的男丁……从二十岁以外，能出去打仗的。"（民一 2、3）人口普查完毕后，得出的结果是，男丁数目有 603,550 人。利未人是分别数算的，共有 22,000 人。

神提醒众民要守逾越节。他们守了节，1 个月后，便离开西乃，来到巴兰的旷野。一路上，他们埋怨说只有吗哪一种食物太单调，渴望可以吃到鱼、黄瓜、西瓜、韭菜、葱、蒜，像在埃及时一样（民十一 4-6）。神十分愤怒，便给他们大量的鹌鹑，但当肉仍在他们牙齿之间，神便用最重的灾殃击杀他们。

这应该是一次典型的大规模"食物中毒"，许多鸟类都携带有致命的病毒，例如禽流感和冠状病毒都是鸟类传播的，再加上他们在野外生活相对比较艰苦，肉类的食物，即便腐败了，也舍不得扔掉，导致大面积的中毒出现。

由西乃至加低斯以色利人从离开埃及至核点民数时已有一年的时间（民九1）。众民在巴兰旷野的加低斯（又称"加低斯巴尼亚"，民三十二8等）安营时，摩西派十二探子往迦南。每支派要打发1个人，窥探那地的情况，好准备以色列人进入。40日后，探子回来了。

虽然他们均回报那地是肥沃美好的，但其中10人却惧怕迦南人，不主张进入迦南地，只有约书亚和迦勒愿意前往占领那地。全会众都附和不愿进入迦南，并决意选出一位新领袖，带领他们返回埃及，免得死在迦南人的刀下。他们势将用石头打死摩西和亚伦。在那一刻，神亲自干预这事。若不是摩西求情，神便已把全会众都消灭了（民十三1至十四19）。摩西指出神若不带领众民进入迦南，周围的列邦必认为以色列人的神没有能力带领他们进入应许之地，神再一次勉强答允摩西的要求，饶恕了以色列人，但补充说，众民中20岁以外，曾埋怨神的，不得进入应许之地，他们要在旷野飘流40年，直至那一代的人全部死去，他们的儿女才可进入迦南（民十四29-33）。众民听见神的宣判，便想马上进入迦南地去，使这刑罚无效。

但由于神没有与他们同在，所以他们惨败于亚玛力人和迦南人手下。

其实这次战败是必然的，既然多数人由于"畏战"，已经打退堂鼓了，说明民众的思想还没有做好准备，那么士气就一定低落，此时匆忙上阵，哪有不败之理。另外，只有约书亚和迦勒的亲信等少数支派人马，愿意作战，打起仗来，当然势单力薄。中国人有句话叫做"不打无准备之仗"，打仗必须先把思想统一了，做好充分准备，在进入战斗，才是"万全之策"。

在旷野的四十年在旷野飘流的40年间所发生的事件，可知的并不多。纵然神已严严地审判众民，但他们的态度仍然不变。一个名可拉的人带领另一次叛变，向摩西和亚伦的权威挑战；摩西和亚伦为这些悖逆者恳求神，神却不听（民十六22-24），但神吩咐全会众远离可拉及其同党的帐棚。众民正观看的时候，地就裂开了，把叛党连同他们的家眷、财物，全吞下去；虽然以色列人亲眼看见背叛者的结局，仍转向摩西和亚伦，指控他们杀害自己的族人。这时，神吩咐摩西离开满口怨言的群众，好让神亲自报复。虽然摩西赶紧为众民赎罪，但在刑罚停止之前，已有14,700人死于瘟疫。耶和华为了向以色列人证明摩西是祂拣选的领袖，便吩咐摩西从每支派取一根杖，放在会幕中。神要使祂所拣选之人的杖发芽，以止息众民的怨言。亚伦的杖果然发芽、生了花苞，并且开花。可是，群民只是更加埋怨，同声怨道："我们死喇！我们灭亡喇！都灭亡喇！"（民十七12）

我们大家都知道，西乃地区就处在地震带上，实际包括整个迦南，甚至地中海东岸，都处在非洲大裂谷上，那一地区地质活动非常频繁。他们在那里的旷野中流浪 40 年，赶上一两次较大的"地震"是必然的。恰巧"意见分子"可拉及其亲信的帐棚搭建的山坡，在地震中产生"山体滑坡"，他们就被埋在下面，这显然是一次自然灾害。同样，他们在那旷野中流浪 40 年，一定会赶上几次瘟疫，一次较大的瘟疫造成 14,700 人死亡，对于一个高密度居住差不多 200 万人口的族群，他们居住的条件又非常差、还处在一个无药可医的年代，损失已经是很低了。

到了旷野飘流的末期，米利暗在加低斯死了，并且葬在那里（二十 1）。众民再一次为缺乏食水而发怨言，神命摩西吩咐盘石出水，以满足众民的需要。摩西没有吩咐盘石，却用他的杖敲打了两下；盘石流出水来，神却责备摩西和亚伦："因为你们不信我，不在以色列人眼前尊我为圣，所以你们必不得领这会众进我所赐给他们的地去"（二十 12）。这罪的性质虽不清楚，但摩西和亚伦明显是取了那只属于神的荣誉。由于犯了罪，他们带领以色列人进入应许地的权利给褫夺了，那罪的刑罚似乎太重，却显出摩西和亚伦作领袖的权利，是带着不寻常的责任的。

上面这一段对摩西的处罚看上去很牵强，其实很可能是摩西为自己找的借口。他有可能就是一个埃及人，他可能还是图特摩斯三世极其后代追查的对象，连他的西闪米特口语都不太灵光，要靠亚伦来翻译和"官宣"，而且埃及的军队还可能在地中海东岸到处追查他，像他这样的人，进入迦南是很危险的。所以他最好还是找一个理由，不与真正的喜克索斯人共同进入迦南为妙。后来摩西至死都不敢进入迦南。

众民从加低斯前行至位于以东边境的何珥山，亚伦死在那里。

摩西取了亚伦的祭司袍，交给他儿子以利亚撒，这样就把大祭司的职任移交了（二十 28）。

以色列民接近目的地时，迦南本土的人便开始加强抵御。以色列人在何珥玛与亚拉得王发生了一场小战斗。终于获胜（二十一 1-3）。百姓绕过以东地的时候，一些人又向神和摩西发怨言，因为没有粮，没有水，他们又厌恶吗哪；这次耶和华使毒蛇进入百姓中间，许多人因被蛇咬而死，那些未被蛇咬的来到摩西面前，承认他们的罪，并请摩西求神叫那蛇离开。神指示摩西造一条铜蛇，悬在杆上，那被蛇咬的人仰望这铜蛇，便得存活（二十一 8、9）。

喜克索斯人在"以东"的旷野中，缺粮和缺水是很正常的事，发点牢骚也并不是什么大的过错，"神"没必要惩罚他们。在那个荒芜的地方，被蛇咬也是很正常的事，而且两河流域地区的蛇的毒性都不大，还曾经是苏美尔人的美味佳肴。被那些蛇咬过，只要把伤口挤一挤，伤口肿上几天，即便没有祭神的仪式，大多也都会好。而《圣经》中多次提到摩西的"铜蛇"，还曾造成信仰的错乱，其实这是从侧面证实了"摩西是埃及人"，因为对"蛇"的崇拜是埃及人才有的崇拜，而且摩西还千里迢迢随身携带，这暴露了他以前的真实信仰，后来还被贡在圣殿中。

到达约但河以色列人战胜了西宏之后，又再出发，来到摩押平原安营。他们已到达约但河的东岸，面对耶利哥，看见了应许地的全境。摩押人惧怕以色列人，因为他们听闻以色列人与亚摩利人争战的事。摩押王巴勒聘请了术士巴兰来，咒诅以色列人；巴兰曾 3 度要咒诅以色列人，但每一次神都把咒诅的话变成祝福的话（民二十二至二十四）。虽然巴兰不能咒诅以色列人，却给他们带来更大的灾难，他叫摩押女子引诱以色列人给她们的神献祭，和跪拜她们的神（民二十五 1-3，三十一 16；彼后二 15；启二 14）。百姓正在敬拜摩押的神巴力毗珥的时候，神的怒气就发作了；祂用瘟疫杀了 24,000 人（民二十五 9）。这是以色列人第一次受到淫荡的拜偶像宗教所迷惑，而这更预示了他们进入迦南后会出现的境况，他们不断地受偶像崇拜的诱惑，最终导致灭亡。

喜克索斯人在西奈等深山旷野中生活了长达 40 年，这些地方都是一些不接触人的封闭环境，他们的免疫力会大幅下降。当他们来到迦南，人口众多和人口聚集的地区时，他们很快就会感染到当地人群所携带和流行的一些传染病和病毒，而喜克索斯人则对这些病毒和细菌没有任何免疫力。这就像大航海时代，欧洲殖民者把严重污染的欧洲的各种疾病，带到非洲和美洲，造成那些地方有大批人死亡甚至族群灭绝一样。这 24,000 人不是被慈悲的"神"因为不信祂，就无端杀死，而是因为他们没有"携带和施打疫苗"所造成的，在这点上明显"神"被冤枉了。

瘟疫结束后，神命摩西和以利亚撒作另一次核点民数，像 40 年前那次一样。上一个世代的以色列人都在旷野死去了，但新一代的人数几乎跟上一代一样；20 岁以上，能出去打仗的人共有 601,730 人之多（民二十六 51）。这数目除了迦勒和约书亚之外，没有一个是第一次核点民数剩下的人（二十六 64、65）。

摩西作以色列人领袖的日子快要结束了，耶和华吩咐他在大祭司以利亚撒和全会众面前，按手在约书亚身上，差遣他作新的领袖（二十七 12-23）。此外，耶和华又指示摩西有关节期和献祭，以及许愿的条例（二十八至三十章）。

神吩咐摩西履行作领袖的最后一项任务，替以色列人向米甸人报仇。在那一次战役中，以色列的军队大大战胜了米甸人，杀了他们的王和人民，也杀了巴兰。他们把妇女、孩童、羊群、牛群和财物带回给摩西作战利品，摩西见他们没有把那些在毗珥引诱他们犯罪的米甸妇女杀掉，感到十分愤怒，于是吩咐他们洁净自己（三十一 13-20）。以利亚撒又对打仗回来的兵丁详细讲解战后回营的条例（三十一 21-24）。

在这里必须强调，在迦南地区的许多族裔，都是那里的原住民，他们在那里也许已经生活了上千年了，他们世世代代在那里开垦土地、建设城镇和自己的家园。而"希伯来人"，做为典型的外来人口，大规模屠杀那里的人民、抢占他们的土地，这在今天看来应该是一种侵略者的行为。而他们却把这种责任推到"神"的身上，说这些事情是"神"让他们干的，当地的人民也是"神"让他们杀的，土地是"神"赐给他们的；"神"一定会感觉很冤枉。其实，没必要把责任推给"神"！

因为那个时代就是一个"丛林社会"，人类刚刚从野生动物转变而来，身上还带有动物的大部分野性，而且喜克索斯人本身也已经到了"走投无路"的地步，要想不被饿死，只能杀出一条血路。由于人类刚刚学会农耕技术，使人口突然暴增，而当时的人类又无法自我控制人口的增长，使生活资源和土地资源变得十分稀缺，这就是当时战争的主要根源。那是一个由于野蛮生长，使人类生存环境变恶劣所造成的，可以合法的"以强凌弱"的时代。如果我不抢占你的优势土地，把你赶走，我就有可能被饿死，如果你不甘示弱、视死抵抗，那么结果被打死的一方就是失败者，这似乎也是公平的。这应该是一种在当时的丛林社会中"适者生存"的潜规则。而早期的犹太人，处处打着"神"的旗号去做这些事，恰恰说明犹太人是最早有自我意识和羞耻感的族群，他们已经意识到，强占人家的土地和屠杀人家的民众是不对的事情，但由于残酷的现实和生存环境所迫，又不得不去做。以色列人无法说服自己和别人，于是他们只能打出"神"的旗号，这是"神"叫我们做的，我们不得不做，土地是"神"赐给我们的。

流便、迦得和玛拿西半支派看见雅谢和基列两地可牧畜，于是决定留在那里，而不进入约但河另一边的迦南，他们答应先全力协助各支派征服迦南地后，才回来定居，于是摩西应许将那地赐给他们（民三十二）。

耶和华晓谕摩西应许之地的地界，并提出负责在支派中间分地之人的名字（民三十四）。祂又吩咐摩西把 48 座城分给祭司支派——利未人——作他们应得的分。48 座城中，6 座要用作逃城，让杀人者可在其中避难，免得他们还未有机会在会众面前申诉，便已给报仇的人杀害（民三十五）。

摩西之死申命记常被称为摩西给以色列民的告别辞，因为在申命记中，他不只是主讲者，还是唯一的讲者。摩西召集众民来到他面前，重述他们离开西乃之后，神为他们所作的一切事情，并提醒他们为何 38 年前不能进入应许之地（申二 14）。他回想昔日曾恳求神让他渡过约但河，看看那将要成为以色列民家园的土地，但神只容许摩西从毗斯迦山顶远眺迦南全景。其后，摩西劝勉众民要遵守那已向他们颁布的律例典章，才能享受神在迦南地要给予他们的祝福。他特别强调家庭宗教生活的重要性（申六 4-9），并重述一些众民应留意遵守的律例和规条（十二至二十六章）。摩西提醒他们要留意假先知（第十三章），教导他们在战争中应有的操守（第二十章），并定下离婚的法例（二十四 1-4）。结束时，他以冗长的言词劝勉众民按着盟约的规例来生活。他告诉他们，若听从神，便得着祝福；若不听从，便只有咒诅（二十七至三十）。

　　摩西离世的日子将近时，耶和华吩咐摩西和约书亚来到会幕中，在众民面前差遣约书亚作新任的领袖（申三十一 14-23）。摩西离世之前，对以色列众支派逐一加以祝福（申三十三）。完成了上述的任务后，他便从摩押平原上尼波山去，到达毗斯迦山顶，神在那里向他展示那曾应许给予亚伯拉罕、以撒和雅各之地——这地将要成为飘流了多年之以色列众支派的家园。神又再次告诉摩西，他不能渡过约但河，摩西在那里逝世，"耶和华将他埋葬在摩押地，伯毗珥对面的谷中，只是到今日没有人知道他的坟墓。"（三十四 6）摩西死时年 120 岁，但他"眼目没有昏花，精神没有衰败"（三十四 7），以色列人为他举哀 30 日。申命记结束前，给了摩西一句最美好的评语："以后以色列中再没有兴起先知像摩西的。他是耶和华面对面所认识的。"

2.5、最早被记录的人类史上的大迁徙

　　《圣经》从头到尾，完整、详细的记录了以色列人（喜克索斯人）一整个族裔、12 各族群，出埃及大迁徙的全过程，其中包括，因粮食短缺和饥饿造成的困难、因有些地方缺水造成的困难、因疾病造成的困难和减员、因自然灾害造成的困难、因族群之间内斗造成的困难和减员、因指挥不当造成的滞留、与沿途各地当地民众进行的武装冲突等等。最后进入占领地进行的大规模战争，杀人如麻（主要是男性），导致大批女性在这种不同人种混杂的情况下成为奴隶，也使杀红眼的男性们与女性发生性关系时变的十分强势、无所顾忌、混乱不堪，很可能使得性病开始大面积流行，不得不把割包皮术作为族群能够生存下去的首要措施，进行正式、强制的颁布和实行。像上述这些林林总总甚至生活细节的记录，这在接近 3500 多年前的人类文字记载史上还是首次，是一个难能可贵的伟大的创举。

　　无论是苏美尔人遭到入侵后进行的大迁徙，还是后来到中国去的商人和周人进行的大迁徙，从规模到人数都要比这大得多，死人也更多，时间也要长得多，可能要一两个世纪，甚至更多。以色列人的迁徙距离才几百公里，而商、周要迁徙到中国，可能要上万公里。但是由于没有人记载，所以变得默默无闻，甚至变成无人知晓的事件。他们所遇到的饥荒、疾病、战乱、自然灾害，甚至内斗也都会更多。我们通过《圣经》对这次小规模的人类迁徙活动的详细记载，可以一窥"早期人类大迁徙的惊人内幕"。

　　应该说以色列人的大迁徙，只是苏美尔人大迁徙全过程的一个小的"插曲"，但通过它，我们可以透视苏美尔人大迁徙的规模和死亡的人数！早期人类大规模迁徙当中，死亡的人数应该是惊人的，那个时代的世界人口一定是符合马尔萨斯的人口理论的。其根本原因应该是，外形相对凶猛的大胡子人种，和胡须较少、性情温和的人种根本无法和谐相处。

　　应该说，没有摩西的"皇家"家庭背景和良好的教育做基础；没有当时埃及最先进的莎草纸技术走向成熟作为载体；没有当时处在前夜的埃及宗教改革机遇（在埃及失败的一神论）；没有在埃及地位非常高的"祭祀阶层"的长期熏陶；没有摩西后来流落平民阶层，组织和从事"农民运动"，并"带领信众出埃及"的苦难经历的磨练，就不会有，作为"人类智慧结晶"的，在当时来说已经属于"巨著"的原始《圣经》，即（摩西五经）的出现；更不会有后来以《犹太圣经》为蓝本、代表现代文明、并主导整个世界两千年的基督教等几大宗教文明的诞生！应该说《圣经》的产生，是璀璨的埃及文化、埃及的"神

权统治理念"与保有两河流域苏美尔人文化传统的"西闪米特人"相碰撞、融合而产生的人类文化精华。

以下是《旧约》为世界贡献的一些基本信念：

> 我们单听从一个上帝，祂要我们公正、仁爱。
> 这个世界本质上是好的，生命都有使命。
> 我们是地球的受托人，受托于斯爱护它、完善它。
> 人的生命是无价的。
> 上帝给人以自由意志去做好事或坏事。
> 每个小孩都必须接受道德教育。
> 上帝爱自力更生的人。
> 所有子民对其财产都享有权利。
> 个人权利高于国家权力。
> 法律是至高无上的。
> 我们都有责任关心需要帮助的人。
> 我们必须尊敬有别于我们的人，不可强加我们的宗教信仰。
> 所有民族都应学会与彼此和平共处。

作为以讲犹太语人为主的族群的"领袖"人物，"摩西"的经历，与另一个世界级的领袖人物非常相似，这就是中国人的领袖人物，毛泽东。

毛泽东是"师范学院毕业"的学历，在古代这就相当于"祭司培训班"；他在中国"最著名的大学"图书馆里工作过，这在古代，也许就相当于泥版抄写员；他还在当时主导中国内政的"国民党中央"任"中央委员"并担任"内阁宣传部长"，这相当于古代中东地区"国家首席大祭司"的职位；还利用他在国民党内阁中的地位，在当时国民党政府所在地，广州市中心的豪华地段，开办过类似"祭司首领学习班"的"中国农民运动讲习所"，公开"布道"为自己将来举义旗"造反"培养干部；后来也与"摩西逃难至西奈山"经历相似，"上井冈山落草为寇"直接从事和组织"农民运动"；也与跟追随他的信众 "农民""立约"，答应"将来""事成之后"分土地给农民；而且他也颁布了"三大纪律，八项注意"，比摩西在西奈山上颁布的"十戒"还多了一"戒"；同样组织中国的"信众"进行类似"出埃及"的"两万五千里长征"到"应许之地"中国人的 "圣地延安"；最后指挥类似"战领迦南"的，号称有上千万人参加的中国"史无前例"的 "大内战"并且取胜、建国，才成为中国人的"领袖"，死后被安放在"中国人的圣殿"毛主席纪念堂里。

尽管毛泽东得到了上帝的青睐，不然他一生不会那么顺利而成就伟大的事业。但在毛泽东的事情上，上帝一直没有直接出手。例如摩西在带领以色列人逃出埃及的时候，法老由于听说以色列人在旷野迷路时，就从后追赶，要把以色列人捉回来。圣经中摩西带领以色列人到红海，向海伸出手杖，红海便分开一条道路，摩西便带领以色列民行走这条路逃离埃及人的追捕。当埃及人入水时，耶和华就把红海的海水回复，使埃及人被淹死于红海中。

我们知道摩西带领以色列人过的"红海"，在中国的古汉语中就叫"赤水"。而毛泽东同样带领数万红军进行大迁徙，或者与《出埃及》相似，叫做"大逃亡的"的"二万五千里长征"时，有一个发生于1935年1月19日-3月22日长达两个多月的著名战役过程，更是"四渡赤水"。

由于苏联人的插手，当毛泽东失去了对他亲手创建的"红军"的指挥权后，红军在第五次反围剿中失败，被迫撤出以瑞金为中心的中央苏区西迁，由于"外来的和尚"李德的重大战略失误，中央红军在强渡湘江时，损失巨大，部队从8万5000人下降到3万人。中央红军随后被迫逃向国民党军队兵力较弱的贵州，进入贵州并占领遵义后，紧急召开了遵义会议，撤消了三人团中的"洋和尚"李德的军事指挥权，恢复了毛泽东被剥夺的军事指挥权。

遵义会议后，中央红军面临的形势更加严峻。蒋介石调集了湘军、川军、滇军和嫡系中央军部队约40万兵力进行围追堵截，而红军仅剩3万多人，双方在兵力、装备上对比悬殊。可以说，红军又到了生死存亡的关头。

为摆脱危局，中央红军早期一直准备北上渡过长江与红四方面军会师。为此，1935年1月28日，红军在土城与尾追的国民党军川军发生激战。由于蒋介石对中央红军北上与红四方面军会合意图，早就察觉，已设下圈套，战斗陷入僵局，敌人援军蜂拥而至，如果继续下去，红军明显会全军覆没。

怎么办？撤！毛泽东当机立断，果断提出放弃原定渡江计划，迅速撤出战斗，由土城向西渡赤水河实施机动，由此便拉开了四渡赤水的战幕。从28日当晚至次日凌晨，红军除以少数部队阻击国民党军外，主力部队轻装**一渡赤水**。这一行动，显示了毛泽东善于从不利战局寻找有利因素，化被动为主动的指挥艺术。

鉴于敌人已经加强长江沿岸防御，并以优势兵力分路向我进逼，中央在毛泽东的建议下，于2月7日决定暂缓实施北渡长江的原计划，改取"以川滇黔边境为发展地区，以游击战来稳定局面，并争取由黔西向东发展"的方针。

避实击虚，二渡赤水

2月9日，红军在滇北扎西地区集结并进行了整编。此时，由于国民党军各路纷纷向川、滇边境地区急进，其黔北地区的防守兵力十分空虚。毛泽东抓住战机，指挥红军杀了个回马枪，于2月18日至21日**二渡赤水**直指黔北。

2月24日，遵义战役序幕拉开。取桐梓、夺娄山关、占遵义，5天内，红军击溃和歼灭国民党军两个师又8个团，缴获了大批军用物资。

声东击西，三渡赤水

红军再占遵义，让蒋介石感到奇耻大辱。他急飞重庆坐镇指挥，采取堡垒推进与重点进攻相结合的战法，南守北攻，企图围歼红军于遵义、鸭溪地区。

敌变我变。毛泽东决定将计就计，指挥红军故意在遵义地区徘徊寻战，引诱更多国民党军前来围攻。当各路国民党军云集而来时，3月16日至17日，红军在茅台镇及其附近地区**三渡赤水**，西进川南。为在运动中调动敌人，红军故意在白天渡河，并大张旗鼓地行军。

乘隙而进，四渡赤水

国民党军听从"调动"，调整部署再次扑向川南。鉴于调动敌人的目的已经达成，毛泽东决定乘敌新的合围将成未成之际，再杀一个回马枪。红军以一个团伪装成主力继续诱敌西进，而真正的主力却于3月21日晚至22日，以隐蔽、迅速的动作，从各路敌人间隙中穿过，**四渡赤水**。

红军突然东渡赤水河，使蒋介石误以为红军又要攻占遵义，于是急飞贵阳督战。而红军却乘虚一路向南急进，顺利渡过乌江，兵锋直指贵阳。正在贵阳督战的蒋介石一下慌了神，急调滇军入黔"救驾"。不料红军却是虚晃一枪，继而迅速挺进云南。

威逼昆明，巧渡金沙江

1935年4月，中央红军主力进入云南境内后，大造进攻昆明声势。为保昆明，国民党军被迫调整部署，从滇北和金沙江紧急抽调兵力回防。岂料，红军攻昆明是假，渡长江北上是真，用的还是声东击西之计。

至此，毛泽东率领的中央红军摆脱了几十万国民党军队的围追堵截，粉碎了蒋介石围歼红军于川黔滇边境的计划，取得了战略转移中具有决定意义的胜利。1960年，英国陆军元帅蒙哥马利在访问中国时，盛赞毛泽东指挥的全国解放战争的辽沈、淮海、平津三大战役，可以与世界历史上任何伟大的战役相媲美。毛泽东却说："四渡赤水才是我的得意之笔。"

实际上，毛在带领信众进行"万里长征"的过程中，曾多次在前有守军后有追兵、九死一生的关键时刻，强度江、河，每次还是有许多士兵的鲜血，染红河水。

二渡赤水，转战娄山关时，毛泽东写下了他的著名诗词：
《忆秦娥·娄山关》一九三五年二月

西风烈，长空雁叫霜晨月。
霜晨月，马蹄声碎，喇叭声咽。
雄关漫道真如铁，而今迈步从头越。
从头越，苍山如海，残阳如血。

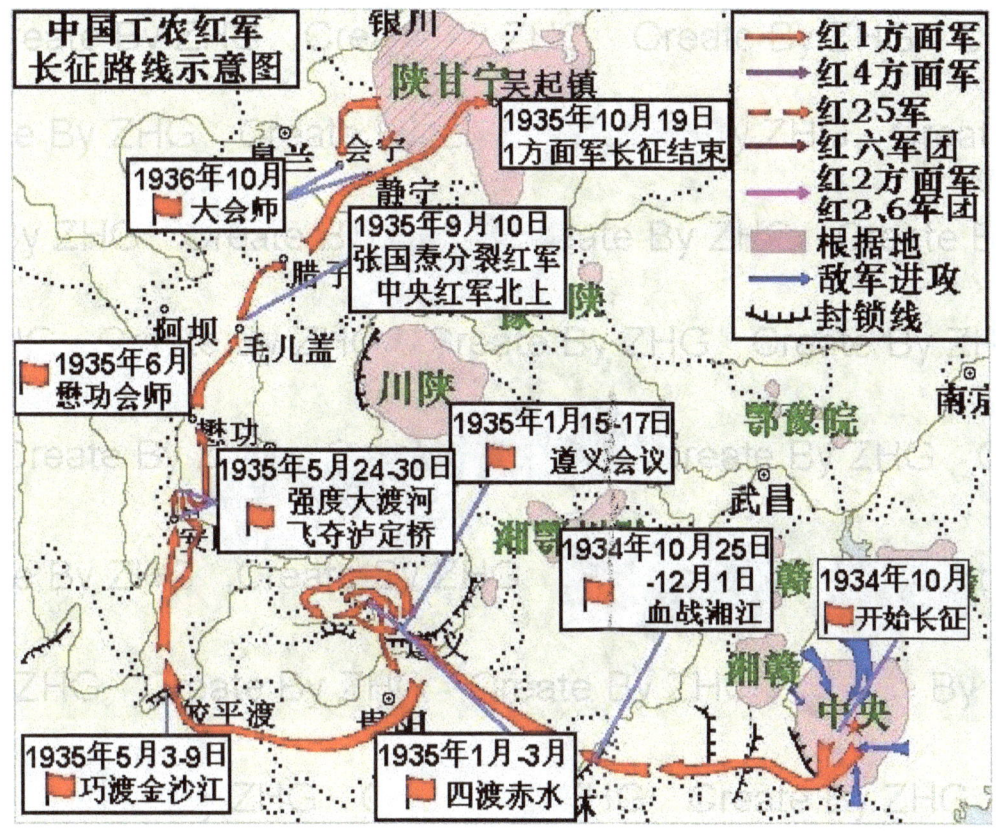

中国工农红军长征路线示意图

红1方面军
红4方面军
红25军
红六军团
红2方面军
红2、6军团
根据地
敌军进攻
封锁线

银川
陕甘宁 吴起镇
1935年10月19日
1方面军长征结束

皋兰 会宁
静宁
1936年10月
大会师

1935年9月10日
张国焘分裂红军
中央红军北上

阿坝
毛儿盖

1935年6月
懋功会师

懋功

1935年5月24-30日
强度大渡河
飞夺泸定桥

1935年1月15-17日
遵义会议

川陕

鄂豫皖

湘鄂

武昌

1934年10月25日
-12月1日
血战湘江

赣
1934年10月
开始长征

湘赣
中央

1935年5月3-9日
巧渡金沙江

1935年1月-3月
四渡赤水

毛泽东早期从事艰苦的游击战争的时候，在许多重大的历史时期都是有，他自己的诗为证的：

如，毛在井冈山落草为寇的时期：西江月《井岗山》一九二八年秋

山下旌旗在望，　　　　早已森严壁垒，
山头鼓角相闻。　　　　更加众志成城。
敌军围困万千重，　　　黄洋界上炮声隆，
我自岿然不动。　　　　报道敌军宵遁。

油画《四渡赤水》（申根源 梅肖青 孙向阳 王天任 作）

清平乐《蒋桂战争》
一九二九年秋

风云突变，
军阀重开战。
洒向人间都是怨，
一枕黄粱再现。

红旗跃过汀江，
直下龙岩上杭。
收拾金瓯一片，
分田分地真忙。

采桑子《重阳》
一九二九年十月

人生易老天难老，
岁岁重阳。
今又重阳，
战地黄花分外香。

一年一度秋风劲，
不似春光，
胜似春光，
寥廓江天万里霜。

如梦令《元旦》
一九三零年一月

宁化、清流、归化，
路隘林深苔滑。
今日向何方？
直指五夷山下。
山下山下，
风展红旗如画。

减字木兰花《广昌路
上》一九三零年二月

漫天皆白，
雪里行军情更迫。
头上高山，
风卷红旗过大关。

此行何去？
赣江风雪迷漫处。
命令昨颁，
十万工农下吉安。

蝶恋花《从汀州向长
沙》一九三零年七月

六月天兵征腐恶，
万丈长缨要把鲲鹏
缚。
赣水那边红一角，
偏师借重黄公略。

百万工农齐踊跃，
席卷江西直捣湘和
鄂。
国际悲歌歌一曲，
狂飙为我从天落。

渔家傲《反第一次大
围剿》一九三一年春

万木霜天红烂漫，
天兵怒气冲宵汉。
雾满龙冈千嶂暗，
齐声唤，
前头捉了张辉瓒。

二十万军重入赣，
风烟滚滚来天半。
唤起工农千百万，
同心干，
不周山下红旗乱。

===

渔家傲《反第二次大
围剿》一九三一年夏

白云山头云欲立，
白云山下呼声急，
枯木朽株齐努力。
枪林逼，
飞将军自重霄入。

七百里驱十五日，
赣水苍茫闽山碧。
横扫全军如卷席。
有人泣，
为营步步嗟何及！

菩萨蛮《大柏地》
一九三三年夏

赤橙黄绿青蓝紫，
谁持彩练当空舞。
雨后复斜阳，
关山阵阵苍。

当年鏖战急，
弹洞前村壁。
装点此关山，
今朝更好看。

清平乐《会昌》一九
三四年夏

东方欲晓，
莫道君行早。
踏遍青山人未老，
风景这边独好。

会昌城外高峰，
颠连直接东溟。
战士指看南粤，
更加郁郁葱葱。

===

《十六字令三首》一九三四年到一九三五年

山，
快马加鞭未下鞍。
惊回首，
离天三尺三。　*

山，
倒海翻江卷巨澜。
奔腾急，
万马战犹酣。

山，
刺破青天锷未残。
天欲坠，
赖以拄其间。

七律《长征》一九三五年十月

　　红军不怕远征难，
　　万水千山只等闲。
　　五岭逶迤腾巨浪，
　　乌蒙磅礴走泥丸。

　　金沙水拍云崖暖，
　　大渡桥横铁索寒。
　　更喜岷山千里雪，
　　三军过后尽开颜。

清平乐《六盘山》一九三五年十月

　　天高云淡，
　　望断南飞雁。
　　不到长城非好汉，
　　屈指行程两万。

　　六盘山上高峰，
　　红旗漫卷西风。
　　今日长缨在手，
　　何时缚住苍龙？

在艰苦战争岁月中的毛泽东

　　毛泽东在艰苦的战争岁月中的战地诗词，还有很多，由于本书篇幅的原因，在这里就不做详细介绍了，有兴趣的读者可以自行找来吟颂。

　　话说回来：摩西因在加底斯巴尼亚，以色列民因没水喝与摩西争闹，摩西没有遵从上帝的命令，而是"用杖打水"，因此上帝不让摩西过约旦河与以色列人同进应许之地。而毛泽东率领红军走过干旱的沙漠时，战士们只能靠偶尔发现的野草，靠吸允和咀嚼草根中的水分勉强为生。而红军过雪山、草地（即千顷沼泽地）时，更有许多战士因冻饿、或陷入沼泽无法施救，而失去生命。

　　实际上，无论是在苏联时期，还是在中国内战时期，苏联的红军和中国的红军都有"政委"制度，这与早期犹太人的"仕师"制度并无本质区别，都是意识形态教育和军事指挥权，两权分离和互相制约的管理方式。

　　看来"伟人"都会有相似的经历和磨难。很明显，摩西不但是个伟大的思想家和作家，他还应该算是那个时代 "最伟大的农民起义领袖"和游击战争专家。不然他带领这么多信众（也许上百万）在40年间到处流浪、到处被攻击和围堵，去的都是些无人愿意定居的荒凉、贫瘠之地，无法正常放牧、更不可能"开荒种田"，他们吃什么？应该主要是靠"游击战争"来突破关卡和屏障、获取补给、维持生存。这与毛泽东"上井冈山落草为寇"常年进行游击战争，靠"打土豪分田地"为生，并无本质区别。

　　将来这两个完全互不相干的历史人物，也许都会变成"中国人完整历史"的一部分了（所谓摩西带领信众出埃及，就是古公亶父带领周人回岐山脚下周原）。正如万能的耶和华对摩西说的："叫你的后裔成为大国"。应该说在文化上明显是犹太人后裔的"中国"相对于以色列来说，可以称得上是"名副其实的大国"了，所以我在这里品头论足的"相提并论"，也许并不为过。这也从侧面证明《圣经》是"最早的"且精确的历史书，甚至是一本非常灵验的"预言书"，而《出埃及记》应该是稍加美化的"真人真事"。

　　其实，著述颇丰的毛泽东也出版过一些著名的小册子"红宝书"，与《圣经》一样，在当年的中国（约七亿人口）"人手一册"，据说它在国外的出版量比在中国国内也少不了多少。除了颜色，其外观尺寸和装订，一看就与《圣经》非常相似，甚至更精巧。打开看时，里面都是与《圣经》相似的，劝人向善和奉献的、正能量的洗脑小故事和浅显易懂、针对普通百姓的意识形态宣讲，不知道是否有盗版《圣经》而不付版费之嫌。

　　2,600多年以前，犹太人的先知以赛亚及弥迦预言将出现一个时代：各民族有权选择再也不参加战争，世界将充满和平。

第三章

如何区分历史上真正的希伯来人

3.1、失踪的苏美尔人到哪里去了？

在这里必回顾一下我上一本书《文明密码II》提到的一些内容，这些内容本质上是想告诉大家：两河流域下游欧贝德人之后的苏美尔人，甚至包括古王国时期的埃及统治阶层，都是从安纳托利亚高原上迁徙而来的人群。

居住在安纳托利亚高原的母系氏族群体（挪亚族），由于人口膨胀过快，当地资源无法承受，后来分裂成也许多个部分、向不同方向迁徙：

他们中间的主要族群去了三个方向，一部分从土耳其西部走水路沿着岛链进入克里特岛，他们可能是点燃早期希腊文明，甚至整个欧洲文明的一个火种（雅弗族）；一部分向南沿地中海边缘从尼罗河三角洲，直接进入了埃及创建了古王国时期的埃及文明（含）；一部分向东然后沿幼发拉底河向南，进入两河流域的下游与"诸夏"会合，后来成为早期苏美尔文明的中坚力量（闪）。

这三个人群的共同特点是，他们都是以蛇和鸟为图腾的族群，后来在中国出现的"龙"和"凤"实际上还是蛇和鸟的引深和进一步的神化而已。而且他们都有"以巫治国"的特征，在埃及虽然女巫没有直接出现，但是到处出现的拿着"生命之符"的女神，她们本质上就是"巫"，她们在后台操纵着智商比她们低的黄黑混血男人，实际控制着早期埃及。

法老讲自己是来自世界上一个"凹"的地方，而中东地区唯一一个典型的盆地地区，只有托罗斯山脉成V字型的底部里面所环抱的中安纳托利亚地区的近似圆形的盆地区域。

实际上这些文明早期应该是有一个共同的起源的，这就是在一个人迹罕至的荒凉大河流域或周边的沼泽地带生活过的母系氏族。最初她们以捕蛇、捕食较大型的鸟类、采集和农耕为生，并一直以蛇和鸟为图腾，在父权制强势人种还没有完全介入她们的生活时，在这些荒凉的沼泽和半沙漠地带就突然暴富起来。结果却引来周边父系氏族像狼群一样的围拢过来，由于周边环境恶化，她们都被迫转变为父权制农耕族群，但仍然保留女性主导的宗法体制。这些地方包括：早期苏美尔文明、古王国时期的埃及、克里特岛早王朝时期和印度河流域的哈拉帕文明。

　　由于母系氏族，实行超前的，有利于后代健康的外婚制。这种婚姻本来是在母系族群之间进行的，但在早期的西亚地区，周边出现了越来越多的父权制游猎氏族，而且这些氏族的雄性对于这些由东方人种组成的母系氏族来说，高大漂亮，远超氏族内部的男性，符合原始雌性的择偶标准，所以她们最初并不介意与这些男权制游猎氏族通婚。其结果可能使，这些母系族群内部的男性几乎被淘汰，甚至可能导致某些极端的族群干脆弃养男婴。

　　而周边的游猎氏族，仍然实行几十万年以来动物界和猿类中普遍通行的，雄性通过武力占有众多雌性的原始的家族内部通婚方式，这种婚姻近亲交配非常严重，雄性首领不但与多个妻子进行交配，实际上家庭内部所有雌性都是他的交配对象，结果白化病和弱智等遗传疾病非常高发"所以才逐渐失去皮肤中的色素，形成了白色人种"，子女的智商也偏低。另外，这种婚姻非常有侵略性，雄性在野外狩猎的过程中，遇到任何雌性都可能把她掠回家中，成为他众多妻子当中的一个。

　　结果造成母系氏族公社大量育龄期的女性成员流失，也在一定程度上降低了她们族群的繁衍和扩张速度。这反而无意中加速了周边这些高加索人种游猎氏族的家庭内部婚姻关系的改革和人口的扩张。但是由于在当时来说母系公社制的制度性优势，她们的生育率和子女成活率仍然是最高的，族群的规模扩大仍然很快，可以分裂出更多的母系氏族。

　　其实这种混血对双方都是有利的，首先使这些母系社会族裔，慢慢的成为黄、白混血人种，明显的增加了她们的身高和自信心。这就是她们后来的分支，移居到埃及、克里特岛和美索不达米亚地区都生活的非常成功的重要原因。而留在安托利亚高原上的，后来则完全融入了本地高加索人族裔，这也是后来赫梯人能够在那些地区崛起的原因之一。

　　但这些母系氏族流失的育龄期女性，不但促进了周边那些男权制的游猎民族家庭内部婚姻制度的改革和进步。更加致命的是，她们的加入，促进了这些游猎民族人口素质和数量的快速提高和增加，这些母系公社族群周边的游猎民族也学会了小规模的农耕，过起了半农耕和半游牧的生活，人口数量开始爆发性增长。后来由于两河流域周边山侧地带的山上，包括整个安托利亚高原及约旦河谷两侧的高地及山脉中，出现了越来越多的不同肤色、身材高大的游牧、游猎部落族群，反而给母系公社制氏族群落自己造成了困扰和灾难性的后果。

　　于是这些母系部落大多都表面上转变成父权氏族，但仍然保有很强的母系宗法管理体制。但还是不得不向离她们最近的更荒凉的两河流域地区迁徙。如果按中国古籍的记载，大胆的估计一下，留在小亚细亚半岛上的应该只有"嬴"姓和"妊"姓的母系氏族，甚至有一支应该是"妘"姓的母系氏族一直向东迁徙到里海周边地区。其它氏族的迁徙路线是，沿小亚细亚半岛向东到幼发拉底河或底格里斯河上游，然后再沿河向南到中下游。也有个别的氏族离开小亚细亚，沿地中海东岸直接南迁，后来也到达幼发拉底河中上游的西岸地区，比如"姬"姓的母系氏族。

她们的迁徙是经过很多代人的一个漫长过程，她们每到一个看似不错的地方，就尝试住下来，如果觉得不适应就继续迁徙。但每到一个地方都有些人能够很快适应了当地的环境，或者与当地人结合就分裂出新的族裔。这导致在她们的迁徙路线上，到处都有她们播撒下的种子。例如有一支应该是"姜"姓的母系氏族沿着底格里斯河，到了下游的东侧接近埃兰的地区。而沿幼发拉底河迁徙的，在上游的玛里和中游的基什等都有应该是属"姚"姓的母系氏族定居。最终到达两河流域下游地区的应该主要是"姒"姓的母系氏族族群，通常称这些母系氏族为"诸夏"或"诸姒"。

应该说，先苏美尔时期的欧贝德人，是典型的黄种人；而后来的苏美尔人，应该是从小亚细亚半岛上，沿幼发拉底河迁徙到两河下游的，黄、白混血人种。中国人的古籍《山海经》，讲述的内容应该是比《圣经》更古老的内容，它的核心内容居然是，"精确"介绍小亚西亚半岛上的地理位置和民间传说。也就是说，苏美尔人早期应该是起源于安纳托利亚高原的。

虽然，苏珊·怀斯·鲍尔认为："他拉"可能不是苏美尔人。但我的看法刚好相反：他拉，应该是典型的苏美尔人。

首先，在那片土地上，每每发生战乱，逃离那里的都是最弱势的百姓，即苏美尔人。其次，库提人不完全是"突然出现、且完全靠暴力从阿卡德人手中夺取政权的"，库提人是从很长时间以前就慢慢融入苏美尔人和阿卡德人，与他们混居，并在这个过程中得到他们的信任，甚至得到重用，最后才夺取权力的。阿卡德人更多的是因为自己统治过程的衰败，而一部分苏美尔人利用了库提人的强势来推翻阿卡德人的统治的。所以库提人掌权后，并没有清算和清除阿卡德人，而且还放任苏美尔人自制。实际上有许多失去控制的城市，现在是由苏美尔人、阿卡德人和库提人一起治理。至少在那时，阿卡德人是完全没有必要逃离苏美尔人地区的。

虽然赶走库提人的是苏美尔人，但最后篡权并建立的**伊辛王朝的**很大程度上是由渗入苏美尔人当中的棕种人和阿卡德人共同主导的，他实际上就是后来主导中国人的重要朝代，商朝的前身。

根据圣经的记录，他拉一家人离开乌兰去的是哈兰，而哈兰应该是黄、白混血的早期犹太人的发源地。也就是说，带有先进"农耕文明"观念的"苏美尔人"他拉，回到了他们曾经的原始发源地。虽然他后来死在那里，但他的儿子亚伯拉罕后来成了那个地方的领袖人物。带领那里的犹太人部落，先是去迦南、后来又到埃及尼罗河下游等地区寻找广阔的天地，重新开始农耕活动。

哈兰拥有 7000 年的历史，地处贸易路线的交汇处，是一个战略要地。亚述人、巴比伦人和倭马亚人选择哈兰作为他们的首都。众所周知，哈兰这个名字在苏美尔语和阿卡德语中的意思是"旅行、交汇道路或酷暑"。有人说"神秘的月神辛的故乡是哈兰"，也有人说在特夫拉特哈兰是过路的地方。甚至有传说说这座城市是诺亚洪水之后最早建立的城市之一。

应该说早期的犹太人，是没有典型的大胡子的黄白混血人种，是与今天的阿拉伯人完全不同的人种。从早期的埃及法老的雕像我们也不难看出，埃及早期的法老，实际上也是典型的"非大胡子人种"。所以亚伯兰带领他的族裔到埃及去避难时，是被埃及法老接纳和优待的。而且以色列人的肤色明显比埃及人更白，所以亚伯兰才会担心自己的妻子被埃及法老看重并收进宫去。今天的许多以色列人的较多的大胡子特征，是长期寄居于古迦南人和阿拉伯人聚集的地盘上，几千年来不断混血所造成的，其中许多人应该都是被犹太人的文化和信仰所彻底改造过的阿拉伯人。

苏美尔人早期大批迁徙时期基本上是：住在东面的向东逃，逃向埃兰地区；住在中间底格里斯河下游的沿河向北逃，逃向亚述地区，最终只能逃到当时还很荒凉的尼尼微（殷）地区，这就是中国历史记载的"中国早期商人"的底层民众。处于底格里斯河上游偏远山区、孤陋寡闻的山野村民、没有任何资源，后来反而能够崛起成为打遍天下无敌手的"亚述帝国"，很大程度上是因为，在他们偏北地区的尼尼微，有一个使用甲骨文的较大规模的苏美尔人部落居住在那里。他们的智商足以支撑亚述人在国家层面上的崛起，而他们的辛苦劳作又能在经济上支撑住，后来成为战争机器的"亚述帝国"，庞大的军费开销，与南方有得天独厚地理条件和人文资源的名城"巴比伦"竞争。

由于苏美尔人的西面是阿拉伯沙漠，所以那里的苏美尔人只能沿幼发拉底河向北逃，逃向"故乡"小亚西亚的方向，大多最后落脚古哈兰地区，而这一地区很长时间都是后来赫梯帝国的辖区。应该说，赫梯帝国的崛起，与苏美尔人的回迁有关。

毫无疑问，犹太人的前身就是苏美尔人，是闪的后代，是典型的弱势人群。苏美尔人的晚期至少有几百年，是在闪米特人的殖民及统治之下的，因此他们会讲闪米特语就不足为奇了。所以他们当中向西迁徙的那一部分人（当时的迦南人把从两河流域来的人叫做"希伯来人"，意思是"从河那边过来的人"（"河"就是指幼发拉底河）。其实就是，混血比例较高的那一部分晚期苏美尔人。

早期阿拉伯半岛的阿拉伯人土著，具有明显的棕种人的特征，包括后来的亚述人。其实汉穆拉比所建的巴比伦帝国及拉而萨帝国，也是早期来自北非和阿拉伯半岛讲闪米特语的亚摩利人所建。他们早期的迁徙路线也是经过地中海东岸的，于是经过近千年的沉淀，在地中海东岸就形成了：南方是以古阿拉伯人为主体的"含"裔族群，北面是以古苏美尔人为主体的"闪"裔族群加少量白人"雅弗"裔族群，所形成的南北两大族群，他们的共同特点就是都讲西闪米特语。

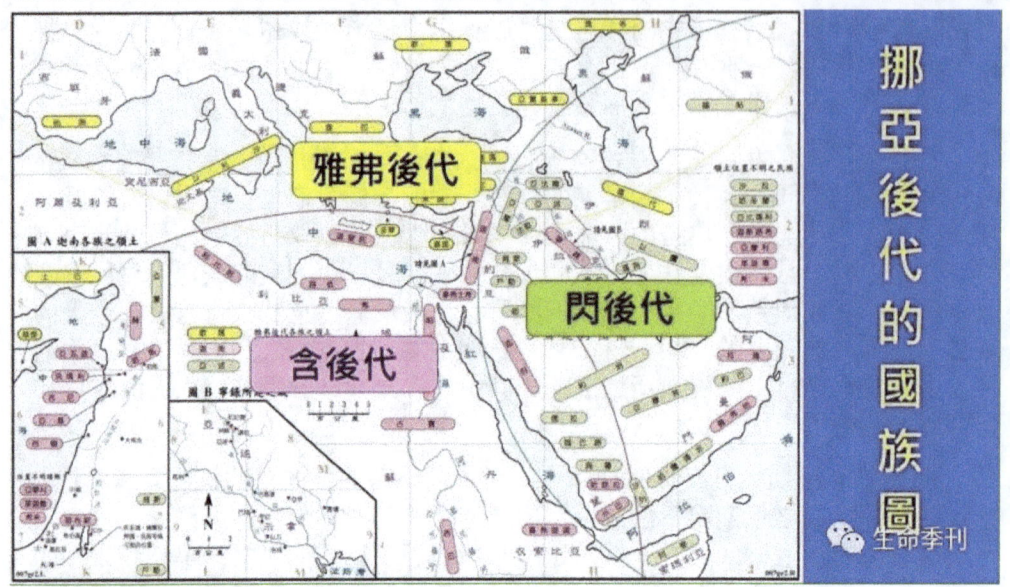

挪亞後代的國族圖

生命季刊

　　跟亚述和巴比伦不同，赫梯人是典型的印欧人种，而他们讲的语言跟今日的英文有亲缘关系，同属印欧语系的语言。在赫梯帝国极盛的时代，他们的领土由西边的爱琴海岸延伸到东边的幼发拉底河，由北边的黑海延伸到南边的叙利亚，覆盖今日土耳其的大部分和黎凡特北部。而苏美尔人最早从小亚细亚半岛迁徙而来，他们应该与赫梯人有较强的血缘关系。

　　赫梯的中心地带是位于安纳托利亚中部的高原，在这里，红河（Kızıl ırmak）弯曲流入北边的黑海。这里的地形干旱贫瘠，而且土地呈现出棕褐色调，这是因为这里的泥土富含氧化铁的原故。因为这个原因，赫梯人是最早研究出从赤铁矿中提炼出金属铁的民族，是世界最早进入铁器时代的民族。

　　从公元前 17 世纪到公元前 13 世纪，赫梯人用他们的智慧和坚强的意志成功创造出一个辉煌的文明。赫梯人以其纪律和勇敢善战闻名于世。他们的军队曾经长驱直入直到巴比伦城外，而赫梯帝国曾经跟强大的古埃及帝国并驾齐驱。

　　而那一时期阿拉伯半岛上的居民，是北非黑人游牧部落与早期阿拉伯半岛上的棕种人混血的黑、棕混血人种。但早期的犹太人应该就是黄、白混血人种，而非阿拉伯闪米特人。今天仍然居住在那里的犹太人的血缘特征，是占少数的犹太人与占多数的阿拉伯人几千年长期混血所造成的结果。但今天的犹太人仍然顽强的保持了，早期犹太人的基本特性。

　　有一点是可以肯定的，亚伯兰应该是一个典型的苏美尔人，他的家族应该是黄、白混血族群。他们应该是在野蛮的"亚摩利人"大规模迁入两河流域下游，并开始残酷的暴力统治时期，逃离那里的苏美尔人族群之一。

　　他拉和他的儿子们信奉的很可能是月神辛"Sin"和他的女儿、乌尔城的守护神依南那，因为乌尔人至少口头上都是月神的疯狂崇拜者。此外，他们的姓氏明显表现出他们对阿卡德或苏美尔神的崇敬。他拉的名字也表现出他与月神辛的亲密关系。亚伯兰的妻子撒莱是他同父异母的妹妹；她的名字是辛的妻子女神宁伽勒"Ningal"这一名字在阿卡德语中的叫法。他拉的孙女密迦"Milcah"是依照辛的女儿莫迦都"Malkatu"的名字起的。亚伯兰自己的名字意为"崇高的父亲"，来源不明。不过，我们可以猜测，亚伯兰和撒莱的名字都与对月神的崇拜有关，因为在后面的故事中，作为圣约的一部分，耶和华重新为他们两个起名。新名字"亚伯拉罕"和"撒拉"都包含了新的音节"ah"，"ah"是"YHWH"的第一个音节，这样他们的名字就不再属乌尔，而属《创世记》中的上帝。

　　逃离那里本身就说明，他们是弱势族群，他拉根据他的名字和他家人的名字，以及他对宗教的执着，他很可能是出身于祭司阶层。他让跟随他的人们相信，是上帝启发他，让他带领他的子民去寻找"应许之地"的，而不是靠着他的强大武力和实力，带领他的部落去"开疆扩土"，去占领他们所看重的地方，这都说明他不是一个通常意义上的古代"强人"，他应该属于第一代的"文人官僚"。

　　实际上，他所说的，上帝最初的有关"应许之地"的承诺并没有实现，聚集着大量强势的阿拉伯人和北非游牧部落的迦南地，最初他们根本就没有呆住，很快还是跑到与两河流域下游环境相似的，到处是烂河滩的埃及的尼罗河下游三角洲地区。

　　在那里也许要重新开始疏通河道、排干沼泽，开荒种田和放牧牲畜，并重新创业和积累族人的实力。这应该属于苏美尔人的家园被别人强占，然后只能迁徙到新地方，重新创业。他所说的闪米特人的口音，是他拉带领的族群在两河流域下游的苏美尔人被闪米特人殖民时期就已经学会了的。再加上他们向西面强势人种林立的地方迁徙甚至是流浪，所不得不进一步学习和完善的。

根据《圣经》：

窥地者复命

民 13:25　过了四十天，他们窥探那地才回来，

民 13:26　　到了巴兰旷野的加低斯，见摩西，亚伦，并以色列的全会众，回报摩西，亚伦，并全会众，又把那地的果子给他们看.

民 13:27　又告诉摩西说，我们到了你所打发我们去的那地，果然是流奶与蜜之地. 这就是那地的果子.

民 13:28　然而住那地的民强壮，城邑也坚固宽大, 并且我们在那里看见了亚衲族的人.

民 13:29　亚玛力人住在南地. 赫人，耶布斯人，亚摩利人住在山地. 迦南人住在海边并约旦河旁.

民 13:30　迦勒在摩西面前安抚百姓，说，我们立刻上去得那地罢．我们足能得胜．

民 13:31　但那些和他同去的人说，我们不能上去攻击那民，因为他们比我们强壮．

民 13:32　探子(.中有.)人论到所窥探之地，向以色列人报恶信，说，我们所窥探，经过之地是吞吃居民之地，我们在那里所看见的人民都身量高大．

民 13:33　我们在那里看见亚衲族人，就是伟人．他们是伟人的后裔．据我们看，自己就如蚱蜢一样．据他们看，我们也是如此．

以色列众向摩西亚伦发怨言

民 14:1　当下，全会众大声喧嚷．那夜百姓都哭号．

民 14:2　以色列众人向摩西，亚伦发怨言．全会众对他们说，巴不得我们早死在埃及地，或是死在这旷野．

民 14:3　耶和华为甚么把我们领到那地，使我们倒在刀下呢，我们的妻子和孩子必被掳掠．我们回埃及去岂不好么，

民 14:4　众人彼此说，我们不如立一个首领回埃及去罢．

民 14:5　摩西，亚伦就俯伏在以色列全会众面前．

民 14:6　窥探地的人中，嫩的儿子约书亚和耶孚尼的儿子迦勒撕裂衣服，

民 14:7　对以色列全会众说，我们所窥探，经过之地是极美之地．

民 14:8　耶和华若喜悦我们，就必将我们领进那地，把地赐给我们．那地原是流奶与蜜之地．

民 14:9　但你们不可背叛耶和华，也不要怕那地的居民．因为他们是我们的食物，并且荫庇他们的已经离开他们．有耶和华与我们同在，不要怕他们．

民 14:10　但全会众说，拿石头打死他们(.二人.)．忽然，耶和华的荣光在会幕中向以色列众人显现．

耶和华怒民违逆欲歼灭之

民 14:11　耶和华对摩西说，这百姓藐视我要到几时呢,我在他们中间行了这一切神迹，他们还不信我要到几时呢，

民 14:12　我要用瘟疫击杀他们，使他们不得承受(.那地.)，叫你的后裔成为大国,比他们强胜．

　　根据上面的经文，我们基本可以确定，所谓的"希伯来人"，他们其实就是苏美尔人的一支而已，他们当时的身材明显的要比由北非和大胡子的阿拉伯人为核心组成的真正的迦南人身材矮小的多。这就是为什么他们更愿意采取文人执政的原因。

根据《山海经海内经》第十八有：

又有朱卷之国。有黑蛇，青首，食象。南方有赣巨人，人面长臂，黑身有毛，反踵，见人笑亦笑，唇蔽其面，因即逃也。

【译文】又有朱卷（棕红色贴头皮的羊毛卷发）之国。有黑蛇（非洲鳄鱼），青首（这里强调"青首"，是因为平时鳄鱼藏在水里，只能见到青黑色鳄鱼头和长而弯曲的尾巴，由于看不到牠藏在水下的四条腿，所以把它形容为蛇），食象（可以偷猎来水边喝水的小象）。南方有赣巨人，人面长臂（有些细高个的黑人的手臂很长，接近于膝盖。），黑身有毛（大胡子的黑人），反踵（可以面朝着你，后退着走路，形容他随时准备逃跑），见人笑亦笑（见到陌生人像猴子一样呲牙咧嘴），唇蔽其面（嘲笑非洲人的"厚嘴唇"），因即逃也（奔跑速度飞快）。

　　从上面这段形容我们不难看出，中国人自古"自视清高"，说话多少带有些许种族歧视的口吻。而且写这段话的人，明显就是生活在非洲北方，尼罗河下游的"喜克索斯人"，或者说是希伯来人"南方有赣巨人"。

又有黑人，虎首鸟足，两手持蛇，方啖　（dan）之。

【译文】还有一种黑人，是面如老虎一样的大胡子人种，却长着像仙鹤一样的细长腿，可以两只手抓着蛇，活剥生吞。

以上就是，中国的《山海经》，所绘声绘色描述的北非黑人。

　　其实，犹太人具有明显的母系氏族传统，亚伯拉罕大部分后代的妻室，都是从亚兰的母系氏族娶回来的。犹太人和犹太教是密切相连的；理论上，犹太教信徒就是犹太人，这种犹太人，与那些血缘上是犹太人的(即母亲是犹太人；若父亲是犹太人，母亲不是，其子女并不是犹太人。)，有相同的地位。然而，很多改宗犹太教的人以及犹太教前信徒都表示，许多一出生就是犹太人的人，将后期皈依者视为二等犹太人。主流犹太教并不鼓励改宗，改宗被认为是一项艰巨的任务。大部分的改宗都是混合婚姻的孩子，或是犹太人的配偶或未婚妻、未婚夫（主要是犹太男性要求异教徒女性改宗，以让子女一出生就是犹太人，因为犹太人身份是母系传承）。

对犹太人的遗传研究表明，全世界大多数犹太人都有一个共同的基因遗传，它起源于中东，并且与新月沃土的人最相似。不同犹太群体的基因组成表明，犹太人分享了一个可追溯到 4000 年前的共同基因库，这是他们拥有共同祖先起源的标志。虽然犹太社群长期彼此分离，但他们在文化、传统和语言方面保持着共同点。

根据圣经： 申 26:5　你要在耶和华你的神面前说，我祖原是一个将亡的亚兰人，下到埃及寄居，在那里却成了又大又强，人数又多的国民。

3.2、從古代迦南人说起

上帝嗯召亚伯拉罕离开迦勒底的吾珥之后，他与父亲他拉及家人、仆婢以及一大群牲畜，顺着幼发拉底河沿路的商道，往西北方向迁移而到哈兰，并在这里居住了许多年（创 11:31；徒 7:2-4）。沿着这个商道上，当然有些招待商旅过客住宿的旅舍，但亚伯拉罕一家却沿途支搭帐棚。有些圣经学者，包括以色列已故学者 Aharoni 在内，因此就说亚伯拉罕是个游牧人。但亚伯拉罕并不是"逐水草而居"的游牧人；他之所以住帐棚，是出于实际上的需要；他旅途中的起、停，都是按照上帝的指示。况且他原本在吾珥（Ur），过的是"都市"的生活；他是一个"都市人"（Urbanite）。今天英语的 Urban（都市）这个字，其字根就是 Ur（吾珥）。

当亚伯拉罕 75 岁的时候，上帝又嗯召他，要他离开哈兰前往迦南地（创 12:5），并应许他"地上的万族都要因你得福"。

多年之后，亚伯拉罕的孙子雅各，为了躲避哥哥以扫的追杀而逃往哈兰，当时雅各母亲利百加的哥哥拉班住在那里（创 27:43；28:10）。雅各在哈兰娶了两名妻子：利亚与拉结。他共有十二个儿子，后来成为以色列的十二个支派。

近 4000 年前第一次到达迦南的犹太人，应该是还带有很重的母系社会宗法传统的族群，是黄白混血人群。即，与小亚细亚的印欧人混血的族群。不然的话就不会在闪米特人统治两河流域中下游时，进行大规模的向西迁徙离开。

摩西带领以色列人离开埃及后，第二次回到迦南地区定居时，实际上，迦南地区已经是南方的阿拉伯半岛的人向两河流域迁徙的必经之地，而且，巴勒斯坦地区早已经有"迦南人"定居，他们当中更多的应该是古阿拉伯人。而犹太人在那里，实际上还是外来人，他们第一次来这里时，当地人就管他们叫"希伯来人"。即，两河流域苏美尔王朝灭亡后，从两河流域下游迁徙而来的外来逃亡人群。

今天的地中海东岸地区，经过包括埃及人、希腊人和罗马人以及后来的波斯人的统治，近3000年的不断混血，那里的人几乎都是今天的阿拉伯人，而犹太人由于被流放到全世界，特别是欧洲，似乎有更多的白人血统。

人们很难找到古代犹太人的雕刻和塑像，古代犹太人的形象和苏美尔人底层百姓的形象一样，是被历史掩盖的。古犹太人的所有形象，都是后来希腊人和古罗马人所塑造的，例如大卫和摩西的形象，而且犹太人的大部分形象，都是中世纪后期根据圣经故事所画的油画，所以给人的错觉是，犹太人和古希腊人和古罗马人长得非常像。

摩西带领犹太人第二次从埃及回来，带来先进的农耕技术和理念，因而相对比较强大，他们因此具备统一整个地中海东岸地区的实力，但古代冷兵器的战争需要不怕死的强人，当时犹太人不是这样的民族。可当时与他们混居在一起的古阿拉伯人主要以北非大胡子人种为主，他们比较强势。当时犹太人的侥幸心理是：想利用这些不怕死的强人作为炮灰来囊括整个迦南的土地。打先锋的就是勇敢和不怕死的犹大支派，这应该是以阿拉伯人为主的南方支派。摩西的助手约书亚就是按阿拉伯人的思维方式做事的的强人（也许他就是一位阿拉伯人先知）。很快具有典型的阿拉伯人特征的扫罗就被推选出来作为统一战争的领袖人物。

早期，当亚伯拉罕想为他儿子找一位妻子的时候，他不允许以撒娶他身边的西闪米特人（古迦南人）的任何一位女子。他派他的仆人回到美索不达米亚平原西北的老家，从那些留在哈兰的亲戚中带回一位有血缘关系的侄孙女利百加（Rebekah）。说明，当年希伯来人与迦南人是完全不同的人种。

根据《圣经》，有着埃及血统，或者确切的说是有"北非血统"的夏甲的儿子则有明显不同的命运，他的后代只能在南部和东部生存，并且成为强人。

根据苏珊·怀斯·鲍尔描述：

撒莱得到亚伯兰的允许之后，把怀孕的夏甲赶走了。夏甲从希伯伦上路，途经别是巴（Beersheba），朝埃及的方向南下。她是要回家。

但亚伯兰的儿子没有再次牵扯进埃及第一中间期的混乱之中。根据《创世记》第16章的记载，夏甲在路上遇到上帝的使者并得到一个承诺。与上帝给撒莱的承诺对比，两者有相似之处，夏甲的孩子也会创造出一个人口众多的新民族。

所以夏甲又回到了亚伯兰的家中；孩子出生时取名以实玛利（Ishmael，阿拉伯语音译为易司玛仪），在父亲家中养大。阿拉伯人从他开始记录下了自己的宗教传统。根据《古兰经》（成书年代距离事件发生的时间之间的差距，比《创世记》还大）的记载，亚伯兰（在阿拉伯语中拼作 Ibrahim，音译为"易卜拉欣"）是第一位信奉唯一的神安拉（Allah）而不是信仰星星、月亮和太阳的人。成年之后，以实玛利跟着易卜拉欣去了阿拉伯，到了半岛西南部的麦加城，与他们一起建造第一座礼拜安拉的神庙克尔白。《古兰经》命令所有信仰真主的人——"圣书的子民"——转身朝向这座神庙。"你们无论在哪里，都应当把你们的脸转向禁寺，"《古兰经》说，"你无论从哪里出去，都应当把你的脸转向禁寺，这确是从你的主降示的真理。"

赫人：

赫的后代，含的子孙（创 10:6）。圣经里，赫在迦南的儿子中排名第二。（创 10:15）

亚伯拉罕迁到迦南地居住时，赫人已经住在那里。亚伯拉罕曾跟他们有过接触。在此之前，耶和华已经应许要把迦南地赐给亚伯拉罕的苗裔，当时有许多民族住在这地，赫人是其中之一。（创 15:18-21）不过，耶和华告诉亚伯拉罕，"亚摩利人［常常用来泛指迦南地的各民族］的罪过还没有满盈"。（创 15:16）因此，亚伯拉罕尊重赫人对迦南地的所有权。他妻子撒拉去世时，他向赫人琐辖的儿子以弗仑买了一块带山洞的地埋葬她。（创 23:1-20）

圣经说在约书亚的日子，"从旷野和这座黎巴嫩山起，直到幼发拉底大河，就是赫人的全地"。（书 1:4）看来赫人主要住在山区，包括黎巴嫩山，可能也包括叙利亚的一些地区。（民 13:29；书 11:3）

受挪亚咒诅　挪亚曾咒诅迦南，赫人是迦南的后代，所以也受到咒诅。后来以色列人征服他们，就应验了创世记 9:25-27 挪亚所说的话。赫人信奉异教，而且显然崇拜生殖器，就像迦南其他宗教一样。亚伯拉罕的孙子以扫娶了赫人女子为妻，使以扫的父母以撒和利百加"心里苦恼"。（创 26:34,35；27:46）

上帝谈到赫人和有关民族所住的地方时，形容那地是"流奶流蜜之地"。（出 3:8）但这些民族极度腐败，结果连所住的土地也玷污了。（利 18:25,27）上帝多次警告以色列人，不要跟这些民族同流合污，沾染堕落污秽的习俗。他列出很多不道德的行为，禁止以色列人做这些事，又说："你们不要因以上任何一件事而玷污自己。我快要从你们面前赶出去的列国［包括赫人］，就是因这一切事而玷污了自己"。（利 18:1-30）

下令毁灭　上帝说，有七个国族应当灭绝，赫人是其中之一。圣经说这些国族人数比以色列人多，势力比他们大。因此，当时这七个国族的人口必定超过三百万。（申 7:1,2）赫人住在山上的堡垒中，是令人生畏的强敌。他们仇视以色列人，听说以色列人渡过约旦河并毁灭了耶利哥城和艾城，就联合迦南其他国族，跟约书亚率领的以色列人交战。（书 9:1,2；24:11）因此，以色列人本该毁灭赫人的城，把所有居民都灭尽，免得以色列人对上帝的忠贞被他们破坏，招惹上帝的不悦。（申 20:16-18）但以色列人没有完全执行上帝的命令。约书亚去世后，他们不听上帝的话，没有灭尽迦南地那些国族，结果留下来的人就成为打在以色列肋旁的荆棘，不断扰害他们。（民 33:55,56）

后期历史 由于以色列人没有听从上帝的吩咐，没有彻底消灭迦南各国各族，上帝就宣告："所以我又说：'我必不把他们从你们面前赶走，他们必成为你们的网罗，他们的神也必成为你们的诱饵。'"（士 2:3）看来，留在以色列人当中的迦南人受到宽容，个别人甚至有崇高的地位，身居要职。另外，在迦南各族中，看来只有赫人仍是个有实力的强国。（王上 10:29；王下 7:6）

有两个赫人在大卫军中当兵，也许是军官。他们是亚希米勒和乌利亚。乌利亚热心帮助以色列人战胜仇敌，也遵守律法。大卫跟乌利亚的妻子拔示巴通奸，之后还把乌利亚送到危险的前线，使他阵亡。由于这件事，大卫被上帝惩罚。（撒上 26:6；撒下 11:3,4,11,15-17；12:9-12）

所罗门王征召赫人做奴隶，服劳役。（代下 8:7,8）他娶了很多外邦妻妾，其中有些是赫人女子。这些外邦妻妾诱使所罗门离弃耶和华他的上帝。（王上 11:1-6）圣经表示，直到以色列王约兰在位时（约公元前 917-前 905），赫人还有君王，也有作战能力。（王下 7:6）然而，后来叙利亚人、亚述人和巴比伦人相继征服迦南地，赫人的势力看来就被摧毁了。

公元前 537 年，以色列人从被掳之地返回故土。回乡后，以色列民众以至一些祭司和利未人都娶了迦南女子为妻，又把自己的女儿嫁给迦南男人，这些迦南人中也包括赫人。这样做违犯了上帝的律法。因此，以斯拉责备以色列人，感动他们同意遣走外邦妻子。（拉 9:1,2；10:14,16-19,44）

比喻用法 耶和华通过以西结先知对耶路撒冷说话时，用"赫人"这个名称作为比喻。他说："你的根源在迦南地，你也在那里出生。你父亲是亚摩利人，母亲是赫人。"（结 16:3）耶路撒冷是上帝子民的首都，归于耶和华的名下。以色列人进入应许之地时，占据耶路撒冷的是耶布斯人。但由于亚摩利人和赫人是当地最大的部族，所以上帝就用这两个部族代表迦南各民族，包括耶布斯人在内。因此，这城原本地位低微，但耶和华使它变得华美。大卫王坐在"耶和华的宝座"上（代上 29:23），约柜安置在锡安山上，大卫的儿子所罗门建造了荣耀的圣殿，这一切使耶路撒冷的名声传遍列国。可惜，耶路撒冷仿效四周的迦南各族，变得腐败淫邪，以致耶和华最终使耶路撒冷沦为荒凉之地。（结 16:14,15）

历史学家和考古学家一直试图在世俗历史中，找出圣经所说的"赫人"到底是哪个民族。但可以肯定的是："赫人"，肯定不是"赫梯人"，因为小亚细亚半岛上的赫梯人是讲"印欧语"的，他们还使用"赫梯语象形文字"。应该说根据上文我们不难判定：圣经所提到的迦南的"赫人"就是"黑人"，是包括"亚摩利人"在内的有北非血统的人种和族群。圣经之所以用"赫人"，是为了防止使用"黑人"这个词会引起当时，多数人都带有黑人血统的当地人的众怒。

现代考古学许多学者质疑族长和出埃及记的历史真实性，认为这是被重新构建的的以色列民族神话故事。根据现代考古报告，以色列人和他们的文化从没有用武力侵占这个地区，而是通过发展一种以耶和华（古代迦南诸神中的一位）为中心的独特一神宗教，进而冲淡及同化迦南人的文化。以耶和华为中心的信仰得到发展，与此同时很多宗教实践也在发展，这逐渐形成了独特的以色列民族，将他们与迦南人区分开来。

以色列人在古代历史上享有两次政治独立，首先是以色列王国(前期)的士师时期。在统一王国分裂之后，土地分为以色列王国（北国）和犹大王国（南国），分别以撒马利亚和耶路撒冷为首都。

3.3、南方犹大国和北方以色列国的决裂原因

根据《世界史的故事》作者：苏珊·怀斯·鲍尔描述：

43 大卫的子孙

公元前 1050 年至公元前 931 年间，希伯来人建立了国家，埃及则恢复了其实力。

在西闪米特人居住的地中海东岸，有一个部落逐渐定居下来，这个部落曾经是"海上民族"的一支，并且入侵过埃及。他们定居的地方逐渐发展为城市，这些城市大致结成了一个联盟。这个联盟中最强大的城市是迦萨（Gasa，今称加沙）、迦特（Gath）、亚实基伦（Ashkelon，今称阿什凯隆）、亚实突（Ashdod，今称阿什杜德）和以革伦（Ekron）。埃及人称他们为派莱赛特（Peleset），他们的邻国称他们为非利士人（Philistines）。

　　非利士人没有文字，这意味着有关他们的历史都是通过他们敌人的史书呈现在我们面前的；因此不难理解为什么他们总是被描述为粗鲁、野蛮而又愚昧的。但非利士人留下的文物表明他们的文化大部分的确是外来的。非利士人的陶器是迈锡尼风格的，他们的方言很快为迦南方言所取代；即使入侵埃及以失败而告终，埃及文化依然渗透到非利士人的文化之中。他们埋葬尸体的棺材盖是粘土制的，雕刻得很像埃及的石棺，上面刻有人脸，还刻有短得不成比例甚至无法抱在胸前的胳膊。这些仿埃及石棺上面还装饰有象形文字，写下这些文字的人应该经常看到埃及石棺上的符号，但是不知道那些符号是什么意思，因为那些象形文字没有任何具体意义。

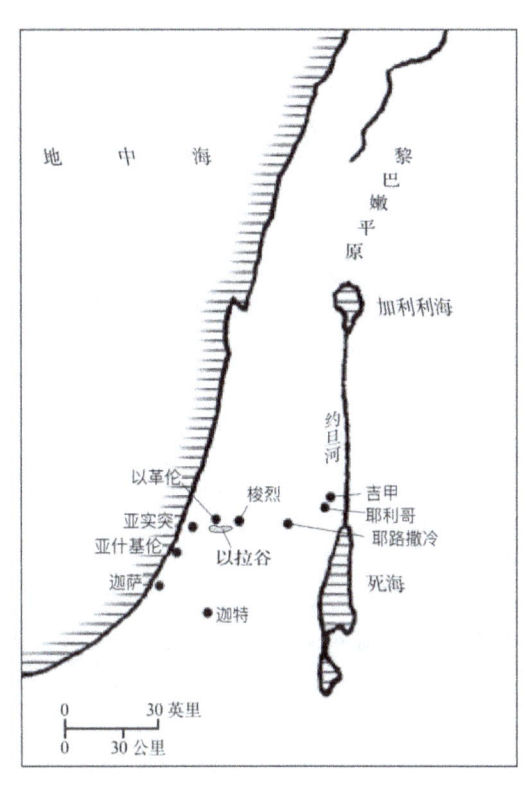

地图43-1　以色列人和非利士人

　　非利士人定居的五大城市的势力范围很广，覆盖了南部地区西闪米特人所有的领地。从他们定居下来的那一刻起，就有人与他们争夺这片土地，这些人是亚伯拉罕的后裔。

　　希伯来人离开埃及以后，从国际舞台上消失了数十年。根据他们自己的叙述，他们在沙漠里游荡了四十年之久，迎来了新一代希伯来人登上舞台。这四十年间没有关于希伯来人的历史记载，但是在《圣经》中至关重要。在《出埃及记》中，上帝把希伯来人聚集在西奈山周围，并且赐予他们"十诫"，刻在两块石碑上面——上帝和希伯来人两个立约方各执一块石碑。

　　这是希伯来人全民认同的准则，这一准则也带来了之后政治上的重组。之前几百年里，希伯来人曾追溯其祖先是亚伯拉罕及其十二位曾孙。现在有了上帝的指引，他们的领袖摩西在普查人口之后列出了希伯来人所有的部落和家族。他们被分成十二个支派，每个支派都以亚伯拉罕曾孙的名字命名，并追封其为先祖。犹大支派是当时规模最大的一个支派，成年男子人数接近 75 000 人；最小的支派是玛拿西，其成年男子人数不及犹大支派的一半。

　　正式承认十二支派是为下一步做准备。希伯来人一路向南，已经来到了西闪米特人领地的南部边境。摩西死后，摩西的助手约书亚成为希伯来人的头领。在约书亚的带领下，希伯来各支派占领了沿海的土地，"从旷野和这黎巴嫩，直到伯拉大河（幼发拉底河），赫人的全地，又到大海日落之处"。

约书亚带领他的追随者来到了死海东部，沿着死海到达其北端，然后横渡约旦河：这条河是西闪米特王国的边界线。然后他下令让所有成年希伯来男子割包皮，因为 40 年来沙漠地区的割礼仪式早就不为人重视了。对于战役来说，在一开始颁布这样的法令或许不是最好的选择，因为需要走很远的路，但是约书亚希望他的子民能明白他们要做的是什么事情：征服迦南是为了履行亚伯拉罕的承诺（亚伯拉罕是 600 年前出现的第一个犹太人，也是第一个让儿子实行割礼的人）。

他们的主要军事目标是耶利哥，这是约旦河以西的第一要塞，周围有高大的城墙和岗楼。根据《圣经·约书亚记》记载，战斗结束前，希伯来人每天围着耶利哥的城墙绕行一次，一直持续了六天。到了第七天，他们列队围着城墙一边绕行一边吹号，一直绕了七圈，然后城墙便轰然倒下。希伯来人踏着坍塌的城墙一拥而进，屠杀了所有的生灵：男人、女人、孩子、牛羊，还有驴。

整座城市被夷为平地，被洗劫一空，约书亚又对这个城市加以诅咒。两百年后，耶利哥城仍然无人居住。6000 年来，耶利哥城的居民一直在塔楼里瞭望，等待不可战胜的敌人出现在视线中，然后一头撞在高大的城墙前，一筹莫展。

敌人终于到来，城墙却倒塌了。

年迈的约书亚去世，他一生都在行军征战中度过。他去世的时候，希伯来人的领土南至别是巴（Beersheba，今称贝尔谢巴），北至基尼烈（Kinnereth），西至基列的拉末（Ramoth-Gilead）。基尼烈位于一个小湖的北岸，而这个小湖就是后来的加利利海。这些领土被划分给各个支派。约书亚之后的继承人并不是某一个首领，而是一群领头的士师和先知，由他们来告知希伯来各支派——现在已经是以色列国——上帝的旨意是什么。

但是迦南的大部分领土依然未被征服。一方面，非利士人拥有的领土从以革伦一直到地中海沿岸，他们不愿意对任何外来者让出一寸领土。在以色列被士师统治的这几年里，以色列人对非利士人发动了一次又一次的战争。

我们无法确定约书亚带领希伯来人入侵西闪米特人的领土的时间，因此，我们也不可能确定具体是在何年何日士师带领以色列士兵对抗五大城市的领主的。士师中最著名的当属力大无穷的参孙（Samson），他应该是在公元前 1050 年左右统治整个区域。当时埃及处于第三中间期，阿拉米人统治着美索不达米亚。

当时的以色列人，在与周边的人种争夺生存空间各种战争中处在极端的弱势地位，需要一个强人来带领他们，此人名叫扫罗（Saul），这样一来扫罗就可以带领他们战胜敌人了。

他是由以色列的最后一位士师撒母耳（Samuel）膏立为以色列第一位王的，撒母耳当时年事已高，心力交瘁，他认为王权是一个巨大的错误。"他会把你们的儿子拉到他的军队里去，"撒母耳警告以色列人说道，"他必派你们的儿子为他赶车、跟马、奔走在车前；又派他们做千夫长、五十夫长，为他耕种田地，收割庄稼，打造军器和车上的器械；必取你们的女儿为他制造香膏，做饭烤饼；也必取你们最好的田地、葡萄园、橄榄园，赐给他的臣仆……那时，你们必因所选的王哀求耶和华，耶和华却不应允你们。"

尽管撒母耳这样警告世人，扫罗还是被立为王，成为以色列的首领。即位之后，他立刻发动了一次对非利士人的战争。

不幸的是，由于与非利士人实力相差悬殊，以色列人一开始一直处在非常被动的状态，扫罗只能坚持与非利士人进行游击战以及一系列没完没了的战斗。

在那些没完没了的战斗中，有一场发生在犹大统治的领土的西部边缘，一个名为以拉谷的地方。这场战争持续了很久，于是非利士人提出了一个新的方式来结束这种争斗。双方各选一名善战的士兵进行对战，失败一方的领土归获胜一方所有。

非利士人肯定是希望以色列的新头领扫罗上前应战。非利士人选出的是一个身高3米的巨人，这种身高几乎不可能，但他可能的确非常高（偶有书稿记载他的身高为2.1米，而并非3米），而扫罗本人也是以身高著称。非利士人选出的巨人名叫歌利亚，他全副武装，而且自小善战，显然非利士人是在赤裸裸地炫耀自己的优势。

扫罗并不打算亲自对战这位巨人，而另外一个以色列人上前应战。此人名叫大卫，来自犹大支派，大卫家兄弟三人都加入了扫罗的军队，他是其中最年轻的一个。大卫深信上帝与他同在，手拿机弦走上前去，用一块石头击中歌利亚的头部，歌利亚倒地不省人事，大卫就用自己的剑割下了这个巨人的脑袋。当非利士人看见他们的英雄死了时，他们转身就逃跑了。以色列人蜂拥而上，呐喊着去追赶非利士人，一直追到了迦特和以革伦城下。通往迦特和以革伦的路上到处都是非利士人的尸体。这次胜利使大卫深受人们爱戴，扫罗担心大卫会成为王位的争夺者，于是决定除掉他。

大卫为了保住自己的性命，逃到了非利士人的领土上。他在这片土地上像是一个双重间谍：他一面将远方的非利士城市洗劫一空，一面又将战利品交给雇用他的非利士人，他还绘声绘色地向那些非利士人编造谎言，说那些以色列的领土已经为他所征服。扫罗在一次与非利士人的惨烈战斗中死亡，大卫返回以色列登基为王。

大卫决心不仅要把十二支派融为一体，而且要建立一个王国。他的第一个行动是围攻耶路撒冷城，这个城市一直未被征服，处于西迦南人的统治下。《圣经》中把西迦南人称之为"耶布斯人"（Jebusites），他们是西闪米特人和阿拉伯半岛移民结合的后裔。大卫占领耶路撒冷时是带兵从城墙下岩石中的排水井进入这个城市的，之后他开始重建耶路撒冷。

大卫把十二支派归于自己的统治之下，并且扩张了领土。他带兵到东南方，击败了以东人（Edomites），这个民族之前控制着远至红海的土地；他击败了死海另一端的摩押各部落，以及摩押北方约旦河对岸的亚扪各部落；他还一举击败了非利士人，因为非利士人听说大卫掌权后，立刻举兵进攻以色列（毫无疑问，这个双重间谍欺瞒了他们这么久令他们十分恼怒）。非利士人的霸主地位就此结束。他们权力的鼎盛时期维系了不到100年。

大卫王国的非凡之处不仅在于以色列领土的扩大，直至占领了西闪米特人所有的领土，而且他还做了之前的领导人从来没有尝试过的事情：与其他国家的领导人建立友好关系。

他最有力的联盟是与推罗（Tyre，今称"苏尔"）王的结盟，推罗王就是众所周知的希兰（Hiram）。推罗位于地中海东北部沿岸（现在的黎巴嫩境内），之前西闪米特人的一支曾居住于此，他们逃离了离海岸较远的家乡西顿（Sidon），把推罗建成了强大的城市。而这一支西闪米特人之所以逃离家乡，是因为当时"海上民族"在去往埃及的路上把西顿城洗劫一空。这些"西顿人"在推罗定居下来，还有少数定居者来自爱琴海的入侵者"海上民族"；推罗的寺庙和非利士人的寺庙很像，供奉大衮鱼神，这表明他们拥有共同的祖先。在大卫统治时期，西顿又被攻占，而攻占西顿的这些部落同样也占领了推罗和古代的贸易城市比布鲁斯。他们是西闪米特人和爱琴海的"海上民族"结合的后裔，被称为腓尼基人。

历史上没有名为腓尼基的国家，也没有名为腓尼基的帝王，沿海一带几个独立的腓尼基城市因为拥有共同的文化和语言而联合在一起；腓尼基人的文字是第一个形成字母表的文字。腓尼基人出售一种最有价值的本地资源，基本上实现了贸易垄断：他们从附近的山上砍伐香柏木，然后运送到埃及、以色列还有其他更远的地方。大卫把王位传给他的儿子所罗门（所罗门继承王位之前经历过一些争夺，以色列之前还没有世袭君主的传统），与推罗进行贸易往来也让所罗门开始在西闪米特人的土地上建造前所未有的宏伟建筑。

在《圣经》中，所罗门是一位追寻智慧之人，他把大卫的王国重新分为十二个行政区，而且他并没有完全按照之前十二支派的边界线进行划分。他希望打破旧的支派界限，以避免不同支派可能引发的内部之争。他改革了税收制度，竭尽所能扩张领土。他还建造了一座规模宏大的圣殿：这座圣殿高 14 米，建造用的石料全都是从远方开采来的，铺以雕花的香柏木，又以金子包在表层，眼所能及之处尽是珍宝。以色列的神需要一个圣殿，而所罗门打算为其建造一座最好的圣殿。

所罗门决心所有的事情都要做得比他那位著名的父亲更大更好，所罗门之后再没有任何帝王能够对以色列人产生如此之大的影响，但是那些为所罗门冒生命危险的人之所以这么做，并非出于对他的热爱。

所罗门的马厩拥有 12 000 匹马，他庞大的宫廷每天消耗数吨的面粉。他的权力如此之大，以至于可以和法老相提并论。事实上，所罗门的王国所统治的西闪米特人地区之前就是属于埃及的，所罗门还娶了一位埃及的公主；埃及当时已经不复旧日的辉煌，之前法老肯定不屑于让皇室的女儿远嫁他国。所罗门还与更多的国家结盟。他一面与推罗王希兰结盟，一面安排在比布鲁斯建造自己的船只。他无法征服遥远的迦南人，于是就与他们联姻。他甚至接待了一个来自阿拉伯的使团，率领这个使团的是古代最著名的示巴（Sheba）女王。

但，所罗门在建造自己的帝国时留下了一道裂痕，这道裂痕最终使这座大厦轰然倒塌。

为了打造自己的神殿和宫殿，所罗门征用了三万名以色列男人做劳力。虽然这些征用来的劳力可以拿到报酬，但他们是被强制参加劳动的，他们每隔两个月就必须要为所罗门做一个月的劳力。同时，他们还要耕种自己的农田和葡萄园。所罗门要求所有行政区每年都要用一个月供养庞大的宫廷（为宫廷提供数以千计的名贵马匹、奶牛、绵羊、山羊、鹿、羚羊，还有鸡）。由于宫廷的规模不断扩大，因此所有行政区都要花上越来越长的时间才能满足宫廷的需要。在一些地区，人们要花半年的时间才能满足所罗门的要求，而另外半年他们则要辛苦劳作养活自己。

宫廷规模不断扩大，部分是所罗门政治联姻造成的。根据史书记载，他的七百位妻子都有王室血统，都是为了各种结盟而娶的。而娶三百姜室理由就没有那么充分了，因为所罗门娶这三百个女人是没有任何政治目的的；妻妾众多反映了所罗门欲望的无穷无尽。

他这种无止境的欲望使以色列变得空前强大，以至其他君王不远万里前来拜见；然而他这种欲望也毁了以色列。所罗门建造神殿和宫殿的计划使国家背上了沉重的债务，尤其是欠下腓尼基人的国王推罗王希兰巨额债务。所罗门没有足够的现金可以支付他造船用的杉树、松树以及黄金的花费，于是他把加利利的 20 座城送给希兰用来抵债 —— 这是他的王国北部边缘的一大片领土。

这种情况对于双方而言都没有好处。希兰看过这些城市之后，给它们取名为"一无是处之地"，以色列北部的人们则勃然大怒。所罗门是一个来自南部地区的国王，他来自强大的南部犹大支派；对于北方那些小支派而言，所罗门大兴土木、向他们征收沉重税赋，让他们不堪重负，之后他为了解决自己的麻烦送出 20 座北方的城市，却不愿伤及自己的故土。

他们在所罗门一名手下的带领下开始了一场起义，这个北方人名叫耶罗波安（Jeroboam）。以法莲的一位先知膏立耶罗波安为王，所罗门得知起义愈演愈烈，于是派出一队人马进行暗杀；耶罗波安一路逃至埃及，并且留在了那里，直到年迈的所罗门——此时他已经在位 40 年——去世。所罗门留下的是一个庞大、富有，却已分崩离析并且充满了不满情绪的国家。

于是耶罗波安立刻回到了自己的国家，组成了代表团去见所罗门的继承人罗波安（Rehoboam），要求他进行改革：减少税收，减少征用劳力。罗波安反过来向两个议院征求意见，从吉尔伽美什开始，两个议院就协助君王治理国家。一个议院的成员较为年长，经验丰富且行事谨慎，他们建议罗波安改变所罗门的政策，少一些专制，多给人们一些自由；另一个议院的成员较为年轻，他们建议罗波安行使自己的权力。那些较为年轻的议院成员建议道："王要对他们如此说：'我的小拇指比我父亲的腰还粗。'"

罗波安喜欢这个建议，这也许揭示了某些悬而未决的问题。当代表们返回时，罗波安发表了一篇演说，这可能是历史上最不明智的政治演说："我父亲使你们负重轭，我必使你们负更重的轭。"这一演说立刻引发了严重的政治后果：原本就感到不满的北方支派宣布独立，并立其北方的领袖耶罗波安为王。

只有犹大支派，也就是大卫故乡的人，以及另外一个相邻的小支派便雅悯依然效忠于大卫子孙。以色列联合王国持续了不到两代人。

在之后的几百年里，这个国家一直分为两个部分：南方的犹大王国，由大卫的后代统治着；北部的以色列王国，每两三代人之后就会有一位新的首领掌权。

据圣经记载，大卫是在放牧羊的过程中杀死过偷袭羊群的狮子的！而我们大家知道，迦南地区是早就没有狮子的、有众多不同人种密集居住，并互相争夺稀缺的土地资源用于农耕目的"已开发地区"。这说明大卫是刚刚从，北非或者是偏僻的南阿拉伯地区迁徙而来的族裔。即典型的黑皮肤的早期迦南人。

应该说，祇有在非洲或者早期南部阿拉伯沙漠放牧牛羊的族群，才可能偶尔遇到狮子，因为大量的狮子祇有在中非和南部非洲才有。实际上，北非都已经被埃及人在一千多年前修建金字塔时，过过度的农耕开发了，根本不可能有狮子和农民共存。所以看起来相对瘦小的非洲人，反而是世界上唯一不怕狮子的游牧人群，他们用涂了毒液的木质梭标和投石索可以轻松的远距离击杀狮子，这是他们祖传的生存技能。直到今天，非洲的马赛人，仍然是少有的可以用石器时代的武器，大量猎杀狮子的族群，他们身上远没有退化的，像野生猿科动物一样的灵活性，足以支持他们与狮子进行周旋和对抗。而且他们对生死看得很轻、是不怕死的人群，或者说他们根本就不知道什么叫死，无论遇到什么样的野兽和怪物。

膏立"大卫"王

　　而实际上，大卫所击杀的歌利亚，才是"南欧白人人种"，即典型的后来的希腊和意大利人。也许"歌利亚"才应该是文艺复兴时期米开朗基罗所塑造的"大卫"的形象，是意大利人把自己的祖先和"祖先的敌人"弄颠倒了。歌利亚是已经进入文明的铁器时代的身材高大、身披盔甲的南欧白人，却被还处在"石器时代"的北非落后的含裔游牧族群的牧羊人用远古时期人类使用的投石索所打败并击杀。这明显是野蛮和落后打败了文明、外来的侵略者打败了祖传家园的捍卫者，而且还被世代讴歌和传送，这实在有点儿令人错愕。看来古代的人们崇拜胜利者和强者，已经到了"不分是非对错"的盲目程度。

下面是我的一段亲身经历：

　　有一段时间，我经常在美国纽约的某一个休闲公园里的一个篮球场上跑步。我常常拉着一个有轱辘的帆布包，是一个有可伸缩拉杆的"小行李车"，跑步过后可以拉着它顺便到临近的超市买一些食品和新鲜蔬菜。

　　那天我正在围着篮球场跑圈儿，突然来了一个非洲裔的小男孩儿，骑着单车在篮球场中心快速兜圈儿，根本无视在篮球场上打球的其他人的安全，场上的所有人都十分紧张。然后他突然把车放倒在地上，冲向我放在场边的小拉车，拉起来就跑，我当时来不及反应，我迅速冲过去把他拦下，把车夺了回来。他似乎并不甘心失败又冲向我，我双手抓住小拉车，指向他，示意他要与我保持距离，不要靠我太近与我抢车。他突然从口袋里掏出一把宽大而漂亮的折迭刀，并且甩开、露出锋利的刀刃，怒目圆睁的对着我。显然他那个看上去十分"豪华的刀具"很可能也是偷来的，或者类似今天的情况，从小贩那里抢来的。

应该说他的身高祇到我的腰部略高一些，大概是一个只有2～3年级的"小学生"，由于生在美国，他的皮肤颜色虽然看起来并不太黑，但仍然是典型的大眼睛的黑人男孩、看上去"骨瘦如柴"。但是他的反应速度和灵活性绝对在我之上，这在他像一阵风一样骑着单车在篮球场上的打球人中间灵活穿行时就能反映出来。

这时候我想到的是"歌利亚"和"大卫"，我的身高和体型，与这个"骨瘦如柴"的小男孩儿的差别，可能比歌利亚和大卫之间的差别还要大。但他不但没有任何恐惧还持刀步步紧逼过来。很明显，他是那种"不怕死"甚至不知道什么叫死、对一切无所畏惧的人类种群的后代。我似乎不太可能像在东亚那样，靠威吓和恐吓来镇住他，而且我也不想成为另一个"歌利亚"，我甚至能够感觉到他手中的刀子随时会像大卫的投石器中的石子一样飞向我。而且他还没有到达承担法律责任的年龄，和他纠缠无论结果如何，最后吃亏的都是我。于是我只能用我的小车指着他"快速倒退"，然后转身离去。这就是我后来认定，大卫的"无所畏惧"和"灵活性"是与特定人种相关的。这个小男孩如果在古中东地区，他一定和年轻的"大卫"一样，是一个放羊的牧童。

白人习惯于把历史上所有成功的人士都形容成白人，这就是今天大家所钦佩的犹大国的创建者们和今天我们见到的 "大卫"的艺术形象。

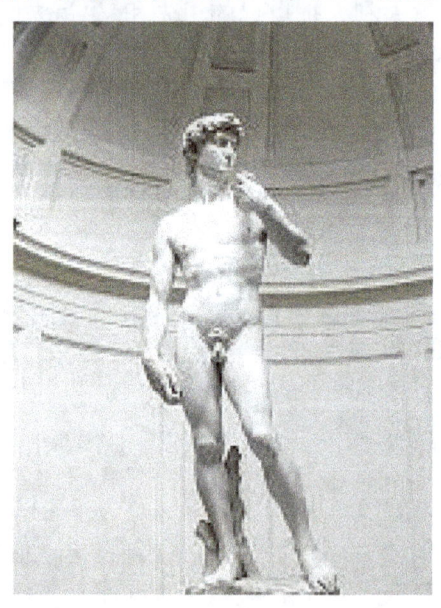

完全不像阿拉伯人的"中东"英雄大卫王，米开朗基罗雕塑，历史是任人打扮的小姑娘。

今天以阿拉伯人为主的不怕死的"现代大卫"们，仍然与以白人主导，今天换成以色列人的"现代歌利亚"进行殊死搏斗。不过今天中东地区人群不怕死的特征，更多的表现为"更为先进和决绝的""自杀式炸弹袭击"、驾着飞机撞世贸等行为。投石索这种武器，今天传统的中东族群仍然在使用，但只是在街头来对付以色列人，这是他们祖传的武器和绝技，不会轻易放弃。

古代遠程武器投石索制作方法，用這個可以打獵

对抗警察的示威者使用投石索

1:56 / 23:37　　　滚动浏览详情

下面是在克里特岛上表演"跳牛"的族群，他们看上去比人类祖先猿类的身体素质并没有多少退化，他们可以像猴子一样，把那些莽撞的公牛戏弄的团团转。这是大多数人类种群所根本无法做到的极为高难的动作，祗有在非洲中部，世代与牛群共生的族群才能够轻松的完成。

这是克里特岛上出土的"戏牛雕塑"的残部

中国网上有一个有名的视频，反映在非洲的一个坡度很大的山路上，骑着"28大杠"自行车的"奥德彪"们，上山时危险的扒在高速行驶的大卡车的后面，下山时载着几百斤的货物风驰电掣般的沿崎岖的山道飞驰而下，嘲笑他们很穷、感叹他们是"拿命在换钱"。孰不知，其实这些行为是在他们这一人种，敏捷的身体素质和极快的反应速度"掌控之中"的事儿。如果出现意外，即便从车上摔下来，他们最多也就是在地上打几个滚儿，然后就可以像敏捷的猿类一样"毫发无伤"的轻松的站起来，中国人根本无法理解。

　　我经常在篮球场上观察非洲裔中学生在打球，由于他们反应速度极快，所以许多动作是"超前的"，这样就显得他们动作幅度很大、很夸张，不是在打球，而是在"跳舞"或者"耍杂技"。运球时，球好像粘在他们的手上，身前、身后和裆下，过人时是"人先过而球后过"。在街上见到他们"端着胳膊"在走路时，也给在人跳舞的感觉，"鬼步舞"。

　　在美国没有汽车寸步难行，而且美国驾照本质上就是你的身份证。记得我在美国的纽约考取驾照的时候：虽然平时较少开车，但在十几年前在中国就拥有驾照的我，却在这里两次"路考"不过。关键是两次路考的考官都赶上"非裔考官"。他们的反应速度快得惊人，应该是完全没有退化的野生动物级别，他有一种超前的感知能力，他能在半个路口之前就能够判断出，在路口将要发生的事和应该采取的动作，特别是在交通繁忙的"纽约街头"，而我只能到了路口才开始判断。因此，在他们看来，我是一个反应迟钝的驾驶员，让我通过了路考，可能会"危害纽约的交通"。于是我跑到了美国南方的一个地广人稀、黑人较少的州，在那里遇到了一个白人女考官。在一个类似小县城的街道上，我警觉得注意着路边的每一个交通标志，每到一个路口我都规规矩矩的减速停车然后重新起步，最后在一个巨大的停车场上，用一个很大的漂亮转弯，将车一次性准确的停在指定的车位上，这时女考官歪头看了我一下，伸出了大拇指"good work"，于是我知道，我的美国驾照十拿九稳了。

　　总的来说，有些人种和族群离开非洲的时间很短，或者他们的国家就坐落在非洲的大门口，他们与野生动物相比（包括猿科动物），身体素质并没有多少下降。如果让中国普通人来做这些在他们眼里 "看似平常" 的事情，而对于中国人来说，无异于是 "找死"。

　　根据《圣经》：

创 15:18　　当那日，耶和华与亚伯兰立约，说，我已赐给你的后裔，从埃及河直到伯大河之地，

创 15:19　　就是基尼人，基尼洗人，甲摩尼人，

创 15:20　　赫人，比利洗人，利乏音人，

创 15:21　　亚摩利人，迦南人，革迦撒人，耶布斯人之地.

　　而对于外来的犹太人（希伯莱人）来说，虽然上帝赐给了他们这么多地，但这些地哪一块都不可能轻易到手，他们必须把那些土地上的，这么多人种都 "杀光"，至少也要把他们赶出家园，或者变成奴隶，不然他们都会拼死抗争到底，来捍卫自己祖传的家园。

　　其实，攻占人家 "家园" 的 "西泊来人"，其中包括许多来自北非和南阿拉伯沙漠地区的，相对野蛮和落后的 "含裔" 游牧民族。虽然他们有 "从埃及逃出来的相对有文化的 "喜克索斯人" 的帮助"，但他们的做法仍然显得非常残酷和残忍，不但强占了人家的家园，还屠杀了那里的无辜人民。应该说，后

来得到大部分他们想得到的领土之后，分裂成一群领头的士师和先知带领的族群的"北方的 10 个支派"，这应该才是真正的"以色列人"的特点和风格。

其实，以色列人一直就是一个，对于信仰比较开放的族群，不像阿拉伯人那样，对信仰如此疯狂。所以当南方犹大族在耗尽财力修圣殿的时候，北方的以色列人，已经准备与他们分道扬镳了。今天犹太人掌控的美国，就是一个主张信仰自由的联邦制国家。其实，今天世界上所有"政治民主"的发达国家，几乎百分之百是信仰自由的国家，而那些强调单一信仰的"政教合一"的神权制国家，也几乎都是经济落后、自己或周边地区战乱不断的国家。这已经说明单一的信仰和崇拜，是落后和有问题的。

应该说早期的阿拉伯人，就是从北非出来的"含"米特人，他们就是阿拉伯人的前身。

SOMALI MAN
SOMALI TRIBE
NORTHEAST AFRICA
WHITE STOCK

BERBER MAN
MOROCCO
NORTH AFRICA
WHITE STOCK

1 索马里人，含米特人种东含米特类型。 2 柏柏尔人，含米特人种西含米特类型。
3 撒哈拉人，西含米特类型。

但非利士人应该是典型的"南欧白人人种"，是"雅弗"的后代，说白了就是早期的希腊人。他们也不是典型的战斗民族，他们早期是正宗的在海上从商的民族。他们所从事的贸易包括，埃及和小亚细亚、两河流域地区，以及地中海岛屿，包括希腊和欧洲的贸易。他们在地中海东岸生存至少千年以上，应该算是那里的"原住民"。虽然他们没有自己的文字，但他们的生存方式是属于现代文明的一部分，后来欧洲的文字鼻祖，非尼基字母，就是在他们以北地区的相似人种中产生的。

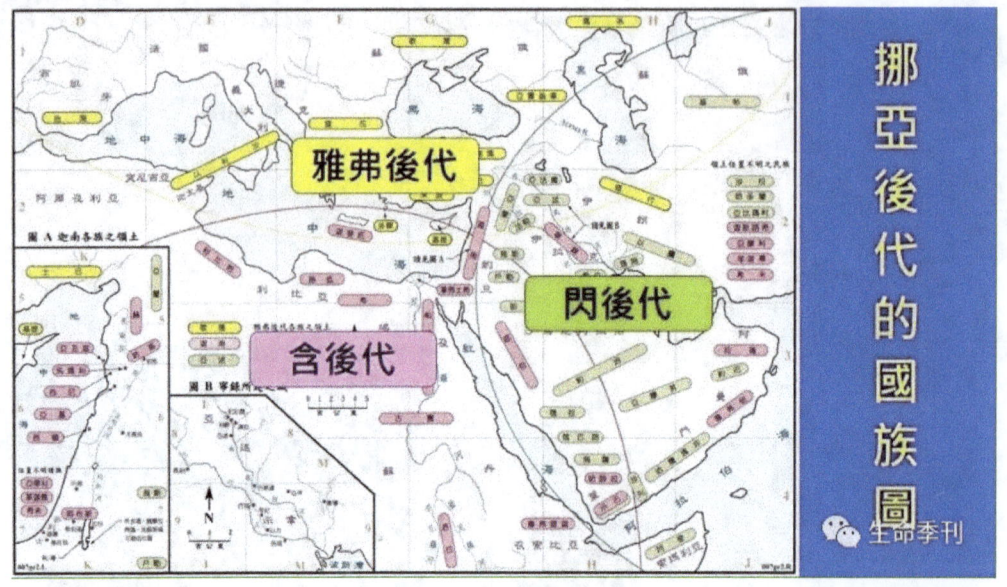

在上面这张图上，"雅弗和闪"与"含"的分界线，明显的把地中海东岸分成南北两半，南方就是含的后代（包括集权制的犹大国），北方就是"雅弗和闪"的后代（包括相对民主的以色列十个族裔的联邦制国家）。

根据 Nebel 研究表明，犹太人的基因更相似于美索不达米亚中北部族群：土耳其人、库尔德人和亚美尼亚人等，而不是阿拉伯人。

我们从地图上可以清楚的知道，后来南方的犹大国，是毗邻南边的阿拉伯半岛和西边的埃及的地区，是典型的非洲的大门口，那里非洲和阿拉伯血统的人的比例会非常高；而北方的十个支派的所在地（以色列国），更接近北方小亚细亚半岛，而那里早期是印欧血统的人群所在地，包括许多海上民族，他们更是典型的南欧人种。

早期犹太人明显的是胡须较少的黄、白混血族群。而早期的阿拉伯人应该更多的是大胡子的棕种人。犹太人早期应该是从小亚细亚半岛上迁徙而来的具有印欧血统的"哈兰"人为主。所以后来作为"外来人的"希伯来人，在家南地区强势原住民的挤压下，逐步开始向北面人口密度相对较低的地方（包括他们的老家哈兰方向）迁徙。亚兰语与希伯来语、古叙利亚语及腓尼基语关系最近，后来他们干脆分裂成南北两部分，实际上，真正的希伯来人大多在北方，即南方成为以阿拉伯人为主的犹大国；北方则形成以希伯来人为主的以色列国。

南部由扫罗、大卫、所罗门等强人统治，都带有明显的阿拉伯人的专制和集权统治特征，当然能够维持长久。据说扫罗身材高大像雪松，根本就不是典型的以色列人，而是典型的阿拉伯强人，这一点**撒母耳**在膏立扫罗王之前已经讲得很清楚，这是战争的需要，而且扫罗和他的儿子也尽职尽责的战死杀场。大卫有十几个老婆，所罗门更是有上千个老婆和妃子，这都是典型的男尊女卑的阿拉伯人的特征，在具有母系氏族传统的希伯来人当中应该是极为罕见的。希伯来人只是"利用他们去打仗"，来扩大自己的地盘。但他们早期打击的对象和强占人家的土地，更多的是非阿拉伯裔族群，包括"小亚细亚来的印欧人种和海上来的南欧白人族群"，以东、亚门等典型的早期迦南人和亚摩利人反而是他们的早期盟友；后期他们打击的对象反而是北方的"以色列人"、真正的希伯来人，而且这种阿拉伯人和犹太人的冲突从那时开始，一直沿续到今天都没有再停止过。应该说所罗门根本就不信犹太教，甚至可能是一个阿拉伯"多神"教徒。

赫的后代，含的子孙（创 10:6）。圣经里，赫在迦南的儿子中排名第二。（创 10:15）

亚伯拉罕迁到迦南地居住时，赫人（今天的阿拉伯人）已经住在那里。亚伯拉罕曾跟他们有过接触。在此之前，耶和华已经应许要把迦南地赐给亚伯拉罕的苗裔，当时有许多民族住在这地，赫人是其中之一。（创 15:18-21）不过，耶和华告诉亚伯拉罕，"亚摩利人［常常用来泛指迦南地的各民族］的罪过还没有满盈"。（创 15:16）因此，亚伯拉罕尊重赫人对迦南地的所有权。他妻子撒拉去世时，他向赫人琐辖的儿子以弗仑买了一块带山洞的地埋葬她。（创 23:1-20）

圣经说在约书亚的日子，"从旷野和这座黎巴嫩山起，直到幼发拉底大河，就是赫人的全地"。（书 1:4）看来赫人主要住在山区，包括黎巴嫩山，可能也包括叙利亚的一些地区。（民 13:29；书 11:3）

受挪亚咒诅，挪亚曾咒诅迦南，赫人是迦南的后代，所以也受到咒诅。后来以色列人征服他们，就应验了创世记 9:25-27 挪亚所说的话。赫人信奉异教，而且显然崇拜生殖器，就像迦南其他宗教一样。亚伯拉罕的孙子以扫娶了赫人女子为妻，使以扫的父母以撒和利百加"心里苦恼"。（创 26:34,35；27:46）

上帝谈到赫人和有关民族所住的地方时，形容那地是"流奶流蜜之地"。（出 3:8）但这些民族极度腐败，结果连所住的土地也玷污了。（利 18:25,27）上帝多次警告以色列人，不要跟这些民族同流合污，沾染堕落污秽的习俗。他列出很多不道德的行为，禁止以色列人做这些事，又说："你们不要因以上任何一件事而玷污自己。我快要从你们面前赶出去的列国［包括赫人］，就是因这一切事而玷污了自己"。（利 18:1-30）

　　下令毁灭，上帝说，有七个国族应当灭绝，赫人是其中之一。圣经说这些国族人数比以色列人多，势力比他们大。因此，当时这七个国族的人口必定超过三百万。（申7:1,2）赫人住在山上的堡垒中，是令人生畏的强敌。他们仇视以色列人，听说以色列人渡过约旦河并毁灭了耶利哥城和艾城，就联合迦南其他国族，跟约书亚率领的以色列人交战。（书9:1,2；24:11）因此，以色列人本该毁灭赫人的城，把所有居民都灭尽，免得以色列人对上帝的忠贞被他们破坏，招惹上帝的不悦。（申20:16-18）但以色列人没有完全执行上帝的命令。约书亚去世后，他们不听上帝的话，没有灭尽迦南地那些国族，结果留下来的人就成为打在以色列肋旁的荆棘，不断扰害他们。（民33:55,56）

　　后期历史 由于以色列人没有听从上帝的吩咐，没有彻底消灭迦南各国各族，上帝就宣告："所以我又说：'我必不把他们从你们面前赶走，他们必成为你们的网罗，他们的神也必成为你们的诱饵。'"（士2:3）看来，留在以色列人当中的迦南人受到宽容，个别人甚至有崇高的地位，身居要职。另外，在迦南各族中，看来只有赫人仍是个有实力的强国。（王上10:29；王下7:6）

　　有两个赫人在大卫军中当兵，也许是军官。他们是亚希米勒和乌利亚。乌利亚热心帮助以色列人战胜仇敌，也遵守律法。大卫跟乌利亚的妻子拔示巴通奸，之后还把乌利亚送到危险的前线，使他阵亡。由于这件事，大卫被上帝惩罚。（撒上26:6；撒下11:3,4,11,15-17；12:9-12）

　　所罗门王征召赫人做奴隶，服劳役。（代下8:7,8）他娶了很多外邦妻妾，其中有些是赫人女子。这些外邦妻妾诱使所罗门离弃耶和华他的上帝。（王上11:1-6）圣经表示，直到以色列王约兰在位时（约公元前917-前905），赫人还有君王，也有作战能力。（王下7:6）然而，后来叙利亚人、亚述人和巴比伦人相继征服迦南地，赫人的势力看来就被摧毁了。

　　撒母耳记下 12:9

　　所罗门王就与摩押及亚扪女子通婚，也引领以色列人敬拜亚扪人的偶像米勒公。米勒公又叫摩洛，是古代中东各地所崇奉的假神，信徒用火烧自己的孩子当作祭物献上。

　　所罗门王在法老的女儿之外，又宠爱许多外邦女子，就是摩押女子、亚扪女子、以东女子、西顿女子、赫人女子。论到这些国的人，耶和华曾吩咐以色列人说："你们不可跟他们通婚，他们也不可跟你们在一起，因为他们一定会诱惑你们的心去随从他们的神明。"所罗门却为了爱，紧紧跟从他们。所罗门娶七百个公主，三百个妃嫔。这些妻妾诱惑他的心。所罗门年老的时候，他的妻妾诱惑他的心去随从别神，不像他父亲大卫以纯正的心顺服耶和华—他的神。所罗门随从西顿人的女神亚斯她录和亚扪人可憎的米勒公。

尼希米记 4:7-8

这些事完成以后，众领袖来接近我，说："以色列百姓、祭司和利未人没有弃绝迦南人、赫人、比利洗人、耶布斯人、亚扪人、摩押人、埃及人和亚摩利人等列邦民族所行可憎的事。因他们为自己和儿子娶了这些外邦女子，以致圣洁的种籽和列邦民族混杂，而且领袖和官长在这事上是罪魁。"

上述这些所谓的"强者"一旦手里有了权利，也像今天有钱的阿拉伯人修建世界第一高楼一样，在当时人口和地域都非常狭小的以色列，不故条件的大兴土木，修建所谓的"第一圣殿"，这反映出阿拉伯人对信仰和崇拜是非常疯狂的，就像今天麦加每年的朝拜活动一样。但对于"今天的犹太人"来说，那座"圣殿"的残骸记载着他们的血汗和泪水，就是他们的一堵"哭墙"。中国人非常骄傲的，但在中国军事历史上，从来没有发挥任何作用的"长城"，其实也只是中国人专制历史上的一堵墙哭，著名的历史故事"孟姜女哭长城"，说的就是这件事，那个看似坚固的高墙，原来是被女人的泪水所哭倒的！

sipaphoto.com 版权作品 请勿转载

今天重返阿拉伯领土的以色列人，应该是犹太人历史上最强大的时期，但没有人愿意修复第一圣殿，来表现犹太人在世界历史上曾经的辉煌，虽然这对于今天的工程技术和今天具备强大实力的以色列人来说，可能只是一个普通的工程而已。

对于讲究"生前实惠"、"非常现实"的中国本土人来说，更是很少花费巨大的人力和物力去修建坟墓的。凡是花巨大精力去修建陵墓的大多是外来殖民者，或者是他们的后代混血人群，他们才不在乎中国人的辛苦和死活的。中国许多古代建筑都是北方地广人稀的草原上的游牧民族，入关成为殖民者之后为他们自己修建的奢华的宫殿、休闲后花园和陵墓。作为中国历史上最大工程的所谓"万里长城"，当初修建它就是为了挡住这些北方草原上骑马的游牧民族的。那些专制统治者，一拍脑门儿就修了，"虽然我可能打不过你，但我会用辛苦和努力来建"墙"来挡住你。"尽管这堵墙不太实用。

在之后的几百年里，这个国家一直分为两个部分：南方的以阿拉伯人为主的犹太王国，一直由大卫的后代进行严厉的专治统治，这关乎到家族和利集团的利益当然长久；北部的以色列王国，由于希伯来人的特性，一直忠实实行有明显民主和议会特性的"士师"与"祭司"体制，其政局一直不太稳定，每一、两代人就会换一位新的领导者来掌权。

实际上，白人在历史上一直就是一个相对弱势和比较文雅的人群。从"非利士人"被阿拉伯人用石器时代的武器"轻易打败"和击杀，就已经就说明了这个问题。早期的南欧白人，从他们黑色的头发和卷曲程度来看，他们更多或者本质上是白、黄混血人种（是欧洲早期以家庭为单位的游猎族裔，与以东方人为主的母系氏族，在小亚细亚半岛上相遇并连姻的结果。）。他们之所以可以在世界历史上相对比较短暂的一些时间里，称霸甚至殖民中东和北非地区，例如罗马帝国短暂的强盛时期，他们主要靠领先的铁制兵器和铁甲技术，以及先进的战术。这些先进的技术和战术，一旦被中东的阿拉伯人和古波斯人掌握，欧洲白人就再也打不赢他们，只能节节败退，甚至一度被人家统治。就像身材高大的"歌利亚"，打不过身材矮小的"古迦南人""大卫"一样。

而且今天的南欧地区的人种，与欧州中、西部的人种明显不一样，很明显，他们的基因被阿拉伯人和古波斯人的基因覆盖过一遍。而且这些有中东血统的欧洲白人，更加高大强悍，即"他们的后代变成了巨人族"。

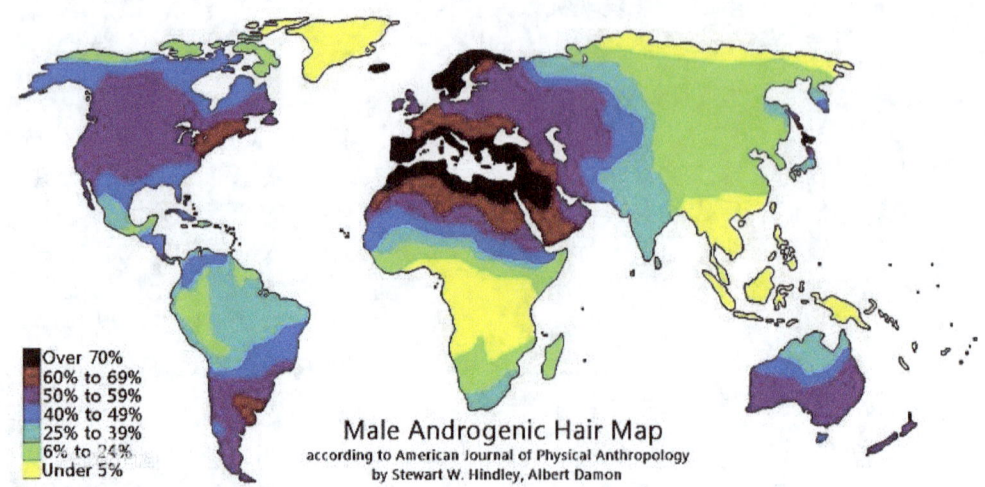

Male Androgenic Hair Map
according to American Journal of Physical Anthropology
by Stewart W. Hindley, Albert Damon

世界男性体毛分布图（其中颜色越深，男性大络腮胡须的人占总人口的比例越高）

前面曾提到过的这张图，标注的美洲地区的大胡子人种，实际上是大航海之后才迁徙过去的，早期应该也是黄色和绿色区域。实际上，不光是男性大络腮胡须的人在中东和地中海沿岸高频，离开那一地区越远频率越低、逐步递减。男性外表凶悍，身材高大，最初也是在那一地区高频，离开那一地区越远逐步递减。到亚洲东部的中国人和日本古人已经越来越矮了，最典型的就是古代人类社会迁徙的尽头、中南美洲的古人身材就非常矮小（如今天的墨西哥土著）。说明长期缺少战争的和平、封闭环境，会使人群进化趋向于"面部形象和善、身材矮小"。

中东和地中海沿岸男性外表凶悍、有狮子般的大络腮胡须和身材高大的人种高频，说明那一地区几千年来战乱不断、和平年代极少、人群之间长期厮杀，进行高强度的淘汰，使得性格懦弱的人种在那一地区完全消失，留在那里的都是被那里的残酷、过度竞争的环境所"优选"下来的，人类社会中最不怕死的"战斗民族"。

实际上，罗马帝国之所以影响巨大，并不完全在于他们的军队能打胜仗，而更多的是他们的文化传播，就像今天白人在全世界所做的那样；罗马帝国对后世人的影响在于，在中东地区，到处都能够见到的由"巨石"兴建的罗马竞技场和由许多巨型"罗马立柱"组成的神殿和庙宇废墟。另外，罗马帝国今天之所以有这么大的影响，还有就是今天占主导地位的欧洲人把它吹出来的。

直到今天，美国人在中东所进行的战争，也完全是靠具有压倒优势的，绝对先进的武器装备和实力，但仍然把几场战争都打成了"烂尾工程"。如果双方技术和实力相当，美国人必败无疑，甚至整个欧洲白人都会被斩尽杀绝。所以世界上没有哪个国家敢援助或支持阿拉伯和中东人发展经济，这无异于去"捅马蜂窝"。

今天阿拉伯地区的国家，过着与三四千年前统治苏美尔人时期一样的豪华而阔绰的生活，他们今天更多的因为苏美尔人离开了，他们可以独享那里"苏美尔人留下的自然资源"（苏美尔人时期就已经多到，流到地表来的"石油"资源），按照中国人的说法，这叫做"傻人有傻福"。应该是因为人种特性，中东地区几千年来战乱不断，那一地区今天仍然是"人类的绞肉机"，从今天看，今后的一段时间内也不会有太大的改变。自认为非常强大的欧洲人，在历史上很少敢到就在家门口的中东地区去殖民，包括今天的世界头号强国美国人，想到那里去"维持秩序"，而在那里却一直是焦头烂额。

3.4、史上所有残酷血腥的统治都是统治者智商过低造成的

在全球化已经遍布世界各个角落的今天，不同国家和人种现代化的差异，基本上已经在很大程度上说明了，不同人种在不同地点产生的进化上的差异。例如，非洲除了埃及以外的大部分国家普遍比较落后，成了全世界每年救助的对象，其实这已经说明世界不同地区和人类种群的进化是有差别的，而且还说明早期埃及辉煌的历史，应该不是本地人所创造的。中东地区几千年以来战乱不断，而那里是外形凶猛的大胡子人种高度聚集的地方，已经说明了，那里永无休止的战乱和特定的人种有相关性。

在闪的后代犹太人看来，"含"不是上帝典选的人群，这些人的身体素质比较强壮，而思维方式过于简单，情绪又不稳定、比较难以控制。他们更适合在原始状态下过无忧无虑的狩猎或游牧生活，如果让他们接触先进事物开始壮大，他们就会成为强人，进入弱势人种的区域，不用过多付出，就能享受那里的富足。在原始状态下，他们反而更适合做，到处打打杀杀的殖民者、或者集权统治者。而他们的智商决定他们只能采取集权暴力的统治方式。就像当初"亚摩利人"进入两河流域后，造成苏美尔人的灭亡和那里的长期动乱（今天与苏美尔人相关的人种，应该记取这个教训。），而今天阿拉伯人相对于非洲人较白的皮肤，就是通过早期强占苏美尔人的女人而被洗白的。

在非洲和亚洲中间，有一片叫作阿拉伯的大沙漠。4000年以前，一个被叫作"塞姆族"的"含"裔游牧民族为了寻找水草，赶着他们的羊群在这片沙漠中到处寻找牧场。在大沙漠的北方，有一块特别富饶的土地。它的形状像一弯

新月，被称为"新月形沃土"。每当塞姆人赶着牛羊来到这里的时候，当地人便把他们赶走。但他们把这里看作天堂，他们特别想在这里放牧生活。他们对当地人发动了无数次进攻，经过多次失败，最后，他们终于占了这个地区。而且那一地区，从此战乱不断，一直到今天，根本无药可医。

自称"阿摩利人之王"的汉谟拉比制定的《汉谟拉比法典》完全由书吏，用阿卡德语的楔形文字刻写在石碑上，说明他们根本没有自己的成熟语言和文字，几乎完全模仿苏美尔人的《乌尔纳姆法典》并受到了苏美尔法律及两河流域其他各国法律的影响。

但在这部所谓的"法典"中，硬要加进一些古代阿摩利人（周人把他们像抓猴子一样抓来提供给商人做人牲的"羌人"）低智商且弱智的古代阿拉伯半岛族群习惯的落后观念，例如它采用"同态复仇法"即"以眼还眼，以牙还牙"（第196和200条）的方式来解决上层自由民之间的纠纷，造成许多伤残甚至死亡。以今天的标准看来，好像"猴群内部的法律"，太残酷、且思维方式过于简单。法典宣扬"君权神授"，法典还规定：奴隶可以买卖，可用来抵债；如果奴隶胆敢对主人说"你不是我的主人"，他的耳朵就要被割掉……。但尽管如此，该法典在历史上仍然对外型凶猛、但智商普遍偏低的中东地区多数人种有着重要的影响和约束力，说明那是符合那一地区人种的思维方式的，中东地区历代帝王仍不时提到它，以它作为榜样。今天中国人的日常用语"以眼还眼，以牙还牙"，大概就是出自远古时期中国人的"祖先""黄帝"的《汉谟拉比法典》。汉穆拉比还是在人类历史上最早，真正建立了中央集权的"集权专制"体制的君王。国王独揽政治、军事、外交、司法和宗教等权力，直接任命中央和地方官吏。

美国国会大厦众议院会客厅汉谟拉比大理石浅浮雕　　　　典型的"羌人"

现代西方，有些观点比较极端的学者就认为：对于除埃及以外的非洲的"现状"，只能去"救济"，不能盲目的进行投资和支持他们发展壮大，不能拔苗助长，如果非洲崛起了，无异于是"捅马蜂窝"，给人类自己找麻烦，可能会造成第二个"千年动乱的中东"。

我的第一本书曾经提到：

英国伟大的经济学家、牧师和教授马尔萨斯于1798年所创立的关于人口增加与食物增加速度相对比的一种"人口理论"，其主要论点和结论为：生活资料按算术级数增加，而人口是按几何级数增长的，因此生活资料的增加赶不上人口的增长是自然的、永恒的规律，只有通过饥饿、繁重的劳动、限制结婚以及战争等手段来消灭社会「下层」，才能削弱这个规律的作用。

虽然今天避孕技术的高度发展，人口按几何级数增长的规律已经被打破。但在古代没有任何避孕措施，只要丈夫一生中，一直与老婆在一起睡觉，老婆就只能一辈子都在不断的怀孕生子。再加上欧洲人早期实行一夫多妻制，这样3～4个老婆至少有20几个儿子，就会有400个孙子、8000个重孙子，成几何级数高速增长。正如《圣经》中提到的几乎所有早期"人名"，后来都变成了"地名"或者"族群"的名称。其实这不要多久，大概五、六代人就可以把一个"名人"变成一个几万人的族群，这几万人所占据的地盘，就可以用这个人的名字来命名了。虽然今天的技术已经没有必要采用马尔萨斯提出的"限制婚姻"来限制人口，但是中国人还是不得不采用"计划生育"的方式来限制人口防止饥荒，这说明马尔萨斯理论的预见性还是很强的。

话说回来，应该说非洲，甚至包括中东地区，那里的发展低于世界平均水平，防止了那里的人口过度扩张，反而是适合那里特定人种的经济发展状态的正常现象，对于世界反而是安全的（比较容易控制），特别是不能让那里的人自己拥有"核武器"（这就是美国人和国际社会一直在努力做的事）。例如，近代中东地区发现了大量的石油，那里的人开始富裕和有钱了，结果反而造成新一轮的战乱，给世界和平带来极大威胁。

中东地区的经济发展，远远早于世界其他地区，甚至早于欧洲，而且那里还是古代欧洲、亚洲和非洲之间的重要商道。但相对开放的"中世纪"以来，那里一直是相对贫穷和落后的地区，特别是世界历史上一直领先强大和繁荣的埃及以及非洲地区，在近代历史上却没有成为，世界科技中心，直到今天仍然如此，而且非洲远落后世界其他地区，这已经说明今天那里大多数人类种群的智商和创造性是有缺陷的。

实际上，历史上较长时间统治欧、亚、非三大陆交界处的一直就是"中东大胡子及伊斯兰教不怕死的强势人种"自己。后来大航海时期，欧洲人到全世界去殖民，都是去殖民那些十分原始落后和荒凉的弱势人群和地区，例如印度和南美地区，他们凭借的还是先进的科技而不是野蛮残酷的战争，他们很少敢触碰中东等地区那些强势人种的地盘，不敢到那里去殖民，到那里去殖民就意味着永无休止的战争，那些地区是"人类的绞肉机"，那里的人群是专为适应

"长期圣战"而进化出来的人群。看来欧洲白人也是典型的"欺软怕硬的民族"。没有哪个国家敢支持那一地区的经济发展，那一地区的某个国家如果强盛了，一定会给整个世界和平带来灾难性的后果。

其实早期的"中东石油"，就是忘本的欧洲人帮助阿拉伯人开采出来的，还想在那个地方"赚大钱"，结果被当作奴工一样的使用。自从中东地区因为石油有了钱，他们就开始支持各自的派别去"圣战"，结果把世界大国（当时的世界两强是美、苏两国）甚至欧洲都搅进去，差点儿爆发第三次世界大战，而且从此搞得整个世界都不安宁。

从大胡子人种的外貌特征来看，其实他们更接近于"棕种人"。那些大胡子人种聚集的地区，他们是那一地区几千年战乱环境淘汰和优选下来的人种，他们的"战斗欲望"是写入基因的，大胡子高频的人种是具有狮子一样性格和外貌的战斗民族，他们也是这样自我标榜和对外宣传的。实际上，凡是能跟狮子打交道的人群，早期都是起源自非洲，起码是来自阿拉伯半岛。

即便是出生在欧洲的马克思，（他也是典型的大胡子人种）应该说他在辩证法等哲学研究方面，以及资本的基本原理方面有着扎实的理论根基，但他一进入社会学，就显的多少有些形而上。他创立的 "共产主义的理想世界"，有些过于完美，也许与大胡子人种聚集地区伊斯兰教的传统观念和过于理想化的思维方式有关。他把未来的人类社会，定位在 "人和人之间像"神仙一样"绝对平等，并强调他的理想，"祇有通过暴力革命，消灭世界一切现有社会秩序才能够实现（类似"圣战"）"。而大多数伊斯兰教也强调他的信仰是"完全排他性的", 不与其他信仰兼容, 显得有些过于"清真"和伊斯兰化, 导致中东地区各教派信仰无法共存、长期混战的现状。

虽然到今天为止, 我们都无法判定, 过于完美及理想化和追求绝对公平, 是不是马克思主义的缺点? 但马克思给人类未来指明的, 人类社会发展和社会公平的大方向, 类似耶稣基督对人类道德观念的约束那样, 应该是无可指责的; 例如"各尽所能, 按需分配"的理想社会; 有理想和追求、对未来充满憧憬的人类社会, 是积极向上的社会, 尽管那可能更是一个永恒的、可以无限趋近的"目标"而已。

俄罗斯人之所以好战和彪悍, 被称为"战斗民族", 很大程度上是受北亚棕种人, 古C系人种基因的长期、反复覆盖的影响。当初成吉思汗之所以能够统治半个地球, 包括俄罗斯和一部分欧洲地区, 都是北亚古C系人种基因的作用、他们相对野蛮的生活习惯和文化所造成的。世界历史上较典型的, 比较残忍的帝国都是由这些相对古老和原始的人群组成, 这就是从两河流域的亚述帝国→中国的商帝国→横跨欧亚的蒙古帝国。

根据我上一本书的内容有:

下面是近代类波斯人种与棕种人的比较(上图); 日本原住民阿伊努人与棕种人的比较(下图)。单从外形上看, 他们应该都是同宗的, 这些应该就是早期两河流苏美尔人所面临的东夷地区各族裔和人种。

典型的棕种人

而古代刚刚走出非洲的阿拉伯人，实际上是早期通过也门的路桥进入阿拉伯半岛的，更接近北非黑人的人种，其中就包括棕种人。

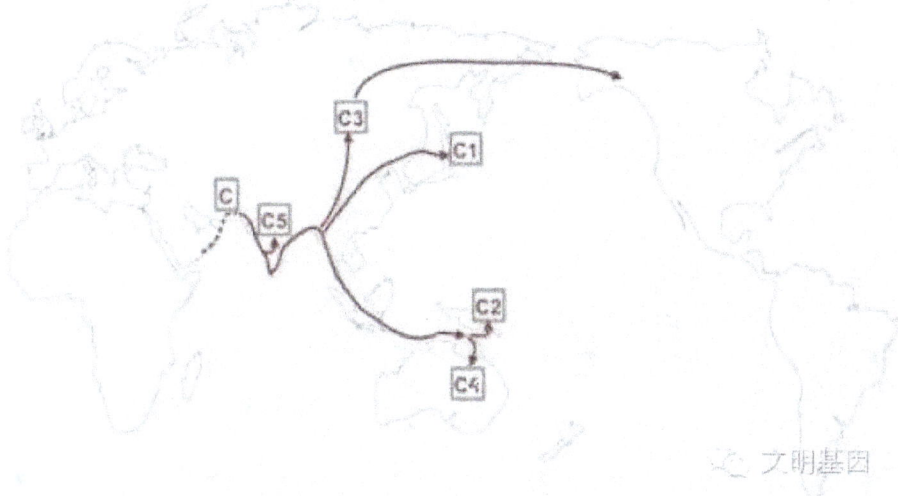

其实，阿拉伯半岛是早期离开非洲的"棕种人"，最早的定居地，向南去澳大利亚和太平洋岛屿也是从这里出发的。他们有的族群直接从这里向北沿地中海东岸直接迁到的两河流域上游的山区和更东面的中亚草原，这就是早期"亚述人"和中、北亚的C系族群（包括匈奴和蒙古人）。但更多的C系族群在阿拉伯半岛上，与北非出来的黑人、与两河流域的早期黄种人、与从小亚细亚半岛上下来的讲印欧语的高加索人混血，成为不同类型的阿拉伯人和早期的迦南人，虽然他们的父系基因已经完全变了，但都还在一定程度上保留了C系人种的残忍和相对比较懒惰的特性。最典型的也许就是早期统治两河流域中、下游的亚摩利人和长期统治两河流域中、上游的亚述人。

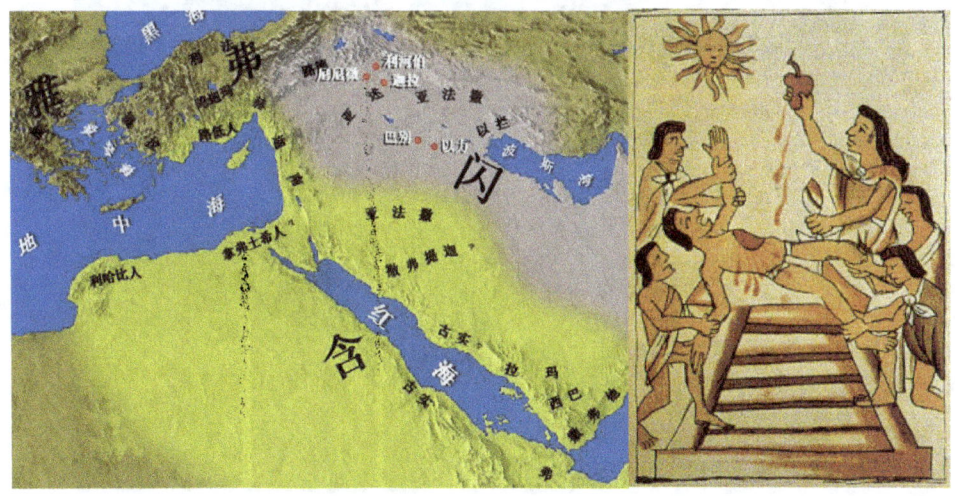

　　从上面忠实反应亚述君王的浮雕我们不难看出，他们的面部充满了卷曲的毛发、与头上的羊毛卷发连成一片，说明他们是典型的原始棕种人，是像猴子一样浑身长毛儿、仅仅露出眼睛和鼻子，在古代他们的皮肤一定非常黑，是那种还没有完全脱离野生动物生存方式，靠完全没有退化的动物野性，对脱离野生环境时间过长、身体素质退化过多的"弱势人群"进行统治的。

其实今天的阿拉伯人，还保持着当初吉尔伽美什和亚述人统治苏美尔人时的传统习惯，在身边带着一个小狮子当宠物，甚至放在汽车的副驾驶座位上。

根据《山海经》大荒北经第十七：

大荒之中有山，名曰融父山，顺水入焉。有人，名曰犬戎。黄帝生苗龙，苗龙生融吾，融吾生弄明，弄明生白犬，白犬有牝牡，是为犬戎，肉食。有赤兽，马状，无首，名曰戎宣王尸。

在这里说明一下：中国历史上的黄帝就是阿摩利人汉谟拉比（犬戎之子），"肉食"就是游牧民族。

而古代游牧部落的特征是，除了喝牛羊的奶和食用奶制品之外，他们还直接在牛羊的脖子上扎洞，直接喝或吸允"鲜血"，他们认为那才是真正的大补。而且因为古代没有冷藏设备，他们需要经常，也许隔天就必须宰杀鲜活的牛羊为食，并需要剥皮割肉和取出所有内脏，他们已经习惯了每天面对血腥的场面。再加上当时的人类是刚刚开始脱离在野外像野生动物一样的生存方式，进入初步和有限的文明，身上写在基因里的野性，还没有完全退化。

我在这里主要指的是进化上稍微迟缓的以早期C系棕种人为主的族群，由于他们的智商偏低，但他们脸上丰满的胡须，说明他们与狮子有着相同的进化趋势，内心的野性和身体的灵活性也退化较少。早期他们如果转化成农民或各种工匠，几乎是养不活自己的，祇有做职业殖民者是不需要智商的。在强者为王的人类古代社会，只要你有"足够恐怖和血腥手段，殖民一个相对弱势的民族，你是有"正当性"和"合法性"的。

从另一方面，我们也可以清楚的认识到，暴力和愚昧曾经统治我们这个世界。例如，今天世界上越是男性外形凶猛的族群，特别是大胡子人种，这些族群的女性反而长得更漂亮，说明他们早期曾经是到处奸淫抢掠、欺男霸女的民族，另外也说明女姓是喜欢外形凶猛的男性的，这似乎还停留在远古时期，所有雌性动物对雄性的选择标准上。

这些智商偏低但外形凶猛的游牧族群，一旦成为"职业的殖民者"，把这些血腥的手段，习惯性的应用到自己所仇恨的"敌人"身上，以及用类似对待动物的方式，来对待那些不服管制的，比他们智商高的被殖民人群，就变得十分恐怖。

例如，他们可以轻松的把，阻碍他们成为职业殖民者的"敌人"进行残忍的"活剥人皮"，也可以把他们的头割下来，内脏挖取出来，放在火上烤，或者放在锅里煮熟了吃掉。他们当时并没有认为，每一天对牲畜做的事，应用到自己的同类身上，在道德上有什么不同？因为人类的道德标准当时还没有完全建立起来。他们对待圈养的牲畜，反而没有"刻骨铭心"的仇恨；他们也不会意识到，他们以前放牧牛羊的职业，与今天管理大批奴隶作为职业殖民者，除了生活更好、更舒适以外，还有什么不同？

这些C系的棕种人很早就到达了澳大利亚，由于人种进化相对迟缓，导致他们在澳大利亚极为封闭、"和平"的环境中呆了可能"几万年"，是人类历史上最长久的"伊甸园"，但仍然没有多少进步，甚至都没有能够创造出另外一个"古埃及"。直到最近两三百年前发现他们的时候，他们还过着旧石器时代的"野人"生活，身上还保留着动物的野性，有些地方甚至还保留着猎杀同类作为食物的习惯。而早期他们当中的一个分支，通过也门的"陆桥"离开非洲后，是向北迁徙到阿拉伯半岛和两河流域地区的。虽然他们智商不高，但是他们的身体素质像野生动物一样，几乎完全没有退化。

在人类文明早期的丛林时代，他们在两河流域地区遇到了身材矮小但智商较高的，在沼泽中从事农耕生活的现代人这一支（直头发的黄种人）。他们发挥体力和野性的优势，用恐怖和杀戮的手段，把由于智商过度发展导致身体素质退化过快、身材矮小的现代人这一支，像他们捕杀和驯养的牲畜一样作为奴隶控制起来，这样他们反而过起了作为"殖民者"和"人上人"的现代生活，因为在古代做统治阶级是最不需要智商的。在那个早期的丛林社会时期，他们只需要做到，在最短的时间里扑过去，杀死反对自己的对手或人群，这就是那个凶猛的低智商人群，高高在上统治比他们智商高的多的弱势人群的合法性。

　　人们无法理解，苏美人之后的两河流域历史，为什么那么血腥和残暴，其实在那个"丛林"时代，暴力就是权力、权力就是利益，人们像追求利益那样去追求暴力。只有智商低、身体强壮、反应快，有像大猩猩那样的身体素质，才具有统治的合法性，而高智商的人只配给人家当奴才。

　　为了弥补，由于智商过低，无法对事物作出正确的判断的致命缺陷，他们只能采用"祭祀"的方式，让"老天"来决定。这是对于人类文明和生命的一种漠视。最典型的例子：应该是以C系人种为主的，残忍的"亚述帝国"，从中东地区的历史记载和迁到中国的商朝的墓穴来看，他们还保持着动物一样"吃人"的野蛮习惯，及采用大批活人殉葬的残酷观念。无论他们是在澳大利亚做"野人"，还是在两河流域做"帝王"和统治者，他们的本性并没有根本的差别，都是低智商的战斗民族，这本质上还是进化迟缓所导致的。

　　世界上早期所有最残酷的集权统治历史，都是由智商进化偏低，但作为野生动物的身体素质退化较少的人种，对智商较高，但身体素质退化较多的人种的统治，并使这一制度不断完善成为一种法权延续到今天。因为这些统治者基于他们的智商，所作出的"任何决定"，相对于他被他们统治的、高智商的人群来说，都是错误的，都是没有合法性的。所以他们只能靠血腥的强制命令，来推行可能还多少符合他们自身利益的"错误决定"。或者干脆不做任何决定，通过"掷骰子"的方式由老天来决定，这就是中国古代低智商的"商人"应该就是典型的"棕种人"做的事。虽然体能强大、反应迅速不亚于猴子、能打仗，但他们的智商低到，只能通过占卜来决定一切事物，包括他们手握的生杀大权。

实际上，那个时代的"占卜师"，本质上就是所谓的"谋士"和"行政挡案保管或抄写员"，甚至还兼做翻译，是"被统治"的人群当中，愿意替统治者出谋划策的人，他们的名声都不太好，中国人管这些人叫"汉奸"。"占卜"的"结果"是由他们来解释给这些弱智的统治者的，他们必须"揣摩圣意"，猜出这些"低智商"的统治者的想法，然后"替他们"说出来。如果猜的不对，就可能有生命之危，因为他们也担心自己猜的不准，于是只能用"吉"即或者"不吉"来暗示给统治者。虽然可能猜对了，然后执行下去，可这些决定多数都是错误的，但没关系，因为这些错误的决定已经由"占卜"过程转化为"天意"了。

塵封夢魘

在河南安陽殷墟，一個世紀以來，考古學者在這裏發掘出了數量驚人的被殘殺的屍骸，一起出土的甲骨文顯示，他們死於商人血腥的祭祀典禮。累累骸骨告訴世人：這裏掩埋了被忘却的血腥文明，夢魘般恐怖而悠長的歲月。

在殷墟一座宮殿旁邊，發掘出一百多座殺人祭祀坑，被殺人骨近六百具。這些屍骨大都身、首分離，是砍頭之後被亂扔到坑裏。兩個坑內還埋著十七具慘死的幼童。這座宮殿奠基時也伴隨著殺人祭祀：所有的柱子下面都夯築了一具屍骨；大門則建造在十五個人的遺骨之上，其中三人只有頭顱。

▲1930 年代殷墟發掘時的照片

商王陵墓區有一座人祭場，比操場大兩倍以上，出土近 3500 具人骨，分別埋在九百多個祭祀坑中。屍骸很多身首異處，有些坑中只埋頭骨，或者只埋身軀，甚至是在掙扎中被掩埋的活人。王陵區之外也有人祭現場。比如後崗一座坑內，埋著 73 具被殺者的骨骸，大都是 20 歲以下的男性青少年，甚至有十多具幼兒的屍骨。商人文化所到之處，如河南偃師、鄭州的商代早期遺址，甚至東南到江蘇銅山，也都有大型人祭場的遺址。

由於他們智商的關係，他們也只能采取最血腥和殘酷的手段來壓服被他統治"但實際上根本看不起他們"的人群。

直到今天，世界上少數地區殘存的專制統治者，仍然在做同樣的事，越是血腥殘酷的統治者，說明他的智商越低、永遠也做不對事、無法得到老百姓的擁護和認可，就只能靠殺人來維持統治，而且這種統治往往相當穩固和持久，很難從內部被推翻，多數都只能從外部推翻，最後反而造成更多的人間災難。

高智商的人群一定具有更先進的文化，他們對低智商的人群進行統治時，是沒有必要采用血腥的高壓手段的。他們做出的任何決定，都更有科學性，對於低智商的人群來說，都是一種福利和正確引導。例如發展較快的歐洲人的東印度公司對印度的早期殖民、歐洲人對南非的統治、對澳洲的統治、在舊中國對上海、香港和澳門的統治。都把先進的文化帶給那裡的民眾。甚至把，有可能妨礙他們統治權威性的"自由民主"的觀念也帶給那裡的百姓。

早期，一些自以為聰明的白人，把當時非洲一些地區極為原始落後的黑人部落，像猴子一樣的運到美國，在白人農場裡做所謂的"奴工"，其實他們的勞動強度比今天許多亞洲的農民還要低得多，只是因為這些人比較懶，不得不采取強迫的方式，才使他們學會干活和自食其力的生活方式而已。而他們的後代，今天的美國黑人，在全世界有色人種當中，是地位最高的。他們的勞動時間之短、收入之高、政治和民主自由權利之完善，是全世界大多數發展中國家的民眾所無法相比的，甚至令許多發展中國家的白領階層都羨慕不已，更別說原來他們的老家"非洲"落後的國家中的民眾了，這就是典型的智商高的人，對智商低的人的統治方式的。在美國大學裡，黑人的錄取分數線也是遠低於"自以為聰明的華人"的，甚至大大低於白人自己的錄取分數線。

在中國開豪車的大多是有錢人，在美國卻正相反。在美國的大街上，當你聽到一公里之外都能夠聽到的大馬力汽車、或者是跑車嚎叫而過時，坐在車裡的駕駛員大多是黑人，而且你經常還可以再百米之外就感覺到他們車上裝備的音響的重低音，震撼你的心臟。你甚至經常可以見到，他們騎著 "比賽用"大輪摩托車，"後輪單輪著地"嚎叫著在鬧市街頭疾馳而過。他們的日常生活，在其他人種來看，就是在演雜技和炫耀他們的反應速度和身體的靈活性，這在远古时代，就是"执政的合法性"。由于他们的反应极快，他们反而很少出交通事故，街上的公交大巴的司机，大多也是有黑人血统的司机驾驶。

3.5、上帝在不同地点创造不同人类族群
最好不要轻易改变

　　美国的许多城市都存在大量的，睡在街边或者是在街边搭帐篷的流浪汉，特别是黑人较多的城市。有人说这是美国的制度的问题，特别是这种小政府，弱管制体制所造成的。其实美国的问题本质上还是，不同人种无法和谐相处的问题，欧美国家比许多亚洲国家更"左倾"，也是由于这"低端"的人口众多所决定的。我在美国从来没有见过亚洲人沿街乞讨，说白了就是当初各种殖民非洲的殖民者，留下的后患，给世界捅的娄子。那些非洲裔族群，天生就不适合劳动，他们吃饱了以后，游荡在大街上，这反而与他们早年在非洲的生活状态非常相似，这其实是上帝创造他们的本意。非洲早年是一个野生动物遍地、食物来源非常容易的地方，在那里生存的人类至少近几万年，不用作出太多的付出，就可以得到高营养价值的食物，而现代人类的进化往往需要艰苦的环境才能够形成。所以留在非洲的人群比起先期走出非洲的人群，在进化上明显要迟缓一些。

　　实际上在近几百年，甚至千年左右的时间，世界不同地区的文明发展程度，本质上就已经说明不同地区的人种进化程度，例如欧洲和东亚在中世纪就是文明高度发展的地区，甚至极为封闭的人类迁徙的尽头，中、南美洲，都能发展出相对较高的文明。而在古代从来没有战乱的大洋洲甚至是极为开放的非洲中、南部却一直维持非常落后的状态一直到今天，这本身就说明那里的人群进化上是有缺陷和相对迟缓的。按照正常的自然发展，这应该会出现一个优胜劣汰的过程。

　　也就是说，黄种人走出非洲来到亚洲，老老实实的在亚洲生存，甚至可以到达美洲；白人走出非洲后，来到欧洲也老老实实的在欧洲生存，哪怕后来到地广人稀的北美和澳洲，应该也没有太大的问题。如果那样，今天的世界会非常安定，大家和睦相处：黑人生活在非洲过着不用付出太多劳动就能够养尊处优的生活；黄种人在亚洲，甚至美州，在他们所适应的这种气候中，必须付出辛勤劳作，才能过上丰衣足食的生活，而白人生活在欧洲、北美和澳洲偏南的寒带地区，过着相对"地广人稀"的舒适、喜欢探索的生活。这是上帝创造，非洲黑人、亚洲黄种人和欧洲白人的本意。上帝创造他们并把他们放在不同的地方，也安排了不同的气候和适合他们的不同的生存方式。

　　但早期的殖民主义"违背上帝的意志"，把这一切都打乱了。先是黄种人把农耕文明引进非洲，打破上帝所规定的："非洲采用相对落后、原始的生产

方式的人口平衡，使那里的人口暴增。"黄种人在非洲站稳脚跟后还试图殖民非洲，最典型的就是埃及古王国时期，开始兴建大金字塔，培养了十几、甚至几十万的黑人劳动者，使他们脱离了原始的野生动物的生存方式，但改变不了他们的本性。金字塔停建后，这些北非黑人大批走出非洲，变成后来阿拉伯沙漠中的阿拉伯人。后来他们大举入侵两河流域，最终赶尽杀绝的却是以黄种人为主的苏美尔人。通过一定的混血，他们反而成了西亚和中东地区几千年来的唯一主人，但他们的本性并没有变，他们只不过是浅皮肤的北非黑人，中东地区至今都是世界的动乱中心，永远都不会有解决的办法。

再后来就是欧洲白人到非洲去殖民，把非洲人像猴子一样的运到美州，强迫他们做一些种植园里的工作，反而使非洲人扩展到全世界，但仍然改变不了他们 "根本不适合劳动" 的本性。今天美国大部分社会问题，几乎都与黑人有关，特别是社会治安问题，根本无法解决。许多州的监狱都是长期人满为患，耗费大量纳税人的钱，因为他们根本不可能把太多随意犯科的人都关进监狱，而且美国黑人的人口增长率明显高于白人。于是许多州只能放松管制，把偷窃和抢劫数额不大、伤人不重的 "关几天就放"。而这些根本不适合劳动的人群，过几天没有饭吃了，立刻又去偷窃抢劫，甚至集体砸开商店，把食物和日用品搬回家，只要不超过 1000 美元就行，等食物吃光了再来重复这个过程。

因为他们只适合在非洲，食物垂手可得的原始状态下无忧无虑的生活，白人非要把他们运到，气候和自然条件只适合黄种人通过辛勤劳作进行农耕才能够勉强生存的的美洲来，这叫 "做自作孽，根本不值得同情"。有人说这里面也有许多白人，其实你仔细观察就会发现，这些人大多都是一些大胡子的中东人种，他们本质上就是 "浅皮肤的非洲人"，他们在中东地区是人类动乱的根源，在美国当然也不例外。他们的区别只是非洲人和 "非洲大门口的人" 而已，而且他们更凶猛。

上帝创造一个人种，是给他们创造了特定的生活条件和自然环境的，上帝决定一个地区是所谓 "落后的、原始的（或者说叫做原生态的、例如非洲），是因为 "只有那种（饥饿和战乱频发的）环境才能维持那里的人口平衡"。你打破 "上帝创造的原生态环境"，必然会造成世界人口失衡。

上帝决定一个地区是所谓 "动乱的"（例如中东地区），因为只有那种环境才能维持这种凶悍人口聚集的地区的 "落后"，而只有那里落后才能维持整个世界的安宁。也许，中东一直处在战乱状态，对整个世界来说是最安全的。当然，前提是域外国家不插手中东事物；如果中东地区有几百年的和平环境，那个地方一旦崛起了，全世界都会遭殃。特别是苏美尔人的后代黄种人，曾是那些凶猛的低智商人种的直接受害者，他们应该明白，绝不能让那些人再次崛起，不然下次就只能逃到火星上去了。所以上帝创造特定的人种和特定的生存环境，是不能按人的意志随便打破的，外人只能冷眼旁观，打破了就可能造成人类的灾难和毁灭。

上帝最早创造人类时，人类应该并不是肉食动物，像黄种人就是典型的草食动物。所以说，世界让大多数人像草食动物那样怕死，是正常的现象。但我们知道，后来人类的进化出现了分歧：有一部分早期人群由于长期生活在野生动物十分丰富的大草原上和森林中，他们逐步进化成为狩猎族群，这一族群基本上是不怕死的，如果怕死，在没有任何金属的远古时代，除非他们只猎取老鼠和兔子。后来从非洲大批涌入到中东地区的所谓"游牧部落"，他们也是由猎手转变而来，但更不怕死，这是很奇怪的事情，唯一的解释是，他们进化可能略为迟缓，所以内心还带有野生动物的愚昧的野性，叫"不知死"。

从逻辑上看，如果这个世界上"怕死的人越多"，这个世界才可能越安全。但麻烦在于，中东地区人种中，大多数族裔都是不怕死的人群，他们甚至可以身背炸弹，冲向人群，把自己的生命看得比红毛还轻。这导致那里很小的种族纠纷，随时都可能扩大和爆发成大规模的战争、没有人会低头认输，而且"永世"不会停止，除非那里的人种发生变化。更奇怪的是，高科技武装起来的以色列人，也是不怕死的民族，这让人不得不怀疑，除了他们明显领先的文化，他们的人种本质上已经融入了中东地区这个大染缸，已经适应了那个过于残酷的生存环境。

如果让我来解决"阿以争端"和今天的中东乱局给世界人民带来的安全问题：我会劝以色列人离开那个世世代代，给他们带来灾难的整个迦南地区，让阿拉伯人在那里独立去建国；整体搬迁到澳大利亚或者加拿大那些地广人稀的地方。或者强大的以色列和相对落后的叙利亚两国都进行全民公决，"合并"成立"以色列叙利亚共和国"。

因为在我看来，以色列人就是苏美的人的后代。而苏美尔人的祖居之地就包括两河流域上游的古代哈兰地区，今天的叙利亚地区早期曾是犹太人的发源地，他们在那里创造了辉煌的人类最早的文明。苏美尔人是从那里被赶出来后，才由"苏美尔人"转变成"希伯来人"的；他们应该回去的是"祖居之地"，而不是逃难时反复寄居的"迦南地"。

如果说要 "绝对公平"。恢复上帝创造人类即，非洲人、欧洲人和亚洲人时的"原生态状态"，让人类重新回到"伊甸园"中，唯一的办法是：让所有黑人回到非洲、让所有黄种人回到亚洲、让所有白人回到欧洲、让所有大络腮胡须的人种回到中东地区。南北回归线中间的中美洲地区归原来的黄种人所有；美洲北部和南部归白人；澳洲的袋鼠和地盘归黑人和棕种人。从此鸡犬相闻，但老死不相往来，互相之间可以攀比竞争，但绝不能互相帮助、各家自扫门前雪，莫管他人瓦上霜。

白人愿意使用高科技到火星上去殖民，与黑人和黄人无关；黄种人愿意互相攀比"暴饮暴食"被"撑死"，与白人和黑人无关；黑人愿意围着篝火继续唱歌跳舞，与白种人和黄种人无关；大络腮胡须的人种愿意人人争当英雄互相大开杀戒，与其他人种无关。不管是富贵了还是被饿死了，都是老天的安排，按

"进化论"这叫做竞争生存和自然淘汰。按照进化科学，世界就应该先进的得到发展，而落后的逐渐被淘汰；人类脱离了野生动物的发展路径，是靠智商，而不是高体力战胜世界一切野生动物。那么在人类内部也应该遵循，智商高的人种和族群得到优选和快速扩张；维持野生动物体能、智力进化相对迟缓的人种和族群数量会逐步萎缩，这样世界才会越来越安全，否则人类即便将来扩张到宇宙空间中去，还会爆发"星球大战"，甚至到不了那时就已经自我毁灭了。

3.6、猶太人怪異的影響力
—人類最早的文人執政

犹太人的本性，不太适合在高压的集权统治下生存，其实真正的希伯来人国家，不是南方的犹大国，而是北方的以色列国，十个自制的邦国。今天在一定程度上被犹太人主导的美国，基本上也是一个联邦制国家。在古代中国从两河流域迁徙而来的"东周"可能完全是由犹太人主导的，甚至可能是由上百个分封制国家组成的帮联。总之犹太人强调：由"文人"（早期的文人就是同时负责记录历史的祭司阶层，典型的就是士师时代）主政。或者：由"文人"、"祭司阶层"与"军人"形成两权分立，互相制约的治理方式。

我们知道军人或者集权统治的强人统治的国家或族裔，典型的就是"亚述帝国"，一旦决定了一件事，都是强制执行的。例如，需要扩大自己的地盘和势力范围，需要占领某一块土地，并"殖民"那里的人民，就需要发动战争。如果你拒绝执行，在古代来说最终就有可能被杀，因为古代强人执政的合法性，在于它强壮的身体和他手中掌握的暴力手段。而在二战时期的德国，就对参与对外扩张不积极的犹太人实行大屠杀。

而古代文人和现代文人掌权者一样，你想要跟随你的民众听从你的指挥，你必须用讲道理和说服的方式，文人执政的合法性，很大程度取决于他的口才和"讲故事的能力"，至少会把你臭骂一顿，即："你做这种事，必遭天谴和报应"，但他没有能力直接杀你。而且古代"文人"的惩罚（报复）方式主要是靠上帝，或者是在一边说风凉话而不是自己亲自来做，例如根据《圣经》：

王下十三：1-9 以色列王约哈斯作王时（Jehoahaz I，813-805BC），由于他行耶和华眼中看为恶的事，耶和华屡次将以色列交在亚兰王哈薛和他儿子便哈达三世的手里。

在以色列王所罗门晚年，因他犯罪得罪上帝，上帝使利逊兴起，作所罗门的敌人。

其实在犹太人的观念和《圣经》中，类似的例子很多。文人执政所强调的是：你过于专权、过于残暴或者做事"过分"，做了"耶和华眼中看为恶的事"，你一定会遭到"天谴"，按中国人的说法，这叫做"善有善报，恶有恶报。"，其实这在某种程度上是符合"自然规律"的客观现象。东方人的"因果报应"的观念，其实是来自，他们对生活中、人际关系中和历史上发生过的教训的总结。

但在人类刚刚进入文明初始阶段的古代，人类还不掌握任何科学知识，更没有任何社会学的理论知识，当时的所谓"文人"，只是掌握，极为原始和简单的文字，他们想说服别人来服从自己是很困难的事，他们手中没有任何强制手段。而且那个时代是人类"人口"数量突然开始爆增的时代，任何稍微适合人类生存的生存空间，都只能采用暴力的方式才能够获得。

如果"文人出生的祭司头领"想领导他的族裔去"占领"某个，看上去更好、环境更优越、因而更早已经有人在那里居住和生活的土地。但他手中又没有任何强制手段，命令自己的民众去这样做，只能用说服的方式。于是他就会对跟随他的民众说：那地"即，流淌着奶与蜜的土地"，是"上帝"应许给我们的土地。那我们为什么那么特殊？是因为我们是上帝选中的人群，我们信奉上帝。我们占领那片土地的合法性在于，"那地，是上帝应许给我们的土地！"我们当然就有权利把那片土地上的人赶尽杀绝，占为己有。

凡是在圣经中以上帝口吻说话的人，包括摩西、包括撒母耳记的作者等士师阶层，他们可以直接传达，甚至发布上帝的指令，说明他们是代表神来治理凡人的最高祭司，就相当于中世纪教会统治欧洲时期的的大主教。

古代凡是祭司或者是教会有治理国家的实权的时候，其实是处于相对原始的人类文明发展初期的，最先进的治理方式。因为在刚刚进入人类文明的远古时期，人们管理族群，甚至是国家的治理，都是以强大的武力或者暴力手段来实现的，特别是那些后来成为殖民者的游猎部落的统治者，也包括那些每天以宰剎鲜活牛羊为食物的游牧部落殖民者。这是因为人类刚刚从丛林出来进入城市，人的身上还带有几十万年来进化过程当中所固化的动物本能，所以最初走出非洲的人类不同种群在西亚相遇时，基本上是以身体强壮的族群统治身体瘦小的族群为特征的，而且那时候还没有普遍使用文字和法律，所以这种统治基本上完全靠残酷的大批杀人示众，以武力威赫和恐怖的杀戮来实现的。

当人们生活中有了剩余产品需要进行交换时，需要发明文字来记录这种交换，文字最初掌握在充当中介和记录人的抄写员和祭祀阶层。而他们的悠闲职业是靠他们的巧舌如簧和"公信度"来实现的。而公信度本身就是一种最早的非暴力"权威"，它的本质，就是最早的"商业文明"的雏形。即：人们不一定非得通过"杀人越货"、强占人家的土地、把外族人变成自己的奴隶，成为殖民者，通过暴力，才可以享受富贵荣华。人们可以"专职从事商业交换"，采用投机取巧的非暴力手段，倒卖一些急需的物资，也能逐步积蓄财富，使自己"暴富"。这其实是人类踏入现代文明的一种尝试，在为人类现代商业文明的建立，打下坚实的基础。

但当时的世界还停留在与动物界相同的，谁的武力强大谁就有统治的"合法性"的原始状态。于是祭司们就创造出"神"，或者是上帝、上天等，似乎更高于身体强壮的统治者的"虚拟治理者"来吓唬和制约那些智商不高的靠暴力维持统治的殖民者和独裁者们。即：虽然凭我的武力不能战胜你，但是我比你有知识、有见识（当时人类的科技和历史知识比较粗浅，也不被普遍尊重，无法拿来说事。），但是你要不听我的，或者做的太过分，老天或者上帝会惩罚你，你要"遭报应"的。这些话，对于那些身体强壮但由于头脑简单因而缺乏自信的集权统治者来说，是十分忌惮的。其实这就是最早的"文人统治"和制约机制，是"当时最先进的治理方式"，也是人类文明的最初曙光。

应该说，早期弱势的以色列人所处的那个时代，是强权和暴力横行的时代，占领更多的土地，来养活更多不断增长的人口，甚至仅仅是防止外族人占领自己的土地而爆发的各种纠纷和战争，几乎是生活中的常态。这就需要强悍的军人，带领民众去做这些事情。这就是早期犹太人文人政权，任用具有明显阿拉伯强人特征，甚至是血统的"扫罗王"，来专门负责对外战争，形成最初由"文人"或"祭司阶层与"军人""两权分立"，互相制衡的治理方式。但这种制度在以阿拉伯人为主的迦南地区，本质上是行不通和失败的，即：扫罗、大卫、所罗门都做了违背上帝（祭司们）的事儿。

代下 28:5 犹大王亚哈斯不行耶和华看为正的事，所以耶和华将他交在亚兰王手里，亚兰王打败他，掳了他许多的民，带到大马色去，这亚哈斯王在急难的时候，越发得罪耶和华，他祭祀攻击他的大马色之神，因为亚兰的神帮助他们，我也献祭与他。

这就是后来真正的以色列人，都迁到北方独立建国的原因。

但这种治理方式后来传到了欧洲，这就是我们知道的"耶稣基督的诞生"，和罗马帝国晚期承认基督教为合法宗教的历史。这种治理方式的鼎盛阶段是，教会统治欧洲的中世纪时期。这是人类，在没有发明民主政治制度之前，为了避免完全依靠暴力互相残杀和恶斗而自我毁灭所开创的最原始和成功并适合当时人类社会发展阶段的"非爆力的先进治理方式"。那是一个在古代，以暴力为主的丛林社会和今天以民主政治为主导的现代社会之间的一个"过渡阶段"，应该是"人类社会文明发展不可逾越的发展阶段"。

犹太人最初建立的"文人和军人两权分立，互相制衡的治理方式"典型的就是"士师时期"。应该说还远不成熟和没有制度化。军人或强人，一旦被扶植上台开始做大，就有越来越倾向于集权和独裁统治的趋势。这就是扫罗之后的大卫→所罗门以及后来整个的延续大卫传承的"犹大国"，都形成具有典型的阿拉伯人集权统治特征的状态。大卫明显的就是当地迦南人或阿拉伯强势人种的后裔，已经不是弱势的以色列人了。犹太人保有苏美尔人典型的"母系社会"传承，直到今天都是如此，明显倾向于男女平等；而大卫、所罗门"妻妾成群"是典型的阿拉伯人"男尊女卑"的传统，直到今天也是如此，几个阿拉伯国家是世界上少数还实行落后的"多妻制"的国家。如果没有强大、血腥的集权统治手段，像早期以色列和犹大国那样不怎么对外扩张的小国，是不可能建起来像第"第一圣殿"、"第二圣殿"等如此浩大的工程的。

所以相对弱势，有明显民主倾向的以白黄混血为主的真正的以色列人，在这个过程中不断的向北迁，在所罗门实行专制统治的高峰期后，很快就分裂成南北两个部分。南方是以大卫后裔进行稳定集权统治的、以阿拉伯人种为多数的犹大国；北方的以色列，是以典型的犹太人为主的十个联邦制国家。应该说今天在地中海东岸出现的阿拉伯人和以色列人的对立，实际上是在三千多年前已经开始了的，而且直到今天，以色列仍然是那一地区唯一真正的民主国家。

古代以色列联邦，包括在东边紧挨着他们的亚兰大马士革，与亚述人的对抗（周人与商人的对抗），本质上是由大祭司主导的文人政权与职业殖民者主导的集权专制政权的对抗。

另外一个防止人类各不同族群之间进行大规模互相杀戮的唯一办法就是：在不造成过度利益冲突的情况下，或者说在双方利益互补的情况下，实现人类的自由迁徙，这本是上帝创造人类时的本意和最初赋予人类的基本权利。

古代所有残酷的战争都是，不同族群之间争夺优质的生存空间，甚至人家已经通过辛苦的劳动所搭建的优质家园和社会财富；而另一方为了保卫自己辛苦所建的祖传家园和劳动所得而拼死抵抗。这是人类丛林时代"强者为王"的生存规则。但今天时代已经不同了，由于武器技术被族群视为生存的保障而被优先发展，导致今天所有战争几乎都是双方受损，没有真正的赢家；甚至战争规模的逐步扩大，还有可能导致人类的毁灭。唯一的解决办法就是，在双方"互利"的条件一下，准许人类自由迁徙，最典型的例子就是今天强大的美国。

美国是一个典型的移民国家，对不同族裔移民美国一直持开放的态度、有世界上最复杂的人种结构。今天美国严苛的移民条件，导致今天能够进入美国定居的，几乎都是美国急缺的人才，这就是美国建国以来，持续 200 多年，没有战争而高速发展的根本原因。

早期，联邦制的美国各个州，明显生活着不同的族群，而且各个州有很强的立法权，本质上就像许多个小的国家。但在美国国内，一直必须实现自由迁徙，不准任何一个地方"占地为王"。例如早期明显占有地理优势的五大湖区地区和后来占有优势地位的东、西海岸线地区。虽然这导致地区之间发展有先有后，但至少没有大规模的族群之间的杀戮和战争出现。自然条件非常差的沙漠地区、拉斯维加斯，仍然可以靠着特殊的政策得到高速发展。

欧洲有着许多完全讲不同语言的众多族群和许多小的国家，过去也曾有过严格的边界。但欧洲人仍然饱尝了两次世界大战之苦，整个欧洲几乎成了废墟。今天欧盟内部已经在某种程度上实现"自由迁徙"，我相信以后欧盟内部再也不会有战争，也许200年后就是第二个美国。

如果想要世界实现永久和平，唯一的办法就是逐步淡化国家观念，在世界范围内所有国家、各个国家和地区逐步开放自己的边界，开放优势族群和人种移民。资源优势和发达地区可以设置较高的入境门槛，来维护当地人和族群的利益，而资源贫乏和落后地区的国家，则可以较早的降低边境限制，实现较高程度的自由迁徙。自由迁徙的基本原则就是"非暴力和互利"。资源贫穷国家的人群，要想移民发达国家，除非你有较强的能力或较强的经济实力；而发达国家的有钱人，要想到落后国家去做"人上人"，你只能下血本到那里去投资。而这种以"实现世界永久和平"为最终目标的"副产品"，就是拉平整个世界的生活水平，缩小世界范围内的贫富差距。

在人类早期的丛林时代，获取权利和掠夺别人财产是"致富"的最重要途径。当人类的商业和政治文明逐步开始走向成熟的时期，现代人类文明把权力和政府机构，变成了"为人民服务"的工具，所以在今后、甚至包括今天"要想发财"和长期稳定的得到发展，"请远离政治"，因为到今天为止，政治仍然是"人类社会暴力的缓冲器"，你参与政治就等于嗜好"生活中的冒险行为"，美国总统曾是美国意外死亡率最高的职业，如果你不喜欢探险或者是冒险，最好"远离政治"。今天美国的政府机构，基本上就是一个"清水衙门"，你进入政府部门工作，就意味着你这一生将"平平淡淡"很难大富大贵。即便是在美国政治金字塔顶尖上的"政治精英"们，比起美国商业金字塔的顶尖人物，甚至比起美国的体育明星们都逊色百倍。

第四章
商朝和同时期的亚述简介
4.1、与商同时期的亚述简介

亚述人崛起的过程，其实是人类几乎完全通过较单纯的"暴力行为"，来实现扩张及振兴和自己统治疆域及地盘的扩充的"殖民主义兴起"和走向成熟时期的"典型案例"。因为亚述所处的地区是，交通不便、缺少资源的半山区，在农耕时代到来后，生活素质明显被南方从事大规模农耕活动的平原地区的弱势、但吃苦耐劳的族裔所超越。这就使这些原来从事游猎，后来又改为游牧的强势族群感到十分的恼火和羞辱，他们的自尊心受到挑战。然后曾多次试图挑战和占领南方、转变成以商立国。但由于文化的原因更多的是，长时间在西面和东方，甚至是北方扩展自己的地盘，来单纯的实现自己的帝国梦。

背景，伊辛第一王朝：

伊辛第一王朝，于公元前 2017 年由来自马瑞的阿卡德人将军--伊什比埃拉（Ishbi-Erra）建立，该王国在公元前 20 世纪一度掌握南美索不达米亚的霸权。

公元前 21 世纪，乌尔第三王朝末期，国王伊比苏恩（Ibbi-suen 公元前 2027-2003 年）统治时期，阿摩利人不断南侵，占领了美索不达米亚诸多城市。伊比苏恩在位的第六年即公元前 2022 年，他曾试图为尼普尔城修建城墙，但是由于阿摩利人的进逼，尼普尔城的恩西（苏美尔、阿卡德时代城邦的管理者）停止了对乌尔的月供，次年阿摩利人占领该城。还是前 2022 年，来自马瑞的阿卡德将军伊什比埃拉，被派往伊辛（Isin）购买谷物，他就在那里建都并宣布独立。公元前 2021 年，伊什比埃拉自称"卢伽尔"（苏美尔时期统治者的头衔），公元前 2017 年，他正式采用了"世界四方之王的"头衔，开创了伊辛第一王朝。

公元前 2003 年，埃兰攻占乌尔城，乌尔第三王朝灭亡。乌尔城被毁，国王伊比苏恩被绑缚埃兰安善城。公元前 1996 年伊什比埃拉赶走了埃兰人占领了乌尔城，掌握了南美索不达米亚的霸权。发生于这一时期的一些列悲剧事件反映在《乌尔陷落挽歌》《伊比苏恩挽歌》（均为苏美尔哀歌，是《圣经·耶利米哀歌》的原型）以及伊比苏恩与伊什比埃拉及其他诸位恩西的通信中。

公元前1794年伊辛第一王朝被拉尔萨王朝国王瑞姆辛攻灭。

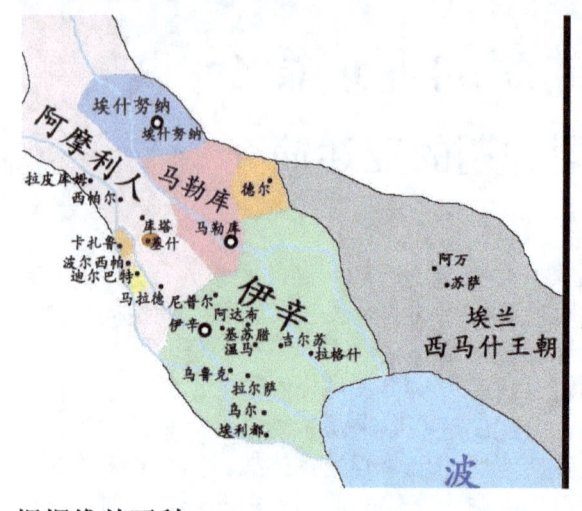

伊辛王伊什比·埃拉成功驱逐了埃兰军队，控制了美索不达米亚南部

根据维基百科：

先商有：十四世而兴（由于内容过于繁琐而且比较晦涩，而且有些内容在我的上一本书，曾经从不同角度概括的介绍过，限于本书篇幅，在这里对下面中国古籍的内容就不做注释和翻译了，仅供读者参考。）

主条目：契、相土、冥、王亥、王恒（商朝先公）、上甲微和有易氏

《史记·殷本纪》记载商的始祖契生活于尧舜禹时代，曾在舜帝下任职司徒。他因辅佐大禹治水立下功绩，被"封于商，赐姓子氏"。《世本》又载"契居蕃"，王国维根据《汉书·地理志》认为，此二地分别在今河南商丘和山东枣庄滕州。卜辞所见"夒宗"可能指契，说明商人为他立有宗庙。战国时期的文献记载契逝后，其子昭明继位，"居砥石"（基什）。"昭明卒，子相土立"。相土是继契后较为著名的商族首领，《世本·作篇》记载他训练马匹，使用马驾车充当运输工具。《诗经·长发》记载相土的活动区域相当广泛，声誉传播海外，说明这时期商部落的航海技术已经可以通往近岸的海岛。此时商部落活动于冀中豫北的古黄河流域，在东方海滨也有相当的势力，《左传》载相土有"东都"。相土逝，子昌若立。昌若逝，子曹圉立。曹圉逝，子冥立。文献记载冥任夏后氏的水官，夏后杼在位时冥因治水之事而殉职。《礼记》记载殷人将冥与喾、契、汤四位先祖先公齐列祀典。卜辞多见殷人为"季"举行侑祭，王国维结合《天问》"该秉季德"、"恒秉季德"的记载，认为"该"、"恒"是王亥和王恒，"季"为其父与卜辞记载相符，当是史书记载的冥。　王亥、王恒为冥的二子，冥卒后相继为王。殷人对王亥格外尊敬，他是首位被称作"王"的君主。卜辞中总以"王亥"、"高祖亥"、"高

祖王亥"尊称他，从不单称其为"亥"，一些卜辞还在其名号的上角刻画代表早期商部族的玄鸟图腾。王亥在殷人的心目中似乎拥有很大的神威，殷人时常向他祈年祈雨。关于王亥的卜辞有一百三十余条，数量之多居诸先公之首。王亥在位时，商族经济达到新的高峰，卜辞记载王亥一次祭祀可用牲多达五十头牛。为解决牲口过剩、不易畜养的问题，王亥将部分牛羊托寄于邻近的河伯氏和有易氏。之后王亥与有易氏首领绵臣发生争执，绵臣强迫王亥交出所有牲口，王亥拒绝，绵臣便将其杀害，夺走牛羊。后来王亥之弟王恒继位，从绵臣手中夺回牛羊。关于王恒的卜文有十余条，与王亥同样尊称为"王"，但王恒却不见于传世文献的商王世系中，其原因不明。王恒死后，其子上甲微又联合河伯氏讨伐有易氏，杀死绵臣。商部落在有易氏没落的同时强盛起来。战胜有易后，上甲的诸弟各怀私心，纷争起事，蓄意谋害上甲，上甲随机应变，平息叛乱，保证商族后嗣的延续。上甲在殷人的周祭顺序中排列首位，祈雨卜文均以"自上甲……"开始，卜辞对上甲以降的商王有了明确的世系排列，可能是因为商部落在上甲时期才开始有文字记载，而之前的世系源于传说。今所见关于上甲的卜辞多达一千一百余条，位居诸商王之首，可见殷人对上甲之崇敬。

上甲之后报乙、报丙、报丁、主壬、主癸五公先后即位，在卜辞中，"报"写作"匸"，"主"写作"示"，五位先公合称"三匸二示"。上甲后的三匸全以天干"乙丙丁"相次，二示时则应续以"戊己庚辛"排列，却跳至"壬癸"。同时，二示的配偶妣庚和妣甲的天干亦不相次。说明三匸的庙号可能是殷人后来追拟的，而二示的庙号则有典册记载。"惟殷先人有册有典"记载到的祭祀典册，可能始于二示时期。二示时期，商国的势力不断扩大，他们拉拢黄河下游各氏族部落，一步步逼近夏后氏腹地伊洛地区。

根据【看地图说古国】021 西亚古代强国：亚述帝国

亚述是兴起于美索不达米亚（即两河流域，今伊拉克境内幼发拉底河和底格里斯河一带）的国家，使用的语言有阿拉米语，阿卡德语等。公元前8世纪末，亚述逐步强大，先后征服了小亚细亚东部、叙利亚、腓尼基、巴勒斯坦、巴比伦尼亚和埃及等地。国都定于尼尼微（今伊拉克摩苏尔附近）。亚述人在两河流域古代历史上频繁活动时间前后约有二千年。后来亚述人失去了霸主地位，不再有独立的国家了。

在两河文明的几千年历史上，亚述可以说是历史延续最完整的国家，历史学家掌握有从大约公元前2000年开始到前605年连续的亚述国王名单。

虽然二千多年之间，亚述有时强大，有时则沦为他国的属地，但作为独立的国家和相对独立地区的亚述，是一直存在的。直到公元前900年前后，亚述国家突然空前强大，成为不可一世的亚述帝国，然后最终于公元前605年灭亡，国家随之消失。但亚述民族仍然顽强地在其祖居地生活至今，当今的亚述人是信奉各东方礼教会的基督徒，语言为现代阿拉米语。

1.兴起

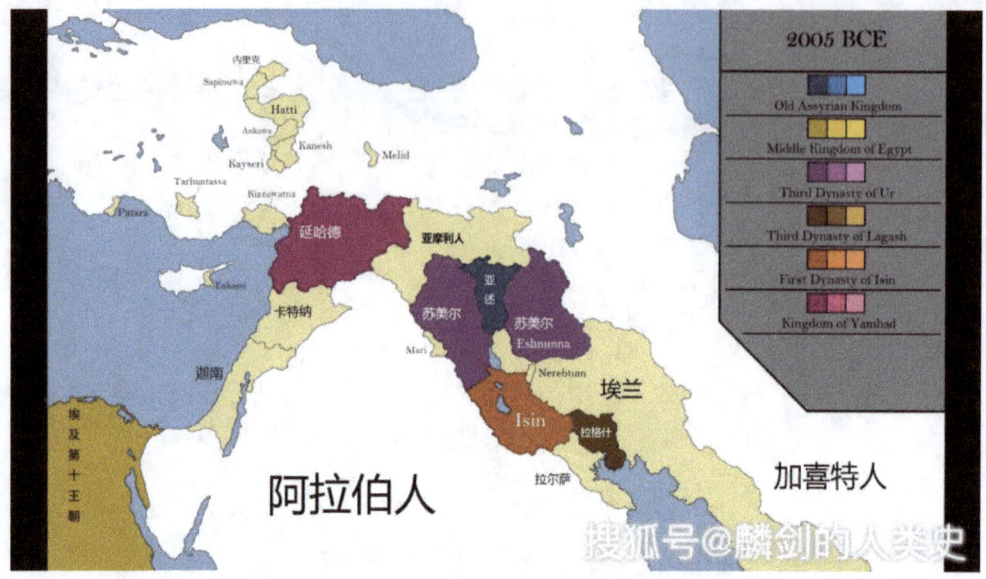

亚述最早的居民是胡里特人，后来闪米特人迁徙而至；两个民族逐渐融合，成为亚述人。古亚述指底格里斯河和幼发拉底河流域的北部地区，东北靠札格罗斯山脉，东南以小扎布河为界，西临叙利亚草原。全亚述是以亚述城为中心。

2.早亚述时期

公元前3000年代末，阿卡德王国灭亡之后，亚述形成了以亚述城为中心的国家，开始了早亚述时期（约公元前3000年代末至前2000年代中叶）。

早亚述时期时，土地归公社所有，不过关于公社的实际情况则并不清楚。另外，早期亚述有贵族会议，名年官称为"里模"，国王称为"伊沙库"，权力却不大。早期亚述虽有一些王家铭文留下，但所载王表并不可靠，因而还未能列出一个完整的王表。

早亚述时期的商业贸易已相当发达，国王沙姆希·阿达德一世的一个铭文中，提及当时亚述城的市场及一些商品的比价，而商贸对手则包括小亚细亚、叙利亚、美索不达米亚南部、扎格罗斯山区及亚美尼亚等地区。亚述又建立很多商业殖民地；据卡帕多细亚泥版文书所载，有一个商业殖民地叫卡尼什，政治上不属亚述，居民却是亚述人及公社成员，而且享有自治权。在埃卜拉出土的文件，记载了亚述的统治者曾同埃卜拉统治者签定有卡尼什的《卡努姆条约》。透过商业活动，亚述的一些城市如尼尼微、亚述城、阿尔贝拉都因此富裕起来，而且更重要的是把楔形文字带到了小亚细亚。

古亚述于沙姆希·阿达德一世在位时最强大，在马里发掘的文书中，记载其曾攻占马里，其子也担任了该城的统治者，小亚细亚东部也曾被亚述征服；沙姆希·阿达德一世袭用阿卡德国王的称号，自称"天下之王"，然沙姆希·阿达德一世死后，亚述衰落，公元前 16-15 世纪，亚述分别隶属于当时西亚的强国米坦尼及统治两河流域南部的加喜特人，直至公元前 15 世纪末叶，才又强大起来，进入中亚述时期。

（1）伊沙库王朝（大约公元前 26 世纪初～公元前 1906 年）

亚述帝国的第一个奴隶制王朝，因为君主的称号为伊沙库而得名，一共传大约 33 个伊沙库左右。

亚述国家起源于亚述城。在最古老的时代，即亚述城邦刚刚形成时，并没有出现君主制。普遍认为，这一时期亚述的政治体制是寡头制，由类似罗马元老院的城邦长老会议掌握实权。在亚述城邦体制中具有最接近于国王的地位的人称为"伊沙库"，他有权召集长老会议并承担宗教职务。但实际上权力更大的人则可能是名年官，这是一种类似于古罗马执政官的职位，每年年初由伊沙库任命。下面列出在古亚述文献亚述王表中记载的已知的伊沙库。他们的先后顺序是肯定的，具体的在位年份则无从得知。

① "住在帐篷中的国王"

所谓"住在帐篷中"是亚述王表中的原文，这也许是暗示这一时期的亚述人仍过着游牧生活。有：

伊库努姆、图迪亚（英语：Tudiya），早期亚述国王，（公元前 2500 年前后在位），为最早的亚述君主之一。阿达姆、扬吉、苏赫拉姆、哈尔哈鲁、曼达鲁、伊姆苏、哈尔苏、迪达努、哈纳、祖瓦布、努瓦布、阿巴祖、贝鲁、阿扎拉赫、乌什皮亚（英语：Ushpia）早期亚述国王，（公元前 2020 年前后在位），他统治时期修建了亚述都城亚述尔的庙宇。

② "先王"

最有争议的一段王表，现在仍不能理解"先王"一词的含义。

乌什皮亚之子阿皮亚沙尔
阿皮亚沙尔之子哈雷
哈雷之子萨马尼
萨马尼之子哈亚尼，是亚述王国早期的一位国王，大约生活在公元前 2000 年左右。他是前任国王萨马尼（Samani）的儿子，他的继任者是他的儿子伊路-梅尔。
哈亚尼之子伊路-梅尔
伊路-梅尔之子亚克梅西
亚克梅西之子亚克梅尼

亚克梅尼之子亚兹库尔-埃尔

　　亚兹库尔-埃尔之子伊拉-卡布卡巴，亚述早期的国王，大约生活在前 19 世纪后期。他很可能是闪米特人的后裔。他曾经和马里国王艾格提姆（Iagitlim）结成联盟，但后来这个联盟土崩瓦解。他是沙姆希阿达德一世的父亲。

伊拉-卡布卡巴之子阿米努

③名年官不明的国王

这一段中的几个伊沙库，他们于每年任命的名年官的名字失传了。

阿米努之子苏利利，继承阿米努之位，他死后由基克基亚接任。

基克基亚 （大约公元前 2000 年～大约公元前 1985 年）

阿基亚 （大约公元前 1985 年～大约公元前 1970 年）

普祖尔亚述一世（公元前 1970 年—公元前 1960 年），继承阿基亚之位，他在位期间初步确立亚述政治基础。死后由沙利姆-阿赫接任。

沙利姆-阿赫（公元前 1960 年—公元前 1945 年），继承普祖尔亚述一世之位，其统治时期亚述开始与安纳托利亚进行贸易往来，考古已经发现刻有其名字的文物。死后由伊路舒玛接任。

伊路舒玛（公元前 1945 年—公元前 1906 年），继承沙利姆-阿赫之位，其统治时期亚述对外交往有所扩大，同时他还在国内广泛进行建筑活动。死后由伊里舒姆一世接任。

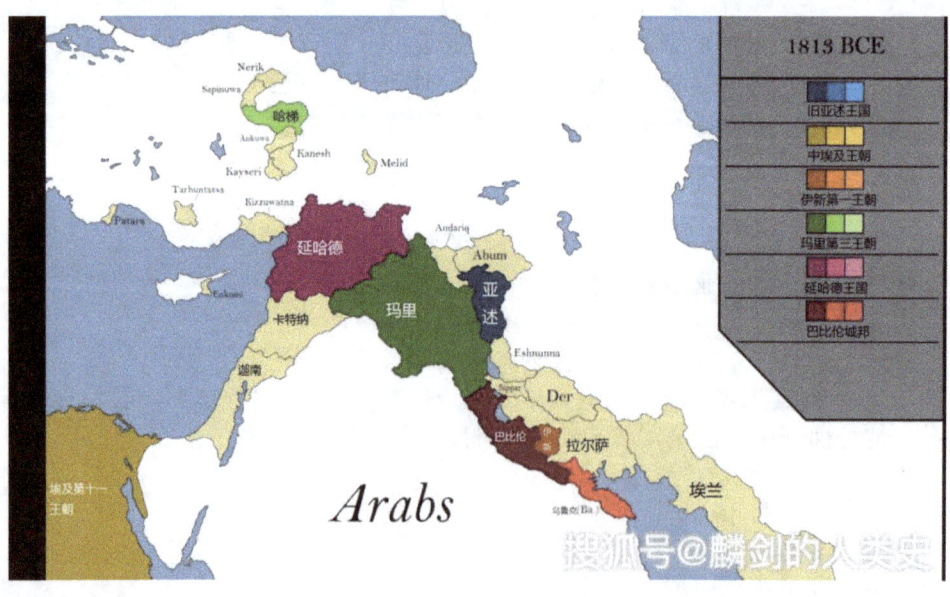

（2）阿淑尔王朝（公元前 1906 年～公元前 1380 年）

亚述帝国的第二个奴隶制王朝，因为首都位于阿淑尔城而得名，一共传 6 个伊沙库、29 个天下之王、7 个篡位者，合计 42 个君主，统治 526 年。

古亚述最高机构为阿淑尔城（首都）邦贵族长老会议。公务人员有一年一任的号里木的名年官（即以其名名其任职之年），管理财政经济，由抽签选出。土地为公社所有，定期分配给大家族使用，很少买卖。奴隶较少，社会主要劳动者为承担公社义务的自由民。中介贸易具有重要意义，部分贵族和商人从事商业和高利贷活动而致富。约公元前 2000～前 1000 年，奴隶制大地产逐渐形成。

乌尔第三王朝灭亡后，两河流域诸国争霸，亚述亦是其中之一，亚述国王沙姆希·阿达德一世曾经非常强大，征服不少地区，袭用阿卡德国王的称号，自称"天下之王"，然而，随着巴比伦第一王朝王国的出现，亚述人第一次称霸的野心被摧毁。此后，亚述地区是巴比伦第一王朝治下一个半独立的地区。

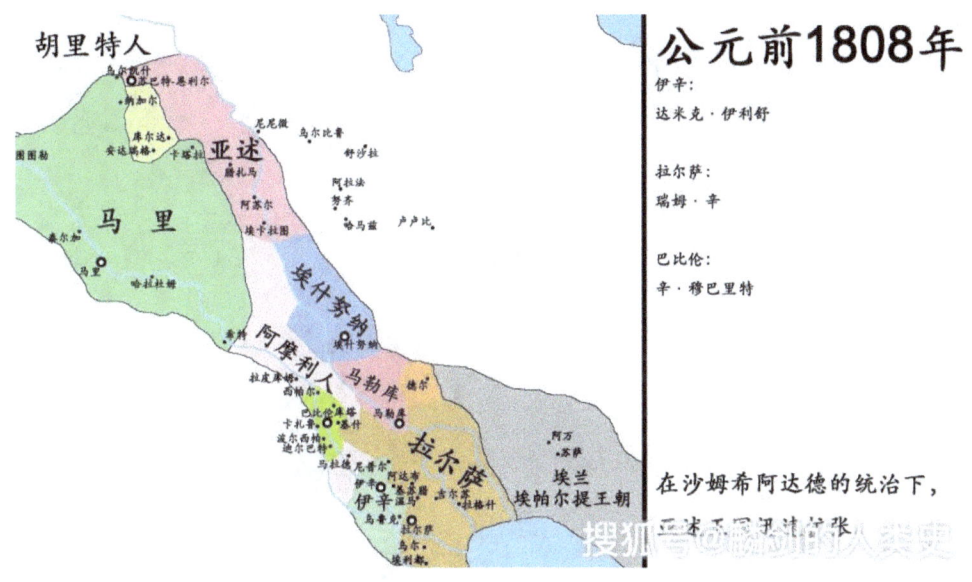

①伊沙库

伊里舒姆一世 （公元前 1906 年～公元前 1867 年），继承伊路舒玛之位，他颁布法令以规范商业贸易，同时在国内大兴土木，新建神庙。死后由伊库努姆接任。

伊库努姆 （公元前 1867 年～公元前 1860 年），继承伊里舒姆一世之位，他加强了亚述尔的防御工事，并保持亚述对小亚细亚的商业垄断地位。死后由萨尔贡一世接任。

萨尔贡一世 （公元前 1860 年～公元前 1850 年），是阿卡德时期（即沙姆希阿达德一世征服亚述之前）亚述城邦的统治者。他的地位不应被理解为"国王"，因为他的职位（"伊沙库"）在以前主要是一个管理宗教事务的头衔。然而此时由于亚述商业活动的扩张，伊沙库无疑已具有超过以往的权力。在卡帕多细亚地区发现了一块盖有萨尔贡一世印章的泥板，这也许说明他的权力已经抵达那里。考古学家对萨尔贡一世的其他情况一无所知，虽然他的名字"萨尔贡"很引人注意：在古代西亚，使用这一名字的统治者大多是通过非常手段获得权力的。

普祖尔亚述二世 （公元前 1850 年～公元前 1830 年），继承萨尔贡一世之位，死后由纳拉姆辛接任。

纳拉姆辛 （公元前 1830 年～公元前 1815 年）

伊里舒姆二世 （公元前 1815 年～公元前 1809 年），在位约 6 年为沙姆希阿达德一世推翻。

公元前1796年

伊辛：
达来克·伊利舒

拉尔萨：
瑞姆·辛

巴比伦：
辛·穆巴里特

亚述王沙姆希阿达德吞并马里王国。

②天下之王

沙姆希阿达德一世 （公元前 1809 年～公元前 1781 年），沙姆希阿达德一世建立了真正意义上的君主制。他使古亚述达到鼎盛，曾一度控制美索不达米亚、叙利亚和小亚细亚的大部分地区。沙姆希阿达德一世去世后，亚述被汉谟拉比的巴比伦所败，并在整个古巴比伦时期处于臣服地位。

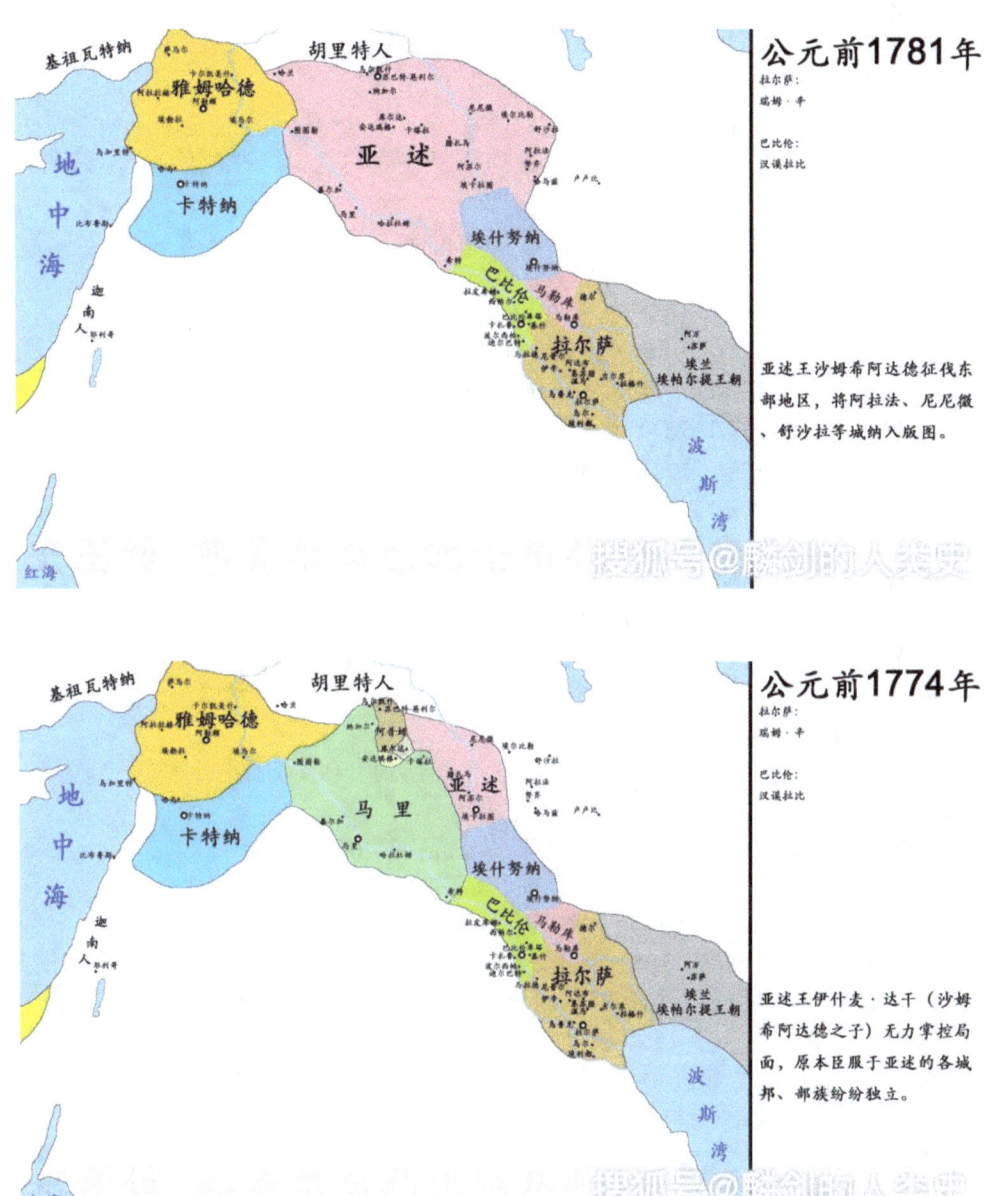

伊什梅-达甘一世 （公元前 1780 年～公元前 1741 年），沙姆希阿达德一世之子、继承人，他竭力维护亚述国土，以防止巴比伦入侵。

姆特-阿什库尔 （公元前 1730 年～公元前 1720 年），伊什梅-达甘一世之子和继承人，他与胡里特人进行政治婚姻。

里姆什 （公元前 1720 年～公元前 1710 年）

阿辛努姆（公元前 1710 年～公元前 1706 年），继承里姆什之位，死后亚述政局动荡不安，诸人争夺君位，进入空位时代。

空位时代的 7 个篡位者：（前 1706 年-前 1700 年）

贝路-巴尼（公元前 1700 年～公元前 1691 年），继承阿达西之位，为空位时代结束后的较有成就亚述君主，他成功恢复政局的稳定。在位约 10 年。死后由利巴伊亚接任。

利巴伊亚（公元前 1690 年～公元前 1674 年）

沙尔马阿达德一世（公元前 1673 年～公元前 1662 年）

伊普塔尔-辛（公元前 1661 年～前 1650 年）

巴扎伊亚（公元前 1649 年～公元前 1622 年）

路拉伊亚（公元前 1621 年～公元前 1618 年）

舒-尼努瓦（公元前 1615 年～公元前 1602 年），在位时期亚述动荡不安。

沙尔马阿达德二世（公元前 1601 年～公元前 1598 年）

伊里舒姆三世（公元前 1580 年～公元前 1567 年）

沙姆希阿达德二世（公元前 1567 年～公元前 1561 年），他统治时期适逢"黑暗时期"，各种势力相互争斗，动荡不安。

伊什梅-达甘二世（公元前 1561 年～公元前 1545 年）

沙姆希阿达德三世（公元前 1545 年～公元前 1529 年）

亚述尼拉里一世（公元前 1529 年～公元前 1503 年），沙姆希阿达德三世继承人，他统治时期，亚述首都修建了庙宇。

普祖尔亚述三世（公元前 1503 年～公元前 1479 年），亚述尼拉里一世继承人，他在位 24 年，兴建了不少亚述建筑。

恩利尔-纳西尔一世（公元前 1479 年～公元前 1466 年）

努尔-伊利（公元前 1466 年～公元前 1454 年）

亚述沙杜尼（公元前 1454 年）在位约 1 年为亚述拉比一世推翻。

亚述拉比一世（公元前 1453 年），恩利尔-纳西尔一世之子。

亚述纳迪纳赫一世（公元前 1435 年～公元前 1420 年），其统治时期亚述成为米坦尼附庸。他在位 15 年被其弟恩利尔-纳西尔二世推翻。

恩利尔-纳西尔二世（公元前 1420 年～公元前 1414 年），亚述纳迪纳赫一世之兄，亚述纳迪纳赫一世死后夺位。

亚述尼拉里二世（公元前 1414 年～公元前 1407 年）

亚述贝尔尼谢舒（公元前 1407 年～公元前 1398 年），曾与其父亚述尼拉里二世共同处政，他死后由亚述里姆尼谢舒继承。现存他统治时期的法律文书。记载了当时土地、房屋、奴隶买卖的情况。

亚述里姆尼谢舒（公元前 1398 年～公元前 1390 年）

亚述纳迪纳赫二世（公元前 1390 年～公元前 1380 年），古亚述时期的末任亚述国王，他在位时期，亚述与埃及结盟，其事迹载于阿马尔奈文书。

（3）沙姆希阿达德一世

沙姆希阿达德一世的祖先是阿摩利人，父亲伊鲁·卡布卡比（Ilu-kabkabi）是幼发拉底河中游一个小公国的统治者。他父亲去世后，王位由其兄弟继承，他则由自己创立事业。沙姆希阿达德一世在阿卡德帝国纳拉姆辛统治时期去了巴比伦尼亚的卡尔杜尼亚什（Karduniash）。并从那里出发征服了埃卡拉图姆（Ekallatum）。在埃卡拉图姆待了三年后，沙姆希阿达德一世铲除了纳拉姆辛的儿子——埃瑞舒姆及其势力，夺取的王位，并在位33年。

①定都舒巴特－恩利尔

沙姆希阿达德一世通过一系列的胜利控制了哈布尔河流域，并攻取了塞赫那城（Shekhna 现 Tell Leilan），并命名其为舒巴特－恩利尔（Shubat-Enlil）。[2]舒巴特－恩利尔位于哈布尔河源头，距亚述尔西北约240公里，这里被沙姆希阿达德一世建为都城。20世纪70年由耶鲁大学的考古队对该城遗址进行发掘，发现该古城占地90公顷，部分城墙高15米；旁边的高地上有一座面积15公顷的卫城，卫城中有神庙和金字形神塔。

②征服马里

沙姆希阿达德一世的扩张与马里统治者亚赫敦·里姆发生冲突，因为马里控制着幼发拉底河中游到拜利赫河交汇处的图图尔（Tuttul）一带，及哈布尔河下游地区，正处于沙姆希阿达德一世扩张的路线之上。亚赫敦·里姆起先在纳噶尔（Nagar Tell Brak）打败沙姆希阿达德一世，并由此获得优势。但在前1798年的宫廷阴谋中，亚赫敦·里姆被刺杀，沙姆希阿达德一世趁机占领马里及其所控制的地域。

③在位期间

沙姆希阿达德一世统治整个美索不达米亚北部后，给自己加冕为"大王"和"天下之王"，这个称号曾经为阿卡德的萨尔贡所用。沙姆希阿达德一世在亚述尔重修神庙，原来此神庙是供奉恩利尔神的，重修后改为供奉亚述尔神。

沙姆希阿达德一世将埃卡拉图姆交由长子，也是直接王位继承人伊什麦·达干掌管；小儿子亚斯马·阿达德则掌管马里。从马里发现的档案来看，亚斯马·阿达德并不是一位称职的总督，他的父亲训斥他说"看看你自己，我们要管教你到何时？你真的还是个未成年的孩子吗？难道你还没有长大成人吗？在你的额下还没有长出胡须吗？你要荒废你的统治到何时？难道你没有看到你的兄弟正统领着千军万马吗？那么，至于你，也要守住你的宫殿和家室。"

沙姆希阿达德一世晚年不愿把战场从扎格罗斯山脉扩展到地中海沿岸。他所统治的美索不达米亚北部帝国在他死后灭亡了。亚述尔被伊朗南部的埃兰人占领；亚斯马·阿达德被推翻，马里原统治者亚赫敦·里姆的孙子齐姆瑞·里姆（Zimri-lim）替代了他；伊什麦·达干继续统治了埃卡拉图姆数十年。随着汉谟拉比的巴比伦兴起，原先沙姆希阿达德一世帝国的大部分疆土转由巴比伦控制。

3. 中亚述时期

公元前 15 世纪末叶以后，亚述又开始强大起来，进入中亚述时期，但当时的形势对亚述来说十分不利：小亚细亚的赫梯王国和新王国时期的埃及都在叙利亚扩张自己的势力，从而阻断了亚述向西的扩张。然而亚述仍不断寻找扩张机会，先是打败了两河流域南部的加喜特人，将亚述的边界向南推进，又两度同米坦尼作战，迫使米坦尼与自己的竞争对手埃及结盟，然而亚述最后仍歼灭了米坦尼，占其所有国土。公元前 13 世纪初，亚述甚至威胁到赫梯的安全，使赫梯也同样向自己的竞争对手埃及结盟。亚述也曾西征腓尼基，自赫梯灭亡后，中亚述王国曾一度统一两河流域。但其后受到阿拉美亚人入侵，令亚述国力受挫。

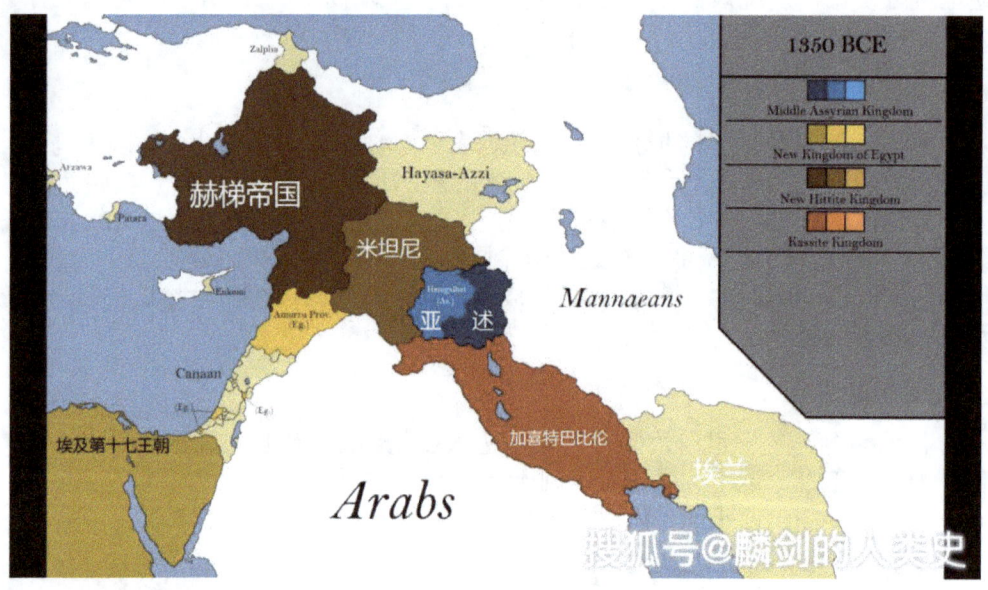

商业方面，由于赫梯强大，亚述已不能再在小亚细亚建立新的商业殖民地，亚述商人不得不将资本转入国内。然而，亚述本身生产力不是非常发达，回流商业资本无法转入生产过程，于是转成了高利贷资本，侵入农村，导致贫富悬殊日益严重，小生产者丧失土地，甚至遭到债务奴役。在"中期亚述法典"中有反映了这种情况，此法典现存九表，仅三表保存较完整，第一表是有关财产关系的，其中涉及土地转让的条款甚多；第二表则与债务及债务奴役有关，当中记载债务奴役没有年限。在这时留下的私法文书中，也有不少关于土地买卖的契约，反映了商品货币关系深入农村的情况。

政治方面，中亚述时期阶级矛盾尖锐，亚述的王权相对加强，并采用了君主专制的统治方式。在亚舒尔乌里巴特一世统治时期（公元前 1365－1330 年），第一次在官方名表和印章上自称为"亚述国之王"，并与埃及法老称为兄弟。在阿达德·尼拉里一世时，国王更身兼名年官一职，彻底成为专制君主。在前 1300 年左右，人口达到 100 万；在前 1220 年左右，人口达到 220 万人。

图库尔蒂-尼努尔塔王朝（公元前 1392 年～公元前 912 年）

亚述帝国的第三个奴隶制王朝，因为首都位于图库尔蒂-尼努尔塔镇而得名，一共传 24 个国王，统治 480 年。

在埃及与赫梯对峙的时代，亚述开始强大。公元前 1365 年，国王亚述乌巴利特一世继位，开始复兴亚述，史称中亚述时期，以后的图库尔蒂·尼努尔塔一世公然对在"海上民族"打击之下日薄西山的赫梯开战。他还向美索不达米亚南部的巴比伦第四王朝发动了进攻。 此后赫梯国家灭亡。中亚述王国曾经一度统一两河流域，并把首都从阿淑尔迁往图库尔蒂－尼努尔塔镇。此后，亚述还有过几个首都，但阿淑尔城仍然是帝国宗教中心，在政治生活中起重大作用。

中亚述时期，政体已过渡向君主专制，中央集权加强，名年官和长老会议只具形式，专属于国王的官吏已经产生。国家常备军已存在，其来源主要是自由民。社会的统治阶级是大土地所有者和商人高利贷者大奴隶主阶级。奴隶阶级除战俘和外地买来的奴隶外，还存在债务奴隶。

再此之后，阿拉米人进入两河流域。中亚述帝国在阿拉米人的迁徙浪潮打击下，再度衰落，亚述国家重新龟缩于亚述本土。

伊里巴阿达德一世 （公元前 1392 年～公元前 1366 年），中亚述时期的首任亚述国王，他向米坦尼称臣并向其寻求支持，死后由阿淑尔乌巴里特一世继承。

阿淑尔乌巴里特一世 （公元前 1365 年～公元前 1330 年），他的统治标志着亚述击败米坦尼国王沙图瓦拉二世获得独立，并由此成为一个强有力的帝国。后来由于喀西特王朝的布尔那布瑞亚什二世的去世，巴比伦陷入混乱，阿淑尔乌巴里特一世将库瑞噶尔祖二世推上巴比伦王位，由此开始了后来一系列的亚述干预巴比伦事务。

恩利尔尼拉里 （公元前 1330 年～公元前 1319 年），他在位时期对亚述古城的城墙进行维修，同时他对外进行战争，并取得胜利。

阿里克-登-伊利 （公元前 1319 年～公元前 1308 年），他在位时期开始军事活动，反抗亚述邻国。先后击败并征服附近一系列游牧部落，获得大量战利品。

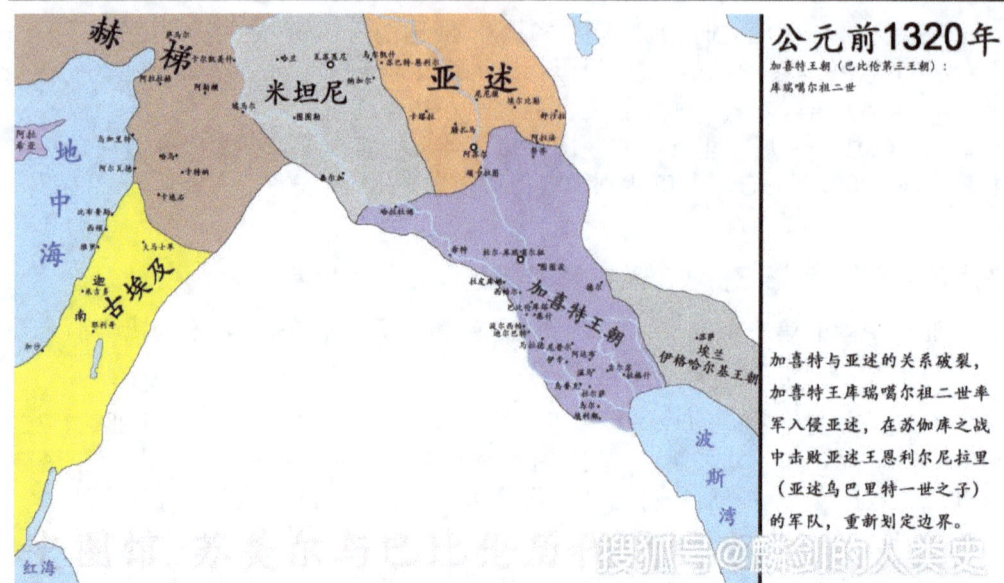

公元前1320年

加喜特王朝（巴比伦第三王朝）：
库瑞喀尔祖二世

加喜特与亚述的关系破裂，
加喜特王库瑞喀尔祖二世率
军入侵亚述，在苏伽库之战
中击败亚述王恩利尔尼拉里
（亚述乌巴里特一世之子）
的军队，重新划定边界。

阿达德尼拉里一世（公元前 1308 年～公元前 1275 年），他是最早的可以得知其在位时代具体编年的亚述君主之一。

萨尔玛那萨尔一世（公元前 1275 年～公元前 1245 年），阿达德尼拉里一世之子和继承人，曾大力强化亚述的霸业。他侵占卡帕多西亚，在卢哈开辟殖民地，袭击卡尔基米什、伊里迪和卡什阿里山区，重新打通西北部的主要商路。扩大疆界。同时，他在都城亚述尔大兴土木，修建许多宫殿和庙宇。他在尼尼微和尼姆鲁德的建筑物已部分发掘。

图库尔蒂-尼努尔塔一世（公元前 1245 年～公元前 1208 年），他在东南征服喀西特人的国王卡什提利亚什四世，在东北征服古代的亚美尼亚，并且一度征服巴比伦尼亚。崇尚祭祀，曾建黎明女神伊西塔神庙。此神庙十分著名，为亚述建筑的典范。并扩建亚述城堡，后又在底格里斯河对岸建新都图库尔蒂-尼努尔塔城。公元前 1208 年为子所弑，死后亚述持续数年中衰。

亚述纳迪纳普利（公元前 1207 年～公元前 1204 年），他 3 年的统治动荡不安，死后由亚述尼拉里三世继承。

亚述尼拉里三世（公元前 1203 年～公元前 1197 年），继承亚述纳迪纳普利之位，在位 6 年遇刺身亡。

恩利尔-库杜里-乌苏尔（公元前 1197 年～公元前 1193 年），继承亚述尼拉里三世之位，他在位 4 年去世，由尼努尔塔-阿帕尔-伊库尔承袭。

尼努尔塔-阿帕尔-伊库尔（公元前 1192 年～公元前 1180 年），恩利尔-库杜里-乌苏尔死后篡位，在位 12 年。他颁布法令，规范统治秩序。

亚述-丹一世（公元前 1179 年～公元前 1133 年），他在位 46 年，多次与埃　兰发生冲突，双方互有胜负。他死后亚述局势动荡不安，至亚述雷什伊希一　世时期才为缓和。

亚述雷什伊希一世（公元前 1133 年～公元前 1116 年），他在位 17 年，多次与巴比伦发生冲突，双方互有胜负。同时他还大兴土木，建造许多规模庞大的宫殿。他死后由儿子提格拉特帕拉沙尔一世继承。

提格拉特帕拉沙尔一世（公元前 1116 年～公元前 1077 年），"提格拉特帕拉沙尔"是希伯来语对他的名字的转写，他的阿卡德语真名为图库尔蒂-阿皮尔-伊沙拉（Tukulti-apil-Esharra），字面意思是"伊沙拉之子是我的信念"。提格拉特帕拉沙尔一世是亚述国王亚述雷什伊希一世的儿子。他被认为是中期亚述最伟大的统治者之一，向四方扩展了亚述王国的疆土。在他去世后，其子阿沙里德-阿帕尔-伊库尔继承了王位。

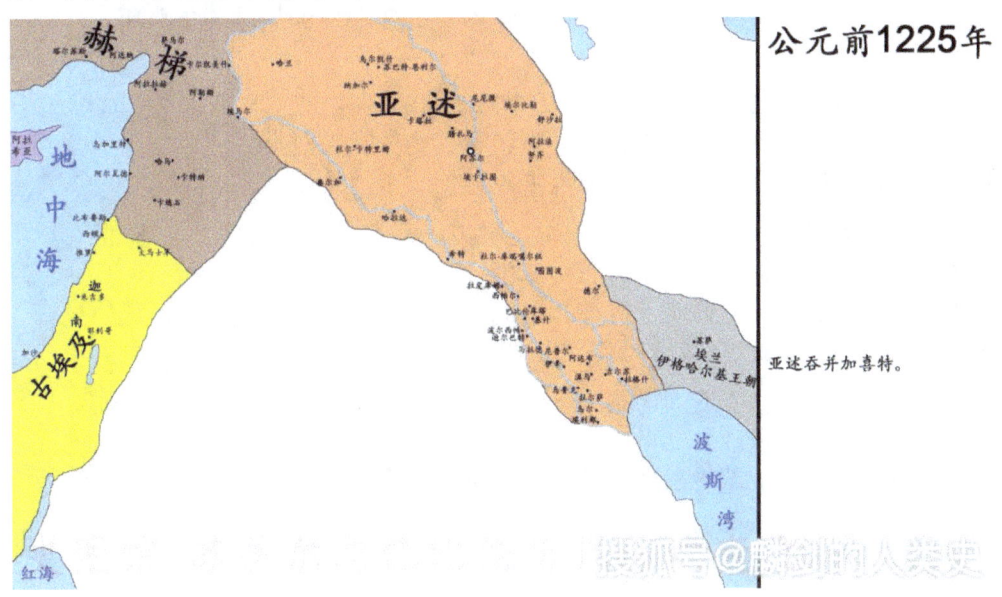

阿沙里德-阿帕尔-伊库尔（公元前 1077 年～公元前 1074 年），提格拉特帕拉沙尔一世之子和继承人，他大约与巴比伦国王马尔杜克·沙皮克·泽瑞同时，他死后由亚述贝尔卡拉继承。

亚述贝尔卡拉（公元前 1074 年～公元前 1057 年），提格拉特帕拉沙尔一世之子，继承阿沙里德-阿帕尔-伊库尔之位。他在位 17 年去世，葬于亚述古城。

沙姆希阿达德四世（公元前 1057 年～公元前 1050 年），他在位 7 年，死后由其子亚述那西尔帕一世继承。

亚述那西尔帕一世 （公元前 1050 年～公元前 1032 年），亚述那西尔帕一世是亚述国王沙姆希阿达德四世之子。他的统治处于一个困难重重的时期，亚述国家的国力急剧下降。由于饥荒和与侵扰边境的游牧部落的战争，消耗了国家的大部分力量。亚述那西尔帕一世的继承者是他的儿子萨尔玛那萨尔二世，他还有一个儿子亚述拉比二世后来也登上了王位。

萨尔玛那萨尔二世 （公元前 1031 年～公元前 1020 年），亚述那西尔帕一世之子和继承人，他在位 11 年，死后由亚述尼拉里四世承袭其位。

亚述尼拉里四世 （公元前 1020 年～公元前 1016 年），萨尔玛那萨尔二世之子和继承人，他在位 4 年，死后由其叔亚述拉比二世承袭其位。

亚述拉比二世 （公元前 1016 年～公元前 973 年），亚述那西尔帕一世之子，继承亚述尼拉里四世之位。他在位 43 年，为亚述统治时间最长的君主之一。他统治时期曾派人赴地中海地区进行采石活动。他死后由其子亚述雷什伊希二世继承。

亚述雷什伊希二世 （公元前 973 年～公元前 967 年），亚述拉比二世之子和继承人，他的事迹鲜为人知，唯一有记载的是他在位时期亚述曾发生日食。他死后由儿子提格拉特帕拉沙尔二世继承其位。

提格拉特帕拉沙尔二世 （公元前 967 年～公元前 935 年），亚述雷什伊希二世之子和继承人，一个继承者曾用专门称呼权威显赫的君主头衔来称呼他，从此可见他治国有方。他统治时期正值亚述衰落百年之后刚刚中兴，其他事迹鲜为人知，死后由其子亚述-丹二世继承。

亚述-丹二世 （公元前 935 年～公元前 912 年），中亚述时期的末任亚述国王，提格拉特帕拉沙尔二世之子和继承人，他在位时期中央对地方的控制有所加强。同时，由于犁的出现而使粮食产量得到提高。他的统治为亚述持续繁荣奠定基础。

重要人物：

（1）阿淑尔乌巴里特

阿淑尔乌巴里特（英语：Ashur-uballit I）是亚述帝国的一位国王，他在位时间为前 1365 年－前 1330 年，或前 1353 年－前 1318 年。他的统治标志着亚述击败米坦尼国王沙图瓦拉二世获得独立，并由此成为一个强有力的帝国。后来由于喀西特王朝的布尔那布瑞亚什二世的去世，巴比伦陷入混乱，阿淑尔乌巴里特一世将库瑞噶尔祖二世推上巴比伦王位，由此开始了后来一系列的亚述干预巴比伦事务。

①亚述的崛起

公元前 14 世纪时，米坦尼控制着亚述。大约前 1350 年，阿淑尔乌巴里特一世登上亚述王位。当时的米坦尼王国由于国王遭暗杀，正陷入内战之中，阿淑尔乌巴里特一世和赫梯国王一起趁机瓜分米坦尼。亚述从米坦尼吞并了位于亚述尔城以西和以北的肥沃农田，这些农田在接下来的 700 年中一直是亚述最重要的土地。

②亚述地位的确立

19 世纪末在埃及出土阿马尔奈文书记载了埃及与亚述、巴比伦和米坦尼间的外交信件。意识到自己地位的加强后，阿淑尔乌巴里特一世派出使节前往埃及，意图建立外交关系。"我已派遣我的使节去拜望你和你的国家，"阿淑尔乌巴里特一世在给埃及法老埃赫那顿的信中写道，"迄今为止我和你进行的交流是我的祖先们从未做到的。"亚述使节给法老带去了一辆战车、两匹白马和一枚青金石印章。虽然使节在埃及受到热情款待，但阿淑尔乌巴里特一世还是在一份信中抱怨法老的回赠不够大方，还不够信使路上的费用，并理直气壮地要求法老送大量的黄金来，因为他要建新王宫，而"在埃及，黄金就像尘土一样"。

巴比伦国王则向法老抱怨亚述不该派使节去埃及："现在，不是我派亚述人——我的臣子去你那里；他们自行其是。他们为什么去你国家？如果你还尊重我的话，别让他们在你那里得到任何东西！将他们两手空空的赶出去！"

③干涉巴比伦王位

到了阿淑尔乌巴里特一世统治末期，由于一系列同盟关系的变化。亚述的地位已经明显高于巴比伦。阿淑尔乌巴里特一世曾经把一个女儿许配给巴比伦国王布尔那布瑞亚什二世，当他的外孙卡拉•哈尔达什（Kara-hardash）被篡位者从王位推翻后，阿淑尔乌巴里特一世出兵干涉，由于卡拉•哈尔达什在混乱中已经被杀，阿淑尔乌巴里特一世选定了库瑞噶尔祖二世继承王位。

（2）阿达德尼拉里一世

阿达德尼拉里一世（活动时期公元前 13 世纪）亚述中王国的国王（按不同的年代系统，在位时间为前 1307 年~前 1275 年或前 1295 年~前 1263 年）。他是最早的可以得知其在位时代具体编年的亚述君主之一。

阿达德尼拉里一世是一个好战的国王，他为亚述国家带来了一系列军事成果。在他的统治下，亚述王国开始在美索不达米亚地区扮演重要角色。

阿达德尼拉里一世首先征服了美索不达米亚北部。一些保存下来的记载提到，他在卡尔-伊什塔尔战役中打败了加喜特人的国王纳齐马鲁塔什。在与西亚另一重要国家米坦尼的战争中，阿达德尼拉里一世彻底击败了米坦尼国王沙图瓦拉一世，迫使米坦尼臣服于亚述；由于这一胜利，他实际上已经控制了整个美索不达米亚。但是，在与赫梯的战争中，阿达德尼拉里一世又失掉了大部分获得的地盘。在东方，阿达德尼拉里一世成功地防御了山地部落的侵袭。

纽约大都会艺术博物馆收藏有阿达德尼拉里一世的一柄青铜剑。

（3）提格拉特帕拉沙尔一世

提格拉特帕拉沙尔一世（？—前1077年），亚述国王（约前1115年～前1077年在位）。"提格拉特帕拉沙尔"是希伯来语对他的名字的转写，他的阿卡德语真名为图库尔蒂-阿皮尔-伊沙拉（Tukulti-apil-Esharra），字面意思是"伊沙拉之子是我的信念"。

提格拉特帕拉沙尔一世是亚述国王亚述雷什伊希一世的儿子。他被认为是中期亚述最伟大的统治者之一，向四方扩展了亚述王国的疆土。根据记载，他的第一场战役是针对穆什基人进行的，后者占据着幼发拉底河上游的很大一片地方。接着，他洗劫了科马根和东卡帕多细亚，并把赫梯人从亚述领土上赶走。在打败赫梯人之后，提格拉特帕拉沙尔一世乘胜追击，进入凡湖南部山区，然后转向西面征服了马拉蒂亚（今土耳其境内）。提格拉特帕拉沙尔一世在其在位的第五年攻入卡帕多细亚，在一座古亚述要塞遗迹中找到的铜板上发现了关于这次胜利的铭文。居住在叙利亚北部的阿拉米人成为提格拉特帕拉沙尔一世的下一个打击目标；在这次讨伐中，亚述军队一直打到了底格里斯河的源头。由于占领了位于幼发拉底河沿岸的赫梯城镇佩托尔，提格拉特帕拉沙尔一世打通了通往地中海的道路。接下来他连续攻克了比布鲁斯和西顿诸城市，最后终于在艾尔瓦德岛登船进入了地中海。

在国内政策方面，提格拉特帕拉沙尔一世鼓励商业，热衷于修建公共建筑。根据他的命令，亚述境内普遍维修了灌溉系统。一般认为，他曾下令对亚述城中的亚述神神庙和哈达德神神庙进行修缮。

提格拉特帕拉沙尔一世在晚年的统治呈现出一种收缩和衰颓态势，阿拉米人重又对亚述形成压力。在他去世后，其子阿沙里德-阿帕尔-伊库尔继承了王位。

4.2、亚述与商朝崛起时期的具体事例

根据《世界史的故事》作者：苏珊·怀斯·鲍尔描述：

正当赫梯人和埃及人在（在卡迭石）打得不可开交时：

亚述国王阿达德尼拉里(盘庚)的继承人撒缦以色一世（Shalmaneser I(商惠王（小乙）)比他的祖先更有野心，他正在争夺先前米坦尼王国剩余的土地。赫梯（鬼方）士兵与阿拉米军队合力攻打撒缦以色一世，结果却是节节败退。撒缦以色一世吹嘘说："我杀死了无数的败兵和无处不在的敌人，我砍下了他们的头颅，我击倒并生擒了 14 400 人。"这意味着他俘虏并刺瞎了他们，在亚述人的战争中，这种没有必要的残忍行为逐渐成为战场上的惯例。撒缦以色还宣称自己占领了 180 座城池，并把它们变成废墟。"对于赫梯人和阿拉米人的联军，我屠杀他们就像宰羊一样。"

由于无法与东边的亚述和平共处，因此哈图西里转而去保卫他的南部边境。他决定与埃及谈判休战。

对于拉美西斯二世来说，这有些左右为难，因为赫梯合法的王位继承人、穆瓦塔里的儿子逃出叔叔的监牢后便来到埃及寻求庇护。（他也曾写信给亚述国王撒缦以色提出同样的请求，但遭到拒绝。）

面对夺取赫梯帝国的大好机会，拉美西斯二世却放弃了。他送还了穆瓦塔里的儿子，同意与这位篡权的叔叔达成和平协议，甚至还约定迎娶哈图西里三世的两个女儿。和平是必然的。拉美西斯二世已经不能控制曾属于埃及的西闪米特人的土地。分散在地中海沿岸的一些小国家的国王并没有机会一睹拉美西斯二世的浮雕，那些浮雕把卡迭石战役描绘成埃及的伟大胜利。他们只看到了埃及人的撤退和挨打，从那之后他们便不断叛乱。埃及军队不可能踏上赫梯的领土，因为每前进一步都要不停地战斗。

埃及被迫与它的敌人结盟。但是，拉美西斯二世还在继续为自己歌功颂德。他将那份承诺埃及不会攻击赫梯的协约刻在了卡纳克一座神庙的墙壁上，协约开篇是一段说明性文字，解释赫梯乞求他赐予和平。尽管他有很多女儿，但拒绝把女儿送到北方嫁给赫梯王子。拉美西斯二世非常好色，有 100 多名子女，在神庙的浮雕中，他的孩子们训练有素地跟在他身后，好像他就是会施魔法的笛手（Pied Piper）。埃及公主是不会嫁到番邦去的。

时间线 34			
美索不达米亚和小亚细亚			埃及
米坦尼	亚述	赫梯	
		萨乌什塔塔	图特摩斯三世（独治） （约前 1483—前 1450） 出埃及（最早时间）
阿塔塔玛			图特摩斯四世 （前 1419—前 1386）
苏塔尔纳二世			
	亚述纳迪纳赫二世		阿蒙霍特普三世 （约前 1386—前 1349）
图什拉塔		苏庇路里乌玛	
	亚述乌巴利特 中期亚述王国		埃赫那吞（约前 1349—前 1334） 图坦卡蒙（约前 1333—前 1325） 阿伊（约前 1325—前 1321）
	阿达德尼拉里一世		哈伦海布（约前 1321—前 1293）
		穆瓦塔里	第十九王朝（前 1293—前 1185）
	撒缦以色一世 哈图西里三世		拉美西斯二世（约前 1278—前 1212）

哈图沙发现的赫梯版本的协议则记录说是埃及首先求和。

拉美西斯二世去世的时候已经 90 多岁，是埃及历史上统治时间排名第二的法老。他在整个埃及都留下了自己的印迹——到处都是他为阿蒙神和其他神祇修建的庙宇，到处都是他的纪念碑、他的雕像以及他的铭文。为他的尸体做防腐处理的人经过仔细考虑后在他的大鼻子里塞满了胡椒，这样即便用绷带缠紧身体后，鼻子也不会被压平。由此一来，他的个性不仅体现在埃及各处，而且鲜明地体现在他的木乃伊上。

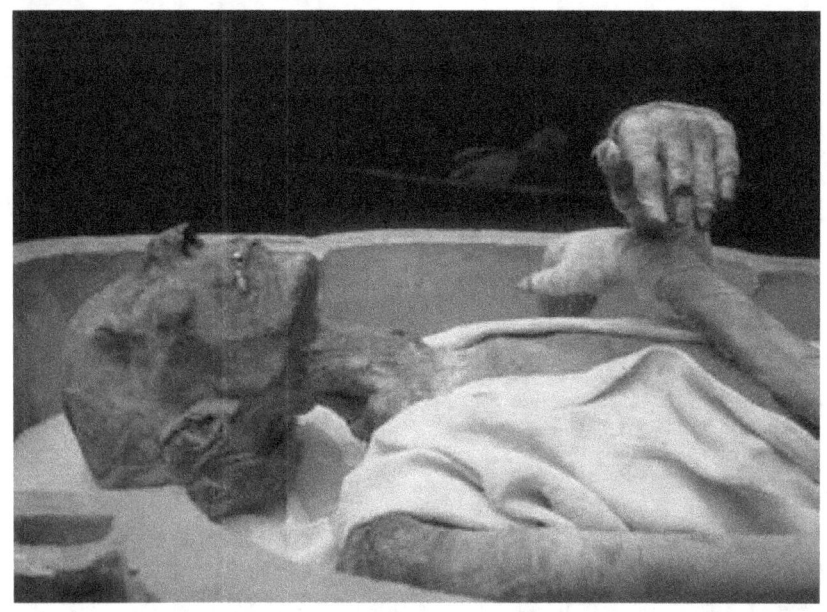

图 34-2　拉美西斯二世的木乃伊

多亏了木乃伊的鼻子里塞满了胡椒，拉美西斯二世的鹰钩鼻型才得以完好保持。埃及博物馆，开罗。图片来源：斯卡拉/艺术资源，纽约

38 时运无常，谁能安坐

公元前 1212 年至公元前 1190 年间，亚述人与赫梯人、巴比伦人、埃兰人大动干戈，埃及第十九王朝倾覆。

让我们的目光向西稍转，原本团结有序的赫梯帝国开始出现分裂的迹象。

埃及与赫梯的条约仍然有效；前者掌管着远至卡迭石的西闪米特人的土地，后者的边界则不断向北延伸。90 多岁的拉美西斯二世去世后，他的儿子麦伦普塔赫（Merneptah）继承王位（他是拉美西斯二世第十三个儿子，其他十二个儿子都没活过这位老人，他就成了继承人的第一人选）。新任法老登基后，埃及北部的某些城市想借机造反，但埃及军队不费吹灰之力便将其镇压。

赫梯人此时正苦于旱灾。庄稼颗粒无收，牲畜也无法存活，村民饱受饥饿折磨。赫梯给埃及送了封信，说法老最好赶紧把待嫁的赫梯公主接走，这儿的人已经没饭吃，随公主作为嫁妆的牛犊越饿越瘦，再不接走，法老要吃亏了。

哈图西里三世让他的儿子图特哈里（Tudhaliya）担任贴身侍卫长，这足以显示父亲对他完全信任；在赫梯王室中，不是每个人都能有这种待遇。哈图西里三世去世后，他的儿子成为国王图特哈里四世。与王位相伴而来的是日益严重的饥荒。

图特哈里四世希望埃及能伸出援手，法老麦伦普塔赫应承下来。据埃及铭文记载，法老送出的粮食能"保证无人再饿死"。赫梯的记载也相似，图特哈里四世曾给附属城市写信让它们派船帮忙运输粮食。信中写道，当时每艘船都载着 450 吨粮食。赫梯的粮仓几乎空空如也。

靠外邦援助才能勉强度日的国王，其统治之惨淡可想而知，曾经盛极一时的赫梯开始走下坡路。国无粮即穷困。国库空虚就不能养兵。与饱食三餐、心满意足的战士相比，待遇差的士兵缺乏纪律性。赫梯的军队逢战必败。

图特哈里四世在军事方面能力过人，12 岁时首次跟随父亲出征，又身经百战。但现在饥荒与贫困肆虐，他也担心王位不保。父亲靠篡权夺取王位，王国里有王室血统的人数不胜数。他在一封信里抱怨道："苏庇路里乌玛的后裔、穆尔西里的后裔、穆瓦塔里的后裔、哈图西里的后裔怎么这么多！"

为了证明自己具有合法的王权，图特哈里四世下令兴建了赫梯有史以来规模最大的建筑工程，其中包括新建神庙，并进一步扩大本已宏大的王宫建筑群，此外在首都哈图沙外建造了包含 26 座新寺庙的郊区，把老城的面积扩大了一倍。只有伟大的国王才能做出此等壮举，此法可能正是效仿刚去世的拉美西斯二世。新建筑昭示了图特哈里四世的王权，但国库也很快就被榨干。王国本就缺粮缺钱，图特哈里四世又在建筑上大肆挥霍，这样他就更撒缪以色三世没钱养兵了。

被赫梯征服的人显然察觉军队的力量一年不如一年。统治没多久，图特哈里四世得知帝国西部边境的 22 座城市已结成反叛联盟。他向西部派兵打败了叛军联盟，但帝国依旧危机四伏。

在东南部，亚述新王看到了扩张的机会。撒缪以色一世(商惠王（小乙）)吞并了先前米坦尼的土地。现在，他的儿子图库尔蒂-尼努尔塔（Tukulti-Ninurta 武丁）向西发动对赫梯边境的袭击。

图特哈里四世派军队前往敌人的地盘，两军在埃尔比勒平原相遇。根据亚述人的记载，图特哈里四世根本不确定他能打得赢。亚述国王在给盟友的信中写道：

图特哈里写信给我，说："你抓了忠于我的商人。来啊，来打一仗，我已经等不及了。"

我的军队与战车整装待发。但在我抵达他驻扎的城市之前，赫梯国王图特哈里派来了一名信使，他拿着三块石板，两块写着充满敌意的话语，一块写着友善的话语。他先充满挑衅地给我看了两块石板。石板的内容激怒了我的士兵，他们迫不及待要冲上前线，希望立刻出发。信使看到了当时的情景，于是他给了我第三块石板，上面写道："兄弟，我不是亚述王的敌人。兄弟可不能反目成仇啊！"

　　但我依旧率军出征。他和军队驻扎在尼赫尔加城中，我给他送去封信，说："如果你真心向我示好，就马上离开，不要逼我围城。"他没有回信。

　　于是我率军稍稍退后。后来，一个赫梯逃兵从图特哈里那里逃到我这儿。他说："国王可能不久就会给你回信，闪烁其词地向你示好，但他的军队处于战备状态，随时都会出兵。"

　　于是我先行率军出击，大胜。

　　图库尔蒂-尼努尔塔后来吹嘘他抓获了近三万名赫梯战俘，可是根本不可能有这么多。但他肯定俘获了几千名赫梯战俘，并把他们带回了亚述。把俘虏安顿在异乡会淡化他们的民族意识，被流放的种族不太可能造反。（《易经》这样描述武丁："高宗伐鬼方，三年克之。"）

　　在最古老的希腊史书中，此次征服是近东历史上不可忽略的重要事件，图库尔蒂-尼努尔塔［希腊名字为尼努斯（Ninus）］成了远在小亚细亚的萨迪斯统治者的祖先；这变相地展现了图库尔蒂-尼努尔塔（武丁）在赫梯（鬼方）领土上的横行和暴虐。

　　图特哈里四世退守都城，放弃了帝国边缘的领地。赫梯的军事实力每况愈下。在给乌加里特诸侯的信中，图特哈里四世埋怨他没有为赫梯军队提供足够兵力，质问他是不是要造反。另一块泥板上的文字记载说，所有迦基米施的船只都已破旧不堪，无法航行。图特哈里四世的边境正逐渐瓦解。

　　与此同时，图库尔蒂-尼努尔塔回国处理南方出现的新问题。

　　多年来，巴比伦与亚述的关系一直不清不楚。双方在不同时期都声称有权统治另一方。巴比伦与亚述不仅实力均衡，而且文化上也同根同源。它们都曾隶属于汉穆拉比的帝国，巴比伦在整个地区留下的印记依然可见。亚述与巴比伦敬奉相同的神，尽管有时候这些神的名字不同；他们的神也有着相同的故事；亚述人的铭文和记录也使用巴比伦楔形文字。

　　正是因为这种相似性，即便亚述国王有机会将巴比伦洗劫并付之一炬，他们往往也不愿意这样做。但图库尔蒂-尼努尔塔可没那么心软，他在铭文中扬言，所有违抗他的人都将会有这样的下场："我把他们的尸体堆满山洞，他们的尸骨会像门前的粮食一样堆积如山；我要蹂躏他们的城市，把那儿变成人间地狱。"

　　看到图库尔蒂-尼努尔塔正忙于收拾北方的赫梯人，巴比伦国王想趁机夺取亚述与巴比伦之间存有争议的土地。我们对巴比伦国王卡什提里亚什四世（Kashtiliash Ⅳ）知之甚少，只知道他的识人能力非常有限；图库尔蒂-尼努尔塔率军南下，巴比伦的寺庙惨遭洗劫。由此，他打破了亚述长久以来尊重巴比伦圣地的传统。他甚至胆敢把神像夺走，当时的民众认为，这种亵渎神灵的行为也会冒犯亚述的神灵。亚述的战争史书记载："他把伟大的马杜克从寺庙里搬出来运往亚述。"他曾在战斗中亲自与巴比伦国王较量过,他的铭文写道:"在那次战斗中,我抓获了卡什提里亚什四世,把他那高贵的脖子像脚凳一样踩在脚下……苏美尔与阿卡德所有的土地都归我所有。太阳初升的海平线是我国土的疆界。"随后,他自称为巴比伦与亚述之王。两个王国再次合二为一。

卡什提里亚什四世赤身裸体,戴着锁链,被图库尔蒂-尼努尔塔押回亚述,巴比伦沦为亚述的附庸。亚述帝国的疆域从北部西闪米特人的土地一直向南延伸至美索不达米亚。图库尔蒂-尼努尔塔现在是整个地区唯一的大君主,他也开始投身于大君主常做的那些事情。他修建新寺庙,加固亚述的城墙,还在亚述主城偏北为自己新建了一座小型王城。城内有独立的供水系统,由囚犯充作劳力,没有都城的供给也能自给自足。

图库尔蒂-尼努尔塔声称,亚述神要求他建一座新城,"里面既没有房屋也没有居所"。但他如此急于藏身城墙之后远离亚述居民,说明情形似乎对他不利。巴比伦对寺庙被洗劫甚为震惊,《巴比伦编年史》写道:"他屠杀了巴比伦人,无耻地夺走巴比伦的财富,还把伟大的马杜克掳到亚述。"亚述本土的虔诚信徒对此也心存不满。在图库尔蒂-尼努尔塔用来庆祝战胜巴比伦的亚述史诗中,明显能感受到他在为自己辩护;史诗用很长的篇幅为图库尔蒂-尼努尔塔辩解,说他其实很想与巴比伦和平共处,也想与卡什提里亚什四世友好相处,可是巴比伦国王硬要侵略并烧掉亚述,于是巴比伦诸神便放弃该城,让亚述人来施加惩罚。显然,这位国王面对巨大的压力,不仅要解释为什么要洗劫巴比伦,还要给出劫走神像运回自己国家的理由。

但这种解释没有奏效,亵渎神灵的图库尔蒂-尼努尔塔只能自食其果。《巴比伦编年史》中难掩得意地写道:"给巴比伦带来不幸的图库尔蒂-尼努尔塔……他的儿子与亚述贵族起兵,将他赶下王位(把他囚禁在宫殿中)……一剑杀了他。"这位伟大的国王,他 37 年的统治就此终结。

图库尔蒂-尼努尔塔死后,他的儿子即位。为了弥补父亲犯下的过错,他把马杜克神像归还巴比伦,但这依旧无法平息巴比伦人的怒火。巴比伦人几乎是立刻就起义了,亚述总督逃跑,一名加喜特贵族夺取王位,宣布巴比伦摆脱亚述的统治。

亚述国力正衰时,一直虎视眈眈的埃兰人开始骚扰亚述的东部边境。他们一直打到尼普尔,两次将亚述指定的尼普尔国王赶下台。他们还大举侵入巴比伦,横行街道,洗劫寺庙,劫走了马杜克神像(亚述人刚刚奉还,便再次被劫),以胜利者的姿态将其带回苏萨(他们还抢走了汉穆拉比法典石碑,几千年后,考古学家在苏萨遗址内将其挖出)。权衡利弊后,他们还掳走了巴比伦国王。他可没有马杜克神像或汉穆拉比法典那么重要,有关他的历史记录就此中断。

图库尔蒂-尼努尔塔的儿子名叫亚述纳迪纳普利(Assurnadinapli(祖庚)),这位无足轻重的亚述国王面对如此乱世手足无措,在位三年就下台了。

虽然我们对他的死所知不多，但他应该不是自然死亡。继承王位的不是他的儿子，而是他的侄子。他的侄子登基仅六年便被一位叔叔篡权，这位叔叔掌权五年后又被人赶下台（可能死于谋杀），篡位者宣称自己有权登上王位，因为图库尔蒂-尼努尔塔的曾曾曾叔父是他的老祖宗。

巴比伦的情况也不容乐观。埃兰人推翻当时的君主后，另一个家族登上了王位，这就是伊辛第二王朝，没人知道他们的祖先是谁。在统治的最初十五年里，王位四次易主。在赫梯，图特哈里四世很可能是自然死亡（这是很罕见的）。他的儿子与表兄弟为了王位和帝国残存的那点土地争斗不休。

即使是在南方的埃及，王位也动摇不定。老法老麦伦普塔赫的木乃伊还没有被神圣地埋葬，他的继承人就被赶下了王位；麦伦普塔赫的儿子、共治者塞提二世被他的异母兄弟夺走了王位，三年后才重新将其夺回。夺回王位后不久他就去世了，王位又传给了他的儿子，这位新王患有小儿麻痹症（从他的木乃伊判断得出），没过多久就死了。此时，他儿子的继母塔沃斯塔（Twosret）试图夺权，埃及王表一片混乱。每当埃及的防御力量衰弱，四处游走的入侵者都会趁机进入尼罗河三角洲，由此埃及变得更加混乱。后来，一份莎草纸上写道："埃及被外人践踏得体无完肤，人民毫无权利可言……埃及的诸侯和首领各自为王，自相残杀。"第十九王朝就这样在混乱中结束了。

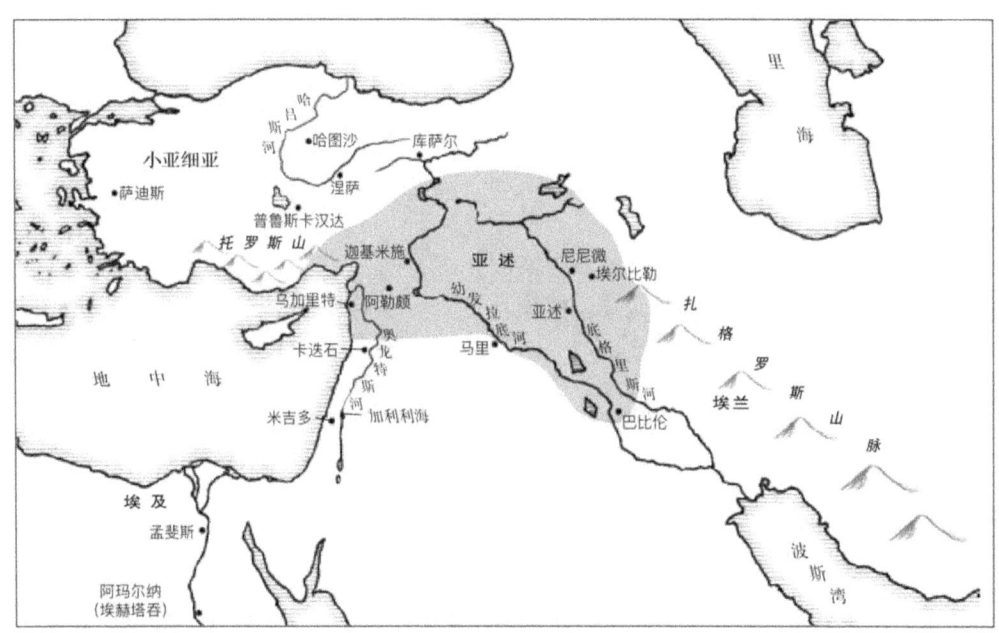

地图 38-1　图库尔蒂-尼努尔塔统治下的亚述

时间线 38			
美索不达米亚和小亚细亚			**埃及**
巴比伦	亚述	赫梯	阿蒙霍特普三世 （约前 1386—前 1349）
	亚述乌巴利特		埃赫那吞（约前 1349—前 1334） 图坦卡蒙（约前 1333—前 1325）
布尔那布里什 中期亚述王国			
			阿伊（约前 1325—前 1321）
	阿达德尼拉里一世		哈伦海布（约前 1321—前 1293）
		穆瓦塔里	*第十九王朝*（前 1295—前 1185）
	撒缦以色一世		拉美西斯二世（约前 1278—前 1212）
		哈图西里三世	
	图库尔蒂-尼努尔塔		
		图特哈里四世	
	卡什提里亚什四世		麦伦普塔赫（前 1212—前 1202）
	亚述纳迪纳普利		
伊辛第二王朝			

　　时运无常，没人能端坐王位。征服战争会在接下来的数十年里榨干这些王国最后的一点元气。

　　西部的威胁还没消除干净，东北部又出了乱子。被塞特纳赫特驱逐的"亚细亚人"又卷土重来了。西闪米特人的土地乱成了一锅粥，从特洛伊到亚述再到巴比伦，当地首领纷纷独立，赫梯的国土面积缩水，亚述与巴比伦争斗不休，埃兰人在东部边境横行霸道。更糟糕的是，很多来自我们今天所谓东欧大陆的部族正绕过爱琴海与黑海源源不断地来到这片是非之地。这些古时的流浪者正蚕食着原本秩序井然的王国的边境：拉美西斯三世在他的庙墙上写道："外国的土地遭到侵犯，四分五裂，无一国能够幸免。他们要将魔爪伸向世界所有国家。"

4.3、商王与两河流域历史人物对照表

商朝皇帝列表及简介＋（对应亚述王）

商朝（约公元前 1675 年-前 1029 年），始于商汤，终于商纣，共 30 帝，享国 646 年。因商朝曾都殷，所以商朝又称殷商。商朝时奴隶制得到了较大的发展，并在文化，青铜冶炼等发面达到较高的水平。商朝子姓。

商朝帝王谱

商太祖(商汤) 伊什比·埃拉（约公元前 2017 年—约公元前 1985 年在位）（英语：Ishbi-Erra），伊辛国王。原为乌尔将军，他乘乌尔饥荒而获得权力，成为伊辛的统治者。	在位 30 年　商汤，姓子名汤。商的祖先契助大禹治水有功封于商地，商汤时建都于亳。他任用仲虺和伊尹为相，逐渐强大起来，又有夏桀残暴无道，民怨沸腾，遂起兵征讨夏，大败夏军，建立商朝。建国后又修《汤刑》，《明居》等法，比较关心民命。商汤即位 17 年践天子位，为天子 13 年崩。
商代王(太乙) 舒伊里舒（前 1987－1978）伊辛国王。继位后和埃兰和好，从安山王朝把埃兰人掠走的月神南那神像接回乌尔并自称乌尔王。 萨尔贡一世 前 1860 年-前 1850 年 10 是阿卡德时期亚述城邦的统治者。	在位 1 年　　太乙商汤的儿子
商哀王(外丙)子胜 伊丁达干（前 1977－1957）伊辛国王。即位不久便将自己的女儿远嫁给伊朗的安山王，以和亲政策确保埃兰人不再入侵，他自称（苏美尔阿卡德王）。 普祖尔亚述二世（英语：Puzur-Ashur II）古亚述时期的亚述国王，（公元前 1850 年—公元前 1830 年在位）继承萨尔贡一世之位，死后由纳拉姆辛接任。	在位 3 年　　外丙,商汤的儿子，在位 3 年卒。商代天子，名胜。商开国君主汤之子，汤的太子太丁早死，乃立太丁弟外丙为王，是为外丙元年，伊尹摄政。外丙即位后三年卒，传位其弟仲壬。 一说 外丙是商汤的弟弟，汤子太丁叔。商汤卒，太子太丁已先商汤而亡，遂继为王，在位 3 年。即商朝第二代王。
商懿王(仲壬)子庸 伊什美达干　前 1956－前 1937 李皮特伊什塔尔前 1936-前 1926 乌尔尼努尔塔　前 1923-前 1896 布尔苏恩二世　前 1895-前 1874 李皮特恩利勒　前 1875－前 1871 埃 腊伊米提　前 1870－前 1863 恩利勒巴尼　前 1862－前 1839 占比亚　前 1838－前 1836	在位 4 年　　　仲壬，商汤子，外丙的弟弟，商王世袭是先弟后子，仲壬在位 4 年卒。仲壬亦称中壬、燕壬、工壬、其壬、南壬，姓子名庸，是中国商朝的一位君王。

乌尔杜库伽 前 1830-前 1828 辛马吉尔 前 1827－前 1817 达米可伊里舒 前 1816－前 1794 **公元前 1794 年，伊辛城陷，伊辛王朝共 15 王，治 227 年** **伊里舒姆二世**（英语：Erishum II） 古亚述时期的亚述国王（公元前 1815 年—公元前 1809 年在位）在位约 6 年为沙姆希阿达德一世推翻。	
商太宗(太甲)子至 **沙姆希阿达德一世**（英语：Shamshi-Adad I）是古亚述的一位国王，按亚述学的低年表其在位时间为前 1809 年-前 1781 年。他使古亚述达到鼎盛，曾一度控制美索不达米亚、叙利亚和小亚细亚的大部分地区。沙姆希阿达德一世去世后，亚述被汉谟拉比的巴比伦所败，并在整个古巴比伦时期处于臣服地位。 他建立了真正意义上的君主制	在位 23 年　　太甲，商汤长孙，太丁的儿子。即位初，因"颠覆汤之典刑"，被伊尹放逐到桐宫，三年后改过复立，成为有成之君。这就是"桐宫悔过"的故事。 　　太甲，生卒年不详，为汤嫡长孙，太丁子，叔仲壬病死后继位，共在位 23 年，病死，葬于历城。 　　太甲，由四朝元老伊尹辅政，伊尹连写了《肆命》、《祖后》等几篇文章，教导太甲遵照祖先的法制，努力做一位明君。在伊尹的督促下，太甲在继位后的头两年，其表现还过得去，但从第三年起就不行了，他任意地发号施令，一味享乐，暴虐百姓，朝政昏乱，又亲自破坏坏汤制定的法规。伊尹虽百般规劝，他都听不进去，伊尹只好将他送到商汤墓地附近的桐宫，居住，让他自己反省，史称"伊尹放太甲"。 　　太甲住在桐宫，见祖父身为开国君王，坟墓却十分简陋，又从守墓老人那里了解到祖父的许多艰苦创业，仁厚省俭的旧事，对照自己的所作所为，感到确实不像话，便暗暗内疚，决心痛改前非，开始在桐宫关心孤老，遵守法制，与人为善。 　　三年后，伊尹见太甲真心悔过，十分高兴，便带领文武大臣，携带王服，冠冕，迎接他回到亳都，还政于他。从此，太甲以自己过去的失足为鉴，早朝晏罢，勤政爱民。遵守汤制定的法律，将天下治理得井井有条，商朝也逐渐繁荣起来，伊尹见太甲成为明君，更加高兴，特地写了一篇《太甲训》的文章来赞扬他，称他为太宗。 另有一说是在仲壬死后，伊尹篡位，逐走太甲，7 年后，太甲潜回都城，杀死伊尹后复位。 太甲在位 23 年后病死。
商昭王(沃丁)子绚 **伊什麦达干**（英语：Ishme-Dagan I）古亚述时期的亚述国王（公元前 1780 年—公元前 1741 年在位）沙姆希阿达德一世之子继承人，他竭力维护亚述国土，以防止巴比伦入侵。死后由姆特-阿什库尔继位。	在位 29 年　　沃丁，太甲的儿子。沃丁在位 29 年。沃丁亦称羌丁，姓子名绚，继父太甲即位。在位期间，辅政功臣伊尹去逝。沃丁死后，由弟太庚即位
商宣王(太庚)子辩	在位 25 年　　太庚，又作大庚，误称小庚。姓子名辩。他是沃丁之弟，太甲之子。继沃丁而即位，在位 25 年，他死

	后由子小甲（一说为太庚之子）继位。
商敬王(小甲)子高 **姆特-阿什库尔**（英语：Mut-Ashkur）古亚述时期的亚述国王（公元前 1730 年—公元前 1720 年在位）伊什梅-达甘一世之子和继承人，他与胡里特人进行政治婚姻。	在位 36 年　　小甲，太庚子。小甲姓子名高，一说他是太庚之子，也说他是太庚之弟。在位 36 年（一说 17 年）。小甲死后，弟雍己继立，商朝始衰。
商元王(雍己)子密	在位 12 年　　雍己，小甲弟。为商王小甲之弟,商王太戊之兄。商王小甲死后即位，在位 12 年,荒废政事,商朝开始衰落。死后由弟太戊继位。
商中宗(太戊)子伷 **里姆什**，古亚述时期的亚述国王（公元前 1720 年～公元前 1710 年）	在位 75 年　　太戊，雍己弟。太戊勤政修德，治国抚民，颇有振作。 　　商第 9 位国王，姓子。汤五世孙，太甲孙。死后追谥为中宗。甲骨文作大太戊、天戊，为商王太庚之子，商王小甲、雍己之弟。这个太戊继位时还是少年，不勤于国政，整天只图享乐。后在大臣巧妙说服下一改前非，勤于朝政，修德治国。据古书上记载太戊在位 75 年，是商王朝在位最长久的。病死，葬于内黄。太戊勤政修德，治国抚民，颇有振作。任用伊陟、巫咸掌握国政。国政大修，各小国又纷纷归顺，商朝中兴，故后代尊称他为中宗。
商孝成王(仲丁)子庄 **阿辛努姆**（英语：Asinum）（？—前 1706 年），古亚述时期的亚述国王，（前 1710 年—前 1706 年在位）继承里姆什之位，死后亚述政局动荡不安，诸人争夺君位，进入空位时代。 **空位时代的 7 个篡位者：**（前 1706 年-前 1700 年）6 年 亚述杜古尔 亚述阿帕拉伊迪 纳西尔-辛 辛-纳米尔 伊布基-伊什塔尔 阿达德萨路路 阿达西	在位 11 年　　仲丁，姓子名庄。生卒年不详。商王太戊子。太戊死后继位。在位 13 年(一说 11 年)，病死，葬于狄泉。仲丁于己未年即位，仲丁元年，自亳迁都于嚣。当时，东南方的夷族兴起,仲丁六年,其中的蓝夷进攻商朝，仲丁出兵击退蓝夷。仲丁死后，诸弟争夺王位，造成继承上的九世之乱，商朝一度中衰。仲丁死后，其弟外壬即位。
商思王(外壬)子发 **贝路-巴尼**（英语：Bel-bani）古亚述时期的亚述国王，（前 1700 年—前 1691 年在位）继承阿达西之位，为空位时代结束后的较有成就亚述君主，他成功恢复政局的稳定。在位约 10 年。死后由利巴伊亚接任。	在位 15 年　　外壬,在甲骨文中被称作卜壬,姓子名发,商朝第十一任的国王。外壬，生卒年不详。商王太戊子，商王仲丁弟。仲丁死后继位。在位 15 年，病死，葬于狄泉。仲丁死后，外壬成功地夺取王位,并向诸弟妥协,造成了商王朝继承上的混乱,史称九世之乱。商朝开始衰落。外壬死后，由其弟河亶甲继位。
商前平王(河亶甲)子整 **利巴伊亚**（公元前 1690 年～公元前 1674 年）	在位 9 年　　河亶甲，姓子名整，生卒年不详，商王太戊子，商王仲丁、外壬弟，外壬死后继位，在位 9 年，病死后葬于相。河亶甲在位时，商朝又再度衰落，他曾迁都于

	相，又曾出兵征伐东南方的兰族和班方。
商穆王(祖乙)子滕 亚述尼拉里二世 （公元前 1414 年～公元前 1407 年），恩利尔-纳西尔二世之子和继承人，他死后由亚述贝尔尼谢舒承袭。 亚述贝尔尼谢舒 （公元前 1407 年～公元前 1398 年），曾与其父亚述尼拉里二世共同处政，他死后由亚述里姆尼谢舒继承。现存他统治时期的法律文书。记载了当时土地、房屋、奴隶买卖的情况。	在位 19 年 　 祖乙，商朝国王，商王河亶甲子，河亶甲病死后继位，即位后迁都于庇，商朝的社会经济得到了恢复和发展，商朝又兴盛起来。在位 19 年（一说 75 年）。祖乙在位时，迁都于邢。他几次出兵平服了兰夷、班方等国，解除了东南方的夷族对商的威胁，国运再度中兴。甲骨文中称他为中宗祖乙，和太乙、太甲合称为"三示"（意为三位功勋卓著的祖先）。病死，葬于狄泉。由其子祖辛即位。 　　当时，天气风云的不测，使他很苦恼。一个名叫阿衡的大臣，为讨好祖乙，奏称要设天台敬祭天神。祖乙认为有理，便带领百官去祭天，却无济于事。万年知道后，忍不住就带着日晷和漏壶去见皇上，对祖乙讲清了日月运行的道理。祖乙听后龙颜大悦，感到有道理。于是把万年留下，在天坛前修建日月阁，筑起日晷台和漏壶亭。并派了十二个童子服侍万年。祖乙对万年说：'希望你能测准日月规律，推算出准确的晨夕时间，创建历法，为天下的黎民百姓造福。'有一次，祖乙传旨要阿衡去了解万年测试历法的进展情况。当他登上日月坛时，看见天坛边的石壁上刻着：日出日落三百六，周而复始从头来。草木枯荣分四时，一岁月有十二圆。 　　阿衡见此，知道万年的历法已研究成功，心中忐忑不安。他万分惧怕万年因创建历法而得宠，国君会怪罪自己提出祭祀天神的主意。于是，他阴谋策划，派了一个刺客去除掉万年。刺客攀上日月阁，见万年正在阁上观察星斗，便张弓搭箭，准备射死他。谁知，刺客被卫士发现，被当场缉拿。祖乙知后，惩处了阿衡，亲自登上日月阁看望万年。万年指着天象，对祖乙说：'现在正是十二个月满，旧岁已完，新春复始，祈请国君定个节吧。'祖乙说：'春为岁首，就叫春节吧。'冬去春来，年复一年。后来，万年经过长期观察，精心推算，制定出了准确的太阳历。当他把太阳历呈奉给继任的国君时，已是满面银须。国君深为感动，为纪念万年的功绩，便将太阳历命名为'万年历'，封万年为日月寿星。以后，人们在过年时挂上寿星图，据说就是为了纪念德高望重的万年的。春节由此而来。
商桓王(祖辛)子旦 亚述里姆尼谢舒 （英语：Ashur-rim-nisheshu）（公元前 1398 年—公元前 1390 年在位）	在位 16 年 　 祖辛，姓子名旦。生卒年不详。商王祖乙子。祖乙死后继位，在位 16 年，病死，葬于狄泉。死后由其弟沃甲即位。 　　前 1346 年
商僖王(沃甲)子逾 亚述纳迪纳赫二世 （Ashurnadin-ahhe Ⅱ）（公元前 1390 年～公元前 1380 年），古亚述时期的末任亚述国王，他在位时期，亚述与埃及结盟，其事迹载于阿马尔奈文书。	在位 25 年 　 沃甲，姓子名逾。生卒年不详。《世本》作开甲，商王祖乙子，祖辛弟。祖辛死后继位。在位 25 年（一说 5 年），病死，葬于狄泉。沃甲死后，祖辛之子祖丁即位。

伊里巴阿达德一世（英语：Eriba-Adad I）前 1392 年—前 1366 年	
商庄王(祖丁)子新 **亚述乌巴里特一世**（英语：Ashur-uballit I）前 1365 年—前 1330 年，他的统治标志着亚述击败米坦尼国王沙图瓦拉二世获得独立，并由此成为一个强有力的帝国。后来由于喀西特王朝的布尔那布瑞亚什二世的去世，巴比伦陷入混乱，阿淑尔乌巴里特一世将库瑞噶尔祖二世推上巴比伦王位，由此开始了后来一系列的亚述干预巴比伦事务。	在位 32 年　祖丁，在甲骨文中作且丁，姓子名新，中国商朝第 17 位国王。商王祖辛之子，前任国王沃甲之侄，根据《竹书纪年》，定都于庇，在位共九年(一说 32 年)，死后由侄子(一说堂弟，即商王沃甲之子)南庚即位。
商顷王(南庚)子更 **恩利尔尼拉里**（英语：Enlil-nirari）前 1330 年—前 1319 年），他在位时期对亚述古城的城墙进行维修，同时他对外进行战争，并取得胜利。	在位 25 年　南庚，，生卒年不详，商朝国王。商王沃甲子，商王祖丁堂弟，祖丁死后继位，在位 25 年,病死,葬于狄泉。 　　南庚在位时,商朝国运再度衰落,后迁都于奄(今山东省曲阜县)。死后由祖丁之子阳甲继位。
商悼王(阳甲)子和 **阿里克-登-伊利**（英语：Arik-den-ili）前 1319 年—前 1308 年），他在位时期开始军事活动，反抗亚述邻国。先后击败并征服附近一系列游牧部落，获得大量战利品。	在位 7 年　阳甲，生卒年不详。阳甲在甲骨文中称象甲,姓子名和,是中国商朝的第十九位国王,商朝国王祖丁之子,后任国王盘庚之兄,南庚死后继位。在位 7 年,病死,葬于狄泉。阳甲在位时,商朝内乱不止,奴隶主贵族之间相互残杀,阳甲已无法控制局面。定都于奄,在位共四年,曾西征丹山戎,在位期间,商朝再度衰落,诸侯不朝。
商世祖(盘庚)子旬 **阿达德尼拉里一世**（活动时期公元前13 世纪）亚述中王国的国王（按不同的年代系统，在位时间为前 1307 年~前 1275 年或前 1295 年~前 1263年）。他是最早的可以得知其在位时代具体编年的亚述君主之一。 阿达德尼拉里一世是一个好战的国王，他为亚述国家带来了一系列军事成果。在他的统治下，亚述王国开始在美索不达米亚地区扮演重要角色。 　　阿达德尼拉里一世首先征服了美索不达米亚北部。一些保存下来的记载提到，他在卡尔-伊利塔尔战役中打败了加喜特人的国王纳齐马鲁塔什。在与西亚另一重要国家米坦尼的战争中，阿达德尼拉里一世彻底击败了米坦尼国王沙图瓦拉一世，迫使米坦尼臣服于亚述；由于这一胜利，他实际上已经控制了整个美索不达米亚。但是，在与赫梯的战争中，阿达德尼拉里一世又失掉了大部分获得的地盘。	在位 28 年　　盘庚，祖丁子，阳甲弟。盘庚迁都于殷，商朝自此称殷商。迁都后，社会经济得到较大发展，殷都成为当时的政治，文化中心。 　　盘庚，甲骨文做般庚，，名旬，生卒年不详。祖丁子，阳甲弟。阳甲死后继位。商代第 20 位国王，根据《夏商周年表修正》，在位 28 年（前 1300-前 1277 在位）。于在位的第三年（前 1298 年）迁都于殷。是一位很有作为的国王。病死，葬于殷。 　　盘庚即位时，商朝经过几代内乱（即九世之乱），政治腐败,贵族奢侈,王室内争激烈,阶级矛盾尖锐,加上天灾频繁,面临着严重的危机,盘庚为了挽救商王朝的衰亡,决定放弃原来的都城,迁都到荒芜的殷,以抑制贵族的奢侈,缓和阶级矛盾,并减经些自然灾害。在此之前,商民族已经经历了十几次的迁徙。有时是因为土地荒芜,有时因为河水泛滥,有时因为外族奇袭,有时因为内部矛盾。为了缓和社会矛盾,摆脱政治困境,他不顾一些贵族的反对,决心选择一个有长远发展前途的地方重振朝纲。当他得知北蒙一带土肥水美，山林有虎、熊等兽，水里有鱼虾时，就决心到此来发展。为了动员迁都，他曾发表一个重要的演讲。"星火燎原"一词即由此次演讲内容凝练而成。贵族们竭力反对迁都,盘庚就发布文告,严厉命令他们服从,终于,马萧萧,车辚辚,他率众西渡黄河,来到了安阳,史称"盘

在东方，阿达德尼拉里一世成功地防御了山地部落的侵袭。

纽约大都会艺术博物馆收藏有阿达德尼拉里一世的一柄青铜剑。

庚迁殷"。迁到殷后，他又以强硬手段制止了贵族们搬回旧都的企图。《尚书·盘庚》就是他在迁殷前后的的讲话记录。他还提倡节俭，改良风气，减轻剥削，终于安定了局面。奴隶的血汗劳动，使殷发展成为一个十分繁荣的都市，此后 270 多年，商的都城一直在这里，商朝也被称为殷朝殷商。

商王阳甲之弟，汤第九代孙。在盘庚以前，商王朝政局混乱，统治阶级豪华奢侈，王朝的统治出现了危机。盘庚继位以后，决定把都城从奄迁到殷，遭到贵族的反对。但是盘庚决意迁都，并作书告谕，违者重惩。于公元前 1298 年迁都以后，执行比较开明的政策，人民安居乐业，文化发展，社会富足繁荣，商朝期从此中兴。故商又可称为殷或殷商。

商章王(小辛)子颂
商惠王(小乙)子敛
萨尔玛那萨尔一世（英语：Shalmaneser I）中亚述时期的亚述国王（前 1275 年—前 1245 年在位）阿达德尼拉里一世之子和继承人，曾大力强化亚述的霸业。他侵占卡帕多西亚，在卢哈开辟殖民地，袭击卡尔基米什、伊里迪和卡什阿里山区，重新打通西北部的主要商路。扩大疆界。同时，他在都城亚述尔大兴土木，修建许多宫殿和庙宇。他在尼尼微和尼姆鲁德的建筑物已部分发掘。

在位 21 年　　小辛，商朝国王，姓子名颂，商王盘庚之弟，商王祖丁之子。盘庚死后继位。相传在位 21 年，病死，葬于殷。小辛继位后，放弃了盘庚的治国之策，商朝国运又一次衰落。
前 1287 年甲午—前 1284 年
前 1284 年丁酉—前 1274 年

商高宗(武丁)子昭
图库尔蒂-尼努尔塔一世（英语：Tukulti-Ninurta I）中亚述时期的亚述国王（公元前 1245 年—公元前 1208 年在位）他在东南征服喀西特人的国王卡什提里亚什四世，在东北征服古代的亚美尼亚，并且一度征服巴比伦尼亚。崇尚祭祀，曾建黎明女神伊西塔尔神庙。此神庙十分著名，为亚述建筑的典范。并扩建亚述城堡，后又在底格里斯河对岸建新都图库尔蒂-尼努尔塔城。公元前 1208 年为子所弑，死后亚述持续数年中衰。

在位 59 年　　武丁，小乙子。武丁是盘庚以后最好的国王，政治改善，商朝复兴，他还击败四方入侵，商朝威镇四方。

商朝国君，军事统帅。子姓，名昭。商王小乙之子。相传少年时期遵父命行役于外，与平民一同劳作，得以了解民众疾苦和稼穑艰辛。继位后，勤于政事，任用工匠出身的傅说及甘盘、祖己等贤能之人辅政，励精图治，使商朝政治、经济、军事、文化得到空前发展。出土的武丁时期甲骨卜辞有"中师"之名，当是开创军队以"师"为最高建制单位，也有认为是初建右、中、左三师。鉴于 方、土方经常侵扰商朝边地和属国，甚至联合威胁商西北边安全，乃采取各个击破之策，多次遣将发兵进攻，又亲自统兵出征，终将 方、土方征服。用长达三年时间平定鬼方。发重兵击败羌方，俘获大批羌人充为奴隶（见武丁攻西北部族之战）。统兵南征，深入荆楚之地，击败荆楚军，俘获甚多。还出兵征伐舌方、巴方、蜀及虎方等。对周边方国、部族的战争，拓展了商朝版图和势力范围，促进了中原地区与周边部族的经济文化交流，使商成为从西到东，北及大漠，南逾江、汉流域，包含众多部族的泱泱大国，史称"武丁中兴"。在位 59 年而卒，被追谥为高宗。

商后平王(祖庚)子跃

亚述纳迪纳普利（英语：Ashur-nadin-apli）中亚述时期的亚述国王（前1207年—前1204年在位）他3年的统治动荡不安，死后由亚述尼拉里三世继承。 **亚述尼拉里三世**（Ashur-nirari III，中亚述时期的亚述国王（前1203年—前1197年在位）继承亚述纳迪纳普利之位，在位6年遇刺身亡。	在位7年　　祖庚，商朝国王，姓子名跃，公元前1191年即位，在位约7年，他是商朝著名国王武丁的次子，病死，葬于殷。祖庚有长兄祖己，因受后母诬陷，被父亲武丁逐出京城，后含冤而死。三弟祖甲为后母所生，为表示不愿与兄长争夺王位，便暗暗地离宫出走，武丁病死，祖庚得以继位。祖庚死后，三弟祖甲继位。
商世宗(祖甲)子载 **恩利尔-库杜里-乌苏尔** 前1197年-前1193年继承亚述尼拉里三世之位，他在位4年去世，由尼努尔塔-阿帕尔-伊库尔承袭。	在位33年　　祖甲，商朝国王，姓子名载，生卒年不详。商王武丁第三子，商王祖庚之弟，祖庚死后继位，在位33年，病死，葬于殷。商代鼎盛时期，高宗武丁偏爱幼子祖甲，打算废太子祖庚而改立祖甲。祖甲认为这是违礼之举，不可强行废立，否则就可能重演"九世之乱"的局面，因此他效法武丁当年之举，离开王都，到平民中生活。武丁死后，由太子祖庚继承王位。这使祖甲非常感动，使立祖甲为王位继承人，祖庚即位7年左右病死，祖甲这才回到王都继承王位。为了报效祖先功德，商人盛行祭祀，但所祭对象和顺序都很零乱，没有一定的规矩。祖甲即位后，创造了"周祭"之法，具体方法是：从每年第一旬甲日开始，按照商王及其法定配偶世次、庙号的天干顺序，用羽、彡、三种主要祭法遍祀一周。周祭以旬为单位，每旬十日，都依王、妣庙号的天干为序，致祭之日的天干必须与庙号一致。如：第一旬甲日祭上甲、乙日祭报乙、丙日祭报丙，直至癸日祭示癸；第二旬乙日祭太乙（汤）、丁日祭太丁；第三旬甲日祭太甲、丙日祭外丙。如此逐旬祭祀，一直祭到祖甲之兄祖庚。用一种祭祀法遍祭上甲到祖庚的先工先王，需要九旬。祭毕，再分别用另两种祭法遍祀，直到全部祭遍为止。周祭之法，使殷人的祭祀系统更为严密规范，因此盛行于商代后半期，并逐渐达到最高峰。祖甲创立的周祭之法是祖先崇拜和宗教制度的最好体现。在上古文明中，各大民族都有自己的祭祀体系，周祭之法和古巴比伦、古埃及的祭祀法各不相同，是中国古代特有的祭祀系统。
商甲宗(廪辛)子先 **尼努尔塔-阿帕尔-伊库尔** 前1192年-前1180年恩利尔-库杜里-乌苏尔死后篡位，在位12年。他颁布法令，规范统治秩序。	在位6年　　廪辛，姓子名先，商朝国王。生卒年不详。商王祖甲子，祖甲死后继位，在位6年，病死，葬于殷。 　　　　廪辛在位期间，西方一些方国部落不断攻扰商朝，廪辛发兵多次征伐，还征调卫、虎、受等几个部落出兵攻打。但是，始终没有将方国部落征服。廪辛死后，由其弟康丁继位。
商康祖(庚丁)子嚣 **亚述-丹一世**（英语：Ashur-dan I）（？—前1133年），中亚述时期的亚述国王（公元前1179年—公元前1133年在位）他在位46年，多次与埃兰发生冲突，双方互有胜负。他死	在位1年　　康丁，商朝国王，姓子名嚣，《史记·殷本纪》误作庚丁，他是商王祖甲之子，商王廪辛之弟。廪辛死后，于前1148年继位，在位仅1年，死，葬于殷。他死后，由其子武乙继位。他在位时，羌方重又崛起，屡犯商王朝，常使商成军遭到很大损失，成为商王朝欲用兵的重点。商王针对羌方武装力量强悍等特点，战前进行了全面

后亚述局势动荡不安，至亚述雷什伊希一世时期才为缓和。	的谋划和布置，一面命戍军暂避敌锋，待机而动，一面组织精锐部队适时增援抗击羌方进犯。由于采取积极防御策略，康丁时抗击羌方的战争取得最后胜利，擒杀羌方伯，占领羌方部分土地，并派出与王族关系密切的逐、何等五族戍守。但羌方并未被攻灭，成为隐患。
商武祖(武乙)子瞿 **亚述雷什伊希一世**（英语：Ashur-resh-ishi I）中亚述时期的亚述国王（公元前 1133 年—公元前 1116 年在位）他在位 17 年，多次与巴比伦发生冲突，双方互有胜负。同时他还大兴土木，建造许多规模庞大的宫殿。他死后由儿子提格拉特帕拉沙尔一世继承。	在位 35 年　　武乙，商朝国王，姓子名瞿。商王康丁之子，康丁死后于前 1147 年继位，在位 35 年，卒于公元前 1113 年，死后由其子太丁（也作文丁）继位。传说被雷击而死于渭水流域，一说死于战事，葬于殷。 　　武乙在位时，巫教势力极大，经常假借天意钳制商王的行动，武乙便想方设法打击巫权。有一次，他命工匠雕了一个木偶，状貌威严，冠服齐整，称作天神。他约天神和他赌博，又命令一个臣子代替木偶，作为天神来与他赌博，臣子怕武乙，步步退让，以大输而告终。武乙推局指着木偶大笑说："你既然是天神，怎么会输给我，如此不灵验，不配称天神。"还命令左右痛打木偶。 　　又有一次，武乙命人制作了一只皮袋，盛满兽血，挂在树枝上，他亲自挽弓仰射，射破皮袋，兽血喷出，武乙掷弓大笑说："今天，天被我射了一个窟窿。" 　　经过种种斗争，终于使巫权大为降落，王权大为上升。 　　当时，西方的旨方和祇方联合攻打商朝，武乙出兵征伐，俘虏了旨方几千人. 　　后来，武乙到黄河、渭水之间去游猎，据说被雷击死。一些学者认为，此说很有可能是仇恨武乙的巫师们编造出来贬低武乙的。从武乙晚年经常用兵于渭水流域的史料来分析，他可能死于征伐西方方国部落的战斗中。
商匡王(太丁或文丁)子托 **提格拉特帕拉沙尔一世**（？—前 1077 年），亚述国王（约前 1115 年～前 1077 年在位）。"提格拉特帕拉沙尔"是希伯来语对他的名字的转写，他的阿卡德语真名为**图库尔蒂-阿皮尔-伊沙拉**（Tukulti-apil-Esharra），字面意思是"伊沙拉之子是我的信念"。	在位 13 年　　文丁，商朝国王，亦作太丁，姓子名托。商王武乙之子，于公元前 1112 年即位，卒于公元前 1102 年，共在位 11 年。死后由其子帝乙继位。文丁继位以后，为了解除周人的威胁，采取怀柔政策。周侯季历毫不客气，看看中央没动静，就征伐山西长治地区的余吾戎，余吾戎败而降周。周侯季历向文丁报捷（献上俘虏和战利品）。文丁嘉封季历为"牧师"，牧师有地方伯长的意思，专征伐权。文丁希望季牧师帮他安定边陲。季牧师于是又征始呼戎，始呼戎败而降周。过了几年，季历再次打败翳徒戎，把三个翳徒戎大头目送给文丁献捷。文丁看看季历越来越厉害，感觉不是好事，干脆突然下命囚禁季历，并杀了他。而季历的儿子就是大名鼎鼎的周文王。他在位时也曾经出兵征伐归国，但并没将其征服。 　　在甲骨文中作文丁，《史记》里称太丁，姓子名托，中国商朝第 30 任国王。前任国王武乙之子。 　　根据《竹书纪年》，他在位 13 年，在位期间，周侯季历（姬昌父）伐戎有功，太丁忌惮，先嘉其功而杀之。
商德王(帝乙)子羡 **阿沙里德-阿帕尔-伊库尔**（前 1077 年-前 1074 年），在位 3 年。	在位 26 年　　帝乙，太丁子。帝乙时，商朝更加衰弱。以和亲的方式与姬昌媾和。 　　帝乙，商朝国王，姓子名羡，商王文丁（太丁）之

	子。文丁死后继位，公元前 1101 年即位，公元前 1076 病卒，葬于殷。在位 26 年，死后由其子辛（即大名鼎鼎的纣王）继位。帝乙在位期间，商朝国势已趋于没落。当时，江淮之间的夷族又强盛起来，准备大举进攻商朝。帝乙在位的第九年，出兵征伐岛夷和淮夷，半路上受到孟方的截击。帝乙率领诸侯讨伐孟方，得胜。第二年，帝乙继续南下征伐夷族，到达淮水流域的攸国。帝乙和攸侯喜合兵攻伐夷族，于第二年得胜而归，帝乙在位的第十五年，再次率领诸侯南征夷族。 帝乙在位末年，迁都于沫，即朝歌。
商纣王(帝辛)子寿 **亚述贝尔卡拉**（英语：Ashur-bel-kala）（公元前 1074 年—公元前 1057 年在位）**提格拉特帕拉沙尔一世之子，继承阿沙里德-阿帕尔-伊库尔之位。**他在位 17 年去世，葬于亚述古城。	在位 52 年　　商纣，姓子名辛，一名受，古音受，纣相同，帝乙子。商纣为人聪颖，臂力过人。曾大举攻伐东夷，取得胜利，为中原文化的传播有一定的贡献。但商纣为人残暴，且好色无比。宠幸妲己，酷刑于民，大修宫舍，民不聊生。而此时西方周逐渐强大，终于灭商。纣王自焚而死。商亡。商纣与夏桀也成为了暴君的代名词——"桀纣之君"。
商纣王之子武庚 **沙姆希阿达德四世**（英语：Shamshi-Adad IV）（？—前 1050 年），中亚述时期的亚述国王（公元前 1057 年—公元前 1050 年在位）他在位 7 年，死后由其子亚述那西尔帕一世继承。 **亚述那西尔帕一世**（？ ~约前 1031 年）中期亚述王国的国王（约前 1050 年~前 1031 年在位）。亚述那西尔帕一世是亚述国王沙姆希阿达德四世之子。他的统治处于一个困难重重的时期，亚述国家的国力急剧下降。由于饥荒和与侵扰边境的游牧部落的战争，消耗了国家的大部分力量。亚述那西尔帕一世的继承者是他的儿子萨尔玛那萨尔二世，他还有一个儿子亚述拉比二世后来也登上了王位。	因为中国的历史此时商朝已经灭亡了，借这个地方把与此相关的重要历史人物放在下面，作为这一段历史的结尾。 　　**阿达德—阿普拉—伊丁那**（英语：**Adad-apla-iddina**，周公旦，约公元前 1067 年—约公元前 1046 年在位）巴比伦第四王朝国王（伊新第二王朝），他娶了一位亚述公主，可并未阻止亚述进攻巴比伦。他的统治也因受阿拉米亚人一次反抗和苏提安人 （Sutean）攻击而遭遇困难。从他国家内部而言，他明智地集中力量重建了巴比伦的防御要塞，而且他在整个巴比伦尼亚大修神庙，以求神灵恩惠。

4.4、古代遗迹所反
映出来的文化特征

根据《夏商社会生活史》作者：宋镇豪

《吕氏春秋·音初》云："孔甲迷惑，入于民室。"这是以室称一般平民的居宅。

《考工记·匠人》云："夏后氏世室"；《竹书纪年》云："夏后有事于太室"；《谷梁传·文公十三年》云："大室犹世室也。"《穆天子传》云："以观夏后启之所居，乃口于启室。"《史记·龟策列传》云："桀为瓦室。"《晏子春秋·谏下》第十八篇云："夏之衰也，其王桀背弃德行，为琼室玉门。"这是以室通称贵族统治阶级的治事朝堂或居宅。

夏代如此，商代以来亦然。《庄子·知北游》云："汤武之室"。《竹书纪年》云："纣作琼室，立玉门。"殷墟出土青铜盂铭有"寝小室"。甲骨文有"大室"、"■（丽）室"、"文室"、"中室"、"南室"、"东室"、"祖丁西室"、"大甲室"、"祖戊室"、"后室"、"后母大室"、"血室"、"兹室"等等，室为居住、治事、祭祀或藏主之所。它辞云，"今日王宅新室"（安明133＋237＋340）、"于新室奏"（安明1823＋南明683），新室既是统治者的居宅，又是享飨之所。此外，《礼记·月令》云："寒气总至，民力不堪，其皆入室。"《诗·大雅·绵》咏商代周族的先人在周原"筑室于兹。"知民间仍以室称居宅。

据《释名》云："室，实也，人、物实满其中也。"从建筑学而言，室是居住空间实体。建筑的形体概念，在史前时期有称"个"者。《吕氏春秋·孟春》云："天子居青阳左个"，高诱注："青阳，明堂也，中方外圆，通达四出，各有左右旁，谓之个。"史前遗址恒见"个"的契刻形符，近黄盛璋先生精辟指出，"个"是原始房屋的象形，"人"似屋顶，"｜"表立柱②。然自夏商以来，形体概念的"个"已被宫字取代，"个"似乎降为居室的组合单元。

《世本·作篇》云："禹作宫室。"《论语·泰伯》云："（禹）卑宫室而尽力乎沟洫。"《越绝书》云："禹穴之时，……治为宫室。"《尔雅》、《说文》均以宫、室互训，正包括了建筑学上形体和空间两大概念。但夏商时之宫，一舱都称于统治阶级所居，是贵贱有别的。《淮南子·主术训》云："夏屋宫驾。"《竹书纪年》云："夏桀作倾宫瑶台。"《晏子春秋·谏下》

云；"殷之衰也，其王纣作为顷宫灵台。"甲骨文有"我宫"、"右宫"、"从宫"、"天邑商公宫"、"天邑商皿宫"等等，宫均指为贵族统治者的享宴、祭把、治事和居住之所。甲骨文宫字构形作■、■、■等，显然是建筑群的形体组合。夏代以来"治为宫室"，表明上层贵族集团的居所已合居住、祭祀、行政为一体，出现了多连间单元、多隔室空间分割、多社会功能的大型建筑组合群体，建筑向着华贵、奢侈、舒适和宏大壮观的规模发展，代表着当时建筑工艺的最高水准。相反，一般的民居在很长时期内仍大体维护在史前普通居宅的水平，甚至有的还不如。尽管作为血缘关系的家族和相对独立的一夫一妻制个体小家庭已构成了夏商社会的基本组织单位，但其主要的物质生活资料"家室"居宅，至少在现今所见有关考古学遗址中看不出有什么重大改善。宫室和家室的对立，表明着夏商时代贵族统治者和下层平民乃至奴隶的居住形态所呈现的严重两极分化。

尧穴之时

禹穴之时

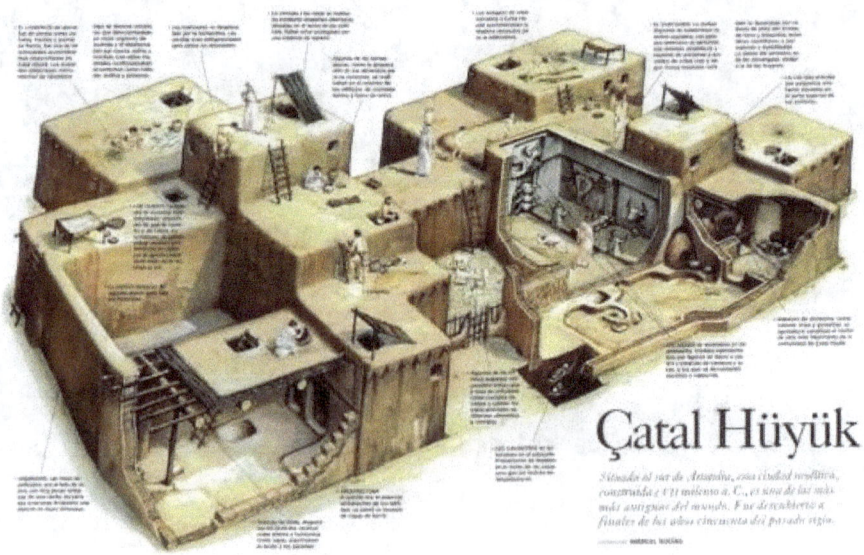

禹穴之时

《竹书纪年》：夏桀作倾宫瑶台

《竹书纪年》：夏桀作倾宫瑶台

《竹书纪年》：殷纣作琼室，立玉门。

《竹书纪年》：殷纣作琼室，立玉门。

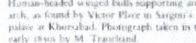

《竹书纪年》：殷纣作琼室，立玉门。

玄鸟生商

玄鸟生商

玄鸟生商

《晏子春秋·谏下》云;"殷之衰也，其王纣作为顷宫灵台。"（亚述尼尼微城）

周原"筑室于兹。"（所罗门第一圣殿）

4.5、被全世界都崇拜的东方女神

根据维基百科：

妇好

妇好的事迹主要来源自殷墟的商朝甲骨文记载，次数达 2000 多次以上。这些记载显示妇好不仅是当地商方最高等级的女祭司，还是一位善于打仗的女将军，殷墟的甲骨文记录了她攻克了周边诸多方国，这在历史上都是罕见的。

从妇好墓发掘甲骨文中发现，武丁无数次要求妇好主持部族祭祀，并提供牺牲。妇好经常主持祭天、祭先祖、祭神泉等各类祭典【实际祭天仅一次，见《甲骨文合集》2641；祭泉一次，见《甲骨文合集》2611】。这在武丁的所有妻妾中是罕见的，可能武丁对妇好的祭祀能力有着极度信任。

另外一个不同寻常的地方是，在妇好墓发掘出的甲骨中，记录她领导了多场军事行动，这说明武丁期间商方对周边方国进行过一系列的战争。譬如土方与妇好的商方常年交战，而妇好最终在一次决定性战役中击败他们，灭亡了土方。之后她又攻打了临近一些部落和巴，后者是中国历史上最早记载的伏击战。妇好多次担任统帅带兵出征，最多的一次曾经统领 13,000 人的大军【存疑，据《英国所藏甲骨集》片号：150，之上的卜辞显示，妇好统兵仅 3000 人，另一名商朝大将"旅"统兵万人】。她的赫赫战功显示，是当时最为杰出的将领之一。

这个情况虽然不合常理，但是已经透过许多出土文物（包括出土自她的坟墓的战斧，祭祀用的青铜鼎和大量甲骨片）得以确认。在墓葬中，还有发现很多尚未刻字的空白甲骨片，证明妇好有刻写甲骨文的能力。

根据甲骨文记载，武丁曾经占卜，测算妇好怀的是男胎还是女胎。卜辞里还有贞问妇好牙病的卜辞（妇好弗疾齿）。

殷墟卜辞中，关于妇好的记载约有二百馀条，其中绝大部份属于武丁时期，小部份属于武乙文丁时期，中间相隔一百年。张政烺认为妇好是世妇，一种世袭女官，因此不只武丁时期一个妇好。武丁时代的妇好，原是宗庙中掌管祭礼的多妇，之后成为武丁的妻子。

阿斯塔特

阿斯塔特（Astarte)是迦南语 Athart 和腓尼基语 Ashtart 的希腊形式，两者均源自阿卡德语 Asdartu，指的是女神伊什塔尔（Ishtar)。伊什塔尔

（Ishtar）由苏美尔女神伊南娜（Inanna）发展而来，有文字证明她的历史可以追溯到公元前四千年，但人们认为对她的崇拜要古老得多。伊南娜是爱、性、性感、生育和战争的女神，这些属性后来成为伊什塔尔的特征。

伊斯塔爾 Ishtar 「sumer Innana」

当伊南娜（Inanna）被乌尔神庙的高级女祭司、阿卡德萨尔贡（ Sargon of Akkad ）（公元前 2334-2279 年在位）的女儿恩赫杜安娜（ Enheduanna ，公元前 2285-2250 年在位)认定为伊什塔尔时，伊南娜已经是一位受欢迎的女神。阿卡德帝国。萨尔贡在他的铭文中将军事胜利归功于伊什塔尔，并将她视为他统治期间的战神。

阿斯塔特：爱与战争女神

阿斯塔特（Astarte）是古代近东许多文化所共有的一位重要女神的希腊化名字，也被称为伊什塔尔（Ishtar）或伊南娜（Inanna），随着对她的崇拜传播到国内外，她开始与其他女性神祇如亚舍拉（Asherah）、阿芙罗狄蒂（Aphrodite）和伊希斯（Isis）联系在一起塞浦路斯。阿斯塔特被认为是爱、性、生育和战争的女神，尽管根据特定的文化或这位神秘且很大程度上模棱两可的神的化身，她被赋予了各种其他责任。类似女神的变体，无论是名字还是品质，在该地区都很普遍，以至于很难对阿斯塔特和她的特征做出概括。

阿斯塔特和母性

关于阿斯塔特，我们清楚的是，她是美索不达米亚及周边地区最重要的神灵之一。与更为人所知的阿芙罗狄蒂或维纳斯不同，阿斯塔特的多种形式有时带有**母亲女神的含义**，不仅代表个体生育力的意义上的母性，而且代表一种创造者的形象，因此，作为女神，她特别在追随她的文化中排名很高。她通常也与金星联系在一起，再次将她与同名的罗马女神联系在一起。

近东的阿斯塔特雕像

在各种近东文化中，对阿斯塔特的描绘仍然存在，它们通常以裸体女性形象的形式出现，四肢圆润，双手支撑乳房——这使得与生育和母性的联系更加令人信服。然而，她的追随者广泛，意味着阿斯塔特人物的确切风格可能会有很大差异，具体取决于当地的艺术品味，其中一些对女神的描绘高度风格化，另一些则更加希腊化。阿斯塔特的小雕像很可能被保存或奉献在宗教场所以提高生育能力。

探索爱与战争女神阿斯塔特的神话力量

作者：奇怪的前

阿斯塔特是一位在整个古代近东地区受到崇拜的女神，特别是在腓尼基、亚述和巴比伦。她也被称为伊什塔尔、伊南娜和阿芙罗狄蒂，被尊为强大的爱神、生育神和战争神。

阿斯塔特这个名字源自腓尼基语"Ashtar"，意思是"子宫"。她被认为是所有生物的母亲，与地球的肥沃有关。她的崇拜对于依靠土地为生的农民来说尤其重要。

阿斯塔特被尊为战争女神，被描绘成手持弓箭的战士女神。人们相信她会在战斗中保护她的崇拜者并帮助他们战胜敌人。

右侧是巴黎卢浮宫博物馆中阿斯塔特女神古代雕像的复制品

作为爱的女神，阿斯塔特与性欲联系在一起，被描绘成裸体或半穿衣服。她的邪教因其性行为而臭名昭著，其中包括神圣卖淫和仪式性行为。

在一些传统中，阿斯塔特被认为是生育之神巴力的配偶，他们一起被崇拜为确保土地肥沃和生命延续的神圣夫妇。

对阿斯塔特的崇拜最终被纳入古希腊人和罗马人的宗教中，他们将她视为他们的爱神阿芙罗狄蒂。

在希腊神话中，她被称为美丽女神，被尊为爱、快乐和生育的象征。

女神妇好的遗迹主要来源自殷墟的商朝专门用来祭祀和占卜的文字甲骨文记载，次数达 2000 多次以上。这些记载显示妇好不仅是当时商朝所崇拜的最高等级的女神，而且还是战神和生育之神。正如前面所提到的：迦南众神中还包含一个母亲女神，众神首领的正式妻子。他们叫她阿舍拉（Ashera）其实就是Ashtar。

根据甲骨文的记载：

1、被祭祀和崇拜的女神

乞求妇好主持燎祭。《铁云藏龟》45.1："贞勿乎妇好往木 燎。"意为卜辞是问：不命令妇好去主持烧柴之祭吗？

乞求妇好主持过祭祀先妣。《殷契粹编》1232："壬戌卜，□，贞妇好□不往于妣庚。"意思为卜辞是问：妇好不去祭祀她的老祖母妣庚么？

还有如乞求妇好主持祛除灾殃的祭祀、主持祭祀神泉、主持祭祀宾祭等的记载。另外，女神还派人进行祭祀活动。如女神派人去眉地举行祭祀。（《簠室殷契征文•典礼》114、《殷墟书契续编》4.29.1："□，殻，贞妇好使人于眉。"）

此外，许多卜辞记载了商王关心日常生活中的吉凶祸福与健康状况，也不断地占卜为之求神保护，对妇好进行祭祀。

这些卜辞表明了妇好在各种祭祀活动占重要地位，祭祀对象常为先妣、父、母、神泉等。

2、主管战争的女神

商人乞求借助女战神的力量《殷墟书契前编》5.12.3："甲申卜，殻，贞乎妇好先登人于庞。"意思是商王卜辞问：命令妇好为王的先导，从庞这个部族征集兵员吗？

乞求妇好保佑《库方二氏所藏甲骨卜辞》130："辛巳卜，贞登妇好三千登旅万，伐乎[羌]。"意思是商王卜辞问：命令妇好征召13000军旅征伐羌方吗？这是甲骨文中记录的武丁时期征召军旅人员数量最多、规模最大的一次军事行动。

乞求妇好保佑对伐土方的战争。据《库方二氏所藏甲骨卜辞》237："贞王勿乎妇好往伐土方。"意思是商王卜辞问：商王不命令妇好去伐土方吗？

乞求妇好保佑对征伐东夷。《殷墟文字乙编》2948＋2950：中很灵验，"贞王勿[令]妇好从侯[告伐夷]。"意思是商王卜辞问：王命令妇好统率侯告伐夷方与否？

妇好在对西南巴方的战斗（《殷契粹编》1230正）中很灵验，并打了一场漂亮的伏击战（《殷墟文字乙编》2948＋2950）。

这些卜辞表明，妇好主管战争，能率领最多达13000人的军旅以及有关将领进行征战。商王把妇好作为最灵验的神灵祭祀，以乞求对"土 口方"战争的胜利（《殷虚书契续编》3.1.2："庚子卜，殻贞，匄 土口 方于好，佳匕"）。

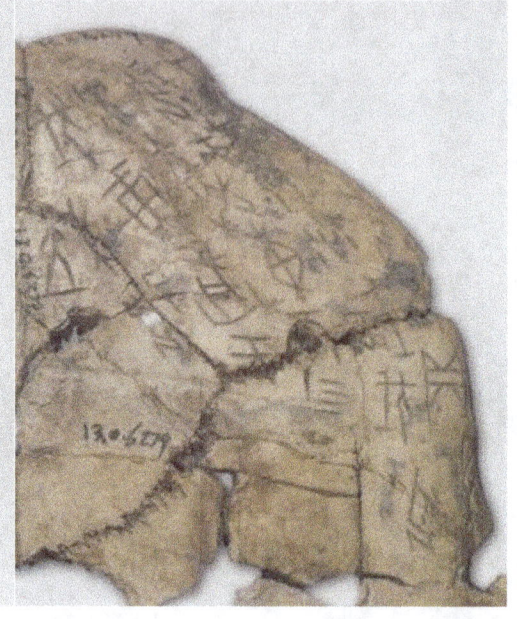

妇好保佑万三千军队伐羌方的甲骨文　　妇好保佑攻打巴方设埋伏卷的甲骨文

3、主管生育和疾病的女神

　　商人后宫生活中重要的事情都要问神，包括分娩预产期以及生男生女的卜辞。《殷墟文字丙编》247："甲申卜，㱿，贞，妇好娩，嘉。王□占曰：其唯丁娩，嘉。其唯庚娩，弘吉。三旬又一日甲寅娩，不嘉，唯女。"甲申这一天贞人㱿问：妇好，要生孩子吉利吗？商王看了卜兆之后说：丁日这一天生吉利呢，还是在庚日这一天生吉利。结果是在三十一天之后的甲寅日分娩，不吉利，生了个女孩。生了男孩"孝己"，后被商王立为太子。孝己被商王的其他妻子谗言，后放逐而死。

　　卜辞里还有询问妇好牙病的卜辞（妇好弗疾齿）。

　　生育卜辞甲骨文（图片采自《故宫文物月刊》总 355 期第 17 页）

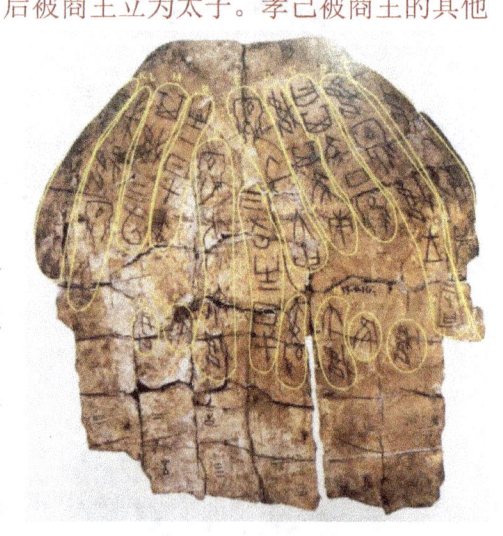

　　依据甲骨文卜辞记录，我们大体可以看出，女神妇好主管生育、主管祭祀活动、主管将士四方征战。

4、商王祈求管理他的后宫的"母亲女神"

　　这就是为什么"妇好祭祀坑"会出土"司母辛铜方鼎　　　"

M5：809 司母辛铜方鼎及铭文

不能排除，这只"鼎"就是一个庙宇里，用来上香的大"香炉"。

现藏于加拿大皇家安大略博物馆藏中的第 128 号甲骨文字记载了："贞乎妇好见多妇于徉。" 商王祈求妇好在徉这个地方会见"多妇"。

侧面是，妇好见"多妇"的甲骨文

通过祭祀仪式填埋的"女神庙"的"大批祭品"

在祭品坑中。1928 件（组）祭品中，有许多大型的青铜礼器与精美的玉器，还有许多兵器。如青铜兵器有 4 把钺、91 件戈、4 件铲形器、37 件镞（另有两束 20 件镞）等，占祭品青铜器总数的四分之一多。还有 54 件玉戈、玉矛、玉戚、玉钺、玉刀等玉质仪仗类兵器。数量如此多的武器祭祀品，表明妇好被更多的崇拜为战争女神。所谓的"妇好墓"，实际上是与"三星堆"相同的，"祭祀品填埋坑"而已。

这就完美解释了：妇好为什么没有埋于王陵区？妇好没有埋于王陵区，一直是困扰着学者们的问题。

即：3000 年前的殷墟，被商人称之为"大邑商"。规模宏大的都邑，有着至少"两纵三横"的路网和发达的水系。国王居住在池苑附近，豢养着爱犬与珍禽。人们聚族而居。手工业作坊散布于水系之间，繁荣忙碌。国王去世后，葬入专门的墓地——王陵区，受到隆重祭祀。这样一个繁荣、发达的等级社会，作为国王的配偶自然有着极高的社会地位。然而妇好相关祭品，却葬在宫殿宗庙区近旁。有人说是因为妇好死在武丁之前，武丁不忍心爱的女人远葬洹河以北，故在身边择地而葬。然而这只是一种臆测。如果宫殿宗庙区只有妇好单独一座墓存在，这种解释或可接受，但妇好墓旁还葬有妇好等其他"神族"成员。从"大邑商"的布局角度，实在无法解释妇好墓下葬地点的选择。也许，这将成为历史之谜。

殷墟发现的众多"王陵"多是带四条墓道的大墓，其他墓地中两条墓道或单条墓道的墓葬也不少，这些墓葬的面积都比"妇好祭祀坑"大得多。现实是，历年发掘的殷墟墓葬包括"王陵"，不论大小，90%都被盗掘，文物常常被洗劫殆尽。而"妇好祭祀坑"有可能得益于覆盖在坑口之上的"神庙建筑"，躲过了被盗的命运。另外，古人认为盗掘庙宇的祭祀品是不吉利的，甚至会遭神或天谴和报应的。殷商5号墓发掘后，很多人都有一个疑问：殷墟所有的高等墓葬基本都被盗掘，为什么随葬品如此丰富的妇好墓能够保存下来呢？可以说，妇好墓没有被盗掘并不是偶然，而是必然的。

在墓葬中，还有发现很多尚未刻字的空白甲骨片，这也从侧面证明这里不是墓葬，而是庙宇的祭祀坑，因为庙宇必须为前来祭祀的贵族准备，向神祈祷或者是询问神所需要刻写和敬献的空白甲骨片。

还有的铭文上写道妇好在嫁给武丁之前，还嫁给了之前的几代君王，而且还能追踪到嫁过三个人。这个铭文的出现，再一次让这些研究妇好的人感到了疑惑。为什么妇好可以在长达三百年的时间内嫁给了四个商王？这是因为无论哪个"商王"如果能娶一个他们所崇拜的"女战神"，做自己"名义上的老婆"，在这些智商不高的统治者眼里，都会增加他们的"权威性"和他们作战时的胜算几率。

因为"妇好祭祀坑"不是墓葬，面积虽然只有20余平方米，但坑内青铜器总重量却达到1.6吨，青铜容器200余件，另外还有755件玉器和47件宝石制品，以及数千枚海贝。自从1928年考古学界发掘殷墟以来，清理过的商代墓葬已超过2万座，就单个"墓葬"出土文物的数量，"妇好祭祀坑"独一无二。

由于"妇好祭祀坑"是殷墟发掘五十年来，唯一保存完整，未经扰动的地下埋藏宝藏，也是目前唯一能够跟历史文献甲骨文（甲骨文是祭祀专用文字）联系起来，因此对了解商代后期（约公元前十二世纪前半叶）的历史文化考古研究，有着重要的学术价值。

　　在罗马被称作维纳斯（Venus），在希腊被称作阿芙罗狄蒂，在迦南和希伯来被称作阿施塔特（Astarte），对亚述、巴比伦、赫梯及其他一些古文明而言，则是伊师塔或者伊师达（Eshdar）；阿卡德人和苏美尔人称之为伊南娜或者伊宁（Innin 中国人叫：司母辛），或者宁尼（Ninni），或者其他很多昵称和绰号。她在所有时候都是战争女神和爱神，一个凶狠、美丽的女性。虽然她只是阿努的曾孙女（唯一的），但仍然在天地众神之间谋得了主神地位。

亚述的爱神和战神 Astarte

　　亚述的爱神和战神 Astarte 应该就是，中国人在殷商出土的，根本就不存在肉身的，所谓"武丁"的"老婆"，大祭司和大将军"妇好"。 Astarte 古汉语音译就是"好"，"妇好"连读，就是想进一步标明，有这个名字的神（战神）是个女性，即"女战神"或是"女神"。Astarte 最早可以追踪到苏美人的母系社会，也许是早期的母系氏族的女酋长，她应该是中国人最早，在民间最具宗法地位的传统神祇。

毫不奇怪，战争民族的主神就是战神。战神阿舒尔是亚述神话中的神王，地位相当于苏美尔神话中的恩里尔和巴比伦神话中的马尔杜克。阿舒尔同时也是亚述旧都阿苏尔(城市与神同名，故以不同写法区分)和新都尼尼微（殷）的守护神。

亚述战神阿舒尔（也可以形容为商王武丁）之妻是女神伊什塔尔，看来亚述人想让爱神与原来的牧神丈夫杜姆兹离婚，改嫁勇猛的阿舒尔。从中可以看出巴比伦神话对亚述的影响，因为亚述神话中战神的原配叫赛米拉米丝。

事实上，亚述文化许多方面是建立在苏美尔和古巴比伦的基础上，契形文字是从苏美尔输入的，宗教是苏美尔人影响产生的。神的名字、神的事迹、神庙的建筑风格取自苏美尔。文学、艺术和科学知识也是直接吸收苏美尔和古巴比伦的成就，只不过带有更强烈的亚述色彩即实用主义和尚武精神。

其实后来的新巴比伦帝国时期，对女神伊什塔尔仍然是非常崇拜的。

在亚述神话中，连爱神伊什塔尔也经常披挂上阵。一则神话描述了这位多情的女神帮助亚述王拔尼巴战胜埃兰王的故事。这位国王在出征前特意来到伊什塔尔的神庙向女神祈祷，女神让他不要担心。"我是仁慈的女神。我的仁慈与你所祈祷的手臂一样高，与你眼中的泪水一样多。你不要害怕，我不会遗弃崇拜我的人，我一定会使你所向披靡。"于是第二天的战场上，伊什塔尔全副武装出现在亚述王的阵营中，率领士兵大败埃兰军队，还活捉了埃兰国王特尤曼。

而与上面的内容相似的中国人的记载有：商纣王之前二百年，一位商朝女战神"妇好"率军征讨西方"东方"，把商朝的势力扩张到羌人地区。那次远征在甲骨文献中的规模最大，全军有一万三千人。

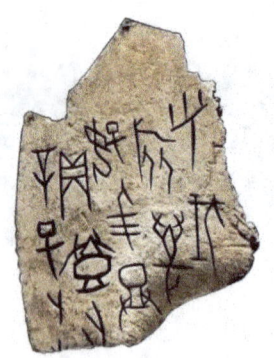 

▲妇好率领一万三千军队伐羌方的卜甲：辛巳卜，贞，登妇好三千登旅万，呼伐"羌"▲甲骨文中"羌"的三种写法

　　伊什塔尔女神之门座落在通往巴比伦塔前面的广场上，广场两边的墙壁高达 6.83 米，每面墙上各装饰着 60 头狮子的彩釉浮雕。它们象征着伊什塔尔女神的化身。这两堵高墙与女神之门连接成为一个整体，形成一条通往巴比伦塔的宽敞通道，从国王到平民，都是在进入广场以后，再通过伊什塔尔女神之门，最后到达主神庙中去的。伊什塔尔女神之门到现在还保留下来的部分，大约仍有 15 米高，而在当初，还有着两个巨大的高塔来做为门楼，上面装饰着巴比伦人的神话与宗教中的各种圣兽浮雕，如天气之神恩里尔的公牛或代表马尔杜克的西鲁什龙。其数量根据考古学家的估计，可能多达 575 幅，从中可想当年那种光彩夺目、震撼人心的气氛。

　　阿斯塔特是古代腓尼基伟大的生育、母性和战争女神，也是这位伟大女神在中东最古老的面貌之一，其历史可以追溯到新石器时代和青铜时代。塔木兹（希腊人称为阿多尼斯）被认为是她的儿子和她的配偶。根据传说，阿斯塔特以一颗炽热的恒星降临到地球，降落在比布鲁斯附近的阿夫卡湖中，据说最初的塔穆兹就是在这里死去的，也是以他的希腊名字命名的河流的源头。

　　她的其他名字是维纳斯、伊西斯、埃及的哈索尔、印度的卡利、遥远北方的芙蕾雅以及希腊的阿芙罗狄蒂和得墨忒耳。巴比伦人称她为伊什塔尔，苏美尔人称她为伊南娜。

　　一些学者认为阿斯塔特是圣母玛利亚的原型。他们的理论基于古代叙利亚和埃及庆祝太阳神阿斯塔特于 12 月 25 日重生的仪式。听到一声哭喊，说圣母玛利亚生下了一个新生的婴儿，并将其展示出来。詹姆斯·弗雷泽爵士在《金枝》中写道："毫无疑问，在十二月二十五日怀孕并生下儿子的圣母就是一位伟大的东方女神，闪米特人称她为天上圣母或简称天上女神，在闪米特人的土地上，她被称为天上圣母或天上女神。"是阿斯塔特的一种形式"。

第五章
周朝的起源
5.1、伏羲和后稷的故乡

根据我上一本书：

居住在安纳托利亚高原上的，具有东方人种特征的母系氏族群体，持续若干代的与不同的人种的游猎部族结合和混血，是较早的大规模的黄白混血，是典型的男权氏族和女权氏族的结合，在西方后来被写入圣经，就是亚当与夏娃在伊甸园相遇的创世说。在东方的中国和印度都有类似伏羲和女娃结合产生人类的史前传说。

这应该是最早的东、西方文化的碰撞和结合。处于蒙昧当中的白人男权主导的游猎文明与同样处于萌妹当中的女权主导的具有早期原始公社性质的农耕文明的碰撞、互相结合、知识共享、互相开阔眼界并擦出火花。西方人的勇敢、公平感、独立性和创造性与东方人的吃苦耐劳、高生育率和聚集性、群居优势和不易冲动的特点及文化的结合，给有建设性的现代人类社会的产生打下了坚实基础。

应该说：人类终于冲破了每到冰期就濒临灭亡，多次走出非洲，但多次全军覆没的不详命运，在非洲内部也面临生物大灭绝的关键时刻，人类终于摆脱了狩猎和单纯的采集等传统的动物生存方式，进入了人类最初的农耕文明社会，现代人类文明是从这一刻开始诞生了。

定理：黄、白人种在西亚及中东地区相遇并混血，男权分散的游猎文明与女权的具有早期原始公社性质聚集的农耕文明的结合，是人类现代社会文明，特别是城市文明产生的必要条件。同时，由于人类不同人种的多族群"聚集"需要学会怎样互相相处，协作、甚至是互相血腥的竞争，人开始正式成为社会的人，具有不同人种或种族背景的有一定规模的人群，已经可以被称作是"人类社会"。

同时，由于男权主导及强势人种和弱势人种社会地位明显不同，人类社会的私有制和奴隶制也从此刻开始产生；在人类社会内部出现了人种压迫和阶级压迫。正如圣经中记录的：在亚当和夏娃相遇之前，他们分别在不同地方（山区的父权制游猎部落和平原的处于母系社会的农耕部落），都过着无忧无虑的生活，但他们在伊甸园中相遇并结合之后，因为他们偷吃了知善恶的果子、闯了祸，所以才给从今往后的人类带来了灾难，但更使人类社会从此崛起。

　　从根上说，黄种人应该是典型的弱势人种，有明显的草食动物的群居特性和聚集性，因而人类最早的城市生存方式，是由他们创立的。他们的人种特征是胆小怕事，如果黄种人族群周围居住着高大人种的族群，黄种人趋向于越来越严密的把自己族群封闭起来。而且黄种人容易屈从，甚至依赖于"领头羊"的带领和强权的辖制，因而思维方式循规蹈矩十分保守，虽然十分善于模仿，但这也是为了适合大规模群居生活的一种被动适应。尽管智商较高，但由于对生活的安全和安定看得过重，对已经适应的传统生活方式在较长的时间内不愿意甚至拒绝做出任何改变，结果反而影响甚至导致缺乏创造性。

　　如果单靠黄种人自身，只能产生所谓的"社会化聚集文明"，虽然这对早期人类社会的形成贡献巨大、功不可没，但对人类文明向纵深发展则贡献较少，甚至还可能造成阻碍。今天人类文明突飞猛进的高速发展，起源于黄种人所创造的具有大规模聚集特征的农耕和城市文明，与白种人具有猎食者特征的，突出个人和竞争文明的遭遇、碰撞和融合。

　　居住在安纳托利亚高原的母系氏族群体，由于人口膨胀过快，当地资源无法承受，后来分裂成多个部分，跟随她们的比较固定的男伴游猎部族向不同方向迁徙。但仍然有一部分留在小亚细亚半岛，或者沿着小亚细亚半岛向西迁徙。比如西部海边的以弗所和特洛伊等地就是希腊神话中许多女神的起源地。

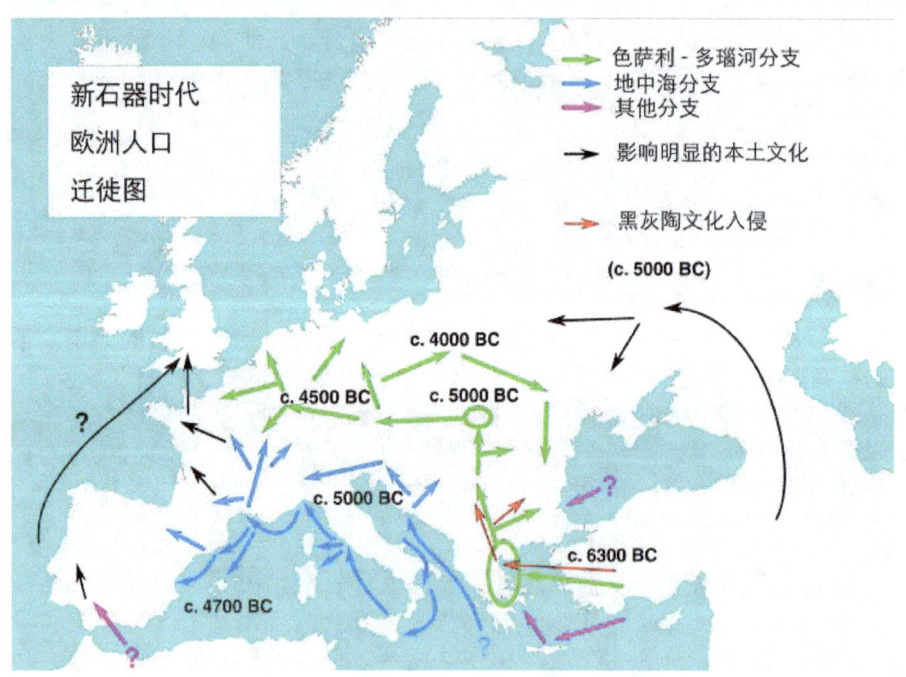

　　他们的核心部分去了三个方向，一部分从土耳其西部走水路沿着岛链进入克里特岛，他们应该是点燃早期希腊文明，甚至整个欧洲文明的一个火种；一部分向南沿地中海边缘从尼罗河三角洲直接进入了埃及，创建了古王国时期的

埃及文明；一部分向东然后沿幼发拉底河向南，进入两河流域的下游与"诸夏"会合，后来成为早期"苏美尔文明"的中坚力量。

这三个人群的共同特点是，他们都是以蛇和鸟为图腾的族群，后来出现的"龙"和"凤"实际上还是蛇和鸟的引深和进一步的神化而已。而且他们都有"以巫治国"的特征，在埃及虽然女巫没有直接出现，但是到处出现的拿着"生命之符"的女神，她们本质上就是"巫"，她们在后台操纵着智商比她们低的黄黑混血男人，实际控制着早期埃及。

法老讲自己是来自世界上一个"凹"的地方，而中东地区唯一一个典型的盆地地区，只有托罗斯山脉成Ⅴ字型的底部里面所环抱的中安纳托利亚地区的近似圆形的盆地区域。

而印度后来崇拜的神"湿婆"，就完全是一个"巫"，而且"湿婆"也和蛇"或鱼"甚至与经"商"有关。应该说无论是安纳托利亚高原上的"加泰土丘"、克里特岛上的克诺索斯"米诺斯"、印度河流域上的"哈拉帕"和摩亨·佐达罗，甚至包括早期两河流域下游的埃利都和尼罗河下游的涅伽达早期，在居住环境和墓葬的考古方面，都没有发现明显的父权制等级化特征，应该都是典型的母系公社制社会。

实际上这些文明早期应该是有一个共同的起源的，这就是在一个人迹罕至的荒凉大河流域或周边的沼泽地带生活过的母系氏族。最初她们以捕蛇、捕食较大型的鸟类、采集和农耕为生，并一直以蛇和鸟为图腾，在父权制强势人种还没有完全介入她们的生活时，在这些荒凉的沼泽和半沙漠地带就突然暴富起来。结果却引来周边父系氏族像狼群一样的围拢过来，由于周边环境恶化，她们都被迫转变为父权制农耕族群，但仍然保留女性主导的宗法体制。这些地方包括：早期苏美尔文明、古王国时期的埃及、克里特岛早王朝时期和印度河流域的哈拉帕文明。

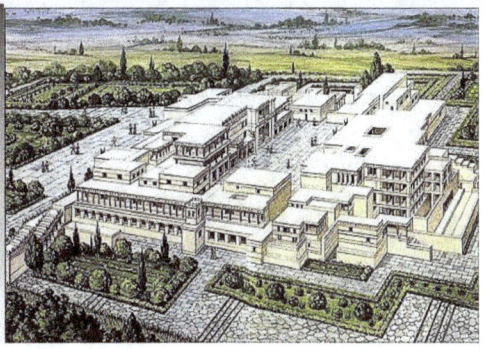

　　迁徙到克里特岛的母系社会以鸟为图腾的女性雕像和和母系公社群居的公共建筑。

　　根据：能读懂苏美尔楔形文字的学者撒迦利亚·西琴的《地球编年史》中的论述：

　　在希腊传统中，宙斯经过克里特岛到达了希腊大陆，他在化身为公牛劫持欧罗巴（Europa）之后从那儿逃跑（游过地中海）。欧罗巴是腓尼基港口城市提尔（Tyre）的国王阿格诺尔（Agenor）的漂亮女儿。事实上，当最早的克里特文献最终被塞勒斯·H·戈登（Cyrus H.Gordon）破译的时候，它们被发现是"来自地中海沿岸东部的闪族土语"。

　　诸神直接从天堂来到了希腊。宙斯是经过克里特，从地中海游过来的。阿芙罗狄蒂被记录是从近东渡海而来，经过了塞浦路斯。波塞冬（罗马的海王星）是带着马从小亚细亚来的。雅典娜带着"橄榄、富饶与天然播种"从"《圣经》里的土地"（LANDS OF BIBLE）来到希腊。

　　毫无疑问，希腊的传统和宗教是从近东到达希腊大陆的，经过了小亚细亚和地中海群岛。他们的神话的根扎在这个地方，也正是这个地方，才是我们需要寻找的、希腊诸神的源头，以及他们为何要对应天体数目"十二"的地方。

　　印度的古代宗教印度教认为，《韦达经》（Vedas，也译《吠陀经》）——由颂歌、祭祀以及其他与神有关的东西组成——是神圣文字，"不是人类的"。印度的传统观点认为，在现在这个时代之前的那个时代，神自己创作了它们。但是，随着时间的流逝，那 10 万条起源经文，经过一代又一代人口口相传，越来越多地流失或被扭曲了。在最后，有一个圣人写下了残留下来的经文，并将它们分开放进四本书里，让他的四个主要弟子每人守护一本。

　　在 19 世纪的时候，学者们开始破译并懂得了一些已被遗忘的语言，并探寻它们之间的关系。他们发现《《韦达经》》是用一种非常古老的印欧语系的语言写下的，是印度古语梵语、希腊语、拉丁语和其他欧洲语言的前身。当他们最终能够阅读并解释《韦达经》的时候，他们很惊讶地发现，韦达神话中的神与希腊诸神竟然有着不同寻常的相似之处。

　　《韦达经》中讲到的神，都是来自于一个庞大却并不是很和谐的家族。神话中充满了升上天穹和沦落地下，空中战争，超级武器，友好和对抗，婚姻和不忠，似乎也存在着一个基本的关系图谱记录——谁是谁的父亲，以及谁是谁的长子。地球上的诸神都是来自天堂，而主要的神即使是在地球上生活时，仍然代表着天体。

　　在远古时代，圣人瑞西（Rishi）们神圣地"流动"着，为令人着魔的强大力量而疯狂。其中，有七个伟大的先祖。罗日侯（Rahu）和计都（Keyu）本是一个天体，他在没有获得允许的前提下试图成为神；但是风暴之神将自己的"易燃的武器"（可能是燃烧弹）掷向了他，将他劈成了两半。其中，罗日侯被称为"龙头"，他不断地在天堂里穿梭伺机报复；计都被称为"龙尾"，Mar- ishi，是太阳王朝的先祖，生下了 Kash-yapa（意为"这是王位"）。《韦达经》里将他描述为相当多产多育的，但是王朝的继承人只能由他的第十个孩子 Prit-Hivi（意为"宇宙之母"）继承。

　　作为王朝之首，Kash-Yapa 同样还是半神们（devas）的首领，并被称为迪奥斯（Dyaus-Pitar）。同他妻子和孩子们一起，他们成了十二个阿迪提亚神（Aditya），每个神都分配到了一个天体和一段黄道带。Kash- Yapa 的天体是"闪光的星辰"，Prit-Hivi 代表地球。接着就有了代表太阳、月亮、火星、水星、木星、金星和土星的神。

最后，十二天神的领导权转移到了伐楼拿（Varuna）的手中，他是宇宙之神。他无所不在，无所不见；有一首写给他的颂歌，听上去就像《圣经》里的赞美诗：

> 正是他让太阳在天国里闪闪发光
> 吹过的风是他的呼吸
> 他给河流挖出了渠道
> 它们听他的指挥流动
> 正是他成就了海洋之深

他的统治同样是迟早都要走到尽头的。因陀罗（Indra），转动天"龙"的神，通过杀死自己的父亲继承王座。他是天空和风暴神的新首领。他的武器是闪电和雷霆，他的称号是战神。然而，他不得不与他的两个兄弟分享权力。一个是日神毗婆萨婆（vivashvat），摩奴（Manu）的先祖，第一个人类；另一个是火神阿格尼（Agni），他把火种从天国带到人间，所以人类才可以使用它们。

韦达神话与希腊神话的相似是再明显不过的了。神话中关于主神，以及诗句中提到的其他小神——儿子、妻子、女儿、情妇等——显然是在重复（或者这个才是原稿）希腊神话的故事。毫无疑问，迪奥斯就是宙斯，伐楼拿就是天王星，等等。而且，在两个例子当中，主神的队伍始终保持在十二个，无论在那些神的继承人之间发生了什么。

在那个时候，两个在地理位置上相隔如此之远的地方，怎么可能在神话上有如此相同的内容？

学者们相信，在公元前两千年左右的某个时候，一群说印欧语言的人，在北部伊朗的中心或者是高加索地区（Caucasus area），开始了伟大的移民。一群人向东南方走，到了印度；印度教称他们为雅利安人（意为"高尚的人"）。他们将《韦达经》口述给了他们，那时大约是公元前 1500 年。另一群人向西到了欧洲；有些人围绕黑海并通过俄罗斯的草原到了欧洲。但是若要让这些人将他们的传统和宗教带到希腊去，最主要也最短的一条道路，就是小亚细亚。一些最古老的希腊城市，实际上，它们并不是修建在希腊大陆而是修建在小亚细亚的最西部。

但是这些将小亚细亚作为自己住所的印欧人种又是谁呢？

再一次，唯一现成又可靠的来源是依然是《旧约》。学者们发现其中有很多地方提到了居住在小亚细亚山区的赫梯人。并不像他们对迦南人和其他邻居所抱有的仇恨，他们对以色列人来说始终是友好的盟友。这正是以色列的大卫王（King David）之子所罗门王（King Salomon）梦寐以求的。所罗门王除了错乱地娶其军中将领乌利亚(Uriah)的妻子拔示巴（Bashiba）为妻之外，也通过娶来邻国国王的女儿建立和亲关系，其中有一个埃及法老的女儿，另一个正是友好的赫梯王的女儿。在另一个时候，一只叙利亚的侵略军因听到"以色列王仇恨雇用我们的赫梯及埃及的国王"的传言而逃跑了。这些针对赫梯的短小的典故，表现了他们在古代近东有拥有的强大武力。

随着对埃及圣书体的破译——而后接着是对美索不达米亚楔形文字的破解——学者们见到了很多描述"赫梯之地"是一个小亚细亚的庞大强盛的王国的文献。但是一支如此重要的力量会消失得如此没有痕迹吗？

根据由埃及和美索不达米亚提供的线索，学者们开始对小亚细亚古代山区进行考古挖掘。努力见了成效：他们发现了赫梯的城市，宫殿，皇家宝藏，皇陵，神庙，祭祀用品，工具，武器，工艺品。除了这些，还出土了很多文献——既有象形文字又有楔形文字。《圣经》中的赫梯人进入了现实。

古代近东遗留给我们的一个独特的石刻纪念碑，是在古代赫梯首都郊外发现的。现在这个地方叫做雅兹勒卡亚（**Yazilikaya**），土耳其语意思是"铭刻之石"。走过大门和圣殿之后，一个古代的祭拜者出现在一座露天的画廊里。在一个环形的石头圈里的空地上，赫梯所有的神祇都被刻在了一个行进的队列之中。

由左向右行进的是男性神祇，很明显是按照十二"集团"组成的。在最左边，是看上去完全相同的十二个女神，她们都拿着相同的武器。

中间的十二个行进者中，包括了一些看上去较老的神和拿着不同武器的神；还有两个神用一个神圣的符号突出显示。第三组"十二神"显而易见地是由更为重要的神祇组成。他们的武器和标志都更具特色。有四个神的头上有神圣的天国标志，有两个神是有翅膀的。这组人中还包括不是神的人员：两头公牛顶着一个球体，赫梯之王带着一个骷髅帽站在翼碟（**Winged Disk**）的符号下面。来自右边的是两支女神队伍；然而，石刻已经太过破损，以至于我们无法看清她们的人数。我们应该不会推测错误，她们也是两个十二"集团"。来自左边和右边的队伍在面板中心相遇，那里很明显地描述着他们的主神，因为他们都显得很高兴，并站在山顶上、动物身上，甚至是神仆的肩上。

学者们，比如 E·拉洛奇（**E.Laroche**），在其著作《雅兹勒卡亚的众神》（**Le Pantheon de Yazilikaya**）中研究了这些图画与象形符号，那些相对易读的刻在岩石上的神的名字。这些名字、称号、地位也都包含在了这个队伍中。只是有一点是很明确的，就是赫梯众神是由"奥林匹亚"十二神统治的。那些次神都是十二个一组，地上的主神也对应着十二个天体。

这些神祇是被"神圣数字"十二所统治的现象，还被刻在了另一个赫梯古迹上，它是一个石砖筑成的圣坛，在靠近现在叫拜特-泽希尔（**Beit-Zehir**）的地方被发现。它清楚地描述了一对神的情侣，由另外十个神环绕着——刚好十二个。

考古发现毋庸置疑地告诉我们，赫梯人所崇拜的神祇是"天上和地上"的，这与他们的等级制度息息相关。一些伟大的、"老一辈的"神是天国的创立者。他们的标志——在赫梯象形文字中的意思是"神圣"或"天国的神"——看上去就像是一对护目镜。他们常常出现在一个火箭状物品的周围。

其他的神当然也有，他们在地球上——当然也在赫梯人之中——充当一个统治者的角色。由他们任命人类的国王，并在战争、拟定条约和一些其他国际事务中指导他们。

一个亲自领导赫梯人的神名字叫做特舒卜（Teshub），意思是"鼓风者"，由此，他被学者们称为暴风神，与风、闪电和雷霆有很大的关系。他也有个绰号叫做塔鲁(Taru)，意为"公牛"。和希腊人一样，赫梯人也有公牛崇拜；并且，就像他之后的木星神朱庇特（Jupiter）一般，特舒卜也被描述成了闪电与雷霆之神，一样地站在公牛身上。

赫梯文献就像后来的希腊神话，讲述了神为了显示自己的至高无上是如何与怪物作战的。被学者称为"屠龙神话"（The Myth of the Slaying of the Dragon）的文献提到了特舒卜的对手是杨卡（Yanka）。特舒卜未能在战场上打败他，乃请求其他神的帮助，但只有一名女神站到了他的阵营中，并设计在一次聚会中将杨卡灌醉。

可以认识到，这些故事类似于圣乔治（Saint George）和龙的传说，学者们将这种对抗称作"好神"与"恶龙"的争端。但事实上，杨卡这个名字的含义是"大蛇"，并且古代人喜欢将"恶神"都描述成这样——这一点可以从赫梯的浮雕作品中体现出来。宙斯也是一样，正如我们看到的，他所战胜的并不是一条"龙"，而是一个蛇形的神。我们会在之后说明，古代传统中，暴风神击败蛇神以取得神的王位的战争是具有重要意义的。这个时候我们只想先强调一下，这样的战争在古代文献中是作为一种确实发生过的历史事件，而被严肃地记录下来的。

一篇保存较好的长篇赫梯史诗，被称作《天国之王》（The Royalty of the Sky），讲的就是这样的事件——天上诸神的起源。这段故事的叙述者首次呼吁"十二大神"来倾听他的故事，并证明故事的准确性：

让各位天上的神
和深色大地（dark-hued Earth）之上的神倾听吧
倾听吧，伟大古老的神

由此可以证明，老一辈的神既在天上又在地上。史诗中记录了十二个"伟大古老的神"，并且为了吸引他们的注意，叙述人讲述了"天国之王"是如何来到"深色大地"的：

很久之前，遥远的时代，阿拉卢（Alalu）是天国之王

是他，阿拉卢，坐在王座上

伟大的阿努（Anu），第一神，站在他的面前

鞠躬直到脚底，呈上了酒杯

在九个时代，阿拉卢都是天国之王

在第九个时代，阿努发动了战争

阿拉卢失败了，他逃跑了

他向下到了深色大地

下面的深色大地就是他要去的

而王座上坐着阿努

史诗由此讲述了"天国之王"是因为王座被夺而来到地球：一个名叫阿拉卢的神被武力赶下了王座（也就是天上的某个地方），接着，为了逃生，"他向下到了深色大地"。但这还没有完。史诗继续讲述了阿努的遭遇，之后，他又被一个叫做库玛而比（Kumarbi）的神（在一些文献中，他是阿努的亲哥哥）夺位。

毫无疑问，这首史诗是在早于希腊神话一千年左右写下的，是克洛诺斯赶走乌拉诺斯，宙斯又赶走克洛诺斯这个神话的先驱。甚至在赫梯文献中，我们也能看到宙斯赶走克洛诺斯这个故事的影子，这完全就是库玛而比对阿努做的：

在九个时代，阿努都是天国之王

在第九个时代，阿努不得不和库玛而比打仗

阿努从库玛而比的手中滑了出来，并逃走

阿努向天上逃

在他身后库玛而比追着他，抓住他的脚

将他从天上拽下

他咬阿努的腰，和阿努的"雄性"（Virilidad）

在库玛而比的体内

它像铜一样融化了

照这个神话来看，这场战役不能算是完胜。虽然被"阉割"了，阿努设法飞回了自己天上的住所（Heavenly Abode），离开库玛而比并掌控地上。同时，阿努的"雄性"在库玛而比体内诞生了几个神，导致他（就像希腊神话中的克洛诺斯一样）必须将他们释放出来。其中有一个就是特舒卜，最高级别的赫梯神。

然而，在特舒卜正常执政之前还需要另一场史诗级的战争。

在得知阿努的继承人在自己体内之后，库玛而比想到了一个计划，"给暴风神制造一个对手"。"他把力量放在手中；脚上的鞋轻巧得像风"；他还从

他的城市乌尔基什（Ur-Kish），去了大山女士（Lady of the Great Mountain）的住所。

"他的愿望是唤醒她；他与山女一起睡觉；他的男子气息流入她的身体。他与她这样五次了……他与她这样十次了。"

难道库玛而比只是好色吗？我们有理由相信他这么做是有深意的。我们的猜测是神的统治者需要继承人，而库玛而比和山女的儿子有资格登上天国的王座；因此，库玛而比与她"这样"五次和十次则是为了确保让山女怀孕。确实也怀上了：她生了一个儿子，库玛而比象征性地称它为乌力-库米（Ulli-Kummi），意为库米亚（Kummiya，特舒卜的住所）的镇压者。

库玛而比预见了为了抢夺继承权而引发的战争，它将发生在天国里。在命令他的儿子去剿灭库米亚的官僚后，他进一步向他儿子宣布：

让他为了王位而升上天国！
让他征服库米亚　，这美丽的城市！
让他攻击风暴之神
并把他撕成碎片，像撕裂一个凡人！
让他击落所有在天空的神

这场与特舒卜有关的特殊的战争，是大约公元前 4000 左右的金牛座时代的开端，在地上和天上发生的吗？是因为这个原因导致胜利者要踩在公牛背上吗？这些事情是否与同一时间的苏美尔文明的开端，有着某种方式的联系？

毫无疑问的是，赫梯众神以及他们的神话故事，确实有着存在于苏美尔文明及神祇中的根源。

有关乌力-库米挑战天国王位的神话，继续讲述了这个英雄式战争。特舒卜在与对手的战争中失败了，甚至导致他的妻子赫巴特（Hebat）试图自杀。最后，有人呼吁调节诸神之间的争执，并且召集了一次神的聚会。这是两位"老一辈的神"，恩利尔和艾（Ea）领导的，他呼吁制作"天命古书"

（The Old Tablets With the Words of destiny）——某种可以帮助解决神的王位继承问题的古代记录。

然而这些记录却无法解决这些纠纷，恩利尔建议为这些挑战者设立另一个战斗，用一种极为古老的武器。"听着，古老的神，你们懂得这些古老的词汇，"恩利尔向他的追随者们说：

打开古老的仓库
那些属于父辈之上的仓库
拿出那些铜矛
它们曾劈开天堂与凡间

用它们劈开乌力-库米的双脚

这些"老神"是谁？答案是明显的，他们是阿努，安图（Antu），恩利尔，林利尔（Ninlil），艾，依稀库尔（Ishkur）——他们使用的是苏美尔的名字。甚至连特舒卜这个名字，也和其他赫梯神名字一样，常常以苏美尔文字来表达他们的身份。同样地，一些地点也是古代苏美尔的地名。

这种现象让学者认为，赫梯人实际上是在崇拜苏美尔的起源神话，而且，在他们眼前上演的神话故事，还有那些"老神"，也都是苏美尔的。事实上，这只是一个更大发现的一部分。不仅仅是发现了赫梯语是基于印欧语系的，还发现它受了阿卡德语的影响，表现在发音和写作上。自从阿卡德语在公元前两千年成为了古代世界的国际语言，它影响赫梯语也就很好理解了。

但真正的问题是，学者们在破译赫梯语的过程中惊奇地发现，它广泛使用了苏美尔的象形符号，音节，甚至是整个单词！不仅如此，很明显地，他们也在相当程度上掌握了苏美尔语的使用。苏美尔语，用 O·R·格尼（O.R.Gruney）在《赫梯文化》（The Hittites）中的话来说，"是在首都哈图-沙斯（Hattu-Shash）被深入学习了的，而且苏美尔-赫梯词汇也是在那里发现的……许多赫梯文献中与楔形符号有关的象征物的确是苏美尔词汇，但也许它们的实际意义已经被赫梯人遗忘了……在赫梯文献中，赫梯词汇都用与之类似的苏美尔或者巴比伦词汇代替。"

而后，当赫梯人在公元前 1600 年之后接触到了巴比伦人，那时苏美尔人早就消失于近东的舞台。那就是为什么，他们的语言、文学和宗教影响到了亚洲另一头的伟大王国，而且时隔千年。

这个文化桥梁，学者们已经发现了，是一个被叫作胡里安（Hurrians）的民族。

在《旧约》中他们被叫做何利人（Horites），意为"自由之人"。他们控制着美索不达米亚的苏美尔和亚甲与小亚细亚的赫梯王国之间的广大区域。他们领土的北方是古代的"雪松之地"，在东方他们的领土包含了现在伊拉克的油田。在一个单独的城市，努济（Nuzi），考古学家门不仅发现了普通的建筑物和工艺品，同时还发现了上千件价值连城的法律及社会文件。在西边，胡里安的法律和影响力一直延伸到了地中海沿岸，其中包括古老的贸易和工业中心，并被迦基米施（Carchemish）和亚拉拉克（Alalakh）所学习。

但他们的权力中心与主要商路，以及最受人崇拜的神庙地点，都被认为是在"两河之间"的中心区域，《圣经》中的拿哈兰（Naharayim）。他们最古老的都城（还没有被发现）是定都于哈布尔河（Khabur River）流域的某个地方的。他们最显赫的贸易中心，是在巴利克（Balikh）河，也就是《圣经》里的哈兰（Haran）——亚伯拉罕家族从南美索不达米亚的乌尔前往迦南途中旅居的城市。

埃及和美索不达米亚的皇家文件都提到了一个胡里安王国，叫做米坦尼（Mitanni），并把它放在了一个与自己同等的地位。这是一个影响力超出自己国境的强大王国。赫梯人称他们的乎曼邻居为赫利（Hurri）。一些学者指出，这个词还可以被念作哈尔（Har），并且，就如 G·康特劳（G.Contenau）在《古代赫梯与米坦尼文明》

（La Civilisation des Hittites et des Hurrites du Mitanni）中所说的，它也可能就是哈利（Harri）这个名字。

毫无疑问，哈兰是雅利安或者印欧语系的民族。他们的文字援引了很多雅利安语言中的神的名字，他们的国王使用印欧语系的名字，他们的军事和骑兵术语也是源自印欧语系。

B·赫罗兹尼（B.Hrozny）在 1920 年领导了一场解读赫梯文献的运动，虽然时隔很久，但仍然称哈兰为"最早的印度教徒"。这些哈兰人影响着着赫梯的文化和宗教。赫梯的神话文献被发现是出自哈兰的。甚至包括史前神话，半神英雄的史诗都起源于哈兰。

已经没有任何疑问了，赫梯人是从哈兰人那里获得了宇宙学，以及他们的神话、他们的诸神——他们的十二主神。

这里出现了一个三角联系——雅利安，赫梯，哈兰——它被很突出地记录在了一个女人为他生病的丈夫而写下的祈祷文里。这是特舒卜的妻子写给女神赫巴特的：

噢，让雅利安崛起的女神
我的女士，赫梯的情人
天与地的皇后……
在赫梯，你的名字是
"让雅利安崛起的女神"
但在松雪土地上
你的名字是"赫巴特"

所有这些由哈兰人所采用并传递的文化和宗教，并不属于印欧语系。甚至他们的语言本身就不是印欧语系。毋庸置疑，在哈兰语言、文化和传统中充满了阿卡德（亚甲）的元素。他们的首都的名字，瓦树格尼（Washugeni），是闪族语言 resh-eni 的变种，意思是"水的发源地"。底格里斯河被叫作阿兰扎卡（aranzakh），我认为是从阿卡德语"雪松之河"演变过来的。沙马氏（Shamash）神和塔什美吐(Tash-metum)是从哈兰语的沙马克（Shimiki）和塔什美特什（Tashimmetish）演变过来的——还有很多。

但是阿卡德人的文化和宗教也只是在苏美尔文化与信仰的基础上的一点小发展，哈兰人，实际上吸收并传承了苏美尔的宗教。正是这样，他们很明显地频繁使用了原来苏美尔人的神的名字、称号和符号。

史诗中讲得很清楚，故事内容是苏美尔的神话；"老神"的居住地是苏美尔城市，"老神的语言"是苏美尔语。甚至哈兰艺术也是在重复着苏美尔艺术——在形式、主题和象征物上。

第 15 章 (第 1/3 页)

到底是在什么地方通过怎样的方式，哈兰人"突变成了"苏美尔的"基因"？

有资料表明，公元前 2000 年左右，哈兰人是苏美尔与亚甲的北方邻居，并且在之前的一千年与苏美尔人混居过。这个事实证明：在公元前 3000 年，哈兰人存在和活跃于苏美尔。在苏美尔最后一个光荣时期，乌尔的第三个王朝，他们在苏美尔占有比较重要的地位。有证据显示，哈兰人在苏美尔（特别是乌尔）对服装业的管理和操作在古代是闻名的。那些享有声誉的乌尔商人很可能大部分都是哈兰人。

公元前十三世纪，在外来入侵和大移民（包括从埃及前往迦南的以色列人）的压力下，哈兰人撤往他们王国的东北方，在靠近凡湖（Lake Van）的地方定下了新的都城。他们称这个王国为乌拉尔图（Urartu，也就是亚拉腊）。在那里，他们崇拜由特特卜（Tesheba，特舒卜的谐音）带领的众神，并把他描述为一个充满力量的神：他头戴角帽，站在他的符号——公牛身上。他们把他们最重要的圣坛称作比特阿努（Bitanu），意为"阿努的房子"，并称他们自己正在将这个王国建设成"阿努山谷的要塞"。

这个阿努，我们可以看出来，正是苏美尔的众神之父。

那么，这些神话和神祇崇拜到达希腊的另一条路，是从东地中海沿海，经过克里特岛和塞浦路斯到达希腊的吗？

这片土地现在是以色列、黎巴嫩和叙利亚南部——它们形成了古代"新月沃地"的西南部——当时是迦南人的居住地。再一次，我们认识到，所有那些直到最近才被我们发现的史实，其实在《旧约》和一些分散的腓尼基文稿中早有提及。考古学家们是在以下两项发现之后，才开始了解迦南的：在卢克索（Luxor）和塞加拉（Saqqara）找到的埃及文献，以及——更加重要的——在一个迦南的主要中心出土的有关历史、文学和宗教的文献。这个地方，现在被叫作拉丝沙姆拉（Ras Shamra），位于叙利亚海岸上，当时是古城乌加里特(Ugarit)。

乌加里特文稿中所使用的语言是迦南语，被学者们称为西闪族语，是包括最早的阿卡德语以及现在的希伯来语的语系的一个分支。

确实，任何一个对希伯来语有较好了解的人都会觉得，迦南语也是相对容易的。这种语言、文学风格和专用术语，在《旧约》中都是有暗示的。

迦南文稿中展现出来的神话，和之后希腊的神话有很多相似之处。在迦南神话的开头，也有一个至高无上的神，他叫做 EI，这个单词既是一个个体神的名字，又有"崇高的神"的意思。他是所有事物，包括神界和人界的最终裁决者。阿博·亚当（Ab Adam）是他的称号，肯德里（the Kindly，意为"友好的"）与莫西浮（the Merciful，意为"仁慈的"）是他的绰号。他是"万物创造者，王权掌握者。"

迦南文献（对许多学者而言只是"杜撰的神话"）把 EI 描述为一个贤明的、较老的神，并远离日常事务。他住在很遥远的地方，在"两河源头"。在那里，他坐在他的王座上，接收使者们的信件，考虑并解决其他神祇告诉他的问题和困难。

一个在巴勒斯坦发现的石碑上描述了一位较老的神祇坐在王座上，一个年轻神祇向他提供饮料服务。坐着的神头戴一顶装饰着角的圆锥形头饰——角是神的标志，就像我们从史前时代就开始看到的一样——在画面中心上方有一个带翅膀的星星，一个我们越见越多的相当普遍的象征物。学者们普遍认为这个雕刻是描述迦南诸神 EI 的。

EI 自然不是一开始就是个年老的领袖。他还有一个绰号叫做托儿（Tor），意思是公牛。学者们相信，这是为了表达他的卓越的性能力，并以此作为他众神之父的身份象征。一首迦南的诗，叫作《仁慈之神的诞生》，将 EI 放在了海边（多半是裸体），那里，两个妇女被他阳物的尺寸深深吸引。当一只鸟在沙滩上晒太阳的时候，EI 和这两个女人交合了。由此生下了沙哈（Shahar，意为黎明或初始）和沙拉木（Shalem，意为黄昏或完结）这两个神。

但他们不是他仅有的孩子，也不是他所有七个孩子中最重要的。他最重要的儿子是巴尔（Baal）——既是一个纯粹的名字，又有"领主"的意思。就像希腊人在神话中讲述的一样，迦南人也提到了儿子争夺父亲王位和统治权的故事。和他父亲 EI 一样，巴尔也被学者们叫作暴风神，是个闪电与雷霆之神。巴尔还有一个小名叫做哈达（Hadad），意为锋芒。他的武器是战斧和闪电矛，他的代表动物，和 EI 的一样，都是公牛；而且，和 EI 相同的还有他们的头饰，都是镶有一对角的圆锥形。

巴尔也被叫做伊利恩（Elyon），意为至高无上；这是因为，他是被承认的王子，王座的继承人。但是他也并不是毫无竞争就获得这个称号的，首先是与他的兄弟海王子亚姆（Yam），接着是与另一个兄弟打击者莫特（Mot）。在一首用碑刻碎片拼凑起来的感人的长诗里，一开篇就写道，"工匠大师（Master Craftsman）"受到召唤，来到 EI "于水的源头，两河之源的中心"的住处：

他来了，穿越了 EI 的领地
他走进了岁月之父的庭院

在 EI 脚下，他鞠躬，弯下腰
将自己卧倒，以示崇敬

工匠大师被命令为亚姆修建一所宫殿，以象征他日益增强的力量和权力。有了这个壮胆，亚姆发出信息召集群神，来要求巴尔向他屈服。亚姆命令他的使节进行挑衅，群神都没有反抗，甚至连 EI 都承认了他儿子之间所出现的新的格局。"巴尔是你的奴隶，噢，亚姆。"他说。

然而，亚姆的至高无上是短暂的。装备着两样"神兵"的巴尔与他对抗并祭拜了他——现在只剩与莫特之间的挑战了。在这个对抗中，巴尔很快就打成了下风；但是他的妹妹阿娜特（Anat）拒绝接受让巴尔成为最后的牺牲者，于是她"抓住了莫特，EI 之子，并用剑劈死了他"。

迦南神话中并没有让莫特来充当领袖，却奇迹般地让巴尔成为了最后的赢家。

学者们试图通过认为这整个神话只是一个象征，来证明它存在的合理性。也就是说，这仅仅是一个讲述近东一年一度的干旱与雨季之间的对抗。但我们没有任何理由认为迦南神话就不带有任何寓意。他们提到了一些在后来被发现是真实事件的东西：神的儿子是如何自相残杀的，其中一个又是怎样在失败后仍然成为了继承人，这可使 EI 高兴了：

EI，善良的、仁慈的那一位，高兴了。
他的脚放在他坐的凳子上
他放开嗓子大笑
他提高声音大声叫喊：
"我应该坐着静享安宁，
灵魂应该在我的呼吸中安息；
因为强大的巴尔活了下来，
因为大地之主存活了下来！"

阿娜特在迦南传统中，由此站在了她的兄弟巴尔一边，在他与邪恶的莫特的生死较量中陪伴着他；这与希腊神话中女神雅典娜站在宙斯一边，在宙斯与堤丰的生死较量中陪伴宙斯，是多么相似。雅典娜，和我们所看见的一样，被称为"完美处女"，即便她有一些不太正当的恋情。同样地，迦南神话（在希腊神话之前）使用了"处女阿娜特"这个称号，而且，尽管这样，还是讲述了大量的有关她的爱情故事，特别是与她自己哥哥巴尔之间的爱情故事。有一段文稿描述阿娜特到了巴尔位于扎丰（Zaphon）的住所，巴尔急忙将他的老婆们都遣散了。接着他站到他这个姐妹的脚上；他们相望对方的双眼；他们在对方的"角"上涂以药膏——

他拿起并握住她的子宫
她拿起并握住他的"石头"

处女阿娜特……怀孕了

难怪，阿娜特常常被描述为全裸之体，来强调她的性能力。

就像希腊宗教和它的创始者们，迦南众神中包含了一个母亲女神，众神首领的正式妻子。他们叫她阿舍拉（Ashera），她刚好对应希腊的赫拉。阿施塔特（Astarte），即《圣经》中的亚斯他录（Ashtoreth），对应着阿芙罗狄蒂，她常与阿斯塔特交往，后者常与一个明亮的星星有关，可能对应着阿瑞斯，阿芙罗狄蒂的哥哥。还有一些年轻的神，男神和女神，他们与希腊中神的关系可以很容易地看出来。

然而，除了这些年轻神之外还有一批"老神"，他们远离日常事物，但当诸神自己陷入麻烦的时候，却只有他们能出面解决。一些关于他们的雕塑，甚至是一个部分被毁的石碑上，都可以从他们的特征和角帽上看出他们是老资格的神。

迦南人是从何处制定他们的文化和宗教的呢？

《旧约》认为他们是哈姆族（Hamitic）的一部分，扎根于非洲的热带（炎热正好是哈姆的含义），是埃及人的兄弟。一些考古行动中出土的人造物品和文字记录，显示出了两者的相似，就像迦南和埃及之间的诸多相似一样。

第 16 章 (第 1/3 页)

很多当地的神祇，他们大量的名字和绰号，他们职务的多样化，他们的象征物，以及动物符号……第一次出现在埃及神谱上，就像一群在奇怪的舞台上表演的奇怪的演员。但进一步看，他们与古代世界里的其他大陆上的同类物体基本上没有区别。

埃及人相信天国与地球上的神，并且，大神与小神被很明确地区分开来。G·A·韦恩莱特（G.A.Wainwright）在其著作《埃及天神》（The Sky-Religion in Egyp）中出示了一个证据，显示出埃及人认为，天神从天上下降到地球是在"太初之时"（extremely ancient）。一些大神的绰号——最伟大的神，天国公牛，山王（或山女）——听上去都很耳熟。

虽然埃及人使用十进制数，他们在宗教活动中却继承了苏美尔人的六十进制，而且与天有关的事情都由神圣数字十二来组织。天国被分为三个部分，每个都包含十二个天体。死后的世界被分成十二个部分。白天和晚上都被分割为十二个小时。每一种分法都对应着神的"集团"，反过来，每一个分法中都包含着十二个神。

埃及众神之首是创造者拉（Ra），他主持了十二个神的集会。在远古时代，他进行了他奇妙的创造，带来了大地盖布（Geb）和天空纳特（Nut）。接着他让植物在大地上生长，动物在地上爬行——还有，在最后，创造了人。拉是一个看不见的天上的神，他只是周期性地出现。他的象征物是阿托恩（Aten）——天碟，一个长翅的球。

在埃及传统中，拉在地球上的出现与活动，是直接与埃及的王位相关的。传统观点上，埃及的第一批统治者不是人类而是神，而第一个掌管埃及的神就是拉。他将王国分开，将下埃及给了他的儿子阴间之神奥西里斯（Osiris），将上埃及给了他的儿子混乱、暴风雨、沙漠之神赛特（Seth）。但是赛特企图推翻奥西里斯并最后将他淹死。伊西斯（Isis），是奥西里斯的妻子和姐妹，找到了奥西里斯的尸体并将其复活。之后，他穿过了"玄秘之门（the secret gates）"，并加入了拉的天球路径；他在埃及的王位是他的儿子何璐斯（Horus）继承的，有些时候他被描述为带翼和长角的神。

虽然拉是天国中最高等级的神，但在地上，他却是引领事物发展的神卜塔（Ptah）的儿子。埃及人相信是卜塔通过在尼罗河（Nile）的关键区域修建防水工事，将埃及陆地从洪水中升起来的。这个大神，他们认为，是从其他地方来到埃及的；他不仅建立了埃及，还建立了"山地和遥远的他国"。实际上，埃及人认为，他们所有的"老神"都是从南方坐船来的；并且，从被发现的很多史前石刻上，可以看见这些老神——因为他们戴着长角的头饰——坐船来到埃及。

唯一通往埃及的海路就是南方的红海（Red Sea），它的埃及名字叫做乌尔海（the Sea of Ur）。在象形文字中，乌尔这个符号的含义是"东方的遥远的土地"；当然这同样完全可能是指苏美尔的乌尔，因为它就在那个方位，所以不可能排除这种可能性。

埃及语言中对应"圣物"或"神"的单词是NTR，意思是"看着的那个"。太形象了，这简直就是苏美（SHUMER）这个名字的含义："看着的那些"之地。

认为埃及是文明起源的早期观点现在已经被推翻了。现在有很多证据表明，埃及文明晚于苏美尔文明超过半个千年之久，并吸收了苏美尔文明的文化、建筑、科技、艺术，和很多其他方面的成就。甚至，众多证据还显示，埃及的神都是起源于苏美尔的。

与埃及人有血缘关系的迦南人和他们共享着相同的神。但是，由于这里有从远古起就连接着亚非的桥梁，迦南也受到了强烈的闪族或美索不达米亚的影响。就像北方的赫梯，最北方的乎曼，南方的埃及，迦南人不可能有完全属于自己的原始的神。他们同样是从其他地方，得到了他们的宇宙观与众神以及神话故事。而他们直接接触到来自苏美尔的资源，则是通过亚摩利人（Amorites）。

亚摩利人的土地坐落在美索不达米亚和西亚的地中海陆地之间。他们的名字得自阿卡德语的阿穆鲁（amurru）和苏美尔语的玛图（martu，意为"西方人"）。他们不被当作外来人，只被当作是居住在苏美尔和亚甲西部领地上的居民。

在苏美尔，使用亚摩利名字的人被列为寺庙工作者。在大约公元前 2000 年，乌尔败给埃兰人的时候，一个玛图人伊什比埃拉（Ishbi-Erra）在拉尔萨（Larsa）重建了苏美尔王权，并完成了他的首要任务：夺回乌尔，将那里重建成一个祭祀的圣坛。亚摩利人的"酋长"建立了第一个独立的亚述王朝，那时大约是公元前 1900 年。还有为巴比伦带来荣耀的汉穆拉比，时在公元前大约 1800 年；他是巴比伦第一个王朝的第六个继承人，也是亚摩利人。

在二十世纪三十年代，考古学家找到了亚摩利人的中心和都城，名叫马里（Mari），位于幼发拉底河的一个蜿蜒处，也就是现在叙利亚边境穿越河流的所在。挖掘者们在那儿发现了一个主城，其建筑都是在公元前 3000 年到公元前 2000 年之间连续不断地修建和重建的，比他们时代早了几个世纪。这些最早的遗迹，包括一个阶梯金字塔和供奉苏美尔神伊南娜、宁呼尔萨格（Ninhursag）和恩利尔的神庙。

马里的宫殿独自占据了五英亩，其中包括了一个涂有大型壁画的王座房间，三百个多种多样的房间，文官办公室，以及（对史学家们来说最重要的）多于两万个的写满楔形文字的碑刻，其中提到了当时的经济、贸易、政治和社会生活，还有国家和军队，当然，还有那里的宗教和它的人民。

马里宫殿的壁画中，有一幅描述了女神伊南娜（亚摩利人叫她伊师塔[Ishtar]）授予基姆利里姆（Zimri-Lim）王权的事迹。

就像在其他神话中一样，他们的神的首领同样是个气候或暴风之神。他们叫他阿达德（Adad）——相当于迦南神话中的巴尔——还为他取了个小名叫作哈达（Hadad）。他的标志是预料之中的——叉状闪电。

在迦南文献中，巴尔常被称作"龙之子"，马里文献中也讲到一个名叫龙（Dragon）的老神，是"丰腴之神"——就像 El——也是一个退了休的神。有那么一次他抱怨说，他再也不能与战争的领导层一起议事了。

诸神的其他成员还包括了月神，迦南语称她为耶拉（Yerah），在阿卡德语中是辛（Sin），在苏美尔语中是娜娜；当然也有太阳神，被称为沙马氏；此外，还有一些其他神祇。所有这些神都证明了，毫无疑问地，马里是连接东地中海和美索不达米亚的桥梁，无论是地理上还是时间上。

在马里发现的文物，就像在苏美尔发现的一样，有很多描述人们自己的雕像：国王，贵族，神职人员，歌手，他们被始终如一地描绘成双手紧握呈祷告状，眼神永远凝望着自己的神。

这些天和地的神到底是谁，始终是由一个十二主神集团带领着？

我们进入过希腊和雅利安的神庙，赫梯人和哈兰人的神庙，以及迦南人、埃及人和亚摩利人的。我们跟随着这个轨道和上千年前的线索越过大陆，跨过海洋。

而且每座神庙的每条走廊都把我们带向一个地方：苏美尔。（第三章 完）

5.2、敘利亞亞兰大馬士革

哈兰（Harran）在历史上曾经是一个重要的经济、文化和宗教中心。有些学者认为亚伯兰的父亲"他拉"这名字的希伯来文为"yareah"，即"月亮"（Merrill，2008，第43页），或"yerah"即"阴历月"(Little，2003，第65页)，表明了这个家庭在回应上帝的呼召前的宗教倾向。当他拉和他的全家从吾珥搬到哈兰时，其实他们是从一个位于美索不达米亚南部崇拜月神的主要宗教中心（吾珥）搬迁到另一个位于美索不达米亚北部崇拜月神的主要宗教中心（哈兰）（Merrill，2008，第43页）。

哈兰古城建于公元前2250年，是连接叙利亚首都大马士革（圣经通常翻译为大马色）和亚述帝国的尼尼微（遗址在今伊拉克摩苏尔附近）的交通要道，曾经是亚述帝国哈兰省的首府。现在是土耳其东南部的一条阿拉伯人聚居的小村落，在幼发拉底河上游的支流拜利河 Balikh River 的东岸，距交汇之河口约10公里，水陆路均甚便利。

远古时期亚伯拉罕和新亚述帝国的踪迹已无法考究，现在仍然可看见到的是哈兰蜂巢屋 Beehive House（从古代两河流域时期已经存在），部份当地人仍然居住在蜂巢屋之内，亦有一些蜂巢屋已经改为接待游客的茶馆。叙利亚内战之前，有很多游客前来参观。但内战爆发之后，游客非常稀少。

哈兰的蜂巢屋 Beehive House

改为接待游客的蜂巢屋茶馆

蜂巢屋屋顶（内部）

根据《圣经》：哈兰（Haran）

　　古名 Hurrian 的亚述城哈兰（Haran），位于米所波大米西北方、幼发拉底河上游、一条名为 Balikh 支流的中上游，南边离现代叙利亚北境仅 10 英哩(16 公里)。哈兰又名 Charan 或 Charran（徒 7:2, 4 -- 希腊文 Κάρραι），是巴旦亚兰（Paddan Aram 或 Aram Naharaim）地区，在古代（1000 B.C.）亚述的一个重要商业经济文化和宗教重心，也是全地区的粮食供应中心。当时的谚语说：″哈兰粮食到，大家都吃饱；哈兰粮不到，大家都饿倒″（When corn comes from Haran, then there is plenty; when no corn comes from Haran, there is hunger）。

　　哈兰早年又是一个交通要地；有一条从巴比伦出发往西北走的商道，运输各种珍贵商品，经过哈兰，然后由迦南地区，往南进入埃及，或往西到地中海东岸的港口。如今，这繁忙的中继站已经没落，仅存的废墟，位于今日土耳其中部偏东以南、在尚利乌尔法（Şanliurfa）地区中的尚利乌尔法市南部 Altinbask 村（又名哈兰）附近。

　　哈兰这个名字，最早出现在 Ebla Tablet（主前 3000 年代）。其上记载说，哈兰的首领娶了一位 Ebla 的公主为妻，因此哈兰就一直成为 Ebla 帝国的一部份。幼发拉底河中游的 Mari 出土文物中提到，该河上源的支流 Balikh 附近一带，在主前 19 世纪就已有人居住，并且在哈兰附近一带，有着半游牧民族的联盟。圣经曾称这巴旦亚兰地区的哈兰为″拿鹤城″（创 24:10）。

　　另一种说法：

米所波大米北部的一个城镇，位于伯拉大河(即幼发拉底河)上游支流巴厘河边，连接尼尼微和叙利亚的阿勒坡的大路由此经过，是古代军事和商业重镇。以色列人的先祖亚伯兰(后改名 "亚伯拉罕")的父亲他拉，带着儿孙离开世代居住的吾珥，前往迦南，中途停居于哈兰。他拉二百零五岁时死于哈兰。亚伯兰遵耶和华的指示离开该地，抵达并居住于迦南地的示剑。年老时，派仆人回家乡为儿子以撒娶来利百加。多年后，以撒和利百加的幼子雅各以一碗红豆汤骗取了长子的名分，为避免哥哥以扫的报复，雅各逃往住在哈兰的舅父拉班家，在此居住工作二十年，先后娶拉班的两个女儿、两个女仆为妻妾；共生育了十二个儿子，他们的后代便是以色列的十二个支派。该地后为亚述征服。亚述在此设防，作为省府；尼尼微陷落后，成为亚述首都。西元前 609 年，陷于巴比伦人之手。先知以西结提到哈兰。

在古代，一个名叫亚兰（Aramean）的民族生活在叙利亚和米所波大米（Mesopotamia，美索不达米亚）地区。他们是一大群语言相近的人，他们说西闪族语的方言，该语言被称为亚兰文。尽管在政治上并不统一，但他们发展了强大的城邦，这些城邦在主前第一个千年的近东地区，具有很强的文化影响力。亚兰语与希伯来语非常相似，在大约波斯时期，约 539 年，成为正式的国际语言。

根据维基百科：

亚兰（Aram; אֲרָם or ʼĂrām），亦作亚拉姆，思高本作阿兰，是《圣经》里的一个区域名称，位于叙利亚中部，包括阿勒颇所在的地区。亚兰的范围从黎巴嫩山往东过伯拉河，并包括美索不达米亚平原北部。"亚兰"这名字源自挪亚的孙儿、闪的儿子亚兰，相传是亚兰人的祖先，是希伯来人的兄弟民族。另外，赫梯人亦曾在这里生活过。

亚拉姆人在约在公元前 12 世纪开始移居到亚兰地区及美索不达米亚，并曾建立过两个王国：亚兰大马士革王国及哈马斯王国。此外，在当地还有不少细小的王国及独立城邦建立过，都在公元前 1 千年期间存在。于公元前 1000 年时在巴比伦王国南部生活、曾建立新巴比伦王国的迦勒底人亦被普遍认为是一个源自亚兰的部族。

阿拉米人（Aramean people，又译为亚拉米人、亚兰人、阿拉姆人、亚拉姆人、阿拉美亚人）是青铜时代晚期到铁器时代生活在今叙利亚南部及幼发拉底河中上游一带（即《圣经》中提到的亚兰地区）的半游牧民族，属于闪族的一支。曾建立过大马士革王国等政权，据《圣经》中提到，其经常与以色列王国交战。

圣经中的亚兰

圣经中多次提到亚兰，亚兰曾与亚扪组织联军要攻打以色列，并被大卫击败（撒母耳记下：第 10 章）。到了所罗门晚年，利逊作了亚兰人的王（列王纪上 11:25），成为了以色列的敌人，以大马士革为都。

在先知以利亚和以利沙的时期，亚兰出现的次数很多。以色列的亚哈王曾约同犹大国的约沙法一起出征亚兰，但战死沙场。企图围攻多坍但被以利沙以神迹击败后，亚兰军队亦曾围困以色列的首都撒马利亚而逼使太后耶洗别和约兰王要派人杀以利沙。

1909 马尔丁省

在以色列太后耶洗别和犹大太后亚他利雅死后多年，在犹大国的约阿施当家之时，亚兰亦曾兵犯犹大，并导致约阿施被刺身亡。

历史

前 853 年，亚述帝国的沙尔马那塞尔三世 发动了夸夸之战（Battle of Qarqar），为亚述入侵叙利亚揭开序幕。亚兰王国、哈马王国和北国以色列组成了联军稍为拖延，但仍然无法阻止亚述帝国西进的雄心 。另外，亚兰王国与以色列并没有因此和解，反而陷入了长期对抗中。以色列为了摆脱长期对抗而转向亚述帝国称臣，特别在耶户当政的时代。因而以色列成为了亚述远交近攻的联盟对象，使亚述最终征服了亚兰，而以色列亦自始成为亚述的附庸。

以下是根据《旧约圣经》的亚兰大马士革国王列表：

国王：

之前，阿拉米语国家
利逊，约公元前 940 年
本哈达一世，公元前 885－865 年 20
本-哈达德二世，公元前 865－842 年 23
哈泽尔，公元前 842－805/796 年 46

本哈达三世，公元前 796－792 年4

利汛，754 BC－732 BCE22

之后，新亚述帝国

利逊有可能与列王纪上 15 章:18 节中的希旬（Hezion）为同一人，或者希旬是利逊之子，也是他伯利们的祖父，是便哈达一世的曾祖父。

他伯利们(Tabrimmon)是亚兰大马士革国王，但我们所知甚少。根据《圣经》列王记上 1 记载：他是希旬的儿子，他的儿子是便哈达一世

便哈达（希伯来语：בן הדד），意即"哈达之子"，是大马士革两个（或许 3 个）王的头衔。哈达是叙利亚的风神，也可能就是临门（王下 5:18）。

便哈达一世是希旬之孙，他泊利们之子。尽管亚兰王常与以色列为仇，便哈达一世却与北国以色列王巴沙结盟（王上 15:18-20）。但由于南国犹大与北国以色列的长期对立，终于演变成严重的冲突，亚兰和以色列的盟约也因此破裂，巴沙发动对付犹大王亚撒的军事行动。为了防止南国对他们的渗透和他本国人民的变节，巴沙加强位于耶路撒冷稍北的拉玛城的防御。他的行动就把以色列的势力，延伸进了犹大国的境内。亚撒面临威胁，不得不派臣仆把他王宫府库里所剩的金银，全部送去给便哈达一世，求他废掉与以色列王巴沙所立的盟约（王上 15:18-19）。便哈达接受了这份礼物，便派兵攻打以色列，占领了以云、但、亚伯伯玛迦等城，以及拿弗他利全境（王上 15:20）；这样，加利利的主要商业通路，便都在他的控制之中。巴沙只得放弃拉玛，迁往得撒。这时，亚撒号召犹大居民起来，拆除巴沙建立的防御事工。从拉玛拆走的材料，正好用来建设便雅悯界内的迦巴。亚撒的胜利却引来先知哈拿尼的谴责，因为他仰仗了亚兰王的势力（代下 16:7）。

哈薛（英语：Hazael, /ˈheɪziəl/；希伯来语：חֲזָהאֵל, 现代 Haza'ēl 提比里亚 Ḥazā'ēl；亚拉姆语：חזאל，他的名字意为，"上帝看见了"；罗马化：Ḥaza-'-ilu）原来为大臣，后来成为亚兰国王，被圣经提及。 在他的统治下，亚兰大马士革 扩张成为一个疆域涵盖大部分叙利亚和以色列的帝国。

但遗址石碑（Tel Dan Stele）：

但遗址石碑 被大多数学者认为是哈薛王在打败以色列和犹大国王后树立的。 最近在 es-Safi/迦特 的考古发掘发现了哈薛围攻和征服迦特的大量证据。Telll Zeitah 在公元前九世纪被毁也可能是哈薛军事征服的结果。犹大国王约阿施 抢在哈薛入侵之前将王宫和圣殿的大量财物上贡哈薛，避免了被攻打。

便哈达三世（？－前 792 年）是哈薛（Hazael）的儿子，并在他死后继承亚兰大马士革王国的王位。他的继承在《圣经》的〈列王纪下〉第十三章 3 节及 24 节有提及。历史学家推断，他于公元前 796 年到前 792 年在位，但具体的时间在不同的圣经考古学家之间还有争议。

根据维基百科：

亚兰王国-大马士革公元前 12 世纪 – 公元前 732 年

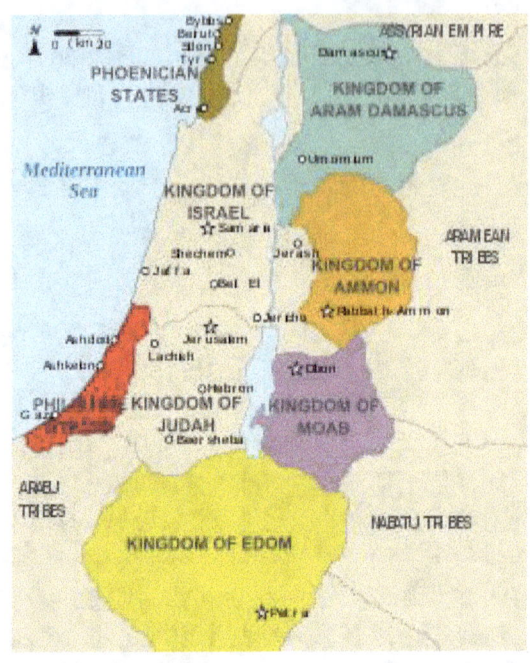

公元前 8 世纪的各种新赫梯和阿拉米（橙色）西部国家

亚兰-大马士革王国是一个从公元前 12 世纪末到公元前 732 年存在的亚兰政体，以大马士革市为中心。南黎凡特。除了各个部落的土地，它在其晚年被北部的亚述、南部的亚蒙和西部的以色列的政体所包围。

希伯来圣经记载了亚兰-大马士革的历史，主要是与以色列和犹大的互动。有一些圣经文本提到了公元前 10 世纪大卫统治下的以色列联合王国与叙利亚南部的亚兰人之间发生的战斗。

公元前 9 世纪，哈薛与亚述人作战，对叙利亚北部的温奇州有一定影响，并征服了以色列。

在西南方向，亚兰-大马士革到达了戈兰的大部分地区，一直到加利利海。

公元前 8 世纪，列津曾是亚述国王提革拉彼列色三世的支流。在 c。公元前 732 年，他与以色列王比加结盟，攻打犹大王亚哈斯；亚哈斯向提革拉比列色三世求助，亚述王在犹大进贡后提供了帮助。随后，Tiglath-Pileser III 进攻大马士革并吞并了亚兰。王国的人口被驱逐出境，利汛被处决。Tiglath-Pileser III 在他的铭文中记录了这一行为。

Sin zir Ibni 题词　　　和 Gabbor 明星

Neirab 石碑是一对公元前 7 世纪的亚拉姆语铭文，于 1891 年在叙利亚阿勒颇附近的 Al-Nayrab 发现。

亚兰人的出现发生在青铜时代的崩溃（公元前 1200-900 年）期间，当时中东、小亚细亚、高加索、东地中海、北非、古伊朗、古希腊和巴尔干地区，导致这些地区出现了新的民族和政体。

公元前 1050 年和公元前 911 年新亚述帝国的崛起包含许多关于阿拉米人和亚述军队之间战斗的描述。亚述人将多次袭击阿拉米亚、巴比伦、古伊朗、埃兰、小亚细亚，甚至远至地中海，以保持其贸易路线畅通。与近东和小亚细亚的大部分地区一样，阿拉米人王国被新亚述帝国（公元前 911-605 年）征服，始于公元前 911 年阿达尼拉里二世统治时期，他将阿拉米人和其他部落民族从亚述的边界，并开始向四面八方扩张（见亚述征服亚兰）。这个过程由亚述纳西尔巴二世和他的儿子沙缦以色三世继续进行，他们之间摧毁了许多亚兰人小部落，并为亚述人征服了整个亚兰人（现代叙利亚）。公元前 732 年，亚兰-大马士革陷落并被亚述国王提革拉-皮勒色三世征服。亚述人将他们的亚兰殖民地命名为 Eber Nari，同时仍然使用亚兰这个词来描述其许多民族。亚述人将数十万亚兰人强行驱逐到亚述和巴比伦（那里已经存在移民人口）。相反，阿拉姆语被采纳为通用语公元前 8 世纪新亚述帝国的新亚述帝国，本土亚述人和巴比伦人开始逐渐将语言转变为阿拉姆语作为公共生活和行政管理中最常见的语言。

而根据苏珊·怀斯·鲍尔的描述：

阿拉米人是由一些游牧部落组成的，曾入侵美索不达米亚，扰乱了亚述和巴比伦的正常贸易，之后阿拉米人建立了许多小王国并定居下来。其中最强大的王国以大马士革为中心，位于幼发拉底河和亚述之间的平原上。大卫王曾设法使大马士革至少有一部分阿拉米人受自己的控制，他的编年史吹嘘说大卫率领以色列军队征服了 22 000 名阿拉米人，从此以后这些阿拉米人就定期向大卫进贡。

与此同时，亚述人把幼发拉底河西部的整个地区称为"亚兰"（Aram）。"亚兰"指的是那些由阿拉米部落首领统治的城市，这些城市让亚述人束手无策。直到大卫的孙子罗波安统治时期，以色列分裂为两个国家，亚述的统治者才设法召集军队抵抗阿拉米人的侵略。亚述丹二世（Ashur-dan Ⅱ）是亚述第一位伟大的国王，他带领亚述走出黑暗时期，并最终进入新的复兴时期。

亚述丹二世的铭文夸耀说他狠狠地惩戒了那些"专事破坏与杀戮的"游牧民族，他烧毁了阿拉米人的城市刽子手，他们的城市都是建立在亚述人的土地上的。事实上，他从未使亚述的边界恢复到古亚述帝国时代。不过他还是设法带领军队踏遍了亚述的中部地区，并且加以严防；他帮助山林里的亚述人回到之前土地上，这些亚述人曾经因为饥荒、贫困而背井离乡。但他并没有涉足北方或是东方更远的地区，那些地方仍然由阿拉米人统治。

在南部地区，巴比伦帝国虽然已经变得支离破碎，但是依然保持独立。巴比伦王国已经多次改朝换代，王都也曾多次迁移。阿拉米人在古巴比伦土地上的影响巨大，他们的语言阿拉米语是一种西闪米特人的方言，渐渐开始替代古老的阿卡德语，成为巴比伦通用的语言。

阿拉米人和多利安人一样，也不会书写。随着埃及陷入分裂无序的状态，黑暗也席卷了希腊半岛，类似的迷雾从古老的赫梯人的土地弥散到整个美索不达米亚。两河之间的这片土地进入黑暗时代，在此后 100 年左右的时间里，历史都没有走出这片黑暗。

阿拉米人"Aramaean"是使用北方犹太语言"Aramaic"的部落联盟之一，并且在公元前 11 至 8 世纪之间占领了叙利亚北部大片地区 Aram。在同一时期，这些部落中的一些部落占领了大片美索不达米亚。

古代阿拉米人主要分布在两河流域到地中海东岸一带。这一地区在后来又称为黎凡特地区。阿拉米人属欧罗巴人种地中海类型，北非和南阿拉伯的一部分人混有尼格罗人种特征。公元前 2 千纪中叶，阿拉米人"《圣经》中称为'亚兰人'"已定居幼发拉底河中游，并继续向两河流域其他地区迁徙。

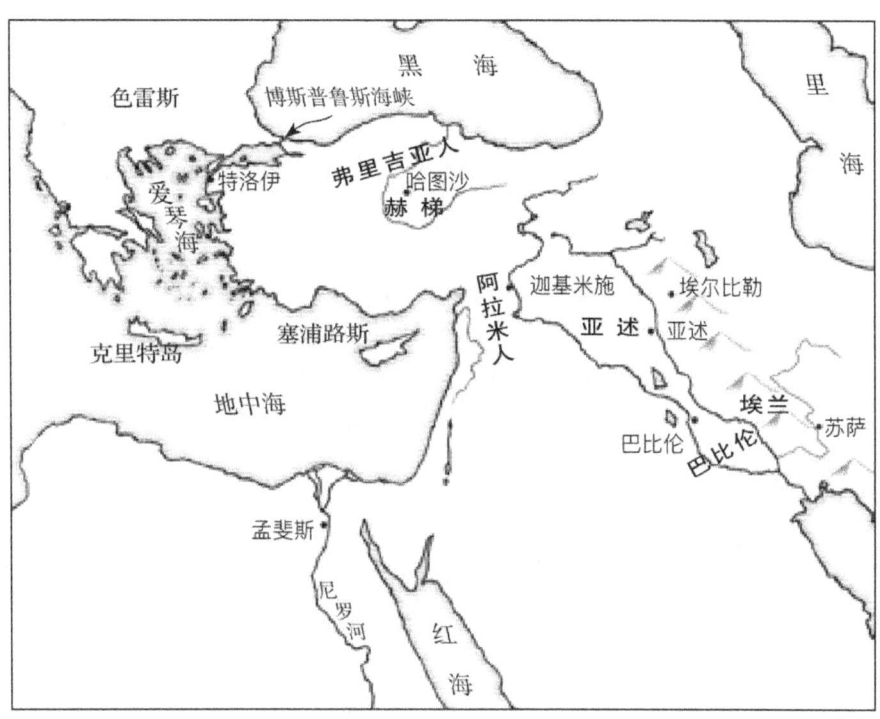

5.3、两河流域残酷的生存环境

根据《世界史的故事》作者：苏珊·怀斯·鲍尔描述：

47 亚述的复兴

公元前 934 至公元前 841 年间，亚述成为一个新的帝国，西闪米特人则开始失去其独立地位。

阿拉米人是由一些游牧部落组成的，曾入侵美索不达米亚，扰乱了亚述和巴比伦的正常贸易，之后阿拉米人建立了许多小王国并定居下来。其中最强大的王国以大马士革为中心，位于幼发拉底河和亚述之间的平原上。大卫王曾设法使大马士革至少有一部分阿拉米人受自己的控制，他的编年史吹嘘说大卫率领以色列军队征服了 22 000 名阿拉米人，从此以后这些阿拉米人就定期向大卫进贡。

与此同时，亚述人把幼发拉底河西部的整个地区称为"亚兰"（Aram）。"亚兰"指的是那些由阿拉米部落首领统治的城市，这些城市让亚述人束手无策。直到大卫的孙子罗波安统治时期，以色列分裂为两个国家，亚述的统治者才设法召集军队抵抗阿拉米人的侵略。亚述丹二世（Ashur-dan II）是亚述第一位伟大的国王，他带领亚述走出黑暗时期，并最终进入新的复兴时期。

亚述丹二世的铭文夸赞说他狠狠地惩戒了那些"专事破坏与杀戮的"游牧民族，他烧毁了阿拉米人的城市刽子手，他们的城市都是建立在亚述人的土地上的。事实上，他从未使亚述的边界恢复到古亚述帝国时代。不过他还是设法带领军队踏遍了亚述的中部地区，并且加以严防；他帮助山林里的亚述人回到之前的土地上，这些亚述人曾经因为饥荒、贫困而背井离乡。但他并没有涉足北方或是东方更远的地区，那些地方仍然由阿拉米人统治。

在南部地区，巴比伦帝国虽然已经变得支离破碎，但是依然保持独立。巴比伦王国已经多次改朝换代，王都也曾多次迁移。阿拉米人在古巴比伦土地上的影响巨大，他们的语言阿拉米语是一种西闪米特人的方言，渐渐开始替代古老的阿卡德语，成为巴比伦通用的语言。

直到三代以后，亚述下一位伟大的国王才登上王位。亚述丹二世的曾孙亚述那西尔帕二世使亚述再次成为一个帝国。他率兵攻打至尼尼微的西北部，并且把尼尼微建成亚述北部的中心城市。他越过底格里斯河，在河东岸古老的村落迦拉建成了亚述的新王都。他宣布："我已决定将其重建为新居，此前的迦拉由亚述的国王撒缪以色建成，他是在我之前的王子。迦拉已经走向衰败，变为一片废墟，遍地是土堆。我将其重建……我在其周围建了果园，以供奉我主亚述水果与葡萄酒……我深挖水源……我修建城墙；从地基打起，直至建成。"

从此迦拉成为亚述那西尔帕二世的政治中心，亚述城则成为专门祭祀的地方。他在迦拉建成的宫殿不仅有处理政务的地方，而且还装饰有很多浮雕，上面刻着那些臣服于他的国王和士兵。他在宫殿的入口处接受贡品，那里立有守卫的雕像，还有长着巨大翅膀的人面公牛雕像，那些人脸都是经过美化的亚述那西尔帕二世的脸。宫殿建成后，亚述那西尔帕举行了一个盛大的庆祝宴会。关于这次庆典的记载写道，他在宴会上为客人提供了 1000 头公牛、1000 只家养的牛羊、14 000 只进口的肥羊、1000 只羔羊、500 只供玩乐的鸟、500 只瞪羚、10 000 条鱼、10 000 枚鸡蛋、10 000 条面包、10 000 桶啤酒、10 000 箱葡萄酒等。据亚述那西尔帕二世统计，当天共有 69 574 位客人到场庆祝他的杰作。在宴会上，他公然宣称自己是"伟大的国王、世界之王、大王，得到亚述帮助的大英雄；我在世界上无人能敌，我是至高无上的牧羊人，犹如无人能挡的激流……我征服了全人类……征服了所有的土地，站在群山之巅"。

尽管亚述那西尔帕二世言辞夸张，但他的确做到了一件其祖先从未完成的事情。他一路打至幼发拉底河，然后越了它。他写道："我乘着皮筏子穿过了幼发拉底河的激流。我沿着黎巴嫩山的一侧行进，然后……在大海里冲洗我的武器。"很多年前，萨尔贡在波斯湾也做了同样的事情来庆祝自己的胜利。

亚述那西尔帕二世也到达了以色列的最北部边界，当时以色列的国王是暗利（Omri）。《圣经》中没有太多关于暗利的记载，主要是关于他无视上帝的恶行：他从另外一个统治者手里夺取了北部地区的王位，而且他作恶比以前列王更甚。但从政治方面来说，暗利是一个伟大的战士和缔造者（他把撒马利亚建成为北方的新都），他是第一位出现在其他国家的碑文中令人生畏的国王。米沙石碑（Mesha Inscription）——在约旦河对岸曾经是摩押部落的领土上发现的一块石头——哀叹说，暗利"压迫了摩押很多年"。他是一位强大的统治者，尽管亚述那西尔帕二世一路征服了很多小国家，甚至强迫推罗和西顿的两位国王进贡，却一直不敢对暗利发起进攻。

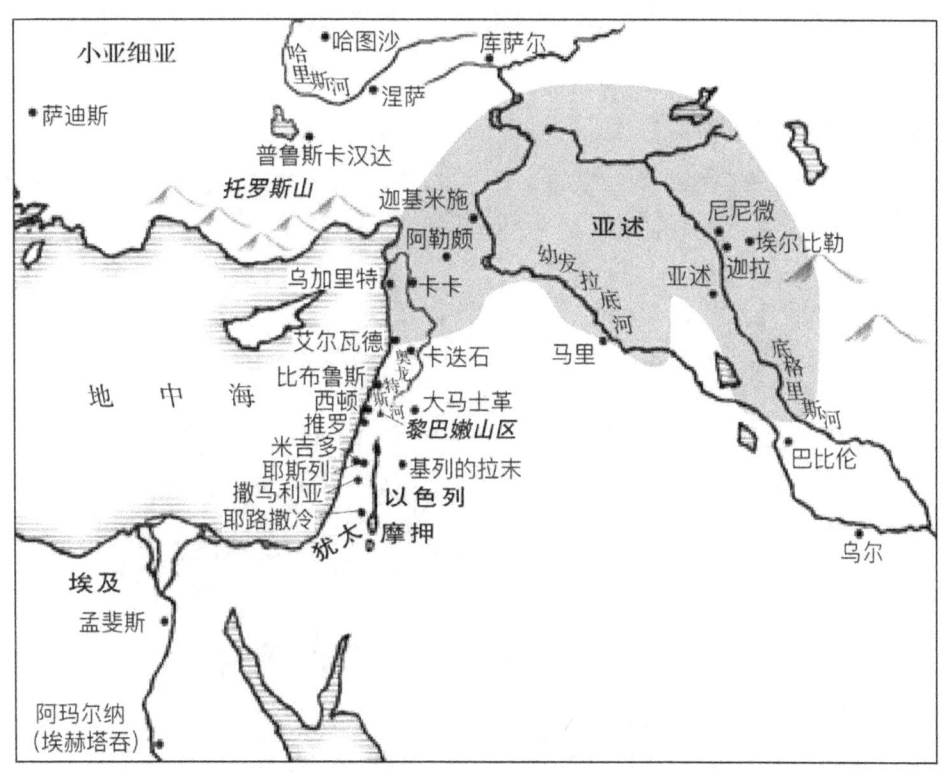

地图 47-1　新亚述帝国

现在亚述那西尔帕二世的领土已经横跨幼发拉底河，从沿岸的狭长地带一直延伸至地中海畔，直至港口城市艾尔瓦德（Arwad）。但实际上他从未将推罗和西顿纳入自己的统治之下，推罗和西顿的两位国王与以色列关系很友好；他也从未侵犯过巴比伦的国土。他挥师南下至幼发拉底河沿岸亚述和巴比伦共同接受的边界线，然后洗劫了位于边界上的一个城镇以恐吓巴比伦人（不过他并没有继续下去）。

毫无疑问，他早已声名远扬。在亚述那西尔帕二世心中，因残忍带来的快感油然而生，之后几乎所有的亚述国王都是如此。"我在城门竖起一根柱子，"亚述那西尔帕二世在记录他对付一个不服从他统治的城市并杀死其任命的长官时写道，"那些不服从我统治的人，领头的那些被我剥皮，挂在这根柱子上面。其他那些人一部分被我填在了这根柱子里面，还有一些被我钉在木桩上，立在柱子周围。在这座城里，我剥下更多人的皮，挂在城墙上。至于那些王室官员，我砍下他们的四肢。"有时候他也会切下他们不同的部位，在他所征服的城市的花园里，遍地都是切下的鼻子、耳朵，挖出的眼珠，还有高高悬挂的头颅，就像腐烂的水果，污秽不堪。他说道："我用活人做成一根柱子。"这是亚述人一个残忍的发明，他们把活着的犯人竖着摆起来，然后覆盖上石膏，制成一根柱子。他还说："我割下他们的耳朵和手指，我挖出他们很多人的眼睛……我用火烧死他们年幼的子女。"

根据重光《亚述帝国》：

亚述帝国的征服战争以残暴闻名，军队所到之处城镇都被焚烧破坏，财物被掠夺，居民被屠杀或被掳走，人口锐减的大灾难。

亚述君王阿述纳西帕二世的碑刻铭文，这样讲到他对美索不达米亚和叙利亚的洗劫："我用敌人的尸体堆满了山谷，直达顶峰；我砍去他们的头颅，用来妆饰城墙。我把他们的房屋付之一炬，我把他们的皮剥下来，包住城门映墙；我把人活活砌在墙里，我把人用木桩钉在墙上，并且斩首。"

描绘亚述士兵活剥俘虏的浮雕

被亚述士兵刺在木桩上的俘虏

网上搜到的照片

在历史记载中，仗着铁器的应用和推广穷兵黩武的亚述士兵，被描述为凶猛残暴、杀人如麻的魔鬼。他们所过之处，尸横遍野，血流成河，一片哀鸣。亚述将士功劳的大小，以所斩敌人的首级的多少为标准。因此，所掳战俘，大多斩首。对战败一方的贵族，处置更为残忍：有割耳割鼻的，有断手断脚的，有五马分尸的，还有剥皮剐肉的。令人触目惊心。

亚述军队使用极其残酷的手段惩治不肯投降的战败国家。亚述士兵敲碎战败国居民的头颅，割断他们的喉管，火烧他们的房屋，抢走他们的财产，掳走他们的妻子和儿女，甚至对襁褓中的孩子也不放过。亚述人把成千的战俘绑在上端削尖的木桩上，让他们在痛苦中慢慢死去。

公元前 743 年，亚述军队进攻叙利亚首都大马士革，大马士革军民拼死抵抗，誓死不降，城破之后被亚述军队斩下的首级竟然堆成了一座小山。

而且，这些酷刑的记载并不是来自敌方骇人听闻的传说，而是亚述人自己史官的记载。这说明在亚述人看来，这不是残暴，而是体现了亚述士兵的英勇，是一种荣耀。由于亚述人在战争中的行为异常残暴，犹太人将亚述首都尼尼微称为"血腥的狮穴"。在辛那赫里布的年代，他占领并焚烧了 75 座城市，人和财物都被掳走。

萨尔贡二世在位第一年远征巴勒斯坦的撒马利亚时，就俘虏了 27,290 人，及后他初次出征镇压两河流域南部的一次起义时，把 200,800 人及大批财富夺回亚述，在镇压巴勒斯坦地区的起义时，又把 200,150 人及大批掠夺来的财富带回了亚述。

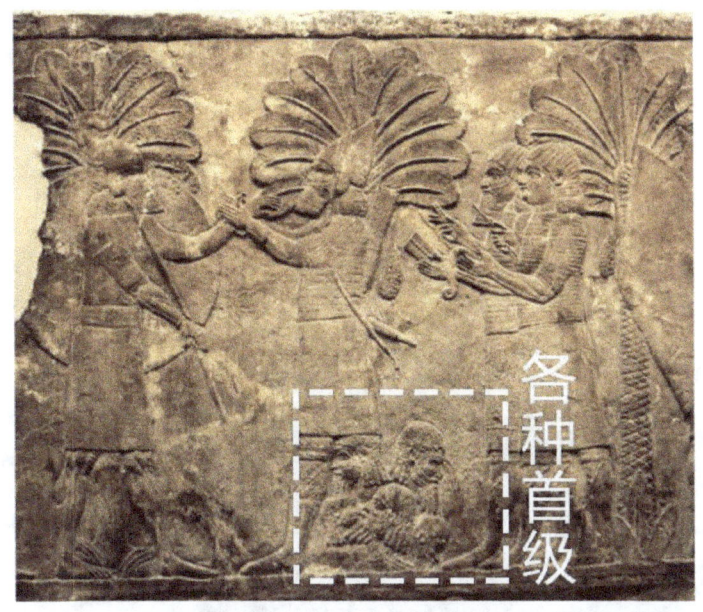

各种首级

亚述士兵在计算首级数量邀功

亚述人喜欢炫耀猎杀狮子，现存有大量描绘亚述人猎狮的浮雕。

5.4、被商封为方伯和牧师的周人

我以前的书中曾提到，人类最早的农耕文明是黄种人创造的。典型的是两河流域的欧贝德人和和印度河流域的哈拉帕人。而早期的埃及文明的人种结构是，上层是黄种人，底层是黑人；克里特岛最早的文明是上层是黄白混血人种，底层是黑人。

这就出现一个魔咒，相对弱势的黄种人在管理其他人种时，本质上是在为自己培养"掘墓人"。比如黄种人在埃及的"古王朝时代"创造了辉煌的"金字塔文明"，这是在利用身材高大健壮但智商偏低的黑人，以及他们所放牧的牛群，来拉石头修建大金字塔。在这几十座金字塔的修建过程中，培养了十几、甚至几十万的黑人劳动者，使他们脱离了原始的野生动物的生存方式，建立起在，现代社会中与不同种族相处的生存的概念，长了见识，但却无法改变他们的基本素质和本性。这时的埃及由于过度农耕，使土地肥力开始降低，已经无力支撑大金字塔建设所需要的众多粮食，再加上顶层统治者黑人和黑黄混血人种逐步篡夺领导权，导致埃及的混乱和"第一中间期"的出现。

在这之后，大金字塔的建设骤然停止，导致"已经开始觉悟或觉醒"的，可能多达几十万的的失去工作的黑人或黑黄混血人群，涌向尼罗河下游和阿拉伯半岛，并向两河流域大规模迁徙。从时间上我们不难判断，他们就是从公元前2000千多年前后开始，大规模进入两河流域，并统治两河流域几百年的的"亚摩利人"。后来是他们彻底摧毁了苏美尔人的城邦，并导致苏美尔人在两河流域彻底消失。

实际上古埃及本身也经历了这一过程，中王朝时期，努比亚人开始占领埃及南部，并袭扰埃及北部，在那里安居乐业几百年从事农耕的喜克索斯人或者说以色列人离开埃及的原因，在一定程度上也是因为努比亚人把埃及的社会风气和正常生活搞乱，导致社会动荡，再加上埃及政府的清剿，所以才被迫离开埃及的，而且埃及也从此衰败，再也无法恢复往日的辉煌。

其实，后来也演变成了"冤冤相报"互相残害的过程。据中国的古籍记载：后来商人（亚述人）统治时期，大量捕杀的所谓"羌人"，本质上就是在他们前期统治两河流域的"亚摩利人"他们应该是通过阿拉伯半岛从非洲走出来的"含"的后代，他们身材高大，但智商不高。而亚述人应该是以棕种人为主的人群，与亚摩利人是竞争对手和死对头，他们曾大量捕杀"羌人"用于祭祀。早期周族崛起、还是商人的附庸时，曾大量像捉猴子一样，捕捉这些外形凶猛，但智商偏低的的"羌人"，提供给商人做祭祀用的"人牲"。这些早期"含裔"游牧部落的"亚摩利人"残酷的摧毁了苏美尔人的城邦，晚期又被苏美尔人的继承人阿拉米人（Aramean）彻底剿灭，给苏美尔人"报仇雪恨"了（这本质上其实就是早期希伯来人与阿拉伯人的世仇）。

一般来说，靠地中海东岸南边的亚摩利人（Amorites）是从北非和阿拉伯半岛北迁而来的，是典型的"含"的后代；靠北边的阿拉米人（Aramean）是从小亚细亚半岛南迁而来的黄白混血人种，是典型的"闪"的后代。虽然他们是根本不同的两个人种，但是在当时的外人看来，他们的居住地如此靠近，都在地中海东岸。由于地区接近，所以他们的语言也基本相同，都讲闪米特语、又都是以放牧为主，反而以为那里是他们的共同发源地。所以在外人看来"周人"捕捉"羌人"然后占有他们的土地，是在捕捉自己的同胞。根据圣经：

在圣经民数记13:29中，亚摩利人（Amorites）不是亚玛力人（Amalekites），亚摩利人是指在一个高原地区的人，他们居住在迦南地。根据创世记10:16，他们是迦南的后代，迦南是含的儿子。他们被形容为一群力量强大的人，具有庞大的身躯"好像雪松那么高"，占据着约旦河东西的土地。"亚摩利人"和"迦南人"这两个词语似乎可以互换使用，"迦南"更一般化，而"亚摩利"用来描述那些居住在上述土地上的迦南人。

正如残忍的亚述国王自己所炫耀的那样：

在亚述那西尔帕二世心中，因残忍带来的快感悠然而生，之后几乎所有的亚述国王都是如此。"我在城门竖起一根柱子，"亚述那西尔帕二世在记录他对付一个不服从他统治的城市并杀死其任命的长官时写道，"那些不服从我统治的人，领头的那些被我剥皮，挂在这根柱子上面。其他那些人一部分被我填在了这根柱子里面，还有一些被我钉在木桩上，立在柱子周围。在这座城里，我剥下更多人的皮，挂在城墙上。至于那些王室官员，我砍下他们的四肢。"有时候他也会切下他们不同的部位，在他所征服的城市的花园里，遍地都是切下的鼻子、耳朵，挖出的眼珠，还有高高悬挂的头颅，就像腐烂的水果，污秽不堪。他说道："我用活人做成一根柱子。"这是亚述人一个残忍的发明，他们把活着的犯人竖着摞起来，然后覆盖上石膏，制成一根柱子。他还说："我割下他们的耳朵和手指，我挖出他们很多人的眼睛……我用火烧死他们年幼的子女。"

Above: Statue of Ashurnasirpal II.

Ashurnasirpal II 骑兵所到之处，叫敌人闻风丧胆，不是因为他战无不胜，乃是以极度凶残为特色。 他对不肯投降而在战争中失败的国家，报复极其残酷，实行杀光、烧光、抢光的"三光政策"。破城之后，亚述士兵敲碎城里人的头颅，割断他们的喉管，火烧房屋，抢走他们的财产，掳走他们的妻子和儿女。

亚述纳西拔二世（Ashurnasirpal II）884-859BC

根据《人祭：一段被隐藏了 3000 年的黑暗历史！华夏文明起源于同类相食？》来源:脑洞乌托邦小乌

商朝的人祭行为不算是一个冷门的知识。但不到万不得已，人们总是不愿意去承认或深究历史深处的黑暗面，哪怕活生生的证据就摆在眼前。尽管每年去殷墟参观的游客们都曾亲眼目睹过那层层叠叠的人祭坑中累累的白骨，但对于"人祭"，我们似乎达成了一个心照不宣的共识：它只是商朝的一个黑点，虽然并不光彩，但只是偶有发生，也微不足道。然而，2022 年，青年历史学者李硕出版的《翦商》一书，却毫不留情的撕开了被周朝粉饰过的华夏文明最血腥的一面。吃人、饮血、杀俘、献祭，这些行为不仅仅是商朝王室的统治方式，更是那个时代一种由上而下的全民实践。

一直以来，我们都以为周朝是礼仪之邦，周武王伐纣是顺应天意，而《翦商》却告诉我们，历史的真相是，周人也曾助纣为虐。都以为《周易》只是一本占卜书，可李硕却说《周易》里满是周文王写下的暗语，更像是一部真实记录那一黑暗时期的史书。

今天我们就来聊聊"商周之变"的真相，以及为取缔人祭我们究竟付出了多少。

人牲

商朝，是中国史书中记载的第二个世袭奴隶制朝代。公元前 1600 年左右，夏朝末代帝王 "夏桀"统治时期，荒淫无度，残暴异常，引起天怒人怨。

商部落首领"汤"率士兵与夏军在鸣条展开了生死决战，此后夏朝灭亡，汤建立了商。商朝共经历了三个大的阶段：先商、早商、和晚商。先商指的是商汤灭夏之前的时期。早商指的是，从"商汤灭夏"到"盘庚迁殷"之间的 300 年。在此期间，商朝经历了"九世之乱"，内忧外患，国都频繁变更，直到公元前 1300 年左右，国君盘庚定都于殷后，商朝国都才稳定下来，史称"盘庚迁殷"。此后，商朝迎来了 200 多年的繁荣盛世。

一个世纪以来，考古人员在殷墟发掘出了数量惊人的人体骨架，一起出土的甲骨文显示，他们死于商朝血腥的祭祀典礼。在西北冈王陵东区，考古专家们发现了面积 10 万平方米以上的商王室的祭祀场。2000 多座纵横有序、排列规律的祭祀坑中，埋葬着大量白骨。这些骨架多俯身向下，有的有全躯，有的身首分离。身首分离的骨架多为男性，年龄多在 15～20 岁之间，少数在 30～35 岁之间。每坑埋 1～12 人不等，但以 8～10 人为多数。这些被当做祭品的人，还有一个学名叫"人牲"，牲畜的牲。这个名字实在是不怎么好听，我们就叫他们祭品吧。

但在被考古学家的铲子揭露之前，中国古史文献中，几乎没有提到过商人的这种习俗。商人十分相信鬼神，认为喜怒无常的诸神主宰着人世间。同时，他们又极其崇拜自己的祖先。在商人的观念里，历代商王死后会升到天上陪伴神，也一直监视和保佑着自己的子孙，并对人间随时降下福佑或者灾祸，所以商人非常注重占卜和祭祀。无论是出征打猎，还是搬迁种植，有事没事就得卜一卦，祭祀一下。一年 365 天，几乎无旬不祭，无事不卜，帝王如此，老百姓也一样。而相比牲畜、青铜器、玉石、陶器等等，"人"才是祭祀中，最高等级的祭品。商人认为祭品越有诚意，就越能得到天神和列祖列宗的保佑。另一方面，灭夏初期，来自多个文化的人群融合成了新兴的王朝"商族"，统治者急需构建一种能够维系族群认同的宗教文化，人祭就是构建认同的最便捷最明晰的方式。在用人献祭的过程中，谁是我们的朋友，谁是我们的敌人，一次次得到了强化，"人祭"也自然而然地成为了商朝的国家宗教形态。

自殷墟发现以来，各地先后出土了 15 万片有字甲骨，已辨识出 5000 多个甲骨文单字。这些字虽然大部分都还没有被破译，但从一些被破译的字中，我们仍然可以一窥那一时代的真相。这是甲骨文中的"伐"字，是用一把戈砍掉祭品的脑袋。这是甲骨文中的"卯"字，意思是将祭品对半砍开、然后悬挂的祭祀方式。这是甲骨文中的"删"字，意思是将祭品砍成碎块。这是甲骨文中的"祭"字，就是一只手拿着肉块奉献于祭台。这个字念"烄"，意思是把祭品放在火上焚烧。

甲骨文中的"羌"字是头上顶着羊角的人，这只是一个泛称，羌人包含着无数互不统属的松散部落。商人经常对羌人发动战争，而羌人也是商朝祭祀中人牲的主要来源。这是已发掘的甲骨文中非常著名的一片，因其保存完整，字迹清晰，且信息量巨大，故而出镜率非常高。这片甲骨的右下角有这样一段话："一月，乙卯，媚子寅入，宜羌十。"就是说，在一月乙卯这天，一个叫媚子寅的人向商王进贡，商王一高兴，"宜"了十个羌人。这句话的前半句很好懂，但"宜"又是个什么意思？在甲骨文中，"宜"字是这么写的：中间两个形似"月"字的部分是肉的意思，所以"宜"字看起来就像是把肉挂起来的样子，意为祭祖杀牲，平分肉食。

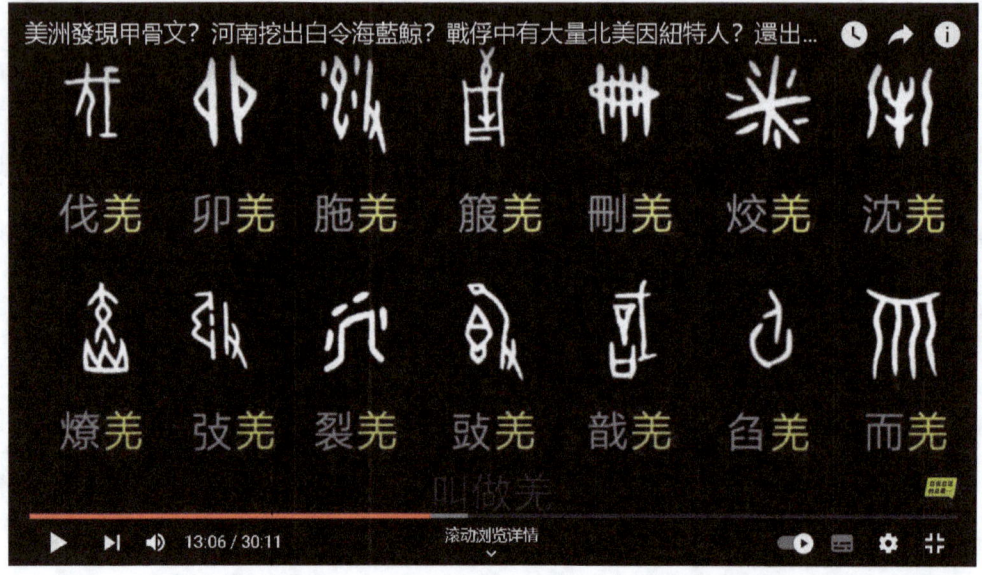

商王用羌人进行人祭的行为并不奇怪，可干什么把祭品挂起来呢？直到我看到了这样一幅"西汉画像砖"，才想到了另外一种可能性。画像砖描绘了一场大型宴会，场面非常生动：庖厨们各司其职，有的烧火，有的劈柴，有的杀猪，有的切菜，还有的在烤串。画面最上方是处理好的鸡鸭鱼肉，被挂在了房梁上。会不会商王为庆祝媚子寅入贡，也举办了一场大型宴会，但吃食却不是鸡鸭鱼肉呢？

除此之外，《史记》和《竹书纪年》等史书都有记载，商朝末代君主商纣王热衷营建王宫苑囿 yòu，而且以酒为池，悬肉为林，夜夜笙歌。

然而，《翦商》一书的作者李硕认为，酒池肉林中的肉，并非牲畜的肉，而是别的东西。《左传》中有句话是"国之大事，在祀与戎"，这话虽然是形容春秋时期的历史的，但史书上记载的商王朝的生活，也是围绕"战争"和"祭祀"这两件最重要的事展开的。祭祀的目的是保佑打胜仗，打仗的目的除了扩张疆域，还有就是抓俘虏献祭诸神和祖先。除了自己抓俘虏，商朝还会要求臣属国定期纳贡，贡品里就包含祭祀用的人牲。而晚商时期，纳贡最积极的部族就是周人，没错，就是后来伐纣灭商建立周朝的周人。

助纣为虐

到了周文王姬昌的祖父，古公亶父这一代，周人投靠了强大的东方商王朝，迁移到周原，造田营舍，建邑筑城，同时成了商朝在西方的血腥代理人。

亶父带领周族投靠商人之后，其最主要职责就是为商朝提供羌族人牲。甲骨文中"周"字的写法是在"用"字的小方格里点满点。这种点在甲骨文中代表鲜血，它来自被杀的祭品，是神明最新鲜的饮食。而"用"这个字是商人对以人献祭这种行为的专称，所以甲骨卜辞中也常常出现"用羌"这个词。

从血缘关系讲，古公亶父和周人的这种行为，是对古老族人的背叛，也是真正意义上的助纣为虐。从亶父，到亶父的儿子季历，再到季历的儿子、我们所熟知的周文王姬昌，近百年时间里，周人都在努力趋附商朝。靠着捕猎羌人，周族也得到了相应的报酬。锋利的铜兵器可以帮助他们捕获猎物；商人马拉战车的军事技术，可能也在这个时候输入了周族。

1976 年，考古人员在陕西省岐 Qí 山县凤雏村北侧发掘出了周文王姬昌的后代的宅院。院内西厢房的位置挖出了两座地窖，地窖里藏有大量甲骨，甲骨上的卜辞大有玄机。比如其中一条卜辞的意思是，"八月辛卯日占卜，做梦得到启示，往西方没有灾祸，能捕获五十个人吗？"当时姬昌需要完成向商朝缴纳人牲的工作，所以他很关心能否捕猎到足够的俘虏。还有一些甲骨卜辞的内容很是奇怪，竟是姬昌祭祀商朝先王的，特别是对最晚近的文丁和帝乙的祭祀。文丁是商纣王的祖父，帝乙是商纣王的父亲。古人祭祀向来讲究"神不歆 Xīn 非类，民不祀非族"，意思是列祖列宗的灵魂不会随便享受非族人供奉的祭品，百姓也不会祭祀非本宗族的祖先。

那么作为周人的姬昌，为什么要祭祀商王呢？有一种猜测是，姬昌在与商人打交道的同时，偷偷观察和学习了商人的祭祀占卜之术，回到周原后，在模仿商王占卜的过程，并刻写了卜辞，试图习得与神沟通的本领。除此之外，姬昌所作的《周易》中大量出现了"孚"这个字。它的含义颇为诡异，殷墟中的累累白骨被发掘出来之前，大部分易学家都把这个字解释为"诚信"的意思，但这种解释造成了周易中的大量卦辞、爻辞根本读不通。

后来，古文字学家高亨 Hēng 先生提出一种观点，周易中的这个"孚"字应该是俘虏的"俘"之本字。甲骨文的"孚"字是这样写的，像是一只手抓住了一个小儿，有俘获之意，而且特指俘获献祭用的人牲。有一条殷墟甲骨占卜辞是这么说的"贞：我用罔孚？"意思就是占卜一下，我要不要用猎网捕获俘虏？按照这种思路，周易中的大壮卦、解卦、损卦、益卦、井卦、未济卦等卦的爻辞中，都有"有孚"这个词，这应该是姬昌在占卜预测捕获人牲的结果。而需卦的卦辞和爻辞，整个就是在传授猎杀俘虏的经验。卦辞"有孚。光亨，贞吉。利涉大川。"的意思是"会有所俘获，很荣耀，占卜后，算得的结果是吉利；有利于渡过大河。"前三条爻辞中的『需于郊』，『需于沙』和『需于泥』，分别是讲在郊野、沙地和泥泞中设伏，设伏后要耐心等待。六四爻的『需于血，出自穴。』则意为，地上还有俘虏的血，但不用急于撤走，可再次设伏，等待藏匿者出来。九五爻的『需于酒食』，是指可以意举行宴会招待并诱俘对方。可以说这一卦就是自亶父以来周人积累的捕俘经验。

根据史料记载，周文王姬昌非常长寿，活到了 97 岁。他生命的前七八十年的日子都过得平淡正常，闲来无事就练习一下占卜技术。直到有一天，商纣王听信谗言，怀疑姬昌有不臣之心，派人把他抓到了殷都，关在了商朝的国家监狱，羑里。当时的商纣王绝对不会想到，姬昌的"羑里之囚"竟敲响了商朝的丧钟。羑里之囚姬昌被商纣王抓走后，他的儿子们急坏了。按照商人观念，异族的酋长是最高级的人牲，再多的普通人牲也抵不上一位异族酋长，所以此时等待姬昌的命运很有可能是成为一名高级人牲。姬昌的夫人大姒 sì 为他生了好多儿子，当时长子伯邑考，次子姬发、姬叔旦都已经成年。他们带上重金厚礼，赶到殷都，四处托关系向商纣王求情，祈求他能网开一面。

而在羑里监狱的姬昌也没闲着。相传他就是在这段时间推演出《周易》的，所以司马迁才会在《史记》中说"文王拘而演周易"。

周易共有 64 卦，每一卦的基本单位是爻，一卦 6 爻，长横线代表阳爻，2 条短横线代表阴爻。每一卦都有一条简短的解说词，被称为"卦辞"，相对的，每一爻也有一条爻辞。

周易中的"困卦"描述的就是姬昌在羑里监牢的生活。第一条爻辞说："臀困于株木，入于幽谷，三岁不觌 dí。"株木可能是指用来打人的木棍。意思是臀部被打得很惨，人被关在地牢中三年，见不到想见的人。再结合坎卦的最后一条爻辞"三岁不得"，说明姬昌可能被关押了三年之久。在殷都期间，姬昌也亲眼目睹了商人的杀俘献祭的仪式，很多恐怖经历都被他隐晦地写入了《周易》之中。比如周易的剥 bāo 卦，卦辞是"不利有攸往"，也就是此行不吉利。甲骨文中的"剥"，就像是一只兽被悬挂起来，兽的傍边是一把刀。周易 64 卦与甲骨占卜大有不同，甲骨占卜往往只会针对某一具体事件，而周易 64 卦推演的却是事物发展变化的规律。一切事物都是无常和可变的，六爻的不同组合对应着不同的卦象，哪怕只变换一个爻，也会变成另一种卦象。六十四卦皆有卦名，而且是成对组合的，比如"干卦"和"坤卦"，"泰卦"和"否卦"，"同 人卦"和"大有卦"等等。

就拿"泰卦"和"否卦"来说，泰卦反过来就是否卦，否卦反过来就是泰卦，代表世间事物往往都有另一种相反的存在形式，一切也都可以颠倒重来一遍。商族曾经很弱小，但他们后来却建立了强大的商朝。这个过程同样是可逆的，强大的商朝也可能灭亡。这种思维方式可谓石破天惊。当时的人还没有走出神权时代，普遍认为世间一切都被鬼神主宰。商王家族世代向诸神献祭，从而得到神的福佑。和商朝作对，就意味着违反诸神的意志，不可能成功。但按照姬昌的推演，诸神的心意也是可能改变的，周族也可以获得神的垂青。

可以说在羑里地牢里，姬昌无意间打开了一扇通往新世界的大门：那就是翦商是有可能的。"翦商"一词其实出自《诗经.鲁颂》，意思很明显，剪断商纣的羽翼，借指剿灭无道，建立王业。

刚才我们说 64 卦中，任何一爻的变动都会导致不同的局面，而对商人和周人来说，这一爻就是伯邑考之死。

伯邑考之死

众所周知，后来姬昌从羑里之囚中成功脱险，还被商纣王封了"西伯"的爵位。《史记》中记载的故事是，姬昌向纣王割让了"洛西之地"，纣王才一高兴赦免了姬昌，还赐予了姬昌弓箭、斧钺，以及"西伯"的头衔，象征着西土征伐之权。可这种赐爵位、赏兵器的做法从未出现在已破译的商朝甲骨文中，更像是西周之后的分封制度。再加上，"洛西之地"位于渭河北支流洛河的西侧，与周人的大本营周原，相距甚远，周人当时不可能已经扩张到了"洛西之地"。所以割让"洛西之地"的说法，大概率只是后人的想象。

相比《史记》，《帝王世纪》和《六韬》中的记载，似乎更贴近史实。《帝王世纪》中说，姬昌被囚羑里期间，长子伯邑考在商朝做质子，为纣王赶马车。当时有很多人都说姬昌是西土圣人，纣王不悦，就想考验一下姬昌，心想，如果姬昌真是圣人，肯定不会吃儿子的肉吧。于是纣王命人把伯邑考做成了肉羹，并赐给姬昌吃。结果，姬昌吃了。纣王得意地说"看吧，谁说姬昌是圣人，吃了自己儿子都不知道。"《六韬》中的记载更加露骨，说纣王根本没有隐瞒姬昌，姬昌是在知情的情况下，食子肉，饮子血的。由于《帝王世纪》和《六韬》的记载太过于颠覆三观，自古以来似乎只能流于野史。

直到殷墟中的森森白骨被发掘，我们才知道，这种行为对于商人来说，再正常不过。人祭活动后吃掉祭品是商朝传统的结盟仪式，姬昌选择参与这种仪式是为了向纣王表忠心，甚至可以说这就是册封姬昌为"西伯"的典礼程序。在殷都的 7 年，姬昌彻底看清了商王朝血腥黑暗的真面目，这有多少个儿子都不够商王嚯嚯的呀。

如果说是羑里之囚让姬昌论证了翦商的可行性的话，那么伯邑考之死就让姬昌起了翦商之心。回到周原后不久，姬昌便宣布"受命"，即接受了神的命令，要他成为人间的王者。剪商大业正式开启，也是从这时起，姬昌成了人们习惯称呼的"周文王"。可商朝乃东方泱泱大国，想要翦商，仅凭周族一族势力显然是不够的。于是，周文王想到了拉拢长期被商朝当做祭品的其他西部羌人。但问题是，过去百年里，周人充当的都是商王朝猎杀羌人的爪牙，羌人怎么可能跟周人合作呢？此时，一位关键人物拿着鱼竿登场了，他便是我们熟知的姜子牙。姜太公钓鱼，愿者上钩。他与周文王相识的过程在这里就不赘述了。姜子牙，姜姓，吕氏，字子牙。前面我们说了，商周时期，姜同羌，所以从族姓可以看出，姜子牙也是一名羌人。在他的游说之下，周族重新建立了和西土羌人的盟友关系。此后十年间，周文王伐犬戎，攻密须国，灭黎国，打邗qióng 国，还收拾了纣王的重要羽翼崇侯虎，拿下了崇侯虎的崇国，一手缔造了天下三分有其二的局面。只可惜眼看霸业将成之时，文王去世。此后，翦商的大业落到了文王次子姬发身上。

姬发就是我们所熟知的周武王。文王留给儿子的是一个和十年前完全不同的周邦。它已经占领整个关中，可能还有晋南和河南地区的一部分，此外还有若干个方国盟友以及隐藏在殷都朝廷里的纣王反对派。但即使是这样，武王对于翦商事业还是精神高度紧绷。也许是长兄伯邑考的惨死给他造成了无法愈合的精神创伤，也许是他始终不具备父亲文王那种受命于天的信念，总之周武王的后半生都无法摆脱失眠和噩梦的困扰。

《逸周书》中以多个以"寤"Wù 为题的篇章，都记载了武王的恶梦之痛。每每从梦魇中醒来，武王都要派人去请弟弟姬叔旦，也就是我们所熟知的周公旦。向周公旦讲述梦里的惨状，然后问他，我们真的能得到神的保佑吗？翦商是否是逆天悖伦之举？可见商人的那套鬼神祭祀信仰，其实早已在武王心中扎根。周公旦只能用解梦的方式尝试宽慰和开导兄长，这才是周公解梦的真正由来。终于，在经历了无数个不眠之夜后，公元前 1046 年，武王在牧野发动了伐纣的决胜战。

牧野之战

公元前 1046 年 2 月 1 日凌晨，周武王姬发开始在商别都朝歌郊外的牧野集结兵力。《史记》记载，周人和他们的同盟军，共 4 万 5 千人。而商纣王集结的军队，则像丛林中的树一样多到无法计算，保守估计至少 70 万。4 万 5000 人如何抵挡 70 万大军呢？要知道，庞大集团的崩溃一般都是从内部腐烂开始的。商军的这 70 万人，有不少都是俘虏和奴隶。

他们被商纣王临时拉到了战场上凑数。于是，我们就看到了，在两军即将交锋之际，商军内部突然发生了军队哗变，大量士兵临阵倒戈，调转兵器，开始攻打商人。周武王率领的 4 万 5000 人大军可以说是不费吹灰之力，大获全胜。此时，自知大势已去的商纣王，登上鹿台，赴火而死。就这样，二月甲子日的清晨，商朝大军覆灭；入夜，商王殒命。一天之内，中土世界天翻地覆。

对于纣王的焚身而死，后世大都将其理解为一种走投无路的自绝。其实，按照商人的宗教理念，这是一场最高级的献祭：王把自己奉献给了诸神和先祖，然后升往天界，来到了诸神的身边，接下来，他自然要给叛逆的周人降下灭顶之灾。为了打破这个魔咒，占领殷都后，周武王在殷都周庙举行盛大的燎祭。祭品自然是商王朝的人，执行方式是"废"，场面过于残忍，实在无法描述，也建议大家不要轻易搜索。总之，祭祀现场充斥着祭品的哀嚎和惨叫声。周武王就是要让这些叫声上达天庭，这样诸神才能看到他祭祀的诚意，才会选择站在周人这边。周武王的这次人祭究竟是一次复仇的特例，还是常态化地接

受了 商朝的人祭宗教，我们不得而知。但毫无疑问的一点是，在翦商的过程中，武王自己也完成了商化。而真正带领华夏走出人祭阴霾的人是武王的弟弟，周公旦。

1984 年在中国殷商王陵区考古现场，有个工作人员清理出一个甗 yǎn，里面盛着一颗人头，当然如今看来这只是一颗头骨。甗是古时的一种厨具，用来蒸煮食物，算是殷商墓穴里的常见品。里面出现头骨虽然是第一次发现，但是埋在土中几千年，滑落进去也不奇怪，工作人员就没当一回事。

可是 1999 年刘家庄殷商墓穴挖掘过程中，又出现了同样的场景！同样的摆放位置，同样是甗中有一颗头骨！专家们不由得把两次发现联系在一起，并开始调查。经过化验，测量了头骨的钙严重流失，很明显是被高温蒸煮过！

并且碳十四分析显示，这两个可怜人的年龄都不过 15 岁，很大可能是战俘。他们被俘后，被圈养至殷商贵族下葬，用来做活人祭祀的材料。

是不是感到可怕了？殷商被周朝推翻不是没有原因的，不过周朝也并不是想象中的道貌岸然，很可能参与了殷商恐怖的"吃人行为"，为商人提供祭祀和食用的"人牲"。

在甲骨文的记载中，商朝人常吃两种人，一种是犯错的贵族，另一种就是羌人。解读出来的甲骨文中，有一片更是出现了殷商一次宰杀 3000 名羌人作为食物的事迹！

吃犯错的人就不奇怪了，简单说个例子。商朝有个叫"子央"的人，一共在三片甲骨文中出现，算起当时的名人了。第一次出现是殷商的国君狩猎，所乘的马车被仆从的马车撞翻了，子央也跟着摔了下来。可以看出，子央是的国君一起摔下来的，身份必然不普通，至少也是个有身份的贵族。

第二片甲骨文比较平常，和第一片没有直接联系，但是文中的子央被殷商国君通缉，逃到了国外。第三片就更简单了，十几个字，大概意思是殷商搞个祭祀，"用子央"。"用"字在现在可能意义很多，但是在商朝只代表一个意思——活人祭祀。而活人祭祀的祭品如果是有身份的，那么很有可能在仪式后被大家分食。

看来人类的道德观念，需要较长的时间才可能慢慢的建立起来和写入基因，也许还需要一千年，很可能等不到那个时候，人类已经自我毁灭了。因为任何一种生物都不可能永恒的存在在这个世界上，他们都只是这个星球或者星系历史上的一个过客。例如，曾经统治这个世界的巨无霸恐龙，它们在地球上没有任何对手，它们灭绝的原因，可能只是因为在它们在自己擅长的领域中过度发展了，不同的只是各种生物毁灭方式不同罢了。

今天世界各国，竞相发展高科技、投入最多的就是研制毁灭这个世界和人类自己的武器装备；而迫在眉睫的、控制这些毁灭手段的人类自身的道德标准的提高，却没有多少人关心。今天世界的"全球化"，除了小的波折和个别小范围的专制、政教合一国家自我封闭以外，整个世界基本上是按指数曲线，越来越快的高速发展。如果人类能再争取到两、三百年的和平时间，以后世界上也许就"不再有国界了"，世界所有人种可以随便迁徙，大家使用统一的货币和用统一的语言进行交流，就像"今天的欧盟"（欧洲一直就是世界领先观念的实验地）。但直到今天，那些"过时"和"落伍"的"独裁者"们，还在用血腥的战争试图一点点的扩充、甚至仅仅是维持自己已经开始"虚拟化的帝国"。今天人类之间血腥的互相残杀，其实就是因为人们试图坚守自己虚构的许多虚假观念而已。

如果一个地区和国家的人民生活水平最高，那才是真正的赢家，其他都祇不过是骗人的宗教而已。

实际上，在中国历史上长期统治汉人的，北方的草原游牧民族，如蒙古族和满族，他们的核心人种都有相对比较凶狠的C系棕种人的特征，这是他们能够"以少胜多"以极少数的成员就能够统治，是他们人口数量几十、甚至上百倍的汉人的根本原因。例如中国东北关外，地广人稀的草原上文化落后的满人（C系为主）的"十几个旗"的牧民，至多三、五十万人，可以住在硕大的北京紫金城里，统治号称有几千年优秀文化传承的"几亿汉人"三百年之久。

%	D	C	N	O1	O2	O3*	M134*	M117	R
漢	2	8	5	10	9	29	12	17	1
藏	50	4	5	1	1	4	6	24	1
彝	15	5	23	2	12	7	14		0
壯泰	2	1	1	7	56	3		19	1
苗瑤	6	8	2	4	21	52		7	0
呂宋	0	2	0	22	3	40		6	0
朝鮮	1	13	4	2	32	19		25	0
日本	35	8	3	1	32	9		11	0
滿	1	23	7	3	17	15	3	14	2
蒙古	2	50	10	1	2	7	3	11	5

以C系人种为核心的满、蒙殖民者

以上这些人种统计数字，应该还是在大量混血后的今天的统计结果。在古代，他们原始 DNA 的比例会比今天高得多。

他们的人种结构，和早期在两河流域的"亚述人"，以及后来迁徙到中国的"商人"，没有本质上的区别。

　　因为商人，在中国留下的，除了青铜器和残酷的，有无数陪葬尸体的墓葬，以及能够猜到少许历史的、用于占卜和祭祀的甲骨文以外，就是后来山东、上海一带身材高大、白皮肤的人种基因，几乎没有任何文化传承。上海人给人的印象也是，行动力很强，但缺乏文化素养，容易滋生"黑帮势力"和具有专权和集权特征的领袖人物，但上海人的优点是，容易接受新事物。

DOI: 10.16359/j.cnki.cn11-1963/q.2015.0000

曲阜地区孔姓人群17个Y-STR基因座遗传多态性分析

侯伟光[1]，王传超[2]，蒋世洪[3]，刘海东[4]，李辉[2]

1. 济南铁路公安局刑事技术处，济南 250000；2. 复旦大学生命科学学院现代人类学教育部重点实验室，上海 200433；
3. 济南铁路公安处刑事技术支队，济南 250000；4. 山东省济宁市公安局刑事科学技术研究所，济宁 272000

摘　要：应用 AmpFLSTR® Y-filer™ PCR Amplification Kit 荧光标记复合扩增试剂盒（ABI 公司），对曲阜地区 1118 名孔姓男性个体血样 DNA 进行 PCR 扩增，统计分析 17 个 Y-STR 基因座的遗传学参数。实验

表2 孔姓Y染色体单倍群频率 (%)

Haplogroup	C3	Q1a1	O3	O1	R	N	O2	C3c	G	J	residual
Frequency (%)	46.06	27.01	20.66	1.25	1.16	0.98	0.89	0.54	0.06	0.09	

　　实际上，在中国北方很快就失势的"商人"，很大程度上是沿着海岸线向南迁徙的，上海下面福建除客家人以外的土著，甚至包括台湾的土著，虽然越往南走，人的身高相对更矮一些，但人种特性没有太大变化，而且身形与骨胳也略显粗壮，他们自己早先的语言相对简单粗鲁，做事也更加执拗。所以"福建帮"无论在广东、香港，甚至包括美国东部的华人社区，都是赫赫有名的；台湾的"黑帮"也相当有名，他们都遗传了"古亚述人"略显残忍的基因。

典型的台湾土著

　　上图是民风彪悍的台湾原住民，他很可能是商朝在中原失败后，迁徙路线上的商人后裔，从Y染色体讲，他们应该是C系或者与商人有一定比例混血的相关O系人种。实际上，与台湾岛隔海相望的福建地区有类似外貌的许多族群也说话简单而行动彪悍，他们讲的某些方言也相对古老、词汇有限、不太适合沟通。早期是起源于台湾的，太平洋岛屿上与"南岛语系"相关的C系人种，其中就包括那些保有"吃人"的习惯的族群。中国的商代，在殷墟出土的炊具中，还放着，应该是煮熟的人头骨。

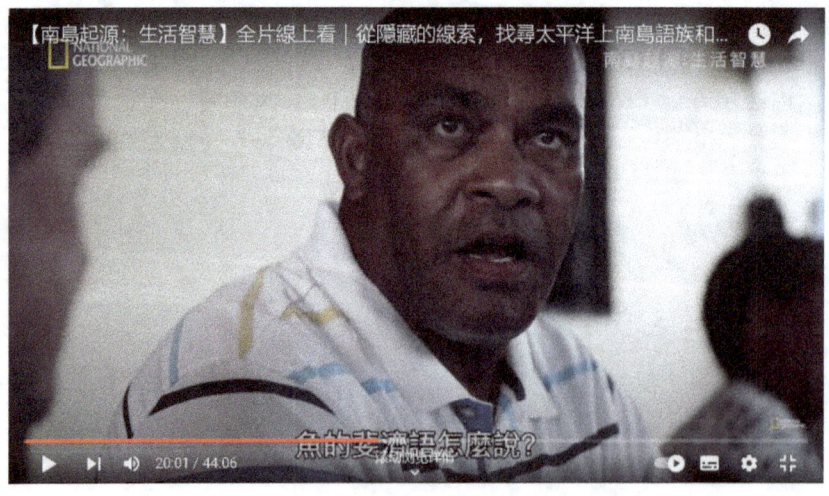

南岛语系的人种特征

5.5、周原地理情况简介

周人早期居于"姬水"即弗里吉亚的 Kızılırmak，中文翻译成克孜勒河。后期称其为"哈里斯河"，特别是进入黑海的下游部分。这条河所还绕的哈图沙地区，就是赫梯帝国的核心地带。也是《圣经》中提到的，伊甸园中四条河的其中一条，这一带就是人类最早的"文明发源地"。这也从侧面说明了《圣经》的最早版本和原始赫梯人相关，即和"周人祖先"相关。

我在上一本书，曾明确指出："后稷"就是小亚细亚半岛上的"赫梯人"的中国古汉语或广东话的音译。在书中我还提到，早期欧洲文明的发源地克里特岛文明，起源于小亚希亚半岛。而且在书中还明确指出："周原在地中海东岸"。在这本书，我要进一步明确定位"岐山以南的周原"，应该就是黑门山以南的"迦南"地，"黑"在中国的古汉语中就读"岐"的发音，他的"山字边"说明它特指的是一座山的山名。

黑门山是一座高大的山脉，黑门山矗立于利巴嫩平原和米斯巴平原之上，在东黎巴嫩山脉南部，绵延 13 里长，最高峰海拔为 2,814 米。顶峰位于叙利亚和黎

巴嫩。圣经中亦把黑门山称为西连和示尼珥西连或示尼珥，而黑门则是最高山峰的名字。在 1967 年六日战争中以色列获胜后，黑门山的南坡和西坡归属以色列控制。 1980 年，山脉的这一部分和戈兰高地被以色列合并。

我们接下来内容的主角"西亚裂谷"。之所以为大裂谷的最北端，贴上"西亚"的标签，无非是因为在地理划分中，红海以东地区已经属于亚洲了。尽管在整个东非大裂谷当中，西亚裂谷的体量显得比非洲的小，但就是这样一小段裂谷带，却成为了人类文明史以及宗教史中最为重要的区域。直到今天，仍然吸引着世人的目光。正如宗教可以细分出很多级别的教派一样，作为东非大裂谷次级单元的"西亚裂谷"，同样也可以再继续分解为两块：即南部的"大裂谷主体"部分；北部的"大裂谷北延山地"。而二者之间的分割点，则叫作"黑门山"（也有译"赫尔蒙山"的）。

西亚裂谷带以"黑门山"这分割点，可以分割成南北两块，那么这两个地理单元之间必然存在明显的区别。简单点说，黑门山以南是属于真正的裂谷带。可以由北至南再划分为约旦河谷、死海洼地、阿拉伯谷地、亚喀巴湾四个地理单元。其最低点在著名的"死海"，最深处可达"—800 米"；至于黑门山以北地区，我们称之为"裂谷北延山地"。内部亦可划分为两块，南部的"贝卡谷地"，以及北部的阿西河谷。

就黑门山以南地区而言，在圣经中有一个专门的地缘标签进行概括，那就是"迦南"之地。在犹太人看来，这是一块"流奶与蜜的土地"。说到人类眼中的肥美之地，首要素就是需要有"水"了。能够有足够水资源的地区，才有可能成为重要的农业产区。不过有水也并不代表农业潜力巨大，因为如果这些水不能为人类所利用的话，还是无济于事。在我们的地理解读中，冲积平原之所以总是会成为重点，根本原因还是在于这类低地本身就是由河流自然作用而成了，不仅有高地流淌下来的河水补给，还能够凭借较低的成本，形成可受人类控制的灌溉网。

黑门山以南的"西亚裂谷"腹地，应该是最有机会出现一条"大河"的，放大地图后，我们很快便能找到这条中东名河——约旦河。在犹太人心目中，约旦河不仅是母亲河，更是一条"圣河"。至于约旦河的发源地——黑门山，希伯莱文的本意就是"圣山"。不过作为犹太人血缘上的近亲，现在迦南之地的竞争者——阿拉伯人，对黑门山的感情倒是没那么深，对于这个游牧文明属性的民族来说，更为干旱的阿拉伯半岛西侧的"赛拉特山脉"，才是自己文化的发源之地。因此阿拉伯人对黑门山的称呼是"老人山"，取其山顶有终年不化的积雪，有若白头翁之意。

正常情况下，黑门山上的雪水在山下汇集成河之后，应该在峡谷之中接受来自两侧山地的支流补给，最终汇入大海。不过约旦河所处的这条峡谷，并非一般的峡谷，而是世界上独一无二的"东非大裂谷"的一部分。而裂谷地形带给约旦河的最大影响，就是它可以缩短近一半的路程，提前入"海"，这个海就是举世闻名的"死海"。

死海的特别之处在于它的含盐量高，绝大部分生物都无法在水中生存，"死海"之名也正得自于此。不过这种高密度的特性，也为死海带来了另一个特质，即"死海不死"，意思就是说人到了里面，就会自然浮起来，怎么也淹不死。至于死海这超高的含盐量，则主要"得益"于环境太热（被沙漠地带包围的死海，周边的热度河想而知）。在死海的进水量始终无法明显高过蒸发量的情况下，约旦河水并无法通过死海之后，沿南面的阿拉伯谷地注入红海。在这种情况下，死海水唯一的出路，就是向天空蒸发。问题在于水能够蒸发掉，但矿物质却只能留在湖底了。时间一长，死海的含盐量也就越来越高了。

死海的高蒸发量，除了气候原因以外，也和这片洼地的体量有关。假如这个坑不是那么大，那么深。约旦河水并不会大范围在此"晒太阳"，而是象尼罗河那样快速通过沙漠地带，在正常耗损掉一部分水份之后，仍有余量走守剩下的路程到达海洋。不过光有高蒸发量，还不能造就"死海"。因为正常情况下，如果进水量一直小于蒸发量，那么这种咸水湖的命运最终都逃不脱变成干涸的盐碱地。而死海那的特别之处在于，当死海浓度，达到一般海水的8——10倍左右时，进水量和蒸发量就趋于平衡了。

有"死海"这个只进不出的大坑在前面堵着，死海南面的"阿拉伯谷地"当然就无法得到约旦河的润泽了。相比于约旦河，能够终年得到黑门山上的雪水补给。阿拉伯谷地的淡水补给，就只能依靠两侧山地在雨季承接的雨水了（可惜降水又很少）。这样汇集而成的河流——杰卜河，不可避免的成为了完全靠天吃饭的季节河了。需要注意的，整个西亚裂谷的地势，并非是北高南低，而是二头高，中间低。也就是说，阿拉伯河谷靠近死海的北端，是最低点。而靠近亚喀巴湾的南端，是最高点。在这种结构下，杰卜河虽然无限接近真正的海洋，但它的归宿仍然是北流入"死海"。

既然死海本身由于含盐度过高，而成为生命的禁区，那么我们也就很难指望它能够象淡水湖那样，把周边地区润泽为鱼米之乡了。在阿拉伯半岛，如果没有足够的淡水资源支撑，沙漠化是不可避免了。所以死海四周，包括两侧山地面朝死海的坡面，沙漠化都非常严重。能够支撑死海沿岸地区经济的，除了旅游业以外，就是开发"海水"中丰富的矿物资源了。这样看来，从人类生存和农业生产的角度来看，西亚裂谷南段的死海洼地、阿拉伯谷地都没有太大价值，那么死海以北有充足淡水补给的约旦河谷，应该是非常肥沃的土地，并且聚集了大量的人口。在犹太人的圣经——旧约中，约旦河谷也的确被描绘为丰腴肥美的土地，并称之为"上帝的花园"。只是现在我们看到的约旦河谷，情况却远没有那么乐观，现在的约旦河下游，已经变身成为了一条污水横流的小河沟了。要想了解这点，我们先来看看约旦河谷的内部结构。

在约旦河从黑门山上奔流而下之后，死海并不是它掉入的唯一大坑。在注入死海之前，这条世界上海拔最低的河流，还经过了另一个大坑——加利利湖。这个面积和深度都低于死海的大坑（海拔负213米），并没有象死海那样阻挡住约旦河的南下之路，而是成为了调解约旦河水流的中继站，河水在蓄满湖盆之后，由南端河口溢出继续南下。狭义的"约旦河谷"，指的也就是加利利海——死海之间的河谷平原。在现有的技术条件下，如果犹太人或者阿拉伯人愿意的话，加利利湖是一个很好的天然水库。用它来调解约旦河下游的水量，可以让约旦河谷的水资源利用更加合理，使其生态、农业环境较之古典时期更为进步。

说起"加利利湖"和约旦河下游的地理关系变迁，就必须先花较长篇幅来了解"迦南之地"的地缘政治结构了。简单来说，加利利湖以南的约旦河，状态之所以大不如前，是因为它本身成为了今天的一条政治分割线——巴勒斯坦地区和约旦的边界。

5.6、中国周朝的历史为什么这么混乱？

根据《世界史的故事》作者：苏珊·怀斯·鲍尔描述：

51 亚述和巴比伦的国王

公元前726年至公元前705年间，埃及重新得以统一，以色列分裂了，而萨尔贡二世几乎征服了全世界。

公元前726年，提革拉毗列色三世在宣誓效忠马杜克两年之后去世，他统治了亚述近20年。

提革拉毗列色三世的儿子撒缦以色五世继承王位，执掌统治亚述和巴比伦的大权，在边境地区布置了森严的防线。但在波斯湾的北端，迦勒底人的首领米罗达巴拉但并不情愿受控于亚述，他开始暗中积聚力量。

撒缦以色五世的统治几乎没有留下任何铭文记载，他似乎并没有注意到迦勒底正在崛起的力量会对其构成威胁。他的注意力都在西部边境上。他多次发动战争，急于完全统治腓尼基。就这点而言，他比他的祖父要强，当时腓尼基人和以色列人都曾向亚述进贡，但是腓尼基和以色列当时是亚述的属国，而并非亚述的省份。据约瑟夫斯记载，撒缦以色五世花了近五年的时间围攻腓尼基的城市推罗，推罗之前曾向提革拉毗列色三世进贡。他比他父亲做得出色的还不止这一点。提革拉毗列色三世只不过让以色列成为亚述的属国，而撒缦以色五世一举消灭了以色列。

他这样做当然有某种借口。以色列现任国王名叫何细亚（Hoshea），之前曾经是一名军官，他"不再像之前那样年年向亚述国王进贡了"。撒缦以色五世的密探还汇报说何细亚派出使者去见"埃及王梭（So）"。以色列正计划对亚述发起战争，并且正在寻找盟友。

不管以色列使者见到的究竟是谁，他们结盟的请求并没有得到回应，何细亚被拒绝了。派使者来埃及成了大错特错的决定。此时撒缦以色五世正因为推罗久攻不下而烦心，因此更加无法忍受那些在他父亲统治时期就已经顺从的城邦有任何叛乱之举。《列王纪·下》写道："亚述上来攻击以色列遍地，上到撒马利亚（以色列的都城），围困三年。"

之后有关亚述的记载就中断了。当有关亚述的记载再次出现时，撒缦以色五世已经去世，他在位只有五年时间，在位时同时对两座城市发起围攻。新即位的国王是萨尔贡二世。

………公元前721年，亦即萨尔贡二世在位的第一年，他速战速决，征服了撒马利亚，结束了旷日持久的战争。然后，他毫不留情地把以色列这个国家从地图上抹去，这是亚述之前的帝王从未有过的残忍之举。他俘虏了何细亚，把他关进监狱，然后开始驱逐以色列人。亚述对于任何坚持独立的属国向来如此反应。被驱逐出境也是一种种族灭绝，只不过灭绝的不是人本身，而是一个国家的民族意识。据萨尔贡自己的铭文记载，他把27 290名以色列人从他们的家园驱逐出去，这些以色列人的放逐地从小亚细亚一直延伸到米底境内，他们后来被称为"失落的十部族"。这并不是说他们消失了，而是因为说他们被驱赶到新的荒野之地，不得不以那里为家，他们作为亚伯拉罕后裔和耶和华信仰者的身份因此消失。

那些依然留在北方土地的以色列人发现有其他外来者侵入了自己的领土。萨尔贡二世写道："我让自己人定居在我所征服的土地之上。"这些以色列人和其他宗教和血统的族群融合，并最终形成了特有的文化。因此公元前1世纪的犹太人被称为"撒马利亚人"，并被视作杂种。

然而，故事到此并没有结束。叙利亚的阿拉米人和哈马人联合起来反对亚述的统治，于是萨尔贡二世与之在卡卡城交战。此时距离卡卡城第一次发生大战已有100年之久，而这一次战争的胜负十分明显。哈马的国王戴着锁链被拖到了亚述，而叙利亚的首领（周平王）"独自逃跑了，就像是丢了羊群的牧羊人一般"，萨尔贡二世则把卡卡城洗劫一空，并将其烧成灰烬。

萨尔贡二世控制了西方之后，穿过地中海，最远到达塞浦路斯岛——爱奥尼亚的希腊人和来自沿海地区的腓尼基人定居于此——并强迫岛上的居民向他进贡。他还为自己建造了一个新的都城，杜尔舍鲁金（Dur-Sharrukin，意为

"萨尔贡城"），这座城市位于尼尼微的东北部，就在托罗斯山脚下，而乌拉尔图仍然占据着托罗斯山脉。

………到了公元前 714 年，萨尔贡二世已经准备好入侵托罗斯山脉，他选择自己率兵进攻。………征服了北部这个困扰亚述多时的王国，萨尔贡二世凯旋。………

现在，萨尔贡二世几乎站在了世界之巅。他接见来自埃及和埃塞俄比亚的使者，就连迪尔穆恩（Dilmun）的国王也派使者送来了礼物，萨尔贡二世在其铭文中称这个国家的人"生活得像鱼一样"。这可能指的是阿拉伯的示巴部落，200 年前这个部落的女王曾经拜见过所罗门。除了南方的领土，萨尔贡二世几乎征服了整个世界。

由于新亚述帝国，特别是萨尔贡二世横扫两河流域地区，打遍天下无敌手。而且为了巩固他的征战成果，把他战领的地区进行所谓的"灭国"。即，把那里的民众和不同人种，都大范围的进行迁徙，从而降低文化对他们的凝聚力，消灭类似阿拉米人，这样由无数小的邦国，但可以用一种语言和文化凝聚在一起，可以主导两河流域地区，无处不在，又无从下手的局面。但这种不同人种大面积的互相迁徙的混乱局面，导致许多不堪这种残酷统治的小的族群，干脆向更远，更荒凉的地方迁徙，来逃避战乱和这种不稳定的局面，从而彻底改变族群明显具有悲剧性的未来。这就是为什么？就在那段时间里，会有大批小的邦国突然出现在当时还非常荒凉的东亚的中国地区，形成无数小国混战的（春秋）战国的局面。

应该说，在中国根本就没有正式存在过"周朝"，周人在两河流域被后来复兴的新亚述帝国打败，向两河流域以东长途迁徙到中国，实际上是一众的邦国，至少有几十个，甚至上百个。再加上当时中国几乎是一片荒凉，随便什么一个只带几百个人甚至是只带领几十个人的一个贵族，就可以在中国"跑马圈地"成立一个国家统治当时还相对落后的土著，据说春秋战国时期，当时小的邦国可能有上千个。

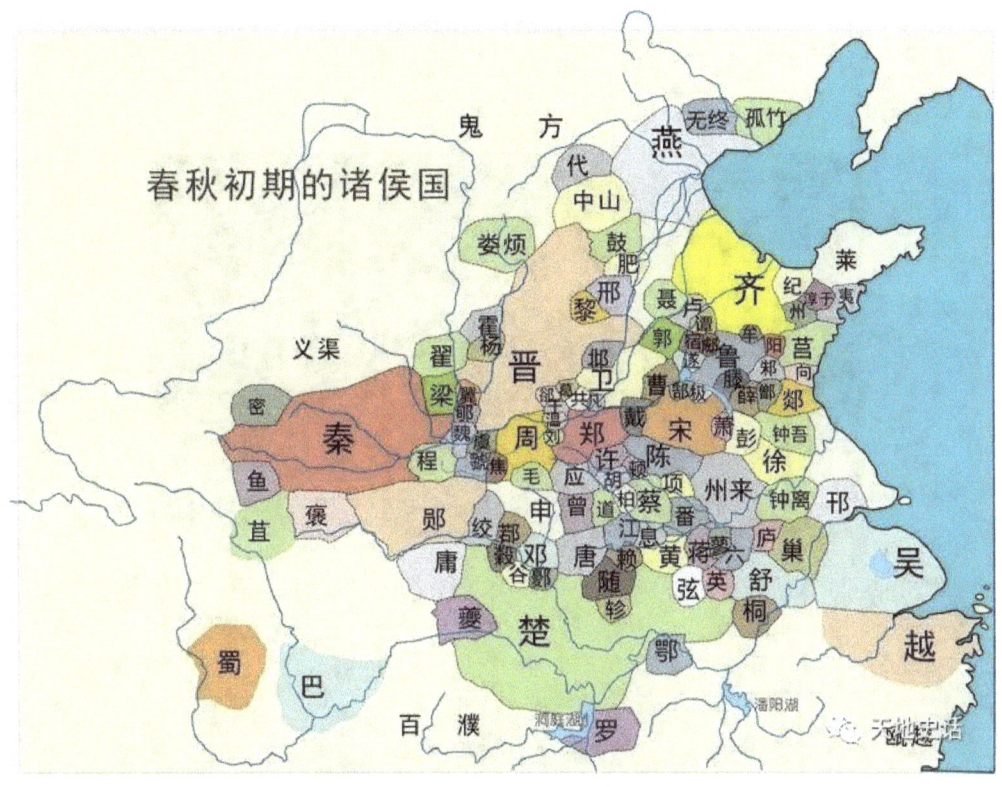

根据中国人的记载和定年，西元前 771 年，周幽王被犬戎杀死，都城镐京经犬戎侵袭，十分残破。太子宜臼受到申、许、鲁等诸侯拥戴下即位，是为平王。为避犬戎，平王把都城从镐京东迁至洛邑，史称东周。

周平王依仗护送他一起长途迁徙而来的晋、郑、虢等诸侯国的力量，勉强在新的地方维持残局（所谓东周）。但是周室衰微，周天子早就失去了在两河流域所拥有的"天下共主"的地位。诸侯各国之间的兼并更加激烈，实际上，中国的历史是从"春秋战国"开始的。

一起迁徙的众多邦国，其中应该包括四大部份：1 以大马士革、阿勒颇和哈兰为主的，所谓"成周"即都城的核心成员族群。主要地区包括地 "亚兰"（Aram）。"亚兰"指的是那些由阿拉米部落首领统治的城帮。2 被亚述灭掉的犹太人北部国家以色列国核心成员和族群。也就是在美索不达米亚丢失的犹太人的十个部落。3 被阿拉米人长期统治的部分，包括尼尼微人在内的北方分布着的，一些小的过去曾经属于胡里特人的王国。4 被新亚述帝国打败的曾经被阿拉米人短时间统治的巴比伦人极其邦国的某些族群，还包括巴比伦南部的原来苏美人地区居住的迦勒底人，及被新亚述帝国占领的扎格罗斯山脉山侧地带的，曾经被埃兰人统治的部分族群。

　　总之，在两河流域地区，过去与苏美尔人相关的或者说是受苏美尔人的传统影响较重的大部分邦国，几乎全部都有族群迁徙到了东亚，在那里就出现了一个新的"中国"。早期"中国"的概念，就是两河流域中游地区，两河之间的开阔地带。如金文所展示的中字，就是两条河中间那块地方：

　　因为后期汉字为了书写方便，把所有汉字都竖起来摆放，所以看上去好像上边一条河、下面一条河，其实早期的图画文字是，左边一条和右边一条河，即，早期的中国（建立中国概念的人群）明显是在两河流域中、上游地区的族群。

　　确切的说，周人早期是一群具有超前民主思维方式的黄白混血人群，他们在政治上从不迷信大一统的帝国体制，而更推崇各自可以保留个性的联邦体制，虽然周人总体上是成功的，但从今天看，这种体制并不适合远古的丛林时代，它更适合今天的现代民主社会，典型的就是今天的"欧盟"。

　　因为在两河流域时期，周人由许多小的邦国，或者说是由许多讲阿拉米语或北方犹太语的不同人种所组成的，因而从周人自己记载的历史上看，也是十分混乱的，是由不同人种的历史拼凑起来的。而且更重要的是，中国历史研究当中有关周朝君王的在位时间，明显有些错位和混乱。这是因为周人本身就是由众多"帮国"组成的，较大的核心邦国就有四、五个，许多周朝的君王，实际上是在不同地点的国度里称王的。

　　虽然可以用本身就是一个邦国联盟的"周朝"及周边的许多国家这段时间历史发生的重大事件，把他们串连在一起，成为一个系列的"周王朝历史"，而且这段历史很明显是后人拼凑起来的，甚至包括那段时间周边国家，包括敌对国家内发生的许多历史事件。表面看起来像是连贯的周朝历史，实际上极为混乱。其实许多历史事件，在空间上是分离的、在时间上是重迭的，甚至是顺序颠倒的；更重要的是，许多事件发生在不同国度和地点，这肯定会把后来搞"周史"的人搞得晕头转向。

最典型的就是在东部参与打败商朝的文王、武王和成王，与在西部崛起的季历王，在时间上有一部分是重迭的，甚至是倒置的。只因为季历是犹太人建国初期分裂出来的王，他与周人起源的"正宗"和合法性相关，所以被排到周人王表的中、前端。

再如，在巴比伦的周王抵抗西戎的侵略，他指的是"亚述"人；而在亚兰的周王抵抗西戎的侵略，他指的可能是"以色列人"；而在大马士革的周王抵抗西戎的侵略，他指的是"犹大"国人；当然，在早期北部哈兰的周王抵抗西戎的侵略，有可能指的是"早期赫梯人分列出来的部落"；甚至阿拉米人还一度占领过亚述人的核心成镇，在那里的"周王"抵抗西戎的侵略，指的就是自己城市周边的亚述人。但当把这些在不同地点发生的事情混在一起，平铺直叙！你会发现所有历史事件中的人物和地点以及他们的敌人都没有连贯性，你要是"认真的"追究起来，几乎都是一笔糊涂账，简直可以把人逼疯了。

另外一个难点就是，你要把在不同地点称王的人身上发生的事，串成一段完整的历史，可是这些事是发生在不同地点的。于是做史的人，就只能不停的用"迁都××"、"迁都××"来"链接"，发生在不同地点的"王"身上的事儿，其实那些"王"，甚至包括他们的先王和子嗣，都一直住在那附近，"迁都"是想强调"周朝"一直有一个统一的"天子"。实际上，周朝那个统一的"周天子"一直就根本不存在。**"周朝"实际上是：在历史上发生过的，"和某一特定人种相关的"历史事件的总和。**所以你要想说清楚，周朝历史上发生的每一件事，都必须单独的把当时的地点和历史背景不厌其烦的重新查证一次，不然就无法真正的理解。

更重要的是，周人向东亚的迁徙是陆陆续续进行的，核心大致分成三大部分：较早被亚述人灭掉的亚兰大马士革族群，和稍晚被遣散的以色列人十个支派，他们早期有着相对共同的起源，晚期却是彼此互相伤害的敌对国，正因为这种"内斗"才导致他们被"各个击破"先后灭亡。他们应该也是先后到达中国的，这样，他们在中国范围内又根据先后顺序形成了一个范围相对较小的"西周"和"东周"，这样又把"西周"和"东周"这个概念，搞的在时空上有点错乱。最后一部分是，新亚述被新巴比伦灭掉后，又被后来的波斯帝国剿灭，他们散落的族群，如果迁徙到中国，几乎是接近春秋中期的时间了，这就是为什么最晚到达中国的"秦"反而是最强大的原因，因为他们都是早期强者和胜利者的后代。后人似乎又把他们的所有历史掺在一起叙述，所以我们在读周人的历史时，有点儿找不到"北"。

例如，周人最早的起源，明显是在小亚西亚半岛，是与赫梯人相关的族群（周人始祖为后稷）；而周人早期古公"旦父"所主导的周人的迁徙过程又明显的是，与犹太人早期去埃及，及后来"出埃及"回迦南的过程。所谓"岐山以南的周园"，实际上就是黑门山以南的"迦南"地。岐，就是古汉语或广东话"黑"的发音；而后来周人战胜商人崛起的过程，又明显的讲的是阿拉米人战胜"中亚述帝国"的过程。最后，周人的衰落过程，甚至还包括阿拉米人与西部的以色列人多次战争（西征犬戎和猃狁就是指犹大国和以色列人），最后被"犹大国"出卖，与被亚述人扫平的以色列国的十个部落，也一起被"流放"到两河流域东部的过程。

我们现在无法知道，到达中国后的"东周人"，是以阿拉米人为主还是以犹太人为主？虽然他们都是讲北方犹太语的人群。从人数上看，以色列的十个部落，应该也是一个不小的族群。而且被"新亚述"同时灭掉的以色列和亚兰也是实力相当的两个人种和部落群，他们之间的战争经常是各有胜负。

应该说，东周内部的上层结构，最初一定是以阿拉米人的几个王室家族成员为主的，但整个社会的有钱人、知识份子和各级管理人员及能工巧匠，应该更多的是当时以色列人失踪的那 10 个支派成员为主的。这就是春秋战国时期"诸子百家"和"百家争鸣"的时代的来源。那是一个属于犹太人的辉煌的时代，甚至包括后来在古希腊突然爆发的哲学思辨文明，都跟那次以色列人失去家园有关。而过了那个时代的后期"中国思想界"，就再也无法与之相比了。

但有一点是明显的，他们到达中国后把自己命名为"东周"，把过去两河流域的历史命名为"西周"而不是大马色（Damascus）的亚兰王朝（Aramean dynasty）"亚兰国""阿拉米国（Aram）"或"大马士革国"等，就说明到达中国后的他们中，阿拉米人已经不占主导地位。"周"即：英语中的"Jew"犹太人，而且周人的所谓"姬"姓，本质上也是犹太人的"Jew"也就是汉语中的"周"，今天的南方人发"纠"的音。

从中国人记录的历史我们也能发现，这些历史大部分都与犹太人相关，甚至把两河流域和地中海东岸的一些互不相干的历史名人，也都列在周人的先辈之中，所以通过中国人记录的历史，我们可以把犹太人的历史至少推早几百年。即"后稷卒，子不窋立。"就是说"不窋（亚伯拉罕）"是后稷（小亚细亚半岛的早期族群）的"后代"按照《圣经》的叙述方式就是：后稷生不窋。即：亚伯拉罕所代表的犹太人族裔，是起源于小亚细亚半岛的。

……我们不难看出，早期的犹太人，无论在两河流域，还是后来迁徙到中国的周人，应该都是一种身材相对矮小的人种，因此使他们反而更加团结。所以他们在早期的两河流域，一直就是一个比较受气和受欺凌的族群，几次被赶出家园，分布到世界各地，还多次遭到灭绝性的大屠杀。幸运的是，可能他们当中的大多数人都来到了中国，而且在很长时间内还是统治者。中国人也因为他们带来的犹太人的文化，而相对平稳的度过几千年，"同化"后来的所有的外来殖民者，形成贯穿中国历史2000多年、中国人特有的"儒家文化"。

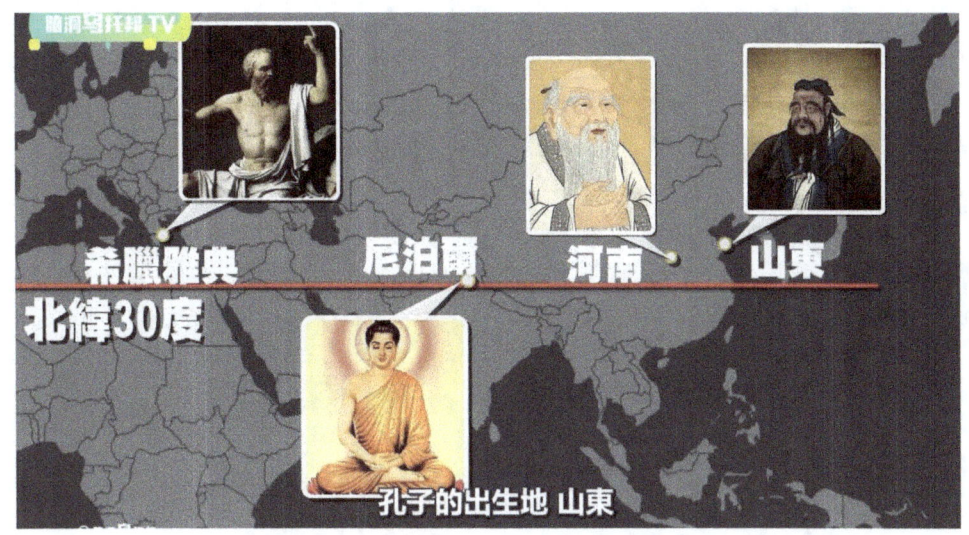

希臘雅典
北緯30度
尼泊爾　　河南　　山東
孔子的出生地 山東

犹太人的全球大遣散，是其后产生的"轴心时代"的主要原因。

我上一本书曾经详细介绍，周朝是讲北方犹太语言"Aramaic"的部落联盟所建立。即，阿拉米人"Aramaean"，北闪米特语"阿拉米语"部落联盟，西元前11-前8世纪在阿拉米——叙利亚北部的广大地区居住。但根据中国古籍的记载，中国的周朝应该就是犹太人所建立的朝代！因为中国古籍对周人的起源的记载十分详细（我上一本书里已经详细的记载了这些内容，为了论证我的观点，这本书还只能更详细的重复这一部分内容并进行一定的修正，请大家谅解。），而且与早期犹太人的起源和迁徙过程完全对得上。

"基列的乳香"就是早期中国人的"中药"的前身。在希伯来语，基列的"乳香"为"敲碎"（cracking）之树。中国人的中药就是把晾晒干燥后植物的根、劲甚至包括叶子切段、捣碎后煎煮成药汤服下后来治病的。本质上用来防病的"茶叶"也是"基列的乳香"的"后代"，不然中东人甚至后来的欧洲人都有"喝茶"的习惯，就无法解释。而早期中东地区出产这种草药的地方，就是基列。

由于犹太人的文化起源，是在尼罗河下游喜客索斯人统治时期形成的，而中国的周朝又是犹太人文化的完整继承者，如果追根溯源的话，那么中国人的语言和古汉字主要包括甲骨文，是起源于古埃及的象形文字和西奈半岛附近西闪米特移民者的（包括附近的古阿拉伯语言）。应该说中国人的文化根源，是发源于尼罗河下游三角洲地区的，那里才是古中国语言文化的"根"。

从早期帕卡多西亚的地面和底下的洞窟；到加泰土丘房屋的入口设在屋顶，没有街道的房屋与房屋背靠背，连成一个集群；再到两河下游平原，也是从屋顶进入的苏美尔人的住房；再到阿富汗的芭比杨大佛身边的洞窟群；再到中国的龙门、等石窟；再到陕西黄土高原上窑洞和地下窑洞，这些居住方式是一脉相承的，明显的是一个人种所为，实际上所反映的是这一人种在历史上的迁徙路线。

埃及的巨石人像；阿富汗的芭比杨大佛，乐山大佛，也明显是相同的传承，所以在东亚出现的中国应该叫做"新中国"即：nou china.

另外一个就是，在两河流域时期阿拉米人，是那时文化素质相对较低的人群，他们甚至可能根本没有自己成熟的文字，所以拉米人统治两河流域的时期，被称作"黑暗时期"。而到达中国的"周人"，明显是有文字的族群，无论是沿用商人的甲骨文还是周人自己的金文，不但有苏美尔文字单音节的特征和印欧语系类英文的发音，而且还惊人的带有古埃及圣书体文字的某些特征，这明显是古代犹太人在埃及生活三四百年，所烙下的文化印记。

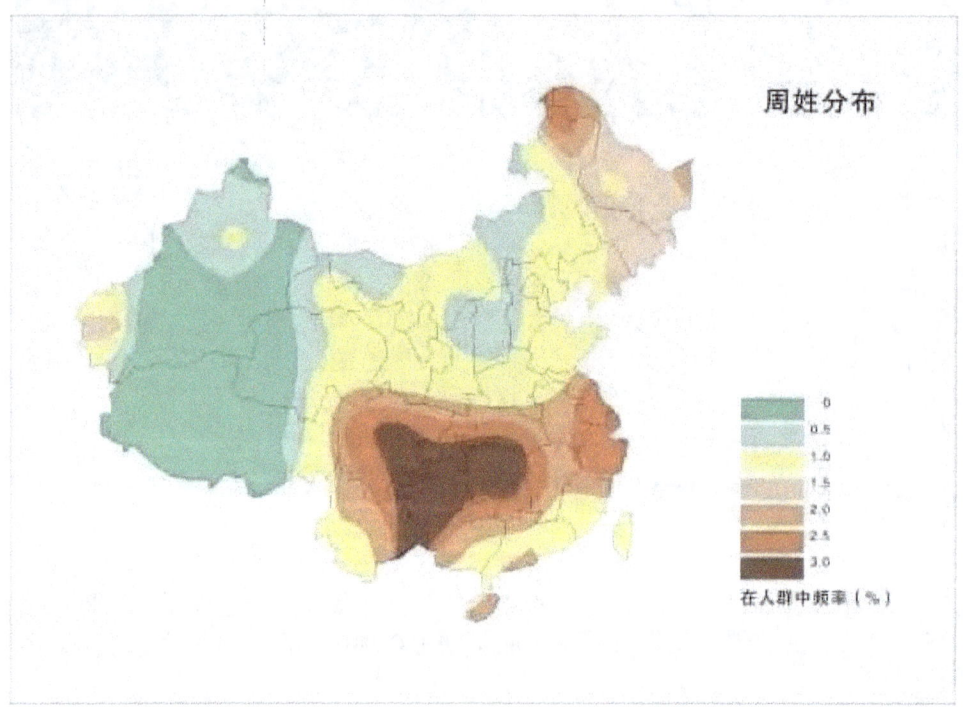

也就是说，到达中国的"他们"，"在文化上"应该是以犹太人的文化为主导的族群，周人记录的历史，包括后来的"史记"的"写作方式"与《旧约圣经》极为相似，而且中国的"文圣"孔子终生都是把"恢复周礼"作为己任的。包括整个儒家文化，都是典型的犹太人的文化，虽然有明显的殖民文化的特点，但与犹太圣经的核心思想非常相似，这些思想也确实统治中国 2000 多年。所以说从宏观上来讲，特别是从文化上来讲，**"中国人在文化上应该算是犹太人的后裔"**，中国人的"传统文化"是典型的"犹太人文化"。

还有中国学者认为：

由于古汉字的源头是西方，因此汉字最初的发音是纯印欧语言，商和西周时代的所有文字的发音都是" 外语"。现代很多学者已经注意到，在英语和汉语中仍旧有几百个发音和意思相似相同的词汇。

西来的雅利安人和他们的印欧语言在中国经过近千年的时间，在春秋后期就已经被同化。多音节的语言逐渐演变成单音节文字。

必须明确指出的是，远古时代的中国土著人并不是想象中的那样优秀。他们是四万年前从中南半岛进入中国的，这些黄种土著的文化远低于西来的华夏民族文化，他们的语言来自缅甸越南的热带丛林，非常的原始落后。从现代掌握的证据看，四千年前，他们似乎没有还形成真正的人类语言，黄种人更没有自己的文字。 所以汉语的名词全部是外来的。汉语只制保留了古中南语言的发音习惯。如，多是孤立语；有声调；单音节词根占多数等等。今天的所谓汉语，实际上是古中南半岛语言和古印欧语言的混合体。这就是"汉藏语系"的说法一直存在争议的原因。因为其中具有"英汉同源"现象。这种现象已经被中西方学者注意。现代的 DNA 技术也支持英汉同源的语言现象。在今天中国人的基因中，存在大约 12%-15%的白（亚美尼亚和欧洲)人基因。

由于中国甲骨文的发音最早是纯正的印欧语言。而各地华夏城邦部落语言和书写的差异，因此远古时代出现了同一件事情、同一个地方、同一个人物出现不同的称呼和写法。这种混乱的情况直到秦始皇统一文字以后才得到改变 。

由于犹太人，早期起源于小亚细亚半岛，而小亚细亚半岛早期人群的语言，就是典型的印欧语系，那么在文化上作为犹太人后代的中国古人，讲有印欧语特征的语言，就不足为怪了。

5.7、周王与两河流域历史人物对照表

周朝（约前 11 世纪—前 771 年）				
对应两河	号	名字	统治时间	统治年数
先周 约前 21 世纪—约前 11 世纪中期				
赫梯（这里主要指，周人族群始祖发源于小亚细亚半岛。）	后稷（即赫梯）	弃	传说为帝舜、夏朝初期	不详
亚伯拉罕		不窋	传说为夏朝衰退时期（可能是孔甲时期）	不详
以撒		鞠	不详	不详
雅各		公刘	推测为商朝"九世之乱"尾声，盘庚迁殷前夕	不详
		庆节	不详	不详
		皇仆	不详	不详
		差弗	不详	不详
		毁隃	不详	不详
		公非	不详	不详
	邠侯（商王祖乙册封）	高圉	传说为商朝祖乙时期	不详
		亚圉	传说为商朝盘庚时期	不详
		公叔祖类	不详	不详
摩西约前 1520 年—前 1400 年	太王（周武王追尊）	公亶父	不详	不详

季历有两个选择：1、米坦尼的国王，**沙图阿腊**第二 2、赫梯国王，**哈图西里**（Hattusili III）当时赫梯分成南国和北国，他在北国做王，后又被派往南方。	牧师（商王文丁册封王（周武王追尊）	季历	推测为商朝文丁时期 王季与殷商王室联婚，娶挚仲氏，姓任，生下周文王	不详
1、**图库提美尔**，占据马瑞地区的阿拉米王。 2、**马尔杜克·那丁·阿海**（前1099年—前1082年在位）（Marduk-nadin-ahhe）巴比伦国王。他进攻亚述，占领伊卡拉图姆，进驻亚述都城附近以南30英里处。	周文王（周武王追谥）西伯（商王帝乙册封）	昌	推测为商朝帝乙、帝辛（纣）时期。	不详

<table>
<tr><td colspan="5" align="center">西周　约前11世纪—前771年
（绿框的数据均为推估或源自古代文献）</td></tr>
<tr>
<td>卡帕拉（Kapara）是比特巴希亚尼的阿拉米亚国王、阿拉米人酋长，前10世纪。</td>
<td>周武王</td>
<td>发</td>
<td>前1050年—前1045年（竹书）
前1049/45年—前1043年（剑桥）
前1046年—前1043年（年表）</td>
<td>6
7/3
4</td>
</tr>
<tr>
<td>阿达德阿坡拉伊丁那（Adad-apla-iddina，阿拉米人篡位者，摄政王周公旦）1069-1046 BCE
马尔杜克·泽尔·X（Marduk-zer-X）1046-1033 BCE</td>
<td>周成王</td>
<td>诵</td>
<td>前1044年—前1006年（竹书）
前1042年—前1006年（剑桥）
前1042年—前1021年（年表）</td>
<td>37 含周公摄政7年
37
22</td>
</tr>
<tr>
<td>那布·舒穆·里布尔（Nabu-shumu-libur）（前1033年—前1026年在位）</td>
<td>周康王</td>
<td>钊</td>
<td>前1007年—前982年（竹书）
前1005/3年—前978年（剑桥）
前1020年—前996年（年表）</td>
<td>26
28/26
25</td>
</tr>
<tr>
<td>利合，琐巴王</td>
<td>周昭王</td>
<td>瑕</td>
<td>前981年—前963年（竹书）
前977/75年—前957年（剑桥）
前995年—前977年（年表）</td>
<td>19
21/19
19</td>
</tr>
<tr>
<td>哈大底谢，琐巴王利合的儿子</td>
<td>周穆王</td>
<td>满</td>
<td>前962年—前908年（竹书）
前956年—前918年（剑桥）
前976年—前922年（年表）</td>
<td>55
39
55 共王当年改元</td>
</tr>
<tr>
<td>利逊（Rezon）大马士革的建立者，约公元前940年</td>
<td>周共王</td>
<td>繄扈</td>
<td>前907年—前883年（竹书）
前917/15年—前900年（剑桥）
前922年—前900年（年表）</td>
<td>12
18/16
23</td>
</tr>
<tr>
<td>他伯利们(Tabrimmon)亚兰大马士</td>
<td>周懿王</td>
<td>囏</td>
<td>前882年—前858年（竹书）
前899/97年—前873年（剑</td>
<td>25
27/25</td>
</tr>
</table>

革国王			桥） 前 899 年—前 892 年（年表）	8
本哈达一世，亚兰大马士革国王，公元前 885–865 年	周孝王	辟方	前 857 年—前 849 年（竹书） 前 872 年—前 866 年（剑桥） 前 891 年—前 886 年（年表）	9 7 6
本哈达二世，亚兰大马士革国王，公元前 865–842 年	周夷王	燮	前 861 年—前 854 年（竹书） 前 865 年—前 858 年（剑桥） 前 885 年—前 878 年（年表）	8 8 8
哈薛，亚兰王　统治有 42 年，约前 842 - 800 年	周厉王	胡	前 853 年—前 842 年（竹书） 前 857/853 年—前 842 年（剑桥） 前 877 年—前 841 年（年表）	12 16/12 37 共和当年改元
共和行政时期			前 841 年—前 828 年	14
本哈达三世，亚兰大马士革国王，公元前 796–792 年	周宣王	静	前 827 年—前 782 年	46
利汛（Rezin）大马士革王, 754 BC–732 BCE	周幽王	宫湦	前 781 年—前 771 年	11
东周　前 770 年—前 256 年				
	周携王	余臣	前 771 年—前 750 年	
	周平王	宜臼	前 770 年—前 720 年	51

第六章
被藏在歷史碎片中的周朝
6.1、始祖为后稷

前面曾提到亚兰人的起源：亚兰人在北方的奥龙特斯河上获得了后赫梯的哈马，很快就变得强大到与讲印欧语系的后赫梯国家分离了。

根据维基百科，原文加生硬的翻译：

据周族传说，其部族"崛起"于周原（迦南地），始祖为后稷（赫梯），封于有邰（Gaziantep Platosu），自后稷至周文王共有十五王。周族时常被戎狄侵扰而搬迁。商朝（亚述）中期，公刘（雅各）率周族迁居豳（埃及歌珊地），建立城邑与发展农业。到公亶父（摩西）时，因为犬戎的逼迫（努比亚人叛乱），迁至渭河周原（约旦河、迦南地区）。周原农耕条件优越，周国稳定发展。周国与商朝的关系，可能早在武乙之前的武丁（图库尔蒂-尼努尔塔一世）时期就有接触，当时双方有战事发生，最后周国成为商朝的属国。公亶父去世后由幼子季历继位，长子太伯与次子仲雍则外奔离周（占领约旦河西岸）。

周国的拓展是从季历开始。他与太伯、仲雍所建的虞国（犹大国）友好，得以开拓晋南（约旦河以东）。和任姓挚国通婚，取得商朝属国挚国、畴国的支持。趁商朝国力衰退，"诸夷皆叛"的时机，竹书纪年记载季历持续讨伐与商朝为敌的夷狄。小邦周屡次帮大邑商击败戎狄，使商王文丁封季历为牧师。同时文丁深感威胁，最后杀了季历。季历长子姬昌继位后，商王帝乙为了安抚姬昌就把其妹嫁给他。

注：上边这段内容，是现代人根据史料而撰写的，是"零散史料的拼凑"然后又鱼贯说出。当我把翻译的内容和历史人物生硬的加进去时，就会出现明显的"历史人物的时序颠倒"等问题，希望大家能够谅解。

根据《山海经》有：

大荒西经第十六

有西周之国，姬姓，食谷。有人方耕，名曰叔均。帝俊生后稷，稷降以百谷。稷之弟曰台玺，生叔均。叔均是代其父及稷播百谷，始作耕。有赤国妻氏。有双山。

西北海之外，赤水西，有(先)(天)民之国，食谷，使四鸟。有北狄之国。黄帝之孙曰始均，始均生北狄。有芒山。有桂山。有榣山，其上有人，号曰太子长琴。颛顼生老童，老童生祝融，祝融生太子长琴，是处榣山始作乐风。有五采鸟三名：一曰皇鸟，一曰鸾鸟，一曰凤鸟。有虫状如菟，胸以后者裸不见，青如猨状。

注：这里说明一下，《山海经》里经常提到"食谷"和"食肉"，就是明确说明，他们是农耕民族、还是游牧或游猎民族。从上面的经文，我们显而易见，周人的祖先是农耕民族，如果引申来说的话，就是犹太人的祖先是农耕民族出身。实际上我们还可以间接的通过《山海经》对中东地区，早期不同人种的分布进行判断，食谷的农耕民族应该主要是黄种人；食肉的人群如果不是白人的游猎民族，他们就应该是起源于北非或阿拉伯半岛的游牧部落，即"含"的子孙。

前面提到：周人早期居于姬水"即弗里吉亚的 Kızılırmak，中文翻译成克孜勒河（中国古籍《山海经》称赤水，土耳其人称红河）。后期称其为"哈里斯河"，特别是进入黑海的下游部分。"。这条河所还绕的哈图沙地区，就是古赫梯帝国的核心地带。这也是《圣经》中提到的，伊甸园中四条河的其中一条，这一带就是人类最早的"文明发源地"，至少《圣经》是这样记载的。

根据我上一本书关于《山海经》的解释：

托罗斯山脉，是土耳其南部的山脉。由东南、中、西三段组成，成雁行式排列。全长约 1200 公里。西段宽 75～150 公里，海拔 2000 米；中段为山脉主体，宽 50 公里，有 3000 米以上高峰，北侧的埃尔济亚斯山海拔 3916 米，为中段最高峰；东南段最长，向东北直达大阿勒山为止 。本质上，能够代表"昆仑山"的是成雁行式排列的整个托罗斯山脉。

托罗斯山脉成雁行式排列的最南端有一个缺口，这里就是山海经中提到的著名河流"黑水"的流经地区。黑水水系上游的两个支流，"华阳黑水"和"黑水西河"所挟持的地区就叫"雍州"，这两条河的上游就是著名的"轩辕丘"。这里是后来赫梯帝国失败后，赫梯人向南迁徙的地方的一部分，也被称为"新赫梯"地区的东部。实际上这个缺口是，更早的居住在安纳托尼亚地区的"先苏美尔"人，即"夏娃族"（早期亚马逊人），迁徙到埃及尼罗河流域创造古埃及金字塔文明和两河流域下游创造苏美尔文明的主要通道，也是后来的周人（以色列人），从这里向哈马和亚兰地区迁移的起点。

唯一现成又可靠的来源依然是《旧约》。学者们发现其中有很多地方提到了居住在小亚细亚山区的赫梯人。例如埃及人并不像他们对迦南人和其他邻居所抱有的仇恨，他们对以色列人来说始终是友好的盟友。

我在上一本书曾提到：

应该因为历史的原因，轩辕丘在安纳托利亚地区有两个，北方的这个，明显的是当地人为了纪念自己的祖先所命名的。在南部的托罗斯山脉上还有一个更高的轩辕丘，"Haydar Dağı 2,249"。这个轩辕丘很可能是后来被迫迁到南部地区的母系氏族所命名的，这导致中国人命名的"黑水"也只能有了两个了。这个南方的轩辕丘实际上是气势磅礴、连绵不断的托罗斯山脉其中的一座山峰，也是下面要介绍的一座山 Geyik Dağı 的主峰。而且从"Haydar Dağı"发源的一条河就是流向"格克苏河『Göksu Nehri』"也就是第二个"黑水"下游的一条河，即"洵水出焉，南流注于黑水，其中多丹粟，多青雄黄。"。

 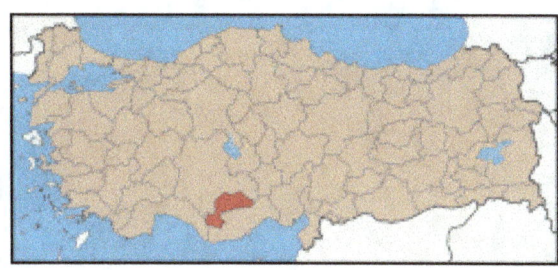

卡拉曼，土耳其的安纳托利亚中部地区的位于偏南的一个省份的核心区。它是重要的商业，文化和艺术中心。卡拉曼及其地区，始建于公元前 8000 年。它拥有地下城市，洞穴和信仰中心。

其实，南北两个"轩辕丘"，也在某种程度上反映出，赫梯帝国和"新赫梯"地区的继承关系。

根据《山海经》有：

海内西经第十八

流沙之东黑水之西有朝云之国、司彘之国。黄帝妻雷祖，生昌意。昌意降处若水，生韩流。韩流擢耳谨首，人面豕喙，麟身渠股豚止。取淖子曰阿女，生帝颛顼。

据周族传说，"部族崛起于周原，始祖为后稷，封于有邰"。

根据我上一本书所给出的"《山海经》山图"：

有邰：即，渤发拉底河上游东岸处于托罗斯山脉南边山侧地带、半山区的 Gaziantep (Platosu) 地区，应该就是后来的"哈兰"地区，有邰就是 Gaziantep 的音译。

雍州：即，在中国人著名的大山"昆仑山"核心地段的一个地区。我上一本书明确指出，昆仑山就是，土耳其南部的著名山脉"托罗斯山脉"，它在小亚细亚半岛的南边。

赫梯帝国最盛时疆土（约公元前 1290 年）

根据《圣经》相关故事：

琐巴是亚兰人的"小帝国"，大约在大马色以北，哈马以南，两利巴嫩山脉之间（看图）。撒上十四：47 说，扫罗执掌以色列的国权时，曾攻打琐巴。"大河"指的是幼发拉底河。在 1200BC 至 900BC 这段时间，由于大国如埃及、赫人、亚述，不是分身无术，或帝国破碎，就是蠢蠢欲动和扩张之前，这样就让地中海东部地区（Levant）有"小帝国"出现的可能性，如英文谚语 When the fat cats were away could the mice play。有多少个"小帝国"呢？请看侧图：

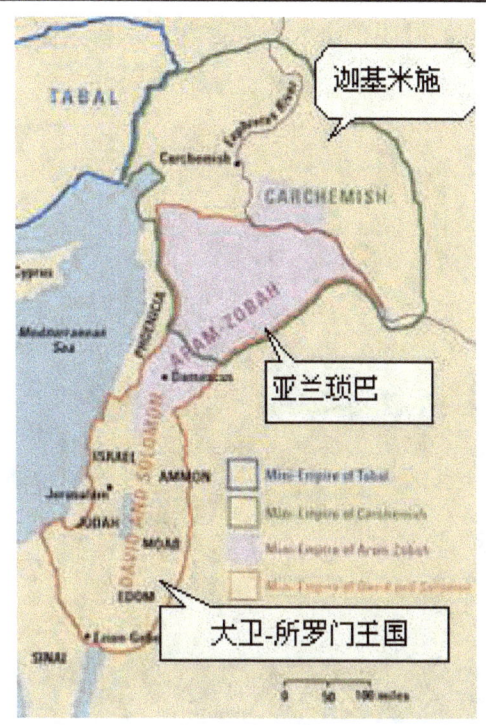

第一个是在小亚细亚东南的 **Tabal**，从衰落的赫人帝国（**Hittite** 中国人称：后稷）分裂出来；第二个是在叙利亚北部的迦基米施（**Carchemish**），是过去赫人帝国的附庸国；第三个是亚兰琐巴（**Aram-Zobah**），由亚兰和琐巴等几个小国（城）组成，在哈大底谢(**Hadadezer**)和其他王的治理下，占领了南达加利利，北至幼发拉底河，叙利亚大部分的疆土；第四个就是大卫/所罗门王的帝国了。

亚伯拉罕，原名作亚伯兰或亚巴郎，是亚伯拉罕诸教的先知，是上主从地上众生中所拣选并给予祝福的人。同时也是包括希伯来人和阿拉伯人在内的闪米特人的共同祖先。 根据犹太人的传统记载，亚伯拉罕是拿鹤的孙子、他拉的儿子，拿鹤居住在迦勒底的乌尔旁。据《创世记》记载，他拉有三个儿子，圣经纪载依序为亚伯兰、拿鹤、哈兰。

根据《山海经》海内西经第十一　有：

海内昆仑之虚在西北，帝之下都。昆仑之虚方八百里，高万仞。上有木禾，长五寻，大五围。面有九井，以玉为槛，面有九门，门有开明兽守之，百神之所在。在八隅之岩，赤水之际，非仁羿莫能上冈之岩。

赤水出东南隅，以行其东北，（西南流注南海厌火东。）河水出东北隅，以行其北，西南又入渤海，又出海外，即西而北，入禹所导积石山。洋水、黑水出西北隅，以东，东行，又东北，南入海，过毕方鸟东。

昆仑南渊深三百仞。开明兽身大类虎而九首，皆人面，东向立昆仑上。

开明西有凤皇、鸾鸟、皆戴蛇践蛇，膺有赤蛇。

哈梯人都城阿拉贾山丘，狮身人面兽大门

上图，早期赫梯人的文明是：以白人为主的"没有大胡子"的"娃娃脸的"白、黄
混血人种。

上图，早期赫梯人的文明是：以白人为主的"没有大胡子"的"娃娃脸的"白、黄混血人种、以狮子的爪子为特征的"狩猎兼农耕"的文明。

Human-headed winged bulls supporting an
arch, as found by Victor Place in Sargon's
palace at Khorsabad. Photograph taken in the
early 1850s by M. Tranchand.

　　上图，亚述人的文明是："有大胡子"的以棕种人为主（阿拉伯人高颧骨脸型）的文明，而且是以草食动物的蹄子为特征的，类似早期北非游牧族群的文明。

根据维基百科：

　　亚兰（**Aram**; אֲרָם or ʾĂrām），亦作亚拉姆，思高本作阿兰，是《圣经》里的一个区域名称，位于叙利亚中部，包括阿勒颇所在的地区。亚兰的范围从黎巴嫩山往东过伯拉河，并包括美索不达米亚平原北部。"亚兰"这名字源自挪亚的孙儿、闪的儿子亚兰，相传是亚兰人的祖先，是希伯来人的兄弟民族。另外，赫梯人亦曾在这里生活过。

阿拉米人约在公元前 12 世纪开始移居到亚兰地区及美索不达米亚，并曾建立过两个王国：亚兰大马士革王国及哈马斯王国。此外，在当地还有不少细小的王国及独立城邦建立过，都在公元前 1 千年期间存在。于公元前 1000 年时在巴比伦王国南部生活、曾建立新巴比伦王国的迦勒底人亦被普遍认为是一个源自亚兰的部族。

前 12 世纪和前 10 世纪，两个新赫梯王国帕里斯丁和比特阿古西先后控制了这座城市。此时它仍然具有宗教上的重要地位。据考古发现，哈达德神庙在这一时期被翻新修复。

在这里必须说明一下：早期在托罗斯山脉南边，山侧与平原交界地区，有一条重要的商道。从亚珥拔→迦基米施→提拉撒→哈兰→歌萨→尼尼微→豪尔萨巴德（中国人所说的"朝歌"），是亚述人到地中海东岸，甚至埃及的重要商道。（图）应该也是有苏美尔人背景的弱势，族群，从北面向东迁徙（不敢完全进入山区），最终到达东亚的重要路线。商人是从两河流域下游的"基什"沿泐发拉底河而上，然后走这条路线到尼尼微（殷）；而周人是从岐山脚下的周原（黑蒙山脚下的迦南），向北经大马士革、哈马等，再走这条路线至尼尼微附近，打败"商朝"的。

在这里还必须强调一下，中国人历史上记载的（使用甲骨文的）商朝，与两河流域历史所记载的"亚述"还是多少有些区别的。中国人的商人居住地，仅限于尼尼微以及隔河相望的豪尔萨巴德附近，它们虽然是亚述人的核心地区，但它们应该是有自己的总督和相对的独立性的，这应该就是真正的"商

王"所在地，而商朝对外都是打着整个亚述王的旗号来唬人的。整个亚述强盛时期，尼尼微亚述的经济核心存在的，应该是商王朝万里迁都至东亚的中国以后，尼尼微与豪尔萨巴德的主要族群大部分东迁，尼尼微被"空出来"，"新亚述"才开始逐步以尼尼微为都。正因为以尼尼微为都，才使亚述真正的崛起，成为"亚述帝国"。

6.2、不窋帶領周族竄於戎狄之間

根据《世界史的故事》作者：苏珊·怀斯·鲍尔描述：

苏美尔人和古提人斗争期间，一个名叫他拉（Terah）的乌尔市民召集他的仆人，带着他的牲畜、妻子、儿子和家人向西出发。他拉的儿子叫亚伯兰（Abram），亚伯兰的妻子叫撒莱（Sarai），不幸的是他俩一直膝下无子。

大约在乌图赫加尔向乌尔进军，夺回乌尔，王位却又落到自己的女婿手中前后，他拉和他的家人认为出城生活会过得更好。据《创世记》记载，他们向西朝"迦南"（Canaanite）的方向出发，朝地中海沿岸走，远远避开野蛮的古提人、复仇的埃兰人和野心勃勃的苏美尔人。

《创世记》第12章对于该旅程的神学解释是亚伯兰听到了上帝的声音。这不是什么苏美尔神，也不是阿卡德神，而是上帝：一位赋予了自己令人费解的名字的神，雅威（YHWH，希伯来文为יהוה），YHWH可能是动词"存在"的某种形式。

对于亚伯兰来说，这似乎是个全新的概念。他拉和他的儿子们信奉的很可能是月神辛（Sin）和他的女儿、乌尔城的守护神依南那，因为乌尔人至少口头上都是月神的疯狂崇拜者。此外，他们的姓氏明显表现出他们对阿卡德或苏美尔神的崇敬。他拉的名字也表现出他与月神辛的亲密关系。亚伯兰的妻子撒莱是他同父异母的妹妹；她的名字是辛的妻子女神宁伽勒（Ningal）这一名字在阿卡德语中的叫法。他拉的孙女密迦（Milcah）是依照辛的女儿莫迦都（Malkatu）的名字起的。亚伯兰自己的名字意为"崇高的父亲"，来源不明。不过，我们可以猜测，亚伯兰和撒莱的名字都与对月神的崇拜有关，因为在后面的故事中，作为圣约的一部分，耶和华重新为他们两个起名。新名字"亚伯拉罕"和"撒拉"都包含了新的音节"ah"，"ah"是"YHWH"的第一个音节，这样他们的名字就不再属于乌尔，而属于《创世记》中的上帝。

亚伯兰从上帝那里既得到一个应许，也接到一个命令。应许是亚伯兰会创建一个伟大的国家，这个国家会得到保佑；命令是他离开现在的生活的国家及其人民（乌尔城和混居在那里的阿卡德人、苏美尔人和其他闪米特人），去"上帝将要指示他的土地"——迦南的土地，几乎就在正西方向。

但他们并没有一路向西，因为走这条路线他们必须横跨沙漠，而是选了一条比较好走的道路，沿幼发拉底河向西北进发。沿着这条道路，他们会到达地中海沿岸的北部，向北到达毕利克河，该河注入幼发拉底河，在这里他们本应向左转（向西）。但是，他们反而向东转，沿着流过小城哈兰的一条小河走，并在那里定居下来。哈兰位于一条著名的商路上，这里就像乌尔一样，是一个崇拜月神的中心，可能这个地方让他们感觉很熟悉。他拉此时年事已高，而哈兰也一直比较和平。

亚伯兰离开哈兰，向上帝应许给他的土地进发。他朝西南方向走，最终到达示剑（Shechem），示剑位于约旦河以西的两片水域中间，这两片水域后来被称为加利利海和死海。

在那里，他要求上帝再次保证这里的土地归他所有，因为他目力所及看到的都是迦南人。

"迦南"这个名字带有时代的错误，公元前第1千纪以前，这片土地被称为以色列，罗马人称之为巴勒斯坦，十字军称之为"黎凡特"。"迦南"一词最早出现在一块发现于齐姆里-里姆的城邦马里城墙的一块石碑上，大约可以追溯到公元前1775年；它看起来像是个贬义词，指的是活跃在约旦河沿岸的强盗。公元前2090年，上帝许诺给亚伯兰的土地并没有名字，那里既没有种族认同也没有政治认同。

亚伯兰是这个特殊的地区历史记载中出现的第一个人。因为没有统一的文化，西闪米特人没有编年史，对于他们的情况，我们仅有的了解都来源于他们的城市遗址。公元前7000年左右，农民带着家养的山羊和绵羊占据了该地区所有的城镇。位于遥远的北方的恰塔尔休于（Catal Huyuk）和位于遥远的南部、靠近死海的耶利哥（Jericho，即杰里科）等古城，位居世界上最古老的城市之列。耶利哥在所有亚伯兰后裔最终占领的土地中脱颖而出；大多数西闪米特人的定居点都是没有特殊防御设施的村庄，但是在公元前6800年前，耶利哥人给自己建造了一堵巨大的石墙。墙的一角有一座10米高的圆塔，这样哨兵就能时刻观察到周围地面的情况。

我们不知道耶利哥城的人在防范什么。但是耶利哥坐落在淡水资源供给稳定的地方，约旦河就在不远处。不过，在西闪米特人中，只有耶利哥城的人修建了巨大的工事来抵御外界的威胁，并且时刻防范以免遭敌人偷袭。

到亚伯兰来的时候，西闪米特人的城市建立起了自己的贸易路线，尤其是多与埃及通商。比布鲁斯位于地中海东岸的中部（阿卡德人称之为"布拉"，闪米特人称之为"迦巴勒"），经济全靠与埃及的贸易往来，人们将香柏运到埃及，换取埃及的亚麻和贵金属。北方城市埃勃拉（Ebla）则向往来的商队征税。米吉多（Megiddo）建在约旦河谷和沙龙（Sharon）平原之间的通道上，至少从公元前3500年前开始其规模就不断扩大。亚伯兰第一次向上帝确认应许之地是在示剑，这是一座非常古老的城市，示剑人在那里定居可能是因为那里有一口几乎从来不会干涸的古井。来自各地的移民加入西闪米特定居者的队伍，这些移民从南北两个方向迁来；最引人注目的是亚摩利人，这是一个讲闪米特语的游牧民族，很可能来自阿拉伯半岛。

我们不能责怪亚伯兰怀疑这个看起来是多民族混杂的国家怎么会是自己的地盘。不过，他也没有机会长时间怀疑，因为他在到达这片上帝的应许之地不足五年之后就再一次离开了。

离开的并不只有他自己。考古记录显示，在公元前2400年到公元前2000年之间，西闪米特人的文化原本已经逐渐朝城市化的方向发展，此时却出现倒退，出现了缺乏组织性的、更加游牧化的生活方式，很多城市甚至被暂时遗弃。由于过度耕作和干旱，河流流量变小，耕地面积缩小；大的定居点的水源被大量消耗，人们不得不分散生存。加之南部地区古王国的瓦解，西闪米特人不仅失去了耕地，而且也失去了他们最富有和最密切的贸易伙伴埃及，这个国家曾经花费大量财富，和比布鲁斯等十多个城市通过贸易换取商品。古王朝的混乱波及更往北的地区。因此，亚伯兰只好继续南下。

《创世记》（12:10）写道："那地遭遇饥荒。因饥荒甚大，亚伯兰就下埃及去，要在那里暂居。"埃及的水资源更丰富，而且社会秩序暂时也好一点。埃及"愚蠢"的第七王朝结束之后是第八王朝，第八王朝稍微稳定却平淡无奇；这个历经146年的王朝换了27位法老，但是没有一个留下名字。

然而，公元前2160年左右，从赫拉克利奥波利斯（Heracleopolis）来的有权势的贵族阿赫托伊（Akhtoy）通过个人魅力、精明的联盟和纯粹的武力成功地统治了整个埃及。曼涅托称阿赫托伊"比他的前任更加残暴"，这个评论大概反映出一点：为了获得短暂的和平，有许多人血染沙场。接下来的一个世纪，阿赫托伊的子孙（有17位国王出现在曼涅托的第九王朝和第十王朝王表中）所统治的埃及几乎失去了往日所有的辉煌。它不仅内忧重重，还无力抵抗西闪米特侵略者对其边境的骚扰，这些侵略者以小型游牧群体的形式，经常袭扰尼罗河三角洲。

根据传统的说法，亚伯兰与妻子、仆人和牲畜在公元前2085年左右抵达埃及。这与第十王朝阿赫托伊三世在位的时间相距不远，这位法老曾记录下西闪米特人的入侵：

卑鄙的亚细亚人！他们所到的地方都会变成穷山恶水，缺乏水源，遍地荆棘……他从来不在同一个地方定居，而是被迫不停迁徙……亚细亚人是江岸的鳄鱼；他们在荒僻的路上强取豪夺。

或许正是因为这种敌意，亚伯兰到达埃及后，说撒莱是他的妹妹而不是他的妻子。《创世记》里写到，亚伯兰在去埃及途中看着撒莱，心想她很美丽，所以埃及法老很可能会为了占有她而下令杀了他（这当然表明闪米特人对埃及人同样评价不高）。

亚伯兰的担心变成了现实。法老（第十王朝无名无姓、不为后世所知的国王之一）看上了撒莱，赠给亚伯兰礼物感谢他把如此美丽的妹妹带到埃及。亚伯兰最终收获了埃及的羊、牛、驴、骆驼和仆人。与此同时，法老和他的家人就没那么好过了。《创世记》第 12 章告诉我们，撒莱出现在法老的后宫，带来了神的诅咒；一种叫 neh-ga 的东西出现在法老及其家人身上。英文通常委婉地翻译成"瘟疫"，这种病可能让人长一种肮脏的脓疮。它使法老对宫里的任何女人都丧失了兴趣，更不用提撒莱了。

在这里我想插几句，我们不难想象，有印欧血统、白皙漂亮而妖艳的撒莱，早期的生活是比较开放的，甚至说是有些放荡的，这与早期白人的多妻制有关。很明显她身上带有类似性病的疾病，所以她才一直不能生育。但糟糕的是，她把这种疾病带到了相对比较封闭的（基本上是以近亲结婚为主的），以混血黑人为核心成员的法老的宫廷当中去，即："撒莱出现在法老的后宫，带来了神的诅咒；一种叫 neh-ga 的东西出现在法老及其家人身上。英文通常委婉地翻译成"瘟疫"，这种病可能让人长一种肮脏的脓疮。"（今天通过现代医学我们知道，性病本质上其实就是一种长在身体特定部位上的通过接触传染的皮肤病，一种病毒感染。）

后来他们（阿拉伯人和犹太人）接受"上帝示意"要受割礼。在那个时代"上帝示意"，本质上就是懂得一些医学知识的"大祭司们"，打着上帝的旗号所下的命令。

创 17:10　你们所有的男子,都要受割礼.
　　　　　这就是我与你,并你的后裔所立的约,是你们所当遵守的.
创 17:11　你们都要受割礼(受割礼原文作割阳皮.14,23,24,25 节同),这是我与你们立约的证据.
创 17:12　你们世世代代的男子,无论是家里生的,是在你后裔之外用银子从外人买的,生下来第八日,都要受割礼.
创 17:13　你家里生的和你用银子买的,都必须受割礼.
　　　　　这样,我的约就立在你们肉体上作永远的约.
创 17:14　但不受割礼的男子,必从民中剪除,因他背了我的约.

我相信"存在的就是合理的"，割除包皮仪式的存在，一定是当时存在普遍的性病，甚至是阴茎癌的问题，而这些应该是不洁净的性生活，或者是性病所导致的。而包皮里面比较潮湿，容易滋生细菌和藏污纳垢、古人没有"自来水"因而不太方便清洗、包皮里很容易长期携带病毒。而割除包皮术，是当时能够找到的预防和控制这些疾病的唯一措施。在一个族群内严格的推行这种措施，说明这个族群在性生活方面是开放的，或者确切的说是"混乱的"，混乱到已经威胁到整个族群的生存安全了。

说明他们的婚姻制度是象征性的和不严格的，具有原始的"群婚"的特性。但当人类进入现代社会，特别是战乱导致各族群不断迁徙，每当族群迁徙到一个新的地方，都与当地的族群发生混乱的性关系，才会导致类似的疾病以及各族群特有的疾病在族群间和内部蔓延。

后来大航海时期，荷兰和西班牙殖民者，又把欧洲的许多疾病带到了非洲甚至南美洲，同样造成南部非洲当地的土著和南美洲的原始居民，大规模的死亡和当地人口的急剧萎缩。

话说回来，接着前面《世界史的故事》：

如果这个奇怪的故事不是跟《创世记》里其他的故事连在一起，还是颇能讲得通的。逃出埃及后（法老之所以没有杀亚伯兰，显然是害怕再次遭到神灵的报应），亚伯兰回到迦南，在示剑以南很远的希伯伦（Hebron）定居。那个他成为一个全新的民族国家之父的应许似乎没有成为现实。这对夫妻至此仍然没有孩子，而撒莱已经年龄太大，不太可能生育了。

在接到上帝最初的旨意约二十年后，他决定采取措施以实现承诺。他把撒莱的侍女夏甲纳为妾，他向撒莱承诺，夏甲的所有孩子都会被当作撒莱亲生的孩子。这在苏美尔人眼中不是什么新奇的做法。

这种做法记录在努斯碑文（Nuzi Tablets）上。但是这套规则在亚伯兰身上并不适用。上帝对于一个新国家的应许不仅仅给予亚伯兰，而是亚伯兰和撒莱两个人。亚伯兰将是这个新国家的国父，撒莱不只是一位生儿育女的普通妇人，她还是这个国家的国母。像上帝本身一样，虽然这个新的国家和在它之前出现的国家很像，但实际上截然不同。《创世记》中上帝与受自然约束的诸神有某些共同的特性，但是上帝的特性又超越自然且不受自然控制。这个新的国家将与周围的国家不同，因为它是上帝的应许。这一应许被给予亚伯兰和撒莱两个人，而不只是亚伯兰自己。任何来自第十王朝的法老或埃及婢女（"夏甲"是埃及名字，它的意思类似"移民"，这个女人是法老送给亚伯兰的婢女之一）的贡献都不被认可；如果不是只信仰唯一的神上帝，他们都会欢迎恩利尔神或者伊什塔尔女神给予帮助。亚伯兰与夏甲的插曲过后，上帝再次向亚伯兰重复了他的承诺，并称他为亚伯拉罕，以表明对这个男人和他的子孙后代的神圣的所有权。

不久之后，亚伯拉罕再次遇见一位多情的国王。这位国王统治着希伯伦以南的基拉耳（Gerar），即迦南和埃及之间被称为内盖夫（Negev）的地方。因为还是害怕被随意杀害，亚伯拉罕再次坚称撒拉是他的妹妹，撒拉也再次被带到了后宫。

　　然而，撒拉进宫后，后宫所有的女人都不能生育［国王亚比米勒（Abimelech）"不能碰她"，这似乎表明不仅是女人被暂时剥夺了这一与生俱来的功能］。这个故事的重点仍然放在了上帝应许创造的种族的身份上。

　　当上帝的应许最终实现，以撒（Isaac）诞生之际，一个新的种族出现了，他们还被赋予了某种身体标记，上帝命令亚伯拉罕的儿子、他自己和他的家人割去包皮，以此作为他们与其他种族不同的标记（据推测，这个记号可以在关键时刻提醒他们，不要与其他种族乱了血统）。后来，当亚伯拉罕想为他儿子找一位妻子的时候，他不允许以撒娶他身边的西闪米特人的任何一位女子。他派他的仆人回到美索不达米亚平原西北的老家，从那些留在哈兰的亲戚中带回一位有血缘关系的侄孙女利百加（Rebekah）。

一个新的民族从一个旧的民族中诞生。

夏甲的儿子则有不同的命运。

　　撒莱得到亚伯兰的允许之后，把怀孕的夏甲赶走了。夏甲从希伯伦上路，途经别是巴（Beersheba），朝埃及的方向南下。她是要回家。

　　但亚伯兰的儿子没有再次牵扯进埃及第一中间期的混乱之中。根据《创世记》第16章的记载，夏甲在路上遇到上帝的使者并得到一个承诺。与上帝给撒莱的承诺对比，两者有相似之处，夏甲的孩子也会创造出一个人口众多的新民族。

　　所以夏甲又回到了亚伯兰的家中；孩子出生时取名以实玛利（Ishmael，阿拉伯语音译为易司玛仪），在父亲家中养大。阿拉伯人从他开始记录下了自己的宗教传统。根据《古兰经》（成书年代距离事件发生的时间之间的差距，比《创世记》还大）的记载，亚伯兰（在阿拉伯语中拼作Ibrahim，音译为"易卜拉欣"）是第一位信奉唯一的神安拉（Allah）而不是信仰星星、月亮和太阳的人。成年之后，以实玛利跟着易卜拉欣去了阿拉伯，到了半岛西南部的麦加城，与他们一起建造第一座礼拜安拉的神庙克尔白。《古兰经》命令所有信仰真主的人——"圣书的子民"——转身朝向这座神庙。"你们无论在哪里，都应当把你们的脸转向禁寺，"《古兰经》说，"你无论从哪里出去，都应当把你的脸转向禁寺，这确是从你的主降示的真理。"

　　亚伯拉罕在迦南的日子并不好过。在那段时间里，耶利哥的城墙就曾十七次遭到破坏，并十七次重修。

　　亚伯拉罕成为两个民族之父，而非一个；他的两个儿子都有圣约的标记，通过仪式割除包皮之后，他们与其他闪米特人有了身体上的差异，这些闪米特人在地中海沿岸和约旦河之间的荒野上争战，抢夺土地。但这种差异在他们争夺领土过程中没有带来任何优势。在生了以撒三十年以后，撒拉去世，此时，该家族的土地依然少得可怜，亚伯拉罕不得不从附近西闪米特人的一位地主手中买了一个洞穴来埋葬他的妻子。

神令亚伯兰改名为亚伯拉罕，并应许他会赐他很多儿子和很多子孙。神并使他家业大兴。后来得了一子，取名以撒，爱之如掌上明珠。一天，上主呼叫亚伯拉罕，命他将爱子以撒作为牺牲献给上主。笃信神的亚伯拉罕甘愿忍受这一残酷的天命，带着孩子和祭具到摩利亚山上去行祭。孩子不知自己就是祭品，问父亲祭祀为何不带祭品？父子俩到了山上，亚伯拉罕作好一切准备，正欲将儿子放上祭坛动刀砍杀时，神的使者从天上呼叫他，天使说："你不可在这童子身上下手，一点也不可害他。现在我知道你是敬畏神的了，因为你没有将你的儿子，就是你的独生的儿子，留下不给我。"告诉他这是神谕的磨练。这一考验超出了凡人的最大限度。从此，神便授命亚伯拉罕为世上的代理人，连后来的耶稣降生也属于他第五十二代的后辈之事。

根据上面的叙述，我们不难看出，早期人类由于缺少科学知识，在遇到大的灾难时，只能祈求"老天"或者上帝来帮助、宽恕或者解救人类。在当时的人类看来，上天的帮助不可能是白给的，一定要对上天有所回报，甚至是贿赂，**这就是早期人类的祭祀活动产生的基本原理。**人们把自己辛苦劳动所得当中最好、最珍贵的东西，包括最好的牛和羊，宰杀以后奉献给上帝，其中包括人类当时所能提炼出来的最好的香料。而且根据圣经的记述，祭祀品当中，还包括人的生命、甚至自己最亲近的亲人的生命，这反映出早期人类的真诚和执着，同时也暴露出当时人类的愚昧和无知。

但上帝答应的"应许之地"，实际上很长时间都没能兑现。犹太人从始至终都是"寄居"在迦南地的"外来人"，后来更多次被赶出家园，流浪到全世界超过千年以上。这些都不断强化一个事实，在早期的丛林社会中，最初犹太人除了他们"相对先进的文化"，在身体素质上，还是典型的"弱势人种"。他们回到那里，只是因为那里有他们的记忆和短暂而辉煌的成功。直到今天，整个中东地区，仍然把以色列人看成外来的人，只要他强盛，就可以回来呆在那里，一旦他的国力衰弱，或者周边国家崛起，他们还可能再次被赶走。

这似乎是一个永远无解的难题、梦想和不断作出的圆梦的努力，犹太民族"永远活在梦想中"，这也增加了世界不安定的因素。客观的说，那里曾经的辉煌是犹太人和阿拉伯人共同努力的结果；就像古王国时期的埃及金字塔，是早期黄种人或白人统治者，与底层无数的黑人劳动者，共同创造的一样。

亚伯拉罕死后，他两个儿子以撒、以实玛利把他埋葬在麦比拉洞里。麦比拉洞—麦比拉在迦南地幔利之东方，幔利就是希伯仑。据考察，麦比拉洞位于希伯仑的西坡上，里面有许多各个不同的小房里，亚伯拉罕、以撒、雅各、撒拉、利百加、和利亚的石墓放置在此，而且在以撒、利百加的坟墓中间有一个圆洞，可以通到下面的一个岩石穴中去，据说那就是真正的麦比拉洞，是亚伯拉罕曾出了四百舍客勒银子（一舍客勒合希腊一个大银币，向赫人琐辖的儿子以弗仑买了这一块田地和其中的洞作为坟地，就将撒拉葬在这里（创 23:8-9，15，18-20）。前面所提到亚伯拉罕族的诸人，以后也埋葬在这洞里。

6.3、公刘率周族迁居

根据希伯来圣经的叙述，犹太人的祖先可追溯到希伯来圣经的男性族长（如亚伯拉罕，他的儿子以撒，和以撒的儿子雅各）以及在公元前 18 世纪生活在迦南的圣经母系族长（如撒拉，利百加，利亚和拉结）。法老邀请雅各和他的家人移民到埃及与其儿子、担任大内总管（圣经多译为宰相）的约瑟同住，于是他们迁往古埃及，居住在今日的尼罗河三角洲。

雅各及其子孙因饥荒被迫离开迦南，下埃及去。他们的后代在那沦为奴隶。多年以后，上帝派遣摩西去释放他们，领他们回祂应许给他们祖先的地。在途中的西奈山，摩西作为上帝的使者，为人与造物主之间立约。

至今为止发现的证明以色列存在的年代最古的证据，是公元前 1200 年左右的古埃及麦伦普塔赫石碑。当时在迦南地区生存的犹太人是最先奉行一神教的民族。雅各生有 12 个儿子，第十一个儿子约瑟（阿拉伯语发音为尤素福，亦译成约瑟夫）被他的亲哥哥们卖给以实马利人带到埃及后，转卖给法老的内臣护卫长波提乏，后来得到法老的重用，成为埃及的宰相，在七个荒年的第二年，雅各举家迁移到埃及籴粮，约瑟善待全家人，雅各全家受到当时统治埃及的喜克索斯人的优待，居住在尼罗河下游歌珊地，转变为农业民族。后来以色列人的地位急剧下降，沦为埃及人的奴隶 400 年。

6.4、公亶父帶領周人回岐山腳下周原

根据《史记--周本纪》：

后稷卒，子不窋立。不窋末年，夏后氏政衰，去稷不务，不窋以失其官而饹戎狄之间。不窋卒，子鞠立。鞠卒，子公刘立。公刘虽在戎狄之间，复修后稷之业，务耕种，行地宜，自漆、沮度渭，取材用，行者有资，居者有畜积，民赖其庆。百姓怀之，多徙而保归焉。周道之兴自此始，故诗人歌乐思其德。公刘卒，子庆节立，国于豳。

庆节卒，子皇仆立。皇仆卒，子差弗立。差弗卒，子毁隃立。毁隃卒，子公非立。公非卒，子高圉立。高圉卒，子亚圉立。亚圉卒，子公叔祖类立。公叔祖类卒，子古公亶父立。古公亶父复修后稷、公刘之业，积德行义，国人皆戴之。熏育戎狄攻之，欲得财物，予之。已复攻，欲得地与民。民皆怒，欲战。古公曰："有民立君，将以利之。今戎狄所为攻战，以吾地与民。民之在我，与其在彼，何异。民欲以我故战，杀人父子而君之，予不忍为。"乃与私属遂去豳，度漆、沮，逾梁山，止于岐下。豳人举国扶老携弱，尽复归古公于岐下。及他旁国闻古公仁，亦多归之。于是古公乃贬戎狄之俗，而营筑城郭室屋，而邑别居之。作五官有司。民皆歌乐之，颂其德。

进行简单翻译：

后稷（赫梯）死了（失败了），其子不窋（亚伯拉罕）继位。不窋末年，夏后氏（苏美尔第三王朝）政治衰败，废弃农师，不再劝民务农，不窋（亚伯拉罕）因而失去官职，就逃奔于戎狄之间（乌尔→亚兰→迦南→埃及→迦南）。不窋死后，其子鞠继位。鞠死后，其子公刘（雅各）继位。公刘虽身在戎狄之中（喜克索斯人侵入埃及），却重新恢复后稷（赫梯人）的旧业，从事农业生产，按照土地的栽培特性加以耕种，从漆（尼罗河）、沮（红海）二水渡渭水（约旦河），伐取材木以供使用（从地中海东岸运雪松进埃及），使得出门的人有旅费（并经商），居家的人有积蓄，人民的生活都靠他好起来。百姓感戴他，多迁居而投靠他。周人治道的大兴是从这里开始的（建立喜克索斯人王朝），所以诗人用诗歌赞美他，追怀他的恩德。公刘死了，其子庆节（雅各后代）即位，建都于豳（埃及的阿瓦利斯）。

庆节死后，其子皇仆继位。皇仆死后，其子差弗继位。差弗死后，其子毁隃继位。毁隃死了，其子公非继位。公非死后，其子高圉继位。高圉死后，其子亚圉继位。亚圉死后，其子公叔祖类继位。公叔祖类死后，其子古公亶父（摩西）继位（这种传代的叙述方式与《圣经》完全相同）。古公亶父（摩西）重新恢复后稷（赫梯）、公刘（雅各）的旧业，积德德行，普施仁义，国都中的人都拥戴他。黛盲（努比亚黑人）等戎狄部族攻打他，想要掠夺财物，他就主动把财物给他们。过了一阵又来攻打，还想得到土地和人民。人民都很愤怒，想迎战。古公说："民众拥立君主，是想让他给大家谋利益。现在戎狄前来侵犯，目的是为了夺取我的土地和民众。民众跟着我或跟着他们，有什么区别呢?民众为了我的缘故去打仗，我牺牲人家的父子兄弟却做他们的君主，我实在不忍心这样做。"因而同他的亲近左右离开了豳（出埃及歌珊地阿瓦利斯），涉漆（尼罗河）、沮（红海）二水，翻过梁山（西奈山），定居在歧山脚下（黑门山脚下，即迦南。）。而豳地的人民举国扶老携幼，也全部重新回到古公身边来到岐山脚下（迦南）。以至其他邻国听说古公这么仁爱，也有很多来归从他（征服整个迦南地区）。从此古公才贬斥戎狄的习俗（实行割礼），营造城郭（筹建第一圣殿），建筑房舍，把民众分成邑落（分成十二支

文明密碼Ⅲ

派）定居下来，设立（司徒、司马、司空、司士、司寇）五种官职（建立士师制度）。人民都用诗歌赞美他，歌颂他的恩德。

古公亶父带领周人进入周原时的场景（摩西带领下出埃及进入迦南）

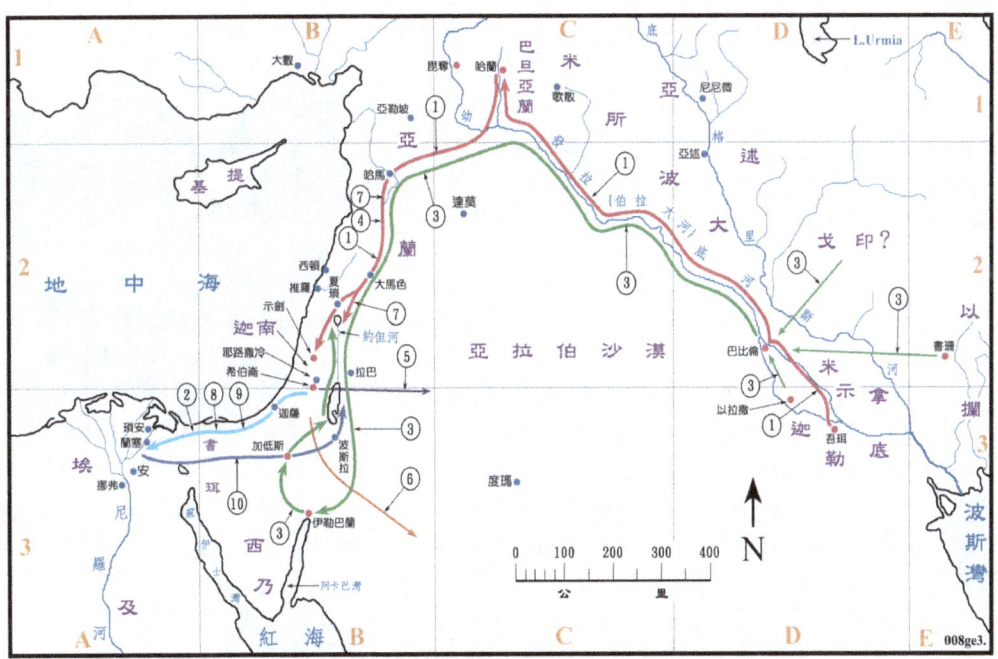

6.5、周王季历时期

根据《两河流域文明史》：

　　阿达德尼腊瑞以后的沙勒马那沙尔第一（前 1273-1244 年）和图库勒提尼奴尔塔第一（前 1243-1207 年）时期是中亚述发展的顶盛时期。这一时期亚述灭亡了米坦尼、打败了加喜特巴比伦，疆域扩展到亚述历史上的最大范围。沙勒马那沙尔第一时，以土耳其东部的凡湖为中心的乌腊尔图民族形成了强大的王国，威胁着亚述的心脏地区，成为亚述北部的劲敌。沙勒马那沙尔第一亲自带兵北进，毁灭了 51 个乌腊尔图的村镇，把乌腊尔图的战俘编入亚述的军队。这时，塞姆语的阿拉美亚人出现在亚述的边界上。米坦尼的国王沙图阿腊第二联合赫梯人和阿拉美亚部落发动叛乱，沙勒马那沙尔第一打败了米坦尼联军，占领了哈尼旮勒巴特地区，刺瞎了 14000 名战俘的右眼，将他们卖为奴隶，灭亡了米坦尼王国。图库勒提尼奴尔塔第一的亚述军队的征服战争以征服库提山区的乌库美尼人开始，叛乱的王公们被带到了阿淑尔城，在同亚述人盟誓臣属后，被放回了原国。图库勒提尼奴尔塔第一在与巴比伦争夺底格里斯河二国边界地区时，一举攻陷巴比伦。

　　商朝晚期"诸夷皆叛"，周侯季历趁机开拓疆土，受商王武乙信赖。鬼方（赫梯人）是商朝强敌，当初商王武丁（图库尔蒂-尼努尔塔一世）要花费三年才平定。根据古本竹书纪年记载，季历伐西落鬼戎胜利，获得许多俘虏，得到商王武乙（亚述雷什伊希一世）赏赐，虽然被燕京之戎击溃，又征服了余无之戎，被商王文丁（提格拉特帕拉沙尔一世）封为"牧师"（类似方伯）。竹书纪年记载，季历在战胜始呼、翳徒之戎后，文丁感到威胁，就杀了季历。

　　在亚述王提格拉特帕拉沙尔一世（Tiglath-Pileser I，文丁 1115-1077BC）的编年史（铭文）上，亚兰人被说成是劫掠者，开始落户在叙利亚的南半部。到主前 11 世纪末，他们在迦基米施(Carchemish)以下幼发拉底河两岸建立比特-阿迪尼 (Bit-Adini)国，占据安纳托利亚的一部分、叙利亚北部和包括大马士革在内的外黎巴嫩地区；首都是 Til Barsib (now Tell Ahmar)。有说比特-阿迪尼 (Bit-Adini)不过是组成亚兰人同盟的其中一个国，还有其他一些小国，如 Bit Bahiani，Bit Gabbari，Luhuti-Hatarikka，甚至哈马（Hamath）。

　　因为早期周人的崛起过程，是在强大的商王朝的眼皮下面偷偷的进行的，还因为周人不喜欢帝国政治，自始至终坚持采用具有草根性质的"邦国"体制，甚至后来万里迢迢迁到了中国都如此，不可能对自己早期的历史有较详细的记录。而周与商敌对双方，各自对那段历史的记载又都是相反、或者说是相对的。在两河流域，"亚述人"对自己的历史的记载相对比较详细，他们非常强大，面对的敌人众多，对某个特定的敌方，并不会特别强调。而偶然战胜了"大邑商"的周人，后来迁到中国后，才开始对那段历史进行有更多细节的追溯，而且视角是完全不同的。我们只能更多的采用商人（周人的敌人），较为宏观的角度的零星记载来拼凑出，由众多邦国组成的周人早期崛起过程的梗概。

根据《两河流域文明史》：

提格拉特帕拉沙尔一世(文丁前 1114－1076 年)是继图库勒提尼奴尔塔(武丁)之后又一伟大的王。在他即位时，小亚细亚的穆什基人的 5 个王率领 5 万人在灭亡了赫梯王国，越过卡霞瑞山侵入亚述本土。提格拉特帕拉沙尔一世击退了来犯之敌并重新征服了西北的库特穆赫地区。他平定了东北山区各国，向北方挺进，越过了幼发拉底河的源头，征服了那伊瑞地区各国，将 23 个酋长和 60 个部落向北驱逐到了凡湖，迫使这一地区每年向亚述进贡 12,000 匹马、2,000 头牛。他的第四次战役征服了幼发拉底河中上游从苏胡到卡尔凯美什的阿拉美亚和新赫梯各国。第五次战役，提格拉特帕拉沙尔一世征服了西北的穆茨如和库马尼各国，进一步控制了通向小亚细亚的商路。此后的战役，主要打击不断从西方涌来的阿拉美亚人阿赫拉穆各部落和早期定居在这一地区的苏胡和兴达奴等部落，最终征服了从地中海岸的阿穆如国到巴比伦的腊皮库的所有的阿拉美亚部落。在他的 39 年的统治中，他曾 28 次越过幼发拉底河，一度到过地中海岸边的腓尼基城市阿尔瓦德，并乘船入海。亚述王声名远播，叙利亚和腓尼基各城邦纷纷向他表示臣服，甚至的埃及的法老也向他送了礼物。亚述人的胜利引起了巴比伦人的不安，伊辛王朝的马尔杜克那丁阿赫攻进了离亚述不远的埃卡拉图，掠走了神像。提格拉特帕拉沙尔一世在西方连年战役使得他在十年以后才能报复巴比伦，他长驱直入巴比伦尼亚，攻占了巴比伦城。但他没有能力征服巴比伦全境，在抢掠巴比伦后撤回本土。

提格拉特帕拉沙尔前后征战 38 年。国王征服的城市越来越多，它们向亚述王宫纳税，服劳役，接受亚述官员的统治。新征服的城市包括迦基米施，提革拉毗列色吹嘘只用"一天"就将其占领（当然，这是他自己铭文的记载）。其他城市不战而降，它们的国王出城迎接提格拉特帕拉沙尔的到来，并跪下亲吻他的双脚。

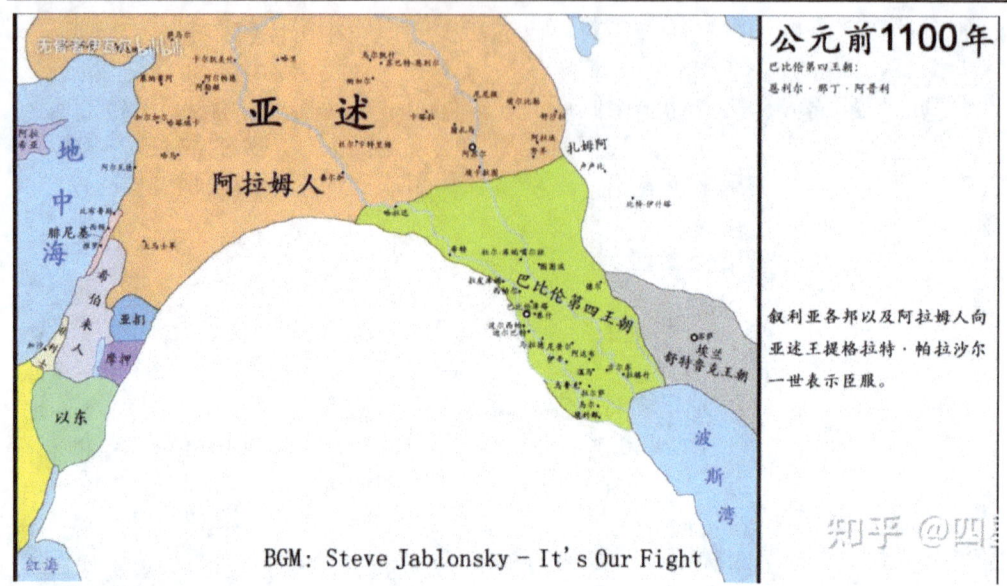

公元前1100年

巴比伦第四王朝：
恩利尔·那丁·阿普利

叙利亚各邦以及阿拉姆人向
亚述王提格拉特·帕拉沙尔
一世表示臣服。

BGM: Steve Jablonsky - It's Our Fight

而根据不同学者略有差别的叙述：

提格拉特帕拉沙尔一世（文丁）是亚述国王亚述雷什伊希一世（武乙）的儿子。他被认为是中期亚述最伟大的统治者之一，向四方扩展了亚述王国的疆土。根据记载，他的第一场战役是针对穆什基人进行的，后者占据着幼发拉底河上游的很大一片地方。接着，他洗劫了科马根和东卡帕多细亚，并把赫梯人从亚述领土上赶走。在打败赫梯人之后，提格拉特帕拉沙尔一世乘胜追击，进入凡湖南部山区，然后转向西面征了马拉蒂亚（今土耳其境内）。提格拉特帕拉沙尔一世在其在位的第五年攻入卡帕多细亚，在一座古亚述要塞遗迹中找到的铜板上发现了关于这次胜利的铭文。居住在叙利亚北部的阿拉米人成为提格拉特帕拉沙尔一世的下一个打击目标；在这次讨伐中，亚述军队一直打到了底格里斯河的源头。

他的第四次战役征服了幼发拉底河中上游从苏胡到卡尔凯美什的阿拉美亚和新赫梯各国。第五次战役，提格拉特帕拉沙尔一世征服了西北的穆茨如和库马尼各国，进一步控制了通向小亚细亚的商路。此后的战役，主要打击不断从西方涌来的阿拉美亚人阿赫拉穆各部落和早期定居在这一地区的苏胡和兴达奴等部落，最终征服了从地中海岸的阿穆如国到巴比伦的腊皮库的所有的阿拉美亚部落。

背景介绍，前面提到过：

根据《圣经》：哈兰（Haran）

古名 Hurrian 的亚述城哈兰（Haran），位于米所波大米西北方、幼发拉底河上游、一条名为 Balikh 支流的中上游，南边离现代叙利亚北境仅 10 英哩(16

公里)。哈兰又名 Charan 或 Charran（徒 7:2, 4 -- 希腊文 Κάρραι），是巴旦亚兰（Paddan Aram 或 Aram Naharaim）地区，在古代（1000 B.C.）亚述的一个重要商业经济文化和宗教重心，也是全地区的粮食供应中心。当时的谚语说："哈兰粮食到，大家都吃饱；哈兰粮不到，大家都饿倒"（When corn comes from Haran, then there is plenty; when no corn comes from Haran, there is hunger）（这里再次证明，周人（包括犹太人）早期就是农耕民族。）。

哈兰早年又是一个交通要地；有一条从巴比伦出发往西北走的商道，运输各种珍贵商品，经过哈兰，然后由迦南地区，往南进入埃及，或往西到地中海东岸的港口。如今，这繁忙的中继站已经没落，仅存的废墟，位于今日土耳其中部偏东以南、在尚利乌尔法（Şanlıurfa）地区中的尚利乌尔法市南部 Altınbask 村（又名哈兰）附近。

哈兰这个名字，最早出现在 Ebla Tablet（主前 3000 年代）。其上记载说，哈兰的首领娶了一位 Ebla 的公主为妻，因此哈兰就一直成为 Ebla 帝国的一部份。幼发拉底河中游的 Mari 出土文物中提到，该河上源的支流 Balikh 附近一带，在主前 19 世纪就已有人居住，并且在哈兰附近一带，有着半游牧民族的联盟。圣经曾称这巴旦亚兰地区的哈兰为"拿鹤城"（创 24:10）。

亚兰人是牧人和村民，没有中央集权化的政治。他们从叙利亚北部及美索不达米亚上部开始发展(主前 1100 – 800 年)。

哈兰这个名称看来还包括城周围的地区，因为哈兰被列在亚述王所征服的"国族"中（中国人说的"西伯"）。（王下 19:11,12）

季历有两个选择：1、米坦尼的国王沙图阿腊第二 2、赫梯国王哈圖西里 3（Hattusili Ⅲ）季历就是 Hattusili 的音译，当时赫梯分成南国和北国，他在北国做王后又被派往南方。

6.6、周文王时期

根据《史记—周本记》（白话文）：

古公死后，季历继位，就是公季。公季遵循古公留下的原则，努力施行仁义，诸侯都顺从他。

公季死后，其子昌继位，就是西伯。西伯也就是文王，他继承后稷、公刘的遗业，遵照古公、公季的法则，笃行仁义，尊敬长者，慈爱幼小。对贤士谦下有礼，有时到了中午都顾不上吃饭来接待贤士，士人因此都归附他。伯夷、叔齐在孤竹国，听说西伯非常敬重老人，就商量说为什么不去投奔西伯呢？太颠、闳夭、散宜生、鬻子、辛甲大夫等人也去投奔了他。

崇侯虎对殷纣讲西伯的坏话说："西伯积德行善，诸侯都归顺于他，将对您不利呀。"于是殷纣把西伯囚禁在羑里。闳夭等人很担心西伯，就想尽办法找来有莘氏的美女，骊戎地区的彩色骏马，有熊国出产的三十六匹好马，以及其他种种珍奇之物，通过殷的宠臣费仲进献给纣王。纣王非常高兴，说："有这里面的一件东西就足以令我释放西伯，何况还有许多其他的东西呢！"于是赦免了西伯，赐给他弓箭斧钺，让西伯有权征讨临近的诸侯。纣王告诉西伯说："说西伯坏话的人，是崇侯虎。"西伯回国之后就献出洛水以西的土地，请求纣废除炮烙的刑法。纣答应了他。

西伯暗自行善，诸侯都来请他裁决是非。当时虞、芮两国的人有讼事不能裁决，故前往周。他们进入周的境界，看到种田的人都互让田界，人民都以谦让长者为美德。虞、芮两国的人还没见到西伯，已觉惭愧，相互说："我们所争的，正是周人所耻，还去干什么，去了只是自取羞辱罢了。"于是返回，互相谦让而去。诸侯听说，都说："西伯当是受有上天之命的君主。"

第二年，西伯征伐犬戎。下一年，征伐密须。又下年，打败耆国。殷朝的祖伊听说了，非常害怕，把这些情况报告给纣王。纣王说："不是有天命助我吗？他能怎么样！"次年，西伯征伐邘。次年，征伐崇侯虎。营建了丰邑，从岐下迁都到丰。次年，西伯逝世，太子发登位，这就是武王。

下面是同一时期中国人和两河流域地区，从敌对双方不同视角所记载的，非常相似的历史事件的对比：

提格拉特皮拉萨第一死后，国内发生的争位斗争，其世子在位仅二年，他的第二个儿子阿淑尔拜勒卡拉(前 1074－1057 年)夺得了亚述王位。他在位时，在南、西两线都取得了胜利。他攻占了巴比伦尼亚的库瑞旮勒朱地区的两个城，俘虏了该地区的两个加喜特人的总督。阿淑尔拜勒卡拉的支持确保阿达德阿坡拉伊丁那(前 1067-1064 年)成功地夺取巴比伦的王位，并娶亚述公主为妻。在西部，阿淑尔拜勒卡拉击败占据马瑞地区的阿拉美亚人**图库提美尔**，和其父一样，他也曾西征一直到达地中海的阿尔瓦德。阿述尔拜勒卡拉的霸权是中亚述最后的强盛时期，在以后的两个世纪中，亚述一直被限制在阿淑尔、尼尼微和阿尔比勒一带的本土。但是，提格拉特皮拉萨与其子阿淑尔拜勒卡拉对外作战的胜利，使得亚述在强大的外族入侵中生存下来，为两个世纪以后亚述人再度崛起奠定了基础。

西周（约前 1100 年—前 771 年）。据《竹书纪年》，商朝末年，文王父亲季历被帝文丁囚禁而死。文王继任，为西伯，故亦称"伯昌"。在文丁之子帝乙继位后二年，周人伐商。据《易经》及《诗经》，帝乙将其妹嫁给文王。

　　到了商朝帝辛（即商纣王）初期，九侯（亦称鬼侯）、邘侯（亦称鄂侯）
与周侯（即姬昌，后封为西伯）并为商朝三公。九侯、鄂侯因九侯之女事件相
继被商纣王杀害，周侯昌也因此事被囚于羑里。周侯昌之后被赎回来，且被商
王帝辛授予征伐西方的权力，即西伯昌。西伯昌返国后团结贵族与国人，礼贤
下士，共有八虞、二虢等等贤人相助。制定"罪人不孥"与"有亡荒阅"等管
制奴隶的法律。避免再与商朝直接冲突，西伯昌采取团结友邦、消灭西方戎国
与商朝友邦，完成孤立商朝的方针。西伯昌先排解晋南虞、芮两国的纠纷，维
持东向中原的通道。西向击败犬戎。反击密须的入侵，并并吞之，巩固西方。
东向消灭黎（即耆）、邘等国，巩固晋南。最后攻克商朝的大邦崇国，迁都建
丰邑。此时周国誉称"三分天下有其二"，准备大会诸侯进取商都，甚至可能
还"受命之年称王"，为周文王。但周文王于迁都隔年骤逝，其子姬发继位，
号周武王。

另外一条线索就是：

　　马尔杜克·那丁·阿赫（约公元前 1099 年—约公元前 1082 年在位）（英
语：Marduk-nadin-ahhe）巴比伦国王。他进攻亚述，占领伊卡拉图姆，进驻亚
述都城附近以南 30 英里处，亚述人进行反击，并对北部巴比伦的一些城市发起
进攻，包括杜尔·库里加尔祖和巴比伦，摧毁了那里的宫殿。在他统治后期，
发生了严重饥荒，阿拉米亚部族乘机进击巴比伦。

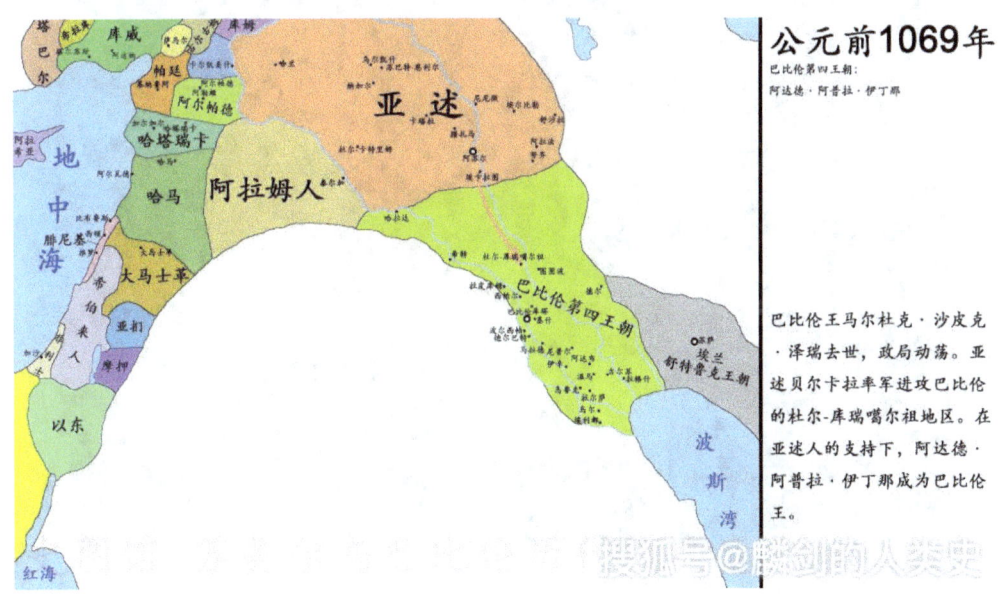

公元前1069年

巴比伦第四王朝：

阿达德·阿普拉·伊丁那

巴比伦王马尔杜克·沙皮克
·泽瑞去世，政局动荡。亚
述贝尔卡拉率军进攻巴比伦
的杜尔-库瑞嚼尔祖地区。在
亚述人的支持下，阿达德·
阿普拉·伊丁那成为巴比伦
王。

马尔杜克·那丁·阿赫时期文物

6.7、周武王时期

亚兰人（周人）出现在一个主要受中亚述帝国（公元前 1365-1050 年）统治的地区，并迅速对主要位于幼发拉底河以西的亚述政体构成威胁。为了消除这种威胁，亚述的 Tiglath-Pileser I（公元前 1115-1077 年）在亚兰人领土上进行了许多战役，尽管亚述人记录的许多战役表明，亚述人的军事行动在行使权力或支配地位方面并没有成功到在亚兰人之上。一些学者认为在这段时间亚兰人（周人）占领了尼尼微。公元前 11 世纪，亚述陷入衰落，这可能是由于新兴亚兰人的入侵造成的，这使得亚兰人得以在黎凡特建立一系列国家，并在此期间显然扩张到了亚述领土，例如哈布尔谷。在公元前 1050 – 900 年期间，阿拉米人开始统治现在叙利亚的大部分地区，后来被称为埃伯纳里或阿拉米亚。

周武王姬发（？—前 1043 年）前 1046 年—前 1043 年在位，3 年。西周王朝开国君主，周文王次子。因其兄伯邑考被商纣王所杀，故得以继位。他继承父亲遗志，于西元前 11 世纪消灭商朝，夺取全国政权，建立了西周王朝，表现出卓越的军事、政治才能，成为了中国历史上的一代明君。死后谥号"武"，史称周武王。

亚兰人在北方的奥龙特斯河上获得了后赫梯的哈马，很快就变得强大到与讲印欧语系的后赫梯国家分离了。

在公元前 11 世纪和 10 世纪期间，阿拉米人征服了从 Arpad 到阿勒颇的地区 Sam'al（现代 Zenjirli），也被称为 Yaudi，他们将其改名为 Bît-Agushi 和 Til Barsip，后者成为酋长 Bît-Adini 镇，也被称为贝丝伊甸园。Sam'al 以北是亚兰人 Bit Gabbari 州，夹在后赫梯州 Carchemish、Gurgum、Khattina、Unqi 和格鲁吉亚之间，的状态。

与此同时，亚兰人移居幼发拉底河以东，在那里定居的人数如此之多，以至于有一段时间，整个地区被称为亚兰-纳哈林或"两条河流的亚兰"。东部阿拉米部落蔓延到巴比伦，一个阿拉米篡位者以阿达德-阿帕尔-伊丁（周公旦）的名义加冕为巴比伦国王。**他们在美索不达米亚北部最早的半独立王国之一是 Bît-Bahiâni (Tell Halaf)。**

在公元前 1100 年至公元前 900 年期间，阿拉米人似乎已经取代了古叙利亚早期的闪米特亚摩利人（羌人） (Aḥlamū) 人口，这是整个近东、北非、高加索、地中海地区的黑暗时代，发生了巨大的动荡和族群移动。阿拉米人的早期历史与在青铜时代晚期就已为人所知的 Aḥlamū 和 Sutû 的历史有关，他们似乎在该时期的消亡中发挥了作用。阿拉米人上升为 Ahlamu 中的突出群体，并导致公元前 1200 年，亚摩利人从历史上消失了（羌人被周人献祭给了商人做人姓），Ahlamu 一词经历了语义转变，成为 Aramean 的公认词。从那时起，他们居住的地区就被称为阿拉姆和埃伯纳里。

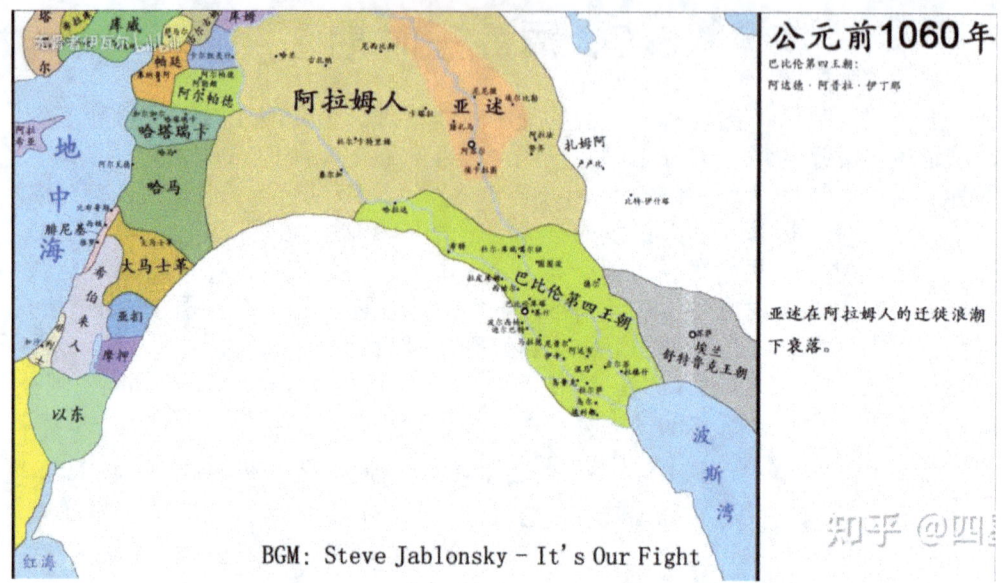

阿述尔拜勒卡拉之后，亚述渐衰。从埃瑞巴阿达德直到阿淑尔丹第二(前934-912 年)，共 9 王 140 年间的历史中，亚述历史处于沉寂，铭文稀少。在阿淑尔拉比第二(前 1012-972 年)和阿淑尔来沙伊西第二(前 971-967 年)在位期间，在阿淑尔城中发现的一个哈布河下游地区总督的铭文表明各地的总督和王公权利很大而亚述的王权衰落。从亚述的王衔中可以看出，他们仍控制着亚述的本土，亚述这一古老的国家，此时被新来的阿拉美亚人部落包围。

周武王继续文王未尽事业，拜吕尚（即太公望）为师，以周公旦（巴比伦军队）、召公奭、毕公高、荣伯为左右相辅。当时商室混乱，商王帝辛杀比干（阿拉米人控制的迦基米施）、囚箕子（马瑞地区的阿拉美亚人），微子（他在北部底格里斯河谷击败了一支两万人的弗里吉亚人（他称之为"Mushki"）军）向太师请教后也准备逃走。商室对外虽然屡战屡胜，但是对淮水东夷人方（巴比伦人）之战消耗过多国力，构成周国灭商的条件。武王十一年，周武王开启武王伐纣，以吕尚为太师，率周六师出兵潼关，与西夷诸侯会师盟津并誓师，史称盟津之誓。周武王趁商师主力尚与东夷作战之际，率联军东征商朝首都朝歌（这里的朝歌为豪尔萨巴德）。隔年甲子日，周师袭击驻守牧野的商军殷八师，此即牧野之战。商朝面对周师的突袭，只能以奴隶组成临时军队迎战。虽然商将蜚廉（Kassites 加西特人）、恶来（埃兰人）奋力作战，周师还是击溃并且攻入朝歌，商王帝辛于鹿台自焚而死。商朝灭亡，周朝建立。而后周武王命吕尚与其他四路周师扫荡商朝在东方与南方的方国，成功降伏商朝与其方国。

周武王灭商后，在牧野举行告捷礼，在商都举行社祭以安抚、降服殷商贵族。周武王自谦"小国"，征服商朝称是源自天命（机缘巧合），并且安抚庞大的商朝遗民与属国，告诫须听从周室的命令。**周武王于沣水东岸建立镐京（Guzana）都城，迁都镐京并举行献俘礼。**开始兴建洛邑（为成周），期望成为关东的政治、军事都城。

前 10 世纪，赫梯帝国灭亡，阿拉米人酋长卡帕拉（Kapara 周武王"姬发"，明显是音译）在哈拉夫（Tell Halaf）遗址建立了新赫梯-阿拉米城市古扎那（Guzana 镐京，也是音译），作为 Bit Bahiani 王国的首都。公元 9 世纪开始成为亚述的属国，后被亚述吞并。在新亚述帝国时代，Guzana 也十分繁荣，为行省之一，以其宏伟的王宫（又名西宫）闻名。

哈拉夫的文化

Tell Halaf （Guzana 镐京）是阿拉姆语和亚述语的飞地，过去被称为戈桑或古扎纳，是旧约中提到的一座城市。它以哈拉夫文化命名，该文化从扎格罗斯山脉延伸至地中海，是美索不达米亚考古历史的一部分。该遗址位于幼发拉底河的支流 Khabur 河床附近，并在新石器时代和铜石器时代被占领。

卡帕拉国王（周武王姬发）（也称加巴拉）是比特巴希亚尼的阿拉米亚国王，比特巴希亚尼是后赫梯国家之一，以古扎纳（Guzana 镐京，今叙利亚东北部的哈拉夫）为中心。根据一些估计，他的统治在公元前 10 世纪或 9 世纪的某个时期。公元前 950-875 年，他建造了比特希拉尼 (Bit-hilani)，这是一座后赫梯风格的纪念性宫殿，由马克斯·冯·奥本海姆(Max von Oppenheim)于 1911 年发现，拥有丰富的各种雕像和浮雕直立装饰器。

公元前 894 年，亚述国王阿达德尼拉里二世 (Adad-nirari II)在他的档案中将该遗址记录为阿拉姆城邦的朝贡国。公元前 808 年，该城及其周边地区沦为新亚述帝国的一个省。

1912 年哈拉夫的发掘　　　　　1913 年哈拉夫的发掘

卡帕拉国王宫殿入口的雕塑

描绘哈达和伊什塔尔的石碑

阿拉米亚女神

阿拉米亚神

两只守护石碑的石狮子（中国人自己可以与中国到处都能够看到的大门外的石狮子做一个对比，这也许是守护石狮子的鼻祖。）

亚述帝国灭亡后，古扎那依然兴盛了一段时间，到罗马-帕提亚时代才被遗弃。

应该说，基本上以"棕种人"为主的"亚述人"，是那种智商比较低下，但外形和内心都比较残忍和凶悍，特别是在人类文明的早期，他们应该算是那种相对原始和野蛮的人群。如果让提革拉毗列色一世以及他的儿子阿淑尔拜勒卡拉，在美索不达米亚地区到处杀人放火、抢夺人家的财产，如入无人之地，那将是早期人类文明的一场灾难。

中国人有一句话叫做"物极必反"，实际上，两河流域的普通居民已经到了忍无可忍的地步，这其中也包括已经大量移居两河流域北方地区，明显有印欧血统成分的阿拉米人，和与两河流域东部和南部原苏美尔人地区有血缘关系的巴比伦人。实际上在亚述族群内部矛盾也在激化，提革拉毗列色一世过大的权利和奢侈的生活，使得亚述内部的权利竞争，包括"继承权"的竞争，都到达白热化的程度。

阿述尔拜勒卡拉攻占了巴比伦尼亚的库瑞旮勒朱地区的两个城，俘虏了该地区的两个加喜特人的总督、击败占据马瑞地区的阿拉美亚人图库提美尔（应该是周文王），遭到了阿拉米人众多邦国的仇恨，再加上加喜特巴比伦人的反抗，这给中国历史上所记载的"武王伐纣"事件的发生打下了基础。这应该是一次偶然事件，即亚述内部发生的以继承权为主的权力斗争，相对弱势的一方急需外部势力支持和介入所引发的。

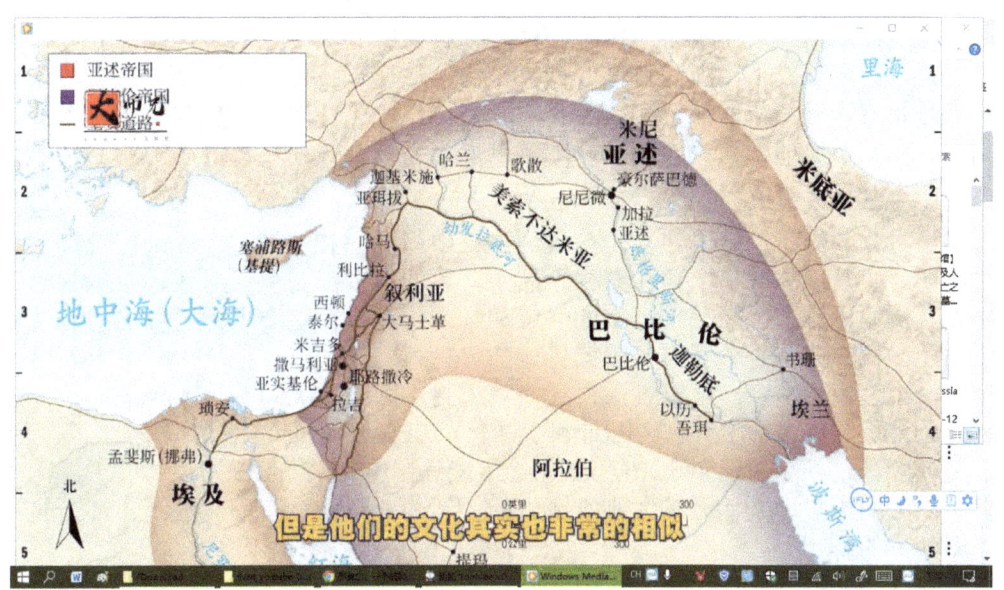

所谓商人的都城"朝歌"就是：豪尔萨巴德，亚述人在尼尼微东面所建的新都城。

因为阿拉米人早期并没有成熟的文字记录，所以在这里我们只能大胆的猜一下：

所谓"武王伐纣"应该是一次利用亚述帝国为了报复巴比伦对其的进攻，投入全部军队去攻占巴比伦时，造成的亚述国内，特别是阿叔儿以北的妮妮威、豪尔萨巴德（豪尔萨巴德是亚述人"计划兴建的新都城"，即：面对南方的军事压力，而将都城北迁的计划。由于在这次军事行动中，豪尔萨巴德遭到严重破坏，后来"新亚述帝国"，就干脆把都城直接迁到了尼尼威。）等地军力空虚，再加上还有"亚述内斗"所进行的"里应外合"才实现的。

即"武王伐纣"是，应巴比伦人的请求，利用亚述军队在巴比伦城外作战，后方兵力空虚，偷袭亚述北部的两个城市，短时间占领尼尼威和豪尔萨巴德的军事行动，最初目的很可能是替巴比伦解围。联军的行动，应该是以亚述内部政变部队为主的，并有众多周边阿拉米小国参加的一次"围殴"。首先，周师占领了尼尼威（尼尼威应该是亚述内部，里应外合的"政变军队"的一个据点，而非被武力占领的。），因为尼尼威和豪尔萨巴德之间没有任何天然屏障，才有了"诸侯会师尼尼威城外的盟津并誓师，史称盟津之誓。"。所谓"牧野"应该是尼尼威和豪尔萨巴德之间的大片草原"牧场"，也就是说豪尔萨巴德城外没有任何屏障（这应该是亚述人考虑建立新都城时的一种疏忽），

"牧野"战败，就意味着豪尔萨巴德的沦陷。杀死的所谓"商纣王"应该也只是豪尔萨巴德的总督，而非亚述帝国的国君。

"武庚"，应该是逃亡到巴比伦城的商纣王的亲戚（没准，进攻巴比伦城也是为了抓捕他，或者是应原伊辛王朝加喜特人的要求来解放了巴比伦的。），在危急关头，潜回尼尼微伺机报复。这次军事行动并没有触及亚述人的核心利益，只是帮助他们完成了"权利更迭"。但，这一次权力更迭造成了亚述内部的矛盾加剧和权力分散、地方割据，导致其后亚述衰落（中亚述时期结束）尽两百年之久。

相对分散的阿拉米人族群，在这一事件中得到的利益最大，后来在哈拉夫文化遗址中发现的大量文化和祭祀用品中，可能很多都是从尼尼微、豪尔萨巴德等其他亚述城中"缴获"而来的财宝和物品。而且在这个事件过程的前后，他们还伺机在某一时刻篡夺了巴比伦城的"王权"，使巴比伦沦为阿拉米人摄政的一个"傀儡国"。所以过后，周人"追封"阿达德·阿普拉·伊地那（Adad-apla-iddina（周公旦）iddina 音译旦）1069-1046 BCE 为"摄政王"。伊辛王朝的马尔杜克·泽尔·X(Marduk-zer-X) 1046-1033 BCE 为"周成王"，来给周人的历史增光，并扩大刚刚诞生的，新的、从来没有形成过统一帝国的"周朝"的影响力。

萨姆希-阿达德四世（武庚），铭文为 md šam-ši- d IM，是亚述国王，公元前 1054/3–1050 年，是亚述国王名单上的第 91 位国王。他是图库尔蒂-阿皮尔-埃沙拉一世（Tukultī-apil-Ešarra I，公元前 1114-1076 年）的儿子，是继他的兄弟阿沙雷德-阿皮尔-埃库尔 (Ašarēd-apil-Ekur)和阿舒尔-贝尔-卡拉 (Ashur-bel-kala)之后第三位继承王位的人，他从后者的儿子、短暂统治的埃里巴-阿达德二世（Erība-Adad II，公元前 1055 年至公元前 1054 年）手中篡夺了王位。他继承王位时很可能已经相当年老了。

……亚述国王（武庚）回忆道，他"来自卡尔杜尼亚什（即巴比伦尼亚）"。他推翻了阿什苏尔贝尔卡拉之子埃里巴-阿达德，夺取了王位并统治了四年。"巴比伦国王是阿达-阿普拉-伊迪纳 (Adad-apla-iddina)，十多年前由萨姆西-阿达德 (Šamši-Adad) 的兄弟阿舒尔-贝尔-卡拉 (Ashur-bel-kala（商纣王）) 继任。他在继承过程中发挥的作用尚不清楚，但萨姆西-阿达德四世（武庚）似乎早些时候曾流亡到南方寻求庇护。

由众多小国组成的周朝，莫名其妙的在"商帝国"的衰落中充当了主角，当然要终身炫耀。从以上这些遮遮掩掩的历史不难看出，这段历史是有猫腻的。说穿了"武王伐纣"可能就是：阿拉美亚人利用亚述国内的一次政变，在一定程度上控制了亚述周边地区，因为当时如果凭实力去打，是打不过亚述人的。

根据《史记·周本纪》和《诗经·大雅·大明》，周人和他们的同盟军，总共四万五千人；商纣王集结的军队，则像树林一样多的无法计算，"殷商之旅，其会如林"，后来的说法是共有"七十万人"。而且新的部队还在源源不断开来。

据说，商人内部的反对者已经约定，在两军接战之前倒戈，向纣王发起攻击。即："帝纣闻武王来，亦发兵七十万人距武王。武王使师尚父与百夫致师，以大卒驰帝纣师。纣师虽众，皆无战之心，心欲武王亟入。纣师皆倒兵以战，以开武王。"

对于那段历史，两河流域的记述是这样的：

在黎凡特主要被亚摩利人和迦南人部落占领的时候，东部黎凡特的部分地区一直处于旧亚述帝国（公元前 2025-1750 年）的统治之下。在中亚述帝国（公元前 1365-1020 年）期间，亚述崛起为可能是当时世界上最强大的国家，并征服了近东和小亚细亚的大部分地区，并延伸到高加索、阿拉伯半岛和古代伊朗。

正是在这一时期的后期，西闪 米特亚兰人首次出现在该地区。在中亚述帝国期间，他们与许多其他民族一起被强大的亚述国王征服。然而，阿舒尔-贝尔-卡拉（（商纣王）前 1074-1056 年）统治期间的一场内战极大地削弱了中亚述帝国，在他去世后，黎凡特的亚兰人、腓尼基人、新赫梯人和其他民族逐渐开始主张独立并形成自己的拼凑状态。

时间线 42			
	美索不达米亚和小亚细亚		中国
巴比伦	亚述	赫梯	
	撒缦以色一世	哈图西里三世	
	图库尔蒂-尼努尔塔	图特哈里四世	
卡什提里阿什五世			
	亚述纳迪纳普利		
		苏庇路里乌玛二世	武乙
伊辛第二王朝	哈图沙沦陷（约前 1180）		
尼布甲尼撒一世 （前 1125—前 1104）			
	提革拉毗列色 （前 1115—前 1076）		纣
			周文王
			周朝（前 1046—前 256）
			西周（前 1046—前 771）
	亚述贝尔卡拉 （前 1074—前 1056）		
阿拉米人接管巴比伦			武王

哈拉夫文化

哈拉夫（(Tell Halaf)）是哈拉夫文化的典型遗址，哈拉夫文化从新石器时代第三期开始在此遗址发展，没有发生过任何显着的断裂。哈拉夫遗址的繁荣期约为公元前 6,100 年至 5,400 年，这段时期被称为哈拉夫时期。哈拉夫文化在美索不达米亚北部被欧拜德文化继承。

哈拉夫文化建筑

大部分哈拉夫文化遗址的规模较小，小于 1 公顷，但土耳其东南部的多木兹泰卜（Domuztepe）遗址和卡扎纳（Kazane）遗址占地多达 20 公顷，如此大的规模可能是由于众多的人口和政治统治的需要。

哈拉夫文化的建筑特色为相对宽阔的房屋，尺寸从 3 米－7 米不等，房屋以矩形在原有的结构上延伸，成为为圆形蜂巢冢（Tholoi），在现在叙利亚的许多地方仍能看到这种特色的房屋。但矩形房屋在哈拉夫文化遗址中也存在，例如在摩苏尔附近的阿尔帕契亚遗址（Tell Arpachiyah）就发现了一座被烧毁的矩形房屋。

哈拉夫文化的社会分化

在阿尔帕契亚遗址的矩形被烧毁的房屋中发现 150 多件人工制品，包括陶器、珠宝、信函印章和 27 枚粘土印章，还有石斧、小雕像、石制和骨制的"指节骨"、石管、颜料、燧石、黑曜岩磁核和工具、梭形锭盘及打眼的陶器碎片。印章的出现说明这个社会中已经出现了社会地位和经济地位的分化。在巴利克（Balikh）的萨比·阿比亚（Tell Sabi Abyad）的"烧毁的村庄"里发现了 300 多枚黏土印章，该村庄存在时间约为前 6000 年，印章被盖在固定的房门、便携容器、陶罐、包、盒子等器物的黏土上，防止外人擅动，保证财产安全。

在泰尔哈拉夫发现的玄武岩狩猎场景浮雕。

这幅描绘长翼精灵的浮雕曾位于卡帕拉国王的宫殿中。沃尔特斯艺术博物馆，巴尔的摩。

公元前 10 世纪，阿拉姆小王国比特巴哈尼 (Bit Bahiani) 的统治者在哈拉夫 (Tell Halaf) 定居，该国后来被重新建立为古扎纳 (Guzana)。卡帕拉国王（姬发周武王）建造了所谓的 hilani 宫殿，这是一座新赫梯风格的宫殿，拥有丰富的雕像和浮雕直立器装饰。这些雕塑对于了解卡帕拉及其政治权力至关重要。

公元前 894 年，亚述国王阿达德尼拉里二世 (Adad-nirari II)在他的档案中将该遗址记录为阿拉姆城邦的朝贡国。公元前 808 年，该城及其周边地区沦为亚述帝国的一个省。总督府位于城丘东部的一座宫殿。古扎纳在亚述帝国崩溃后幸存下来，直到罗马-帕提亚时期才有人居住。

在历史时期，土丘本身成为阿拉米人和亚述城市的城堡。下城区南北延伸600 m，东西延伸 1000 m。城堡土丘内有宫殿和其他官方建筑。最突出的是所谓的"希拉尼"或"西方宫殿"，其装饰华丽，其历史可以追溯到卡帕拉国王时代，以及亚述总督的所在地"东北宫殿"。在下城发现了一座亚述风格的寺庙（或崇拜室）。

哈拉夫文化是一个位于叙利亚北部、美索不达米亚北部、土耳其东南的一种新石器文化。是整个中东与近东最早的第三期新石器文化（Neolithic 3），即陶器文化（Pottery Neolithic Culture）。其时代约为 8000 年前的 6000BC-5000BC.

该文化由考古学家 Max von Oppenheim 命名。Max von Oppenheim 于 1911 到 1927 主持发掘了叙土边境的哈拉夫丘，将其考古成果当作该种文化的代表，故名。

但实际上，随着考古的深入，人们发现该种文化广泛分布于整个大美索不达米亚和东土耳其。人们对于其起源、扩散依然没有清晰的认识。

人们最早于 1908 年在土耳其 Coba Höyük 遗址发现该种文化遗产。目前，哈拉夫文化最重要的考古遗址则位于伊拉克摩苏尔附近的阿尔帕契亚丘（Tell Arpachiyah），但哈拉夫文化之名出于习惯予以保留。

哈拉夫文化代表器物之一———红陶女性雕像。其特征是十分突出第二性征，因此被认为是女性崇拜，以及原始女神崇拜的产物。

哈拉夫文化的人群已经掌握了一定的建筑技术（石基础、泥砖），用于建造普通房屋。故哈拉夫文化很可能已经发展为一个定居农业社会。在 Tell Arpachiyah 还发现了一个平面具有长方形前厅与圆形内厅的遗址，可能是最早的陵墓等仪式性建筑。

哈拉夫文化的代表器物便是其陶器。

哈拉夫文化代表器物之二———陶制器皿。这些器皿艳丽多彩，做工精细，装饰以优美的平面几何图样。

多变的方格纹分布在几何学上异常匀称的同心圆之中，显示出了高超的艺术表现手法。

5000BC，哈拉夫文化被美索不达米亚的欧贝德文化（Ubaid culture）、哈苏纳文化（Hassuna culture）、萨迈拉文化（Hassuna culture）取代。哈拉夫遗址所在的聚落被破坏，荒废了 4000 年之久。

前 10 世纪，赫梯帝国灭亡，阿拉米人酋长卡帕拉（Kapara）在哈拉夫遗址建立了新赫梯-阿拉米城市古扎那（Guzana），作为 Bit Bahiani 王国的首都。公元 9 世纪开始成为亚述的属国，后被亚述吞并。在新亚述帝国时代，古扎那也十分繁荣，为行省之一，以其宏伟的王宫（又名西宫）闻名。

古扎那的遗迹多出土于西宫，以及亚述总督行宫（东宫）。

哈拉夫出土文物与中国妇好墓葬出土文物的对比

6.8、摄政王周公旦与成康之治

根据维基百科:

周武王为了控制关东,建立封建制度,大封宗室功臣于东方,作为周王室的屏藩。封太公望吕尚于吕、于鲁、召公奭于匽,吕、鲁、匽三国拱卫洛邑。封管叔鲜于管、蔡叔度于蔡、霍叔处于霍,是为三监。分割殷商地区为三个地区,朝歌以北为邶,由霍叔监管;朝歌以南为墉,由蔡叔监管;朝歌以东为卫,由管叔监管。为了安抚商人,封商王帝辛之子武庚于朝歌,仍为殷;复位微子启于微,后迁封至宋。分封功臣如檀伯达于河内,司寇苏忿生于苏忿生之田(共十二邑)。据说可能有分封历代亡国遗民为二王三恪,以团结有势力的外族贵族,史称"兴灭国,继绝世"。周武王力图安定关东,但是殷商地依旧动荡不安,使他十分焦虑,难以下咽,通宵失眠,周公旦也时常忙碌而忘记进食。周武王在克商后不久去世,由幼子姬诵继位,号周成王。

与此同时,亚兰人移居幼发拉底河以东,在那里定居的人数如此之多,以至于有一段时间,整个地区被称为亚兰-纳哈林或"两条河流的亚兰"。东部阿拉米部落蔓延到巴比伦,一个阿拉米篡位者以阿达德-阿帕尔-伊丁那的名义加冕为巴比伦国王。(摄政王周公旦,按照中国人的说法:此时亚述新王(武庚)很可能反过来是在他的推荐"任命"下加冕的,应该就是他老婆的"家人"。)

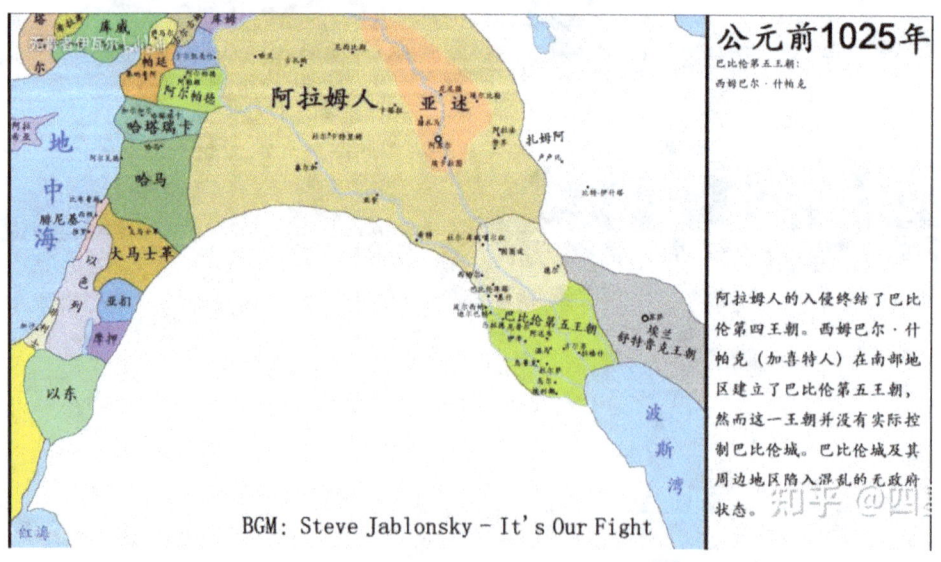

BGM: Steve Jablonsky - It's Our Fight

阿达德—阿普拉—伊丁那（英语：**Adad-apla-iddina**（周公旦 iddina 音译旦），约公元前 1067 年—约公元前 1046 年在位）巴比伦第四王朝国王（伊新第二王朝），他娶了一位亚述公主，可并未阻止亚述进攻巴比伦。他的统治也因受阿拉米亚人一次反抗和苏提安人 (Sutean)攻击而遭遇困难。从他国家内部而言，他明智地集中力量重建了巴比伦的防御要塞，而且他在整个巴比伦尼亚大修神庙，以求神灵恩惠。

娶亚述公主为妻的阿拉米人，阿达德阿坡拉伊丁那（摄政王周公旦）在巴比伦做王，从而使阿拉米人实际控制巴比伦城的朝政。尔这次借用外部势力的干预而获得政权的亚述王，当政权稳固之后又试图利用自己的亲戚关系，干预阿拉美亚人控制的巴比伦政局，参加动乱的应该还包括巴比伦城南方的，加喜特人成立的"巴比伦第五王朝"。而巴比伦的阿拉美亚人似乎平息了亚述人的"内乱"和对巴比伦的干预，保正了巴比伦政权的稳定，即所谓：平息了"三监之乱"。

三监之乱：

周武王在牧野之战灭亡商朝后，为了有效统治商朝的遗民，将原商朝的领地划分为四个区域：在原商都朝歌建立殷国，封给商纣王的儿子武庚（又名禄父）。同时周武王将三个弟弟封于殷国周边，用来监视武庚。朝歌以东地区建立管国，封给管叔鲜；朝歌以西地区建立蔡国，封给蔡叔度；朝歌以北地区建立霍国，封给霍叔处，统称"三监"。

周武王死后，其子周成王年幼继位，遂由周公旦摄政，代成王行事。管叔、蔡叔等怀疑周公旦要篡位，以"周公将不利于成王"为借口，联合武庚及淮夷诸国发动叛乱。周公旦亲自率领部队前往讨伐，经过三年时间平定叛乱，诛杀武庚及管叔，囚禁蔡叔于郭邻，废霍叔为庶人。

前面提到：真正带领华夏族走出人祭阴霾的人也是武王的弟弟，周公旦。

灭商两三年后，周武王姬发在失眠和恶梦的困扰中，忧郁而亡。继位的周成王姬诵 sòng 尚且年幼，所以西周初期很长一段时间都是武王的弟弟周公旦摄政的。根据《荀子.儒效》篇的记载，周公旦不仅拥有王的全部权力，使用王的全套礼仪，甚至臣僚们也都直接称他为王。周公旦摄政期间，实行了一系列重要的举措来稳固周王朝的根基，比如平定叛乱、拆解商人社会，分封周人诸侯等等。还有一项非常重要，但完全已经被后世遗忘的举措，那就是彻底废止了商朝的人祭文化。

人祭是一种漫长而顽固的信仰，从新石器时代晚期算起，已经延续两三千年，商朝更是将其吸收到了王朝制度之中。想要根除上千年的积习，并不容易。为此，周公旦所作的第一步就是将殷都彻底抹去。殷都不仅有众多商王陵，还有无数的人祭坑，血腥的人祭文化和殷都联系太多。

周公旦将殷都的商人族群拆分，使他们散居到各地，断绝他们与故土的联系。显赫的商人贵族则被迁到了关中。西周初期的都城就在关中的镐。把商朝的遗留贵族放在西周统治者的眼皮子地下，量他们也不敢造次。还一部分顽固的商人不愿意离开殷都。为说服他们搬走，周公旦营建了新城，取名"洛邑"。

周公旦还构建出了一套以"天命观"为核心的世俗道德体系，指出王朝想要获得上天的保佑，要做的是行德政，勤政爱民，而不是为祭祀神明，不断杀戮。

最后一步，周公旦开始颁布新政令。禁止人祭当然是新政的一部分，除此之外，宰杀牲畜也不能超过十二头。周公旦开始营建洛邑新城时，奠基祭礼只用了两头牛。次日，祭拜土地神，也之用了牛、羊、猪各一头。可以说周公旦的新政都是围绕着"道德"二字展开的。他制定了种种礼节，希望让人们学会控制欲望，把社会规训的和善、节制、长幼有序。这些说教和规范形成了种种儒家经书，后来被统称为"周礼"。

成王 20 岁时，周公旦退位，成王亲政，此后不久西周将都城迁往了洛邑，至此，周朝终于脱胎换骨，重获新生。

马尔杜克·泽尔·X（周成王）（约公元前 1045 年——约公元前 1034 年在位）（英语：Marduk-zer-X）伊辛第二王朝（即巴比伦第四王朝）的后期国王之一。由于历史文献的损毁，其名字有所残缺。承袭马尔杜克·阿海·埃瑞巴之位。据考古资料记载他在位约十二年。死后由那布·舒穆·里布尔继任君位。

那布·舒穆·里布尔（周康王）（约公元前 1033 年—约公元前 1026 年在位）（英语：Nabu-shumu-libur）巴比伦第四王朝末任国王。他的辖区的长官纷纷向游牧民族投降，其事迹于刻石上得到反映。

时间线 44			
	美索不达米亚和小亚细亚		中国
巴比伦	亚述	赫梯	
	苏庇路里乌玛二世		武乙
伊辛第二王朝	哈图沙沦陷（约前 1180）		
尼布甲尼撒一世 （前 1125—前 1104）			
	提革拉毗列色 （前 1115—前 1076）		纣
	亚述贝尔卡拉 （前 1074—前 1056）		周文王
			周朝（前 1046—前 256） *西周*（前 1046—前 771）
阿拉米人接管巴比伦			
			武王
			周公旦（摄政）
			成王
			康王（前 1020—前 996）
			昭王
			穆王

周成王姬诵　（公元前 1055 年—前 1021 年）　前 1042 年—前 1021 年在位，22 年。周成王，汉族，姓姬，名诵，是中国西周第二代国王，谥号成王。

管叔、蔡叔不信任周公，挟殷商后代武庚一起作乱反叛，史称"三监之乱"。周公奉成王之命东征讨伐，平定叛乱。成王长大，亲自执掌政权后，大封诸侯，加强宗法统治权力，命召公营建洛邑。成王还命令周公制礼作乐，规划各项规章制度，奠定了西周王朝的基础。

周公、召公率师征服淮夷及在淮夷之北的奄国，使统治范围进一步扩大。成王时期，社会安定，人民和睦，歌颂太平盛世之声不绝于耳。成王与其子康王统治时期，合称成康之治，是周代的兴盛时期。

周康王姬钊　前 1020 年—前 996 年在位，25 年。汉族，周成王之子，成王死后继位，病死于镐京，葬于毕原。姬钊继位时，召公、毕公为他举行了隆重的登基仪式。

姬钊在位时，不断攻伐鬼方和东南各地，掠夺奴隶和土地，分赏给诸侯、大夫。其在位期间，国力强盛，天下统一，经济、文化繁荣，社会安定，史书载，"成康之际，天下安宁，刑错四十余年不用"。姬钊死后的庙号为康王。后世将这段时期和成王末年的统治誉为"成康之治"。

6.9、周昭王时期

首先、亚兰是挪亚之孙，闪的第五个儿子，他的最初的领土是在幼发拉底河东边的巴旦亚兰地区，即是今日叙利亚的东北部。

其次、亚兰民族日后扩张其领土，向南直到大马色地区，其范围略等今日的叙利亚和黎巴嫩两国之国土，在部份的英文圣经中译作叙利亚。在旧约时代可分为两部份，其一是"巴旦"或"两河之间的亚兰"，就是幼发拉底河和底格里斯河之间。幼发拉底河的支流哈博河以西的地区，其间重要的城市计有哈兰、拿鹤、歌散等。另外的一部份则是在幼发拉底河以西，及奥伦提斯河两岸，南至大马色之间的地区，其间重要的城市计有**大马色、哈马、哈马口、迦基米设、亚珥拔、亚勒坡及马里**等。亚兰在列王时代尚分为大马色、琐巴、玛迦、基述、利伯合和巴旦亚兰等几支，各自建立了许多的独立的城邦，约在 883 BC 时，琐巴王利汛统一亚兰，并以大马色为首都，到便哈达时，曾统治了三十二的小王，但为时不久，在 732 BC 时，被亚述所灭。

根据维基百科：

到了周昭王时持续对南方或东南扩张，例如征伐邶国、虎方。并且两次大规模南征，拓展到汉水流域，与荆楚（以色列国和犹大国）发生冲突。第一次南征是十六年，周昭王渡过汉水南征荆楚，最后战胜。从《𫚈驭簋》与《过伯簋》也得知，有南国（犹大国）入侵周土，周昭王率军讨伐荆楚（以色列国和犹大国），最后降伏南夷、东夷诸国，约二十六邦，获得大量的铜。第二次南征是十九年，但周昭王渡汉水时遇难，并且丧失周六师。周昭王应有带祭公辛伯南征，传说周王带诸臣渡汉水时，因梁败（可能遇袭使浮桥败坏）而溺死。另一说则是乘当地人提供的胶船，渡河时胶船解体而溺死。这两种说法最后都由辛游靡取周昭王遗体北返。总之，这次战争激烈，周六师均败。昭王之死不是偶然事件，后来周人都不愿再说此事，到春秋时期还被齐国作为宣战楚国的借口。至于南征对象是否是楚国，现今学者也有许多见解。周师北返后，其子姬满继位，即周穆王。周朝中后期，采取安抚荆楚与册封"汉阳诸姬"等诸侯国来巩固南方。

根据《圣经》：

主前十一世纪的"亚兰"

"亚兰"出现在在撒下八章 1-12 节：

1 此后，大卫攻打非利士人，把他们治服，从他们手下夺取了京城的权柄（注：原文作"母城的嚼环"）。

2 又攻打摩押人，使他们躺卧在地上，用绳量一量，量二绳的杀了，量一绳的存留。摩押人就归服大卫，给他进贡。

3 琐巴王利合的儿子**哈大底谢**往大河去，要夺回他的国权。大卫就攻打他，

4 擒拿了他的马兵一千七百，步兵二万；将拉战车的马砍断蹄筋，但留下一百辆车的马。

5 大马士革的亚兰人来帮助琐巴王哈大底谢，大卫就杀了亚兰人二万二千。

6 于是，大卫在大马士革的亚兰地设立防营，亚兰人就归服他，给他进贡。大卫无论往哪里去，耶和华都使他得胜。

7 他夺了哈大底谢臣仆所拿的金盾牌，带到耶路撒冷。

8 大卫王又从属哈大底谢的比他和比罗他城中夺取了许多的铜。

9 哈马王陀以听见大卫杀败哈大底谢的全军，

10 就打发他儿子约兰去见大卫王，问他的安，为他祝福，因为他杀败了哈大底谢。（原来陀以与哈大底谢常常争战。）约兰带了金银铜的器皿来，

11 大卫王将这些器皿，和他治服各国所得来的金银都分别为圣，献给耶和华。

12 就是从亚兰，摩押，亚扪，非利士，亚玛力人所得来的，以及从琐巴王利合的儿子哈大底谢所掠之物。

　　大卫把亚兰琐巴、以东、摩押，亚扪，非利士，亚玛力人等周边列国暂时制服。在撒下十章亚扪人再起来与大卫争战，他们得到亚兰人出兵协助，但大卫这次彻底地把他们击溃，圣经说："于是，亚兰人不敢再帮助亚扪人了。"（撒下十：19）

　　在这里必须说明一下：早期周人一直是由许多小的帮国组成，打仗必须互相协助支援。很明显，上边文字提到的"大马色的亚兰王，来帮助"到大河去的琐巴王哈大底谢"，大卫就杀了亚兰人二万二千人"就是"第二次南征，是周昭十九年，周昭王渡汉水时遇难，并且丧失周六师。"从大马色到约旦河至少要渡两条河。因为古代的船只都很小，一次载二、三十个人过河已经很多了，你就是能够找到几十条船同时渡河，万人以上的部队恐怕也要几天才能够完成渡河，不可能出现能够运载"周六师"的庞大船队同时翻覆的现象。显然那是一场出现在河对岸的、大规模的战役，而且有"背水一战"的特征，最后因为无法彻离，而导致全军覆没。而根据周人和《圣经》记载，看似相隔万里的两个战役，都牵扯"大量铜铁"的问题，这明显是在争夺，从小亚细亚通往埃及的商道。这里提到的南征"荆楚"，应该就是指"南北以色列"。

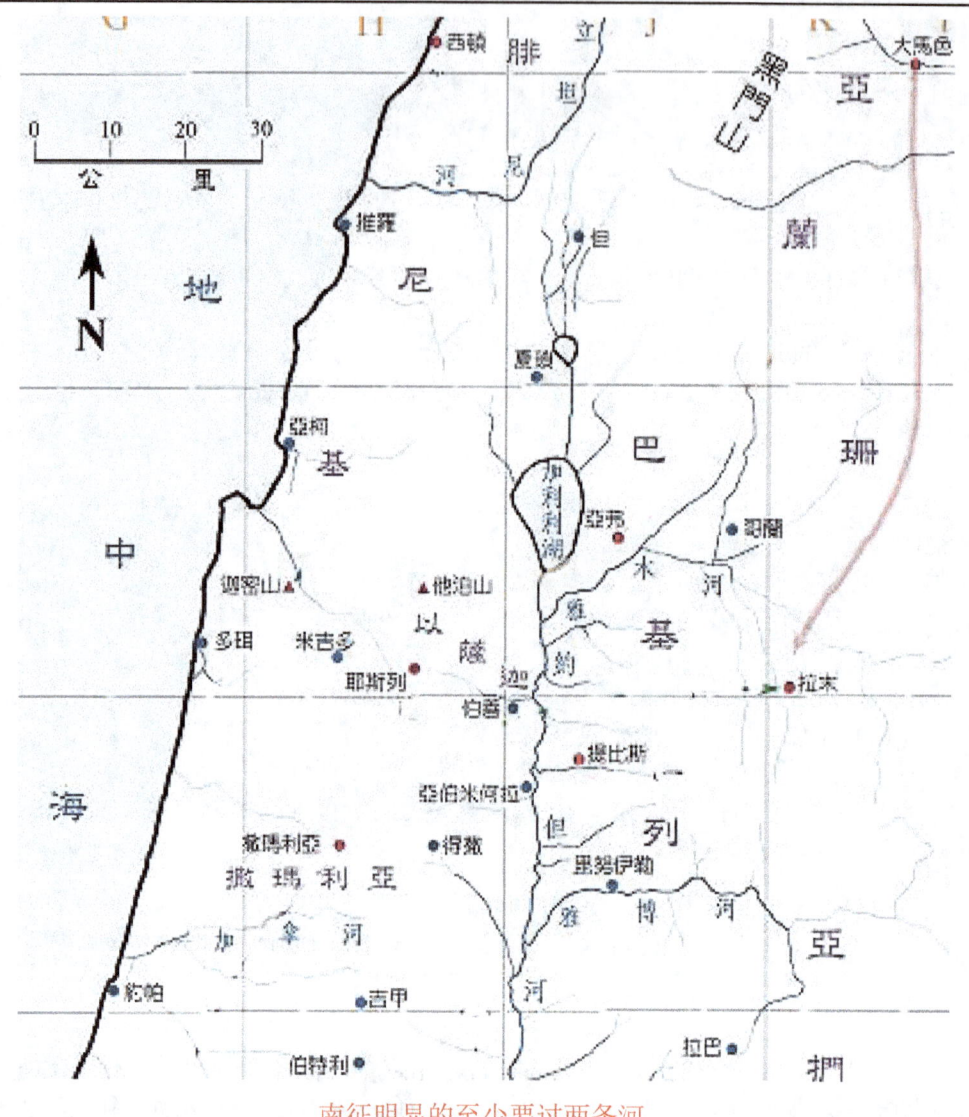

南征明显的至少要过两条河

根据《撒母耳记下 - 合神心意的大卫王》有：

大卫知道哈嫩(Hanun)继承王位后，他要报恩。"于是大卫差遣臣仆，为他丧父安慰他。大卫的臣仆到了亚扪人的境内，但亚扪人的首领对他们的主哈嫩说：'大卫差人来安慰你，你想他是尊敬你父亲吗？他差臣仆来不是详察窥探，要倾覆这城吗？'哈嫩便将大卫臣仆的胡须剃去一半，又割断他们下半截的衣服，使他们露出下体，打发他们回去。"-- 这是大卫完全料想不到的事，自己的善意与好心肠，却被对方误解和曲解；所差去的使者还被哈嫩羞辱。"胡须剃去一半，又割断他们下半截的衣服，使他们露出下体" -- 对当时的人来说，这是极大的凌辱（赛十五：2，二十：4）。哈嫩王年轻不懂事，他偏信这些臣仆的话，没有慎思明辨，所以才会犯了大错。

3。撒下十：6 - 8 "6 亚扪人知道大卫憎恶他们，就打发人去，招募伯利合（Beth-rehob）的亚兰人（Syrians）和琐巴的亚兰人（Syrians of Zoba），步兵二万，与玛迦王（Maacah）的人一千，陀伯人（Ish-tob）一万二千。7 大卫听见了，就差派约押（Joab）统带勇猛的全军出去。8 亚扪人出来在城门前摆阵；琐巴与利合的亚兰人（Syrians of Zoba and of Rehob），陀伯人（Ishtob）并玛迦人（Maacah），另在郊野摆阵。"

代上十九：6 - 9 "6 亚扪人知道大卫憎恶他们，哈嫩（Hanun）和亚扪人（Ammon）就打发人拿一千他连得银子，从美索不达米亚（Mesopotamia）、亚兰、玛迦（Syria-maachah）、琐巴（Zobah）雇战车和马兵。7 于是雇了三万二千辆战车和玛迦王（Maachah）并他的军兵。他们来安营在米底巴（Medeba）前，亚扪人也从他们的城里出来，聚集交战。8 大卫听见了，就差派约押（Joab）统带勇猛的全军出去。9 亚扪人出来在城门前摆阵；所来的诸王另在郊野摆阵。"

现在是地中海东岸（Levant）两个"迷你"帝国（mini-kingdom）。一边是亚扪人和他们雇拥，来自伯利合（Beth-rehob）、琐巴(Zobah)、玛迦(Maacah)和陀伯(Ish-tob) 几个亚兰人的小王国的军队；另一边是以色列军，由约押(Joab)统领。他们在米底巴前对阵，米底巴是迦得支派在约但河东所占有的一个城（书十三：9，26）（看图）。在第八章，琐巴亚兰曾和大卫交战，现在是亚兰几个小王国联合起来跟大卫的另一场大战，双方的步兵和战车相当多。至于约押，他上次是出现在第三章，他杀死扫罗的元帅押尼珥，以报杀兄弟之仇。

4。撒下十：9 - 14 "9 约押(Joab)看见敌人在他前后摆阵，就从以色列军中挑选精兵，使他们对着亚兰人（Syrians）摆阵。10 其余的兵交与他兄弟亚比筛(Abishai)，对着亚扪人(Ammon)摆阵。11 约押对亚比筛说：'亚兰人若强过我，你就来帮助我；亚扪人若强过你，我就去帮助你。12 我们都当刚强，为本国的民和 上帝的城邑作大丈夫。愿耶和华凭他的意旨而行。'13 于是，约押和跟随他的人前进攻打亚兰人，亚兰人在约押面前逃跑。14 亚扪人见亚兰人逃跑，他们也在亚比筛面前逃跑进城。约押就离开亚扪人那里，回耶路撒冷去了。"

在这场战役中，约押把以色列大军分成两支，一支由他亲自统帅，对付亚兰人；另一支由他的兄弟亚比筛带领，对付亚扪人。两支队伍彼此照应，把亚兰人和亚扪人打得大败而逃。

5。撒下十：15 - 19 "15 亚兰人（Syrians）见自己被以色列人打败，就又聚集。16 哈大底谢(Hadarezer)差遣人，将大河那边的亚兰人调来。他们到了希兰(Helam)，哈大底谢的将军朔法(Shobach)率领他们。17 有人告诉大卫，他就聚集以色列众人，过约旦河，来到希兰。亚兰人迎着大卫摆阵，与他打仗。18 亚兰人在以色列人面前逃跑。大卫杀了亚兰七百辆战车的人，四万马兵，又杀了亚兰的将军朔法。19 属哈大底谢的诸王，见自己被以色列人打败，就与以色列人和好，归服他们。于是，亚兰人不敢再帮助亚扪人了。"

这是另一场亚兰人和以色列人的争战，可能是紧接上文的那场大战。一边是亚兰人，由琐巴王哈大底谢（撒下八：3）的将军朔法(Shobach 或 Shophach)率领；一边是以色列军，敌对双方在约但河东的希兰(Helam)摆阵（看图）。在第八章，哈大底谢曾是大卫的手下败将，这次交战，他还是不堪一击，败下阵来。

6.10、周穆王时期

周穆王的在位时间是西周最长的。他好大喜功，向四方征战不休。例如命令毛公班兼管淮水繁、蜀、巢等地，率吴伯、吕伯伐东国犬戎，三年平定。当淮夷入侵周土时，命伯雍父率成周师氏，抵御淮夷入侵。另有南征扬越至九江的事迹。从《今本竹书纪年》得知周穆王可能有征伐犬戎与徐国的事迹。一开始周穆王封徐子为伯。在十二年率毛公班、共公利、逄公固率军西征犬戎。但徐国于隔年袭击洛水一带，周穆王与造父紧急返师。最后率楚国攻克徐国。十七年周穆王二度西征犬戎，迁戎于太原。这些事演变成《穆天子传》、徐偃王及赵国始祖造父的传说。昭穆时期，周朝屡次对四方动武。周穆王不听祭公谋父的怀柔之策而伐犬戎，只获得四白狼四白鹿而归，西方各族荒服不至，戎狄不减反兴。周室从周共王开始国势渐衰。

迦基米施（Carchemish）

又译"卡赫美士"。贸易重镇，位于幼发拉底河上游西岸的一处主要浅滩上。一条主要的贸易路线从尼尼微上到哈兰（位于迦基米施东面仅 88 公里 [55 英里]），然后在迦基米施渡过幼发拉底河，再延伸到黎巴嫩山的奥龙特斯河谷。其他贸易路线再从这里通往地中海或巴勒斯坦以南和埃及。经过迦基米施的商队需要缴纳税款，所以这城看来收入不错，相当富足。

由于迦基米施的地点在商业上和军事上都处于关键位置，所以在很早的时候，向外扩张的各国就力图控制这城。法老图特摩斯三世（公元前第二个千年中叶）曾劫掠迦基米施，据记载拉美西斯三世也曾攻打这城。亚述纳西拔二世（公元前 9 世纪）记述，他用充气的羊皮浮起筏子，乘坐筏子渡过幼发拉底河。他声称迦基米施王向他进贡，贡品包括银子 20 他连得、铜 100 他连得、铁 250 他连得，还有金器、镶嵌象牙的家具、细麻衣、羊毛衣和其他战利品。

土耳其小镇卡尔卡默斯（旧称捷拉布卢斯或巴拉克）东南面有一座显眼的土岗，叫做迦基米施。人们在这里进行过考古发掘，考古地点的面积达 **93** 公顷（**230** 英亩），毗邻位于国界另一边的叙利亚市镇杰拉布卢斯。考古学家发现了大量文献，所用的语言现称"象形文字赫梯语"。学者们认为，公元前第二个千年末叶，迦基米施被一个定都于哈图沙什的帝国管辖了约两个世纪。人们还发现一些浮雕，上有狮身人面像和昂萨塔十字架（上饰圆环的 **T** 形十字架）等形象。这显示，迦基米施深受埃及影响。

迦基米施 Carchemish，基督教圣经地名。

在亚勒东约一百公里，是守卫着幼发拉底河主要浅滩的一市镇（即现今的耶华巴斯 [Jerablus]）。一份主前十八世纪的文献首先提及它，指出它是一个独立的贸易中心（马里 [Mari]，亚拉拿 [Alalah\]）。在主前二千年期，它是叙利亚的一城邦，与乌加列和其他邦国（米丹尼 [Mitanni]）都有条约。在伊尼特萨（Ini{-Tes]ub；约主前 1100）以后，它仍然是一个新赫人的邦国，直到主前 717 年皮西拉斯（Pisiris）被撒珥根二世所击败为止。自此以后，迦基米施便被归入亚述的一个省份。

周穆王姬满　前 996 年—前 992 年在位,5 年。

姬满，即周穆王，姬姓，名满，昭王之子，周王朝第五位帝王。他是我国古代历史上最富于传奇色彩的帝王之一，世称"穆天子"。

穆天子东征西讨，范围之广，前无古人后无来者。通过他的征伐，周王朝顺利扩大疆土，加强对四方蛮夷的统治力度，有力地巩固了周王朝的统治，是在文武成康四代统治者积累的强国之本基础上，得以展现的大邦周威信的强势证明。

然而，常年征讨，天子不在朝堂，导致朝政松弛，自穆王之后，周王朝开始由盛而衰。

6.11、周共王时期

周共王姬繄扈　前 922 年—前 900 年在位，23 年。

周共王姬繄扈（yī hù），穆王子，西周第六代国王，生卒年不详,穆王死后继位。在位 22 年，病死，葬于毕原谥号共（gōng）王。西周青铜器铭文多称他为龚王。

姬繄扈继位时，国家因穆王远游，耗费了巨量财富，弄得国家财政十分空虚，经济上渐渐难以支持。但是，在许多场合又不得不维持着天子的架子。如为了表示赏罚分明，共王不得不将都城附近的土地陆继分封给诸侯和大夫，使自己直接支配的地域越来越小，收入越来越少。周王朝开始衰落下去。 姬繄病死后的庙号为共王。

根据《圣经》：

又兴起利逊作其敌

王上 11:23　上帝又使以利亚大的儿子利逊兴起, 作所罗门的敌人. 他先前逃避主人琐巴王哈大底谢.

王上 11:24　大卫击杀(.琐巴.)人的时候, 利逊招聚了一群人, 自己作他们的头目, 往大马色居住, 在那里作王.

王上 11:25　所罗门活着的时候, 哈达为患之外, 利逊也作以色列的敌人.他恨恶以色列人, 且作了亚兰人的王.

根据维基百科：

利逊（Rezon 周共王）是以利亚大的儿子，原为亚兰·琐巴王哈大底谢一名官员，当以色列王大卫攻打琐巴人的时候，利逊招聚了一群人，自己作他们的头目，往大马士革居住，在那里作王。在以色列王所罗门晚年，因他犯罪得罪上帝，上帝使利逊兴起，作所罗门的敌人。

利逊有可能与列王纪上 15 章:18 节中的希旬（Hezion）为同一人，或者希旬是利逊之子，也是他伯利们的祖父，是便哈达一世的曾祖父。

圣经中多次提到亚兰，亚兰曾与亚扪组织联军要攻打以色列，并被大卫击败（撒母耳记下：第 10 章）。到了所罗门晚年，利逊作了亚兰人的王（列王纪上 11:25），成为了以色列的敌人，以大马士革为都。

在先知以利亚和以利沙的时期，亚兰出现的次数很多。以色列的亚哈王曾约同犹大国的约沙法一起出征亚兰，但战死沙场。企图围攻多坍但被以利沙以神迹击败后，亚兰军队亦曾围困以色列的首都撒马利亚而逼使太后耶洗别和约兰王要派人杀以利沙。

在以色列太后耶洗别和犹大太后亚他利雅死后多年，在犹大国的约阿施当家之时，亚兰亦曾兵犯犹大，并导致约阿施被刺身亡。

所罗门王时代的亚兰：（970-930BC）

当所罗门王离弃耶和华，跪拜外邦人的神，行耶和华眼中看为恶的事，上帝惩罚他，兴起内忧外患，其中之一就是亚兰：（王上十一：23-25）

23 上帝又使以利亚大的儿子利逊兴起，作所罗门的敌人。他先前逃避主人琐巴王哈大底谢。

24 大卫击杀琐巴人的时候，利逊招聚了一群人，自己作他们的头目，往大马士革居住，在那里作王。

25 所罗门活着的时候，哈达为患之外，利逊（Rezon）也作以色列的敌人。他恨恶以色列人，且作了亚兰人的王。

6.12、周懿王时期

周懿王姬囏　前 899 年—前 892 年在位，8 年。

周懿王姬囏（jiān），西周第七代国王，周共王之子，谥号懿王，公元前 899 年（懿王元年）4 月 21 日凌晨 5 时 48 分发生日食。姬囏生性懦弱，继位后政治日趋腐败，国势更加衰落，由于西戎屡次进攻，他被迫将都城迁往槐里。

他伯利们(Tabrimmon 周懿王)是亚兰大马士革国王，前 899 年—前 892 年在位，但我们所知甚少。根据《圣经》列王记上 1 记载：他是希旬的儿子，他的儿子是便哈达一世。

懿王元年，在郑国，太阳升起后消失，随后又出现。

亚述雷什伊希二世　（英语：Ashur-resh-ishi II）（？—前 967 年），中亚述时期的亚述国王（公元前 973 年—公元前 967 年在位）亚述拉比二世之子和继承人，他的事迹鲜为人知，唯一有记载的是他在位时期亚述曾发生"日食"。他死后由儿子提格拉特帕拉沙尔二世继承其位。

对应中国的历史则是：周懿王姬囏（jiān），前 899 年—前 892 年在位，8 年。西周第七代国王，周共王之子，谥号懿王，公元前 899 年（懿王元年）4 月 21 日凌晨 5 时 48 分发生"日食"。姬囏生性懦弱，继位后政治日趋腐败，国势更加衰落，由于西戎屡次进攻，他被迫将都城迁往槐里。

这恰恰说明了：周懿王所在的"生存空间"，与上述亚述王处在完全不同的地理位置上，但在时间上是重迭的，只能分别叙述。如果同时叙述就会出现"时空错乱"的问题。

根据维基百科：

周懿王时，南夷（即淮夷）的卢、虎会合杞国、舟夷等方国入侵周朝东土，周懿王命师俗与史密分别率齐国、莱国军队合攻长必之地，平定乱事。史书也称周懿王时，王室衰退戎狄交侵。周夷王时因为荒服不朝，派虢公率六师伐太原之戎。王室内部及王室与诸侯间也加剧对立。周懿王时王室威信不再。

6.13、周孝王时期

周孝王姬方（？—前886年）　　前892年—前886年在位，7年。

周孝王姬方，西周第八代国王，谥号周孝王。周共王弟弟，周懿王叔父。周懿王病死后夺位。在位6年，病死，葬处不明。

公元前892年，周懿王病死，理应由太子姬燮继位，但是太子懦弱无能，能干的皇叔姬辟方就乘机夺取了王位。

姬辟方即位后，一心试图复举周朝。他先振兴军力，在汧水、渭水之间的草原上开辟了一个大牧场，用重金招募行家来养马。有个应募者名叫非子，养的马匹匹膘肥腿壮，一年下来，马的匹数增加了一倍多，姬辟方十分满意，就将秦地几十里的土地封给他，做了附庸于邻近大诸侯的小国国君，这就是日后统一中国的秦朝的发源地。但姬辟方没有能等到实现振兴周室的理想，就病死了。

亚兰王便哈达一世（Ben-hadad 周孝王）（犹大王亚撒 Asa，911-870BC 和以色列王巴沙 Baasha，909-886BC 时代）

主前931年王国分裂之后，我们在王上十五章再次看到亚兰的出现：（王上十五：16-22）

16 亚撒（Asa，911-870BC）和以色列王巴沙（Baasha，909-886BC）在世的日子常常争战。

17 以色列王巴沙上来要攻击犹大，修筑拉玛，不许人从犹大王亚撒那里出入。

18 于是，亚撒将耶和华殿和王宫府库里所剩下的金银，都交在他臣仆手中，打发他们往住大马色（Damascus）的亚兰王（Syria）希旬（Hezion）的孙子、他伯利们（Tabrimon）的儿子便哈达（Ben-hadad）那里去，

19 说：'你父曾与我父立约，我与你也要立约。现在我将金银送你为礼物，求你废掉你与以色列王巴沙所立的约，使他离开我。'

20 便哈达听从亚撒王的话，派军长去攻击以色列的城邑，他们就攻破以云、但、亚伯伯玛迦、基尼烈全境、拿弗他利全境。

21 巴沙听见就停工，不修筑拉玛了，仍住在得撒。

22 于是，亚撒王宣告犹大众人，不准一个推辞，吩咐他们将巴沙修筑拉玛所用的石头、木头都运去，用以修筑便雅悯的迦巴和米斯巴。

文明密碼III

这里说的是在亚撒王三十六年，以色列王巴沙上来修筑拉玛，要阻止以色列人到犹大，亚撒王就以重金商情亚兰王便哈达一世相助，便哈达就出兵攻破以色列北部，巴沙不得不从拉玛撤退。（看下图）

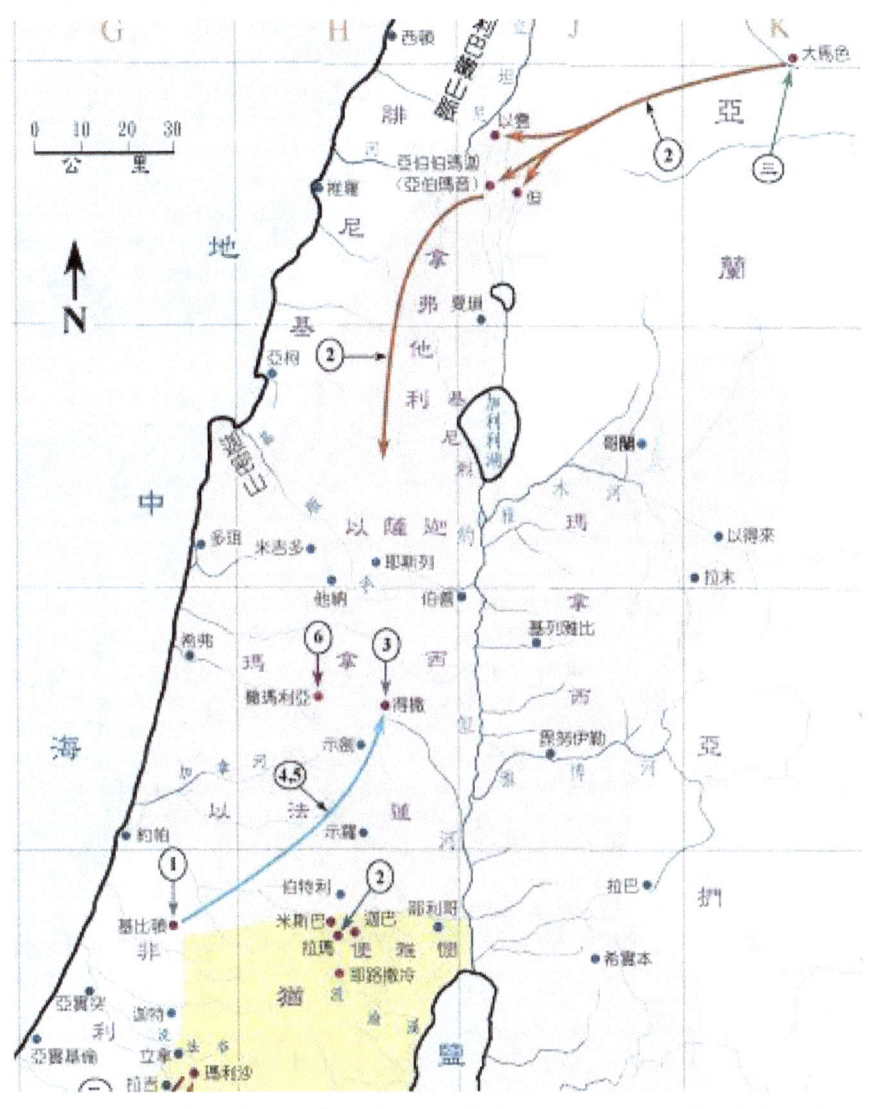

当埃及法老示撒侵害犹大的时候，大马色（Damascus）的亚兰王朝（Aramean dynasty）却日渐强盛，成为叙利亚（Syria）的霸主。1940年，在叙利亚北部的一个遗址里发现了便哈达（Benhadad I；即"便哈达一世"）石碑（stele）。虽然大马色建立者利逊（Rezon）的地位仍未清楚，但该碑文基本上肯定了王上 15:18 提供有关早期叙利亚领袖的名单。而以色列与犹大之间的敌对态度，以及以色列内部的不安，有助叙利亚初期势力的发展。

以色列王耶罗波安一世（Jeroboam I；主前 931-910 年）死后，儿子拿答（Nadab；主前 910-909 年）继位作王约一年多，却在非利士（Philistine）的基比顿（Gibbethon）遭以萨迦人（Issachar）巴沙（Baasha）所杀。这事发生在犹大王亚撒（Asa；主前 911-870 年）第三年，他是在亚比央（Abijam；主前 913-911 年）死后继位的，而亚比央是犹大王罗波安（Rehoboam）的儿子及继承者。

巴沙（主前 909-886 年）是以色列国第一位的篡位者（既非嫡系继承，也非被人拥立），他修筑距耶路撒冷（Jerusalem）五哩的拉玛（Ramah），以此作为威胁犹大边境的军事据点（王上 15:17）。犹大王亚撒遂不顾一切，便以圣殿余下的金银收买亚兰（即是叙利亚）的便哈达一世，以求援助。便哈达一世便将巴沙赶回他的首都得撒，而亚撒趁机进军拉玛，并毁灭该城。他利用拉玛残存的建筑材料，建设了犹大国的两座设防城。

事实上，便哈达一世的友善行动其实是用以维护自己的政治利益，因着这次干预的行动，他便能控制前往腓尼基（**Phoenicia**）的繁盛商道，增加了首都大马色的财富，并使之日渐繁荣，这正是上一代的所罗门（**Solomon**；约主前 **970-930** 年）在巴勒斯坦地所作的。

便哈达一世是希旬之孙，他泊利们之子。尽管亚兰王常与以色列为仇，便哈达一世却与北国以色列王巴沙结盟（王上 15:18-20）。但由于南国犹大与北国以色列的长期对立，终于演变成严重的冲突，亚兰和以色列的盟约也因此破裂，巴沙发动对付犹大王亚撒的军事行动。为了防止南国对他们的渗透和他本国人民的变节，巴沙加强位于耶路撒冷稍北的拉玛城的防御。他的行动就把以色列的势力，延伸进了犹大国的境内。亚撒面临威胁，不得不派臣仆把他王宫府库里所剩的金银，全部送去给便哈达一世，求他废掉与以色列王巴沙所立的盟约（王上 15:18-19）。便哈达接受了这份礼物，便派兵攻打以色列，占领了以云、但、亚伯伯玛迦等城，以及拿弗他利全境（王上 15:20）；这样，加利利的主要商业通路，便都在他的控制之中。巴沙只得放弃拉玛，迁往得撒。这时，亚撒号召犹大居民起来，拆除巴沙建立的防御事工。从拉玛拆走的材料，正好用来建设便雅悯界内的迦巴。亚撒的胜利却引来先知哈拿尼的谴责，因为他仰仗了亚兰王的势力（代下 16:7）。

6.14、周夷王时期

周夷王姬燮　前 885 年—前 878 年在位，8 年。

周夷王姬燮，西周第九代国王，周懿王子，周孝王侄孙。《史记》称他为夷王，西周青铜器铭文多称他为彳犀王。

夷王三年"烹齐哀公于鼎"。夷王七年，命虢公帅师伐太原之戎，至于俞泉，获马千匹。当周夷王之时，王室微，诸侯或不朝，相伐。根据虢季子白盘铭文记载，周夷王曾命虢季子白率军大败猃狁（以色列）。

周夷王死后由其子周厉王姬胡继位。

便哈达二世（Benhadad II，约 860-843？BC）

来到王上十九章，先知以利亚被令往大马色去膏哈薛作亚兰王，以取代便哈达二世（Benhadad II，约 860-843？BC）。

耶和华对他说：'你回去，从旷野往大马色去。到了那里，就要膏哈薛（Hazael）作亚兰王；'（王上十九：15）

接下来的王上二十章，亚兰王便哈达二世，"。。聚集他的全军，率领三十二个王，带着车马上来围攻撒玛利亚。"（王上二十：1）有一个先知来见以色列王亚哈，预言亚兰军必败，预言果然应验。次年，亚兰军再犯境，进攻亚弗，又被击败，亚兰王便哈达二世投降，亚哈还与便哈达立约（王上二十：26-34）。

王上二十：1-34 没有记载的，亚述的文献有记录。亚述王撒缦以色三世（Shalmaneser III 859 - 824BC)将亚述势力伸展至叙利亚和巴勒斯坦。亚哈和亚兰的便哈达便在这危机中，联合起来对付这共同的敌人。（王上二十：1-34）主前 853 年，双方在亚兰奥朗提斯河（Orontes River)的卡迦（Kharkar 或 Qartar) 爆发全面战争，以色列及亚兰的军兵被亚述人全面击溃。撒缦以色三世在他的碑文（Monolith Inscription，看下图)上夸张记载这次伟大的胜利。纪年表上记载率领敌军的是哈大底谢（Hadadezer ,即便哈达）和以色列人亚哈。这是经外文献又一次证明亚哈是属于主前九世纪的人物。

Monolith Inscription. The so-called Monolith Inscription (left), standing about 7 feet 2 inches high and dating from the reign of Shalmaneser III, depicts Shalmaneser himself in relief and lists Ahab of Israel among a coalition of Syro-Palestinian kings who defended against the invading Assyrian army at Qarqar (see Text III, p. 258). *(The British Museum)*

Black Obelisk. The so-called Black Obelisk (right), about 6½ feet high, records deeds of Shalmaneser III through the thirty-first year of his reign (see Text V, p. 286). On one of its panels (see inset), "Jehu son of Omri" bows before him. *(The British Museum)*

（左上角）撒缦以色三世的碑文（Monolith Inscription）

以后，亚兰国和以色列国三年没有争战（王上二十二：1）。到第三年，

2 到第三年，犹大王约沙法（Jehoshaphat，870-848BC）下去见以色列王。

3 以色列王对臣仆说：'你们不知道基列的拉末（Ramoth-gilead）是属我们的吗？我们岂可静坐不动，不从亚兰王手里夺回来吗？'

4 亚哈（Ahab，874-853BC）问约沙法说：'你肯同我去攻取基列的拉末

吗？'约沙法对以色列王说：'你我不分彼此，我的民与你的民一样，我的马与你的马一样。'

亚哈王在这战场上被射死。（看下图）

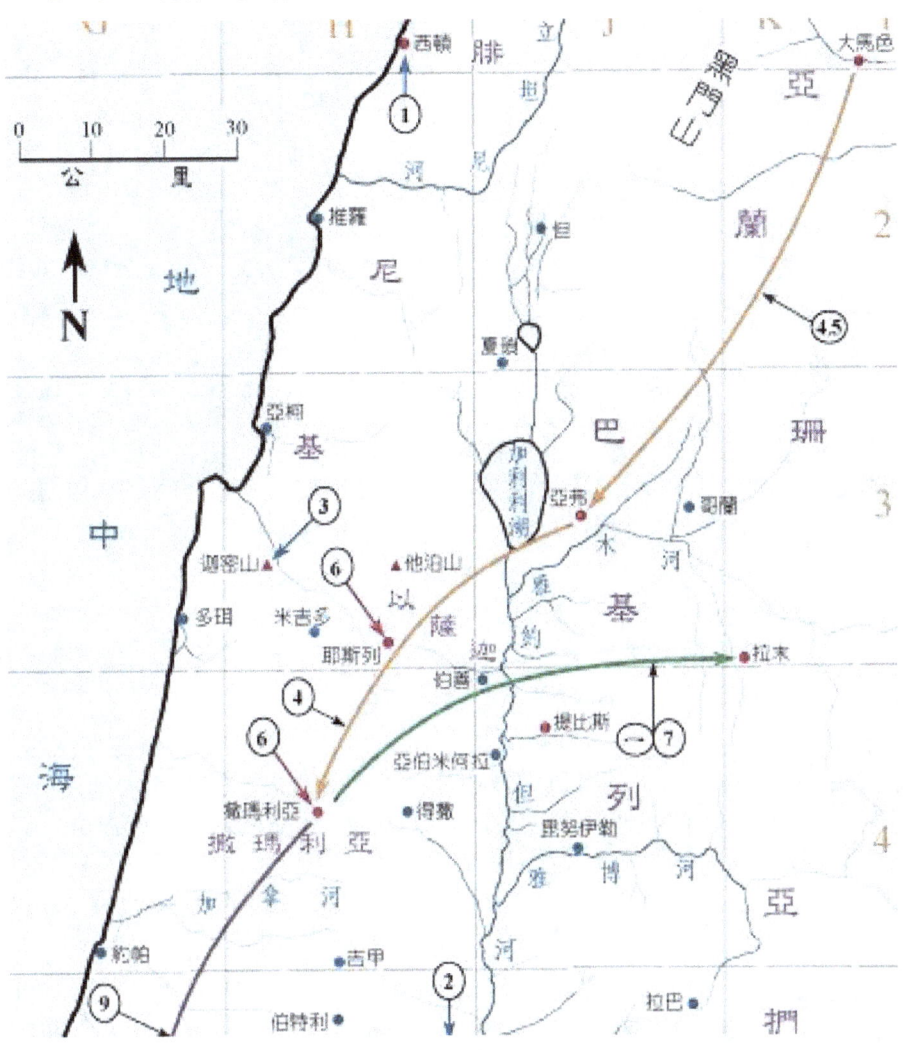

王下五章加上一个插曲，有关亚兰王的元帅乃缦得了大麻风，到撒玛利亚求以利亚医治，得到痊愈。当时在位的亚兰王应该是边哈达二世（约860-843？BC）。

王下六章，亚兰王又与以色列人争战（王下六：8），但计划被先知以利沙破坏，就派大军到多坍去捉拿以利沙。以利沙使亚兰军眼目昏迷，就跟随着以利沙走到了撒玛利亚，亚兰人因此惊恐惧怕，就撤兵回去，不敢再犯以色列。（王下六：8-23）

亚兰王还不肯罢休，王下六：24-七：20 记载了亚兰王便哈达二世上来围困撒玛利亚，城内在已绝粮的时候，以利沙预言亚兰次日必溃败，结果如所说的，上帝使亚兰军逃跑，解了撒玛利亚的围。

王下八：7-15 先知以利沙到大马色预言亚兰王便哈达二世必死，又预言哈薛（Hazael）做王。结果正如所说，哈薛篡了位，作了亚兰的王。这是应验了王上十九：15 耶和华吩咐先知以利亚膏哈薛（Hazael）作亚兰王。

约在主前 855 年，亚兰王便哈达二世（Benhadad II）及其联盟终能围攻撒玛利亚（王上第廿章），但却被击退，损失惨重。第二年，叙利亚人向位于加利利湖（Sea of Galilee）以东的亚弗（Aphek）再次进攻，结果是便哈达二世溃败，伤亡惨重，若不是亚兰国和以色列国三年没有争战(王上 22:1)，其势力可能完全崩溃。

在亚述拿西帕二世（Ashurnasirpal II）的治下（主前 883-859 年），亚述的军事力量已达至新的高峯。亚述人作战时的残暴情况可从当时的一块碑文上看见：

"我在城门的对面立了柱子，并将背叛首领的皮剥下来，铺在柱像的外壁和内壁，有些则钉在柱像的铁砧上，其他则贴在柱像周围的火刑柱上……"（参 J. Finegan, Light From the Ancient Past, 1949 年，页 170）。

亚述拿西帕二世的儿子及继承人是撒缦以色三世（Shalmaneser III；主前858-824 年），他将亚述的势力伸展至叙利亚与巴勒斯坦，而以色列王亚哈与便哈达二世便在这危机中，联合起来对付这共同的敌人。

约主前 853 年，双方在亚兰奥龙特斯河（Orontes River）的夸夸（Karkar或 Qarqar）爆发全面战争，以色列及亚兰的兵团及其战车被亚述人全面击溃。如以往，撒缦以色三世在他的库尔科(Kurkh)碑文（Monolith Inscription）上夸张记载这次伟大的胜利，和他治下的其他要事。纪年表上记载率领敌军的是哈大底谢（Hadadezer，即"便哈达二世"）和以色列王亚哈，这个事实正好提出了《圣经》以外的证据，证明亚哈是属于主前九世纪的人物。

亚述人这次击败他们，结束了亚兰国和以色列国三年和平期，亚兰与以色列的敌意突然爆发。两国再度交恶，亚哈意图从亚兰人手中，夺回基列的拉末（Ramoth-gilead），却在战场上阵亡。犹大王约沙法（Jehoshaphat；约主前872-848 年）是约兰（Jehoram；即是亚他利雅的丈夫）的父亲，在这次战役中协助亚哈，却是毫无作用的（王上第廿二章）。

当以色列王亚哈谢（Ahaziah；约主前 853-852 年）继承了亚哈的王位，随即遭藩属国摩押王（king of Moab）米沙（Mesha）背叛，藉词没有献上大卫时规定的足够贡品而被迫讨伐他。但以色列王亚哈谢出征前，却遇上意外，而先知以利亚亦曾预言其死亡（王下 1:2 及下），结果，他约在一年后去世。因为他没有嗣子，于是他的兄弟约兰（Jehoram；亚哈和耶洗别的儿子；参 王下 1:17）就约在主前 852 年，成为以色列人的领袖，前后统治了该国十二年（主前 852-841 年）。

6.15、周厉王时期

周厉王时，东方淮夷侵入伊水、洛水一带，逼近成周，而西北猃狁（以色列）直逼镐京周围。周厉王连年抵御外族，虽然在征服南方濮国获得大胜，获得东南诸国臣服，但周朝国力逐渐匮乏。内政方面，从《国语. 周语》得知，周厉王不听周定公、召穆公的劝阻，任用荣夷公，推行"专利"政策，收归山泽之利，不开放给国人使用。为了压制国人不满，推行"弭谤"政策，命卫巫监视，有谤王者即加杀戮。以至于行人来往，只能以目光、眼神来示意。这些可能是因西周中期经历多次国防需求和赏赐贵族，王室资源已趋于匮乏，只能推行这些政策，进而与贵族发生利益冲突。最后镐京爆发国人暴动（或称彘之乱），周厉王出奔到彘。周室由掌政大臣管理，太子姬静由召穆公保护，史称共和行政。共和元年即前 841 年，中国历史从这一年开始有了明确而且连续不断的帝王纪年。前 828 年，周厉王去世，太子姬静即位，号周宣王。

国人暴动

周宣王为周厉王之子。周厉王在位时，因连年对外征战，造成国内消耗巨大、国库空虚。周厉王于是任命荣夷公为卿士，实行专利政策，将山林湖泽改由天子直接控制，不准国人进入谋生。国人对此议论纷纷，厉王又命卫巫监谤，禁止国人谈论国事，违者杀戮，周厉王的高压政策最终引发国人暴动。

前 841 年，因不满周厉王的暴政，镐京的国人集结起来，手持武器围攻王宫，要杀周厉王。周厉王逃离镐京，沿渭水一直逃到彘才停下。国人攻进王宫，没有找到周厉王，转而寻找太子静。召穆公将太子藏了起来，国人围住召穆公家，要召穆公交出太子，召穆公被迫用自己的儿子冒充太子，国人杀召穆公之子，太子得以幸免遇难。

国人平息怒气离去后，宗周无主，诸侯推举共伯和代行天子职务，史称共和行政。前 828 年，周厉王死于彘，共伯和、召穆公、周定公以及诸侯拥立太子静继位，即周宣王。

共和时期

厉王在位期间，重用荣夷公，不听周定公、召穆公等人之建议，同时周厉王还实行"专利"政策（垄断山林川泽的一切收益，禁止老百姓采樵、渔猎），并且不让他们有言论自由，召穆公反对周厉王的言论压制政策，表示"防民之口，甚于防川"，以致于行人来往，只能透过眼神来示意。前 842 年，人民发动国人暴动，冲进王宫，试图杀死厉王。周厉王逃出镐京，越过黄河，逃到汾水流域的彘，朝廷由周定公及召穆公代为执政（竹书纪年说由共伯和代行天子事），史称"共和行政"。周共和 14 年（前 828 年），厉王死，周定公及召穆公立厉王之子静，是为宣王。

根据《圣经》：

以利沙来到大马士革，亚兰王便哈达正患病。有人告诉王说："神人来到这里了。"8 王就吩咐哈薛说："你带着礼物去见神人，托他求问雅伟，我这病能好不能好？"9 于是，哈薛（周厉王）用四十个骆驼，驮着大马士革的各样美物为礼物，去见以利沙。到了他那里，站在他面前，说："你儿子亚兰王便哈达打发我来见你，他问说：'我这病能好不能好？'"10 以利沙对哈薛说："你回去告诉他说，这病必能好；但雅伟指示我，他必要死。"11 神人定睛看着哈薛，甚至他惭愧。神人就哭了。12 哈薛说："我主为什么哭？"回答说："因为我知道你必苦害以色列人，用火焚烧他们的保障，用刀杀死他们的壮丁，摔死他们的婴孩，剖开他们的孕妇。"13 哈薛说："你仆人算什么，不过是一条狗，焉能行这大事呢？"以利沙回答说："雅伟指示我，你必作亚兰王。"14 哈薛离开以利沙，回去见他的主人。主人问他说："以利沙对你说什么？"回答说："他告诉我你必能好。"15 次日，哈薛拿被窝浸在水中，蒙住王的脸，王就死了。于是哈薛篡了他的位。（王下 8:7-15）

希伯来圣经记载了亚兰-大马士革的历史，主要是与以色列和犹大的互动。有一些圣经文本提到了公元前 10 世纪大卫统治下的以色列联合王国与叙利亚南部的亚兰人之间发生的战斗。

公元前 9 世纪，哈薛与亚述人作战，对叙利亚北部的温奇州有一定影响，并征服了以色列。

在西南方向，亚兰-大马士革到达了戈兰的大部分地区，一直到加利利海。

但丘石碑的发现及其意义

"但丘石碑"的最大碎片"片段 A"，是 1993 年 7 月在以色列北部的但丘上发现的(Biran and Naveh 1993; Wood 1993)。然后在 1994 年 6 月，发现了另外两个标记为"片段 B"的连接片段(Biran and Naveh 1995).片段 A 和 B 在一起仅代表更长的铭文的一小部分。语言是亚兰文，它庆祝亚兰王击败以色列和犹大。这是在以色列王国时代发现的第一个皇家铭文。

　　但丘铭文是在以色列王国时期发现的第一个皇家铭文。片段A（右）于1993年被发现，片段B（左）于一年后被发现。定期约为主前841年，原始铭文至少提到八位圣经中的王。

　　该文件最令人震惊的方面是将犹大称为"大卫家"。有人认为，这是大卫的名字首次出现在圣经以外的文件中。然而，大约在同一时间，两位法国学者安德烈·勒梅尔（AndréLemaire（1994）和埃米尔·普希（ÉmilePuech）（1994））各自在已经发现了100多年"米沙碑文"（Mesha Inscription）留意到这词组。（Wood 1995）。现在，很可能这是第三个铭文有大卫名字的。埃及学家契忱（K.A. Kitchen）认为，"大卫高地"一词出现在埃及卡纳克神庙阿蒙神庙（Karnak）的示撒碑文中（1997: 39 - 41）。当许多学者挑战联合王国和一位叫做大卫的国王的存在时，所有这些就被发现了！

　　不幸的是，但丘石碑的开头不见了。制造纪念碑的国王的名字，以及引起纪念仪式的事件，应该就是记录在这地方。但是，随着片段B的发现，我们可以确定石碑在历史上的位置了。片段B中保留了两个国王的名字的一部分：主前852年至841年，以色列王亚哈的儿子约兰（Joram），以及主前841年犹大王（大卫家）约兰（Jehoram）的儿子亚哈谢。有了这些新信息，就有可能将石碑归功于大马色（大马士革）的亚兰王哈薛（周厉王）。无疑是他在但这地方，为纪念他于主前841年，在约瑟夫·拉莫斯·吉拉德（Ramoth-Gilead），击败约兰和亚哈谢的胜利而设立的（王下8：28 - 29）。

　　在本文中，我们将看看与石碑有关的六位国王：哈薛（周厉王）的前任者（便哈达二世，Ben-Hadad Ⅱ），哈薛，约兰（Joram），约兰（Jehoram），亚哈谢和耶户。由于石碑是一些碎片，各行之间有空白，于是引起不同的解读。下面的翻译是该铭文的原始发行者 Avraham Biran 和 Joseph Naveh（1995）的译文。数字是铭文的行号，方括号内的部分是恢复的部分。

　　1.　[...]然后切

2. [...]当他在……打杖时，我父亲上去[攻击他]

3. 我父亲投降，他去找他的[祖先]和我的国王[ ]

4. 以色列以前曾进入我父亲的土地。[和]哈达使我成为国王。

5. 哈达走在我之前，[我]离开了[七个] [...-]

6. 我的王国的，我杀了 [七十个王]，他们套上 [七十部战车]

7. 和数千名骑兵。 我杀了 [亚哈的儿子约兰]

8. 以色列国王。和[我]杀了[约兰]的儿子[亚哈谢]

9. 大卫家的。 然后，我将[他们的城镇变成废墟并把]

10. 他们的土地变成[荒芜...]

11. 其他[...和耶户]

12. 统治 [以色列 ...，我]

13. 围攻[...]

亚兰-大马士革的哈薛王　　　　　很有可能日本人也是亚兰人的后代

他的功绩

哈薛（（周厉王）英语：Hazael, /ˈheɪziəl/；希伯来语：חֲזָהאֵל, 现代 Ḥazaʾēl 提比里亚 Ḥazāʾēl；亚拉姆语：חזאל，他的名字意为，"上帝看见了"；罗马化：Ḥa-za-ʾ-ilu）原来为大臣，后来成为亚兰国王，被圣经提及。 在他的统治下，亚兰大马士革 扩张成为一个疆域涵盖大部分叙利亚和以色列的帝国。

但遗址石碑（Tel Dan Stele）：

但遗址石碑 被大多数学者认为是哈薛王在打败以色列和犹大国王后树立的。 最近在 es-Safi/迦特 的考古发掘发现了哈薛围攻和征服迦特的大量证据。Telll Zeitah 在公元前九世纪被毁也可能是哈薛军事征服的结果。犹大国王约阿施 抢在哈薛入侵之前将王宫和圣殿的大量财物上贡哈薛，避免了被攻打。

哈薛统治有 42 年，约在主前 842 – 800 年，是亚兰国最强的王。在旧约以及当代亚述铭文中多次被提到。

以利沙预言哈薛将对以色列造成伤害，他上位之后开始应验。他在加利利海东南 50 公里（30 英里）的基列拉末（Raoth Gilead）击败了以色列和犹大的联合军队。哈薛在第 9 行和第 10 行中的自夸 "他们的城镇变成废墟，并他们的土地变成（荒芜...）"，这很可能是指他在基列拉末击败了以色列和犹大。

以色列国王约兰在战斗中受伤。犹大王亚哈谢去耶斯列探望访约兰。正是在那个时候，耶户刺杀了约兰和亚哈谢，并成为了北王国的下一任国王。

在哈薛石碑的第 7 行和第 8 行，他为约兰和亚哈谢的死亡领功。无论是夸大其词，还是耶户是哈薛的特务，我们无法确定。然而，有趣的是，上帝命令以利亚膏哈薛为王（王上 19:15），这是非常不寻常的情况。在以色列和犹大的历史中，上帝利使用哈薛实现了他的目的。

在接下来的五年中， 约主前 841 – 836 年，哈薛被亚述人攻击，所以没有打扰以色列。沙勒曼尼瑟三世（Shalmaneser III）在位第 18 年（约主前 841 年）与哈薛在示尼珥山（Mt Senir）交战。他夸口杀死 16,000 名亚兰士兵。他还俘获了 1,121 辆战车，470 辆骑兵马和哈薛的营地。他在大马士革围困了哈薛，砍伐了他的花园(Oppenheim 1969: 280).

沙勒曼尼瑟三世的第 21 年（约主前 838 年）， 他征服了哈薛的四个较大城镇(Oppenheim 1969: 280)。亚述古城（Assur）的大理石珠上的铭文写道：来自大马士革哈薛王居，玛拉哈镇（Mallaha）谢鲁神庙（temple of Sheru）的战利品(Oppenheim 1969: 281)。

两个象牙，可能是亚述人的战利品，背面刻有 "我们的主哈薛" 的字样。(Pitard 1997: 104; Ephal and Naveh 1989: 197)

836 年以后，哈薛继续侵略以色列和犹大。在耶户统治期间（约主前 841-814 年），他占领了约旦河以东的所有以色列领土（王下 10：32-33）。亚哈谢的儿子约阿施 23 年（王下 12：6，约主前 815-814），哈薛攻占迦特并进攻耶路撒冷（王下 12:17）。约阿施给他钱，拯救了皇城：″犹大王约阿施将他列祖犹大王约沙法，约兰，亚哈谢所分别为圣的物和自己所分别为圣的物，并耶和华殿与王宫府库里所有的金子都送给亚兰王哈薛。哈薛就不上耶路撒冷来了。″（王下 12:18）。

毫无疑问，在亚述人的突袭之后，哈薛补充了金库。耶户的儿子约哈斯（约主前 814-798 年）″行耶和华眼中看为恶的事″（王下 13：2）。结果，

耶和华的怒气向以色列发作，将他们交在亚兰王哈薛和他儿子便哈达三世的手下很长一段时间（王下 13：3；参 13:22）。

和哈薛战争，为以色列军队造成了沉重打击。它减少到 10,000 名士兵，50 名骑兵和 10 辆战车（王下 13：7a）。″亚兰王灭绝约哈斯的民，践踏他们如禾场上的尘沙，″（王下 13：7b）。救援来自耶和华，他″赐给以色列人一位拯救者，使他们脱离亚兰人的手。″（王下 13：5；参 13:23）。

这个救助者最有可能是亚述国王阿达尼拉里三世（Adadnirari III，约主前 810-783 年），他于 806 年袭击了大马士革（Oppenheim 1969：281-82）。约在约哈斯的儿子约阿施登基的时候，哈薛去世（约主前 798 年，王下 13:24）。

周厉王姬胡（前 877 年—前 841 年）前 858—前 841 年在位，18 年。

他在位期间，横征暴敛，加重了对劳动人民的剥削，同时还剥夺了一些贵族的权力，任用荣夷为卿士，实行"专利"，将社会财富和资源垄断起来。因此招致了贵族和平民的不满。他还不断南征荆楚，西北方面又防御游牧部落，西北戎狄，特别是猃狁（以色列），不时入侵。与周边的少数民族也有矛盾。曾臣服于周的东南淮夷不堪承受压榨，奋起反抗。

周厉王为压制国人的不满，任用卫巫监视口出怨言的人，发现就立即杀死，这些引得国内各项矛盾愈来愈尖锐。公元前 841 年，发生了国人暴动，人民包围了王宫，袭击厉王，他仓皇而逃，后于公元前 828 年死于彘（今山西霍县）。

亚兰王哈薛统治有 42 年，约前 842 – 800 年。

亚述王撒缦以色三世在位第十八年（约主前 841 年）攻击亚兰的联盟国，这联盟包括以色列、大马色及沿岸的城邦，以色列王耶户选择了给撒缦以色三世纳贡而不愿与别国联手对抗亚述，而这个内在有缺陷的联盟，便只剩下哈薛去面对亚述全面的攻击。1846 年，在尼尼微（Nineveh）的皇宫发现了著名的″

撒缦以色三世的黑色方尖碑"（Black Obelisk of Shalmaneser III）记录了一位被掳者，跪在地上，双手伏地，鼻子和下巴贴地，拜在君主面前，呈献礼物：

"暗利儿子耶户的贡品包括：金银、金碗一只、金杯和金桶各一、另有金造和铅造的水罐，为王的手而献的杖和枪，我把这些贡物全收下。"（J. Finegan, Light From the Ancient Past, 1949 年，页 172 及插图 73）。

亚兰王哈薛对抗亚述的侵略达四年之久，后亚述因其北疆告急，乃从亚兰撤兵回国守卫边防。而哈薛则乘机扩张亚兰的领土，残酷地攻击以色列，以报复以色列人不出手援助主前 841 年的战役。

以色列王耶户卒于主前 814 年，儿子约哈斯（Jehoahaz）继位，统治以色列十七年（主前 814-798 年）。他在位期间，一直受哈薛征服，被迫裁军和向他朝贡。哈薛拓展领土，向南侵占非利士平原，以色列的领土剩下以法莲（Ephraim）山地，哈薛更攻取迦特（Gath），威胁耶路撒冷。

犹大王约阿施用圣殿的财宝讨好他（王下 12:17 及下），犹大国自此便作了亚兰的附庸国，约阿施在大卫兴建的米罗（Millo）宫中，被他臣仆所弑，犹大国附属于亚兰的关系才告终。

王下十：32-36 在耶户作以色列王的时候（Jehu, 841-813BC)，那是一个非常动荡不安的年代，圣经说："耶和华才（开始）割裂以色列国，使哈薛（Hazael）攻击以色列的境界，乃是约旦河东、基列全地，从靠近亚嫩谷边的亚罗珥起，就是基列和巴珊的迦得人、流便人、玛拿西人之地。"（王下十：32-36）

代下二十四：23-24 还记载了亚兰的军兵上来攻击犹大王约阿施（Joash I, 835-795BC）。这时的亚兰王应该是哈薛。

23 满了一年，亚兰的军兵上来攻击约阿施，来到犹大和耶路撒冷，杀了民中的众首领，将所掠的财货送到大马士革王那里。
24 亚兰的军兵虽来了一小队，耶和华却将大队的军兵交在他们手里，是因犹大人离弃耶和华他们列祖的上帝，所以借亚兰人惩罚约阿施。

6.16、周宣王时期

周宣王攻猃狁之战和虢季子白

猃狁（以色列）是位于中国北方和西北方的部族，在周厉王时期就曾出动部队劫掠镐京周围的财物及人口，被大臣武公派多友击退。前 823 年，猃狁（以色列）再次进攻西周，主力部队集中于焦获，前锋部队抵达泾阳，直接威胁到镐京和旁京的安全，周宣王命尹吉甫率军反攻。尹吉甫以元戎十乘为先头部队，日行三十里在彭衙击败猃狁，继而追击至太原。周宣王又派南仲率兵至朔方筑城设防，缓解了猃狁的威胁。前 816 年，周宣王派虢季子白率军攻打猃狁，在洛水北岸大败猃狁，斩首 500 人，俘获 50 人。虢季子白在班师回朝举行献俘礼时，又命属下不其率兵追击败退至洛水的猃狁，取得胜利。此战过后西周解除了猃狁之患，周宣王在太庙为虢季子白举行了隆重的庆典来表彰他的功绩，赏赐他马匹、弓箭、彤矢和斧钺并赐予其征讨蛮夷的权力。

周宣王东征之战

东夷部族，自周穆王时期开始强盛，多次入侵伊水、洛水流域。周厉王时期，曾为西周南方屏障的鄂国国君鄂侯驭方联合淮夷、东夷大举进攻西周，深入周朝腹地。周厉王调集西六师和殷八师派虢公长父征讨，未能取胜。多亏大臣武公派属下禹调动兵车百辆、甲士 200、徒兵千人参与作战，最终击退联军，俘获鄂侯，灭亡鄂国。周厉王随后又与虢公长父亲自率兵征讨淮夷至角、津、桐、遹，终于平定了这次叛乱。战后淮夷震慑于周朝的武力，稍加臣服。前 823 年，周宣王命尹吉甫向淮夷征收布帛、财宝、粮食及力役，并且颁布法令，规定淮夷在经商时，不得扰乱当地的治安和市场秩序。后因淮夷停止纳贡以及再次反叛，周宣王命召穆公率军征讨。据《师寰簋铭文》记载，此战师寰作为随军将领统帅齐、杞、莱等国军队，消灭了淮夷的冉、翼、铃、达四位首领，获得俘虏、牲畜及财物，取得战功。此战过后，淮夷彻底臣服于西周。

屡战屡败

周宣王攻太原戎之战、周宣王攻条奔戎之战和千亩之战

周宣王晚年多次对周边部族用兵，但大多以失败而告终：

前 797 年，周宣王派军队攻打太原之戎，没有成功。

前 792 年，周宣王派军队征讨条戎、奔戎，战败。

前789年，周宣王派军队征讨申戎获得胜利。同年，周军在千亩之战大败于姜戎，南国之师全军覆没，周宣王在奄父的帮助下才得以突围。

周宣王于前782年去世，其子周幽王宫湦继位。关于周宣王的死因，许多著作记载为周宣王游猎圃田时，杜伯的冤魂乘白马白车，由司空锜护左，大臣祝护右。杜伯戴着红帽子从道边奔驰而来，执红弓搭红箭，一箭射中宣王心脏，周宣王脊梁折断后倒伏在箭囊上而死。

周宣王伐西戎之战

西戎是对中国古代西部部族的统称，长期威胁西周王朝的西部边境。周宣王在位时，多次命诸侯征讨西戎。前824年，周宣王任命秦仲为大夫，命其带兵征讨西戎。前822年，秦仲战败身亡，周宣王召见秦仲之子秦庄公兄弟五人，给他们7000兵卒，命令其讨伐西戎。秦庄公击败西戎，周宣王封秦庄公为西垂（又称西犬丘）大夫，加封大骆西犬丘的土地。

便哈达三世(周宣王 Benhadad III，约 796-770？BC）

王下十三：1-9 以色列王约哈斯作王时（Jehoahaz I，813-805BC），由于他行耶和华眼中看为恶的事，耶和华屡次将以色列交在亚兰王哈薛和他儿子便哈达三世的手里。圣经说：

4 约哈斯恳求耶和华，耶和华就应允他，因为见以色列人所受亚兰王的欺压。
5 耶和华赐给以色列人一位拯救者，使他们脱离亚兰人的手。于是以色列人仍旧安居在家里。
6 然而，他们不离开耶罗波安家使以色列人陷在罪里的那罪，仍然去行，并且在撒玛利亚留下亚舍拉。
7 亚兰王灭绝约哈斯的民，践踏他们如禾场上的尘沙，只给约哈斯留下五十马兵，十辆战车，一万步兵。
8 约哈斯其余的事，凡他所行的和他的勇力，都写在以色列诸王记上。
9 约哈斯与他列祖同睡，葬在撒玛利亚。他儿子约阿施（Joash，805-790BC）接续他作王。

谁是那位"拯救者"，帮助以色列脱离亚兰人的手呢？他是亚述王亚达尼拉利三世（Adad-nirari III，811-783BC），在803BC击败亚兰军。

王下十三：14-19 以利沙死前对以色列王约阿施（Joash，805-790BC）预言说，他必在亚弗打败亚兰军三次。

王下十三：22-25 预言果然应验：

22 约哈斯年间（Jehoahaz I，813-805BC），亚兰王哈薛（Hazael，约841-796？BC）屡次欺压以色列人。
23 耶和华却因与亚伯拉罕、以撒、雅各所立的约，仍施恩给以色列人，怜恤他们、眷顾他们，不肯灭尽他们，尚未赶逐他们离开自己面前。

24 亚兰王哈薛死了，他儿子便哈达(Benhadad III，约 796-770？BC）接续他作王。

25 从前哈薛和约阿施的父亲约哈斯争战，攻取了些城邑；现在约哈斯的儿子约阿施（Joash 805-790BC）三次打败哈薛的儿子便哈达，就收回了以色列的城邑。

周宣王（约前 862 年—前 782 年），姬姓，名静，一作靖。西周第十一代天子，周厉王之子，在位 46 年。

周宣王继位后，政治上任用召穆公、尹吉甫、仲山甫、程伯休父、虢文公、申伯、韩侯、显父、仍叔、张仲一帮贤臣辅佐朝政；军事上借助诸侯之力，任用南仲、召穆公、尹吉甫、方叔陆续讨伐猃狁（以色列）、西戎、淮夷、徐国和楚国，使西周的国力得到短暂恢复，史称"宣王中兴"。但周宣王晚年对外用兵接连受挫，尤其在千亩之战大败于姜戎，南国之师全军覆没，加之独断专行、不进忠言、滥杀大臣，宣王中兴遂成昙花一现，也为西周在周幽王时期的灭亡埋下了伏笔。

周宣王前期励精图治。政治上任用大臣辅佐朝政，修建宫殿。命仲山甫在齐国筑城来加强防备。九年在成周洛邑大会诸侯。军事上任用将领与诸侯，讨伐四周方国异族。命召穆公率齐国、纪国与莱国等军伐淮夷胜利。并派尹吉甫管理成周到淮夷一带的财政。如果淮夷不听话，还可用军队压制。还有派南仲皇父率六师伐徐国，派方叔伐荆楚。对外战事又以反攻猃狁（以色列）最为重要。五年，周宣王率尹吉甫亲征猃狁（以色列）会战于彭衙，命南仲皇父至朔方筑城御敌。十二年派虢宣公伐猃狁（以色列）于洛水。虢宣公可能还派秦庄公于洛水一带追击。又分封诸侯，周室灭谢国后，封申伯于谢，建南申国（摩押），与吕国（亚扪）成为周室南方的重镇。前 806 年周宣王封其弟友于郑，建立郑国。西周的国力得到短暂恢复，史称宣王中兴。

周宣王后期对外屡战屡败，且改动周公制度，干涉诸侯继承。战事方面，周室征伐太原之戎、条戎与奔戎惨败，只有对申戎（即西申国）获胜。但又被姜戎击败于千亩。在制度方面，从《国语·周语上》得知有"不藉千亩"、"料民于太原"与"立戏伐鲁"。共和年间，大量公田被贵族私占（藉田礼废）。所以周宣王宣布废除藉礼，承认公田私有化，改行按亩征收实物的"彻"制。由于废除周公的制度，虢文公表达抗议。由于南国之师全军覆没，战事频频导致人口流动，周宣王不听仲山甫劝谏，于太原清算人口来补充军队损失。"立戏伐鲁"的作法，动摇嫡长子继承制。周宣王以个人喜好，废除鲁武公的长子括改立少子戏为继承人，使鲁国内乱，最后派兵平定乱事。关于周宣王的死因，也带有神话的成分。总之，前 782 年周宣王去世，其子姬宫涅继位，号周幽王。

根据《世界史的故事》作者：苏珊·怀斯·鲍尔描述：

在周宣王统治时期，最大的威胁来自西部的部落。这些部落在周朝被称为"猃狁"。猃狁可能不是某一个部落的名字，而是指几个为了从周朝掠夺财富而联合在一起的游牧部落。

在其统治的第五年至第十二年，周宣王多次率兵抵抗猃狁的侵犯，捍卫自己的疆土。猃狁比之前入侵的那些部落更加难以对付，其中一个原因是他们使用战车，因此抵御猃狁侵犯的战争持续了很久很久。《诗经·小雅》的一首诗中就有因猃狁侵犯而引发的哀叹，这是一位驻守边疆的士兵发出的抱怨：

> 靡室靡家，
> 猃狁之故。
> 不遑启居，
> 猃狁之故……
> 岁亦阳止。
> 王事靡盬，
> 不遑启处。
> 忧心孔疚。

最终，在周朝的抵御下，猃狁退兵，并且在史书中消失了一段时间。但是，周宣王战胜蛮夷部落并没有提升自己在子民心目中的权威。没过多久，他就又开始与各诸侯斗争，他的时运变得愈发不济，据史书记载，诸侯时常违背王令。

在位第46年时，周宣王去世。他的儿子周幽王即位，西周走向灭亡。周幽王刚一即位，王都就发生了一次地震，地震引起的滑坡把给供给王都淡水的河道切断了。当朝的一位大夫感叹道：

> 夫水土演而民用也。土无所演，民乏财用，不亡何待！昔伊、洛竭而夏亡，河竭而商亡。今周德若二代之季矣，其川原又塞，塞必竭。夫国必依山川，山崩川竭，亡国之征也。川竭必山崩。

果不其然，司马迁写道："是岁也，三川竭，岐山崩（紧挨大马士革西面的黑门山地震，实际上大马士革就在黑门山角下，从山上是可以看到它的。）。"

滑落至河流中的泥土阻断了河流，使王都没有了水源，周幽王的爷爷周厉王就曾想象堵塞河流那样堵住悠悠众口，如今恰好形成了绝妙的讽喻。周朝的灾祸已经四处蔓延开来，而上天也会因此收回天命，所以周朝的统治也走到了尽头。

6.17、周幽王时期

根据中国人的文献，幽王失国：

周幽王姬宫涅（前 795 年—前 771 年）前 782 年—前 771 年在位，11 年。

周幽王姬宫涅，周宣王（姬静，周朝第十一位王）的儿子，西周末代君主。出生于公元前 795 年（周宣王三十三年）。公元前 782 年（宣王四十六年）即位，以明年为元年。继位后，自然灾害严重，泾、渭、洛"三川皆震"。他贪婪腐败，不问政事，重用"为人佞巧，善谀好利"的虢石父进行专利，引起国人强烈不满。又废嫡立庶，废除申后及太子宜臼，立褒姒为后及其子伯服为太子，并加害太子宜臼，致使申侯、缯侯和犬戎各部攻宗周。周幽王为取悦褒姒，数举骊山烽火，失信于诸侯。结果，被犬戎兵杀死于骊山之下，公元前 771 年，西周灭亡。

周幽王时期，周室走向瓦解崩溃。虢石父（皇父）受周幽王重用执政，但是他好利贪污，还将搜刮的财富运往向邑，国人皆怨。二年关中发生地震、山崩和旱灾，国人认为这是掌权者乱政导致的，连伯阳父都说"周将亡矣"。郑桓公听从伯阳父的建议，将族人东迁至东虢国与邻国之间，准备重建郑国。虢石父攻灭焦国，准备东迁西虢国。当时西戎屡侵周土，伯士于伐六济之戎战败而死，秦襄公之兄伯父于犬丘抵御西戎战败被掳。

周幽王废立太子之事，将西周推入深渊。周幽王讨伐褒国而获得褒姒，周幽王十分宠爱她。周幽王废正后西申侯之女及太子宜臼，改立褒姒为后及其子伯服为太子，宜臼只能投奔西申国。申侯联合鄫国与西戎拥护宜臼，周幽王也在隔年出兵伐西申国。最后申鄫引西戎、犬戎击败周幽王。前 771 年镐京陷，犬戎于戏地骊山杀周幽王、太子伯服与郑桓公，俘虏褒姒，尽取周赂而归，史称犬戎之祸，西周亡。

利汛（Rezin）（以色列王比加 Pekah，736-731BC？和犹大王约坦 Jotham，750-730BC？/亚哈斯 Ahaz，741/730-715BC 时代）

王下十五：32-38

32 以色列王利玛利的儿子比加（Pekah，736-731BC？）第二年，犹大王乌西雅的儿子约坦登基（Jotham 750-730BC？）。
33 他登基的时候年二十五岁，在耶路撒冷作王十六年。他母亲名叫耶路沙，是撒督的女儿。

34 约坦行耶和华眼中看为正的事，效法他父亲乌西雅（Uzziah,776/775-736/735BC）一切所行的；

35 只是邱坛还没有废去，百姓仍在那里献祭烧香。约坦建立耶和华殿的上门。

36 约坦其余的事，凡他所行的，都写在犹大列王纪上。

37 在那些日子，耶和华才使亚兰王利汛（Rezin）和利玛利的儿子比加（Pekah the son of Remaliah）去攻击犹大。

38 约坦与他列祖同睡，葬在他祖大卫城他列祖的坟地里。他儿子亚哈斯接续他作王。

王下十六：5-9

5 亚兰王利汛（Rezin）和以色列王利玛利的儿子比加（Pekah son of Remaliah king of Israel）上来攻打耶路撒冷，围困亚哈斯（Ahaz，741/730-715BC），却不能胜他。

6 当时，亚兰王利汛收回以拉他（Elath）归与亚兰，将犹大人从以拉他赶出去。亚兰人（注：有作"以东人"的）就来到以拉他，住在那里，直到今日。

7 亚哈斯差遣使者去见亚述王提革拉毗列色（Tiglath-pileser III，745-727BC）说：'我是你的仆人、你的儿子。现在亚兰王和以色列王攻击我，求你来救我脱离他们的手。'

8 亚哈斯将耶和华殿里和王宫府库里所有的金银都送给亚述王为礼物。

9 亚述王应允了他，就上去攻打大马士革，将城攻取，杀了利汛，把居民掳到吉珥（Kir）。

经外文献告诉我们，亚述王提革拉毗列色（Tiglath-pileser III，745-727BC）是在740BC夺取了亚兰人在叙利亚北部的重镇亚尔拔（Arpad）（叙利亚西部，阿勒坡 Aleppo 之北约25公里，王下十八：34，十九：13）；720BC撒珥根二世将西亚兰全地消灭。底格里斯河下游的亚兰地区保持独立的时间较长。

东迁的原因据《史记》推测，是为了避犬戎。现今学者则提出许多说法，未有定论：

1、认为犬戎助周平王杀周幽王，是友非敌。当时因为镐京残破，成周离申国较近，可依申国自保。

2、哲认为平王东迁是为了避秦。秦襄公是站在周幽王一边，与周平王是敌对关系。

3、生认为平王是被秦、晋、郑诸侯逼迫而东迁，因为秦、晋、郑等诸侯想趁周乱夺取利益，例如土地与爵位，所以挟周平王东迁，还强迫周平王给予"肱股之臣"、"贤"、"卓"的美誉。

4、春认为平王东迁的成周，四周有犬戎、申戎、鄪戎、伊洛之戎等等戎族，平王东迁反而投戎去了。这是因为他需要申戎等同盟者的保护，也可摆脱百年来的天灾造成的困境。

5、林认为平王东迁洛邑的因素是多方面的，但寻求晋、郑、鲁、卫等诸侯国的保护则是其中最主要的一项。

王红亮参考《系年》、《古本竹书纪年》，认为旧太子宜臼（即周平王）早在投奔西申国时就被拥护为天王，周幽王才发兵攻西申国。而申鄪引西戎犬戎袭击镐京，解申之围，周平王趁机逃离西申国到少鄂。"周亡王九年"，因为邦君诸侯不朝周室，晋文侯带周平王到京师。三年后，周平王东迁到成周。而郑武公也向东方诸侯宣示周平王为周王。

根据教会网站和《圣经》以及亚述人的明文有：

公元前 8 世纪，利汛 Rezin 曾是亚述国王提革拉彼列色三世的支流。在公元前 732 年，他与以色列王比加结盟，攻打犹大王亚哈斯；亚哈斯向提革拉比列色三世求助，亚述王在犹大进贡后提供了帮助。随后，Tiglath-Pileser III 进攻大马士革并吞并了亚兰。王国的人口被驱逐出境，利汛被处决。Tiglath-Pileser III 在他的铭文中记录了这一行为。

1、亚哈斯差遣使者去见亚述王提革拉·毗列色说："我是你的仆人、你的儿子。现在亚兰王和以色列王攻击我，求你来救我脱离他们的手。"

2、亚哈斯将耶和华殿里和王宫府库里所有的金银都送给亚述王为礼物。

3、亚述王应允了他，就上去攻打大马色，将城攻取，杀了利汛，把居民掳到吉珥。

另有：利汛 Rezin 与许多黎凡特国王（例如，提尔的希勒姆二世）合谋反抗提革拉-皮勒色三世。Rezin 的统治于公元前 732 年结束，当时 Tiglath-Pileser III 洗劫了大马士革并吞并了亚兰：

为了保命，他（Raḫiānu）独自逃亡，进入了他的城门（像）一只猫鼬。我让他最重要的人活着，同时让他的土地（人民）守望。四十五天以来，我在他的城市（周围）建立了我的营地，并将他（那里）关在笼子里。我砍伐了他的种植园、（...）、（和）果园，它们数不胜数；我没有留下一个（站立）。我包围（并）占领了（城市...）ḫādara，大马士革土地的 Raḫiānu（利汛 Rezin）的祖籍，他出生的地方。我带走了 800 人，以及他们的财产、牛、（和）他们的绵羊和山羊。我从 Kuruṣṣâ（和）Samaya 城带走了 750 名俘虏，（以及）从 Metuna 城带走 550 名俘虏。就像大洪水之后的讲述一样，我摧毁了大马士革土地 16 个区的 591 个城市。（RINAP 1，Tiglath-Pileser III 20，I. 8'-17'）

亚述人的铭文表明，提革拉毗列色从公元前 734 年到 732 年在黎凡特进行了为期三年的战役。第一年，他进攻腓尼基人，洗劫了沿海城市推罗和西顿。

第二年，他蹂躏了亚兰的土地和生活在沙姆西女王统治下的外约旦的阿拉伯人。尽管他在战场上击败了亚兰人，但未能攻下大马士革。第三年，他成功占领了大马士革，在那里杀死了利津王。他还摧毁并夷平了以色列北部的村庄。他吹嘘要杀死比加王，并让何细亚登上王位。只剩下撒玛利亚的坚固首都，整个土地都沦陷了。考古证实许多在此期间被毁的城市从未重建。

根据圣经（2 Kings 16），大马士革的洗劫是由犹大王亚哈斯煽动的，并以 Rezin 的处决而告终（2 Kings 16:7-9）。Rezin 的执行既没有得到独立证据的证明，也没有得到证实。

在这里必须强调一下，周幽王的"幽"就是古汉语或者是广东话对 Rezin 的音译。看来幽王犯了两个错误：1 是不该联合以色列人去攻打阿拉伯人掌控的"犹大国"，阿拉伯人是只讲利益，不讲原则的。2 不该死守大马士革，而是应该放亚述人进城，然后共同去攻打"犹大国"。据说:公元前732年，亚述军队进攻叙利亚首都大马士革，大马士革军民拼死抵抗，誓死不降，城破之后被亚述军队斩下的首级竟然堆成了一座小山。

由于这次行动最初是以色列人和亚兰人的共同行为，而且他们之间明显有更亲密的亲缘关系，这相当于阿拉伯人利用第三方外强来消灭以色列人族群，这就是为什么以色列人和阿拉伯人结下"世仇"不共戴天，延绵近三千年直到今天。同样以色列人也是那种有仇必报的族群，随后被遣散的大批以色列人，他们也鼓动和利用第三方外强来试图消灭阿拉伯人，而且也非常成功的把犹大国从地图上抹去。这是后面会介绍的。

以色列的第一次被掳：亚述先掳走位于南方的三支派

至于犹大国，在父亲乌西雅统治期间，儿子约坦（Jotham）已经同时摄政多年，并于约主前750年继承王位。约坦（约主前750-732年）对如何维持往昔的物质繁荣，十分关注。他除了增加了先父乌西雅向亚扪人（Ammonites）征收的贡品外，仍继续实行和平政策。但是，在他统治的后期，大马色王利汛和以色列王比加结盟，使犹大的安全受威胁。其嗣子亚哈斯（Ahaz；约主前735-716年）继位时，则要面对这日益壮大的亚兰联盟。虽然犹大国面对侵略，耶路撒冷甚至被围，他仍拒绝参加这个联盟。

事实上，犹大王亚哈斯为人卤莽，虽然先知以赛亚预言神会拯救犹大（赛7:1-12），他却因亚兰人占据了亚喀巴湾的以拉他（Elath）而感到异常惊惧（王下16:6），因此紧急向亚述求助。亚哈斯此举的代价，就是使国库大量外流，而且使犹大国成为亚述的附庸国达一百年之久。非利士人及以东人也乘虚而入，侵占犹大国的地土（代下28:17-18）。

亚述王提革拉毗列色三世亦感到亚兰联盟对其安全的威胁，便接纳了犹大王亚哈斯从圣殿及皇宫宝库筹集的金银贡物（王下16:7及下），并且向亚兰联盟国进军。他挥军攻进亚兰，围攻城墙一段长时期后，终在主前732年攻陷大马色，杀了其君王利汛，这就应验了先知预言的毁灭（摩 1:4；赛 8:4，17:1）。

不久，提革拉毗列色三世继而进军以色列，掳走了流便支派（tribe of Reuben）、迦得支派（tribe of Gad）和玛拿西半支派（half-tribe of Manasseh），将他们转运至米所波大米（Mesopotamia），这是以色列人第一次被掳（代上 5:26）。大马色的亚兰王朝因利汛之死遂灭亡，而新亚述便成了近东的支配者。

关于故事"烽火戏诸侯"，源自《史记·周本纪》提到的"幽王举烽火征兵，兵莫至。"。是指周幽王为褒姒烽火戏诸侯，导致犬戎入侵时无诸侯响应勤王。现今学者认为是虚构的：钱穆在《国史大纲》提到："此委巷小人之谈。诸侯并不能见烽同至，至而闻无寇，亦必休兵信宿而去，此有何可笑？举烽传警，乃汉人备匈奴事耳。骊山一役，由幽王举兵讨申，更无需举烽。"。从清华简也可知，周幽王进攻申国，而申侯联络戎族打败周王，西周因而灭亡。竹简上并没有"烽火戏诸侯"的故事。学者刘国忠认为这个故事是虚构的。

"独自逃跑的"叙利亚的首领，就是"周平王"，他带领包括叙利亚的阿拉米人和以色列人在内的"众多周族部落"东迁至东亚。而后来最晚到东亚的"秦人"应该就是，被波斯人灭掉的"新巴比伦人"，他们后来统一了中国成为"秦朝"。而在这之前的前 1046 年，到达中国的所有帮国，应该就是被阿拉米人战败的中亚述人极其邦国，即被周人战败的商人。他们最早迁至中国，在前 720 年左右周朝部族大规模来到东亚后，商人后裔被迫迁往河南和山东等地。他们在中国西部的地盘，被后来的周人所占领，这就是春秋初期发生的事。

根据中国历史大事年表：

前 780 年　幽王二年	• 泾水、渭水、洛水三川竭，岐山崩
前 771 年　十一年	• 申侯与缯、西夷犬戎攻周幽王，杀之于骊山下，西周亡
	• 申侯、鲁侯及许文公立平王于申，虢公翰又立王子余臣于携，周二王并立

6.18、将西周的属地封给了秦

西周失败后东迁，将西周的属地封给了"秦"：

根据维基百科：秦获封为伯

　　秦襄公七年（前771年），申侯（犹大国）联合犬戎（亚述）攻打周王室，杀死周幽王，秦襄公率军救周，屡立战功，随后秦襄公审时度势，支持周平王，并护送周室东迁洛邑。秦襄公因此被周平王封为秦伯，又被赐封岐山以西之地（黑门山西边的以色列故地），秦正式成为诸侯国。

向西扩张

　　秦襄公得到周平王的许诺后，大力征伐犬戎，秦襄公十二年，率军伐犬戎抵达周朝故地岐山（迦南地），战死。其子德即位，是为秦文公，秦文公四年，在渭水与汧水交汇处营建新的都邑，文公十六年，秦文公驱逐戎人（亚述人），收纳周朝的遗民，将疆域扩展到岐山（黑门山西边的以色列故地）。文公之子静公（史记作靖公）早死，文公死后由其孙宪公即位（史记误作宁公），秦宪公二年，迁都平阳，三年，伐灭荡社（犹大国），其君亳王逃往戎地，十二年，灭亡荡氏（南方犹大国的大卫子孙）。

新巴比伦剿灭犹大国，将犹太人迁出。

　　公元前587年，新巴比伦王国的国王尼布甲尼撒二世攻占了耶路撒冷，摧毁了第一圣殿，驱逐了犹大王国最显赫的公民。公元前586年，犹大王国本身不再是一个独立的王国，国土中留下的犹太人也没有了国家。巴比伦流亡（巴比伦囚虏）结束于公元前539年，当时阿契美尼德王朝征服了巴比伦，居鲁士二世允许流亡的犹太人返回Yehub（犹大帝国），并重建圣殿。

　　公元前539年后，波斯人征服新巴比伦帝国后，秦人也不得不追随他的宗主国"周人"，开始东迁至中国西部。此时，差不多已是中国战国中期，而非战国早期。

　　那波帕拉萨尔（秦文公）（Nabopolassar，阿卡德语：Nabû-apal-usur）是新巴比伦王国的开国君主，在位年期为前626年－前605年，在位22年。他在篡位者辛-舒姆-利希尔被镇压后，趁着地区的真空期占领了巴比伦，与亚述进行了十余年的战争。他通过儿子尼布甲尼撒二世与一位米底王国公主建立婚姻的机会与对方结盟，并于公元前612年占领亚述都城尼尼微。实现了对两河流域的统治。同时，他与进入巴勒斯坦和叙利亚的埃及军队发生战争，却失败退回，直至公元前 605 年埃及被其子于卡尔加美什之战中击败。他在位时期对巴比伦的纪念碑进行整修，为后继者承袭。

尼布甲尼撒二世（秦宪公）希伯来语：נְבוּכַדְנֶצַּר Nəbūkadnessar；约前 634 年—前 562 年），是巴比伦迦勒底帝国的君主，在位时间约为前 605 年—前 562 年，知名于建成空中花园、毁坏所罗门圣殿。他曾征服犹大王国和耶路撒冷，并流放犹太人，《圣经列王纪》和《耶利米书》描述了他征服犹大王国的过程。

早年

尼布甲尼撒的父亲是新巴比伦帝国的开国君主—那波帕拉萨尔，妻子是米底王国的公主阿米蒂斯，两个王国联姻后势力大增。尔后那波帕拉萨尔使巴比伦脱离亚述的属国地位，并打垮亚述人、将新亚述帝国的都城尼尼微夷为平地。尼布甲尼撒是家中长子和继承人，前 607 年随父亲出征亚述北部山区，后来单独指挥作战。古埃及曾经击败亚述人、占领了原亚述帝国西部卡尔基米什一带，导致前亚述帝国领土被伽勒底和米底分割。前 606 年，他带兵任总司令，在卡尔基米什痛歼埃及军队，收复了前亚述领地。前 605 年 8 月，那波帕拉萨尔去世，尼布甲尼撒赶回巴比伦继承王位。

对外征战

前 604 年他发兵征服叙利亚和巴勒斯坦部分地区，尔后雇用希腊佣兵作战，但于前 601 年被埃及军队打败，损失惨重，他竭力补充损失的战车和兵员，卷土重来。前 597 年，他率兵攻占耶路撒冷，并将犹大王国国王约雅斤掳回巴比伦，《圣经》中还记载了前 586 年他再次进攻耶路撒冷、围攻推罗城，毁灭两座城市并拆毁神殿。

大英博物馆保存描述他的楔形文字泥版文书，写到："巴比伦国王，尼布甲尼撒，在第 37 年，带领军队进攻埃及，埃及国王雅赫摩斯集合军队前往应战"。

逝世

他于前 562 年去世，由他儿子以未米罗达继位。前 539 年，他去世后尚不到 25 年，巴比伦就被波斯帝国的居鲁士大帝征服。

这就是"新把比伦"灭亡后，突然出现在中国"荒凉的西部"的，装备有先进的战车和盔甲的、军纪严明、管理现代化的，"后来""秦帝国"的军队。所以秦始皇的大墓最好不要轻易挖掘，很可能会类似三星堆，出土很多奇怪的东西，"巴比伦帝国时期的文物"？

后来波斯帝国消灭巴比伦后（此时秦人也开始东迁）。原犹大国的被掳人群被允许回去重建耶路撒冷圣殿，后来相继沦为希腊和罗马帝国的属民。

《列王纪》最后一次提到"亚兰"是在王下二十四：2 尼布甲尼撒（Nebuchadrezzar II，605-562BC）做王的时期，"耶和华使迦勒底军、亚兰军、摩押军和亚扪人的军来攻击约雅敬（Jehoiakim，609-598BC）毁灭犹大，正如耶和华借他仆人众先知所说的。"以后在新巴比伦帝国，迦勒底人、亚兰人和巴比伦人已经融为一体，不易区分。

第七章

秦人的崛起有着強大的歷史背景

7.1、秦人崛起时期的巴比伦

亚述治下的迦勒底人

在亚述帝国的残酷统治时期，偏居南隅的迦勒底人住在湖泊沼泽间，仍享有高度的自由。外侵的军队在沼泽中行军困难，因此，他们拒付捐税，抵制徭役。当亚述欲加紧控制，迦勒底人就进行游击战和政治颠覆。他们可随时背约，看风驶舵。在亚述的统治下，巴比伦原居民一般都甘心就范，而迦勒底人则成了一股独立运动的领袖。亚述人需长期以强权压制迦勒底人要求自治的行动，达 250 年之久。

终于，在主前 721 年，迦勒底人的首领玛尔杜克押拿伊典那二世（即米罗达巴拉但，见于王下二十 12 和赛三十九 1，记载他遣使往谒犹大王希西家一事）攻入巴比伦城并自宣为王（此王位早经亚述王派定）。此人颇多权谋机变，竟在亚述虎视眈眈之下作了 10 年巴比伦王，最后才被撒珥根二世出兵逐回了本土。主前 705 年撒珥根甫崩，米罗达巴拉但便又卷土重来。新即位的西拿基立王大溃迦勒底军，并将巴比伦城屠掠一空，以示惩戒。

迨西拿基立的儿子以撒哈顿继位，便改弦易辙，对巴比伦人实行了怀柔政策，又不惜工本，给他们重修了巴比伦城。这政策使迦勒底人不臣之心颇得抚慰，遂换来了 30 年的相安无事。直至亚述巴尼帕在位期间，迦勒底人又张反帜。这次实际是分封在巴比伦的亚述亲王搞篡位兵变，迦勒底人之参与是顺水推舟，以达到自己的目的，但主前 648 年被亚述巴尼帕剿平了。

新巴比伦帝国

20 年后，亚述巴尼帕既崩，帝国便出现了分崩离析之象。原任迦勒底总督的尼布普拉撒乘机而起，将亚述人一举逐出巴比伦，并于主前 625 年登基。他东联玛代，乘胜逐北，于主前 614 年攻下亚述大城，再于主前 612 年攻占尼尼微，就此与玛代瓜分了攻占的部分领土，自己则吞并了底格里河以西的地区，合南部领土而成了新巴比伦帝国（1,000 多年以前汉模拉比所建者，称为前巴比伦帝国）。至此，就整个中东而言，迦勒底与巴比伦已成为等义词了。

尼布甲尼撒二世继父位为巴比伦王。他雄才大略，治国有术，且在位时间最长，使巴比伦帝国经历了鼎盛时期。主前 605 年，他尚为太子时，曾于迦基米施一役大溃埃及兵（代下三十五 20），自此便建立了巴比伦在近东的霸权（王下二十四 7）。同年，南国犹大向巴比伦称臣纳贡，成为属国。尼布甲尼撒称帝后，曾 3 次入侵耶路撒冷。第一次是犹大王约雅敬反，尼布甲尼撒兵迫其降，掠圣殿宝物和俘宗室贵胄一批而归（王下二十四 1；代下三十六 5-7；但一 1-4）；第二次是主前 597 年，犹大王约雅斤在埃及怂恿下谋反，尼布甲尼撒遂兴兵将圣城洗掠一空，掳犹大王并犹大贵胄往巴比伦（王下二十四 8-16）；第三次是主前 594 年，迦勒底人所立之犹大王西底家反叛，主前 586 年尼布甲尼撒兵洗耶路撒冷，俘犹大王并全城百姓往巴比伦为奴（王下二十四 20 至二十五 12；代下三十六 11-21）。尼布甲尼撒用劫掠的财物在巴比伦大兴土木，建成了古代世界最豪奢的王宫帝都。"空中花园"成为古代世界七大奇观之一；另如伊施他尔门和长达 17 哩的城郭，也都极其雄伟。然而尼布甲尼撒引以为骄傲的成就，终于导致了神的惩罚（但四 30-33）。

尼布甲尼撒传位其子亚妙尔玛杜克（即以未米罗达，见于王下二十五 27 和耶五十二 31，记述他对在囚的约雅斤王所施的恩惠），在位两年，为兵变所弑，篡位者是他的姐夫尼甲沙利薛（耶三十九 3）；尼甲沙利薛在位 4 年传位其子；其子登基甫数月，即被另一篡位者拿波尼度所害。

巴比伦亡

尼布尼杜斯是迦勒底最后一位王者。当时，北方的玛代已日渐强大，有雄据中东之心，对迦勒底来说，玛代这个原先的盟友已变成了潜在的敌手。迦勒底众将帅之拥立拿波尼度为王，是以他为一代雄君，可领导迦勒底人对付玛代的威胁。他是否有制敌的良策姑不必论，单就他即位后的两项内政来看，即可认为他是有负众望的：一是他对巴比伦宗教所进行的改革，却以极端不得人心而告终；二是他对巴比伦的经济所行的振兴措施，也一无所成。他在失意之下把国事委于儿子伯沙撒摄理，自己则出京远走，到某处隐居起来。但以理书以伯沙撒为王，且记他有权使但以理"在我国中位列第三"（但五 7）者，皆因他当时正处在摄政的地位上。

伯沙撒摄政期间，宫内发生了"手指书文于壁"的事件，这是巴比伦将亡的预兆（但五）。其时，以拦军已在袭击帝国防线的东翼，且有传言北方的波斯将兵犯巴比伦。拿波尼度闻讯即赶回巴比伦，然而归抵京门之日，也正是城陷国亡之时。波斯王古列一世兵不血刃而下巴比伦，迦勒底政权便随着新巴比伦帝国一同灭亡了。

公元前 1157 年，加喜特王恩利尔纳丁·阿基被埃兰人拐走，加喜特王朝灭亡后的巴比伦王表：

尼布甲尼撒一世（阿卡德语：Nabu-kudurri-usur）是古代巴比伦第四王朝的国王，在位时约为公元前 1125-1104 年，曾经攻占古代埃兰国的首都苏萨，夺回马尔杜克神像，但未能战胜亚述人。

恩利尔·那丁·阿普利（约公元前 1103 年—约公元前 1100 年在位）（英语：Enlil-nadin-apli）巴比伦第四王朝国王。尼布甲尼撒一世之子与继承人，他曾经统治过巴比伦。

马尔杜克·那丁·阿海（约公元前 1099 年—约公元前 1082 年在位）（英语：Marduk-nadin-ahhe）巴比伦国王。他进攻亚述，占领伊卡拉图姆，进驻亚述都城附近以南 30 英里处，亚述人进行反击，并对北部巴比伦的一些城市发起进攻，包括杜尔·库里加尔祖和巴比伦，摧毁了那里的宫殿。在他统治后期，发生了严重饥荒，阿拉米亚部族乘机进击巴比伦。

马尔杜克·沙皮克·泽瑞（约公元前 1081 年—约公元前 1069 年在位）（英语：Marduk-shapik-zeri）巴比伦国王。继承马尔杜克·那丁·阿海之位。他在位时期饥荒有所消退，同时他与亚述签订和约。

马尔杜克·阿海·埃瑞巴（约公元前 1046 年前后在位）（英语：Marduk-ahhe-eriba）伊辛第二王朝后期的国王之一。承袭阿达德·阿普拉·伊地那之位。在位极为短暂，存世的唯一一部与其同期的土地文书现存于土耳其伊斯坦布尔。死后由马尔杜克·泽尔·X 继任君位。

马尔杜克·泽尔·X（约公元前 1045 年——约公元前 1034 年在位）（英语：Marduk-zer-X）伊辛第二王朝（即巴比伦第四王朝）的后期国王之一。由于历史文献的损毁，其名字有所残缺。承袭马尔杜克·阿海·埃瑞巴之位。据考古资料记载他在位约十二年。死后由那布·舒穆·里布尔继任君位。

那布·舒穆·里布尔（约公元前 1033 年—约公元前 1026 年在位）（英语：Nabu-shumu-libur）巴比伦第四王朝末任国王。他的辖区的长官纷纷向游牧民族投降，其事迹于刻石上得到反映。

西姆巴尔·什帕克（约公元前 1025 年—约公元前 1008 年在位）（英语：Simbar-Shipak）巴比伦第五王朝首任国王。即第二海地王朝，继承那布·舒穆·里布尔之位。并全力支持宗教活动，但最后被一次政变推翻，他死后约 3 年王朝结束。

埃阿·穆金·泽瑞（约公元前 1008 年前后在位）（英语：Ea-mukin-zeri）巴比伦第五王朝国王之一。[1]承袭为政变所推翻的西姆巴尔·什帕克之位。在位仅约数月，局势动荡不安，史家众说纷纭。死后由卡什舒·那丁·阿海继任君位。

卡什舒·那丁·阿海（约公元前 1007 年——约公元前 1005 年前后在位）（英语：Kashshu-nadin-ahi）巴比伦第五王朝的末任国王。承袭埃阿·穆金·泽瑞之位。在位时期发生严重饥荒，致使局势动荡不安。统治仅数年即为埃乌尔玛什·沙金·舒米所取代，建立巴比伦第六王朝。

埃乌尔玛什·沙金·舒米（约公元前 1004 年—约公元前 987 年在位）（英语：Eulmash-shakin-shumi）巴比伦第六王朝首任国王。他死后约三年王朝被灭。

尼努尔塔·库杜瑞·乌苏尔（约公元前 987 年——约公元前 985 年前后在位，英语：Ninurta-kudurri-usur I）巴比伦第六王朝国王之一。[1]承袭埃乌尔玛什·沙金·舒米之位。在位期间巴比伦的政治与经济均呈颓势，致使各种势力暗流汹涌。[2]死后由什瑞克提·舒卡穆纳继任君位。

什瑞克提·舒卡穆纳（约公元前 985 年前后在位）（英语：Shirikti-shuqamuna）巴比伦第六王朝末代国王。承袭尼努尔塔·库杜瑞·乌苏尔之位。在位仅约数月即为玛尔·比提·阿普拉·乌苏尔所推翻，后者建立巴比伦第七王朝（亦名埃兰王朝）。

玛尔·比提·阿普拉·乌苏尔（约公元前 984 年—约公元前 979 年在位）（英语：Mar-biti-apla-usur）巴比伦第七王朝国王。即埃兰王朝的唯一君主。

那布·穆金·阿普利（约公元前 978 年—约公元前 943 年在位）（英语：Nabû-mukin-apli）巴比伦第八王朝国王。他在位 36 年，不断受到阿拉米亚人入侵，使宗教仪式无法进行，后者在底格里斯河与埃兰之间的巴比伦尼亚定居。同时，迦勒底人也进攻他的领土，并在苏美尔定居。

尼努尔塔·库杜瑞·乌苏尔二世（约公元前 943 年前后在位）（英语：Ninurta-kudurri-usur II）巴比伦第八王朝第二位国王。继承尼努尔塔·穆金·阿普利之位。

玛尔·比提·阿海·伊地那（约公元前 942 年前后在位）（英语：Mar-biti-ahhe-iddina）巴比伦第八王朝国王之一。承袭其兄长尼努尔塔·库杜瑞·乌苏尔二世之位。他的统治极为短暂，死后由沙马什·姆达米克所继承。与其同期的文物亦有所发现。

那布·那西尔（公元前 747 年—公元前 734 年在位）（英语：Nabu-nasir）巴比伦国王。[1]因亚述国王提格拉特帕拉沙尔三世的支持而得位。后者以将阿拉米亚人与迦勒底人驱逐并对巴比伦进行控制而与他交换，他死后约 6 年，这位亚述国王便单独统治巴比伦。公元 2 世纪的希腊天文学家托勒密在撰写巴比伦文献时，把他到亚历山大大帝这一系列两河流域的统治者列出名单，记录了他们统治时期的天文事件，为现代历史学家断代提供依据。

那布·穆金·泽瑞（公元前 731 年—公元前 729 年在位）（英语：Nabu-mukin-zeri）巴比伦国王。他被亚述国王提格拉特帕拉沙尔三世击败，后者在占领巴比伦后，自立为王。

麦若达赫·巴拉丹二世（英语：Merodach-Baladan II）。巴比伦国王（公元前 721 年—公元前 710 年在位）。初为迦勒底人首领，在埃兰的支持下成为巴比伦国王。亚述国王萨尔贡二世曾将其两次击败，并使他逃亡埃兰。约 7 年之后，他在埃兰与巴比伦尼亚的阿拉米亚支持下，再次成为巴比伦国王。但不久又被亚述国王辛那赫里布打败并再次流亡。约 3 年后，他又一次发动反抗亚述的战争并在失败后乘船逃离，随身还带着神像，最终他于放逐中死去。他的形象被刻于一块边界石上。同时他也因为使犹太国王加入他的反亚述阵营而在《圣经·以赛亚书·39》中得到记载。

贝尔·伊博尼（公元前 702 年——公元前 700 年在位）（英语：Bel-ibni）巴比伦的国王之一。出生于巴比伦的一个贵族家庭，于亚述君主西拿基立的支持下取代麦若达赫·巴拉丹二世获得王位。即位数年即遭亚述国王西拿基立的猜忌而被废黜。由阿淑尔·那丁·舒米继任君位。

阿淑尔·那丁·舒米（公元前 699 年——公元前 694 年在位）（英语：Ashur-nadin-shumi）巴比伦的国王之一。亚述君主西拿基立的儿子，他在父亲的支持下承袭贝尔·伊博尼之位。即位数年即为埃兰人所谋杀。由内尔伽尔·乌塞吉布继任君位。

内尔伽尔·乌塞吉布（公元前 693 年在位）（英语：Nergal-ushezib）巴比伦的国王之一。出生于巴比伦的一个贵族家庭。承袭为埃兰人所谋杀的亚述君主西拿基立所立之子阿淑尔·那丁·舒米之位。即位约一年即被亚述人所推翻。由穆塞吉布·马尔杜克继任君位。

穆塞吉布·马尔杜克（公元前 692 年——公元前 689 年在位）（英语：Mushezib-Marduk）巴比伦的国王之一。[1]承袭内尔伽尔·乌塞吉布之位。即位后联合埃兰人进行反抗亚述人的军事斗争。双方几经较量，互有胜负。穆塞吉布·马尔杜克终因失去埃兰人的支持而被亚述所击败杀死，亚述随即占领并摧毁了巴比伦。由其君主辛那赫里布兼任君位。

辛那赫里布（阿卡德语：Sîn-ahhī-erība，新教译作西拿基立，天主教译作散乃黑黎布，？—前 681 年），为亚述帝国的国王（统治时期：前 705 年—前 681 年），也是萨尔贡二世之子。在辛那赫里布的年代，他攻占并焚烧了 75 座城市，人和财物都被掳走，并且辛那赫里布曾经于前 689 年毁坏过巴比伦。然而他在攻打犹大时遇到鼠疫而元气大伤。

阿萨尔哈东（阿卡德语：Aššur-ahhe-iddina），（？—前 669 年），亚述国王（前 681 年～前 669 年在位）。名**亚述-阿哈-丁**（阿卡德语：Aššur-aha-iddina）。在旧约和希腊语文献中，他被称做**以撒哈顿**，天主教翻译为**厄撒哈冬**。阿萨尔哈东为前任国王辛那赫里布之子，母亲纳齐亚。辛那赫里布死于宫廷政变；阿萨尔哈东在与诸兄弟的内战中击败对手登上王位。阿萨尔哈东进行了一系列对外战争。他与阿拉伯人和腓尼基城邦都打过仗。在这些征战中最重要的是从前 675 年开始的对埃及的远征。前 673 年，他一度被第二十五王朝（努比亚王朝）的法老塔哈尔卡所击退。但前 671 年，阿萨尔哈东打败了塔哈尔卡，征服了包括孟斐斯在内的整个埃及北部。他随即自称为"上下埃及和努比亚之王"。

沙马什·舒姆·乌金（英语：Shamash-shum-ukin），（？—前648年）（公元前668年—公元前648年在位）。亚述人所拥立的巴比伦第九王朝的国王之一。为以撒哈顿之子，亚述国王亚述巴尼拔之弟。曾纠合阿拉伯各部族发动叛乱，进攻亚述巴尼拔。公元前648年，沙马什·舒姆·乌金被围困于巴比伦城里，他纵火自尽，连同宫殿、财宝和姬妾一起付之一炬。

坎达拉努（英语：Kandalanu，？—前627年）巴比伦第九王朝末位国王（公元前647年—公元前627年在位）。前任国王沙马什·舒姆·乌金死于亚述人之手后，他由亚述拥立。

那波帕拉萨尔（秦文公）（Nabopolassar，阿卡德语：Nabû-apal-usur）是新巴比伦王国的开国君主，在位年期为前626年—前605年，在位22年。他在篡位者辛-舒姆-利希尔被镇压后，趁着地区的真空期占领了巴比伦，与亚述进行了十余年的战争。他通过儿子尼布甲尼撒二世与一位米底王国公主建立婚姻的机会与对方结盟，并于公元前612年占领亚述都城尼尼微。实现了对两河流域的统治。同时，他与进入巴勒斯坦和叙利亚的埃及军队发生战争，却失败退回，直至公元前605年埃及被其子于卡尔加美什之战中击败。他在位时期对巴比伦的纪念碑进行整修，为后继者承袭。

尼布甲尼撒二世（秦宪公），约前634年—前562年），是巴比伦迦勒底帝国的君主，在位时间约为前605年—前562年，知名于建成空中花园、毁坏所罗门圣殿。他曾征服犹大王国和耶路撒冷，并流放犹太人，《圣经列王纪》和《耶利米书》描述了他征服犹大王国的过程。

涅里格利沙尔（英语：Neriglissar或Nergal-sharezer），是新巴比伦王国的第四任君主。他是尼布甲尼撒二世的女婿，在前560年杀害了以未米罗达而登位，在位年期为前560年—前556年，共4年。

拉巴施马尔杜克（Labashi-Marduk），是新巴比伦王国的第五任君主，在位年期为前556年。拉巴施马尔杜克是前任君主涅里格利沙尔之子，幼年继位，在位不足一年（3月）便被杀害，那波尼德接任为王。

那波尼德，又译**那波尼达、拿波尼度、那布尼德**（Nabonidus，阿卡德语：Nabû-nā'id；？—前539年或以后），是新巴比伦王国的第六任君主，在位年期为前556年至前539年。那波尼德与上任君主拉巴施马尔杜克的关系不明，当拉巴施马尔杜克在前556年的一次政变中被杀后，那波尼德接任为王。那波尼德对古代文物研究有浓厚兴趣。在内政方面，那波尼德与国内的马尔杜克祭司集团不和，便在大约前549年离开巴比伦城，前往阿拉伯沙漠的绿洲泰马，专注于崇拜月神"辛"。那波尼德任命其子伯沙撒为共同摄政。

前 540 年，那波尼德为了防御波斯人入侵，从泰马返回巴比伦。在前 539 年，波斯的居鲁士二世入侵巴比伦，那波尼德率兵迎战失败，巴比伦城在几乎无抵抗之下陷落，伯沙撒被杀，他本人被俘（一说投降），王国灭亡。

秦国是春秋战国时期诸侯国，公室为嬴姓赵氏，是少昊的后裔。

公元前 905 年，周孝王因秦祖先非子善养马，因此将其封于秦邑，作为周朝的附庸，此后秦人（巴比伦）与西戎（亚述）进行了长久而残酷的斗争。前 821 年，秦庄公被周宣王封为西陲大夫，前 770 年，秦襄公护送周平王东迁有功，获封为伯爵，秦正式成为一方诸侯。从前 677 年起，秦国在雍建都。秦国与西戎（亚述）、义渠（埃及）之间有通婚、结盟的关系，秦国崛起后，这些势力皆被并入秦国（新亚述和埃及（包括其在地中海东岸的殖民地）被打败，他们的部分国土被巴比伦帝国短时间吞并）。

7.2、关于秦朝

根据维基百科：

据《史记·秦本纪》记载，秦人的先祖，为三皇五帝时期的大业之子伯益。秦最早为夏朝诸侯，后归顺商汤而灭夏。商朝大戊以后，成为重要的诸侯。

秦国先祖为商朝"保西垂"。后代蜚廉是商朝末年帝辛的宠臣。据清华简《系年》的第三章，周初三监之乱平定后，蜚廉"东逃于商奄氏。成王伐商奄，杀蜚廉，西迁商奄之民于邾，以御奴之戎，是秦先人。"李学勤鉴于秦人和东方的奄国同姓，同主少暤，又蜚廉东逃于此，认为秦人可能最初起源于东方，和奄国同源。在西周初年因获罪及曾"保西垂"，被谪戍西方。

中潏之子为蜚廉，蜚廉有恶来、季胜二子。武王克殷时，恶来被杀。蜚廉一系在此时分为两支，恶来之子孙居于犬丘，为秦国之祖。季胜为赵氏之祖。

下面是，把上边三小段文字进行一下较生硬的简单翻译：

据《史记·秦本纪》记载，秦人的先祖，为三皇五帝时期的大业（达米克—伊利舒 Damiq-ilishu 约公元前 1816 年—公元前 1794 年，伊辛第一王朝末代国王）之子伯益（巴比伦尼亚）。秦最早为夏朝（苏美尔人第三王朝）诸侯，后归顺商汤（伊辛王朝）而灭夏（灭苏美尔人第三王朝）。商朝太戊以后，成为重要的诸侯。

秦国先祖为商朝（亚述人）"保西垂"。后代蜚廉（Kassites 加西特人）是商朝末年帝辛的宠臣（加西特人臣服于亚述）。据清华简《系年》的第三章，周初三监之乱平定后，蜚廉"东逃于商奄氏（Imlihiye）。成王伐商奄，杀蜚廉（打败加西特人），西迁商奄之民于邾（Zubeidi），以御奴之戎，是秦先人。"

中潏（胡里特人（Hurrian））之子为蜚廉，蜚廉（Kassites 加西特人）有恶来（Elam 埃兰人）、季胜（迦勒底人）二子。武王克殷时，恶来被杀（埃兰人被打败）。蜚廉一系在此时分为两支，恶来之子孙（支持埃兰人统治的斯基泰人）居于犬丘（这里的"犬丘"指 Dur-Kurigalzu 古汉语或者是广东话译为"犬丘"），为秦国之祖。季胜（迦勒底人）为赵氏之祖。

Babylonia at the time of the Kassites 13th century BC

到了公元前 1155 年，在亚述人和埃兰人持续的侵略下，加喜特人失去了在巴比伦的控制权。然后一个说阿卡德语的美索不达米亚平原南部本土朝代第一次统治了这块地区。可是巴比伦国力赢弱，是亚述的附庸。它无能的国王无力阻止来自国外的西闪语族移民者进入、开发巴比伦尼亚——公元前 11 世纪移民者由亚兰人、苏提安人（Suteans）构成，公元前 10 世纪主要是迦勒底人。在公元前十一世纪后期阿兰人短暂地统治过巴比伦。

关于秦人迁至西垂地区，有两种说法，一据战国末年的《孟子》，说是在晚商时期，因为周武王讨伐殷商时，蜚廉支持殷商，因此被杀，其氏族被强迫迁至西垂。另一个传说是，在商朝时，戎胥轩与郦山（扎格罗斯山脉）之女通婚生下中潏（胡里特人），迁至西垂。

西周周穆王之后，秦人地位继续提升，恶来的后代大骆（波斯人）与申侯结为婚姻，居犬丘，以畜牧为生。大骆生非子。

秦最初领地在当时属于周朝的边缘地区，西接西戎。公元前 905 年，周孝王封非子于秦邑，为天子之附庸，使复嬴氏祀，号曰"秦嬴"，秦国伊始。据司马迁的说法，非子被别封于秦，为周王室的大夫，后来升格为附庸。天子之附庸与诸侯之附庸级别是不同的，其地位相当于一个畿内诸侯。司马迁也补充，秦人成为附庸后，长期对戎人作战，实力得到扩充。

在秦景公一号大墓中发现过一片石磬，铭文如下：天子郾喜，龚桓是嗣；高阳有灵，四方以鼐。大意为天子举行宴飨，（作磬者是）（秦）共公、（秦）桓公的继承者，先祖高阳在天有灵，国内得以四方生平。高阳氏，即颛顼（库提人），黄帝之孙，位列"五帝"。所以秦人源自华夏人群，早期秦文化源自中原商周文化，与西戎差异甚大，但由于长期辟居西隅，亦吸收了不少戎狄文化，在长期与戎狄的战争中，秦人养成了粗犷好战的性格。

非子死后（非子恶来五世孙（巴比伦第七王朝（亦名埃兰王朝））、大骆之子约前 900 年 - 前 858 年），其子秦侯即位，秦侯元年（前 855 年），秦国始有确切纪年。秦侯在位十年，死后其子秦公伯即位，公伯在位三年，死后其子秦仲即位。秦仲三年（前 842 年），周厉王暴虐无道，西戎反叛周王室，灭掉犬丘大骆之族，秦仲二十一年（前 824 年），周宣王以秦仲为大夫，命其率军讨伐西戎。秦仲二十三年（前 822 年），秦仲在与西戎的战争中战死，秦仲有子五人，由长子嬴祺即位，史称秦庄公；二子嬴福；三子嬴禄；四子嬴寿；少子嬴康(第五子，名号嬴庆)为梁嬴伯爵(春秋时期梁国国君)。周宣王召见秦庄公兄弟五人，授予他七千士卒，命其讨伐西戎。嬴祺五兄弟采取闪电夜袭，分头歼灭、擒贼先擒王，攻破猃狁（以色列人）老巢，打乱他们指挥而获胜，重新夺取犬丘之地。随后庄公迁都犬丘，秦庄公因为战功被周宣王封为西陲大夫。庄公生子三人，长子名世父，世父对祖父秦仲被西戎杀死的事情耿耿于怀，于是带兵攻打西戎，将太子之位让与其弟襄公。秦襄公元年（前 777 年），将妹妹缪嬴嫁予西戎丰王，以缓和秦戎关系。次年（前 776 年），西戎围犬丘，世父率军奋力御敌，不幸被俘，由于秦戎联姻（巴比伦与亚述通婚），一年之后世父又被戎人放归秦国。

上面那一部分内容的后半部，明显与发生在两河流域的事实相吻合，看来"秦襄公"就是巴比伦王马杜克-扎基尔-舒米：

根据《世界史的故事》作者：苏珊·怀斯·鲍尔描述：

公元前 824 年，撒缦以色三世在自己儿子发动的一场叛乱中去世。临终前，撒缦以色三世剥夺了他这个儿子的继承权，并且宣布由他的二儿子沙姆希-阿达德五世（Shamshi-Adad V，他娶了巴比伦的公主）继承王位。撒缦以色三世还没等平定叛乱就撒手人寰；沙姆希-阿达德五世虽然名义上是巴比伦的国王，但是因为他哥哥的支持者比他的要多，所以不得不逃离自己的国家。

据沙姆希-阿达德五世自己的记述，这次叛乱规模很大：

（我哥哥）亚述-达宁-阿普里早在我父亲撒缦以色在位期间就心怀不轨，煽动叛乱，策划谋逆，他煽动民众造反，时刻备战，他煽动亚述全国上下拥护他，发表异端言论使各城邦纷纷叛乱，他挑起了冲突和战争……二十七座城市，连同他们的防御工事……发动叛乱反对我的父亲撒缦以色做天下之王……他们还支持亚述-达宁-阿普里……

唯一能够给予他足够兵力援助的就是他的岳父，也就是巴比伦的国王。于是他逃往巴比伦，请求马杜克-扎基尔-舒米帮助自己。巴比伦国王同意派兵帮助这位亚述继承人重新夺回自己的都城。

但是马杜克-扎基尔-舒米判断严重失误。他并不完全信任他的女婿，因此他强迫沙姆希-阿达德五世签署了一个条约，以此作为巴比伦出兵援助的条件。这个条约没有得以完整保存下来，但是明显是要求沙姆希-阿达德承认巴比伦的统治。条约中没有称沙姆希-阿达德五世为国王，仅承认马杜克-扎基尔-舒米是一国之君，而且订约时只在巴比伦众神前进行宣誓，完全无视亚述诸神。

沙姆希-阿达德五世签了这个条约，为了夺回王位他只能忍气吞声。他带着巴比伦的士兵去攻打自己的那些城邦，最终攻破城墙夺回了亚述。

沙姆希-阿达德五世夺回王位之后，一直遵守与马杜克-扎基尔-舒米签订的那个条约。不知道这是因为沙姆希-阿达德五世是个恪守信用之人，还是因为他对见证这一条约的巴比伦诸神有所敬畏。马杜克-扎基尔-舒米死后，他的儿子马杜克-巴拉苏-伊克比登上了王位，沙姆希-阿达德五世开始谋划一次亚述历代国王都没有发动过的战争：入侵巴比伦。

马杜克-巴拉苏-伊克比继位几年后，沙姆希-阿达德五世将入侵巴比伦的计划付诸行动。沙姆希-阿达德五世率军南下，但他并不是直接向南，而是沿着底格里斯河一路迂回向南，这表明他并不是很担心自己的内弟有足够的时间备战；据他自己的记录，他不仅沿途洗劫了几个村庄，而且在途中停下来猎狮，竟然捕猎到三头狮子。

马杜克-巴拉苏-伊克比上前迎战,和他共同应战的还有迦勒底和埃兰的盟军。据沙姆希-阿达德五世的编年史记载,这支盟军很快就被打得落花流水:

他上前与我对战……于是我就与之交锋。最终我打败了他。我杀了5000人,活捉了2000人,得到了100驾战车,还有200名骑兵。我还带走了他的王帐和行军床……

这说明亚述军队突破了巴比伦的防线,直捣其老巢。带往巴比伦的俘虏一行中还有巴比伦国王本人。我们无从知道亚述的王后——巴比伦国王的姐姐——见到自己的弟弟时会说些什么。

在巴比伦王宫,沙姆希-阿达德五世任命了一个巴比伦的官员作为傀儡国王,其并无真正国王的地位,只是作为他的诸侯。但是这个傀儡国王并不安分守己,他很快就开始策划发动叛乱。时隔不到一年,沙姆希-阿达德五世就不得不再次出兵,把这个傀儡国王也抓回亚述囚禁起来。

此后,沙姆希-阿达德五世自称是"苏美尔与阿卡德之王"(按照古代的说法)。这与他自称"巴比伦之王"的结果完全不同。因为他这样做实际上否认了巴比伦的存在,他只承认亚述的存在,认为亚述才是巴比伦文化和巴比伦诸神的守护者。当年他的岳父对他加以羞辱,如今他终于一雪前耻。

不久之后,身为巴比伦与亚述之王的沙姆希-阿达德五世便英年早逝。那一年是公元前811年,即他刚刚继位的第10年,而他的儿子阿达德-尼拉里三世(Adad-narari Ⅲ)还是个孩子。于是,沙姆希-阿达德五世的王后也就是巴比伦的公主萨穆-阿玛特(Sammu-amat)掌握实权。一个女人坐在亚述的宝座之上,这是前所未有的事情,萨穆-阿玛特也深知这一点。她在为自己竖立石碑时颇费了一番脑筋,提及了每一位与自己相关的亚述国王。她是沙姆希-阿达德五世的王后,也是阿达德-尼拉里三世的母后,而且还是"天下四方之王撒缦以色三世的儿媳"。

7.3、秦朝崛起初期的大環境

根据维基百科:

巴比伦(阿拉伯语:بابل *Bābil*;阿卡德语:Bābili(m);苏美尔语:KÁ.DINGIR.RA^{KI};希伯来语:בָּבֶל *Bāḇel*;古希腊语:Βαβυλώ
ν *Babylón*)原本是一个闪语族阿卡德人的城市。它的历史可以追溯到公元前2334年的阿卡德帝国。2019年获列入世界文化遗产。

它起初是一个低级行政中心。公元前 1894 年在由移民者建立的阿摩利人王朝的手里巴比伦才成为一个独立的城邦。巴比伦人在他们的历史上相对更多地被其它移民王朝统治，例如加喜特人、阿拉米人、埃兰人与迦勒底人。两河流域的同胞亚述人也统治过巴比伦。

巴比伦城市遗址在今天伊拉克巴比伦省的希拉被发现，位于巴格达以南约八十五公里处。这个举世闻名城市的遗址地处底格里斯河和幼发拉底河之间肥沃的美索不达米亚平原上，现在仅留存着由破损的土砖建筑物构成的大型土墩和碎片。城市沿着幼发拉底河建造，被左、右河岸平分成两部分，配有陡峭的河堤来抵御季节性的洪水。

现存的历史资料显示，巴比伦最初是一个小城镇，在公元前二千年初变得兴盛。在阿摩利人巴比伦第一王朝于公元前 1894 年兴起时它作为一个小城邦获得独立。巴比伦宣称自己是苏美尔-阿卡德城邦——埃利都的继承者。尽管在那时候它还是一个小城市，但是它让美索不达米亚平原上的"圣城"尼普尔黯然失色。大约也是这个时候，也就是公元前十八世纪左右，一个名叫汉谟拉比的亚摩利人国王第一次建立巴比伦帝国。从这时候开始美索不达米亚平原的南部被人称作巴比伦尼亚，巴比伦的规模至此开始快速发展，日益膨胀。

汉穆拉比去世后，古巴比伦王国国力开始衰落。约公元前 1595 年，小亚细亚的强国赫提占领巴比伦城，古巴比伦亡国。此后，来自扎格罗斯山脉的加西特人进入巴比伦尼亚，建立加西特王朝的巴比伦国家(约公元前 1530~1155 年)。

加西特巴比伦时期国泰民安，战事不多。国王第一次使用了"巴比伦尼亚之王"的称号，它说明城邦制度进一步衰弱，王权致力于建立统一国家。因此为加强王朝的政治合法性，加西特王朝在全国仍推行巴比伦神系。据传说，国王阿加姆二世重塑马尔杜克神像，使后者成为两河流域的最高神。在王室的影响下，加西特贵族很快就巴比伦化了，王室铭文均为苏美尔文或阿卡德文，国王的名字和宫殿建筑也是巴比伦式的。一些历史名城和神庙得到重建，巴比伦文化也仍保持兴盛。文学活动似乎具有"复古"倾向和维护传统的倾向。它们表现出了继承和发扬苏美尔渊源的双重性，是古代美索不达米亚文学的第三个繁荣期，也是巴比伦文学的第二个和最后一个繁荣期时期。

不幸的是，加西特王朝的四邻皆为强国，如亚述、赫提和埃兰。由于双方力量的消长，加西特人和亚述人、埃兰人的关系历经多次反复。约公元前 1157 年，埃兰人掠走加西特末代国王，宣告王国的灭亡。

此后，巴比伦尼亚先后出现一些地方王朝，其中最出名的是尼布甲尼撒一世，他曾率军攻入埃兰，夺回被抢走的马尔杜克神像。小王朝相继更迭之际，公元前 11 世纪，阿拉米人大批进入两河流域，至公元前 8 世纪中叶建立国家，直到公元前 729 年被亚述所灭，至此巴比伦成为亚述帝国的一部分。

在赫梯人劫掠巴比伦之后，从古伊朗西北部扎格罗斯山脉涌来、早已定居于此的加喜特人，将赫梯人掠走的巴比伦主神马尔杜克的神像夺回，将其与加喜特王族的守护神舒卡穆纳（Shuqamuna）同等供奉，并就此开始统治巴比伦，领导一个王朝。这个王朝持续了435年，一直延续到了公元前1160年。巴比伦城市在这期间改名为柯瑞狄尼阿什（Karanduniash 犬丘）。

可是加喜特巴比伦最终成为了他们美索不达米亚同胞——北部的中亚述帝国（公元前1365年——公元前1053年）和东部的埃兰——的附庸。在加喜特时期，这两个强权经常干涉、劫掠或控制巴比伦。在公元前1235年，亚述王图库尔提-尼努尔塔一世继承了巴比伦的王位，成为第一个统治这里说阿卡德语的美索不达米亚土著人。

到了公元前1155年，在亚述人和以栏人持续的侵略下，加喜特人失去了在巴比伦的控制权。然后一个说阿卡德语的美索不达米亚平原南部本土朝代第一次统治了这块地区。可是巴比伦国力羸弱，是亚述的附庸。它无能的国王无力阻止来自国外的西闪语族移民者进入、开发巴比伦尼亚——公元前11世纪移民者由阿兰人、苏特人（Suteans）构成，公元前10世纪主要是迦勒底人。在公元前十一世纪后期阿兰人短暂地统治过巴比伦。

亚述时期

贯穿整个新亚述帝国时期，巴比伦尼亚在亚述持续的统治下或者间接控制下。在亚述的辛那赫里布统治期间，巴比伦尼亚经常出现暴动，由迦勒底酋长麦若达赫·巴拉丹二世领导，与以栏人结盟。在巴比伦城被彻底摧毁后，暴动才被镇压下去。在公元前689年，它的城墙、寺庙和宫殿被夷为平地，瓦砾被抛到早期巴比伦南部边境处一片被称为"阿拉图（Arakhtu）"的海域中。这种对宗教中心的摧毁，震惊了大众。而几年之后，辛那赫里布在向尼斯洛神（Nisroch)祈祷时，被自己的两个儿子谋杀，也被认为是遭到了神明的天谴。辛那赫里布的亚述继承者萨尔哈东火速重建古老的城市，在这里加冕，每年都在此居住一段时间。萨尔哈东死后，巴比伦尼亚留给他年长的儿子——亚述王子沙玛什顺乌金统治。沙玛什顺乌金在因巴比伦民族主义变得狂热后，在公元前六百五十二年对他的哥哥兼主人亚述巴尼拔发动了内战。亚述巴尼拔在尼尼微统治着国家。沙玛什顺乌金得到了臣服于亚述的民族的帮助，包括以栏人、迦勒底人、两河流域南部的苏特人和在两河流域以南沙漠居住的阿拉伯人。

巴比伦又一次被亚述人围攻，它的盟友突然垮掉，在饥荒中投降。亚述巴尼拔脏化这个城市，庆祝了一个和解仪式，但不冒险与主（Bel）"握手"。一个名叫坎达拉努的亚述总督受到信任来统治这个城市。在亚述巴尼拔死后，亚述帝国因为一系列的小内战而开始解体。亚述-埃提尔-伊兰尼、辛-舒姆-利希尔和最后的辛-沙-里施昆三个亚述国王接连统治。可是，巴比伦民族主义者最后像许多其他近东族群一样，利用亚述内部混乱的状态，趁机脱离了亚述的统治。随后亚述帝国被民族联盟推翻了，巴比伦人见到了另外一个神圣复仇的例子。

新巴比伦迦勒底帝国

在迦勒底国王那波勃来萨的统治下，巴比伦终于摆脱了亚述的统治。他与基亚克萨雷斯——米提亚人、波斯人、斯基泰人、西米里人的国王结盟，在公元前 612 年到公元前 605 年之间摧毁了亚述帝国。巴比伦因此成为了新巴比伦帝国的首都（有时且有可能被错误地叫做迦勒底帝国）。

《圣经列王纪》最后一次提到"亚兰"是在王下二十四：2 尼布甲尼撒（Nebuchadrezzar II，605-562BC）做王的时期，"耶和华使迦勒底军、亚兰军、摩押军和亚扪人的军来攻击约雅敬（Jehoiakim，609-598BC）毁灭犹大，正如耶和华借他仆人众先知所说的。"**以后在新巴比伦帝国，迦勒底人、亚兰人和巴比伦人已经融为一体，不易区分。**

根据《世界史的故事》作者：苏珊·怀斯·鲍尔描述：

亚述巴尼拔统治末期，整个国家越来越混乱，铭文都是只言片语，编年史也很不完整。至于他对埃兰所持的态度，只能说亚述国王越发疏于各省的管理。或许是因为生病，或许是因为年迈，公元前 630 年至公元前 627 年，一直是他的儿子亚述-埃提尔-伊兰尼（Ashur-etillu-ilani）以他的名义在统治整个帝国。

临近的国家自然都可以为所欲为，而不用担心亚述的干预。米底人和斯基泰人已经开始入侵乌拉尔图，攻下一个又一个关口，封锁一个又一个堡垒。两千年后出土的乌拉尔图堡垒墙壁上面布满了斯基泰人的箭头，在乌拉尔图的北部边境，特什拜尼城（Teishabani，今天的卡米尔布卢尔）倒塌的木质屋顶上面也满是斯基泰人烧黑的箭头。燃烧的箭带着火苗飞入这座城市，燃起熊熊烈火。

在西闪米特人的领地上，耶路撒冷的约西亚王正朝着之前属于以色列的一个亚述省发起进攻，他破坏了那里的祭坛，把人骨洒在祭坛上面亵渎神灵。与此同时，斯基泰人的军队穿过犹太国朝埃及进发，他们以入侵埃及作为要挟，直到普萨美提克提出与他们讲和——"他恳求他们并且贿赂他们，终于说服他们不要入侵。"希罗多德写道。在波斯湾的北端，米罗达巴拉但的诅咒仍然没有消失；米罗达巴拉但的曾侄孙迦勒底人的首领那波帕拉萨尔（Nabopolassar）起兵造反，他带着手下向巴比伦的城墙步步推进。

尼尼微对所有这一切都没有做出回应。

公元前 627 年，亚述巴尼拔终于去世，整个亚述帝国完全失去了控制。亚述-埃提尔-伊兰尼即位，但是他的弟弟立刻跑到巴比伦称王。此时那波帕拉萨尔正从南部向巴比伦进军，意欲夺取巴比伦的王位。在接下来的六年里，尼尼微的亚述人、巴比伦的亚述人还有那波帕拉萨尔三方开始了混战。虽然那波帕拉萨尔一开始没能夺下巴比伦，但是他一座接着一座攻下了周边的城市。

在这段混战的时期里，米底人开始反抗统治他们 28 年之久的斯基泰领主。斯基泰人能征善战却不懂治国之道，越来越遭到民众的反对："他们不光从臣民手中收取各种赋税，"希罗多德评论道，"而且一旦没有收到足够的赋税，他们就四处掠夺百姓的财物。"米底人对此忍无可忍，他们利用斯基泰人的贪婪奋起反抗。弗拉欧尔特斯去世后，他的儿子塞莱克斯（Cyarxes）继承父业（斯基泰人显然没有想到应该除掉他为妙）。据希罗多德记载，塞莱克斯邀请斯基泰人的统治者和他的侍卫来参加宴会，把他们彻底灌醉然后统统杀掉了。"于是米底人重新夺回他们的帝国，"希罗多德总结道，"并且重新统治他们之前曾经统治过的民族。"塞莱克斯成为米底和波斯之王。他立刻开始重组军队，壮大军事力量。他根据专长为军队分组（使用长矛的步兵、骑兵，还有弓箭手），然后开始操练军队。

时间线 2

米底	波斯	亚述和波斯	埃及和犹太	
				亚哈斯
		撒缦以色五世		
米底 迪奥塞斯	波斯	萨尔贡二世 （前721—前704）		希西家
			夏巴卡	
	阿卡门尼斯	西拿基立 （前753—前740）		
			特哈加（前690—前664）	
		以撒哈顿（前680—前668）		
弗拉欧尔特斯			第二十六王朝	
		亚述巴尼拔 （前668—前626）	尼科一世	
斯基泰的 马地奥斯	铁伊斯佩斯 居鲁士一世		普萨美提克一世	约西亚
		亚述-埃提尔-伊兰尼		
塞莱克斯				

西部地区一片混乱；北部地区则是毫无组织的各游牧部落，外加奄奄一息的乌拉尔图王国。米底人和波斯人终将统治所有这些地区。

加喜特王朝与埃兰和亚述的关系时常不定，前16世纪中叶，加喜特王布尔那·布利阿什一世曾与亚述签订和约，然而其后不久，亚述人利用加喜特人的内讧，两度在加喜特巴比伦尼亚扶持傀儡统治者。前14世纪后期，加喜特王小库利加勒祖与亚述签订和平。随后，亚述人向加喜特巴比伦尼亚发动进攻，巴比伦沦陷，随后不久，巴比伦再度兴起，又在亚述扶持傀儡统治者。前13世纪末，亚述经历了一场严重的危机，随后，加喜特巴比伦尼亚控制了亚述。

前1500年，埃兰在当时的地区舞台上消失，前15世纪末，加喜特王库利加勒祖一世，占领了埃兰全境。前12世纪初，埃兰国王苏特努克·那呼恩占领加喜特巴比伦尼亚，并破坏了乌鲁克的神庙。此后再度兴起的加喜特巴比伦尼亚的中心转移到了伊新地区，故又称伊新王朝。伊新王朝先后击败亚述和埃兰，但是随后巴比伦尼亚陷入分裂。

迦勒底王国的建立：迦勒底人是闪米特人的一支，他们于公元前1000年初来到两河流域南部定居。约公元前729年，亚述帝国征服古巴比伦王国并统治了两河流域南部，居住于此的迦勒底人曾多次起义反抗亚述的统治。公元前626年，亚述人派迦勒底人领袖那波帕拉沙尔率军驻守巴比伦，他到巴比伦后，却发动反对亚述统治的起义，建立新巴比伦王国，并与伊朗高原的米底

（也称米堤亚）王国联合，共同对抗亚述。公元前612年，亚述帝国灭亡，遗产被新巴比伦王国及米底王国瓜分，其中新巴比伦王国分取了亚述帝国的西半壁河山，即两河流域南部、叙利亚、巴勒斯坦及腓尼基，重建新巴比伦王国（公元前626~前538年），也叫迦勒底王国。

迦勒底王国的鼎盛时期：公元前604年，尼布甲尼撒二世登基，迦勒底王国（新巴比伦王国）在尼布甲尼撒二世统治时国势达到鼎峰，他并着手进攻腓尼基和巴勒斯坦。而埃及亦对这地区怀有野心，并与推罗、西顿等腓尼基城市及犹大王国结成联盟。尼布甲尼撒二世于是延长了与米底的同盟，并娶其公主为妻。

迦勒底王国的灭亡：迦勒底王国最后在公元前539年被波斯人消灭。迦勒底王国最后一个国王伯沙撒与马尔杜克神庙的祭司发生冲突，试图另立新神。结果在公元前539年，巴比伦城内的祭司在波斯王居鲁士二世入侵时打开城门，放波斯军队入城，让波斯人俘虏了国王，迦勒底王国灭亡。

7.4、与秦一起迁徙不知所踪的
东夷帝国埃兰

早期的埃兰人，基本上是苏美尔＋**达罗毗荼人**＋少量棕种人的混血人种，更接近后来的中南美州人种（如今天身材矮小的墨西哥人、实际上中国的藏人，甚至是早期日本的绳纹人，都差不多是同一类人种。印第安人最后一次大迁移大约也发生在3000年以前，这一定不是巧合。）；后期的埃兰人，实际上更接近今天的巴基斯坦人，或者是被雅利安人殖民后的印度人；当时的加西特人可能更接近后来的斯基泰人。而后来的迦勒底人，明显的是阿摩利人与苏美尔人的混血人种。

《山海经海外东经》所记载诸国"为人黑"，这些曾经在两河流域东南部的黑人应该就是居住在古埃兰地区的古达罗毗荼人。我上一本书曾明确指出他们就是"蚩尤"部落，早期的埃兰人，有一部分后来迁徙到印度，从而保留了早期的人种特征。

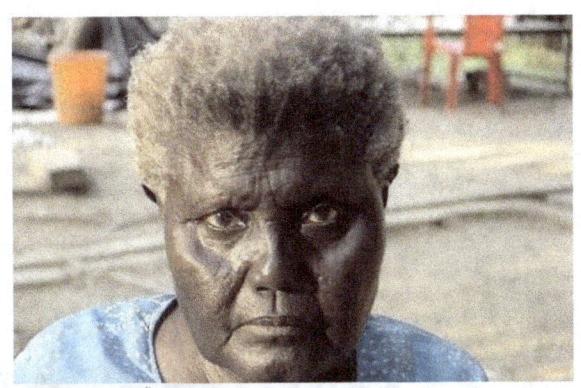

上图，中国古代历史记载的赫赫有名的战神"蚩尤"族。（达罗毗荼人）

　　晚期的埃兰人，经过与苏美尔人和北方印欧人种的长期混血，埃兰人的人种特征发生了根本的变化。

　　公元前 653 年至公元前 625 年间，亚述巴尼拔，彻底摧毁了埃兰，核心部分的埃兰人，向两个方向迁徙，一部分向南进入印度，成为当地的土著；另一部分只能按照传统的逃难方向，长途的向东迁徙。但由于他们逃走的时间较晚，沿途已经被早期逃离两河流域的不同人种所占据，特别是东亚地区，当时整个中国黄河流域，正有成百上千个逃离两河流域的不同人种和部落在进行争夺生存空间的"混战"，即"战国时期"。他们无法停留，只能继续东迁，只有少量掉队的族群，留在了中国的西藏和日本等地区，他们的核心族群最终越过了白令海峡（因为他们世代居住的祖居地，就是波斯湾地区，所以他们有很强的航海能力。）来到了美洲大陆，很明显，早期美洲大陆的"玛雅文明"是他们创造的。今天中美州地区，类似墨西哥人的有明显美洲印第安血统、身材矮小的人种都明显的有，晚期苏美尔人的"东夷"埃兰人的外貌和身体特征。

早期爱斯基摩人　　　　　　　　典型的印地安人

典型的日本人

中国的藏人　　　　　　　　　亚马逊流域的南美土著

中国的藏人　　　　　　　　亚马逊流域的南美土著

巴西亚马逊流域仍然生活在雨林里的土著

第八章

关于治理方式与文明的一些思考

8.1、关于老子的《道德經》和天道

老子的《道德經》是在语言还极不完善、人类的科学常识几乎等于零的"中国上古时期"的最伟大的古籍，也是同时期世界最伟大的，辩证唯物主义理论著作。它集哲学（唯物主义自然辩证法）、世界最早的"国家治理学"、社会学、心理学和医学，甚至还集世界最早且远超宗教所宣扬的"利他主义"的高尚道德宣讲和人伦常识为一身，创同时期世界"学术著作"之先河。而它的核心内容，就是"国家的治理学"，这是世界上"最早的"此类书籍。

《道德经》（前十九章，并加作者本人"生猛注释"）

原文	白话文
第一章 {1}道可道，非常道。名可名，非常名。 {2}无，名天地之始。有，名万物之母。 {3}故常无，欲以观其妙。常有，欲以观其徼 jiao。 {4}此两者同出而异名，同谓之玄。 {5}玄之又玄，众妙之门。 {6}圣人不积，既以为人己愈有，既以与人己愈多。 {7}天之道，利而不害。圣人之道，为而不争。	{1}自然规律可以被感知，但它明显不是我们日常接触的事物的表面现象所展现的那样。虽然可以解释，但不是用传统的方法可以解释清楚的。 {2}世界的原始状态是"虚无"的、但事物是由简单向复杂方向发展的，世界的万物就是从虚无中演变而来的；也可以说她是万物之母。 {3}所以，从"唯心主义"的角度，可以感受世界的无穷奥妙。从"唯物主义"的角度，可以追踪到她的真实"存在"。 {4}两者是对立统一的，这种对立统一的观察方法就叫做哲学。 {5}说起来玄乎其玄，其实哲学才是探究宇宙间万物奥妙的窗口。 {6}圣人不为自己积攒什么：越是一切都是为了世人，自己就愈发富有；为这个世界贡献越多，上帝给你的回报也越多。 {7}上天的道是，不但创造出世界万物和天下众生，而且还为他们的繁衍和进化创造了有利的条件。圣人的道也应该是，为世人造福，而不与世人

	相争利。
第二章 {1}天下皆知美之为美，斯恶矣。皆知善之为善，斯不善矣。 {2}有无相生，难易相成，长短相形，高下相倾，音声相和，前后相随。 {3}是以圣人处无为之事，行不言之教。 {4}万物作焉而不为始，生而不有，为而不恃，功成而不居。 {5}夫唯不居，是以不去。	{1}天下的人都开始追求表面上的光鲜亮丽，这实际上是一种人性的堕落。当所有人都开始满口"仁义道德"，实际上是一种虚伪和社会风气的败坏。 {2}有和无是相互依存、相伴而生的，难和易是相对的，长和短是互为比较而言的，高和下是可以互相转换的，不同的声音和谐才好听，前边与后边只是位置不同而已。 {3}所以，圣人应该奉行"无为而治"的治理方略，以"身教"胜"言教"。 {4}他兴起万物却不自以为大，创造而不据为己有，施予而不自恃其能，成就事业也不自居其功。 {5}他不自居其功，其功劳却永恒不灭。
第三章 {1}不尚贤，使民不争。 {2}不贵难得之货，使民不为盗。 {3}不见可欲，使民心不乱。 {4}是以圣人之治，虚其心，实其腹，弱其志，强其骨。 {5}常使民无知无欲，使夫智者不敢为也。 {6}为无为，则无不治。	{1}不炒作大富大贵之人，方能使世人停止争斗。 {2}不炒作奇珍异宝和炫富，才能使社会风清气正。 {3}不鼓励人们追求私欲，方能使天下太平。 {4}所以，圣人治理万民，是使他们心态平和，生活富足，知足常乐，身体健康。 {5}使人们常时间处在不攀比和安逸的生活状态，使百姓中喜欢钻营（粗人）、耍小聪明的人，也不敢为非作歹。 {6}只要不随便发号施令，顺其自然，则没有不出现"太平盛世"之理。
第四章 {1}道冲而用之，久不盈，渊兮似万物之宗。 {2}挫其锐，解其纷，和其光，同其尘，湛兮似或存。 {3}吾不知其谁之子，象帝之先。	{1}自然规律虽然看似，空虚无形很难抓住，但它的作用是无法抗拒的，世间万物、万变都不离其宗。 {2}放弃自以为是的锐气，摆脱纷纭华丽的表象，透过你偶尔显灵的智慧之光，放低身段和视角认同你尘土的本相，你便能在幽幽之中，看到它（自然规律）那似有似无的存在。 {3}我不知道自然规律是怎样产生的，它肯定早于上帝就存在了。
第五章 {1}天地不仁，以万物为刍	{1}如果遇上不好的年景或自然灾害，大自然会把世上万物像祭祀用的稻草狗那样毁坏和付之一炬。

狗。圣人不仁，以百姓为刍狗。 {2}天地之间，其犹橐龠乎？虚而不屈，动而愈出。 {3}多言数穷，不如守中。	如果圣人不贤慧，也会把百姓的生命像祭祀用的稻草狗那样随意处置或拿来祭祀神明。 {2}天地之间，不正像一个百姓家里做饭吹火用的风箱吗？向回拉的时候，表面看是在退缩，实际在积蓄力量，退的越多，推出去时才更有气势。 {3}爱吹牛皮，总有吹爆的那一天，不如说话时留有余地，实事求是。
第六章 {1}谷神不死，是谓玄牝。 {2}玄牝之门，是谓天地根。 {3}绵绵若存，用之不勤。	{1}幽悠无形的大自然，永生不死，是世间万物变换的母体。 {2}这个母体的门户，便是天地诞生和成长的子宫。 {3}永世长存，天长地久，永远惠泽人类。
第七章 {1}天长地久。天地所以能长且久者，以其不自生，故能长生。 {2}是以圣人后其身而身先，外其身而身存。 {3}非以其无私邪？故能成其私。	{1}天长地久。天地之所以能长久，因为沉默的天地，从来无法向世人宣誓和解释它的诞生，所以它就是永世长存的（物理定律：物质不灭）。 {2}同理，圣人祇有"我为人人"在先，才可能出现"人人为我"在后。 {3}越是助人为乐、无私奉献的人，反而越能够成就一番事业。
第八章 {1}上善若水。水善利万物而不争。 {2}处众人之所恶，故几于道。 {3}居善地，心善渊，与善仁，言善信，政善治，事善能，动善时。 {4}夫唯不争，故无尤。	{1}最高的善，像水一样。水滋养万物，而不与万物相争。 {2}人喜欢向高处走，但水却向低处流，所以跟天道很相近。 {3}占领道德高地，保有深沉的爱心，给别人关爱和宽容，讲究信用和道德，施仁政，尽其所能做善事，推动人人向善的时代到来。 {4}不与任何人争利益，才能问心无愧、对得起良心。
第九章 {1}持而盈之，不如其已。 {2}揣而锐之，不可常保。 {3}金玉满堂，莫之能守。 {4}富贵而骄，自遗其咎。 {5}功成名遂身退，天之道。	{1}搜刮别人的财富，不如自己去创造。 {2}机缘巧遇的一时成功，不可能永远光顾你。 {3}金碧辉煌、金玉满堂，但你死后一分钱也带不走。 {4}爆富骄狂，是自取灾祸。 {5}功成名就之后，全身而退，才是人生的"最高境界"。
第十章	{1}谁能把理想、理论和实践，做到完全的统一？

{1}载营魄抱一，能无离乎？ {2}专气致柔，能如婴儿乎？ {3}涤除玄览，能无疵乎？ {4}爱国治民，能无为乎？ {5}天门开阖，能为雌乎？ {6}明白四达，能无知乎？ {7}生之畜之，生而不有，为而不恃，长而不宰，是谓玄德。	{2}谁能专心事业、放低身段，致柔的像婴儿一样呢？ {3}谁能洗净铅华和内心的杂念，透明如水晶呢？ {4}谁能真心爱民掌权，顺其自然、无为而治呢？ {5}谁能看破红尘，在事业有成的情况下，甘做铺路石？ {6}开明通达的才俊，能是浅薄无知的人吗？ {7}那些创造并坚守一番事业，而且并不把他所创造的事业占为己有，继续奋斗而不是躺在功劳簿上享受人生，虽然地位高贵但并不仗势欺人，这样的人被称为"伟人"。
第十一章 {1}三十辐共一毂，当其无，有车之用。 {2}埏埴以为器，当其无，有器之用。 {3}凿户牖以为室，当其无，有室之用。 {4}故有之以为利，无之以为用。	{1}三十根辐条所做成的车轮穿在一根车轴上，与用整块木板拼成的原始车轮比，看似空虚，但因其较轻而跑得快，真正起到车的作用。 {2}揉合黏土制成器皿，内部是空的，才有作为容器的用处（有容乃大）。 {3}为房屋开窗户，虽然只是一个开放的空洞，这样的房间才能起到"室"（没有窗户的叫"窑"）的作用。 {4}有形的"实物"对人们有利，"开放空间"虽然无形也摸不到和抓不到，但对人们有益和有用。
第十二章 {1}五色令人目盲，五音令人耳聋，五味令人口爽，驰骋打猎令人心发狂，难得之货令人行妨。 {2}是以圣人之治也，为腹不为目，故去彼取此。	{1}绚丽的色彩使人们眼花缭乱，钟鼎齐鸣更是造成震耳欲聋之刺激，大吃大喝的风气让人们沉醉，冒险刺激的活动让人们癫狂，珍奇财宝令人心生不轨。 {2}所以，真正圣明的管理者，治理百姓，要实实在在的提高老百姓的生活水平，而不是靠搜刮百姓、拉大贫富差距、造成奢靡的社会风气，兴建大型工程来炫耀。据此来制定具体政策。
第十三章 {1}宠辱若惊，贵大患若身。 {2}何谓宠辱若惊？宠为下，得之若惊，失之若惊，是谓宠辱若惊。 {3}何谓贵大患若身？吾所以有大患者，为吾有身，及吾无身，吾有何患？	{1}伴君如伴虎，整天心惊胆战，一不小心就会小命难保。 {2}为什么说得宠和受辱都会内心不安呢？得宠和失宠，都是来自上面手握生杀大权的君王的，但君王的心思难以揣摩、喜怒无常，这叫做"官当得越大，精神压力也越大"。 {3}为什么说官做的越大越不安全？如果我工作中有大的失误，是因为我过于看重自己的"身家性命"，从而明哲保身、怠政，才可能造成严重失

{4} 故贵以身为天下，若可寄天下。爱以身为天下，若可托天下。	误。如果我们看轻自我，一切为民着想、两袖清风，全身心的投入工作，我还有什么失误可忧虑呢？ {4} 如果把天下百姓的福祉看得比自己的身家性命还重要，可以放心为政，身正不怕影子歪，就可以得到天下百姓的支持和爱戴。
第十四章 {1} 视之不见名曰夷，听之不闻名曰希，抟之不得名曰微。 {2} 此三者不可致诘，故混而为一。 {3} 其上不皦，其下不昧。 {4} 绳绳兮不可名，复归于无物。 {5} 是谓无状之状，无象之象，是谓惚恍。 {6} 迎之不见其首，随之不见其后。 {7} 执古之道，以御今之有，能知古始，是谓道纪。	注：这两章应该是讲医者之道的 {1} 熟视无睹的，叫做"夷"；听而不闻的，叫做"希"；摸的到但拿不住的，叫做"微"（手颤抖）。 {2} "夷希微"三种症状无法一一说清，所以把它们归结为同一种病。 {3} 他对未来不抱希望，他也不再会有恐惧。 {4} 对于他来说，时间变得越来越慢，智商慢慢归零。 {5} 他是没有明显症状的病态，观察不到病态的面色，这叫做恍惚（失智症）。 {6} 对周围事物失去观察力，且来无影，去无踪。即，走对面认不出你，还经常走失。 {7} 使用传统的方法，可以控制今天的病情，能知道发病的原因，这才是高手的职业准则。
第十五章 {1} 古之善为道者，微妙玄通，深不可识。夫唯不可识，故强为之容： {2} 豫兮若冬涉川，犹兮若畏四邻，俨兮其若客，涣兮若冰之释，敦兮其若朴，旷兮其若谷，混兮其若浊。 {3} 孰能浊以静之徐清？孰能安以动之徐生？ {4} 保此道不欲盈。夫唯不盈，故能敝而新成。	{1} 自古对病人友善为医者之道，因此而产生的治疗效果妙不可言。怕你无法理解，只好勉强来形容： {2} 其审慎的态度如履薄冰，谨小慎微到好像畏惧四邻，谦恭严己到如同作客，耐心的成度如同等待坚冰慢慢融化，纯朴得好像未经雕琢，旷达得好像高山空谷，敦厚得好像未经沉淀之水。 {3} 谁能有耐心沉淀浑浊之水，使之渐渐清澈呢？谁能捂热僵死的，使之徐徐复活呢？ {4} 坚守这样医道的人，是不会自满自溢的。唯有不自满自溢，才能使病入膏肓的人获得新生。
第十六章 {1} 致虚极，守静笃。万物并作，吾以观其复。 {2} 夫物芸芸，各复归其	{1} 放空自己，然后静下来反思。就能够在纷繁的世界中，找回自我。 {2} 虽然每个人各有所长，但每个人都必须充分认识自己。

根。 {3}归根曰静。 {4}静曰复命。 {5}复命曰常， {6}知常曰明。 {7}不知常，妄作，凶。 {8}知常容，容乃公， {9}公乃全，全乃天，天乃道， {10}道乃久，没身不殆。	{3}充分认识自我，才可能静下来思考。 {4}静下来思考，才能够发现自己的使命。 {5}有了使命感，才会去探索真理。 {6}知道事物的本质和原理，才叫真懂。 {7}不知道事物的本质就乱作为，后果凶险。 {8}认识了真理，就能万事包容。万事包容，就能公义担当。 {9}内心无我，才可能看问题全面；看问题全面的人，才能顺其自然；顺其自然，就是尊重客观规律。 {10}修成正果、修仙成道，就可以流芳百世。
第十七章 {1}太上，下不知有之。其次，亲而誉之。其次，畏之。其次，侮之。 {2}信不足焉，有不信焉。 {3}悠兮其贵言，功成事遂，百姓皆谓我自然。	{1}顶级的掌权者，人们仿佛感觉不到他的存在。次一等的，会被贵族和利益集团吹捧。再次等的，则完全靠暴力压服所有人。最差的掌权者，则是从上到下所有人都在骂他。 {2}信用有缺失的人，才会有人不信他。 {3}无须发号施令，冥冥中许多事情会自然天成，大功告成之后，百姓会说：这才是顺其自然和民意的。
第十八章 {1}大道废，有仁义。 {2}智慧出，有大伪。 {3}六亲不和，有孝慈。国家昏乱，有忠臣。	{1}自然天成的大道废弃了，才需要仁义来填补。 {2}智者被边缘化，只剩那些心机重的俗人，才会出现虚伪和欺诈到处泛滥。 {3}六亲不和，才需要关爱和孝道。国家动乱，才呼唤忠臣。
第十九章 {1}绝圣弃智，民利百倍。绝仁弃义，民复孝慈。绝巧弃利，盗贼无有。 {2}此三者以为文不足，故令有所属：见素抱朴。 {3}少私寡欲，绝学无忧。	{1}如果管理者不把自己的地位看的那么神圣，不把自己的施政当做科学，对人民反而有百倍的好处。弃绝仁义的说教，人民就会复归孝慈。杜绝投机与利诱，就不会有盗贼为患。 {2}然而，用这三者作诫律还是不够的，一定要让人心有所归属才行，这就是：认识物欲横流对尘世的危害，保持民风的淳朴。 {3}如果不鼓励人们追求暴利和奢欲，即便没有学者进行教化也可以高枕无忧。

　　在《道德经》中老子有许多关于自然规律和治国方略的哲学思考。并不是老子的辩证思维能力很强，恰恰相反，老子是看到了无法解释的问题，所以老

子的《道德经》是提出问题，并没有给出答案。"无为"的本质，即：顺其自然。

说到老子的"天道"，我在这里想多说几句：

"天道"就是自然规律，就是物质运作的内在规律。其实我们人类社会的运作和治理也是符合这一规律的，下面我用一个物理的、电子电路的运作规律来说明这一原理：

世界上所有基础的放大电路都有"反馈电路"这是使放大器，正常、稳定工作和减小失真的唯一方法。

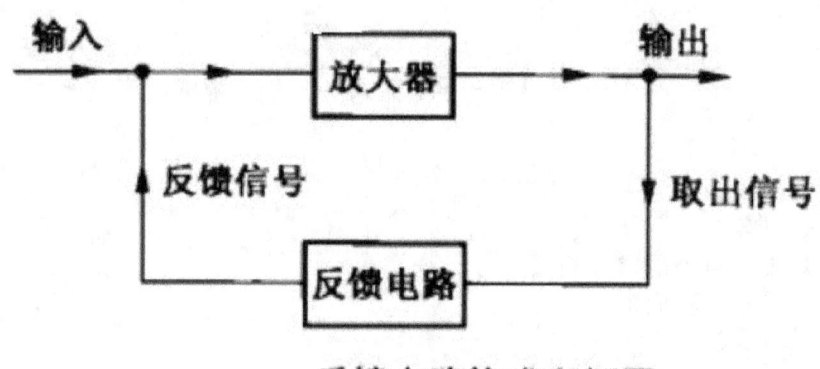

反馈电路构成方框图

若反馈量与输入量的相位相同，使放大倍数增大的反馈称为正反馈；若反馈量与输入量的相位相反，使放大倍数减小的反馈称为负反馈。由于正反馈用于电路产生"振荡"，负反馈用于提高放大电路的工作性能，所以放大电路几乎完全采用负反馈。

一个"放大器"能不能正常工作，取决于它有没有"负反馈电路"；没有负反馈的电路接法，通常叫"振荡器"或"比较器"。同样，一个社会能不能平稳正常的运行，取决于这个社会有没有正常的"负反馈机制"（反对派、反对党或民众表达不满的渠道）。如果没有负反馈机制，他就是一个"振荡器"，按照我们过去的形容词，这叫做 "运动治国"，无法形成长期稳定的发展环境。

放大器的负反馈比例越小，信号放大倍数越大（在社会领域，就是社会发展较快。），但此时的信号"失真率"也越大、稳定性变差；放大器的负反馈比例越大（有时也称作反馈深度，即深度负反馈。），信号放大倍数越小（在社会领域，就是社会发展较慢。），但此时的信号"失真率"就越小、稳定性变高（在社会领域，就是人们生活安定、社会长期稳定发展。）。

　　这就是说，一个社会负反馈机制越弱（没有任何反对声），统治者的管理措施容易被执行，但此时的管理措施的"失败率"也变高、社会的稳定性变差；反之，一个社会负反馈机制越强（也就是说有反对派或者叫反对党足己与执政党抗衡），统治者的管理措施不易被执行，但此时的管理措施一旦执行了，其"失败率"反而变低、社会的稳定性变好；这就是不以人的意志为转移的"客观规律"即"天道"。

　　由于世界上所有半导体材料，无论是"硅"还是"锗"用他们做成的放大单元，放大的斜率都是一条曲线，而非直线。而且晶体管单元本身也产生微弱噪音。所以现在放大器，都是有许多级的放大器集成在一块芯片上。其目的就是为了：每一级放大都加上了"深度的负反馈电路"，这样才使最后的输出接近于"线性"，和抑制晶体管内部的噪声产生。例如，基本上线性运作的"运算放大器"就是有多级晶体管放大器叠加而成的。

多用途的集成电路 — 运算放大器：

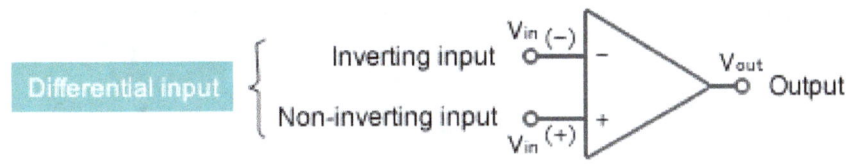

图 1：运算放大器的电路符号

最基本的电路基本上有三种，即：

负反馈的放大器电路

　　其中，电阻 R1 和 R2 决定放大器的"反馈量"和放大器的放大倍数。

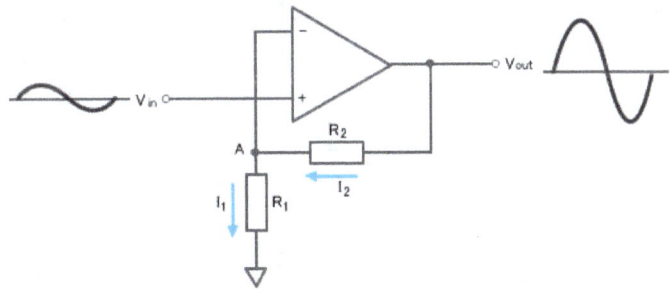

无反馈的比较器电路

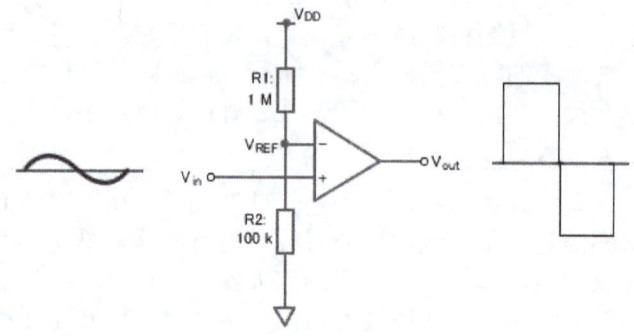

输出信号完全反馈到输入端的"跟随器"电路

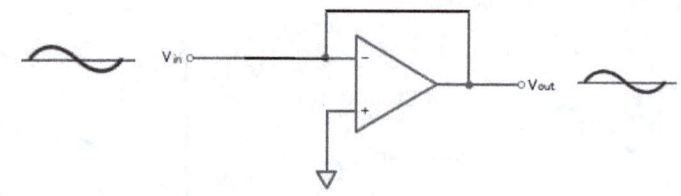

正反馈的"振荡器"电路

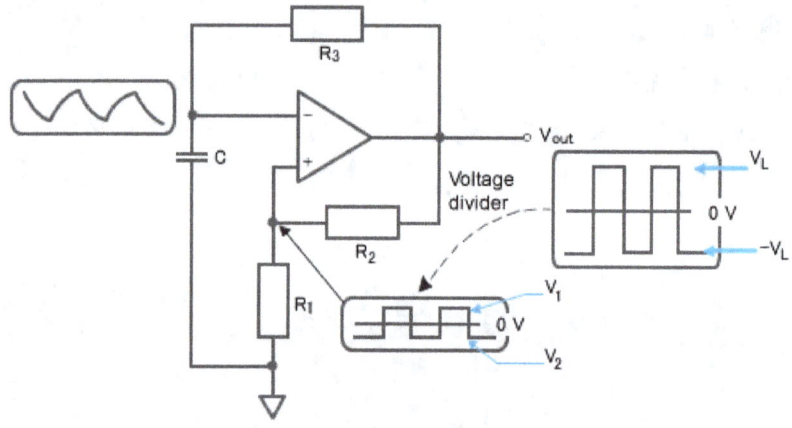

　　从上面的四个基本电路，我们可以看出，除了没有任何电压放大作用的、跟随器以外，剩下两种只要电路没有"负反馈回路"，最后的输出，一定是方波，而不是一条被放大的"平滑的曲线"。这是典型的自然规律，即物质内部的运动规律。

　　如果一个政府没有反对派、反馈机制和反对的声音，甚至是只有赞扬的声音，整个社会就会与这个国家的领导人的思维方式形成"正反馈"，即这个社会最终会形成社会震荡器（不是极左就是极右的，社会将无法平稳运行。），这就是振荡器的工作原理（看上图施密特振荡器的原理）。

　　这是自然规律，也是老子所说的"天道"。但如果社会的"负反馈"过于强烈，就会出现社会发展较慢的现象，这就是一些老牌的资本主义国家，都变成了民众都在享受的福利国家一样，反馈作用过大时，这就接近没有放大作用的"跟随器"的原理。社会必须存在"一定的负反馈"，不能太小，也不能太大。小了有可能产生社会震荡，大了可能导致社会发展略显缓慢，这就是我们日常所说的快而"粗制滥造"或"慢工出细活"两种方式的恰当选择。这才是良好的放大器的工作原理，也是社会发展的理想状态。

　　在近期美国政治的治博弈当中，如果没有拜登的突然上台，如果右翼的川普政府长期执政，很可能会像当年德国一样，滑向极右的美国白人控制政权的危险局面。同样，如果没有川普的及时上台，美国的衰退很可能也是在所难免的。这就是防止极左或极右的政治"势能"聚积的最好方法，像一个天平，只要天平两边的制衡力量实力相当，虽然忽左忽悠的左右摇摆，但绝不会严重倾斜和政治上的严重失衡。只有这样才可能一直走在正确的中间路线上。但如果天平只有一端有实力或另一端的力量过于弱小，无法达到抗衡另一侧的目的，天平"必然严重倾斜"。二战前的德国，就是民间高涨的民族主义情绪，与政府的宣传产生互动造成"正反馈"所酿成的悲剧。

　　在社会领域的所谓"正反馈"，就是人们所说的"只给政府唱赞歌"的时代，这本质上是一个"震荡器"的制度设计，这就意味着，所有国家领导者的轻微的政治倾向，都会 "逐级"或急速的被放大、没有任何反对意见，而成为社会运动和潮流；这也包括政府所做出的错误决定，无法被早期发现和受到制约。政府代表随便说一句话，都可能造成一个行业的过热或整个行业被摧毁，这就是没有反馈机制的社会现实，社会意识形态永远处在极端状态和 "运动状态"。

由于没有任何反馈，当整个社会已经走向极端、无法维持、面临反转（崩溃）时，政府自己才可能发现。其实，这时已经为时已晚，因为整个社会已经走到了，失去了在这个极端的可持续性的，即便紧急矫正或加以补救，但政府刚刚开始矫正，整个社会由于"势能"的作用，已经开始极速滑向另一个极端；形成要么极左、要么极右的"方波"，无法形成由"博弈双方妥协而产生的中间路线"，因为根本就不存在博弈对手、没有任何制衡力量和纠错机制，主要是有效的反馈制矫正机制、无法形成长期的平稳发展状态。

这就类似"无反馈电路"的电路设计，叫做"振荡器"，这是典型的自然规律，即"天道"。这种没有常规反馈机制和有一定实力的制约对手的社会治理，叫做"运动治国"，不太可能平稳的发展，只有极左或极右的"跃进"。从大的方面来说，中国几千年来不断出现的朝代"更替"也是这一原理的某种体现；我们应该汲取二战期间德国，政府与百姓互动，出现 "正反馈"而产生法西斯主义的教训。即，只有事物发展到极端状态，才有可能做出调整，这本质上其实是一种成本更高和相对更危险的国家治理方式。

8.2、人类生存与天道

　　世界上每个动物天生就应该有食物吃，这是天经地义的事！上帝在这个世界上创造的每一个生物，它睁开眼睛一定可以找到它能够吃的食物，例如被上帝降生在草原上的牛和羊、降生在水里的鱼和虾，食物就在那里，找到并把它吃进肚子就可以了，然后向仙鹤那样，吃饱了以后在水中跳舞。但在这个世界上，上百万个生物当中，唯一有一种动物不行，这就是人。今天的人成年以后，必须靠辛苦的劳动来换取食物，这是一件很奇怪的事情。因为人和所有动物一样，在这个世界上都拥有平等的生存权，为什么要低"动物"一等？

　　如果按照天意，动物只能在适合他们的、有食物的地方生活。例如，有海鸥的地方附近一定有海；有蜜蜂的地方，附近一定有鲜花、野草和灌木；有鳄鱼的地方一定有沼泽；有猴子的地方一定有果树；有斑马和羚羊的地方一定有草原一样。牠们的食物是上帝给的，牠们尽管心安理得的吃，并且吃饱长肥，就是对上帝最好的回报。

　　如果换一种方式来说就是，除了在非洲某些落后地区的一部分非州人相对比较懒惰，要靠联合国，每年运去大量的粮食来救济和养活他们，全世界每一个人，只要他"不想干活"，都同样可以从别人或者政府那里获得救济，来维持基本的生存。这是他作为地球上的"一个动物"的基本权利。

　　中国自古以来就有的"不劳动者不得食"是中国特有的资源贫困地区的观念，是早期奴隶制社会奴隶主灌输的"奴化思想"，是不符合老子所讲的"天道"的。但是却是奴隶社会和封建社会下的长期现实，也是人类社会超出自然环境的允许和承载而过度扩张的后果及人类生活水平提高后产生的专业化分工的需要；但不应该成为人类获得"最基本的食物"的前提！而只应该是那些想获得更好的生活的人的交换条件，"生者有其食"才是上帝创造包括人类在内一切生物的"天道"。

　　按以上的原理，生活在地广人稀、自然资源丰富的地方的游猎和游牧民族的生活方式，是更符合"天道"的。而直到今天生活在这些地区的民族和他们的后代，仍然生活在十分安逸和悠闲的状态下。

　　而很多人，最基本的食物都无法获得，这应该是地球资源不能公平分配所造成的不合理现象。

　　地球上的生物，最主要是动物，自由迁徙也是上帝赋予他们的权利，这也是千百万年来地球生物生存的自然规律。无论是鱼、鸟、斑马、大象，还是昆虫，其实这也应该包括人类这种高级动物。曾经的游牧民族，比较典型的是白人，也是这样做的，因此他们从中东地区迁徙到了全世界。

　　但在资源稀缺的今天，占领了世界上优势资源和大片地区的优势人种，为了维护他们祖上侵略而获得的的优势地位和既得利益，由他们主导的当今的世界秩序，却不准自由迁徙，形成今天世界上众多占地为王的利益国家。有的国家人口稀少，但却占有辽阔的土地，这在这个地球上除人类以外的其他动物界是完全不可想象的；例如俄国东面有巨量的土地，闲置在那里，却不准别人进入和开发。有的国家虽然面积不太大，但地下却有许多今天人类所需要的珍贵资源，可以完全靠卖资源为生；这本质上是违反老子所说的原始"天道"的。

　　地球上的所有资源，应该是地球上每个人平均占有的。但如果你想占有更多的资源、过更好的生活，你就得养活更多的没有资源的穷人。那些因为你占有了更多的资源而失去了资源或者更少的占有资源的人，就应该获得免费的食物！这是他们的权利。例如：美国的农民只占美国总人口的 1%左右，但他们因为占有了美国大部分的可耕地，因此他们要养活全体美国人民和世界另外几亿缺少耕地的人口，这应该是他们"天经地义的责任"，也是今天的现实。

　　而现实中，大多数情况下这件事是倒过来的，世界上最有钱和占有最多资源的人，却是靠成千上万缺少资源的普通人来养活的。例如中东国家的少数富人，他们

靠卖地底下的石油过着天堂般的生活，而这个地球上的所有资源都，应该是世界上每个人共同拥有的财富。而且很可能是他们早期靠残酷的杀戮强占了那片土地，赶走了苏美尔人。这就像在古代某条商路上，路边有一条从山上流下来的溪水，忽然出现某个人守在水边，向每一个路过取水喝的人，收取高额费用，不然你就可能渴死在路上；这与守在路边"收取买路钱"的土匪并无本质区别。

例如，今天世界上尚未分配和被人抢占的资源，像南极和北极以及太空，都是全世界所有国家共有的。因为地球资源是有限的，地球上每一个人应该在一定程度上平均享有地球资源，如果某个人及某个人种或族群占有的资源巨大，理论上，他们就剥夺了另外一些人应该享有的地球资源的权利，而使这些人由于缺少资源而沦为拥有和占有资源的人群和人种的奴隶，这就是在缺少自然资源的亚洲到处都能够见到"血汗工厂"的原因。

靠占领优势资源并自封领地的族群，以及靠稀缺资本剥削别人的人，都是违反"天道"的。

因为老子所处的时代和世界，是人类刚刚从原始社会进入所谓"文明时代"的初级阶段。那个时代，大部分人类尚可以自由迁徙。所以老子最清楚"天道"的基本含义。虽然他处的那个没有任何基本科学常识和语言尚不成熟的环境，无法对"天道"作出确切的解释。但他能明确感觉到"天道"的无处不在和对世界的主宰作用。而今人，由于掌握了太多的科学技术常识（这本质上就是天道），所以反而很难理解"天道"的存在。即：不识庐山真面目，只缘身在此山中。

基本食物免费的观念与"有教无类"的教育观念一样，在资源极其短缺的东亚人看来，这是不可思议的，也是行不通的。在中国人看来，这是不劳而获及对学习好的人来说是不公平的。因为多数东亚国家的教育资源是紧缺的，他们不愿意与学习差的和笨的学生一起上课。学习差的同学会耽误学习好的同学的时间，会影响他们的学习成绩和效率。这本质上是亚洲人比较自私和几千年等级观念的影响，明显的是一种不平等的观念。

在人类历史上，占有资源的都是靠武力和强权获取并世袭的，如强势人种的贵族和封建帝王。但近代，开始出现可以靠智商和资产致富并且世袭的。即：开启了所谓"私有财产神圣不可侵犯"的时代，这应该是一种飞跃和进步。因为，这个"资本主义时代"推广的是不靠武力，而靠智慧和继承来的资源财产来获取财富，但这本质上还是在一定程度上违反"天道"的一种法权。

人类的自由，与人群的人口密度和这一人群对资源的平均占有量成反比，即人口密度越大，人们对于资源的平均占有量越低，人们就必须越来越依赖严密的社会组织，来规范每个人的行为从而维持缺乏资源与社会空间的人群组成的社会不崩溃。典型的例子：中国的人口密度是西方国家的几倍，其每个人能够享受的自由权利，就只有西方国家的几分之一了。就像广阔天空中的鸟，永远是自由的，而生活在一个树洞下面成千上万的蚂蚁，就必须靠辛勤的劳作和有严密的纪律才能勉强维持生存。

"不干活劳动"过最基本和清苦的生活，甚至可以说是简单的"活着"，其实是上帝赋予人类的"最基本的人权"，如果这一基础权力无法保障，人类更高级的人权，其实是根本无从谈起的。

在这个过程中，起"先锋作用"的是，现在已经分布在世界各地，特别是发达国家的黑人群体，他们大多在获得了基本的生活条件后，就不在努力工作了，而是更多的享受自己现有的生活，这是符合"老子的天道"的。甚至有些黑人过着，座在街边靠乞讨为生的日子也并不感到窘迫，因为这和原始的非洲食物遍地都是，的生活方式非常相似。

在美国的大街小巷的垃圾箱里，到处都能找到成堆的餐馆丢弃的当天卖不完的新鲜食物和超市丢弃的表面有磕伤的水果，有些包装精美的熟食，只是因为食物的包装或外观受损就被丢弃，有些过期的加工食品也被随处丢弃。在大部分教堂的后门，中午也能领到免费的食物。在美国的垃圾堆边，你甚至可以找到成套的家具和家用电器及很多根本没有上过身的奇装异服甚至时装，这就造就了在美国"活着"是一件很轻松的事。这种"对生活素质要求不高"，是在世界范围内的黑人群体大多处在收入水平最低的那个社会阶层的根本原因。因为今天不再是，在种植园里有人拿着皮鞭强迫他们劳动的奴隶时代，今天没有任何人有权来强迫他们劳动，逼迫他们过所谓"更好的生活"，他们就像在曾经的原始森林里那样"自由自在"的"活着"。

当我在美国看到身材高大、肥胖，屁股硕大、走路一扭一扭的黑人，拿着长柄簸箕和扫帚在公园里清理别人留下的垃圾时，我会觉得上帝设计他们的身体不是为了让他们来干这些活的。同样，当我在写字楼的办公桌后面看到身体粗壮的大胡子人种在认真的工作时，同样会有一种时空错乱的感觉。也许上帝最初是把他们作为丛林当中的顶级猎手设计出来的，所以他们的外貌才进化的过于凶猛。即便是好莱坞选择演员，也会让他们饰演古代将军，英雄或者是中世纪的海盗，而不会让他们站在柜台后面饰演售货员来吓跑顾客。

同样，在非洲坐在村子边上用木雕来换取他的晚餐的，天性无忧无虑的黑人兄弟，他们随手根据材料形状雕刻的木质玩偶的艺术价值，可能远超在中国，大师的工作室中精心创作的所谓"作品"。这也是几千年辛苦的农耕劳作，使得做为农耕民族的中国人，更适合模仿别人的生活，却失去了一些应有的，自然天成的灵性和想象力。还因为那些用于木雕的木材，在中国已经变得极为稀有，已经被炒成了天价。

不同人种的这些差别，平时人们可能并不在意，也无法做到把适合的人安放在适合的岗位上，但这些却可能是社会公平、效率和稳定的重要因素。

　　由于气候的变迁和殖民者的入侵，使非洲的人口数量和生存条件与几百年前相比发生了巨大的改变，但那里的人们的身体和生物进化、改变速度却远没有那么快。通常认为：非洲人的特性并不适合农耕和高密度在城市里规规矩矩的聚集生活。让他们放弃几万年形成的懒散的游牧和游猎生活方式，依靠在写字楼，或者是工厂车间里工作来养活自己，应该有点勉为其难。他们自由自在的天性，在城市的街头不生出事来进行消遣，似乎也不那么容易。早期非洲地广人稀、食物充足、优越的生存环境，造就了他们有点儿像印度街头淘气的猴子一样无忧无虑的天性。所以世界上每年被饿死的人口中，绝大部分发生在非洲，今天那里的人口密度应该远超上帝最初创世时设计的场景，那里人类的生育率只适合 2000 年前高死亡率的丛林野生环境，在今天现代人的生活方式下，就显得有点太高了，或许 100 年后，世界的一半以上的人口都与他们相关。也许我们应该，把地球让给他们，我们移民去火星，来弥补我们对非洲造成的"错误的改变"。

8.3、天道与佛教

　　说到容易满足，相对自由散漫的黑人，你会发现他们的观念和中国古代靠"化缘"为主要生活来源、且提倡"寡欲"的佛教的观念非常相似。所以我想在这里讨论一下有关"佛教起源"的问题。

　　我曾经见到过，在脸书（facebook）上，有黑人博主曾这样记述到：我曾经去过中国，在中国的"神殿"（寺庙）中，曾亲眼看到过中国人信仰的最大的"神"的雕像（应该是佛像），是一个看上去很和善的"黑人"，而他有两个保镖（中国人所说的亨哈二将），其中一个也是黑人，看上去比较凶一些，而另一个也不是中国人，它应该是一个印度人。因为古老的中国人信仰的最大的神是"黑人"，所以我从此对我自己身为黑人感到骄傲，这说明黑人在古代世界历史上曾经伟大过。

　　也许，所有到过中国佛教庙宇的非亚州的外国人，都会有这样惊讶的感受，这应该只是一个常识的问题，或者只有中国人还蒙在鼓里。

© CanStockPhoto.com

　　从印度传来的佛教，虽然近代的佛像，越来越像东亚人，但他那具有标志特征的发型，却没人敢变动，因为一但变动就可能不再像"佛"的造像了。我原来以为这个头型是印度古人的发型，后来我发现这里边真的有问题，这应该是一个典型的黑人的发型。

　　印度早期是一个多人种聚集的地区，甚至是世界上许多人类种群的发源地。因为印度的地理位置就在"非洲的大门口"，印度早期黑人的比例较高是很正常的，而且这里还是南下去澳大利亚和太平洋岛屿的棕种人的必经之地。实际上，早期印度应该至少有五大人种：黑人、文化上一直比较落后的达罗毗茶人、雅利安人、棕种人和黄种人组成的长期共存的"种性社会"。而且，这些人群早期大多都是实行一夫多妻制的。

　　因为古代印度是一个黑人人种和雅利安人比例都比较高的地区，再加上早期一直实行多妻制，所以混血的人种比例也越来越高，这也造成了古印度在性方面极为开放，这也反映在许多寺庙的雕塑中。

　　在印度许多古代宗教的庙宇建筑上，雕刻着许多，男男女女以各种姿势进行性交的雕像。这些雕像有着明显的非常淫乱的特征，而非生殖崇拜。

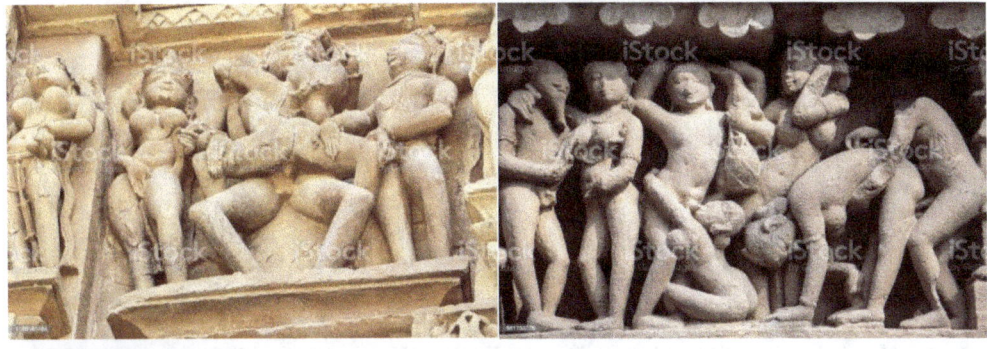

　　印度历史上一直是一个较强的男性主导的社会。女性的社会地位十分低下，导致女性出嫁都必须准备许多彩礼，一般家庭不愿意养育女孩。加上印度历史上政府的力量一直不强，处在丛林社会的状态。在印度不论白皮肤的雅利安人还是黑人，他们的性激素分泌量都远比中国的汉人高得多。

那么问题来了，古代印度是一个对性方面极为开放，从来没有形成统一的帝国的，各个人种、部族和酋长都可以完全自制的世俗社会，怎么会出现，像佛教这样极为保守、正统甚至有些违反人性的奇怪宗教？

印度大多数佛像的头型都是典型的"黑人的"贴着头皮的小卷发的发型，说明佛教起源于黑人群体。因为在印度的其他种族，大多为大鼻子和大胡子人种，宗教的雕像明显与佛教人种不同。

另外还有一个重点就是，早期印度的某些宗教，最初应该是一种街头文化，人们管这些甘愿长期流落街头靠施舍（中国人叫"化缘"）为生的人叫"苦行僧"，而且处在赤道附近的印度的气候条件，也允许人们长期住在街头甚至小树林里。在美国学习和工作过的人都知道，在美国长期流落街头，靠典型的"施舍"为生的人群中，他们大多都是黑人。由于这一人群早年在野生动物和食物都非常丰沛的非洲进化，所以他们十分适应野外的生存环境和有乐观的生活态度，即容易满足最低的生存状态，却不愿意付出更多，而有所改善。

虽然今天中国的寺庙，由于国家的支持和旅游的收入，赚得盆满钵满，但古代中国的普通寺庙的僧侣们，也是要靠到街头"托钵化缘"为生的。所以小和尚能够拿到老和尚讨饭用的袈裟和"钵"，被视为一种传承，即"衣钵"。

还有一件比较说明问题的事情，各个国家的佛教信徒，包括东南亚地区，教徒剃光头的传统，应该都是从早期印度人那里学来的。但印度佛教起步相当早，至少在，2000 年前，那个时候民间很少有金属器具，那时金属是属于有钱人的奢侈品。因为铁器的冶炼十分复杂，更别说钢才的冶炼了，所以那个时候即便有金属工具应该主要也是青铜器，主要是各种食物餐具和厨具。青铜刀具，如果有一定的重量在凭借惯性，用来砍杀动物或者人应该是没有问题的，但用来剔除人身体上细小的毛发，包括人的头发，应该是很困难做到的一件事。那个时候肯定没有剪刀，而且剪刀剪过的头型也只能是"寸头"而非光头。但青铜刀具在古代都没法磨成能够轻松刮掉人体毛发的利度和薄度，这种技术人类只有最近几百年才能够做到。

显然古代印度佛教徒的普遍光头，不是人为造成的，而是天然形成的。而拥有又直又粗、非常茂盛的头发的黄种人，中年甚至老年，头上的头发仍然很多，只是不断变白而已。而只有原来头发就是像绒毛一样，薄薄一层贴在头皮上的黑人，才会在中年以后普遍形成光头。如果早期佛教徒是天然形成的光头，并且形成传统流传于世，那么几乎可以肯定他们就是黑人群体。

　　就连弥勒佛都是典型的 "老外"，西方人胖子比比皆是，古代以营养价值相对比较低的粮食为主食的东亚人是不会长成这种体型的。类似的还有：

佛教后来较晚的时候传给了黄种人，而黄种人则误以为光头是成为佛教徒必须拥有的标志，于是头发茂盛的黄种人，只能"绞尽脑汁"，把自己头上的头发除去，才能够模仿出黑人佛教徒的光头特征。最初可能是十分痛苦和反锁的事，比如用香火一嘬一嘬儿的把它从根部烫断，由于有烫过的伤疤，所以头发就再也长不出来了。另外，也许恰恰此时的金属冶炼技术也有了较大的进步，磨出更快一些的刀子，可以一嘬一嘬儿的把头发揪住后，从根部切断形成"准光头"。

其实黑人群体还有另外一个特征，就是性活动极为开放。

由于在印度养育女孩儿是赔钱的，大多数家庭都不愿意生养女孩子。女孩出生后一般是多灾多难的，印度女性，明显少于男性，说明印度可能普遍存在偷偷溺死女婴的现象，再加上许多女孩少年时就被强奸过，甚至强奸致死。女孩在生长过程中出现意外，无法长大成人的比例明显高于男性。总之，印度女性社会地位低下，导致女性长期少于男性。

这种女性长期少于男性的社会现实，使社会底层变得十分不安定。很多人在男、女在性发泄事情上闯了祸，死于非命，使印度人的平均寿命变短。

有人怀疑：具有典型黑人特征的迦牟尼应该是历史上最早的同性恋者。释迦牟尼离开自己的三个妻子，而到大街上去流浪，已经说明他的性取向是不正常的。一个在性方面十分开放，甚至可以说非常淫乱的早期印度社会，一定会有同性性行为和同性恋者。

更有人怀疑：像古代印度佛像那样，双腿交叉、外翻，每只脚都编入另一条腿的弯曲处的、有难度的盘腿而坐的奇怪坐姿、有些造像拒绝别人观看的手势、火葬时烧不化的人体的结石"舍利子"、以及各种佛教洞窟中（包括在敦煌石窟在内）佛闭着眼睛成"享受状"，他的脑袋周围却奇怪的围绕着许多，与"极为保守"的佛教信仰和戒律完全背道而驰的、想象中的、或者是梦中的"飞天美女"，和"极乐世界"，等等这些都与"自慰"相关。

总之，相对保守的佛教，奇怪的产生在古代对"性"极为开放的印度。早期那里不同人种相对独立，还没有像今天这样明显的被同化时，以黑人为核心的底层社会，由于他们当中的女性被上层社会剥夺和垄断造成稀缺，而被迫形成一种以同性恋群体为主的 "街头流行文化"。不愿意惹事生非的人群，为了逃避人世间的纷纷扰扰，使自己活得更久一些，这些"厌世"的人群"逃世"后流落街头，靠"化缘"和乞讨为生，成为所谓的"苦行僧"是典型的无忧无虑的"黑人街头文化"。

但佛教的诞生，对当时刚刚脱离丛林状态的原始社会的社会安定，和减少各种暴力，特别是性暴力以及对妇女权力的维护，起到了关键的作用，对缺少道德标准和规则的早期社会的平稳发展和进步贡献巨大。在当时，这种"我行我素"、"性"开放的自由理念，过于超前了；这比其美国五六十年代才开始流行的、具有现代性的性解放潮流，至少早了 1500 年以上。

我们不能脱离一个国家的人种和文化基础，去臆想出一种宗教的产生。古代的印度，完全没有能够产生像今天东亚、南亚地区的，保守到变态程度的佛教的土壤。特别是在天性无忧无虑，自由开放的黑人当中，更不会产生佛教这样十分保守又循规蹈矩的文化现象。总之，在文化开放、种性制度坚不可摧的古代印度，类似今天的佛教是绝对不可能产生的。即便是在今天的印度，正宗的佛教也是被印度社会极端边缘化的一种信仰，也许只是为了保持印度是在亚洲极为流行的佛教原始发源地的地位，才特意保留下来的而已。这些都说明：佛教在古代印度诞生时，是一种与今天"在亚洲流行的佛教"，"完全不同"的另一种文化现象，这是显而易见的。

东亚人善于模仿，对于一切流行文化都不排斥。如对十分保守的中国人来说，对于这种过于超前的、放纵自己的"流行文化"根本无法理解，但他们对这种可以"逃世"的超脱行为十分羡慕，早期在高度的生活压力下长期生活的中国人，以特有的思维方式，重新解读了佛教。而且佛教的理论在资源相对贫瘠的中国是违反中国人"不劳动者不得食"的基本观念的，所以佛教在中国能够生存下来是因为，许多朝代对佛教实行"免税"优惠才实现的。但中国人又是善于钻空子的人种，许多地主把大量土地交给寺庙托管，来逃避赋税；更有大量青壮年躲进寺庙来逃避兵役，这就是中国历史上几个朝代都有成千上万处大规模捣毁寺庙、疯狂屠杀僧侣的事件不断发生的根本原因。

中国人把印度超前的同性聚在一起共同生活的现象，理解为"没有两性生活"的"戒色"（这是一种，在自由自在的古代世界其他地区不可能存在的，中国人想象出来的境界、是一种明显违反人性和自然规律的生活方式）；把不爱劳动、仍然保留，在大自然中或丛林中生活的生活习惯的、喜欢无所事事的到处流浪的黑人行为，理解为"出家"；把对生活质量要求不高，安于现状、容易满足的黑人乐观生活态度，理解为"清心寡欲"和"向善"。于是就出现了经中国人改造后的，后来整个东方人种所尊崇的"正统和极为保守到有些违反人性的佛教观念"。

似乎也是，只有中国人对佛教理论有"浩瀚"详尽而复杂的文字记载和各种论述，在原产地印度都找不到这些资料，只有少量的传说。并且佛教真正在中国盛行过，据说中国学者当年到印度去"取经"时，在与智商不高的印度佛教徒进行辩论时，中国学者的佛教理论完胜印度学者。所以现在主流佛教思想和理论，表面看似乎有大量的翻译资料，但实际应该是中国人的改造和再创造并人为复杂化的理论，而非印度人的传统文化，这种极为保守的"佛教"在当初印度的土地上和"人种"中，极其所形成的文化的基础上是根本行不通的。

中国古代是一个人情淡泊和冷漠的社会，中国古代鼓励男孩子出家做和尚，本质上是为了弥补有钱人三妻四妾的风俗所造成的，底层社会男女比例严重失调所导致的的社会不稳定，让那些穷人家的男性孩子，进入庙宇"守戒"，来维持社会安定。当然，这也不排除有少数在生活中受到严重挫折和打击，看破红尘的女性到庙中出家做尼姑。穷人家庭让自己的孩子出家，多数也是因为生活所迫，让孩子有口稳定的饭吃不至于饿死。

而当今中国的许多庙宇、特别是在旅游景点附近的庙宇中的"和尚"，基本上是属地方旅游局管辖、有工资收入、是每天只工作八个小时的一种"职业"而已。那些有资格能够"独立的庙宇"，更是成为日进斗金的捞钱行业，甚至可以成为"上市公司"，有幸进入金融炒作快速致富的快车道，这在世界宗教界也是奇葩。而在世界范围内，教化人们道德修养的教堂、清真寺、修道院，甚至一些有奇怪背景的有钱宗教，完全都是靠社会捐赠为生的，而且他们的所得，大多都还施舍给百姓。在美国许多教堂的后门儿，都常年有免费的午餐赠送。不像中国的所有庙宇都在以各种各样奇怪的理由收费，庙中的主持都是以豪车出行的族群。

总之，印度早期的佛教，应该是维持社会稳定，减少暴力的一种"有正面意义"的"流行文化"。因为他们当时无法认识到，他们所过分提倡的"男尊女卑"，导致一般家庭不愿生养女孩，造成严重的男女比例失调，再加上印度上层社会，大量使用女奴婢和纳妾，受害的就是大批印度种姓较低的底层男性。因此，只能被动的提倡这种街头的流行文化，来减少暴力。

8.4、对一些现象和事物的思考

中国古代官场下跪的文化来源

跪着，本来是古代在草原上游牧或者在森林中游猎一族，在草地上的典型坐姿。是西方人的生活习惯，它只适合西方人的身体构造、生活环境和生活方式，完全不适合东方人种，主要是指身材矮小的黄种人。但随着早期东、西方人种在西亚相遇，主要是西方高大人种对东方身材矮小的人种的殖民，跪坐的姿势也传到东方人族群之中。由于这个姿势不适合东方人种，所以最初是比较抗拒的，但由于东方人种地位低下，在某些场合只能被迫采用这种姿势。久而久之，这种坐姿在东方人种之中就变成一种，在某些比较庄重的场合被迫要做的，"屈辱性的姿势"。

古代没有凳子，更没有椅子，定居的农耕民族，通常可以找来，大小适合的石头来坐。因为石头很重，所以不可能采用较高较大的，也就是板凳大小，所以坐的时候必须劈开双腿，久而久之就养成了习惯，当找不到石头时，他们通常就蹲着，所以许多中国的农村人，都有蹲着吃饭的习惯。后来有了衣服，为了适合农耕民族在地里蹲着干活儿的需要，农耕民族的底层民众必须穿裤子，而这种服装更适合蹲着、劈开双腿坐在石头上，甚至盘腿坐在地上。这就是典型的东方人种席地而坐时的坐姿。

但西方人种早期是，游猎和游牧等不断迁徙的住帐篷的民族，他们在草原上是找不到石头的，而且他们很早就有衣服，由于他们大多生活在北方寒带，所以早期所谓的衣服，是紧紧的裹在身体上的整张羊皮。直到今天，远古游牧民族后代的苏格兰男人，仍然有穿裙子习惯。由于羊皮不适合做内裤，因此早期游牧民族应该是不穿裤子的。他们在"草原上"席地而坐的时候，为了防止被草扎到臀部，他们通常是坐在自己的脚上的双腿并拢的"跪姿"，这样裹在身上的羊皮，也正好可以成弯曲状的垫在膝盖和小腿下面，这就是西方人最原始而天然的"坐姿"。在早期的西方人看来，东方人劈开双腿的坐姿，是一种极为"不雅"也礼貌的动作。

早期游牧民族，家庭内部聚会和商量事情时，是大家围着炭火跪坐在帐篷里的草垫上。后来他们整体上晋升为殖民者和统治者之后，部落酋长或亲王跪在一侧，下面的群臣跪在另一侧，因为身体高大而强壮通常敢于挑战一切的西方人，有天生的人人平等的观念。但是这种跪坐方式，随着身材高大的殖民者，对身材矮小的农耕民族的殖民，东方人开始被迫在人群聚会时适应这种对于他们来的说并不舒服的"坐姿"。

　　而且东方人种，有着天生的不平等的观念，这种不适合东方人种的"坐姿"，就变成一种在某些场合必须要做的强迫和屈辱性的"礼节"，特别是这种"坐姿"（跪姿）在 2000 多年前传到中国时，已经发明了椅子。于是场景就变成了这样：君王高高在上，坐在椅子上，底下的"群臣"采用很低的身姿跪在下面。这就是中国历朝历代群臣上朝，会见"君王"几千年不变的场景。虽然这也是典型的"从洋人那里学来的"，但是到了中国人这里就有点儿变味儿，变成了一种表示屈服的礼节。甚至中国封建朝廷下面，成百上千的"七品芝麻官"县令，也人模狗样的拿起了架子来，村子里邻居间吵架，到"衙门"来"评理"，也得跪着上堂。看来在古代中国做老百姓，也必须有足够的"涵养"才行。

香港明星的一些文化特征

　　中国内地改革开放之后，一些港剧在大陆十分流行，一些香港明星在大陆也十分的火爆，除了他们流畅而本色的表演之外，他们特有的帅气也是吸引内地观众的因素之一。由于中国人崇拜包括雅利安人在内的金发碧眼的白人，所以也对有雅利安血统的印度电影明星十分追捧。而大陆所疯狂崇拜的许多香港明星，就是因为这些人长的像，具有典型雅利安血统的印度人的特征，是白皮肤的印度人，或者说是有明显雅利安人特征的黄种人。而许多港台女明星，特别是每年选美比赛的获奖选手，更是具有许多印度美女才有的身形、脸型和眼部特征。而且香港的电影业的极为发达，也与印度电影在世界领先有，相同的机理和人种、人性基础。

中国台湾女明星　　　　　　　　　典型的印度女明星

具有典型雅利安人特征的印度人

关于人类创造性的一些思考

其实，人类 "创造性思维" 的能力，与人种智商没有明显关系，而与人类不同族群的思维方式有明显的关系。这就是创造性思维与擅长使用右脑有关，即与人的想象力有关。

中国人从古代科考的八股文开始，直到今天的小学→中学→大学教育几乎完全培养的是，像录音机一样精确工作的劳动者和管理者。就像在培养高智商的奴隶，培养的是能够忠实劳作又不会出现任何差错的肉身机器人，而非独立思考者和创造者。中国的教育是灌输式的，而非启发人们的创造性，有人甚至说，中国的现代教育只是在培养 "精致的利己主义者" 而已。

而欧洲人，或者说白人，由于他们早期典型的游猎或游牧民族的生活方式，决定了他们善于想象。例如他们把牛羊赶到特定的草场后，就可以看着天上的白云尽情幻想，所以他们的思维方式更偏向于形象思维。

实际上，人类的创造性，本质上是右脑的功能，世界历史上，许多大的思想家和发明家，往往是一些年轻时稍显笨拙和呆傻的学生。这是因为他们的优势大脑是右脑，导致他们的逻辑和语言中心的左脑略显劣势，儿时开始说话的时间就较晚，少年时期说话和办事也没有那么灵光，甚至成年后都是那种平时不爱说话的人。他们的特点是形象思维能力较强，善於幻想，甚至不那麼脚踏實地。

而那些左大脑是优势大脑、记忆力极强、过目不忘、逻辑思维严谨，经常被中国学校里的学生称为 "学霸" 的人，这些人后来多数都成为古代的教书先生或今天大学里的教授等等，或成为通古博今的学者，用今天的话来说就是知识界的 "网红"。他们的特点是当上级交给他们要做的事情时，他们不会出任何差错。而这些网红较少有独立的 "建树"，多数只能是各种教科书的宣讲师和传声筒。中国古代能够进入体制的所谓高学历和高智商的文人，也多是封建统治阶级 "選拔" 的（能夠熟練運用八股文的）代言人和不会出任何差错的办事员，因为那些有权任用别人的官吏，绝不想选一个真正有才华的人来替代和超越自己，这是古代封建专制体制所导致的悲哀。这也是在国外的名牌大学中，名列前茅的学生许多都是中国人，而后期有所建树的，多数还是那些在学校里成绩平平的白人。

我们知道，不被多数统治者所推崇的中国古代真正的天才 "老子" 也是个不被封建体制接纳、根本不带学生、是个只闻其声，不见其人的 "隐士"，当然也有可能，他在仕途上一直是不得志的。无论如何，这都说明创造性和 "通古博今、能说会道"、甚至与办事能力超强，并不完全相关，甚至可能都不是中國人所說的 "能夠拿得出手的"，可以被炒红的 "那塊料"。平时喜欢标新立异、不是那么的脚踏实地、善于空想的人，根本不在中国古人，甚至今人的

"人才"范畴，甚至作为坏孩子早早的就被淘汰掉了。所以中国人的真正实力在于，模仿、学习、应用和勤奋的生产，这足以使中国强大起来。

关于文明两个字的字面解读

所谓的"文明冲突"，实际上是不同人种思维逻辑的冲突和不兼容，也包括两种生活方式或者两种文化长期不同所造成的惯性，因为短时间内刹不住车而迎面相撞所形成的冲击。这其实是世界存在过度竞争，以及世界发展需要作出选择和融合所产生的阵痛。本质上其实是，经过几千年的发展已经非常成熟，并且带有巨大惯性的各种专制体制，与尚不成熟和完善的，代表"未来"发展方向的民主体制之间的冲突和过度阶段的镇痛。

所谓"文明"如果单单从人与人的关系和社会层面来说，应该是：人类"社会"脱离早期"动物"时期存在几十万年的，完全靠强权和武力来解决一切问题的运转模式，而是靠一切可用的和平手段，在最低限度的使用强制和任何威胁手段的前提下，解决人与人之间，人与社会之间，不同信仰之间，族群与族群之间，存在的任何与生存相关的问题的，一种现代人都应遵循的行动准则。

被翻译成中文的"文明"一词，翻译得非常贴切，而且文明这个词翻译成中文后，由一个说明存在的现象的非常"中性"的词，变成明显带有"正面意义"的对于比较先进的文化和行为的褒奖之词。按照中国发明汉字的老祖宗们规则"文明"而非"武明"，就说明它应该是一种，不是靠原始的"武力"，而是靠"语言、文字的争吵"来弄清楚一切事物的方式。字面上直译就是"用和平手段来解决和弄清楚一切纠纷和问题"；其中包括由于人类聚集所形成的"社会"所出现的任何问题。从国家治理的层面上来说，起码要做到，用文人政权来取代军人政权，军人不干政；用普遍提高人们的道德水平来逐步取代严刑峻法，才具有基本的现代性和最初步的"文明"。

所以在现代社会里，管理者和被管理者之间、有钱人和穷人之间出现任何矛盾，如果不允许"争论"，不允许找到双方都认可的中立方去仲裁，在"中文里"本质上都是"不文明"的行为。或者只能称之为是传统的靠实力和强权来达成的不公平的"管理方式"。文明不是装饰品，文明是利用语言和文字的争吵来取代，过去靠武力才能够做到的解决问题的方式，实现持久的社会稳定。而不是靠强权和武力来压制语言和文字的争吵勉强维持的，暂时和表面上的和谐，这样实际上已经走向了"文明的反面"。

所以在中国人的现实生活中，当两个人持续发生使用"语言"进行争吵时，如果一方缺少修养，出现了动手或者动粗的行为时，是被公认为是"不文明"的行为的，同样在官与民的关系当中也是如此。其实，不文明的行为还应该包括，利用实力地位威胁和恐吓对方，用强硬的口吻使对方不敢发声、不许发声，例如"你再说我就抓你"等等。而"持续争论"的本身，其实是达成

"最佳解决方案"所必须经历的过程和阶段而已。所以，国家有一个里边吵翻天的"议会"，是这个国家文明的基本标志。任何没有经过长时间的争论和争吵，只是有权者和所谓精英们拍脑门儿想出来的解决方案，一定是不科学和缺少生命力的，甚至是有失败危险和可能付出巨大代价的。

如何理解民主自由

民主自由，就是社会最大限度的容忍每个不甘寂寞的社会成员"各行其事"，造成"社会机会的最大化"，即"百花齐放"的局面，社会才可能具有最强的创新性。而这种个性的放纵和放开，从表面看上去，就应该是所有事物稍纵即逝、社会呈现出令人眼花缭乱、应接不暇的混乱局面。而在专制体制下，每个人失去自我，听从统一的管理，当然可以"整齐划一"、非常有序，但一定会压制许多"多样性"的出现，使社会失去许多机会和相当的活力、创造性。这就是今天，日新月异的现代社会与早期人类，上万年都很少发生变化的静态社会相比，只能实行"动态社会管理"的现代治理观念。世界将越来越多样化和复杂化，而且瞬息万变、已经没有回头的路了。而民主国家每四年进行的政府换届，就相当于一个国家大的前进方向，每四年进行一次重新选择和矫正，起码要进行大幅度的调整。

真正的"民主政治"应该是：在当今世界上，适应和适合百姓生活最少被管束、每个社会成员最大限度的拥有"个人自由"，创新主导一切、天天有突破传统规则的事件发生，形成"天下大乱"的局面。而就在这个"一切都是动态的"、看上去天下大乱的局面下，能够维持社会公平、公正和不崩溃，并且还有可持续性的治理方式，就是真正的"民主政治"。

整个社会中"所有不同的利益集团"，互相博弈，没有哪个利益集团能够长时间主导整个国家的行政管理，这样的国家制度才是相对公平的体制，各阶级之间的阶级矛盾永远不会激化，这样的社会制度才有可持续性和生命力。

但这种治理模式是有前提的：就是必须有一个国与国之间和平相处的国际环境和相对和谐的周边环境（如澳大利亚），国家在没有任何压力的情况下发展经济。如果国与国之间存在着战争的威胁，或国与国之间存在着恶性竞争的国际环境，这种治理模式则并不存在明显的优势。例如二战时期专制的法西斯德国就很能打仗，半个地球的多数国家团结起来共同应对，才勉强打败它。这说明，专制政权在压榨百姓提高国力和集中一切经济、人力资源使国家军事化，并动员一切国家资源进行战争方面是有优势的，是一般权力和意见都分散的民主国家所不能比的。

人类生存的意义是什么？

人类创造的所有科技，特别是机械制造科技的发展，本质上都是为了减轻人类的劳动量和使人类获得更多的自由空间，说白了就是"偷懒者"的创造。例如，自行车可以使人类更轻松的进行较长路途旅行，摩托车和汽车可以进一步减轻人的劳动量和增加人旅行的距离，飞机则把这一能力扩展到极致。各种工程机械，对于减轻人的劳动来说，更是如此，这是人类创造发明的推动力和最初目标。人类应该在自己的旗帜上写明"懒惰创造了世界"。

但人类的这些发明，被一些别有用心的人，特别是较大的专制独裁者们利用了。他们对，利用机械的高效率所创造的剩余价值，进行隐蔽的挪用来形成个人财富，这就是马克思口中"剥削"的形成，反而使新时代的大多数人类成为现代科技的奴隶。他们喊出的用来欺骗百姓的口号是"劳动创造世界"，他们利用这个荒谬的口号欺骗底层大众，让他们拼命劳做，来创造更多的"剩余的价值"，而使他们能够从中渔利。

如果这个世界上的所有人都尽可能的减少劳动，来享受自己的生活，他们就很少有剩余的价值被别人剥削，这个世界上的富人就会比现在少得多，贫富差距必然会大大降低，而且由于所有人都在"偷懒"和有较多的空闲时间进行幻想，这个社会的创造性就会犹如井喷一样的爆发出来。这就是许多西方发达国家，特别是北欧贫富差距很小的国家的发展趋势。这些国家的富人只能转向其他没有基本人权和自由的发展中国家去投资，去剥削那里的百姓，这也是他们推动全球化的根本原因，主要是在寻找劳动力市场、寻找那些愿意拿更少的收入，而付出更多的辛苦的人。

其实这个世界上存在"过度竞争"，恰恰是这个世界不安定的重要因素，富人为了赚钱，所推动的过度消费，导致人类为了争夺，稀缺的自然资源和生存空间的竞争，达到了白热化的地步，使可以"毁灭人类"的核大战和生物大战的危险近在咫尺，甚至处在倒计数的过程当中。用中国人骂人的话，这叫做"作死"或"赶着去投胎"。如果全世界都把经济发展速度降下来，全世界所有人都在偷懒和尽可能的充分享受生活，起码可以缓解这个世界的过渡竞争，来推迟这个世界的"毁灭"。上帝创造这个世界上的每一个人，是为了让他到这个世界上来充分的享受自己的生活，而不是让他来到这个世界上来做奴隶的，可少数人为了能够把更多的人当奴隶来满足自己的权利欲和身后留名，甚至不惜拿整个世界可能被毁灭的命运来赌博（例如普京）。

关于经济发展的一些感想

其实有些地区经济发展慢，是这些地区人种类型等内因所决定的，是符合这一地区人种性格、勤劳度和驯服程度的合理和顺其自然、绿色的发展速度。因为在这些地区，一旦经济发展快了，生活水平稍微改善，那里的人口就一定会暴增，这是马尔萨斯很早以前就预见到的。由于这些地区的人种驯服度很低，比较强悍，一旦出现生活资源紧张，就一定会出现族裔间争夺空间和资源的混战和各种打着宗教旗号的战乱，反而给这个世界带来不安宁。所以一个地区的经济发展速度，是那一地区百姓自己的事，局外人无权干涉、必须符合当地的人种和民情，绝不能拔苗助长。

在当今世界范围内，帮助发展慢的第三世界国家加快发展，其实是一件非常危险的事。这种靠外力拔苗助长的行为，不但使世界人口暴增，而且通常只有短期效应，最终你投入的钱都会打水漂。从长远看，还会适得其反的给这些国家的发展带来灾难性的后果，会彻底改变这些地区的发展路径，造成不可逆的严重后果。由于这些地区的原有人种"天性"乐天和不那么驯服，不适应这种高速发展的生存状态和劳动强度，不能在高压下生活，而最终会出现战乱的结果。

这本质上是，使这些国家原来过安逸原始生活的大多数民众被迫进入每天要靠辛勤的劳作为生的、现代人的生活方式，但这种生活方式不适合他们的人种特性。即便不发生战乱，这些地区的自然环境通常也会遭到快速破坏。特别是人口暴增，很可能会成为各种灾难和战乱的导火索，更加违反优胜劣汰的世界人口发展格局。其结果是，拔苗助长使这些地区大多都成为这个世界越背越大的永久包袱，反而造成有建设性的优势人种由于缺少生存空间，而逐渐被淘汰的结果。这种帮助发展慢的第三世界国家加快发展的试图，本质上只是给已经资源极为短缺的世界性经济的发展添乱而已。其实限制非洲某些地方人口暴增和爆发战乱的唯一和根本方法就是：维持那里低速发展的自然经济。

今天的"联合国"，恰恰是做这种"政治正确"和拔苗助长傻事的代表组织，不但没有解决许多地区的动乱，反而是在给这个世界"添乱"，联合国的许多资助物资，最后都在恐怖组织的地下室中被发现。

而处在亚洲东部的日本、韩国、台湾也包括中国在内的国家的高速发展，其实本质上并不完全是政府主动的，而更多的是这些国家勤劳的民众自下而上主动推动的，而此时，政府处在"无为而治"的状态，反而更容易造成这些地区经济的高速增长，政府只要建立起公平的游戏规则和防止过热就行。在这些国家里，如果你政府干预经济发展过多，反倒失去了执政的合法性，在这里不需要拔苗助长，而是本身已经"野草丛生"。在这里与世界其他地区相反，越是经济"野蛮增长"，人们自己把自己累得抬不起头来、直不起腰来时，社会反而更加稳定。这也是中国历代封建统治者治理中国的秘诀。

在外人看来，像美国这样的发达国家，他的东海岸和西海岸各自都需要一条高速铁路来连接其沿岸城市，来解决高速公路上无数的看上去十分壮观的奔跑着的私家车所造成的空气污染。但美国各州政府，都不是积极的去做这些事。因为相对地广人稀的美国，没有中国这么大的生活压力、这么快的生活节奏和紧迫感，也没有这么大的流量。人们习惯性的从家里面开着自己车子，直接去任何地方，沿途还可以欣赏不同的风景。如果考虑回收成本的问题，建成这些铁路的票价，可能会高于机票价格，理论上还没有飞机快捷。世界其他国家的高铁没有中国那么普及和发达的主要原因是：那里的人们没有中国人那样勤奋，生活节奏没有那么快，因而运输压力也就没有那么大。

8.5、原教旨的社會主義與
資本主義的比較

世界发展，包括人类文明的发展是：时间变慢、时间的尺度被越来越细分、进化变得越来越快的过程。

如：从地球诞生→几亿年前，生物才由无机物，进化到有机物，由单分子进化到多分子，由植物进化到动物；几亿年前→几千万年前，由冷血动物（从鱼类到爬行动物）进化到哺乳动物，并在哺乳动物中产生了猿类；几百万年前→20万年前。由人猿到人类；直到1万年前，人类开始产生农耕文明；4000年前，人类已开始产生工商文明；500年前，人类才开始进入工业革命；50年前，人类才开始信息革命。

从时间的长河来看：越简单，越基础，越容易较长时间的存在，本质上是，宇宙越变越复杂。从眼前看就是：物质发展越来越快，时间和空间无限细分；从外在看，就是这个世界发展越来越多样性和越来越复杂化。这就是人类社会及与人类社会相关的物质世界的发展趋势。

从人类社会学的角度来说，人类从存在几十万年的以家庭为单位的原始公社制，到存在可能上万年的以血亲为单位的原始族群制，到存在四、五千年的奴隶和封建制、存在几百年的资本主义制度、到存在仅几十年的原教旨主义社会主义制度。将来有可能存在的"民主社会主义制度"和理想中的"未来社会制度"如果出现的话，时间都不会很长，至多不会超过一两百年！绝对没有永恒的社会制度！

这也符合越原始的越持久，越先进的越短暂的历史发展规律。从现在看世界上存量最多的处在不同阶段的资本主义国家来看，处在较低阶段的发展中国家中的"血汗资本主义国家"，还有可能存在较长时间。而处在较高阶段的发达的资本主义国家，明显正处在社会大变革的前夜。

其实变革已经发生了，我们不难发现，越是老牌的资本主义国家，越明显具有福利国家的的性质。北欧的国家贫富差距都非常小，国民平均劳动时间也越来越短，已经具有明显的社会主义社会的特征，也就是未来社会的发展方向是"福利社会"。

无论是今天盛极一时的资本主义制度（包括个别国家的国家资本主义制度），以前的原教旨主义社会主义制度，将来有可能大批出现的"民主社会主义制度"和理想中的"未来社会制度"，都不可能是永恒存在的社会制度。人类社会制度，永远处在不断变革和发展的过程中，而且越变越快，越变越复杂。资本主义万岁、社会主义万岁、共产主义万岁都是违反社会发展规律的愚蠢幻想。

所以今天世界上存在的不同国家的社会制度之间的过渡竞争，甚至把社会制度视为永恒的信仰的一部分，是完全"伊斯兰化的"、没有必要的，甚至有害和拖慢人类社会发展的。例如新近转型成为新兴资本主义国家的发展中国家，就大幅拖慢了整个西方世界向"福利制社会的转型"，加剧了世界范围内的过渡竞争。

实际上各种不同社会制度的竞争，重要应该是这些制度的变革性和变革的潜力，以及与世界上主流社会制度的兼容性。谁的社会制度变化最快，存在时间最短，并能够与当今主流社会制度有良好的兼容性，（就像当今手机和电脑程序遵循摩尔定律、快速发展和变革，但必须与传统程序有兼容性一样。）谁的社会制度反而具有先进性。

100多年来，美国的政治和社会制度几乎没有任何变化。而中国由完全封建的传统体制→半封建半殖民地制度→初级的资本主义制度→初级的社会主义制度→大锅饭的低级共产主义制度→高级的社会主义制度→国家资本主义制度，等等。每种制度不过二、三十年，虽然有点儿运动式合跳跃式发展，但这种社会制度的快速变化和制度层面的"自适应性"，就是中国发展速度远远超过美国，成为世界第二大经济大国的重要原因。

如果一个国家的经济发展缓慢，比如像美国和许多处在发展中的小国，他的国家体制就会相对稳定，可能几百年都不会变；如果一个国家的经济发展速度过快，他的国家体制存在的时间就会很短。这也符合马克思主义关于"经济基础决定上层建筑"的基本原理。经济的快速发展，就推动上层建筑需要不断的变革，来适应经济的发展和人民生活素质的提高。如果希望自己的国家体制有相对的稳定性，那就必须把经济发展速度大幅度降下来，甚至是保持不变，就可以使国家体制变得"相当稳定"（如大清国）。因为人民较高的生活水平，一定会提出更高的政治和制度诉求来配套，推动上层建筑向前发展和不断变革。

其实，今天中国"改革开放后"的社会制度，本身就是一个"四不像"，无法用初级的资本主义制度和原教旨主义的社会主义制度，甚至是国家资本主义制度来解释，因为她在这三个方面都还不完善也不典型，但也有一些较新的成分在里面。但缺点是她与这个世界主流的社会制度及这个世界的政治大环境的兼容性较差。如果兼容性较好，则有益于经济发展。当经济发展到国民平均收入高于世界传统资本主义国家，并也具有传统资本主义的近似于福利国家的特征时，"还可能被推广"；但如果兼容性较差，不但不容易被推广，甚至很容易被淘汰。

在制度底层设计时，必须考虑它的"兼容性"，而不是片面的强调制度的稳固性、经济发展速度和效率。这与推出"新手机上市"非常类似，因为这个手机或者社会制度的兼容性，决定它有没有生存空间以及生命力。整个社会中"所有不同的利益集团"，最好能够"互相博弈"，没有哪个利益集团能够长时间主导整个国家的行政管理，这样的国家制度才是相对公平的体制，不会被个别的利益集团所绑架（一旦被绑架，社会进步就可能相当困难，再进行社会变革就可能必须付出成本和代价甚至流血。），各阶级之间的阶级矛盾永远不会被激化，这样的社会制度才有可持续性和生命力。

发展最快的制度并不一定是好的制度，而且还会加速这个世界的恶性竞争。我们知道人的身体上发展最快的细胞就是癌细胞，因为它无法与身体上的其他细胞协调发展，局部发展过快而使整个人体崩溃死亡。同样，发展较快，较大的经济体，如果过分强调自己的发展，而不与整个世界协调发展，甚至做到起码的兼容性，很容易升高国际间的紧张关系，成为这个世界的肿瘤，而使整个世界都处在危险中（如二战以前的德国和日本），最终有可能导致世界大战的爆发，也同样可能导致整个世界崩溃和毁灭。

经济高速发展，其实是一柄双刃剑，它给世界带来更多的其实人口暴增、环境污染，自然资源枯竭，自然生态的巨大破坏和人类精神和生活压力的陡增。除了少数自然资源及其贫乏，人口发展已经严重失控，人口密度极高和生活压力巨大的少数亚洲地区，经济发展在世界大多数，地广人稀、资源丰富的地区是没有多少动力和压力的，他们经济发展缓慢，实际上是符合绿色发展的未来世界发展方向的。

要知道，没有人愿意像鸽子一样的，居住在城市中心、天天必须乘坐危险的电梯爬到高楼大厦的小格子里。如果能够选择，多数人都会选择住在绿树成荫、前后都有草坪和小院的 house 中，那是人类上万年以来的标准住宅。但人类自己人口的无序扩张造成的人口过剩，使每个人都住进 house 变得不大可能了，有的地方甚至连种植粮食，养活自己的农田都已经远远不足的情况下，还在病态的扩张人口，这个世界真的疯狂了吗？

我觉得，在一个生活节奏非常快的国度里，一个城市的上班族，每人平均上班路程超过十公里，这个城市的规划和设计一定出了问题，甚至是失败的，要么这个城市已经超出了合理的规模。上千万人挤在像蚁巢一样病态发展的城市中心里没日没夜的工作，这不是上帝创造人类和所有哺乳动物时所设想的生活场景，如果上帝知道了，祂一定会"再次震怒"，制造出另一次"大洪水"来，荡平人类自己私自建造的，这些丑陋的像烟囱一样的"巴别塔"、"钢筋混凝土的森林"，恢复上帝创造的美丽且鸟语花香的天然森林。在这样的天然森林中悠闲的嬉戏和散步，才是上帝创造人类和这个世界万物的初衷。

其实，我们不难感觉到"上帝的不满"，下一次"大洪水"已经在慢慢的向我们逼近，因为地球升温超过一个限度，就可能引发在理论物理中经常提到的无法挽回的"雪崩效应",这也是天道。也许现在是"建造方舟"的最佳时期。

由于前苏联和社会主义阵营的解体,使得现在经济学界对社会主义制度的评价是极其负面的。而且从今天来看,我们这个世界发展速度过快,明显并不是一件好事,很可能会加速人类的毁灭。但如果单纯从局部和经济治理模式上来看,实际上社会主义制度,在特定的历史条件下,无论对前苏联还是对中国的经济发展,都起到过重要的和不可替代的作用的。

前苏联从二十世纪二十年代中叶开始,到二次世界大战前,只用了二、三十年的时间,就走完了主要的资本主义发达国家需要五十到一百年要走的工业化的道路,由早期的"农奴制"国家完成了向工业化国家的转化,使苏联的工业产值由世界很落后的位置迅速的赶上和超过英、法、德等强国家,后来更成为世界第二位的工业大国。苏联人在没有任何发达国家的支持下独立发展经济,其经济发展速度大大超过老牌资本主义发达国家。而且苏联社会主义时期,国内的平均劳动强度并不高,无论是工业企业还是农庄,都是"国营"的,远没有当年西方资本主义国家资本积累时期那么黑暗,也没有今天大多数"发展中国家"由资本主导的血汗工厂那么残酷。苏联从 20 年代开始一直到七几年,平均发展速度一直是超过西方国家的,而且还由于意识形态原因,以自身的能力支援那些众多的较穷的社会主义国家,不太像完全由资本主导的国家那样,想尽一切办法去搜刮和获取发展中国家的人力资源和自然资源。

中国建国以后,由于外部条件过于恶劣、由朝鲜战争引发的西方世界的封锁、国内政治气候的不稳,使得中国的经济发展多灾多难。但就中国朝鲜战争以后,到文化大革命前这一段时间里除去自然灾害的三年,甚至包括文革十年,中国 GDP 的增长率一直处在 10%至 14%之间,就中国的过去的基础而言,这应该算是非常高了,而中国改革开放之后,反而是逐年降低的。

在典型的农业国家向工业化国家转型的阶段上,国家经过一段社会主义或国家资本主义体制的过渡,是"利大于弊"的。应该说"国家计划"对一个基础较差的国家,在较短时间内建立起完善的工业体系,是十分必要和有利的,就像一战和二战之间的德国。由于工业化需要大量的资本积累,而发展中国家资本积累能力一般都很弱,这就需要国家持续而强有力的投入。如果单纯依赖外资,这种资本也会对发展中国家的本国弱势的工业经济造成巨大的冲击。

在这点上,印度和中国的发展就是两个明显的例子,印度早期也是一个以计划经济为主导的经济模式,一直以来就对外开放,大规模的接受西方文明比中国要早的多。中国刚"解放"时连两轮摩托车都不能生产,而那时的印度已经能够生产飞机了,解放初期中国总理出访时所坐的飞机就是印度生产的。印度经济发展没有遇到明显的外部不利条件,但印度在工业和农业当中更多的依赖的是私人投资。而中国建国以前的工农业生产都比印度差的多、建国以后就遇到了多场大规模的战争、政治运动、发达国家的长期封锁、还遇到了像"文革"那样的十年长期动乱。但中国由于采用了相对比较完善的计划经济体制，使中国在资本积累方面和发展民族工业方面，具有明显的优势，虽然经历了许多坎坷，但比起仍然依赖私人投资、同样采用大量计划经济制度的印度来说，经济发展还是要快得多。

而且中国的社会主义时期，也是在国民平均劳动强度很低的情况下实现的高速发展，当时整个中国没有一家血汗工厂。当年中国所有工业企业如果不是国营的，起码也是集体的，和中国农村的"人民公社"一样，都是"吃大锅饭"的体制。印度在五十年代至七十年代间，工业生产发展速度应该在百分之四至六左右，而在这一期间中国的工业发展平均在百分之十以上，所以使中国工业的大部分指标很快就超过了印度。如果中国同样处在印度那样没有外部干扰的情况下发展经济，将远远的把印度抛在身后，这是显而易见的。

在资本主义国家当中，大量引用计划手段来发展经济的国家也很多。比如欧洲几个老牌工业大国，甚至包括美国等。当社会主义国家分分解体后，英国的撒切尔夫人是首先大规模削减国有投资在国民经济中的占比，紧跟着美国，也把许多国有资产出卖给了私人。而当时所谓"市场主导的社会主义国家"，主要有前南斯拉夫、匈牙利等东欧国家。还有在资本主义国家当中，下大力量调节收入、缩小贫富差距、实行高福利水平的挪威、丹麦和瑞典等斯堪的纳维亚的所谓有限的"民主社会主义国家"。这些国家都曾在不同时期和不同的历史条件下，创造过经济的快速发展。

早期的以色列，也实行具有强烈的国家资本主义色彩的政策，并且政府广泛的干预经济，但是以色列更重视高科技的发展。但她与其他计划干预较多的国家的最大的不同是：他是民主政体，它的公民比起一般社会主义国家的公民，享有更多的政治自由和高得多的生活水平。

实际上无论是在资本主义还是在是社会主义制度下，发展经济的手段是差不多的，是互相可以借用的。唯一的不同是，他们的政治制度具有较大的差别，典型的资本主义国家大多采用比较成熟的民主政治。而典型的社会主义国家大多是刚从奴隶制或封建制直接过渡而来的、民主基础较差的国家。中国是从半封建和半殖民地直接过渡过来的；而俄国更是仅仅经过一次短暂的资产阶级革命，就直接从"农奴制"坐火箭过渡到社会主义体制。所以他们都不具备建设民主政治的民意和社会基础，都无法进入正规的民主体制。

传统的社会主义同资本主义制度一样，由于国家和个人的发展，需要一定的积累，为了发展经济他们都把这种积累做到了极致。这种积累反映在资本主义制度下，就是所谓的剥削"剩余价值"所造成的社会生产过剩；而在社会主义国家，则反映成为，国家投资和积累过大，而百姓由于没有话语权造成消费过低所导致的人均生活水平长期得不到改善和提高。两种方式都严重阻碍国家整体经济的正常发展和普通百姓幸福感的获得。这说明社会主义不是洪水猛兽，今天过度竞争的资本主导的社会也不是"人间天堂"，甚至很可能由于这种"过度竞争"导致整个人类文明的毁灭。看来人类社会合理的生产和消费体系的构建，还处在很初级的探索阶段。

但前苏联的社会主义制度应该说在经济上是成功的，它的成功在于使一个落后的"农奴制"农业的俄国一夜之间成了发达的工业强国，他的致命缺点，也是集权和不民主的政治制度，造成政府权利机构的长期不稳定，而这最终导致其不适应在资本所主导的这个世界上进行"过度竞争"，从而败下阵来。

而苏联模式的社会主义，实际上并不是单纯的因为他们的经济制度的不合理、经济成长慢而败下阵来的，而是因为他们的人民，缺乏基本的民主自由和基本人权而被从内部推翻的。

但是伴随社会主义阵营的解体，给西方国家，特别是西方国家的老百姓带来的却是一场噩梦。随着人口众多、受教育良好、工业基础完善的、大批社会主义国家的"转轨"，加入疯狂和过度竞争的资本主义制度，成为低福利的新兴资本主义国家，并加入到资本主义残酷的经济竞争，加入到所谓资本主义全球化的大潮流中。从八十年代开始给资本主义发达国家造成巨大的冲击，大幅拉低了资本主义世界的生活水平。比如东德拉低了西德的生活水平，东欧拉低了西欧的生活水平，中国摧毁了美国的民用工业，抢走了日本作为世界制造业大国的经济发展势头等等。

我们把传统的社会主义和当前的资本主义进行一个比较，我们会发现资本主义制度，在政治上是民主的，但是在经济领域仍然是独裁的。民主的政治有利于营造一个长期稳定的社会环境，经济上和企业经营中的独裁又可以产生较高的利润，给人的假象似乎是有较高的效率。而传统的社会主义制度是反过来的，她在政治上是铁板一块缺乏灵活性，而在微观的经济管理上却是极端民主化的。整天偷懒耍滑和"泡病号"的工人可以指着厂长吵架，把他骂的狗血淋头却无法被炒掉。结果传统的社会主义可以按计划进行稳定的生产、劳动者有稳定的工作，甚至住房都是企业按照平均水平分配给职工的，经济可以稳定的增长，虽然给人的假象似乎效率相对较低。而传统社会主义体制在政治上则是完全不稳定的，高层内斗导致整个社会跟着倒霉，造成运动式的、震荡式的社会环境，甚至是抽风式的忽左忽右。

通过上面的比较，我们可以清楚的发现：社会主义的"经济制度"实际上是不存在问题的，尽管它还不十分完善。但原教旨的社会主义的政治制度却是十分落后的，由于政治制度的落后，影响了经济发展，而不是相反。这些国家的"转型"原本应该是，引进先进的资本主义的政治制度，来配合社会主义的经济制度，形成在这个世界上领先的国家制度。而不是无厘头的抛弃先进的经济制度，维持落后的政治制度，引进几百年前的资本主义经济制度，形成政治和经济体制双落后、至少是 200 年前的血汗资本主义，或者叫封建资本主义，这本质上是一种国家体制的倒退，就像"一战"以前的德国和二战以前的日本，很有可能会给这个世界带来灾难性的后果。

由于资本主义制度，把每个人追求私利作为主要的社会激励机制，使得在资本主义制度下社会道德标准相对低下，所以在资本主义制度下，必须有严格而十分复杂的法律体系和成熟的道德体系才能够维持社会的整体素质不下滑。其实资本主义制度，对国民的道德标准有较高的门坎儿，有很高的要求、这是他们通过几百年才慢慢建立起来的。但这些新加入资本主义体制的所谓转型国家，这些复杂的制度还远没有建立，甚至根本不知道怎样才能在可以公开追求私利、尔虞我诈的社会里建立起完善的道德标准和征信机制。

这导致中国大陆在改革开放初期，是贪官污吏横行和腐败猖獗，社会贫富差距巨大，社会生活中妓女、赌博、社会黑恶势力等等重回江湖，社会风气明显变坏；有明显的拉美化和印度化的趋势。而在中国刚刚解放的三十年里，以上提到的各种社会现象基本上已经根除，除了各个政治运动时期以外，社会人际关系与现在相比，明显更单纯与和谐。致命的问题是，一个社会的社会风气一旦变坏，是很难再从根本上挽回的，这就是拉美国家掉入中等收入陷阱的根本原因。

其实这个世界发展越慢，对人类社会的前途来说越安全。因为当今过度竞争的世界，把所有的矛盾都激化到崩溃的边缘，随时随地可能会导致人类社会的全面崩溃。联合国应该在他的宪章里明确规定，各国的经济发展和 GDP 增长速度不能超过 2%，如果超过了，就要严厉处罚，也许祇有这样才有可能避免和防止这个世界走向毁灭。

在这个世界上竞争是永恒的，是无处不在的。但奥林匹克精神的本质是，公平和有规则的参与竞争。这里面强调公平和有规则的竞争，而不是过度的没有任何底线的竞争，才是科学的和合理的。

这就引出，人类不同社会政治制度的竞争，这种竞争也必须是科学的，有共同规则可寻的竞争。比如不同人种和社会制度的竞争，必须是在保证人的基本人权的条件下进行才公平。因为社会发展和进步的快慢，是和这个社会的每一个成员的平均劳动强度和劳动量成正比的。一个社会如果缺少基本的人权、每个劳动者的平均劳动时间长、劳动量大、劳动强度大、贫富差距大，这个社会财富的积累当然就快，这叫做恶性竞争。只有在相同的社会劳动强度和劳动量的，不同社会制度之间的竞争才是公平竞争。这叫做有共同规则的竞争。

在相同的劳动强度和劳动量下的不同社会制度，发展更快的那个才是更科学、优秀的社会制度。而在同样发展速度的不同社会制度中，劳动强度大，成员自由度更低的社会制度则明显是落后、应该淘汰的制度。这才是符合类似奥林匹克精神的"公平竞争"精神。靠打兴奋剂，靠破坏规则，为达到目的不择手段、靠跑步时抢秒、抄近路，等方式进行竞争，是违反奥林匹克精神的，是不尊重规则，投机取巧的行为。

同样，在世界政治制度竞争中，以减少社会成员的自由度和加大社会成员的劳动强度来发展本国经济，靠经济贿赂来拉拢中小国家的选票、操纵国际组织，也是不讲规则、不公平的，或叫做过度竞争。这会导致国际社会之间的恶性竞争和国际人权状况的恶化，威胁国际社会的安全和稳定。特别是国际社会，应该禁止发达国家，对发展较慢的国家进行援助，这是在这个世界上，淘汰落后的政治和经济制度的唯一方法。

但在我个人看来，似乎效率低下和发展缓慢的所谓"民主的社会主义制度"，也许恰恰可以挽救这个"过度竞争"的疯狂世界免于崩溃，阻止人类几乎已经不可逆的滑向自我毁灭深渊的唯一制度。如果能够在全世界所有国家中都普遍"最低限度"的使用一些社会主义管理和消费方式，大幅度拉低各国的贫富差距；或者由联合国出面，强制世界所有国家必须实行"福利社会制度"，硬性规定各国贫富差距基尼系数指标不能大于 0.3，人类和这个地球也许还有救。人类社会应该恢复以合理的线性速度发展和成长，而不是成指数曲线的爆炸和毁灭。

只有这样，人类才能让日新月异的经济和科技发展速度，与以万年为单位的人类身体生物进化速度相适应。特别是人类掌握的科学和信息技术每日都在更新，但人类今天的思维方式和基本观念，甚至是道德标准都与几千年前的人类并无本质区别。这就好比习惯用传统和残酷的"丛林"观念思维几万年的"情绪不稳定"的古人类，突然掌握了能够轻易毁灭人类的"核弹按钮"及现代科学，那么悲剧就可能"在瞬间发生"（爪子按按钮）。

唯一的办法就是，由联合国出面人，在世界范围内"全面停止所有的高科技研发"，关闭全世界所有高科技的研究所。因为人性和人的道德观念的进化，远远落后于人类高科技（包括人工智能）的发展速度，人类现有的社会道德水平甚至是社会结构，还没有做好，进入危险的高科技时代的准备。也许需还要 1000 年的时间来逐步提高人类的道德标准及慢慢完善人性和人们的观念，然后才能放心的让人类逐步掌握"危险的高科技能力"，不然就是人类自己，在这个"疯狂过度竞争"的世界里"玩火自焚"，再晚了，恐怕就来不及了！

今天世界上许多发展中国家以经济成长和 GDP 的增长，包括以增加国家实力，甚至增加人口作为发展目标。这本质上是，这个世界进入恶性竞争的"不归之路"所导致的。这实际上对于"地球"和地球上的所有生物，包括人类的子孙后代来说是"一场生态灾难"。作为这个世界上成千上万种生物之一的人类，只能把改善自己生活状态和生活质量作为目标，这是各个国家政府唯一拥有的权利。而不是各个国家政府把自己国家的民众当做奴隶一样来使用，只为自己的国家在这个世界上形成强权，结果所有国家都在反过来发展能够毁灭这个世界的武器，不但发展许多对人类有害的高科技技术、有害的生物技术，还跑到深海甚至太空当中去扩张和竞争，这些事都是违反"天道"的。人类把，相对于地球其他生物的疯狂扩张作为自己的目标，这样就使人类在自然中的角色，转变成没有任何制约"癌细胞"，相当于大规模病毒扩张，老鼠泛滥或者一次蝗虫灾害一样的地球灾难。按照"正常的逻辑"，人类如果照这样发展下去，必然会自我毁灭，不然的话就会造成整个地球的毁灭。

地球是人类的母亲，她经过亿万年的缓慢进化和呵护才诞生了人类和今天的世界万物。人类的唯一权力是，在与世界万物和谐相处的条件下"使自己过得更好"。人类没有权利发展出许多额外技术来破坏这个世界，甚至想改变这个世界，把"母亲变成儿子"，这是"违反天道"的。

近两年人类社会灾难频生就已经预示了这个结局的临近，给人类不停的敲着震耳欲聋的警钟。我们必须使世界经济发展，尽快的放缓下来，严格限制各国经济发展的 GDP 占比，来缓解这个世界恶性竞争和不断加剧的矛盾，在世界自然资源被消耗殆尽、人类社会彻底崩溃之前，挽救人类自身，不然就可能来不及了。人类在几十万年的进化当中都是，无忧无虑和自由自在的生活着，而现代人类每个人一生都像奴隶一样的疯狂工作，这不是上帝创造人类的目的。人类追求现代文明和发展出各种科技，是希望相对其他生物获得更多的自由和更加轻松的生活，而非获得更多的枷锁，人类已经完全迷失了自己。

8.6、关于营养学和人类的免疫力

关于营养学

现代"营养学"从其外壳来看，它其实基本上是一门伪科学。最简单的例子就是，世界上最大宗的动物就是草食动物，例如牛和羊，他们只吃一种食物，这就是野草，这在营养学家们看来是世界上最没有营养价值的食物了。但牠们什么都不缺乏，非常健壮，牛的健壮程度和健康程度远远超人类。世界上许多动物都是以单一种类的食物为生的，再如，熊猫（猫熊，熊科动物）只吃竹笋（高水分的植物嫩苗），但看上去也非常健康，没有问题。杂食动物也有，但在数量上相对较少。

营养学，本质上应该是研究食物，是否适合人的生存。说穿了就是，哪一种食物是人类历史上吃的时间最长、最久远的食物，它就是最健康的，因为那是在人类的进化史上，肠胃和消化系统最长久适应的那种食物。

我们知道，地球上的所有生物，最初都是诞生在海洋里，是从海里逐步发展到陆上的，人类也不例外。人类最早的远古祖先应该是生活在海里靠吃小鱼、小虾为生的海里的没有麟的鱼类，也许类似今天的鲶鱼。由于后来经常在海边上找食物，所以前后的四个游水的鱼鳍进化成为了四只脚，成为了可以爬上岸的两栖动物，后来慢慢适应了陆地上的生活，这段时间也许长达上亿年。由于安全和藏身的需要，它们很快就爬上了树。而在地上生存、后来成为地球霸主的恐龙，由于进入了进化的死胡同，而很快就灭绝了。而那些体积较小的为了适应陆地上气温相差较大的生存环境，经过漫长的岁月逐步进化成为恒温动物。

应该说人类的祖先登录到陆地上以后，最久的生存方式是生活在树上，这段时间也许长达几千万年。而由于气候的变化，人类又不得不从树上下来，在森林、草原和沼泽中生活，大概只有一、两百万年的时间。

如果根据上边，哪一种食物吃得最久、是人类历史上吃的时间最长的食物，它就是最健康的这个原理进行排序的话，人类健康食物的顺序应该是：最好的食物就是海里的小鱼、小虾和海藻类最健康，这些食物人类可能吃了上亿年。树上的干果和水果其次，这些食物人类可能吃了上千万年。而人类从树上下来以后，吃的沼泽中的块根类的食物和小动物身上的肉类，这是比较适合石器时代直到今天人类生存的标准食物，这些食物人类可能也吃了上百万年。

人类开始有能力猎杀大型食草动物，并食用它们身上的肉，应该只有十几万年的时间，而由于人类人口的暴增，开始被迫种植和食用粮食，大概只有1万多年的时间。所以说，当今人们主食当中的肉类和粮食，对于今天的人类来说，应该是"相对最不健康"、但人类今天有能力大量生产、不得不每天吃，用来补充人体每天所消耗的能量的食物。

由于旧石器末期，人类进化产生了分歧，分为以肉食为主的身体强壮的游猎和游牧民族，以及以采集为主的身体瘦小的、今天的所谓农耕民族，他们的食物结构也不一样。游猎和游牧民族的人们（主要以白人和北非黑人为主），摄入过多的淀粉类食物是不健康的，很容易得糖尿病；而长期适应农耕生活的人群（主要以亚洲人为主），摄入大量高油脂的肉类食物也是不健康的，很容易得心血管病。但由于近3000年人类的战争、殖民，迁徙和混居，也使得很多族群他们的祖先，是游牧民族还是农耕民族，变的不很清晰。

所谓的营养学应该研究的是，人类包括不同族群的食物结构的历史，而不是倒过来，把适合人类的食物当中某些成分找出来，并详细分析它们在人体中的代谢过程，来证明某些食物是有利于人体健康的，这其实有点本末倒置了。这些食物本质上是人类历史上能够找到并长期食用，导致人体适合这些食物，所以才有利于今天的人类健康。是人类适应某些食物，而不是某些食物所包含的成分有利于人体，就像牛羊等草食动物，只吃成分单一、在营养学家看来营养价值极低的"野草"就很健康，体力远比人类强壮的多；老虎和狮子只吃单一的"高动物脂肪"的肉食也根本就不得心血管病一样，因为那是牠们适应的食物。这使得现代营养学更像一种被商业利益（各种保健食品和保健药物）所捆绑和利用的伪科学。

现代营养学的研究方向应该是，把今天已经存量很小，或根本就灭绝和找不到的人类远古传统食物，包括其中的主要成分，以及在当时人类食物结构当中所占的比例挖掘出来，进行人工培育和提取，用现代方式进行大规模生产，按当初的比例添加到今天的食物当中，或者逐步取代今天的食物，这些食物才有可能是最有益于人类健康的。

有一种食物非常特殊，这就是东亚人非常看重的贵重营养品"人参"。这些"低营养价值"的草根，怎么成了亚洲人的营养品？人参的营养作用要从古代亚洲人的历史来看。古东亚人基本上是草食动物，人类开始种植粮食和食用粮食，应该不到 1 万年，那在这之前的至少十几万年里，以采集为主的黄种人，块根类食物曾是他们的主要食物之一（红、白、绿各种萝卜，各种薯类，菱角、荸荠、芋头等各种淀粉块根，这些食物在远古时期没有现在这么大，都是小小的也许更像今天的人参大小，后来经过人的种植和优选变得越来越大了。），而这些植物早期大部分为水生植物。这些植物在极为干旱的年景或地区，有时也变得很难找到了。如果这种食物都找不到的话，那么其他地表的食物就更难找到了，甚至某些季节树叶都找不到，这就可能导致人饿到濒死的状态，人体虚弱到极点。如果这个人拖着虚弱的身体爬到某棵大树底下，看到一个小而嫩的植物，揪下来吞到腹中但仍不解饱，然后连揪带挖，从地下深处露出一个白色的多年生的老根，虽然水份很少，还是把它嚼碎了，吞进肚子来救急和保命，这就是这种低营养价值的植物"人参"，对东亚人的作用。

由于这种植物在人"有食物的时候"是不会吃它的，每次吃它都是因为，人在找不到其他食物、最虚弱的时候才不得不挖来吃，而且找到它，把它吃掉的人后来可能都存活了下来。久而久之，经过自然选择，能够活到今天的东亚人，人参对他们来说，它的成分最适合人体最虚弱时食用，而且还可能救命。

这就是人参对东亚人的作用，健康人吃它，没有任何营养价值和作用，反而可能会引起"上火"等不适，但当你身体极度虚弱，或者病重时，它可能就是"大补"。但今天人参的价格已经炒到，不适合在身体虚弱时"大口朵颐"来填饱肚子了，再加上人参无法长期保鲜，而干枯的人参的营养价值应该是很低的，大概就相当于"白萝卜干儿"而已。还有一种食物也适合上述原理，这就是茶叶，茶叶本质上就是一种灌木的叶子。也许在几百万年前，人还在树上以干、鲜果实为主要食物的时代，某些冬季树上的干果都被吃光了、树上的叶子也被风吹落光秃秃的时候，在一些大树下面或向阳、背风的石头后面，某些灌木还有已经发黄和干枯的叶子在枝头，人们就以此充饥，度过最艰难的时刻。而那些因此勉强活过来的后代，在闻到这些灌木干枯的叶子时，是清香的和亲切的，后来就拿这些"枯叶"来泡水喝，似乎还有明显的保健作用。

而那些远古是狩猎和游牧为主的族群，主要是白人，以干枯植物切片为主的，中国的中草药，对于他们的治疗效果应该也是非常低的，因为那些不是他们那些族群远古时代的食物。

关于这次新冠疫情

我们人类在现实当中，处理自身的免疫力的问题时，似乎也有点本末倒置。虽然有关疫情的话题，现在谈起来有点过时，但在(COVID-19)疫情早期，呆在家里没有事情干，看的新闻又都是疫情相关的内容，因此有些想法，在这里"一吐为快"。

这次疫情当中，在大多数国家出现的普遍的隔离行为，其实是与奥林匹克精神是小有违背的。崇拜奥林匹克精神和发展体育运动锻炼身体的本质，是让人类身体强壮、不退化和始终保持对自然的适应性。

而打疫苗，让人类免疫力增强，其实也是让人体适应，自然环境的变化，甚至是被人类破坏的更恶劣的自然环境和更脏、受污染的社会环境。我们打进身体里的疫苗，说白了就是低浓度和活性的病毒。这本质上是让人的身体和免疫系统得到一次锻炼。多打疫苗，实质上就是多感染不导致严重后果的病菌、病毒，或者叫做减少活性的病毒，即灭活病毒。让人自身的免疫系统事先或更多的得到锻炼，形成更强的自身自然免疫力，来对抗人类社会由于污染和恶性竞争行为，不断新产生的各种病菌和病毒。而不是把人类关进无菌无毒的超净实验室，整天带着防毒面具生存，因为这样的人类是没有前途的，走进了人类进化的死胡同。

而大多数亚洲国家，早期进行的严格隔离的抗疫做法，减少人与人之间的互相接触，尽可能隔绝与所有病毒的接触，这本质上是试图把所有人群，关进无菌实验室进行隔离，这是为反科学也不现实的幼稚想法，结果反而造成这些地区人群的群体免疫力明显下降，导致这些地区疫情后期经常反复，很难恢复正轨。

因为长期的（一至两年以上的）大规模全社会的消毒，和各种各样的强制隔离，把普通民众大规模关进无菌环境，明显降低而不是增强了社会民众整体的免疫力，本质上是整体的降低了社会的健康水平，而不是通过锻炼来提高人们的抵抗力。是明显违反科学的行为，有点儿像当年中国人的打麻雀运动，很容易导致社会的封闭和灾难性后果。

因为民众的群体免疫力，一旦整体上降低，是很难恢复的。及便能够等到国际上这波疫情平息下来后，躲过疫情早期较严重的冲击，也会爆发其他奇奇怪怪的疫情，因为国民的整体的自然免疫力被明显的降低了。

在全球化的今天，世界上不同国家的不同人种，甚至不同族群，由于生活方式的不同，甚至食物结构和居住密度的不同，导致面对同一种病毒，表现出不同的免疫力。理论上，地广人稀、人口密度低的地方的人群免疫力，低于人口高度聚集，人口密度高的地区人群；居住分散的农民的人群免疫力低于城市人口的免疫力。在人群健康水平相同的情况下，生活水平高和卫生条件好的人群免疫力低于相对生活水平较低和生活中卫生条件较差的人群。

居住在，房子周围有花园围绕，空气新鲜，阳光明媚，整天喝烧开的水和桶装纯净水的居民，喝一口水龙头当中消过毒的"自来水"，吃放在冰箱里的隔夜食物，都可能闹肚子。而居住在有严重污染的工业区附近的平民窟里的居民，直接喝看似干净的河沟里的水和没有洗过的水果，甚至垃圾桶里捡来的食物也不会闹肚子。这就是这两个人群的免疫力差距。

很有可能当一种新的病毒或流行病产生后，就需要在世界范围内所有人群当中全面流行一次，整个社会才会具有一定的免疫力。当疫情突然爆发对人群造成严重的伤害时，为防止医疗系统瘫痪，进行必要的封锁，以防止发生较高的死亡率是必要的；当建立起必要的免疫防护或在病情重症治疗救助方面，做出充分的准备后，特别是疫苗研制成功、并普遍的接种一次后，就要尽快逐步放开，从而尽快形成群体免疫，才是较科学的方法。

人类普遍的接打了疫苗后，就相当于病毒在人群中流行了一次，就应该尽快的开始与病毒共存的过程，让人类的免疫系统去自行适应新的变异的病毒的同时，迅速研制和施打针对新的变异病毒的新疫苗，这样双管齐下，才是人类战胜病毒较为科学的方法。

疫情初期戴口罩是减少传播，减少死亡和重病的方法。特别是这次疫情的中期，人们普遍打了疫苗后（相当于在低病毒情况下流行一次）后，来了低毒性的Omicron，这是一次人类的机遇。人类完全可以利用Omicron战胜Delta。因为人类打了疫苗后感染Omicron没有重症，等于打了更新的疫苗。人类应该在此时尽快摘下口罩，尽快和普遍的让接种过疫苗的人在感染一次Omicron，从而用Omicron战胜Delta，这应该是人类战胜疫情的局部过程中的一个战术。这也许是一次人类战胜和缩短这次疫情的一次"弯道超车"的机会。

相信人类，今天许多的小病，比如感冒、传染性痢疾，早期都曾是能导致大批人死亡的疾病。而现在都成为与人类共存的常见疾病了。而只有这样，人类才能够与这个世界和大自然和谐相处。因为细菌和病毒也是这个世界与人类相似的生物，人类必须学会与他们相处，才能够生存。

而"有你没它"的绝对方式，本质上是违反科学的。就好比，人吃粮食麻雀也吃粮食，我就把麻雀都打死。但实际上，麻雀更喜欢吃和吃的更多的是哪些危害粮食生长的有害昆虫，例如蝗虫，因为鸟类的眼睛更适合追踪活物体。麻雀也有疑问，我能吃多少？也许当时的人们，应该把打来的麻雀都煮熟了吃掉，这样就"赚翻了"，这叫做"运动治国"，底层民众与中央宣传部门"互动自high"。

我们知道人在体温低的时候免疫力就低，所以避免感冒有两种方法。1、尽量细心的增减衣服在恒温的室内工作和生活。使自己少着凉，少感冒。2、还有一种方法就是到寒冷的环境中去锻炼，使身体能够强壮起来，适应冷热环境的变化、适应自然，来提高免疫力减少疾病。这两种方法应该鼓励的是后一种，或应该是两种方式的结合，并且要掌握一个度，适度的锻炼和适度的增减衣服，要根据自己的身体状况去把握。走极端都是不可取和不科学的。长期的过渡保温，或在恒温的环境下工作和学习，就一定会影响我们对温差的耐受性和降低免疫力，成为经不起风雨的"温室里的花朵"。过度疏忽体温的保护，单纯依赖锻炼也要看你的身体素质，和身体的承受力。

对新兴的冠状病毒的防疫也是如此，关键是在最大限度的降低死亡率和重症率的情况下，让人们尽快与病毒共存，更少干扰人类的生活。而不是人类从此变成一种戴着口罩生存的奇怪动物、开始建立起更多的无菌室，把人类关进去，从此穿上白色的防护服过日子，甚至我们的子孙，将来只能穿着带正压的类似宇航员装备的无菌服才可以走出家门、进入大自然，等于人类自己压缩了自己的生存空间，这明显是不科学的。

身上自己长毛的狗熊，看到身上的毛已经退掉，穿着衣服的人已经很奇怪了，当他们看到穿着白色防护服、带着防毒面具的人类时，惊呼"外星人来了"，但其实我们是，同一个星球上的生物，只是我们现在已经不太适应，这个一直养育我们的大自然了。我们只是希望我们自己不要"退化的"太离谱。

当疫情在人类猝不及防的短时间内，突然爆发时时，造成一些体质较弱的人的死亡的客观作用是，降低了病毒的毒性（导致病人重症的"病毒"在医院的重症病房中被淘汰，或与病人一起死亡）。实际上，人类适应一种能给人类造成严重伤害、具有较高传染性的新型病毒时，病毒也在开始适应它全新的生存环境，而使自己能够生存下来。这两个适应过程是同时存在、同时展开的。而能够存活下来的病毒，也是能够与自己的寄生载体"人"共存的病毒，病毒想有自己的后代，就必须不能导致病人有重症或死亡。而病毒要想更快的和广泛的传播，就必须使病人轻症，最好是无症状才能够与人类共存。而导致病人有较重症状入院治疗的，通过医疗手段和药物来杀死自己，这相当于病毒的自杀行为。而病毒能够与人类共存，长期存活下来的唯一途径就是：使带毒者没有任何症状，不需要进医院，甚至根本不被发现。所以经过几代传播后仍然无法根除的呼吸系统病毒，对于这一特定群体，它应该就只是一个重感冒而已。

中国后期过度的防控措施，反而使那些早期死亡的人，变得死得有些冤了。

中国的疫情、主要是武汉的疫情，与印度完全一样，造成的死亡高峰，完全是医疗系统瘫痪和封城造成的次生灾害。如果医疗系统不崩溃，死亡人数可能会很低。

武汉爆发、实际就是整个中国的爆发，武汉封城前有将近200多万人离开武汉，有人还说有2万多人跑到世界各地，加速了全球疫情。而跑出武汉的200多万人，几乎跑到了中国各地。而这些人许多是带着病毒但没有任何症状，或带着轻症离开的，这其实已经是一次病毒的变异。虽然那个时候中国其他地区还没有开始大规模爆发，但其实那个时候中国疫情已经过了高峰的顶点，代表开始向与病毒共存迈进，也许那时逐步开始放开可能是最佳时机。

当时中国没有办法进行普遍的筛查，紧跟着中国在全世界较早的进行了大规模的疫苗接种。实际上，中国那时候已经具有某种程度的全民免疫，完全可以开启与病毒共存的程序。因为高密度居住的中国人，免疫力大大高于地广人稀的美国人。这时的新冠病毒，对于相对健康的中国人可能已经是一个大号的感冒了。

印度的疫情

印度疫情早期有一个小小的、时间很短的死亡高峰，明显还是印度的医疗系统极为落后及医疗系统崩溃所造成的。如果印度有美国那样先进的医疗系统（美国的医疗系统在疫情期间从未瘫痪过，但仍然有这么多重症和死亡。），印度的死亡率可能会是当初的 1/10，撑死也就几万人。

高度聚集或者卫生条件极差的人群，具有极高的免疫力；地广人稀和卫生条件较好的环境下的人群，免疫力反而较低。这就是在美国，不论白人和黑人死亡率都较高的根本原因；也是，医疗条件和打疫苗覆盖率都比美国低得多，人口数量是美国几倍的印度，死亡率却远低于美国的根本原因。不光是印度，各方面条件极差的南非也是如此，越是在脏乱差的环境下，生长的底层人群，他们对各种病毒和细菌的抵抗力也越高。

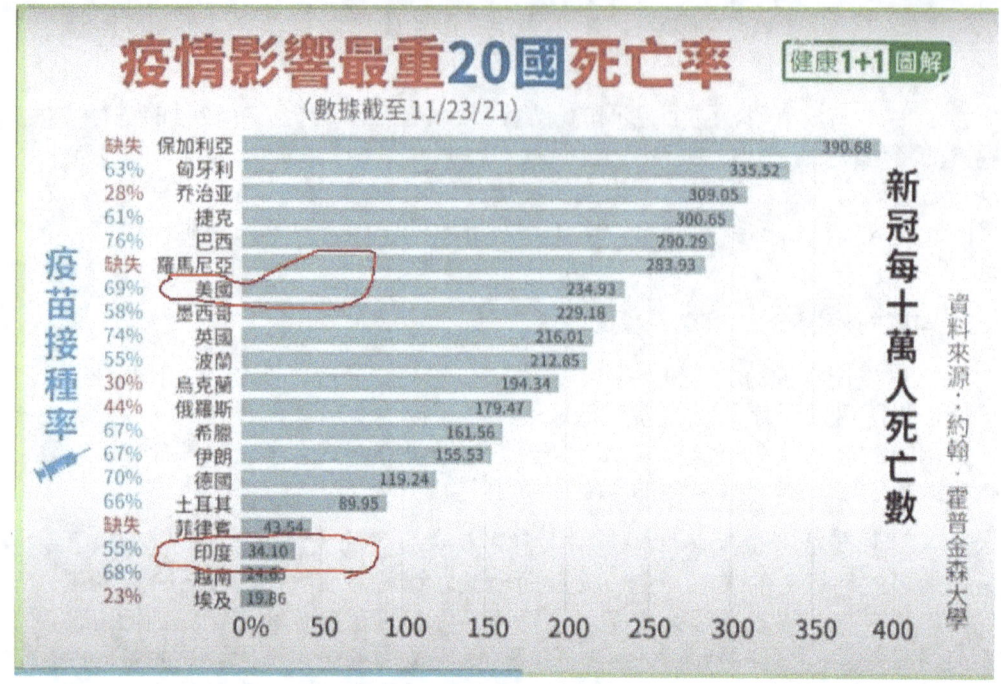

疫情影響最重20國死亡率
（數據截至 11/23/21）

新冠每十萬人死亡數

資料來源：約翰·霍普金森大學

疫苗接種率	國家	數值
缺失	保加利亞	390.68
63%	匈牙利	335.52
28%	乔治亚	309.05
61%	捷克	300.65
76%	巴西	290.29
缺失	羅馬尼亞	283.93
69%	美國	234.93
58%	墨西哥	229.18
74%	英國	216.01
55%	波蘭	212.85
30%	烏克蘭	194.34
44%	俄羅斯	179.47
67%	希臘	161.56
67%	伊朗	155.53
70%	德國	119.24
66%	土耳其	89.95
缺失	菲律賓	43.54
55%	印度	34.10
68%	越南	24.65
23%	埃及	19.86

健康1+1 圖解

　　印度在疫情爆发初期，由于没有疫苗，很多人通过喝"牛尿"来抗病毒，这其实是有科学根据的，因为印度的牛与人一起在大街上生存，而且因为他整天在大街上逛，比人类更容易感染上病毒。牛携带病毒本身却不致病，这说明强壮的牛的免疫系统把病毒给弱化了。当然喝了牛尿和弱化后的病毒，就相当打了一次疫苗，使人有了一定的免疫力。印度有成千上万的人挤在污染严重的恒河里去沐浴（早期甚至把死人的尸体也放到恒河里任其漂流），甚至有人把恒河水当"圣水"喝进肚子。

　　法国《费加罗报》指出，印度似乎已经不再产生大量的新冠病毒感染病例，尽管这个幅员辽阔的国家在几个月前还深陷疫情的混乱之中。该媒体想知道，印度是如何摆脱了新冠病毒的漩涡？

　　作者克劳迪娅·埃伦斯坦在《费加罗报》上发表的一篇报道中指出，印度南部韦洛尔基督教医学院名誉教授、病毒学家雅各布·约翰认为，印度成为了世界上首个战胜新冠疫情的国家，并且已经进入了疫情的"稳定阶段"，即"新增感染病例稳定在低水平的阶段"。

　　该媒体称，这正是印度当前所处的状况，因为自今年 11 月底开始，每日新增的感染病例便已不足 1 万人，而在近期的平均水平甚至达到了每周近 8500例，而根据多项研究，在这个人口高达 14 亿的国家内，大部分人口都产生了新冠病毒抗体。

真正的奇迹

从德国的角度来看，这种进展似乎是一个奇迹，因为就在短短 6 个月前，世界上每 3 例新冠病毒感染者中，就有一例来自印度，而且在印度的疫情高峰期，每日新增的感染病例甚至超过了 40 万——并在 2021 年 5 月 6 日达到了 414433 例单日新增感染病例的峰值。

但是，当前的感染病例数量又开始下降，而且其速度并不亚于当初上升的时候。以至于新冠疫情在当前，根本不再被印度人提上议程，他们组织大型聚会、燃放烟花、允许大型集会……在作者看来，这意味着印度现在的状况比德国和其他的欧洲国家要好。

从 2020 年春天开始，印度政府就寄希望于研发自有的疫苗，且于 2021 年 1 月获得了批准，并成功为一半以上的成年人接种了一剂量的疫苗，为其中四分之一以上接种了第二剂疫苗，此外，它还慷慨地向最贫穷的国家捐赠了超过 1000 万剂新冠疫苗，以至于印度总理莫迪于 2021 年 2 月 7 日宣布，他已经赢得了与新冠病毒之间的战争。

虽然后来印度的疫情也有反复，但印度政府也并没有加强管控，而且也没有造成更大的伤害。

如何做才是最佳方案？

在中国古代，从地广人稀的草原进入中原地区做殖民者的，体力强大的"武皇帝"（开国皇帝），很多时候几年之内就死亡。原因是，还不适应高度稠密的人群环境，得传染病而亡。实际上，秦始皇也是，到人口稠密的中原和中国东部地区巡游以后，没有回到家就死在半路上了。

身处地广人稀的大草原上的蒙古人、分散的部落，通常每年要剧集一次。例如，举行那达慕大会，就是要人为的"群聚"来提高大家的群体免疫力，增强整个民族的生存和适应环境的能力。欧洲、美洲、甚至非洲的人群，也有每年过"狂欢节"的习惯，这其实也是用人为的"群聚"和大规模的近距离接触，来提高整个族群的免疫力。古罗马人，不但十分强调体育运动，提倡"奥林匹克精神"，同时还在他们所占领的所有领地，都修建"斗兽场"进行大规模定期的人为"群聚"，从而保证罗马帝国在较长时间里长盛不衰，军队有强壮的体魄去打胜仗。

而今天多数东亚国家，包括日本、韩国、台湾和中国等地区，在这一次疫情期间，在大街小巷上到处消杀，这些做法都和中国当年大规模消灭麻雀一样，是不科学的愚昧行为，是不可取的。本质上都导致客观上降低了群体的免疫力，拖长了疫情的时间，并给后期走出疫情增加了困难。所以，东亚地区疫情的结束，反而比起世界其他地区，都略晚。

因为病菌和病毒都是只能在动物体内才能够存活的、脆弱的微生物体，离开动物身体这种较高标准的生存环境，通常几分钟之内就会失去活性，或者部分的失去活性。大多数人在电梯的按钮上，在超市的门把手上，鞋底在大街上所接触到的病毒，实际上等于被过度的稀释过，其病毒量都不足以致病，而且通常都失去了一定的活性，这就是为什么大多数人感染到病毒以后都是无症状或者是轻症的原因。实际上这种，接触到少量和失去一定活性的病毒，相当于给人体接种了一次疫苗，让身体的免疫系统较早的对这种病毒有初步的识别和警惕、做好防范的准备，对人"群体免疫力"的提高是有好处的。这是一种，人们"主动"而非完全被动的面对和应对疫情的一种行为和态度。当你在大街小巷到处喷洒消毒剂，我不知道站在树上的麻雀会怎么想？也许是"这回我们躲过一劫"。

由于有无症状感染者的存在，很可能导致病毒隐秘传播，这也许并非坏事。实际上，无症状感染者本身可能就是免疫系统很强大，能够压制、降低或者改造病毒的活性。从无症状感染者身上感染到的被压制和弱化过的病毒的人，除了少数有免疫缺陷的敏感者，大多数症状应该也会很轻，或者同样无症状。这在客观上反而有助于在人群中，群体免疫力的快速形成。如果把这些无症状感染者都严格的筛检出来加以隔离，不但显得有些浪费资源，而且还减少了人们接触到"低毒性"病毒的机会，免疫系统得不到锻炼，一旦接触到病毒，就变成了一场无"准备之仗"，反而更容易造成重症，在客观上反而延长了疫情。

总之，人必须不断的接触人群，才能维持与大多数人相同的免疫力，如果你一直生活在地广人稀的封闭地方，较少与人接触，必然使自己的免疫力不断退化和偏低，当有较严重的病毒和疫情在人群中流行时，如果你不幸的被偶然传染到，你就是那个最易感和脆弱的个体。疫情早期，大多在地广人稀的地方生命活的美国人，就是这个典型的易感人群和重灾区。

但无论任何对身体的"锻炼"，都是一定要付出汗水和辛苦的，甚至也存在一定的风险，不然就不可能有效果。无论你是接种疫苗，还是感染到低毒性的病毒，你都相当于得了一次，症状比较轻微的病，身体都会产生免疫反应，而且这种免疫反应越强烈，说明你的免疫力提高的也越多。但这也要看你身体的基本素质，有没有严重的基础疾病。如果你的身体已经没有参加锻炼的本钱、经不起任何风浪，就不要盲目的到寒风中去参加消耗体能的锻炼了，还是尽可能做好基础的防疫为最佳。

在美国的华人聚集的社区，在平常都大多处在无人分管的无政府状态，是正宗的"无为而治"的人群。美国纽约的唐人街，在美国疫情爆发的高峰期，几乎没有任何政府部门来过问过，由于疫情造成相对地广人稀的美国人的大量死亡，美国政府都基本关门了，街上巡逻的警察也都不出来了。由于警察都不敢出门儿了，导致大街上"摆地摊"的华人抓住机会都跑了出来，吸引大批民众、街头巷尾人头攒动、大街上熙熙攘攘，华人的商店也赚得盆满钵满。华人聚集的地区，街上反而人满为患，摩肩接踵到处都拥堵，除了多了一个口罩，人们聚集和接触反而更多了。疫情对美国华人造成的影响，微乎其微，说明喜欢高度聚集居住的华人的免疫力极高。再加上美国是世界上最早就开始在街头或者是连锁药店，免费的和自愿的施打疫苗的国家。本质上，纽约华人聚集的社区，在"疫情早期"就率先、或者说"被迫"形成了与病毒共存的局面。

如果一个群体，完全生活在一个较为封闭的环境中，群体的免疫力就会整体上偏低，就像早期极端的地广人稀、完全生活在大自然中的中南美洲的土著，和非洲一些地区的土著，他们完全不适应，已经适应了早期工业革命所导致的极为脏乱差和大面积污染的欧洲殖民者的到来。当时的欧洲人还不懂得如何治理工业和生活污染，而且在欧洲的城市里高密度的聚集生存，所谓的"黑死病"到处泛滥。但美洲土著，对欧洲人带来的各种传染性疾病没有任何免疫力，导致美洲原住民，也包括非洲一些偏远地区的土著大量的死亡，这种近乎灭绝性规模的大量死亡，不是当时占绝对少数的葡萄牙和西班牙殖民者，靠所谓"屠杀"能够做得到的！

美洲的原住民，之所以差点儿灭绝，很大程度上是他们与世隔绝的生活状态，再加上相对于其他大陆，地广人稀的生活方式，导致他们的群体免疫力极端底下所造成的。其实，玛雅人的灭亡，很可能也跟，通过白领海峡进入美洲大陆的印第安人带来的病毒有关。

胆小怕事的亚洲国家，在这一次疫情当中，普遍会对人群进行长期的封控和消杀，让民众减少出门和集体活动，本质上是在人为的创造一种"地广人稀的封闭状态"、象征性的无菌环境来降低人口的感染率，但封控的时间越长，人口的免疫力降低的就越多。结果是这些地方的疫情不但结束的比较晚，而且后期还不断的反复。反而是医疗设施最落后，卫生条件最差，又贫困、又脏乱差的印度和南非，却可以早早的结束了疫情。

中国有两句古话，叫做"不干不净，吃了没病"，另外一句就是"温室里的花朵是经不起风雨的"，是很有哲学和科学思想的。本质上来说你吃不太干净的食物，与你到大山中去爬山野营、到大自然中去跑步，同样都是对身体进行锻炼，区别在于跑步，锻炼的是机体的肌肉系统，而摄入不太干净的食物和接触高密度的人群，锻炼的是机体的免疫系统。同样都是恢复和重新适应，人类原始的野外生存环境，使身体的素质不发生退化。所以建议喜欢早晨起来锻炼和跑步的人，可以考虑进行一些"另类的"身体锻炼（笑，如像印度人那样，喝或者吃一些奇怪的食物。），起码可以做到，到人头攒动的闹市区去跑步（前提是警察不管），这样肌肉系统和免疫系统同时都得到了锻炼。

因为人类的科学进步，在较发达的地区，人们的生活环境越来越干净、卫生标准越来越高，这本质上是可以减少突发性疾病的快速传播，是可以整体上提高人的寿命的。但不能做的太过，不能发展到使人类成为离开防护服、口罩或者防毒面具，就无法进入人群和自然当中的奇怪生物。因为无论如何，无论任何族群和人种，都必须与世界其他人种保持接触，你要在地球上生存，你就必须能够与这个世界上，上帝创造的所有生物和谐相处。

但如何把握这种平衡和度？就是摆在大多数人面前的现实问题。其实很简单，只要你控制的个人卫生标准能够符合你周边的环境和周边大多数人群所遵循的标准，不给你的生活起居和工作带来额外的麻烦和困扰，就应该是适当的。

在这个基础上可你以有两个方面的偏差：1、是比周围人的卫生标准略高，可以较少的被在周围人群当中经常流行的传染病传染到，但你必须比较勤劳，必须经常擦桌子擦地和换洗衣服，尽量少与别人吃桌餐，而且要终生如此！但不要做得太过分，不然就会被别人认为，这个人有"洁癖"。2、是尽可能多的提高个人的免疫力，这样周围人群当中流行的普通的传染病也不会影响到你。这需要你经常锻炼身体和更多的与陌生人接触，使自己的身体适应在高密度的人群当中生存，有更多与病毒和相对较差的卫生环境接触的机会，你自己在各种环境当中都能立于不败之地。让自己的免疫力高于常人，这本质上是使自己在不被别人发现的情况下较长时间的"偷懒"，降低个人的卫生标准，逐步使自己的身体适应更加"脏乱差"和较恶劣的生存环境，才可能在周围大多数人无法适应的，更恶劣的环境中获得更高的行动的自由度，更大限度的与这个世界万物和谐相处。但同样也不能做得太出格，不然就一定会被周围人"嫌弃"。

在中国，十几个人围在一起吃的、用每个人粘过口腔的筷子乱加的"桌餐"；在欧洲人们见面时流行的握手礼、贴面礼、甚至是嘴唇互相接触的接吻礼；印度成千上万的人挤在污染严重的恒河里去沐浴（早期甚至把死人的尸体也放到恒河里任其漂流），甚至有人把恒河水当"圣水"喝进肚子；在西方每周大家都聚集到教堂做礼拜等行为，都是人们锻炼和提高并维持群体免疫力的行为。

这些礼节都不应该是无缘无故诞生的，它是许多代人自然选择的结果。例如生活在地广人稀的地方的早期欧洲和美国白人，是典型的免疫力偏低的人群，有些人习惯了每周到教堂去做礼拜，由于这种定期的群聚，锻炼和提高了他们的群体免疫力，寿命会比没有这种习惯的人长，或者说由于这些人的免疫力高于没有这种习惯的人，因而在古代经常发生的各种流行病当中更多的存活了下来，所以在这些地区今天活下来的人或者长寿的人当中，有每周到教堂去做礼拜习惯的人占大多数。这就是自然选择的结果，也是符合"存在的，就是合理的"观念的。但通常人们会产生某种错觉，"是因为信奉了上帝，或信奉某些宗教，"才能够使人长寿的。

人们无法解释，被科学证明的：热衷于公益事业、具有"利他型"人格特征的人，其免疫力明显高于一般人。其实这也是同一原理，利他和热心从事公益事业的人，就要经常参加社会活动，经常接触那些社会底层患有各种疾病和身体有残疾的人，这样他在有防备或者是做好防护的情况下，接触的各种疾病和病毒的机会就会高于常人。经过长期锻炼、久而久之，他们对各种病毒的免疫力就逐渐得到加强，从而可以凸显出他们的免疫力会明显高于，那些不爱与人接触和较为封闭的人群。

參考和引用資料來源

　　本書的主要內容完全是個人的思考這是顯而易見的，也有作者本人在世界許多地方考察調研的親眼所見，但因為是資訊時代，一部分資訊來源于互聯網是很自然的。包括，百度百科、百度知道、互動百科、維基百科、360doc 個人圖書館，google 檢索等公開的資料。甚至有些資訊是參考一些網站社區及比較專業的貼吧的不置"實名"的專家的帖子。本书还大量引用，一些宗教网站对《圣经》历史的挖掘和解释。

　　下面就是曾經參考或引用過的，但不太容易查證的部分參考資料的出處。有些資料在引用時忽略了引用的地址，後期又很难追溯，所以列出的肯定不全，希望大家諒解。而且這些參考和引用不是本書的核心觀點，只是用于輔助說明和舉例。因為無法判斷是不是原文和轉載，我也只列出我閱讀時的出處。

　　《圣经》、《史记》、《山海經》、《以诺书》、《道德经》等

　　大量引用維基百科的历史条目简介

　　《世界史的故事》作者：Susan Wise Bauer 蘇珊•懷斯•鮑爾"美"張宇、宋爽、徐彬　譯　中信出版集團出版

　　《兩河流域文明史》　:互聯網　作者:admin

　　撒迦利亚•西琴（Zecharia Sitchin）先生的《地球编年史》

　　《人祭：一段被隐藏了 3000 年的黑暗历史！华夏文明起源于同类相食？》来源:脑洞乌托邦小乌

　　"秦"就是斯基泰，西来的华夏民族和中国西北草原民族文化的千年扩张

　　《夏商周皇帝列表及简介》

　　重光的《亚述帝国》

　　《看地图说古国》

　　《夏商社会生活史》作者：宋镇豪

　　《探索爱与战争女神阿斯塔特的神话力量》作者：奇怪的前

作者曾探索和到過的部分景点和古迹：

ingramcontent.com/pod-product-compliance
ning Source LLC
bersburg PA
W080944120626
46CB00010B/2827